www.ingramcontent.com/pod-product-compliance
Lightning Source LLC
LaVergne TN
LVHW060548061026
849523LV00002B/417
9781069729606

خوش‌بین خردگرا

چگونه خوشبختی تکامل می‌یابد

مؤلف: مت ریدلی

ترجمه: مهدی سیاوش

The Rational Optimist

How Prosperity Evloves

Author: Matt Ridley

Translated by: Mehdi Siavash

Translated by Mehdi Siavash

Published by:
Siavash Publishing
Vancouver, BC, Canada.
Email: siavashpublishing@gmail.com

Original title: THE RATIONAL OPTIMIST – How Prosperity Evolves
This Farsi edition is published under license from Matt Ridley, via Felicity Bryan
Associates Ltd., Oxford, UK.

ISBN:978-1-0697296-0-6

مترجم: مهدی سیاوش

انتشارات سیاوش
ونکوور، بریتیش کلمبیا، کانادا

عنوان اصلی:THE RATIONAL OPTIMIST – How Prosperity Evolves
این نسخه فارسی با مجوز مت ریدلی از طریق موسسه Felicity Bryan Associates Ltd منتشر شده است.

شابک: ۹۷۸-۱-۰۶۹۷۲۹۶-۰-۶

یادداشت مترجم

ادعای کتاب‌خوانی ندارم ولی کم هم کتاب نخوانده‌ام و همیشه به طور وسواس گونه‌ای هر موضوع را تا انتها رفته‌ام یا حداقل تا نزدیک انتها! این کتاب توسط محمدرضا مردانی که پیش از آن فصل یک و دو آن را ترجمه کرده بود به من معرفی و پیشنهاد شد تا ترجمه آن را به عهده بگیرم که در نهایت برای هماهنگ سازی کل متن آن دو فصل را هم تا حد زیادی تغییر دادم. این دومین ترجمه من است. اولی "ذهن ذن، ذهن نوآموز" بود. داستان آن کتاب بماند، شاید هنوز در بازار باشد و بتوانید نگاهی بیاندازید. اما "خوشبین خردگرا" چیز دیگری بود. به جرأت بهترین کتابی بود که تا به حال در این زمینه خوانده بودم. این کتاب، روش درست کتاب نوشتن، تحقیق و تولید علم و حقیقت‌یابی را به من از نو آموخت که به طور حتم با آنچه در نوشته‌ها و کلیپ‌های فضای مجازی به عنوان تکه پاره‌ای از حقیقت ارائه می شود فاصله بسیاری دارد.

ترجمه این کتاب زحمت بسیاری داشت و به گمانم شش سالی طول کشید. نه به این معنی که صبح تا شب بر سر این کتاب بودم و در حال ترجمه، که غم نان این مجال را نمی‌داد. اما شبی نبود که بدون ترجمه صفحه‌ای، پاراگرافی و یا خطی به بستر بروم. و اما چرا پر زحمت؟ نویسنده کتاب انگلیسی است و کتاب پر از اصطلاحات قدیمی و کم کاربرد، یا قوانین و رسوم محلی اروپا بود که دستیابی به آنها در اینترنت مقدور نبود یا منابع کمی درباره آن وجود داشت. چه هفته ها که صرف ترجمه یک پارگراف می شد. به دوستان فرنگی زنگ می‌زدم، به رفقای متولد فرنگ متوسل می شدم تا وسواسم برسر معانی و انتقال درست مطالب را نه با یک بلکه با چند مهر تأیید به پیش ببرم و چه خرسند می‌شدم از رمزگشایی آن بخش‌های معما گونه. حالا با طیب خاطر می توانم ادعا کنم که ترجمه این کتاب یکی از وفادارترین ترجمه‌ها به متن اصلی است. چیزی برای اضافه کردن ندارم. تنها به ضرس قاطع پیشنهاد می کنم آن را تا انتها بخوانید. پانویس ها را بخوانید. ذهن گذشته‌گرا را کنار بگذارید و حقیقت را جستجو کنید حتی اگر چیزی علیه این کتاب باشد. تولید علم و محتوا کار آسانی نیست، زحمت بسیار میبرد. موها سپید می‌شوند تا سنگی جابجا و دلیل آن کشف شود. این کتاب به شما نشان می دهد که چگونه می توان دید، بررسی کرد، تحقیق کرد و حقیقت را یافت و آنگاه که یافتید، تازه به اول راه رسیدهاید. خردمندی! حال زمان خوشبین بودن است که مستلزم تمرین است و کسب دانش بیشتر. که همانا خوش‌بینی دست در دست امید دارد.

ترجمه این کتاب بدون همراهی بهترین دوستم، همسرم، مانا میسر نمی‌شد. به ویژه دانش او در علم و تاریخ اقتصاد، گره‌گشای بسیاری از هزارتوی‌های کتاب بود.

تشکر بسیار از دوست خوبم، احسان سلم آبادی که علم سیاسی و تسلط او بر تاریخ سیاسی غرب به واسطه زیستن از چهار سالگی در آنسوی مرزهای ایران دستگیری بود برای رهایی از بن‌بست های ادبی و دستورزبانی.

می‌دانم! در دنیای امروز، هنوز شاهد صحنه‌هایی هستیم که دلپذیر نیستند و بستر برای بدبینی و ناامیدی فراهم است. اما بلند شوید، چای یا قهوه‌ای درست کنید. آن را نوش جان کنید و به موسیقی دل‌نوازی گوش دهید (پیشنهاد من هم what a wonderful world با صدای لوییس ارمسترانگ است) و با ذهنی بی بند و تعصب یک فصل این کتاب را بخوانید و بعد به من بگویید درباره آن چه فکر می کنید...؟

مخلص شما

سیاوش ۲۰۲۵

تقسیم کار که از آن مزایای بسیاری حاصل می‌شود، تجمل و زرق و برق کلی را می‌بیند و به آن گرایش دارد و برای رسیدن به آن مجال می‌دهد، در اصل متأثر از خرد هیچ انسانی نمی‌باشد. هرچند به آهستگی و تدریجی شکل گرفته، پیامد ضروری یک نوع گرایش در طبیعت بشر است که به نظر چندان کاربرد گسترده‌ایی ندارد؛ گرایش به جابجایی، تهاتر و مبادله‌ی چیزی با چیزی دیگر.

آدام اسمیت[1]

ثروت ملل

---

۱. Adam Smith اقتصاددان و فیلسوف اسکاتلندی قرن هجدهم. او پیشگام اقتصاد سیاسی و از چهره‌های اصلی روشنگری در اسکاتلند بود. از جمله کتاب‌های او می‌توان به ثروت ملل، دست نامرئی و اخلاق عاطفی اشاره کرد.

فهرست مطالب

پیشگفتار

زمانی که اندیشه‌ها در هم می‌آمیزند

در اقسام حیوانات، حیوان از کودکی تا پیری یا بلوغ پیشرفت می‌کند و در حیطه‌ی زندگی فردی به تمام شاخصه‌های کمال و بلوغ طبیعتش دست می‌یابد: اما در گونه‌ی انسان، علاوه بر پیشرفت فردی، گونه نیز تکامل می‌یابد؛ آنها در هر دوره‌ای بنای پیشرفت را بر پایه‌های دوران پیشین بنا می‌کنند.

آدام فرگوسن[۲]

جستاری در باب تاریخ تمدن اجتماعی

۲. Adam Ferguson فیلسوف و تاریخ‌دان قرن هجدهم و از روشنگران اسکاتلندی بود.

زمانی که اندیشه ها در هم می آمیزند

روی میز تحریرم، همان‌طور که می‌نویسم، دو جسم هم‌اندازه و هم‌شکل ساخته‌ی دست انسان قرار دارد: یکی موس بی‌سیم کامپیوتر و در طرف دیگر، یک تبر دستی متعلق به اواسط عصر حجر، با قدمتی نزدیک به نیم‌میلیون سال. هر دو به‌نوعی طراحی شده‌اند که مناسب دست انسان باشند؛ و سازگار با محدودیت‌های استفاده به‌دست بشر. اما این دو محصول با هم بسیار متفاوت هستند. یکی معجون هم‌تافته‌ای از مواد بسیار با طراحی داخلی پیچیده که بیانگر چندین رشته‌ی تخصصی علمی است. دیگری فقط یک ماده که بازتاب مهارت یک فرد خاص است. تفاوت میان آنها نشان می‌دهد تجربه‌ی بشر امروزین با تجربه‌ی بشر نیم‌میلیون سال پیش، تفاوت عمیقی دارد.

این کتاب درباره دگرگونی سریع، مداوم و پایداری است که جامعه‌ی بشری به‌گونه‌ای بدان دست یافته که هیچ حیوان دیگری به آن نرسیده است. برای یک زیست‌شناس، این موضوعی است که نیاز به تشریح دارد. در دو دهه‌ی گذشته، چهار کتاب درباره چگونگی شباهت انسان‌ها به حیوانات نوشته‌ام. این کتاب درباره چگونگی تفاوت انسان‌ها با دیگر حیوانات است. چه چیزی در مورد نوع بشر آنها را قادر می‌سازد تا به تغییر زندگی‌شان در این مسیر پر فراز و نشیب ادامه دهند؟

اینگونه نیست که گویی طبیعت انسان دگرگون میشود. همان دستی که آن تبر دستی را نگه می‌داشت، هم‌شکل دستی است که موس را نگه می‌دارد، بنابراین مردم نیز همانند هر حیوان دیگری، همواره به جست‌وجوی غذا، میل جنسی،

مراقبت از فرزندان، رقابت برای منزلت اجتماعی و دوری از رنج، مشغول هستند و خواهند بود. بسیاری از ویژگی‌های اخلاقی گونه‌ی انسان نیز تغییرناپذیرند. شما می‌توانید به دورافتاده‌ترین گوشه‌ی دنیا مسافرت کنید و همچنان انتظار داشته باشید با آوازخوانی، تبسم، گفت‌وگو، حسادت جنسیتی و شوخ‌طبعی مواجه شوید، در حالی‌که هیچ‌یک از اینها در یک شمپانزه مشابه نخواهد بود. می‌توانید به گذشته سفر کنید و به‌آسانی با انگیزه‌های شکسپیر، هومر، کنفوسیوس و بودا همدلی کنید. اگر بتوانم مردی را که ۳۲ هزار سال پیش، آن تصاویر بدیع کرگدن‌ها را روی دیواره‌ی غار شووه[3] در جنوب فرانسه نقاشی کرد، ملاقات کنم، بی هیچ شک و شبهه‌ای او را در هر سبکی از روان‌شناسی، یک انسان کامل برخواهم شمرد. چیز ارزشمندی در زندگی انسان وجود دارد که تغییر نمی‌کند.

با این‌حال اگر بگوییم زندگی همان‌گونه است که ۳۲ هزار سال پیش بود، حرف بیهوده‌ایی است. از آن هنگام، گونه‌ی من حدود ۱۰۰ هزار برابر شده و از تقریباً سه میلیون به نزدیک هفت میلیارد نفر افزایش یافته است. رفاه و آسایش به سطحی رسیده که هیچ گونه‌ی دیگری نمی‌تواند آن را در مخیله‌اش بگنجاند. هر گوشه و کنار قابل سکونت در این سیاره را تحت سیطره‌ی خود درآورده و تقریباً هر مکان سکونت‌ناپذیری را هم کاویده است. سیما، ژنتیک و شیمی جهان را تغییر داده و ۲۳ درصد از تولید تمام گیاهان روی زمین را در خدمت اهدافش قرار داده است. خود را با ترکیب‌های عجیب و غریب و غیرتصادفی از اتم‌ها که فناوری نامیده می‌شود، محصور کرده که به‌صورت پیوسته آنها را ابداع و بازآفرینی می‌کند و دور می‌اندازد. این مسائل برای دیگر موجودات صدق نمی‌کند، حتی آنهایی که باهوش هستند مثل شمپانزه‌ها، دلفین‌های پوزه‌بطری، طوطی‌ها و هشت‌پاها. آنها گاهی اوقات از ابزارها استفاده می‌کنند، گاهی هم ممکن است زیست‌بوم‌شان را تغییر دهند، اما «سطح استاندارد زندگی‌شان را بالا نمی‌برند» یا «رشد اقتصادی» را تجربه نمی‌کنند. آنها با مسئله‌ی «فقر» روبه‌رو نمی‌شوند. از یک شیوه‌ی زیستن به شیوه‌ای دیگر ارتقا نمی‌یابند و حتی برایش تأسف هم نمی‌خورند. آنها انقلاب‌های کشاورزی، شهرنشینی، بازرگانی، صنعتی و اطلاعاتی را تجربه نمی‌کنند، چه برسد به رنسانس، اصلاح دینی، رکودهای اقتصادی، تحولات جمعیتی، جنگ‌های داخلی، جنگ‌های سرد، تضادهای فرهنگی و از دست رفتن اعتبار. همان‌طور که پشت میزم نشسته‌ام، با اشیایی مثل تلفن، کتاب، کامپیوتر، عکس، گیره‌ی کاغذ، فنجان قهوه احاطه شده‌ام؛ چیزهایی که تا حالا هیچ میمونی حتی به ساختنشان هم نزدیک نشده‌است. من اطلاعات دیجیتال را به گونه‌ای روی صفحه‌ی نمایش قرار داده‌ام که هیچ دلفینی تا حالا نتوانسته انجامش دهد. من از مفاهیم انتزاعی مثل

---

۳. Chauvet در منطقه‌ی آردش در جنوب فرانسه که به‌خاطر وجود برخی از قدیمی‌ترین نقاشی‌های درون غار و نیز آثاری از دوره‌ی پارینه‌سنگی نوین مشهور است.

تاریخ، پیش‌بینی آب و هوا و قانون دوم ترمودینامیک آگاهی دارم که هیچ طوطی‌ای نمی‌تواند از پس درک آنها بربیاید. قطعاً چیز متفاوتی هستم. چه چیزی است که من را متفاوت کرده است؟

این‌طور نیست که فقط مغز بزرگ‌تری نسبت به حیوانات دیگر داشته باشم. با این وجود، نئاندرتال‌های متأخر به‌طور میانگین، مغز بزرگ‌تری نسبت به من داشتند اما این دگرگونی پرشتاب فرهنگی را تجربه نکردند. علاوه بر این، هرچند مغز من ممکن است با سایر گونه‌های حیوانی سنجیده شده باشد، اما اطلاع کمی از چگونگی ساخت فنجان قهوه و گیره‌های کاغذ دارم چه برسد به پیش‌بینی آب و هوا. دنیل گیلبرت[۴] دوست دارد این شوخی را بکند که در حرفه‌ی او، هر عضو حرفه‌ای گاهی اوقات تحت این تعهد قرار می‌گیرد تا جمله‌ای که با «نوع بشر تنها حیوانی است که...» شروع می‌شود را کامل کند. زبان، استدلال شناختی، آتش، پخت‌وپز، ساختن ابزار، خودآگاهی، نیرنگ، تقلید، هنر، مذهب، انگشت شستهای مخالف[۵]، سلاح‌های پرتاب‌شونده، راست ایستادن، مراقبت از پدربزرگ و مادربزرگ و... فهرست ویژگی‌های بی‌همتای انسان در واقع طولانی است. البته فهرست ویژگی‌های بی‌همتای مورچه‌خوار[۶] و پرنده‌ی فراری لخت‌سیما[۷] هم نسبتاً طویل است. همه‌ی این ویژگی‌ها در واقع منحصر به انسان هستند و در برآمدن زندگی مدرن تأثیر فراوانی داشته‌اند. ولی من ادعا می‌کنم که با امکان چشم‌پوشی از قابلیت سخنوری، هیچ‌کدام از آنها در زمان مناسب نرسیدند و یا تأثیر بجایی در تاریخ بشر نداشتند تا دگرگونی یکباره از یک میمون انسان‌نما صرفاً موفق به یک مدرن‌کننده‌ی پیشرفته‌ی مدام در حال گسترش را توضیح دهند. بیشتر آنها خیلی زود وارد داستان شدند و اثر بوم‌شناختی خاصی نداشتند. برخورداری از آگاهی کافی برای رنگ‌آمیزی بدن‌تان یا پاسخ‌دادن به پرسش یا حل یک مسئله، خوب است اما منجر به تسخیر جهانی که در آن زندگی می‌کنیم، نمی‌شود.

واضح است که مغز بزرگ و زبان برای برآمدن از پس زندگی متجددانه‌ی فنآورانه ضروری است. همچنین واضح است که انسان‌ها در یادگیری اجتماعی بسیار خوب هستند، در واقع در قیاس با شمپانزه‌ها، تقریباً با وسواس به تقلید وفادارانه علاقه‌مند هستند. اما مغزهای بزرگ و تقلید و زبان، فی‌نفسه توضیح‌دهنده‌ی کامیابی، ترقی و فقر نیستند. آنها خودشان استانداردهای زندگی را تغییر نمی‌دهند. نئاندرتال‌ها همه‌ی این موارد را داشتند: مغزهای حجیم،

---

۴. Daniel Gilbert روان‌شناس اجتماعی و نویسنده‌ی آمریکایی معاصر و استاد دانشگاه هاروارد.

۵. Opposable Thumbs وضعیتی در نخستی‌ها که شست می‌تواند مخالف دیگر انگشت‌ها قرار گیرد و فرد را قادر به برداشتن و گرفتن چیزها کند.

۶. Aardvark مورچه‌خوار، جانوری میان‌جثه، شب‌زی و بومی آفریقاست. قلمروی این حیوان، سراسر آفریقای مرکزی جنوبی را در بر می‌گیرد.

۷. Bare-faced go-away با نام علمی Corythaixoides personatus نام یک گونه از سرده‌ی پرنده‌ی فراری است.

زبان‌هایی احتمالاً پیچیده و تکنولوژی زیاد. اما هرگز از کنج خودشان بیرون نخزیدند. این ادعای من است که در مشاهده‌ی درون جمجمه‌های‌مان، برای روشن‌کردن این گنجایش چشمگیر برای دگرگونی گونه‌ی بشر، به جای نادرستی نگاه می‌کنیم. این چیزی نیست که در یک مغز اتفاق افتاده باشد بلکه چیزی بود که بین مغزها رخ داد؛ یک پدیده‌ی جمعی.

دوباره به تبر دستی و ماوس نگاه کنید. هر دو «ساخته‌ی دست بشر» هستند اما یکی را فقط یک نفر ساخته است و دیگری را صدها نفر شاید هم میلیون‌ها نفر. این چیزی است که من آن را هوش جمعی معنا می‌کنم. هیچ فردی به‌تنهایی نمی‌داند ماوس کامپیوتر چگونه ساخته می‌شود. شخصی که آن را در کارخانه سرهم‌بندی کرد، نمی‌دانست چگونه چاه نفتی که پلاستیک از آن ساخته شده را حفر می‌کنند یا برعکس. در جایی، هوش بشر به نحوی جمعی و انباشته شد که در هیچ حیوان دیگری اتفاق نیفتاد.

جفت‌گیری ذهن‌ها

این بحث که سرشت بشری دگرگون نشده اما فرهنگ بشری دگرگون شده است، به معنای طرد و رد نظریه‌ی تکامل نیست؛ بلکه کاملاً برعکس است. بشریت، تجربه‌ای چشمگیر از تغییرات تکاملی را تجربه می‌کند که برخاسته از انتخاب طبیعی سنتی داروینی است. اما این گزینش بین ایده‌هاست و نه ژن‌ها. مأوایی که این ایده‌ها در آن سکنی گزیده‌اند، مغز انسان‌هاست. این مفهوم برای مدت طولانی تلاش کرده است تا در علوم اجتماعی حضور داشته باشد. گابریل تارد[8]، جامعه‌شناس فرانسوی در سال ۱۸۸۸ نوشت: «زمانی که یک نوآوری خیلی بی‌سر و صدا از طریق تقلید گسترش می‌یابد، می‌توانیم آن را تکامل اجتماعی بنامیم.» اقتصاددان اتریشی، فریدریش فون‌هایک[9] در دهه‌ی ۱۹۶۰ نوشت که در تکامل اجتماعی، «انتخاب به‌وسیله‌ی تقلید از نهادها و عادت‌های موفق» عامل تعیین‌کننده‌ای است. ریچارد داوکینز[10]، زیست‌شناس تکاملی در سال ۱۹۷۶ اصطلاح «مم[11]» را برای یک واحد تقلید فرهنگی ابداع کرد. ریچارد

---

۸. Gabriel Tarde دانشمند فرانسوی قرن نوزدهم در زمینه‌ی جامعه‌شناسی بود. او همچنین برنده‌ی جوایزی همچون لژیون دونور (شوالیه) شده است.

۹. Friedrich Hayek فریدریش آوگوست فون‌هایک اقتصاددان و فیلسوف سیاسی اتریشی قرن بیستم بود. او به‌خاطر دفاع از لیبرالیسم کلاسیک و بازار آزاد و مخالفت با سوسیالیسم شناخته می‌شود. فون‌هایک به‌عنوان یکی از بزرگ‌ترین اقتصاددانان و فیلسوفان سیاسی معاصر شناخته می‌شود که در سال ۱۹۷۴ موفق به دریافت جایزه‌ی نوبل اقتصاد شد.

۱۰. Richard Dawkins کلینتون ریچارد داوکینز رفتارشناس و زیست‌شناس اهل بریتانیا است. او همچنین استاد صاحب کرسی دانشگاه آکسفورد در «درک عمومی علم» از ۱۹۹۵ تا ۲۰۰۸ و نویسنده‌ی کتاب‌های علمی برای عموم می‌باشد.

۱۱. meme به معنای الگوی رفتاری.

نلسون[۱۲]، اقتصاددان در دهه‌ی ۱۹۸۰ این نکته را مطرح کرد که همه‌ی نظام‌های اقتصادی با انتخاب طبیعی، تکامل پیدا می‌کنند.

این همان موضوعی است که وقتی درباره تکامل فرهنگی حرف می‌زنم به آن اشاره می‌کنم: در برخی موارد پیش از ۱۰۰ هزار سال قبل، فرهنگ خودش در مسیری شروع به رشد و نمو کرد که شبیه آن در هیچ گونه‌ای رخ نداد؛ یعنی تکرار، جهش، رقابت، انتخاب و انباشتگی. ژن‌ها تا حدی داشتند این کار را طی میلیاردها سال انجام می‌دادند. درست مثل انتخاب طبیعی که یک چشم را به‌صورت تجمعی، ذره‌ذره می‌سازد. بنابراین تکامل فرهنگی در انسان به‌صورت انباشته می‌تواند فرهنگ را بنا کند یا یک دوربین بسازد. شمپانزه‌ها ممکن است به همدیگر بیاموزند که چگونه می‌توانند با استفاده از چوب‌های تیز، نخستی‌های آفریقایی[۱۳] را بتارانند و نهنگ‌های قاتل هم ممکن است به یکدیگر بیاموزند که چگونه شیرهای دریایی را از ساحل بیرون بکشند، اما فقط انسان فرهنگ انباشته‌ای دارد که به طراحی یک قرص نان یا برپا کردن کنسرت منجر می‌شود.

بله، اما چرا؟ چرا ما و نه نهنگ قاتل؟ در جواب اگر بگوییم انسان‌ها تکامل فرهنگی دارند، نه پاسخ اصلی است و نه به ما کمکی می‌کند. تقلید و یادگیری فی‌نفسه کافی نیستند، هر چند عملکرد غنی و مبتکرانه انسان به ما توضیح میدهد که چرا بشر در این مسیر بی‌همتا شروع به دگرگون شدن کرد. چیز دیگری لازم است؛ چیزی که انسان‌ها دارند و نهنگ‌های قاتل ندارند. به باور من، پاسخ این است که در جایی از تاریخ بشر، ایده‌ها با هم ملاقات کرده و جفت‌گیری کرده‌اند و با هم رابطه جنسی داشته‌اند.

اجازه دهید توضیح بدهم. رابطه‌ی جنسی چیزی است که تکامل زیستی را به‌صورت انباشته درمی‌آورد چون ژن‌های گوناگونی از افراد مختلف را کنار هم جمع می‌کند. جهشی که در یک جاندار رخ می‌دهد می‌تواند با جهشی در جاندار دیگر همراه شود. این ساز و کار در باکتری‌ها بسیار آشکارتر است چون آنها ژن‌ها را بدون همانندسازی، در زمان یکسان داد و ستد می‌کنند؛ از این رو توانایی آنها برای ایمن‌سازی در برابر آنتی‌بیوتیک‌ها را از سایر گونه‌ها کسب می‌کنند. اگر میکروب‌ها مبادله‌ی ژن‌ها را از میلیاردها سال پیش آغاز نکرده بودند و حیوانات به این کار به واسطه‌ی آمیزش جنسی ادامه نداده بودند، همه‌ی ژن‌هایی که سازنده‌ی چشم‌ها هستند، هیچ‌گاه در یک حیوان، دور هم جمع نمی‌شدند؛ همین‌طور ژن‌های تشکیل‌دهنده و سازنده‌ی پاها، سلسله اعصاب و مغزها. هر جهشی در اصل و تبار خودش محبوس باقی می‌ماند و نمی‌توانست لذت همافزایی

۱۲. Richard Nelson ریچارد نلسون اقتصاددان آمریکایی متولد ۱۹۳۰، استاد اقتصاد دانشگاه کلمبیاست.
۱۳. Bushbaby از گونه‌های نخستیان میمون‌مانند جنگل‌های حاره‌ای آفریقا از تیره‌ی galagidae که شبگرد هستند و چشمان درشت و دم پرپشت و جارو مانند دارند. گالاگو، نام دیگر آنهاست.

را کشف کند. در فضای کارتونی، فکر کنید یک ماهی، ریه و دیگر اعضای نوپا را تکامل می‌بخشد بدون این‌که هیچ‌کدام از آنها به خشکی برسند؛ تکامل می‌تواند بدون آمیزش جنسی اتفاق بیفتد؛ اما بسیار کندتر.

این موضوع در مورد فرهنگ هم درست است. اگر فرهنگ منحصر به یادگیری عادت‌ها از دیگری بود، به‌زودی از حرکت باز می‌ایستاد. برای این‌که فرهنگ انباشته شود، ایده‌ها باید با هم ملاقات کرده و درهم بیامیزند. «بارور شدن ایده‌ها از همدیگر»[۱۴] یک کلیشه است اما کلیشه‌ای با باروری غیرعمدی. فرانسوا ژاکوب[۱۵]، زیست‌شناس مولکولی گفته است: «خلقت یعنی بازترکیب کردن». تصور کنید اگر مردی که خط آهن را اختراع کرد و کسی که لوکوموتیو را پدید آورد، هرگز نمی‌توانستند با هم گفت‌وگو کنند، حتی با شخص ثالث. کاغذ و مطبوعات چاپی، اینترنت و تلفن همراه، ذغال‌سنگ و توربین، مس و قلع، چرخ و فولاد، نرم‌افزار و سخت‌افزار. باید استدلال کنم که زمانی در پیشاتاریخ انسان وجود دارد، هنگامی که انسان‌های با مغز بزرگ، فرهنگ‌گرا و فراگیرنده برای اولین‌بار شروع به مبادله‌ی چیزها با یکدیگر کردند و با شروع آن، فرهنگ، ناگهان به‌صورت انباشته درآمد و تجربه‌ی عظیم و بی‌پروای «پیشرفتِ» اقتصادی بشر آغاز شد. مبادله برای تکامل فرهنگی به مثابه‌ی آمیزش جنسی در تکامل زیستی است.

همراه با مبادله، انسان «تقسیم کار» را کشف کرد، تخصصی‌کردن تلاش‌ها و استعدادها برای کسب سود متقابل. این امر در ابتدا به نظر می‌رسید موضوع مهمی نیست و از سوی نخستی‌شناسان نادیده گرفته شد. آنها با ماشین زمان‌شان تا آن لحظه‌ای رانده بودند که تازه این امر شروع شده بود. این موضوع به نظر جالب‌تر از بوم‌شناسی، سلسله‌مراتب و خرافات گونه‌ها نبود. اما برخی از میمون‌های انسان‌نما شروع به مبادله‌ی خوراک یا ابزار با دیگران کردند، به‌گونه‌ای که هر دو طرف معامله منفعت بهتری می‌بردند و تخصصی‌تر می‌شدند.

تخصصی‌شدن، نوآوری را ترغیب کرد چون باعث تشویق به صرف زمان در ساخت تجهیزات ساختِ ابزار می‌شد. این امر موجب صرفه‌جویی در وقت شد و کامیابی به‌سادگی، زمان ذخیره شده است که متناسب با تقسیم کار است. انسان‌های بیشتری به‌عنوان مصرف‌کننده و انسان‌هایی متخصص به‌عنوان تولیدکننده پدید آمدند و اکثرشان پس از مبادله، از آنچه بودند بهتر شدند و هستند و خواهند شد. همچنین خبر خوب این است که بر این فرآیند پایانی نیست. هر چه مردم بیشتری به تقسیم کار جهانی کشیده شوند، تعداد بیشتری می‌توانند متخصص شوند و با هم مبادله کنند و نتیجه این که ما ثروتمندتر

---

۱۴. Crossfertilisation of ideas

۱۵. François Jacob زیست‌شیمی‌دان و نسل‌شناس معاصر اهل فرانسه بود.

خواهیم شد. همچنین، در این میان دلیلی وجود ندارد که نتوانیم مسائلی که ما را احاطه کرده‌اند حل کنیم، مثل سقوط اقتصادی، انفجار جمعیت، تغییرات آب و هوایی و تروریسم یا فقر، ایدز، افسردگی و چاقی. این امر آسان نخواهد بود اما کاملاً امکان‌پذیر است. در واقع احتمالاً در سال ۲۱۱۰، یک قرن پس از انتشار این کتاب، بشریت از آنچه امروز است، وضع بسیار بهتری خواهد داشت و چه بسا زیست‌بوم سیارهایی که در آن سکنی می‌گزینند. این کتاب به نژاد بشر جرأت پذیرفتن دگرگونی را می‌دهد، جرأت می‌دهد تا خردگرایانه خوش‌بین باشد و در نتیجه برای بهبود وضعیت بشر و جهانی که در آن سکونت دارد تلاش کند.

بعضی‌ها خواهند گفت که من فقط آنچه را آدام اسمیت در ۱۷۷۶ گفت بازگو می‌کنم اما از زمان آدام اسمیت، دگرگونی‌های زیادی اتفاق افتاده و چالش‌ها و جرح و تعدیل‌های زیادی در بینش او پدید آمده است. مثلاً او در نخستین مراحل یک انقلاب صنعتی می‌زیست. نمی‌توانم امیدوار باشم که با نبوغ اسمیت هماوردی کنم اما یک برتری بزرگ نسبت به او دارم؛ می‌توانم کتابش را مطالعه کنم. بینش اسمیت از آن زمان با بینش‌های دیگران در آمیخته است.

علاوه بر این، خودم را از این‌که تعداد معدودی از مردم چگونه درباره مشکل پیچیده تغییر فرهنگی می‌اندیشند پیوسته شگفت‌زده دیده‌ام. من جهان را پر از افرادی یافته‌ام که فکر می‌کنند وابستگی‌شان به دیگران در حال کاهش است، یا وضعیت‌شان بهتر می‌شد اگر که بیشتر خودکفا بودند، یا فلان پیشرفت فناوری هیچ بهبودی در سطح استاندارد زندگی‌شان ایجاد نکرده‌است یا جهان به‌صورت مداوم در حال زوال و نابودی است و یا این‌که مبادله‌ی چیزها و ایده‌ها یک موضوع نامربوط و اضافی است. همچنین بین اقتصاددانان آموزش‌دیده - که البته من یکی از آنها نیستم - بی‌تفاوتی عمیقی راجع به این‌که رفاه چیست و چه بر سر سایر گونه‌ها می‌آید، مشاهده کرده‌ام. پس فکر کردم کنجکاوی‌ام را با نوشتن این کتاب ارضا کنم.

من در زمانه‌ی بدبینی بی‌سابقه‌ی اقتصادی در حال نوشتن این کتاب هستم. نظام بانک‌داری جهانی در آستانه‌ی فروپاشی قرار گرفته؛ یک حباب عظیم وام ترکیده است؛ تجارت جهانی در حال انقباض و نرخ بیکاری در سراسر جهان در حال بالا رفتن است. آینده‌ی نزدیک در واقع به نظر ناخوشایند است و برخی دولت‌ها در حال برنامه‌ریزی برای طرح عرضه‌ی اوراق قرضه‌ی عمومی هستند که این امر می‌تواند منجر به ناتوانی نسل‌های آتی برای بهبود وضعیت شود. با پشیمانی شدیدی بگویم که در مرحله‌ای از این فاجعه به‌عنوان رئیس غیراجرایی نوردرن راک[۱۶]، یکی از بانک‌های متعددی که در این بحران نقدینگی، دچار کمبود شدند، نقش داشتم. این کتاب درباره این تجربه نیست (در شرایطی که آن

---

۱۶. Northern Rock شرکت بانک‌داری انگلیسی که در ۲۰۱۲ فعالیتش را خاتمه داد.

شغل را برعهده داشتم، برای نوشتن دربارهاش آزادی نداشتم). این تجربه برای من، بدگمانی نسبت به بازار سرمایه و دارایی برجا گذاشته، در حالی که به بازار کالا و خدمات، علاقه و اشتیاق دارم. تجارب آزمایشگاهی از سوی اقتصاددان ورنن اسمیت[۱۷] و همکارانش مدت‌ها بود تایید کرده بودند که بازار کالا و خدمات برای مصارف آنی - آرایشگاه‌ها و فست‌فودها- به‌خوبی در جریان است به این معنی که طراحی آنها دشوار است، بنابراین آنها در ایجاد بازدهی و نوآوری موفق نیستند؛ در حالی‌که بازار سرمایه و دارایی به‌طور خودکار مستعد ایجاد حباب و سقوط هستند به این معنی که دشوار است آنها را طوری طراحی کرد که در همه حال کار کنند. گمانه‌زنی‌ها، هجوم گله‌ای، خوش‌بینی نابخردانه، رانت‌خواری و وسوسه‌ی فریبکاری باعث می‌شوند بازار سرمایه به‌سمت خطا و سقوط میل کند؛ به همین خاطر این بازارها به مقررات دقیق محتاجند؛ چیزی که همیشه هوادار آن هستم. (بازار کالا و خدمات به قانون‌گذاری کمتری نیاز دارند). اما آنچه وضعیت حباب دهه‌ی ابتدایی قرن بیست و یکم را وخیم‌تر از همه ساخت، سیاست‌های پولی دولتی و ساخت مسکن به‌ویژه در ایالات متحده بود که به‌عنوان سیاست کمکی، پول مصنوعی کم‌ارزش را به‌سمت ریسک‌های نامناسب سوق داد و در نتیجه، به‌سوی دلال‌های بازار سرمایه سرازیر کرد. این بحرانها، دست کم به اندازه‌ی علل اقتصادی، ریشه‌های سیاسی هم دارد و به همین دلیل اطمینان زیادی به دولت ندارم.

(بی‌پرده بگویم، اینجا اشاره می‌کنم که علاوه بر بانک‌داری، سال‌ها به‌صورت مستقیم در تحقیقات علمی، محافظت گونه ها، روزنامه‌نگاری، کشاورزی، استخراج ذغال‌سنگ، سرمایه‌گذاری خطرپذیر و املاک تجاری در میان دیگر چیزها کار یا از آنها کسب درآمد کرده‌ام: تجربه در میان این مشاغل ممکن است تأثیرگذار باشد و قطعاً دیدگاه‌های من درباره این بخش‌ها که در صفحات بعدی می‌آید را وسیعتر و آگاهانهتر ساخته است. ولی هرگز برای انتشار دیدگاهی خاص پول دریافت نکرده‌ام.)

خوش‌بین خردگرا می‌گوید جهان از بحران کنونی بیرون خواهد آمد زیرا بازارهای کالا و خدمات و ایده‌ها به انسان اجازه می‌دهند به‌درستی دست به مبادله و تخصصی‌سازی بزنند تا همه‌چیز را بهبود ببخشد. بنابراین این کتاب درباره ستایش بی‌تفکر یا سرزنش همه‌ی اقسام بازار نیست بلکه جستاری پژوهشی است در باب این‌که چگونه فرآیند بازار مبادله و تخصصی‌سازی، باسابقه‌تر و منصفانه‌تر از آن چیزی است که خیلی‌های فکر می‌کنند و دلیل بزرگی است برای خوش‌بینی بابت آینده‌ی نژاد بشر. فراتر از همه، این کتاب راجع به مزایای تغییر است. متوجه شده‌ام که اختلاف نظرهای من بیشتر با

۱۷. Vernon Smith اقتصاددان معاصر آمریکایی و استاد اقتصاد بازرگانی و حقوق در دانشگاه چپمن (Chapman University) کالیفرنیا.

زمانی که اندیشه ها در هم می آمیزند

مرتجعین همه‌ی رنگ‌های سیاسی است: دموکرات‌ها (آبی‌ها) تغییر فرهنگی را برنمی‌تابند، محافظه‌کاران جمهوری‌خواه (قرمزها) تغییرات اقتصادی را تحمل نمی‌کنند و سبزها دگرگونی‌های فناوری را دوست ندارند.

من یک خوش‌بین خردگرا هستم: خردگرا به این خاطر که از روی غریزه یا به‌دلیل سلوک رفتار به‌سمت خوش‌بینی نرفته‌ام بلکه نگاهم به شواهد بوده است. در صفحات بعدی امیدوارم شما را هم به یک خوش‌بین خردگرا تبدیل کنم. نخست باید به شما اطمینان بدهم که پیشرفت انسان، در مقام مقایسه، چیز خوبی بوده و این‌که با وجود وسوسه‌ی پایدار برای ناله و زاری، جهان مکان خوبی برای زیستن انسان متوسط بوده است؛ حتی اکنون که در یک رکود عمیق به‌سر می‌بریم. یعنی که جهان همچنین ثروتمندتر، سالم‌تر و مهربان‌تر است که با وجود آنچه می‌گویند بیشتر به‌خاطر تجارت و بازرگانی می‌باشد. در نهایت قصد دارم دریابم آیا جهان می‌تواند به بهتر شدن ادامه دهد؟

فصل اول

امروزی بهتر: وضع کنونی بی‌سابقه

«بـر چـه مبنـایی، وقـتی چیـزی جـز بهبـود در پشـت سـر خـود نمی‌بینـم، قـرار اسـت چیـزی جـز نابـودی پیـش روی‌مـان نباشـد؟»

تامس بابینگتون مکالی[۱۸]

مروری بر گفت‌وگوهای ساتی در باب جامعه

۱۸. Thomas Babington Macaulay مورخ و سیاستمدار بریتانیایی قرن هجدهم.

تولید ناخالص داخلی سرانه‌ی جهانی

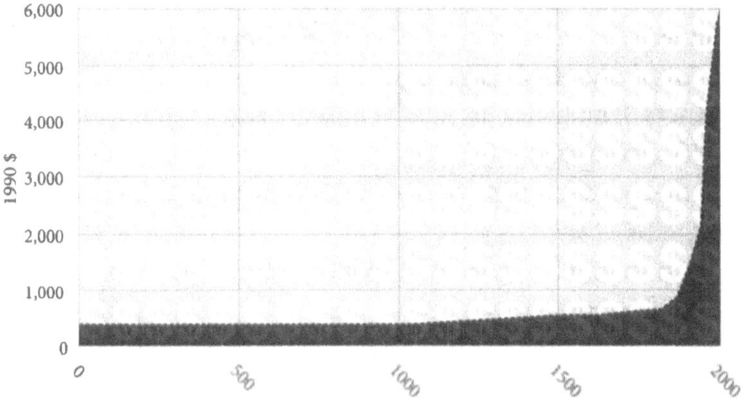

تا اواسط قرن کنونی، گونه انسان در طی ده هزار سال از جمعیتی کمتر از ده میلیون نفر به نزدیک ده میلیارد نفر رشد خواهد کرد. بعضی از میلیاردها نفری که امروزه در قید حیات هستند، همچنان در فقر و بدبختی به‌سر می‌برند، حتی در وضعیتی وخیم‌تر از عصر حجر. برخی از آنها هم در وضعیتی اسفناک‌تر از چند ماه یا چند سال پیش هستند. اما اکثریت قریب به اتفاق مردم، خوراک بهتر، سرپناه مناسب‌تر و سرگرمی‌های بیشتری دارند، در برابر بیماری‌ها بهتر محافظت می‌شوند و خیلی بیشتر از میانگین سنی نیاکان‌شان زندگی می‌کنند. میزان دسترسی به هر آن چیزی که تقریباً یک فرد بدان نیاز دارد در ۲۰۰ سال گذشته به‌سرعت بالا رفته و نسبت به ده هزار سال گذشته، افتان و خیزان، روند صعودی به خود گرفته است: سال‌های امید به زندگی، سرانه‌ی آب آشامیدنی بهداشتی، سرانه‌ی هوای پاک، ساعت‌های حریم شخصی، وسایلی که با آن سریع‌تر از دویدن جابه‌جا شوند و روش‌های ارتباطی که بهتر از فریاد زدن هستند. حتی با در نظر داشتن صدها میلیون نفری که هنوز هم در فقر، بیماری و تنگدستی روزگار می‌گذرانند، این نسل از بشر به کالری، وات، ساعات روشنایی، متر مربعی برای زندگی، گیگابایت، مگاهرتز، سال نوری، نانومتر، حجم در هکتار، مایل درگالن، غذاهای دور، مسافت هوایی و البته دلارها بیشتری نسبت به قبل دسترسی دارد. آنها چسب پارچه‌ای (ولکرو[۱۹])، واکسن، ویتامین، کفش، خواننده، سریال عامه‌پسند، انبه، پیتزا بُر، شرکای جنسی، راکت تنیس، موشک‌های هدایت‌شونده و هر چیز دیگری که در مخیله‌شان می‌گنجد را به مقدار بیشتری دارند. با یک برآورد، تعداد محصولات گوناگونی که می‌توانید در لندن یا نیویورک بخرید، سر به ده میلیارد نوع می‌زند.

---

۱۹. Velcro چسب‌های قلابی پارچه‌ای که در کفش و کیف و صنایع دگیر استفاده می شود و به توسطی شرکتی به همین نام تولید شد.

این مسئله نباید نیاز به گفتن داشته باشد، اما دارد. امروز افرادی هستند که فکر می‌کنند زندگی در دوران گذشته بهتر بوده. آنها استدلال می‌کنند که نه‌تنها در دوران قدیم، سادگی، آسودگی خیال، معاشرت و معنویت موج می‌زده و اکنون اینها از دست رفته‌اند بلکه فضیلت هم از میان رفته است. توجه کنید که این گذشته‌پرستی ساده‌انگارانه و نه کاملاً واقعی، عموماً مختص طبقه‌ی پولدار است. خیلی راحتتر است که درباره زندگی یک روستایی قصیده‌سرایی کنی وقتی که مجبور به استفاده از توالت‌های بیرون خانه با چاه‌های عمیق نباشی. تصور کنید سال ۱۸۰۰ است، جایی در اروپای غربی یا آمریکای شمالی هستیم. خانواده در یک کلبه‌ی ساده‌ی چوبی دور منقل جمع شده‌اند. پدر خانواده با صدای بلند کتاب مقدس را می‌خواند، در حالی که مادر آماده می‌شود خورشتی از گوشت گاو و پیاز را در بشقاب‌ها بکشد. نوزاد پسر خانواده در آغوش یکی از خواهرانش استراحت می‌کند و پسر بزرگ‌تر از پارچ، آب را درون لیوان‌های گلی روی میز می‌ریزد. خواهر بزرگ‌تر در اصطبل مشغول غذا دادن به اسب‌ها است. بیرون از این مکان، سر و صدای شلوغی و ترافیک نیست، نه ساقی مواد مخدری وجود دارد و نه دی‌اکسینی[۲۰] و نه ذرات رادیواکتیوی سر و کله‌اش در شیر گاو پیدا شده است. همه‌چیز امن و امان است و مرغی بر شاخسار آواز می‌خواند.

آه خواهش می‌کنم! گرچه این وضعیت یکی از خانواده‌های مرفه روستا است، اما متن‌خوانی پدر با یک سرفه‌ی برونشیتی قطع می‌شود که این بیماری خود مقدمه ذات‌الریه‌ای است که او را در ۵۳ سالگی به دیار باقی می‌فرستد؛ دود هیزم هم در این وضعیت بی‌تأثیر نبوده است. (او خوش‌شانس بود: میانگین عمر حتی در انگلیس دهه‌ی ۱۸۰۰ کمتر از ۴۰ سال بود.) نوزاد در اثر مرض آبله، چیزی که الان به گریه‌اش انداخته، جان خودش را از دست می‌دهد؛ خواهرش نیز به‌زودی همسر و مایملک یک مرد دائم‌الخمر خواهد شد. آبی که پسر درون لیوان‌ها می‌ریزد طعم گاوهایی را می‌دهد که از جویبار نوشیده‌اند. مادر از دندان‌درد به ستوه آمده است. مستأجر خانه‌ی همسایه، دختر دیگر خانواده را همین الان دارد در انبار یونجه حامله می‌کند و بچه‌ای که در راه است به پرورشگاه فرستاده خواهد شد. خورشت بدرنگ است و سخت برای جویدن و خوردن در حالی که گوشت لهیده و به‌صورت خمیر درآمده است؛ در این فصل، نه میوه‌ای وجود دارد و نه سالادی. همین غذا هم در یک ظرف چوبی با یک قاشق چوبی خورده می‌شود. شمع خیلی گران است و نوری که از آتش ساطع می‌شود، تمام روشنایی خانه را تأمین می‌کند. هیچ‌کس در خانواده تا حالا نمایشی را ندیده، تصویری را نقاشی نکرده یا پیانو نشنیده است. مدرسه هم یعنی چند سال لاتین خواندن بی‌روح که به‌وسیله‌ی یک معلم متعصب خشک‌مغز سخت‌گیر در یک کشیش‌خانه تدریس می‌شد. پدر فقط یک‌بار شهر را دیده است، اما

---

۲۰. Dioxin گروهی از ترکیبات شیمیایی هستند که به عنوان آلاینده‌های پایدار محیط زیست شناخته می‌شوند.

هزینه‌ی سفر او معادل یک هفته دستمزد او بوده و دیگر اهالی خانه از پانزده مایلی اطراف دورتر نرفتند. هر دختر دو لباس پشمی، دو پیراهن از جنس کتان و یک جفت کفش دارد. ژاکت پدر که معادل یک ماه دستمزد او بود، مالامال از شپش است. بچه‌ها هر دو نفر با هم روی تشک‌های کاهی روی کف خانه می‌خوابند. پرنده‌ای که بیرون خانه، نوید فردا را می‌دهد، همان فردا به‌دست پسر خانواده، به دام افتاده و بلعیده می‌شود.

اگر خانواده‌ی داستان من به مذاق‌تان خوش نیامده، بهتر است به آمار و ارقام رجوع کنید. از سال ۱۸۰۰، جمعیت جهان شش برابر شده، با این‌حال میانگین امید به زندگی دو برابر و درآمد سرانه ۹ برابر افزایش یافته است. با در نظر گرفتن چشم‌انداز کوتاه‌تر، یعنی سال ۲۰۰۵ در مقایسه با سال ۱۹۵۵، درآمد سرانه‌ی میانگین مردم روی کره زمین به حدود سه برابر رسید (این رقم با توجه به نرخ تورم اصلاح شده است)، به میزان یک‌سوم، کالری بیشتری مصرف کردند، یک‌سوم کودکان‌شان را کمتر از دست دادند و یک‌سوم به امید به زندگی اضافه شده است. احتمال کمتری وجود داشت تا مردم از مرگ به دلایلی همانند جنگ، قتل و کشتار، مرگ‌ومیر کودکان، حوادث، تندبادها، سیلاب‌ها، سیاه‌سرفه، سل، مالاریا، دیفتری، تیفوس، حصبه، سرخک، آبله، اسکوربوت و فلج اطفال، بمیرند. در هر سنی، احتمال کمتری برای ابتلا به سرطان، بیماری‌های قلبی یا سکته وجود داشت و شانس بیشتری برای باسواد شدن و به پایان رساندن مدرسه. احتمال بیشتری وجود داشت که صاحب یک دستگاه تلفن، فلاش‌تانک توالت، یخچال و یک دوچرخه باشید. همه‌ی اینها در طول نیم‌قرن و در زمانی که جمعیت جهان دو برابر شده بود اتفاق افتادند، چنان‌که با وجود این افزایش جمعیت، کالا و خدمات برای مردم جهان گسترش یافته است. این آمارها با هر استانداردی، دستاوردی اعجاب‌آور برای گونه‌ی انسان است.

میانگین‌ها حاوی حقایق پنهان زیادی هستند. اما حتی اگر جهان را به اجزای کوچک تبدیل کنیم، دشوار است جایی را در جهان پیدا کنید که از سال ۱۹۵۵ تا ۲۰۰۵ وضعیتش بدتر شده باشد. طی این نیم‌قرن، درآمد واقعی سرانه‌ی هر نفر فقط در ۶ کشور اندکی کاهش یافت (افغانستان، هائیتی، کنگو، لیبریا، سیرالئون و سومالی)، امید به زندگی در سه کشور (روسیه، سوازیلند[21] و زیمبابوه) کم شد و مرگ و میر نوزادان در هیچ‌کدام از آنها زیاد نشد. در باقی موارد، شاخص‌ها صعودی بودند. نرخ پیشرفت در قاره‌ی آفریقا در مقایسه با سایر نقاط جهان به‌طور نگران‌کننده‌ای کند است و در برخی موارد هم قابل قیاس با بقیه‌ی نقاط دنیاست و بسیاری از کشورهای جنوب این قاره در دهه‌ی ۱۹۹۰ شاهد سقوطی در امید به زندگی بودند که ناشی از شیوع گسترده‌ی ایدز بود. (در سال‌های اخیر در این مورد بهبود حاصل شده است.) لحظاتی هم در این

۲۱. Swaziland کشوری در آفریقای جنوبی و محصور در خشکی. نام امروز آن اسواتینی (Eswatini) است.

نیم‌قرن وجود داشتند که می‌توانستید کشورهایی را ببینید که در برهه‌هایی از زمان، گرفتار اوضاع مهیبی در استانداردهای معیشتی و شانس زندگی شده‌اند، مثل چین دهه‌ی ۱۹۶۰، کامبوج دهه‌ی ۱۹۷۰، اتیوپی دهه‌ی ۱۹۸۰، روآندا در دهه‌ی ۱۹۹۰ و کنگو در دهه‌ی ۲۰۰۰ و کره شمالی در تمام این مدت. قرن بیستم برای آرژانتین رکود نگران‌کننده‌ای به همراه داشت. اما به‌طور کلی، پس از نیم‌قرن، خروجی این وقایع به‌صورت چشمگیر و شگفت‌انگیزی برای کل جهان مثبت است. از سال ۱۹۵۵ به‌طور میانگین در کره جنوبی، بیست و شش سال به عمر جمعیت اهالی آن افزوده شد و درآمدشان ۱۵ برابر شد (یعنی ۱۵ برابر درآمد سرانه‌ی همتای شمالی خود). میانگین عمر مکزیکی‌ها در حال حاضر طولانی‌تر از میانگین عمر اهالی بریتانیا در سال ۱۹۵۵ است. بوتسوانایی‌ها[۲۲] در حال حاضر میانگین درآمدی به اندازه‌ی فنلاندی‌ها در ۱۹۵۵ دارند. مرگ و میر نوزادان در نپال امروزه کمتر از میزان مرگ و میر نوزادان در ۱۹۵۱ در ایتالیاست. نسبت ویتنامی‌هایی که با کمتر از دو دلار در روز زندگی می‌کنند از ۹۰ درصد به ۳۰ درصد در بیست سال گذشته کاهش یافته است.

ثروتمندان ثروتمندتر شده‌اند، اما وضع فقرا حتی بهتر هم شد. فقرا در کشورهای در حال توسعه، میزان مصرفشان را نسبت به کل دنیا در طول سال‌های بین ۱۹۸۰ تا ۲۰۰۰ دو برابر سریع‌تر افزایش دادند. چینی‌ها ده برابر ثروتمندتر، سی درصد تولید مثل بیشتر و بیست و هشت سال طول عمر بیشتر نسبت به پنجاه سال پیش دارند. حتی نیجریه‌ای‌ها هم دو برابر ثروتمندتر شده‌اند و نسبت به وضعیت سال ۱۹۵۵ خودشان، ۲۵ درصد تولید فرزند کمتر دارند و نسبت به پنجاه سال پیش نه سال به عمرشان اضافه شده است. با وجود دو برابر شدن جمعیت جهان، حتی تعداد افرادی که در فقر مطلق به‌سر می‌برند به‌صورت داده‌های خام (با تعریف سال ۱۹۸۵ یعنی کمتر از یک دلار در روز) نسبت به دهه‌ی ۱۹۵۰ کمتر شده است. درصد افرادی که در چنین فقر مطلقی روزگار می‌گذرانند به نصف کاهش یافته و به کمتر از هجده درصد رسیده است. این تعداد البته هنوز هم به‌طرز دردناکی بسیار زیاد است اما روند کاهش، امیدوارانه است. با نرخ کنونی کاهش، فقر مطلق در سال ۲۰۳۵ به صفر خواهد رسید؛ هرچند که احتمالاً این‌گونه نخواهد شد. سازمان ملل برآورد کرده که فقر در پنجاه سال گذشته بیشتر از ۵۰۰ سال گذشته کم شده است.

ثروت و دارایی برای همه

سال ۱۹۵۵ زمانه‌ی محرومیت نبود. این سال به خودی خود یک رکورد

۲۲. Botswana کشوری در آفریقای جنوبی با چشم‌اندازی از صحرای کالاهاری و دلتای اوکاونگو (Oka-vango).

بود؛ لحظه‌ای که دنیا در حال ثروتمندتر شدن، پرجمعیت‌تر شدن و آسوده‌تر شدن بود حتی با وجود تقلاهای هیتلر، استالین و مائو (کسی که باعث قحطی و گرسنگی‌دادن به ملت خویش بود و از پول صادرات گندم ملتش برای خرید سلاح اتمی از روسیه استفاده می‌کرد.) دهه‌ی ۱۹۵۰ در مقایسه با هر دوره‌ی پیش از آن، دهه‌ی مالامال از وفور نعمت و تجملات بود. مرگ و میر نوزادان در هند کمتر از مرگ و میر نوزادان در فرانسه و آلمان در سال ۱۹۰۰ بود. طول سال‌های تحصیل کودکان ژاپن در ۱۹۵۰ نسبت به ابتدای قرن دو برابر افزایش یافت. درآمد سرانه‌ی جهانی در نیمه‌ی اول قرن بیستم دو برابر شد. در ۱۹۵۸، جی. کی. گالبرایت[۲۳] اعلام کرد «جامعه‌ی ثروتمند» به جایی رسیده که بسیاری از کالاهای غیرضروری به‌دست تبلیغ‌کنندگان متقاعد کننده «بیش از نیاز» در اختیار مصرف‌کنندگان قرار می‌گیرند.

او حق داشت که می‌گفت آمریکایی‌ها در مقایسه با دیگران وضع نسبتاً بهتری داشتند: آنها در ۱۹۵۰، سه اینچ بلندتر از ابتدای قرن بودند و دو برابر هزینه دفن و کفن را صرف درمان می‌کردند؛ نسبت عکس آن در ۱۹۰۰ بود. در سال ۱۹۵۵ تقریباً از هر ده خانواده‌ی آمریکایی، هشت خانواده به آب لوله‌کشی، سیستم حرارتِ مرکزی، روشنایی برق، ماشین لباسشویی و یخچال دسترسی داشتند. تقریباً هیچ‌کس در ۱۹۰۰ از این تجملات نداشت. یاکوب ریس[۲۴] در کتاب کلاسیک خودش با نام آن نیمه‌ی دیگر چگونه زندگی می کند، خانواده‌ای ۹ نفره‌ای را شرح داد که در نیویورک در یک اتاق ده فوت مربعی به علاوه‌ی یک آشپزخانه‌ی کوچک زندگی می‌کردند و زن‌ها برای ۱۶ ساعت کار در روز در کارگاههای غیرقانونی، ۶۰ سنت دریافت می‌کردند و نمی‌توانستند بیش از یک وعده غذا در شبانه‌روز بخورند. این موضوع در اواسط قرن بیستم غیرقابل تصور بود.

با این‌حال وقتی به عقب نگاه میکنیم، پس از سپری‌شدن ۵۰ سال دیگر، طبقه‌ی متوسط آمریکایی سال ۱۹۵۵، با ماشین‌های تجملاتی و ابزارهای راحتی‌اش، با نگاه امروزه «زیر خط فقر» به شمار میروند. درآمد کارگر متوسط بریتانیایی در۱۹۵۷ حتی زمانی که هارولد مک‌میلان[۲۵] به آنها گفت «هرگز وضع این‌قدر خوب نبوده»، از حقوق بیکاری همتای امروزی خودش کمتر بوده است. امروزه ۹۹ درصد آمریکایی‌هایی که به‌طور رسمی فقیر نامیده می‌شوند، به برق، آب لوله‌کشی، توالت با فلاش‌تانک، و یخچال دسترسی دارند؛ ۹۵ درصد به تلویزیون، ۸۸ درصد به تلفن، ۷۱ درصد به اتومبیل و ۷۰ درصد به سیستم تهویه‌ی هوای

۲۳. John Kenneth Galbraith اقتصاددان، سیاست‌مدار و دیپلمات آمریکایی-کانادایی معاصر.

۲۴. Jacob Riis روزنامه‌نگار آمریکایی – دانمارکی قرن نوزدهم. او سهم بسزایی در ایجاد اصلاحات شهری در اوایل قرن بیستم داشت.

۲۵. Maurice Harold Macmillan نخست‌وزیر بریتانیا میان سال‌های ۱۹۵۷ تا ۱۹۶۳ و از حزب محافظه کار بود.

مطبوع دسترسی دارند. کرنلیوس ون‌دربیلت[۲۶] هیچ‌کدام اینها را نداشت. حتی در سال ۱۹۷۰ فقط ۳۶ درصد آمریکایی‌ها سیستم تهویه‌ی هوای مطبوع داشتند؛ در سال ۲۰۰۵، ۷۹ درصد خانواده‌های فقیر این امکان را داشتند. حتی ۹۰ درصد مردم در حومه شهرهای چین هم اکنون به نیروی برق، یخچال و آب لوله‌کشی دسترسی دارند. بسیاری از آنها همچنین تلفن همراه، دسترسی به اینترنت و ماهواره دارند. نیاز به اشاره نیست که تمام انواع بهبود یافته و ارزان‌قیمت‌تر هر چیزی، از اتومبیل گرفته تا اسباب‌بازی و واکسیناسیون و رستوران در دسترس‌شان قرار دارد.

بسیار خوب، بدبین‌ها می‌گویند همه‌ی اینها به چه قیمتی؟ وضعیت محیط زیست به‌طور قطع رو به وخامت است؛ در جایی مثل پکن شاید، اما در بسیاری از جاهای دیگر نه. در آمریکا و اروپا، رودخانه‌ها، دریاچه‌ها، دریاها و هوا پاکیزه‌تر از هر زمانی است. رودخانه‌ی تیمز، فاضلاب کمتر و ماهی بیشتری دارد. مارهای آبی دریاچه‌ی اِری[۲۷] که در دهه‌ی ۱۹۶۰ در حال انقراض بودند، حالا خیلی زیاد هستند. عقاب‌های سرسفید خیلی زاد و ولد کرده‌اند. پاسادنا[۲۸] کمی مه‌دود شیمیایی دارد. تخم پرندگان سوئدی، نسبت به دهه‌ی ۱۹۶۰، ۷۵ درصد آلودگی کمتری در خودشان دارند. در طول ۲۵ سال تولید منوکسیدکربن ناشی از حمل و نقل در آمریکا ۷۵ درصد کمتر شده است. امروزه اتومبیل در حال حرکت، آلودگی کمتری نسبت به آلودگی ایجاد شده از نشتی اتومبیل پارک‌شده در سال ۱۹۷۰ تولید می‌کند.

در عین حال، افزایش امید به زندگی در کشورهای با میانگین عمر بالا (سوئد در سال ۱۸۵۰، نیوزیلند در سال ۱۹۲۰ و ژاپن کنونی) همچنان به‌طور پیوسته و با نرخ سه ماه در هر سال ادامه می‌یابد؛ نرخی که در ۲۰۰ سال گذشته کمی این‌ور و آن‌ور شده است. این افزایش هنوز علامتی از رسیدن به حد نهایی را نشان نمی‌دهد گرچه باید روزی منتظر چنین چیزی باشیم. در دهه‌ی ۱۹۲۰، جمعیت‌شناسان با اعتماد به نفس مدعی شدند که میانگین طول عمر در نهایت به ۶۵ سال می‌رسد «بدون دخالت نوآوری‌های بنیادین یا دگرگونی‌های خارق‌العاده‌ی تکاملی در ترکیب فیزیولوژیکی ما». در سال ۱۹۹۰ انتظار می‌رفت امید به زندگی «در ۵۰ سالگی نباید بیش از ۳۵ سال باشد مگر این‌که پیشرفت‌های غیرمنتظره و بزرگی در زمینه‌ی کنترل نرخ بنیادین سالخوردگی اتفاق بیفتد». در عرض پنج سال دست کم در یک کشور ثابت شد هر دو

۲۶. Cornelius Vanderbilt یک نیکوکار ثروتمند اهل ایالات متحده‌ی آمریکا در قرن هجدهم بود که ثروت خود را از ساخت راه‌آهن و حمل و نقل به‌دست آورده بود. او هم‌چنین بزرگ خاندان خانواده‌ی وندربیلت و یکی از ثروتمندترین افراد آمریکایی در تاریخ بود. او بنیان‌گذار دانشگاه وندربیلت است که به افتخار او نام‌گذاری شده است.

۲۷. Erie

۲۸. Pasadena شهری در ایالت کالیفرنیای آمریکا.

پیش‌بینی نادرست بودند.

بدین ترتیب تعداد سال‌های بازنشستگی روندی صعودی و شتابنده به خود گرفت. اگر سال ۱۹۰۱ را مبنا قرار دهیم، شست و هشت سال طول کشید تا آمار مرگ و میر مردان انگلیسی بین ۶۵ تا ۷۴ ساله، ۲۰ درصد سقوط کند. کاهش‌های ۲۰ درصدی بعدی در طی هفده، ده و شش سال روی دادند؛ بهبودی شتاب گرفته است. بدبین‌ها می‌گویند همه‌ی این موارد خوب هستند، اما کیفیت زندگی در سالخوردگی چطور؟ مردم حتماً زندگی طولانی‌تری دارند، اما فقط به روزگار رنج و ناتوانی‌شان افزوده می‌شود. نه خیلی هم این‌طور نیست. یک بررسی در آمریکا، بین سال‌های ۱۹۸۲ تا ۱۹۹۹ نشان می‌دهد نرخ ناتوانی در افراد بالای ۶۵ سال از ۲۶.۲ درصد به ۱۹.۷ درصد کاهش پیدا کرده است؛ یعنی دو برابر سرعت کاهش نرخ مرگ و میر. بیماری‌های مزمن پیش از مرگ اگر چیزی وجود داشته باشد با وجود امکانات تشخیصی بهتر و روش‌های درمانی بیشتر، کمی کوتاه‌تر شده است و نه طولانی‌تر- «فشردگی ناخوشی» واژه‌ی فنی آن است. مردم نه‌تنها زمان بیشتری را به زندگی می‌پردازند بلکه زمان کمتری را هم صرف مردن و احتضار می‌کنند.

سکته به عنوان یک عامل بزرگ ناتوانی در سنین بالا را در نظر بگیرید. مرگ و میر ناشی از سکته در اروپا و آمریکا تا ۷۰ درصد بین سال‌های ۱۹۵۰ تا ۲۰۰۰ کاهش یافت. پژوهشی در اوایل دهه‌ی ۱۹۸۰ درباره قربانیان سکته در آکسفورد نتیجه گرفت که تا دو دهه‌ی آینده شیوع سکته در جهان تا ۳۰ درصد افزایش خواهد یافت، بیشتر به این دلیل که سکته‌ی مغزی همراه با افزایش سن، شیوع بیشتری خواهد داشت و پیش‌بینی می‌شود مردم عمر بیشتری داشته باشند. آنها عمر طولانی‌تری داشتند اما در واقع شیوع سکته‌ی مغزی ۳۰ درصد کمتر شد. (افزایش وابسته به بالا رفتن سن هنوز وجود دارد اما زمان وقوعش دیرتر شده‌است.) درباره سرطان، بیماری‌های قلبی و تنفسی هم همین موضوع صدق می‌کند: آنها همزمان با بالا رفتن سن افزایش می‌یابند اما همچنان دیر و دیرتر رخ می‌دهند، حدود ده سال دیرتر از دهه‌ی ۱۹۵۰ به این طرف.

حتی نابرابری هم در سراسر جهان در حال افول است. درست است که برابری درآمد در بریتانیا و آمریکا، که از دو قرن پیش شروع به بهبود کرده بود (اشراف بریتانیایی در سال ۱۸۰۰، ۶ اینچ بلندتر از حد میانگین بودند؛ امروزه آنها کمتر از دو اینچ بلندتر هستند)، از دهه‌ی ۱۹۷۰ از حرکت بازمانده است. دلایل فراوانی برای این موضع وجود دارد، اما اینها دلیلی برای افسوس‌خوردن نیست. مثلا افراد با درآمد بالا در حال حاضر بیش از هر زمانی با یکدیگر ازدواج می‌کنند (همین امر باعث تمرکز درآمد می‌شود)، مهاجرت افزایش یافته است، تجارت آزادانه است، پای کارتل‌های اقتصادی به رقابت در کارآفرینی باز شده و تخصص در محیط کار، ارزش بیشتری پیدا کرده است. همه‌ی این

موارد تقویت‌کننده‌ی نابرابری هستند اما آنها هم از روندهای آزادسازی ریشه می‌گیرند. همچنین در یک تناقض آماری عجیب، در حالی‌که نابرابری در شماری از کشورها افزایش یافته، اما در سطح جهانی درحال کاهش است. ثروتمندشدن اخیر در چین و هند به این افزایش نابرابری در این دو کشور به واسطه بالارفتن سرعت افزایش درآمد ثروتمندان نسبت به فقرا، دامن زده است؛ شکاف درآمدی، نتیجه‌ی ناگزیر یک اقتصاد در حال توسعه است. با این وجود، تأثیر جهانی رشد چین و هند، کاهش تفاوت بین فقیر و غنی را در جهان رقم می‌زند. همان‌طور که هایک[۲۹] بیان کرد: «هنگامی‌که ترقی موقعیت طبقه‌های فرودست شتاب می‌گیرد، تأمین سور و سات طبقه‌ی غنی دیگر تنها منبع کسب سود نیست و به جایش تلاش‌ها به‌سمت تأمین نیاز توده‌ها معطوف می‌شود. به این ترتیب نیروهایی که در آغاز، نابرابری را به‌دست خویش پدید می‌آوردند، خودشان علت کاهش آن می‌شوند.»

همچنین از حیث دیگر هم، نابرابری کمتر شده است. بازه‌ی بالا و پایین نمرات ضریب هوشی هم به‌صورت یکنواخت منقبض شده است؛ چون سطح نمرات پایین به سطح نمراتی که بالا هستند نزدیک شده‌اند. این مسئله، بهبود یکنواخت، پیشرو و همه‌جانبه در میانگین نمرات ضریب هوشی افراد در یک سن خاص را توضیح می‌دهد - با نرخ سه درصد در هر دهه. در دو پژوهش در اسپانیا، مشخص شد میانگین نیمه‌ی کم‌هوش‌تر آزمایش‌شونده‌ها طی ۳۰ سال، ۹.۷ امتیاز بالاتر رفته‌اند. چیزی که به‌عنوان اثر فلین[۳۰] معروف است، اولین‌بار توجه جیمز فلین[۳۱] را به خود معطوف کرد. این پدیده در ابتدا به‌عنوان نتیجه‌ای ساختگی به‌خاطر تغییرات در آزمون‌ها یا فقط بازتاب ساده‌ای از تعلیم طولانی‌تر و مناسب‌تر نادیده گرفته می‌شد. اما واقعیت‌ها متناسب با چنین توضیحاتی نیستند چون این اثر به‌صورت یکنواخت در کودکان باهوش و آزمون‌هایی که بیشتر با محتوای آموزشی در پیوند هستند، ضعیف عمل می‌کند. این بالاتر رفتن سطح هوشی، ناشی از برابری در تغذیه، نظام انگیزشی یا تنوع تجربه‌های کودکی است. البته می‌توانید استدلال کنید که ضریب هوشی ممکن است در واقع نماینده‌ی هوش نباشد اما نمی‌توانید این که چیزی در حال بهتر شدن است را زیر سوأل ببرید - و به‌طور هم زمان برابرتر هم می‌شود.

حتی عدالت به لطف فناوری جدید که ادعاهای دروغ را افشا و جنایتکاران واقعی را شناسایی می‌کند، وضعش بهتر شده است. تاکنون ۲۳۴ نفر از آمریکایی‌های بی‌گناه با نتایج اثر انگشت DNA بعد از صرف ۱۲ سال زندان به‌طور میانگین،

---

۲۹. Friedrich Hayek فردریش‌هایک، نظریه پرداز و فیلسوف سیاسی اتریشی قرن بیستم.

۳۰. Flynn Effect

۳۱. James R. Flynn محقق نامدار نیوزلندی معاصر در زمینه‌ی ضریب هوشی و نویسنده‌ی کتاب آیا ما روزبه‌روز باهوش‌تر می‌شویم؟

آزاد شده‌اند؛ از این تعداد ۱۷ نفر آنها محکوم به مرگ بودند. اولین استفاده‌ی پزشکی قانونی از آزمایش DNA در سال ۱۹۸۶ مرد بی‌گناهی را تبرئه کرد و سپس به‌دستگیری قاتل واقعی کمک رساند؛ الگویی که از آن زمان چندین‌بار تکرار شده است.

نور ارزان

این مردمان ثروتمندتر، سالم‌تر، بلندقدتر، باهوش‌تر، با عمر طولانی‌تر و آزادتر - خیلی از شما - از چنین وفور نعمتی لذت می برند و هر چه لازم دارند به‌طور مدام در حال ارزان‌تر شدن هستند. چهار نیاز اساسی بشر یعنی خوراک، پوشاک، سوخت و سرپناه، طی دو قرن گذشته به‌صورت چشمگیری ارزان‌تر شده است. خوراک و پوشاک به‌ویژه (با وجود اندک افزایش قیمت مواد غذایی در سال ۲۰۰۸) ارزان‌تر شده و سوخت به شکلی غیرعادی گاهی بالا می‌رود ولی باز هم ارزان‌تر می‌شود و حتی مسکن هم ارزان‌تر شده است: همان‌طور که شگفت‌انگیز به نظر می‌رسد، یک خانه‌ی معمولی شاید قیمت کمتری نسبت به سال ۱۹۰۰ یا حتی ۱۷۰۰ داشته باشد، حتی با وجود امکانات آسایشی همانند برق، تلفن و لوله‌کشی. اگر نیازهای اساسی ارزان‌تر شده است، درآمد در دسترس هم برای پرداختن به تجملات وجود دارد. نور مصنوعی، چیزی بین ضروریات و تجملات است. به لحاظ پولی، میزان مشابه نور مصنوعی در ۱۳۰۰ در انگلستان ۲۰ هزار برابر امروز هزینه بر می‌داشت.

هرچه این تفاوت هنگفت است، از منظر نیروی کار، این تغییر حتی شدیدتر و پیشرفت جدیدتری است. بیایید ببینیم با یک ساعت کار و با میانگین دستمزد آن، چه مقدار نور مصنوعی می‌توانید به‌دست بیاورید. این مقدار از ۲۴ ساعت روشنایی در ۱۷۵۰ پیش از میلاد (چراغ با روغن کنجد) تا ۱۸۶ ساعت در سال ۱۸۰۰ (شمع ساخته‌شده از پیه)، ۴۴۰۰ ساعت در سال ۱۸۸۰ (چراغ نفتی) تا ۵۳۱ هزار ساعت در سال ۱۹۵۰ (لامپ الکتریکی رشته‌ای) و تا ۸.۴ میلیون ساعت روشنایی (لامپ کم‌مصرف حبابی) در امروز افزایش یافته است. روش دیگری را در نظر بگیرید؛ با یک ساعت کار امروزتان، ۳۰۰ روز نور برای مطالعه به‌دست می‌آورید و با یک ساعت کار در سال ۱۸۰۰، ده دقیقه نور به‌دست می‌آوردید. یا موضوع را عوض کنید و بپرسید چقدر باید کار کنید تا یک ساعت نور برای مطالعه به‌دست بیاورید؛ مثلاً نور یک لامپ کم‌مصرف حبابی ۱۸ واتی به مدت یک ساعت. امروزه با کمتر از نیم‌ثانیه از زمان کارتان، هزینه‌ی یک ساعت نور را کسب می‌کنید. در سال ۱۹۵۰ با یک لامپ رشته‌ای معمولی مجبور بودید هشت ثانیه کار کنید تا همان نور را به‌دست بیاورید. اگر در دهه‌ی ۱۸۸۰ از یک چراغ نفتی استفاده می‌کردید، مجبور بودید ۱۵ دقیقه کار کنید تا همان مقدار نور را کسب کنید. با شمع پیه‌سوز در دهه‌ی ۱۸۰۰: بالای ۶ ساعت کار و برای به‌دست

آوردن نور چراغ روغن کنجد در بابِل در سال ۱۷۵۰ پیش از میلاد باید بیش از ۵۰ ساعت کار می‌کردید. از ۶ ساعت تا نیم ثانیه -۴۳،۲۰۰ برابر بهبود- برای یک ساعت روشنایی: به این میزان وضعیت شما از نیاکانتان در ۱۸۰۰ بهتر است با در نظر گرفتن ارزش پول برای زمان کار شما. می‌بینید چرا خانواده‌ی داستان خیالی من، نورش را از آتش اجاق می‌گرفت؟

بسیاری از این پیشرفت‌ها در محاسبه‌ی هزینه‌ی زندگی لحاظ نشده است که مقایسه با شرایط مشابه را سخت می‌کند. دان بودرو[۳۲]، اقتصاددان، تصویری ترسیم کرده از سفر یک آمریکایی متوسط امروزی به ۱۹۶۷ با درآمد دوران مدرن‌شان. او ممکن است ثروتمندترین فرد شهر باشد اما با هیچ مقدار پولی نمی‌توانست از ای‌بی[۳۳]، آمازون، استارباکس، وال‌مارت، پروزک[۳۴]، گوگل یا بلک‌بری لذت ببرد. اعداد مربوط به روشنایی که در بالا ذکر شدند، راحتی بیشتر و پاک بودن نور الکتریک مدرن را در مقایسه با شمع و نفت سفید را به حساب نمی‌آورد؛ سادگی خاموش و روشن‌کردن‌شان، بدون دود، بو و سوسو زدن و کم‌بودن خطر آتش‌سوزی. وضعیت روشنایی همچنان رو به بهبود است. لامپ‌های کم‌مصرف حبابی ممکن است سه‌برابر کارایی بیشتری نسبت به لامپ‌های رشته‌ای در تبدیل «انرژی به فوتون» در الکترون‌ها داشته باشند اما لامپ‌های ال‌ای‌دی به‌سرعت دارند جای آنها را می‌گیرند (هنگام نوشتن این متن، ال‌ای‌دی‌ها ده برابر کارایی بیشتری نسبت به لامپ‌های رشته‌ای نشان داده‌اند) همچنین مزیت کار کردن در حین جابجایی را هم دارند. یک چراغ‌قوه‌ی ال‌ای‌دی ارزان‌قیمت که از یک باتری خورشیدی نیرو می‌گیرد، قطعاً به‌زودی زندگی حدود ۱.۶ میلیارد نفر را که از نعمت برق بی‌بهره بودند را دگرگون می‌کند، به‌ویژه دهقانان آفریقایی. چراغ‌های ال‌ای‌دی هنوز خیلی گران هستند و هنوز جایگزین مناسبی برای لامپ‌های الکتریکی نیستند اما این وضعیت ممکن است دستخوش تغییر شود.

فکرش را بکنید این بهینه‌سازی‌ها در زمینه‌ی بازدهی روشنایی چه معنایی در پس خود دارند. شما می‌توانید یا نور خیلی بیشتری داشته باشید یا کار خیلی کمتری بکنید یا چیز دیگری به‌دست آورید. اختصاص دادن بخش کمتری از هفته کاری‌تان برای به‌دست آوردن روشنایی‌تان به معنی اختصاص‌دادن بخش بیشتری از هفته‌ی کاری به چیزهای دیگر است. چیز دیگر می‌تواند به معنی ایجاد اشتغال برای فرد دیگر باشد. فناوری پیشرفته‌ی روشنایی، شما را آزاد ساخته تا محصول یا خدمات دیگری بسازید یا بخرید یا حتی کاری خیرخواهانه انجام دهید. این همان چیزی است که رشد اقتصادی معنی می‌دهد.

۳۲. Don Boudreaux اقتصاددان و نویسنده‌ی آمریکایی، رئیس دانشکده‌ی اقتصاد دانشگاه جورج میسون در فیرفاکس ویرجینیا.

۳۳. eBay

۳۴. Prozac داروی ضدافسردگی

صرفه‌جویی در وقت

کلید حل مسئله، زمان است. دلار، سپیدمهره[۳۵] یا طلا را فراموش کنید. ملاک ارزش واقعی هر چیزی، ساعت‌هایی است که برای به‌دست آوردنش صرف می‌کنید. اگر بخواهید خودتان آن چیز را تولید کنید، معمولاً بیشتر طول می‌کشد تا دیگران آن را آماده کرده باشند. و اگر بتوانید آن را به‌طرز کارآمدی به وسیله‌ی دیگران بسازید، سپس می‌توانید با هزینه‌ایی ثابت تعداد بیشتری از آن را تولید کنید. همان‌گونه که وقتی نور ارزان‌تر شد، مردم بیشتر از آن استفاده کردند. امروزه اهالی بریتانیا به‌طور میانگین حدود ۴۰ هزار برابر سال ۱۷۵۰ از نور مصنوعی استفاده می‌کنند. هر بریتانیایی همچنین ۵۰ برابر بیشتر انرژی مصرف می‌کند و ۲۵۰ برابر حمل و نقل بیشتری استفاده می‌کند (اندازه‌گیری شده در واحد مسافر بر مایل پیموده شده).

این همان چیزی است که رفاه نامیده می‌شود: افزایش میزان کالاها یا خدماتی که با مقدار کار مشابه می‌توانید به‌دست بیاورید. در اواخر دهه‌ی ۱۸۰۰ هزینه مسافرت با کالسکه از پاریس به بوردو، معادل دستمزد ماهانه‌ی یک کارمند بود؛ امروزه هزینه‌ی این مسافرت معادل دستمزد یک روز و ۵۰ برابر سریع‌تر است. ارزش نیم‌گالن شیر به‌طور میانگین در آمریکا معادل ۱۰ دقیقه کار در سال ۱۹۷۰ بود اما در سال ۱۹۹۷ این مقدار به هفت دقیقه رسید. یک تماس تلفنی سه دقیقه‌ای از نیویورک تا لس‌آنجلس، ۹۰ ساعت کار در ۱۹۱۰، خرج برمی‌داشت، امروزه این هزینه به کمتر از دو دقیقه کار رسیده است. هزینه‌ی یک کیلووات-ساعت جریان برق در سال ۱۹۰۰ یک ساعت کار بود و امروزه پنج دقیقه است. در دهه‌ی ۱۹۵۰ برای به‌دست آوردن یک چیزبرگر مک‌دونالد، به ۳۰ دقیقه کار نیاز بود و امروزه این زمان سه دقیقه است. بیمه‌ی درمان و تحصیل، در میان اندک مواردی هستند که به لحاظ ساعت کاری، امروزه در مقایسه با دهه‌ی ۱۹۵۰ هزینه‌ی بیشتری به همراه دارند.

حتی بدنام‌ترین سرمایه‌داران، یعنی بارون‌های استعمارگر اواخر قرن نوزدهم، معمولاً با ارزان ساختن چیزها ثروتمندتر می‌شدند. کورنلیوس ون‌دربیلت[۳۶]، مردی است که نیویورک‌تایمز نخستین‌بار از واژه‌ی «بارون استعمارگر» برای توصیفش استفاده کرد. او نمونه‌ی بارز این عبارت بود. اما با وجود این مسئله ببینید که هارپرز ویکلی[۳۷] در سال ۱۸۵۹ درباره خط راه‌آهن او چه می‌گوید

«نتایج در هر مورد ساخت خطوط حمل و نقل مخالف توسط ون‌دربیلت، باعث کاهش

---

۳۵. Cowrie Shell نوعی صدف که در فرهنگ‌های گوناگون ارزش اقتصادی و تزیینی ویژه‌ای دارد.

۳۶. Cornelius Vanderbilt بازرگان آمریکایی قرن هجدهم ملقب به "ناخدا" بود که ثروتش را از راه‌آهن و حمل و نقل کسب کرد.

۳۷. Harper's Weekly مجله‌ی سیاسی آمریکایی در نیویورک که توسط هارپر و برادران بین ۱۸۵۷ تا ۱۹۱۶ منتشر می‌شد.

همیشگی کرایه بوده است. هر جا او یک خط جدید مخالف را «کار می گذاشت» کرایه‌ها بلافاصله کاهش می‌یافت و هرچند این مسابقه به پایان رسید، چه او سهم رقبایش را می خرید، کاری که غالباً می کرد یا این که آنها سهم او را می خریدند، کرایه‌ها هرگز به قیمت‌های گذشته برنگشتند. جامعه، این نعمت - سفر ارزان - را بیشتر مرهون کورنلیوس ون‌دربیلت است.»

هزینه‌های حمل و نقل ریلی بین سال‌های ۱۸۷۰ تا ۱۹۰۰ تا ۹۰ درصد کاهش یافت. کمترین شکی نیست که ون‌دربیلت گاهی اوقات برای کسب موفقیت از رشوه و زورگویی بهره می‌جست و گاهی هم دستمزد کمتری به‌کارگرانش پرداخت می‌کرد – نمی‌خواهم از او یک قدیس بسازم - اما تردیدی هم وجود ندارد که در این مسیر برای مصرف‌کنندگان مزایای زیادی به ارمغان می‌آورد که اگر او نبود، از آن طفره می‌رفتند - مثل حمل و نقل مقرون به صرفه. در همان دوران، اندرو کارنگی[۳۸] در حالی که ثروتمند می‌شد، قیمت یک خط آهنی را تا ۷۵ درصد کاهش داد؛ جان دی. راکفلر، قیمت نفت را تا ۸۰ درصد کاهش داد. در طی آن ۳۰ سال، سرانه‌ی تولید ناخالص داخلی آمریکایی‌ها ۶۶ درصد بالا رفت. آنها هم بارون‌های ثروتمندی بودند.

هنری فورد[۳۹] با ساختن اتومبیل‌های ارزان‌قیمت، ثروت هنگفتی اندوخت. اولین فورد مدل تی[۴۰] با قیمت ۸۲۵ دلار فروخته شد که در آن زمان به‌طرز بی‌سابقهای ارزان بود و او چهار سال بعد قیمتش را تا ۵۷۵ دلار پایین آورد. در سال ۱۹۰۸ حدود ۴۷۰۰ ساعت کار برای فورد مدل تی لازم بود. امروزه این زمان برای یک ماشین عادی، هزار ساعت کار است؛ هرچند که صاحب ویژگی‌هایی است که مدل تی هیچ‌گاه آنها را نداشت. به‌خاطر نوآوری‌های چارلز مارتین‌هال[۴۱] و جانشینانش در آلکوآ[۴۲]، قیمت آلومینیوم از ۵۴۵ دلار به ازای هر پوند در دهه‌ی ۱۸۸۰ به ۲۰ سنت در هر پوند در دهه‌ی ۱۹۳۰ رسید. (پاداش شرکت آلکوآ برای این کاهش قیمت، شکایت از جانب دولت در ۱۴۰ مورد از تخلفات انحصاری بود: کاهش سریع قیمت محصول به‌عنوان مدرکی برای تلاش جهت جلوگیری از رقابت و قیمت‌شکنی استفاده می‌شد. مایکروسافت هم در انتهای همین قرن با شکایت مشابهی مواجه شد.) هنگامی که خوان تریپ[۴۳]، در سال ۱۹۴۵ بلیت‌های ارزان‌قیمت برای توریست‌ها را در خطوط هوایی پان‌آمریکن که متعلق به خودش

---

۳۸. Andrew Carnegie پیشر صنعت فولاد قرن نوزدهم آمریکا بود که تبدیل به یکی از ثروتمندترین افراد شد.

۳۹. Henry Ford موسس کارخانه‌ی فورد

۴۰. Model T این خودرو به عنوان اولین خودرو مقرن به صرفه تولید انبوه شناخته می‌شود.

۴۱. Charles Martin Hall مخترع، بازرگان و شیمی‌دان آمریکایی قرن نوزدهم که به‌خاطر روش ارزان تولید آلومینیوم شناخته شده بود.

۴۲. Alcoa هشتمین شرکت بزرگ تولیدکننده‌ی آلومینیوم در دنیا که مرکز آن در پیتزبورگ پنسیلوانیای آمریکاست.

۴۳. Juan Trippe پیشگام هوانوردی تجاری، کارآفرین و موسس خط هوایی پان امریکن (Pan American) بود.

بود فروخت، به خطوط هوایی دیگر توهین شد و آنها با ارائه‌ی دادخواست از دولت خواستار تحریم پان‌آمریکن شدند: در کمال شرم و تاسف، بریتانیا با این موضوع موافقت کرد و بنابراین پان‌آمریکن پروازهایش را به ایرلند منتقل کرد. قیمت توان محاسبه در ربع قرن منتهی به پایان قرن بیستم چنان با سرعت کم شد که داشتن ظرفتیت یک ماشین‌حساب جیبی در سال ۲۰۰۰ می‌توانست در سال ۱۹۷۵ قیمتی معادل دستمزد یک عمر شما را داشته باشد. قیمت یک دستگاه پخش دی‌وی‌دی در بریتانیا از ۴۰۰ پوند در سالِ ۱۹۹۹ طی فقط پنج سال به حدود ۴۰ پوند کاهش یافت، کاهشی که دقیقاً پیش‌تر برای دوربین فیلمبرداری اتفاق افتاده بود اما خیلی سریع‌تر.

سقوط قیمت‌های مصرف‌کننده، همان چیزی است که افراد را ثروتمند می‌کند (تقلیل قیمت دارایی‌ها می‌تواند آنها را نابود کند و دلیلش این است که آنها از اعتبار دارایی‌ها بهره می‌برند تا بتوانند کالاهای مصرفی را بخرند). بگذارید یک‌بار دیگر بگویم که تنها مِلاک حقیقی رفاه، زمان است. اگر کورنلیوس ون‌دربیلت یا هنری فورد، نه‌تنها شما را به جایی که می‌خواهید بروید، سریع‌تر می‌رسانند، بلکه از شما ساعات کاری کمتری برای تهیه‌ی بلیت می‌خواهند، این بدین معنی است که با اهدای مقادیری از وقت آزاد، شما را ثروتمند کرده‌اند. اگر بخواهید آن اوقات فراغت را صرف تولیدات شخص دیگری بکنید، آن‌گاه می‌توانید او را با این کار ثروتمند کنید؛ و اگر همین وقت را برای تولید محصول مصرفی او بگذارید، آن‌گاه خودتان را هم ثروتمند کرده‌اید. کَک ارزان‌سازی به تنبان خانه‌سازی هم افتاد اما دولت‌ها به دلایل گیج‌کننده‌ایی، تلاش بسیاری می‌کنند تا از آن سر باز زنند. در ۱۹۵۶ برای به‌دست آوردن ۱۰۰ فوت مربع مسکن، ۱۶ هفته باید کار می‌کردید و اکنون ۱۴ هفته طول می‌کشد و خانه با کیفیت بالاتری دارید. اما با توجه به آسان‌بودن استفاده از ماشین‌آلات مدرن برای ساختن خانه، قیمت خانه باید خیلی سریع‌تر کم می‌شد. دولت‌ها در ابتدا با استفاده از قوانین برنامه‌ریزی یا منطقه‌بندی به‌منظور انحصار تأمین مسکن (خاصه در بریتانیا) و سپس با استفاده از نظام مالیاتی برای تشویق به گرفتن وام رهنی (دست کم در ایالات متحده، در بریتانیا این مسئله دیگر وجود ندارد) و سر آخر هر کاری برای جلوگیری از سقوط قیمت مسکن پس از هر حباب انجام دادند. تأثیر این اقدامات باعث دشوارتر شدن زندگی برای کسانی شد که هنوز خانه‌ای نداشتند و در عوض آنهایی که صاحب خانه بودند اوضاع بهتری برای‌شان فراهم شد. دولت‌ها برای اصلاح این وضعیت، بایستی ساختمان‌سازها را مجبور به خانه‌سازی مقرون به صرفه کنند یا با اعطای وام مسکن به طبقات فرودست کمک مالی کنند.

شادکامی

همان‌طور که ضروریات و تجملات زندگی ارزان‌تر می‌شود، آیا افراد شادتر می‌شوند؟ صنعت کلبه‌های کوچک که در ابتدای قرن بیست و یکم رونق گرفت در راستای موضوع اقتصاد شادکامی بود. این مسئله با یک تناقض آغاز شد که می‌گوید ثروتمندان لزوماً شادتر نیستند. پس از سطح معینی از درآمد سرانه (۱۵ هزار دلار در سال مطابق نظر ریچارد لیارد[۴۴]) به نظر نمی‌رسید افزایش درآمد، سطح رفاه فردی را بالا ببرد. همان‌طور که مقالات و کتاب‌ها در تأیید این نظریه به وفور در حوزه‌ی آکادمی منتشر می‌شد، لذت بردن از ناخوشی دیگران[۴۵] در مقیاس وسیعی میان مفسران فراگیر شد. سیاستمداران متوجه قضیه شدند و دولت‌ها از تایلند گرفته تا بریتانیا شروع به اندیشیدن درباره چگونگی بیشینه کردن شادکامی ناخالص ملی به‌جای تولید ناخالص ملی کردند. ادارات دولتی بریتانیا اکنون در اثر همین تفکرات، «دوایر رفاهی» دارند. جیگمه سینگیه وانگچوک[۴۶]، پادشاه بوتان به‌عنوان نخستین کسی که در سال ۱۹۷۲ به این مرحله رسید و رشد اقتصادی را هدف ثانویه‌ای برای رفاه ملی برشمرد تمجید و ستایش می‌شود. اگر رشد اقتصادی موجب شادکامی نشود، چنان‌که حکمت نوین می‌گوید، پس نیازی به تقلا برای کامیابی وجود نمی‌داشت و اقتصاد دنیا باید تا حد ایمنی با سطح معقولی از درآمد پایین آورده شود. یا چنان‌که اقتصاددانی گفته بود: «از اول هم حق با هیپی‌ها بود.»

اگر این حقیقت داشته باشد، باد خوش‌بینی خردگرایانه را می‌خواباند. پس اگر این مسائل موجب شادکامی افراد نمی‌شوند، برای چه پیروزی بر مرگ، غلبه بر قحطی، بیماری و بیگاری را جشن می‌گیریم؟ اما اینها حقیقت ندارند. این بحث با پژوهش ریچارد ایسترلین[۴۷] در سال ۱۹۷۴ آغاز شد که نشان داد هرچند در یک کشور عموماً افراد پولدار از فقرا شادکام‌تر بودند، اما کشورهای ثروتمندتر شهروندانی شادکام‌تر از کشورهای فقیر نداشتند. از آن زمان، «تناقض استرلین» به عقیده‌ای آمیخته به تعصب و بحثی اساسی در این مناظره تبدیل شد. مسئله اینجا است که این ادعا نادرست است. دو مقاله که در سال ۲۰۰۸ منتشر شدند، تمام اطلاعات و آمار و ارقام را تجزیه و تحلیل کرد و نتیجه‌ی سرراست آنها این است که چیزی به اسم پارادوکس استرلین وجود ندارد. ثروتمندان شادکام‌تر از فقرا هستند؛ کشورهای ثروتمند هم مردمی شادکام‌تر از کشورهای فقیر دارند و افراد همان‌طور که ثروتمندتر می‌شوند، شادکام‌تر

۴۴. Richard Layard عضو مجلس اعیان بریتانیا و اقتصاددان کار که در حال حاضر به‌عنوان مدیر برنامه‌ی مرکز عملکرد اقتصادی در دانشکده اقتصاد لندن مشغول به‌کار است.

۴۵. Schadenfreude واژه‌ای آلمانی است به معنی لغوی لذت بردن از آسیب دیدن دیگران.

۴۶. Jigme Singye Wangchuck

۴۷. Richard Easterlin استاد اقتصاد دانشگاه کالیفرنیای جنوبی. او به‌دلیل تئوری اقتصادی خویش که به نام خودش نام‌گذاری شده، معروف است.

می‌شوند. مطالعه‌ی پیشین به‌سادگی نمونه‌های بیش از حد کوچکی داشت تا بتوانند تفاوت‌های چشم‌گیری را پیدا کنند. در هر سه مقوله‌ی سنجش – درون کشورها، میان کشورها و دوره‌های زمانی متفاوت - درآمد اضافی در واقع به بهروزی بیشتر منجر می‌شد. این‌گونه می‌شود گفت که به‌طور میانگین، در کل اگر مسائل دیگر را برابر فرض کنیم، پول بیشتر شما را شادکام‌تر می‌کند. به زبان یکی از بررسی‌ها: «روی هم رفته، با مقایسه‌ی بین دوره‌های زمانی ما، همچنین شواهدی از بخش‌های مختلف که در سطح بین‌المللی گزارش شده، این نکته مشخص می‌شود که رابطه‌ی مهمی میان رشد اقتصادی و رشد بهروزی شخصی وجود دارد.»

برخی استثنائات هم وجود دارند. آمریکایی‌ها در حال حاضر روند فزاینده‌ی شادکامی را نشان نمی‌دهند. آیا این مسئله بدین خاطر است که ثروتمندان در حال ثروتمندتر شدن هستند اما مردم عادی آمریکا در سال‌های اخیر وضع‌شان بهتر نشده؟ یا به این دلیل است که کشور به‌صورت پیوسته مهاجران فقیر (غمگین) را جذب می‌کند که آمریکا را در سطوح پایینی از شادکامی نگه می‌دارد؟ چه کسی می‌داند؟ این‌گونه نیست که آمریکایی‌ها آن‌قدر ثروتمند شده‌اند که نمی‌توانند شادکام‌تر باشند: ژاپنی‌ها و اروپایی‌ها با وجود این‌که تقریباً به اندازه‌ی آمریکایی‌ها ثروتمند هستند، همچنان به‌صورت پیوسته با افزایش ثروت خود، شادکام‌تر شدند. علاوه بر این، شگفت‌آور است که در دهه‌های اخیر، زنان آمریکایی با وجود ثروتمندتر شدن، کمتر از گذشته شاد هستند.

البته، امکان دارد کسی ثروتمند و در عین حال ناراضی باشد، همان‌طور که بسیاری از افراد مشهور، این نکته را به ما یادآور می‌شوند. البته، کاملاً ممکن است ثروتمند باشید و وقتی بفهمید ثروتمندتر نخواهید شد، ناراحت شوید؛ فقط به این خاطر که همسایه یا افرادی در تلویزیون از شما ثروتمندتر هستند. اقتصاددان‌ها به این عارضه، «تردمیل لذت‌جویی»[۴۸] می‌گویند و بقیه‌ی ما نیز آن را «چشم و هم‌چشمی»[۴۹] می‌نامیم. این هم احتمالاً درست است که ثروتمندان در حالی که به تقلا برای ثروتمندتر شدن خیلی پس از نقطه‌ای که این امر بر خوشحالی‌شان تأثیر زیادی دارد ادامه می‌دهند، آسیب‌های نالازم خیلی زیادی به سیاره می‌زنند؛ گذشته از اینها، آنها به غریزه‌ی رقابت هماوردانه‌ای مجهز هستند که میراث انسان‌های شکارچی-خوشه‌چین است که برای‌شان مقام و منزلت نسبی، و نه مطلق داشت و پاداش جنسی‌شان را معلوم می‌کرد. به همین

---

۴۸. Hedonic treadmill تردمیل لذت‌جویی، به این معنی است که افراد با وجود تغییرات مثبت و منفی بسیاری که در زندگی‌شان رخ می‌دهد، بعد از هر تجربه‌ی خوب یا بد، باز هم می‌خواهند به سطح خوشبختی و رضایتی که پیش‌تر داشتند، برگردند. بر اساس این نظریه، افراد هیچ‌گاه نمی‌توانند به‌طور پایدار خوشحال باشند و مجبورند مثل فردی که روی یک تردمیل راه می‌رود، مدام در حرکت باشند.

۴۹. Keeping up with the Joneses خریدن اشیا، خودرو و کالاهای گران‌قیمت زمانی که توان مالی کافی نداشته باشید صرفاً جهت رسیدن به دیگران و عقب نماندن از آنها.

دلیل مالیات بر مصرف به‌منظور تشویق پس‌انداز برای سرمایه‌گذاری در عوض آن، لزوماً فکر بدی نیست. به هر حال، این بدان معنا نیست که هر کسی اگر فقیرتر شد لزوماً شادتر می‌شود؛ وضعیت خوب و ناخرسندی مسلماً بهتر از فقیر بودن و ناراحتی است. مطمئناً برخی افراد در عین ثروتمند بودن، ناخرسند هستند، در حالی که دیگرانی هم وجود دارند که حتی در فقر می‌توانند خوشحال باشند. روان‌شناسان دریافته‌اند که سطح شادکامی هر انسان پس از یک اتفاق فوق‌العاده خوب یا خیلی وحشتناک، به سطح ثابتی برمی‌گردد. بعلاوه این‌که، یک میلیون سال انتخاب طبیعی، سرشت بشری را چنان جاه‌طلب شکل داده که فرزندانی موفق تربیت کند، نه بسنده به قناعت: انسان‌ها برای خواستن و آرزو کردن برنامه‌ریزی شده‌اند و نه تحسین و قدردانی.

ثروتمند شدن تنها راه یا بهترین راه برای شادتر شدن نیست. همان‌طور که رونالد اینگلهارت[۵۰]، استاد علوم سیاسی می‌گوید، آزادی‌های اجتماعی و سیاسی در این مسیر بسیار موثرتر هستند: «بیشترین شادکامی از زندگی جامعه‌ای برمی‌آید که شما را در انتخاب سبک زندگی‌تان – جایی که زندگی می‌کنید، با کسی که ازدواج می‌کنید، چگونه جنسیت خود را بیان می‌کنید و از این قبیل موضوعات- آزاد می‌گذارد.» آنچه باعث افزایش شادکامی در ۴۵ کشور از ۵۲ کشور موضوع تحقیق، ثبت‌شده است، افزایش آزادی در انتخاب از سال ۱۹۸۱ است. روت وینهوفن[۵۱] کشف کرد که «هرچه ملتی بیشتر فردیت‌گرا باشد، شهروندان لذت بیشتری از زندگی‌شان می‌برند.»

تنگنا

با همه‌ی این احوالات، زندگی هر چقدر هم خوب باشد، زندگی امروز خوب نیست. آمار و ارقام مربوط به شادی در پیشرفت‌های اخیر به همان اندازه برای کارگر اخراجی کارخانه‌ی اتومبیل‌سازی در دیترویت[۵۲] یا صاحب‌خانه‌ای خلع ید شده در ریکیاویک[۵۳]، پوچ به‌نظر می‌رسند که برای یک قربانی وبا در زیمبابوه یا پناهنده‌ای فراری از شر نسل‌کشی در کنگو. جنگ، بیماری، فساد و تنفر همچنان زندگی میلیون‌ها نفر را مخدوش می‌کند؛ تروریسم هسته‌ای، افزایش سطح آب دریاها و انواع آنفلوآنزای همه‌گیر می‌تواند دنیای قرن بیست و یکم را به مکانی مهیب مبدل کند. همه‌ی اینها درست است اما دم‌زدن از این تیره‌روزی‌ها بخت ما را تغییر نمی‌دهد؛ باید برای ادامه‌ی بهبود وضع بشریت تا جایی که ممکن است تلاش کرد. دقیقاً به همین خاطر در قرون اخیر مشخص شده که بهبود

---

۵۰. Ronald Ingleheart استاد علوم سیاسی دانشگاه میشیگان.
۵۱. Ruut Veenhoven جامعه‌شناس هلندی که روی شادکامی و تاثیرات آن مطالعه می‌کند.
۵۲. Detroit شهری در ایالت میشیگان آمریکا که زمانی تولید خودرو در آن بسیار رونق داشته است.
۵۳. Reykjavik پایتخت ایسلند

وضعیت بشر میسر است و نقص موجود در جهان، وظیفه‌ای اخلاقی بر دوش انسان می‌گذارد تا اجازه دهد تکامل وضعیت اقتصادی ادامه یابد. جلوگیری از تغییر، نوآوری و رشد، ایستادن در راه همدلی بالقوه است. هرگز اجازه ندهید فراموش کنیم برخی از گروه‌های فشار با نشر احتیاط شدید درباره محموله‌ی کمکی غذاهای دستکاری‌شده‌ی ژنتیکی، شاید موجب بدتر شدن تشدید گرسنگی اوایل دهه‌ی ۲۰۰۰ در زامبیا شده باشند. اصل احتیاط - ایمنی بهتر از پشیمانی - خودش، خود را محکوم می‌کند: در جهان محتاط، هیچ امنیتی در بی‌حرکت ماندن، پیدا نمی‌شود.

بلافاصله سقوط بازارهای مالی و بورس ۲۰۰۸ باعث یک رکود عمیق و محنت‌زا شد که بیکاری عظیم و سختی‌های واقعی‌ای را در بسیاری از نقاط جهان به بار آورد. امروزه برای بسیاری واقعیت افزایش استانداردهای زندگی به یک حیله شبیه است، یک نمای هرمی که با وام‌گرفتن از آینده به‌دست آمده است.

برنارد میداف[۵۴] تا سال ۲۰۰۸ که آواز رسوایی‌اش بلند شد و دستش رو شد، به سرمایه‌گذارانش پیشنهاد بهره‌ی ثابت و بالای بیش از یک درصد در ماه بر پول‌شان برای ۳۰ سال را داده بود. او این کار را با پرداخت از سرمایه‌ی سرمایه‌گذاران جدید به‌عنوان سود به سرمایه‌گذاران پیشین انجام می‌داد؛ یک فریبکاری به‌صورت نوشتن نامه‌های زنجیره‌ای[۵۵] که نمی‌توانست ادامه داشته باشد. وقتی دست او رو شد، ۶۵ میلیارد دلار از پول سرمایه‌گذاران هم به تاراج رفت. این تقریباً همان کاری بود که جان لا[۵۶] در پاریس با شرکت می‌سی‌سی‌پی[۵۷] در سال ۱۷۱۹ انجام داد، و مشابه‌کار جان بلانت[۵۸] در لندن با شرکت ساوث سی[۵۹]

۵۴. Bernard Madoff او در نیویورک کارگزار بورس و مشاور سرمایه‌گذاری است. او همچنین بزرگ‌ترین کلاهبردار مالی جهان است که با استفاده از ترفند پانزی طی ۱۵ سال در حدود ۶۵ میلیارد دلار کلاهبرداری کرد. از او همچنین به‌عنوان فرانکشتاین امور مالی نیز یاد می‌شود.

۵۵. chain letter نامه‌ی زنجیره‌ای که دریافت‌کننده برای جلوگیری از بدیمنی باید رونوشت کرده و برای دیگران بفرستد.

۵۶. John Law اقتصاددان اسکاتلندی قرن هفدهم. او پول را وسیله‌ای برآمده از ثروت ملی وابسته به تجارت می‌انست. او به‌عنوان حسابدار کل امورمالی فرانسه در زمان لویی پانزدهم بود و تحت لوای دوک اورلیان خدمت کرد.

۵۷. Mississippi Company شرکتی بود که کسب‌وکار انحصاری در مستعمرات فرانسه در آمریکای شمالی داشت. این شرکت در ۱۷۱۷ کمک‌هزینه‌ی سلطنتی همراه با امتیاز اختصاصی تجارت اقتصادی برای ۲۵ سال دریافت کرد. تغییرات ارزش ملک در آن زمان معروف به حباب می‌سی‌سی‌پی است که یکی از اولین حباب‌های اقتصادی است.

۵۸. John Blunt

۵۹. South Sea Company شرکت سهامی خاص بریتانیایی تأسیس شده در ۱۷۱۷ بود. این شرکت جهت یکپارچه کردن و کاهش بدهی ملی ایجاد شده بود. برای ایجاد درآمد، شرکت امتیاز انحصاری تأمین برده‌های آفریقایی در "دریاهای جنوبی" و آمریکای جنوبی را دریافت کرد.

در سال ۱۷۲۰، آنچه چارلز پانزی[۶۰] در سال ۱۹۲۰ در بوستون[۶۱] با کوپن‌های برگشتی به‌جای تمبر پستی، یا کاری که کن لی[۶۲] با سهام شرکت انران در سال ۲۰۰۱ کرد.

آیا ممکن است که نه‌تنها رونق سیستم اعتباری کنونی بلکه حتی ارتقای استانداردهای زندگی در دوران پس از جنگ یک نقشه‌ی پانزی باشد که با گسترش تدریجی سیستم اعتباری و نقدینگی ممکن شده است؟ که ما در عمل با قرض‌گرفتن از کودکان‌مان ثروتمند شده‌ایم و یوم‌الحساب نزدیک باشد؟ این مسئله قطعاً درست است که وام مسکن شما از خود آینده‌ی شما تأمین شده است (از طریق یک صندوق پس‌انداز در جایی مثل چین). همچنین این هم حقیقت دارد که در دو سمت اقیانوس اطلس، حقوق دوران بازنشستگی‌تان به‌وسیله‌ی مالیات فرزندان‌تان تأمین مالی می‌شود، نه همان‌طور که خیلی‌ها فکر می‌کنند با کسر از حقوقی که داشتید.

اما هیچ چیز غیرطبیعی در این مورد وجود ندارد. در حقیقت این یک الگوی عادی رفتار انسانی است. شمپانزه‌ها در ۱۵ سالگی، ۴۰ درصد از کالری که در کل زندگی به آن نیاز دارند را تولید و مصرف کرده‌اند. در سن مشابه، انسان‌های شکارچی- خوشه‌چین، حدود ۲۰ درصد از کالری کل زندگی خود را مصرف کرده اما فقط ۴ درصد تولید کرده‌اند. انسان‌ها در اوایل زندگی‌شان بیش از هر حیوان دیگری، به اتکای دیگران از توانایی‌های آینده‌شان قرض می‌گیرند. یک دلیل بزرگ بر این مسئله این است که شکارچی- خوشه‌چین‌ها متخصص در غذاهایی بودند که نیاز به استخراج و فرآوری داشتند -ریشه‌ها باید کنده و پخته می‌شدند، صدف‌های خوراکی باید باز می‌شدند، دانه‌های خوراکی نیاز به شکستن پوسته داشتند، لاشه‌های حیوانات باید قصابی می‌شدند- در حالی که شمپانزه‌ها از چیزهایی تغذیه می‌کنند که به‌سادگی پیدا و جمع می‌شوند؛ مانند میوه‌ها یا موریانه‌ها. یادگیری این استخراج و فرآوری، مستلزم زمان، تمرین و مغز بزرگ بود اما وقتی که یک انسان آموخته شود آن‌گاه می‌تواند کالری مازاد بسیاری برای تقسیم با فرزندان تولید کند. بسیار شگفت‌آور است که این الگوی تولید در طول عمر شکارچی- خوشه‌چین‌ها بسیار شبیه سبک زندگی

---

۶۰. Charles Ponzi یک کلاهبردار و شیاد ایتالیایی که در آمریکای شمالی دهه‌ی ۱۹۲۰ کاملاً سرشناس بود. به ظاهر یک بازرگان اهل ایالات متحده آمریکا بود اما او در اصل مجری یک سیستم کلاهبرداری بود که به نام خودش شهرت یافت. پانزی با خرید کوپن‌های تخفیفی اداره‌ی پست و تعهد دادن آن‌ها در آمریکا و کشورهای دیگر به سرمایه‌گذاران وعده‌ی ۵۰ درصد سود را در ۴۵ روز یا ۱۰۰ درصد سود در ۹۰ روز می‌داد. در حالی که او با استفاده از سرمایه‌ی سرمایه‌گذاران پیشین و همچنین سرمایه‌گذاران جدید، سود اولین‌ها را پرداخت می‌کرد. این کلاهبرداری که چندین سال پیش رفته بود و با نام خود او (پانزی) شناخته می‌شد، توانست در حدود یک‌سال ۲۰ میلیون دلار کسب کند. ممکن است پانزی از طرح ویلیام میلر William F. Miller، یکی از کتاب‌فروش‌های بروکلین که در سال ۱۸۹۹ از همان طرح استفاده و تا یک میلیون دلار گرفته بود، الهام گرفته باشد.

۶۱. Boston شهری در ماساچوستس آمریکا.

۶۲. Ken Lay تاجر آمریکایی که موسس و مدیر عامل شرکت انران (Enron) بود.

مدرن غربی است تا شیوه‌ی کشاورزی، ملوک‌الطوایفی یا سبک زندگی اوایل دوره‌ی صنعتی‌شدن. این بدان معنی است که ۲۰ سال زمان می‌برد تا فرزندان حتی شروع به آوردن بیش از مصرف‌شان کنند و پس از آن داشتن ۴۰ سال تولید بسیار بالا چیزی است که میان شکارچی- خوشه‌چین‌ها و جوامع مدرن مشترک است، اما این امر در بین این دو دوره، هنگامی که بچه‌ها می‌توانستند و به سر کار هم رفتند تا مصارف خودشان را تأمین کنند کمتر صدق می‌کند.

امروز تفاوت این است که تبادلات بین نسلی، شکل جمعی‌تری به خود گرفته است؛ مثلاً مالیات بر درآمد همه‌ی افراد تولیدکننده در اوج جوانی و توان، آموزش و تحصیل را برای همه تأمین می‌کند. به این ترتیب اقتصاد (مثل نامه‌ی زنجیره‌ای اما در واقع بدون گوش‌بری) باید در حال حرکت رو به جلو باشد وگرنه از هم خواهد پاشید. نظام بانک‌داری باعث می‌شود افراد وقتی جوان هستند وام بگیرند و مصرف کنند و وقتی که به سن پیری می‌رسند آن را ذخیره کرده و قرض بدهند و با استفاده از آن در طول دهه‌ها، استاندارد زندگی خانواده‌شان را بهبود بخشند. آیندگان می‌توانند بهای زندگی نیاکان‌شان را بپردازند چون نسل‌ها از طریق نوآوری می‌توانند ثروتمندتر شوند. اگر شخصی در جایی وام بگیرد که بازپرداخت آن را طی سه دهه انجام خواهد داد و آن را در کسب‌وکاری برای ساخت وسیله‌ای سرمایه‌گذاری کند که به وسیله‌ی آن بتواند در زمان مشتریانش صرفه‌جویی کند، آن‌گاه پولی که از آینده آورده است، هم خودش و هم آن مشتریان را ثروتمند خواهد کرد تا جایی که وام می‌تواند به آیندگان دوباره پرداخت شود؛ این یعنی رشد. از طرف دیگر اگر کسی وام را برای سبک زندگی تجملی بگیرد یا در بازار سرمایه با خرید خانه‌ی دوم مصرف کند، آن‌گاه آیندگان بازنده‌ی این بازی خواهند بود. امروز واضح است که این کاری بود که تعداد بسیار زیادی از مردم و کسب‌وکارها در دهه‌ی ابتدایی قرن بیست و یکم انجام دادند؛ آنها بیش از آنچه نوآوری‌شان قادر به پرداخت باشد از نسل بعدی وام گرفتند. آنها منابع را به اهداف اشتباه تخصیص دادند. بیشترین انفجارهای ثروت در دوران پیشین بشر منجر به هیچ شده‌اند به این دلیل که آنها پول کمی را به نوآوری تخصیص دادند و پول بیش از حدی را به تورم قیمت دارایی، جنگ، تجمل‌گرایی، فساد و دزدی.

در اسپانیای چارلز پنجم[۶۳] و فیلیپ دوم[۶۴]، ثروت هنگفتی از معادن نقره‌ی پرو هدر رفت. «نفرین منابع»[۶۵] مشابهی کشورهای با ثروت بادآورده به‌ویژه آنها که صاحب ذخایر نفتی هستند (روسیه، ونزوئلا، عراق و نیجریه) و به‌دست خودکامه‌های رانت‌خوار اداره می‌شوند را تحت تأثیر منفی‌اش قرار داده است. با وجود ثروت‌های بادآورده، چنین کشورهایی به مراتب رشد اقتصادی پایین‌تری

---

۶۳. Charles V پادشاه اسپانیا از ۱۵۱۶ تا ۱۵۵۶.

۶۴. Philip II پادشاه اسپانیا از ۱۵۵۶ تا زمان مرگش در ۱۵۹۸.

۶۵. Curse of Resources

نسبت به کشورهایی دارند که کاملاً عاری از منابع هستند اما بازرگانی و فروش پررونقی دارند؛ کشورهایی مثل هلند، ژاپن، هنگ‌کنگ، سنگاپور، تایوان و کره جنوبی. حتی هلندی‌ها که در قرن هفدهم نمونه‌ی تشکیلات بازرگانی بودند، در اواخر قرن بیستم وقتی منابع گاز را کشف کردند، دچار نفرین منابع شدند: آنها این مشکل را بیماری هلندی نامیدند چرا که این ارز متورم به صادرکنندگان‌شان آسیب می‌زد. ژاپن، نیمه‌ی نخست قرن بیستم با بخل به‌دنبال منابع می‌گشت که ویرانی به بار آورد؛ اما نیمه‌ی دوم قرن بیستم را به تجارت و بازرگانی گذراند و در پایان آن بر صدر جدول لیگ کشورهای با میانگین عمر بالا تکیه زد. در دهه‌ی ۲۰۰۰، غرب بیشتر ثروت بادآورده و ارزان پس‌انداز چینی‌ها را که بانک مرکزی آمریکا به‌سمت ما روانه کرده بود به باد داد.

تا زمانی که شخصی، سرمایه‌ی کافی به نوآوری اختصاص می‌دهد، بحران اعتبار در بلندمدت نخواهد توانست مانع پیشرفت فزاینده‌ی استانداردهای زندگی انسان شود. اگر به نمودار جهانی سرانه‌ی تولید ناخالص داخلی نگاهی بیندازید، متوجه می‌شوید رکود بزرگ در دهه‌ی ۳۰ فقط یک دست‌انداز کم‌اهمیت در روند صعودی است. تا سال ۱۹۳۹ حتی کشورهایی که بیشترین آسیب را از این بحران دیده بودند یعنی آمریکا و آلمان، از ابتدای این دهه‌ی ثروتمندتر بودند. در دوران رکود، انواع صنایع و محصولات نوین پا به عرصه گذاشتند: تا سال ۱۹۳۷، ۴۰ درصد از فروش شرکت دوپون[۶۶] از محصولاتی بود که تا پیش از سال ۱۹۲۹ وجود خارجی نداشتند؛ از جمله ابریشم مصنوعی، رنگ لعابی و فیلم سلولوئید. بنابراین رشد از سر گرفته خواهد شد؛ مگر سیاست‌های نادرست جلویش را بگیرند. کسی در جایی، در حال بهبود قسمتی از نرم‌افزار، یا آزمایش یک ماده‌ی جدید، یا انتقال یک ژن است که زندگی من و شما را در آینده آسان‌تر خواهد کرد. نمی‌دانم و مطمئن نیستم چه کسی و کجا، اما بگذارید یکی از نامزدها را معرفی کنم. در هفته‌ای که این پاراگراف را نوشتم، یک شرکت کوچک به‌نام علوم زیستی آرکادیا[۶۷] در کالیفرنیای شمالی، قراردادی با یک مؤسسه‌ی خیریه که در آفریقا فعالیت می‌کنند را امضا کرد که طی آن به خرده‌مالکان، مجوز با امتیاز رایگان جهت استفاده از نهال زیرگونه‌های جدید برنج که با کودی با نیتروژن کمتر می‌توانند کشت شوند و همان میزان محصول دهند را اعطا کرد. این امر به کمک تقویت در ریشه‌های گونه‌ای از یک ژن به نام آلانایِن آمینوترانسفریز[۶۸] که از جو گرفته شده است میسر بود. با فرض این‌که این زیرگونه‌ها همانند کالیفرنیا در آفریقا نیز جواب بدهند، برخی آفریقایی‌ها روزی محصول بیشتری (با آلودگی کمتر) تولید خواهند کرد و خواهند فروخت و در عوض پول بیشتری

---

۶۶. DuPont شرکت صنایع شیمیایی آمریکایی است که در ژوئیه ۱۸۰۲ به‌عنوان یک کارخانه‌ی تولید باروت توسط ایلودر ایرنه دوپون تأسیس شد. شرکت دوپُن، در سال ۲۰۰۹ سومین شرکت شیمیایی جهان، بر اساس ارزش بازار و نهمین شرکت شیمیایی، از نظر میزان درآمد بوده است.

۶۷. Arcadia Biosciences

۶۸. Aminotransferase

کاسب می‌شوند و دست‌شان بیشتر باز می‌شود و مثلاً یک تلفن همراه از شرکتی غربی می‌خرند و همین کمک می‌کند بازار بهتری برای فروش برنج‌شان پیدا کنند. کارمندی در شرکت غربی هم افزایش حقوق خواهد گرفت، یک جفت شلوار جین خواهد خرید که از پارچه‌ی کتانی تولیدی کارخانه‌ای است که همسایه‌ی خرده‌مالک را استخدام می‌کند و این ماجرا همین‌طور ادامه دارد.

تا زمانی که ایده‌های نوین همین‌طور بتوانند متولد شوند، پیشرفت اقتصادی بشر ادامه خواهد یافت. ممکن است فقط یک یا دو سال طول بکشد که رشد جهانی از پس بحران فعلی بر بیاید یا بعضی کشورها یک دهه دچار بحران شوند. ممکن است حتی بخش‌هایی از جهان به دام استبداد، تمرکز قدرت و خشونت، همان‌گونه که در دهه‌ی ۱۹۳۰ اتفاق افتاد، بیفتند و این بحران به جنگ منجر شود. اما تا زمانی که کسی در جایی مشتاق باشد که روش‌هایی برای خدمت بهتر به احتیاجات دیگران ابداع کند، آن‌گاه خوش‌بین خردگرا باید نتیجه بگیرد بهبود کیفیت زندگی بشر در نهایت، مسیرش را از سر خواهد گرفت.

بیانیه‌ی وابستگی متقابل

تصور کنید یک آهو هستید. شما لزوماً فقط چهار چیز را در طول روز انجام می‌دهید: خوابیدن، خوردن، دوری از خورده‌شدن و رفتارهای اجتماعی (بدان معنا که قلمروی‌تان را مشخص می‌کنید، جفت‌تان را دنبال می‌کنید، از بچه‌تان پرستاری می‌کنید و از این قبیل کارها). هیچ کار خاص دیگری لازم نیست انجام دهید. حالا تصور کنید یک انسان هستید. اگر فقط موضوعات اساسی را برشماریم، کارهای بیشتری به‌جز این چهار چیز را باید انجام دهید: خوابیدن، خوردن، غذا پختن، لباس‌پوشیدن، خانه‌داری، مسافرت، شست‌وشو، خرید، کار و... فهرست تقریباً پایان‌ناپذیر است. بنابراین آهو باید زمان آزادتری نسبت به انسان داشته باشد، در حالی که این انسان است و نه آهو که زمان برای خواندن، نوشتن، اختراع کردن، آواز خواندن و گشتن در اینترنت پیدا می‌کند. این همه وقت آزاد از کجا می‌آید؟ این وقت از مبادله و تخصصی‌سازی و در نتیجه‌ی تقسیم کار می‌آید. یک آهو خودش باید غذایش را به‌دست آورد. یک انسان، شخص دیگری را به این کار می‌گمارد، در حالی که خودش برای آن شخص، کار دیگری انجام می‌دهد؛ و هر دو در این روش، زمانی را ذخیره می‌کنند.

بنابراین خودکفایی، راهی به رفاه و آسایش باز نمی‌کند. هنری دیوید ثورو[۶۹]

---

۶۹. Henry David Thoreau فیلسوف آنارشیست آمریکایی قرن نوزدهم بود که بیشتر برای یکی از کتاب‌هایش به نام والدن (Walden) شناخته شده است. او نظریه‌پرداز نافرمانی مدنی و یکی از مهم‌ترین چهره‌های نظریه‌ی تعالی و عشق به بدویت، سراسر زندگی کوتاهش را در کونکورد در ایالت ماساچوستس گذراند. شهرت او که البته پس از حیاتش اتفاق افتاد به دلیل مقاله‌ی «نافرمانی مدنی» اوست.

زمانی پرسید: «کدام‌یک در آخر یک ماه پیشرفت بیشتری می‌کردند؟ پسری که چاقوی جیبی خودش را با سنگ معدنی که آن را استخراج و ذوب کرده، ساخته و تا آنجا که لازم بوده برای این کار مطالعه انجام داده یا پسری که در این حین در سخنرانی پیرامون متالورژی در مؤسسه‌ای شرکت کرده و از پدرش چاقوی جیبی شرکت راجرز دریافت کرده بود؟» برخلاف نظر ثورو، این دومی است که جلو افتاده، خیلی هم فاصله دارد؛ به این دلیل که اوقات فراغت بیشتری برای یادگیری مسائل دیگر داشته است. تصور کنید اگر مجبور باشید کاملاً خودکفا شوید (البته نه فقط مثل ثورو وانمود کنید). هر روز صبح باید بیدار شوید و با منابعی که در دست دارید، نیازهای‌تان را برطرف کنید. روزتان را چگونه می‌گذرانید؟ چهار اولویت اصلی، خوراک، پوشاک، سوخت و سرپناه است. باغ را شخم می‌زنید، به خوک‌ها غذا می‌دهید، از لب نهر آب می‌آورید، از جنگل هیزم جمع می‌کنید، مقداری سیب‌زمینی می‌شویید، آتش روشن می‌کنید (بدون کبریت)، ناهار درست می‌کنید، سقف را تعمیر می‌کنید، سرخس تازه برای بستر می‌چینید، یک سوزن تیز می‌کنید، مقداری ریسمان می‌بافید، چرم برای کفش تهیه می‌کنید و می‌دوزید، در رودخانه استحمام و شست‌وشو می‌کنید، با خاک رس کوزه‌گری می‌کنید، یک مرغ برای شام می‌گیرید و می‌پزید. بدون هیچ کتاب و شمعی برای مطالعه. بدون هیچ زمانی برای ذوب‌کردن فلزات، استخراج نفت یا مسافرت. با این تعاریف، وضع معیشتی شما کاملا واضح است، تقلا برای زنده‌ماندن. گرچه در ابتدا «به شیوه ثورو» زمزمه می‌کنید که «چقدر فوق‌العاده است که از همه این شلوغی‌های آزاردهنده دور شوید». پس از چند روز این روال روزانه چقدر شوم و وحشتناک است. اگر بخواهید حداقل بهبود را در زندگی خود داشته باشید - مثلا ابزارهای فلزی، خمیردندان یا روشنایی- باید برخی از کارهای خود را به کسی واگذار کنید، چون زمانی برای انجام آنها ندارید. بنابراین یک راه برای افزایش سطح استاندارد زندگی‌تان، پایین آوردن سطح استاندارد زندگی کسی دیگری است: یک برده بخرید. در واقع این کاری بود که مردم را برای هزاران سال ثروتمند کرد.

با این‌حال هرچند که هیچ برده‌ای ندارید، امروز وقتی از بستر بلند شدید می‌دانستید که فردی غذا، پارچه و سوخت را به مناسب‌ترین شکل برای‌تان تهیه کرده است. در سال ۱۹۰۰، یک آمریکایی، میانگین حدود ۷۶ دلار از هر ۱۰۰ دلار را برای خوراک، پوشاک و مسکن هزینه می‌کرد. امروزه این میزان به ۳۷ دلار رسیده است. اگر دستمزدی در حد میانگین دارید، می‌دانستید برای به‌دست آوردن پول نقد به‌منظور تهیه‌ی غذا به ده دقیقه کار نیاز دارید، چندین ده دقیقه بیشتر برای لباس جدید و ممکن است یک یا دو ساعت کار برای پرداخت قبض گاز، برق، هزینه‌ی بنزین و سوخت روزانه لازم باشد. پرداخت وام مسکن یا اجاره که تضمین می‌کند سقفی بالای سرتان باشد، ممکن است زمان بیشتری کار لازم داشته باشد. اما کماکان در زمان استراحت و وقت ناهار می‌توانید آرامش خیال

داشته باشید که خوراک، پوشاک، سوخت و سرپناه برای کل روز تأمین شده است. پس وقتش رسیده که چیزهای جالب‌تری به‌دست بیاوریم: اشتراک تلویزیون ماهواره‌ای، قبض تلفن همراه، پس‌انداز برای تعطیلات، هزینه‌ی اسباب‌بازی‌های جدید برای بچه‌ها و مالیات بر درآمد. جان استوارت میل می‌گوید: «تولید بر این امر دلالت دارد که تولیدکننده میل به مصرف دارد وگرنه چرا باید به‌کار بیهوده‌ی خویش ادامه دهد؟»

در سال ۲۰۰۹ یک هنرمند به اسم توماس تویتز[۷۰] تصمیم گرفت خودش یک توستر از نوعی که می‌توانست آن را از فروشگاه با قیمت ۴ پوند بخرد، بسازد. او فقط به چند نوع ماده‌ی خام نیاز داشت: آهن، مس، نیکل، پلاستیک و میکا (یک ماده‌ی معدنی نارسانا که عنصر گرمایش‌دهنده به دور آن پیچیده می‌شود). اما رسیدن به این امر هم برایش ناممکن بود. آهن از سنگ آهن ساخته شده که او احتمالاً باید استخراجش می‌کرد، اما چگونه می‌توانست کوره‌ای داغ بسازد که دمنده‌ی برقی نداشته باشد؟ (او تقلب کرد و از اجاق مایکروویو استفاده کرد). پلاستیک از نفت ساخته می‌شود که او نمی‌توانست به‌راحتی آن را حفاری کند، چه برسد به پالایش آن. و باقی چیزها. مهم‌تر از همه این‌که این پروژه ماه‌ها طول کشید، هزینه‌های زیادی داشت و سر آخر محصولی با کیفیت پایین‌تر تولید شد. با این وجود، خرید یک توستر ۴ پوندی، کمتر از دستمزد یک ساعت کار او خرج برمی‌داشت. این قضیه به ویتز، عمق درماندگی‌اش را به‌عنوان مصرف‌کننده نشان داد، بنابراین خودکفایی را رها کرد. این مسئله همچنین جادوی تخصصی‌سازی و مبادله را به وضوح نمایش می‌دهد: هزاران نفر، بدون این‌که هیچ لطفی در حق ویتز کرده باشند، برای این‌که او بتواند یک توستر با مبلغی ناچیز بخرد با هم همکاری می‌کنند. در وضعیتی مشابه، کلی کاب[۷۱] از دانشگاه دِرِکسل[۷۲] شروع کرد تا با موادی که در ۱۰۰ مایلی اطراف خانه‌اش پیدا می‌شد، یک دست لباس مردانه تهیه کند. برای این کار، ۲۰ صنعتگر و در مجموع ۵۰۰ نفرساعت کار کردند و با این همه مجبور شدند ۸ درصد از مواد مورد نیاز را در خارج از محدوده‌ی ۱۰۰ مایلی پیدا کنند. کاب نتیجه گرفت اگر آنها یک سال دیگر کار می‌کردند، می‌توانستند تمام مواد را از همین محدوده به‌دست بیاورند. به بیان ساده‌تر، می‌توان گفت هزینه‌ی تولید محلی یک دست لباس مردانه‌ی ارزان، تقریباً ۱۰۰ برابر شده بود.

هنگامی که این سطور را می‌نویسم ساعت ۹ صبح است. طی دو ساعتی که از بستر برخاستم، در آبی که با گاز دریای شمال گرم شده بود دوش گرفتم، با ماشین اصلاحی آمریکایی صورتم را تراشیدم که با نیروی الکتریسیته‌ای کار می‌کرد که از ذغال بریتانیایی تأمین شده بود، تکه نانی خوردم که از گندم فرانسوی تهیه

---

۷۰. Thomas Thwaites طراح و نویسنده‌ی معاصر بریتانیایی.

۷۱. Kelly Cobb

۷۲. Drexel University دانشگاه تحقیقاتی خصوصی در فیلادلفیای آمریکا.

شده بود و کره‌ی نیوزیلندی و مارمالاد اسپانیایی روی آن مالیده شده بود، سپس یک لیوان چای نوشیدم که برگ‌هایش در سری‌لانکا رشد کرده بودند، لباسی بر تن کردم که از کتان هندی و پشم استرالیایی بود با کفش‌های چرمی چینی و لاستیک مالزیایی، روزنامه‌ای را خواندم که از خمیر کاغذ فنلاندی و جوهر چینی ساخته شده بود. حالا هم پشت میزی نشسته‌ام که صفحه‌کلید تایلندی دارد و در حال تایپ هستم (که یحتمل زندگی‌اش از چاه نفت عربی شروع شده است) تا الکترون‌ها در تراشه‌ی سیلیکونی کره‌ای و چند سیم از مس شیلیایی به حرکت درآیند و متن در کامپیوتری با طراحی و سرهم‌بندی شرکتی آمریکایی، نمایش داده شود. من از سر صبح تا الان از کالاها و خدماتی بهره برده‌ام که ده‌ها کشور آن را تولید کرده‌اند. در حقیقت من ملیت برخی از این موارد را حدس زدم، به این خاطر که منابع گوناگونی دارند و تقریباً غیرممکن است که حدس زد آنها دقیقاً از کدام کشور آمده باشند.

مهم‌تر از همه‌ی این موارد، من همچنین کسر کوچکی از تولیدات ده‌ها نفر را مصرف کرده‌ام. کسی گاز را از زیر زمین استخراج کرده، لوله‌کشی را نصب کرده، تیغ را طراحی کرده، پنبه را تولید کرده و برنامه‌ی نرم‌افزاری نوشته است. همه‌ی این افراد بدون این‌که بدانند، داشتند برای من کار می‌کردند. در ازای بخشی از مخارج من، هر کدام‌شان من را با بخشی از کارشان تأمین کرده‌اند. آنها هر زمان چیزی را که خواستم به من داده‌اند؛ گویی که من لویی چهاردهم، پادشاه خورشید[۷۳] در ورسای در سال ۱۷۰۰ بودم.

پادشاه خورشید، هر شب شام را تنها می‌خورد. از میان چهل نوع غذا که در ظروف طلایی و نقره‌ای سرو می‌شدند غذایش را برمی‌گزید. برای تهیه‌ی هر وعده غذا، ۴۹۸ نفر با سرآسیمگی کار می‌کردند. او ثروتمند بود به این دلیل که زحمات دیگران را مصرف می‌کرد که عمدتاً به شکل خدمات بود. او ثروتمند بود چون دیگران کارهایی برایش انجام می‌دادند. در آن زمان، یک خانواده‌ی متوسط فرانسوی وعده‌های غذایی خودشان را تهیه و مصرف می‌کردند و همین‌طور برای تأمین مستخدمان کاخ شاه، مالیات می‌پرداختند. پس دشوار نیست نتیجه بگیریم لویی چهاردهم به این دلیل ثروتمند بود که دیگران فقیر بودند.

اما امروز چه؟ در نظر بگیرید یک فرد متوسط هستید، مثلاً یک زن ۳۵ ساله و فرض کنید که در پاریس زندگی می‌کنید و دستمزد متوسطی هم دریافت می‌کنید همراه با شوهری که شاغل است و دو فرزند هم دارید. از فقر خیلی فاصله دارید، اما به لحاظ نسبی خیلی خیلی از لویی فقیرتر هستید. در جایی که او ثروتمندترین اغنیا در ثروتمندترین شهر جهان بود، شما نه خدمتکار، نه قصر، نه کالسکه و نه سرزمین پادشاهی دارید. هنگامی که با مشقت از سر کار با مترو به خانه برمی‌گردید، در مغازه‌ای برای خرید غذای آماده برای چهار

---

۷۳. Roi Soleil, Louis XIV

نفر توقف می‌کنید و ممکن است فکر کنید تمهیدات میز شام لویی چهاردهم خیلی دور از دسترس شماست.. این کورنوکوپیا[۷۴] (وفور نعمت) که از هنگام ورود به فروشگاه به استقبال شما می‌آید، تمام چیزهایی را که لویی در عمرش دیده و تجربه کرده بود در برابرش ناچیز می‌کند (و نسبت به غذای لویی احتمال کمتری دارد که حاوی میکروب سالمونلا باشد). شما می‌توانید وعده‌های غذایی تازه، منجمد، کنسروی، دودی یا نیمه‌آماده‌ی تولید شده از گوشت گاو، مرغ، خوک، بره، ماهی، میگو، حلزون، تخم مرغ، سیب‌زمینی، لوبیا، هویج، کلم، بادمجان، کامکوات[۷۵]، کرفس، بامیه‌ی خورشتی، هفت نوع کاهو، غذای آماده شده در روغن زیتون، گردو، آفتابگردان یا بادام زمینی و طعم‌دار شده با تخم گشنیز، زردچوبه، ریحان یا رزماری و... را بخرید. ممکن است سرآشپز نداشته باشید اما می‌توانید از روی میل و امتیاز، بین اغذیه‌فروشی‌های نزدیک یا رستوران‌های ایتالیایی، چینی، ژاپنی یا هندی که در هر کدام از اینها سرآشپزهای تعلیم‌دیده منتظر شما و خانواده‌تان هستند و در عرض کمتر از یک ساعت، غذایی برای‌تان سرو کنند، انتخاب کنید. به این فکر کنید: پیش از این، هیچ نسلی از طبقه‌ی متوسط نمی‌توانست کسی را برای آماده‌کردن وعده‌های غذایی‌اش به‌کار بگمارد.

شما خیاط استخدام نمی‌کنید اما می‌توانید با جست‌وجو در اینترنت از میان بی‌نهایت انواع لباس‌های عالی، لباسی از جنس پنبه، ابریشم، کتان، پشم یا نایلون سفارش بدهید که در کارخانه‌های سراسر آسیا تولید شده‌اند. شما کالسکه ندارید، اما می‌توانید بلیتی بخرید که یک خلبان تعلیم‌دیده با بودجه‌ی شرکت هواپیمایی به یکی از صدها مقصدی که لویی در عمرش هیچ‌گاه آنها را ندیده بود و تصوری هم از آنها نداشت، پرواز کنید. شما هیزم‌شکن ندارید که برای‌تان آتش تهیه کند اما متصدیان تاسیسات گاز در روسیه با هیاهو درگیر کار هستند تا برای شما گرمایش پاک فراهم کنند. شما پادویی برای روشن‌کردن مشعل ندارید اما کلید چراغ برق به شما محصولی آنی و درخشان از زحمات افرادی می‌دهد که در شبکه‌ی یک نیروگاه هسته‌ای در فاصله‌ای دور مشغول کار هستند. شما هیچ پیام‌رسان شخصی‌ای ندارید که بدود و پیام ببرد و بیاورد اما حتی همین الان هم تعمیرکاری در جایی از جهان در حال بالا رفتن از یک دکل آنتن تلفن همراه است تا مطمئن شود هنگامی‌که می‌خواهید از تلفن استفاده کنید، درست کار می‌کند. شما داروساز اختصاصی ندارید اما داروخانه‌ی محلی شما با همکاری هزاران متخصص شیمی، مهندس و کارشناسان فنی، به شما

---

۷۴. Cornucopia کورنوکوپیا یا شاخ نعمت، از جمله نمادهای فرهنگی و اجتماعی است که در اروپا و ایالات متحده آمریکا، مظهر فراوانی و برکت به شمار می‌رود. منشاء کورنوکوپیا به اساطیر یونانی باز می‌گردد و به بخشی از افسانه‌ی زندگی زئوس، بزرگ‌ایزد یونانی و نیز به داستان‌های اسطوره‌هایی چون هرکول، هِیدِس، دیمیتر و تیشه مرتبط می‌شود، اما نقش کورنوکوپیا را بر روی برخی نقش‌برجسته‌ها و سکه‌های دوره‌ی اشکانی نیز می‌توان شناسایی کرد و برخی از معدود اشیای بازمانده از آن عصر، به‌صورت کورنوکوپیا یعنی به شکل شاخی میان‌تهی طراحی و ساخته شده‌اند.

۷۵. Kumquat میوه‌ای از خانواده مرکبات شبیه پرتقال.

خدمات دارویی می‌رسانند. شما وزرای دولتی ندارید اما گزارشگران کوشا همین حالا آماده به خدمت ایستاده‌اند تا به شما درباره جدایی ستاره‌ی فلان فیلم بگویند، اگر که فقط به شبکه خبری آنها رجوع کنید یا مشترک وبلاگ آنها شوید.

منظورم این است که اکنون بسیار بیشتر از ۴۹۸ خدمتکار تمام‌وقت آماده به‌کار دارید. البته برخلاف خدمتکاران پادشاه خورشید، این خدمتکاران برای افراد بسیاری کار می‌کنند اما واقعاً چه فرقی می‌کند؟ این جادویی است که مبادله و تخصصی‌سازی برای گونه‌ی بشر از کلاهش بیرون آورده است. آدام اسمیت می‌نویسد: «در جوامع متمدن، یک فرد همیشه به همکاری و یاری افراد زیادی محتاج است، در حالی که در کل زندگی‌اش دوستی با چند نفر برایش کفایت می‌کند.» لئونارد رید[۷۶] در جستار اثر کلاسیکش به نام «اینجانب، مداد» در سال ۱۹۵۸ از زبان یک مداد معمولی تشریح می‌کند چگونه به‌دست میلیون‌ها نفر از چوب‌برهای اورگان[۷۷] و معدن‌کاوان گرافیت در سری‌لانکا تا پرورش‌دهندگان قهوه در برزیل (کسانی که قهوه را برای نوشیدن معدن‌کاوان فراهم می‌کنند)، ساخته می‌شود. مداد نتیجه‌گیری می‌کند «در بین این میلیون‌ها آدمی که در ساختن من دست داشته‌اند حتی یک نفر هم نیست (از جمله رئیس کارخانه‌ی مدادسازی) که چیزی فراتر از یک ذره‌ی بسیار ناچیز از فوت و فن و کاردانی در تولید من عرضه کرده باشد.» مداد متحیر می‌ماند «در این میان هیچ طراح و استاد اعظمی وجود ندارد، کسی که بخواهد این بی‌شمار فعالیت‌ها را دیکته یا به زور هدایت کند تا من را به عرصه‌ی ظهور بیاورند.»

این همان منظور من از عقل جمعی است. همان‌طور که فریدریش‌هایک در ابتدا به‌روشنی دید، دانش «هرگز به‌صورت یکپارچه و متمرکز وجود ندارد، بلکه صرفاً به‌صورت ذراتی پراکنده از یک حکمت ناقص و اغلب متناقض است که افراد جدای از هم مالک آن هستند.»

ازدیاد کار

شما فقط از کار و منابع دیگران بهره نمی‌برید بلکه نوآوری‌های دیگران را هم مصرف می‌کنید. هزاران کارآفرین و دانشمند، پیچ و تاب شگرف و پیچیده‌ی فوتون‌ها و الکترون‌ها را که باعث به‌کار افتادن تلویزیون‌تان می‌شود طراحی کرده‌اند. پارچه‌ی کتانی که بر تن کرده‌اید، به‌وسیله‌ی نوعی از ماشین‌هایی که مخترعان اصلی آنها قهرمانان دیرپای انقلاب صنعتی هستند، ریسیده و بافته

---

۷۶. Leonard Edward Read مؤسس بنیاد مطالعات اقتصادی و یکی از نویسندگان و تجار آمریکایی که ۲۹ مقاله و کتاب نوشته است.

۷۷. Oregon

شده‌اند. نانی که می‌خورید، نخستین‌بار به‌دست یکی از اهالی بین‌النهرین در عصر نوسنگی به روش پیوندی تهیه و به طریقه‌ای که نخستین‌بار به‌وسیله‌ی یک شکارچی-خوشه‌چین عصر میان‌سنگی ابداع شد، پخته شده‌است. دانش آنها به‌طرز پایداری در ماشین‌آلات، دستورالعمل‌ها و برنامه‌ها کار گذاشته شده، تا اکنون از آن استفاده کنید. برخلاف لویی، شما شماری از خدمتکاران برجسته‌تان چون جان لوگی برد[۷۸]، الکساندر گراهام‌بل، سر تیم برنرز-لی[۷۹]، توماس کرپر[۸۰]، جوناس سالک[۸۱] و هزاران نفر دیگر از مخترعان مختلف دارید. شما هم از خدمات‌شان بهره‌مند می‌شوید، چه مرده باشند و چه زنده.

نکته‌ی تمام این همکاری‌ها این است که (با رجوع دوباره به آدام اسمیت) «میزان کمتری از زحمت، مقدار بیشتری از کار را تولید می‌کند.» حقیقت جالب این است که در مقابل این کورنوکوپیای مملو از خدمات، خودمان فقط یک چیز می‌سازیم. به این معنا که در مقابل مصرف کارها و بهره گرفتن از کشفیات هزاران نفر، شما آنچه را که سرکار انجام می‌دهید، تولید می‌کنید و می‌فروشید؛ مثل کوتاه کردن مو، بستن بلبرینگ، مشاوره بیمه، پرستاری و نگهداری از سگ. اما هر کدام از هزاران نفری که «برای» شما کار می‌کنند به‌صورت یکسان و یکنواخت فقط یک کار انجام می‌دهند. هر کدام، یک چیز خاص را تولید می‌کنند. این همان چیزی است که معنای واژه‌ی «شغل» است: اشاره به تولید ساده شده و مجزا و منفرد دارد که ساعت‌های کارتان را به خود اختصاص می‌دهد. حتی اشخاصی که چندین شغل درآمدزا دارند، مثلاً نویسنده آزاد داستان‌های کوتاه/عصب‌شناس یا مدیر بخش رایانه/عکاس، در نهایت دو یا سه شغل متفاوت دارند. اما هر کدام‌شان صدها یا هزاران چیز را مصرف می‌کنند. این جنبه نمایانگر زندگی مدرن است، تعریفی دقیق از استاندارد بالای زندگی: تنوع مصرف و تولید آسان شده. یک کار انجام دهید، از چیزهای زیادی استفاده کنید. یک باغ‌دار خودکفا یا رعیت خودکفایش یا جد شکارچی-خوشه‌چین آنها (که من می‌گویم هر کدام تا حدی اسطوره بودند) در مقایسه با تولید چندگانه‌ی خودشان و مصرف ساده‌شان تعریف می‌شوند. آنها یک چیز نه بلکه چندین چیز تولید می‌کردند؛ غذا، سرپناه، پوشاک و سرگرمی‌های‌شان. اما چون خودشان محصولات‌شان را

---

۷۸. John Logie Baird مخترع تلویزیون و نخستین پخش رنگی برنامه‌های تلویزیونی الکترونیکی در قرن نوزدهم بود. تلویزیون الکترومکانیکی که جان برد اختراع کرد، نهایتاً توسط ولادیمیر زورکین و فیلو فارنزورث تکامل داده شده و به تلویزیون کاملاً الکترونیک تبدیل شدند. موفقیت‌های جان لوگی برد در توسعه‌ی فناوری پخش برنامه‌های تلویزیونی و سینمایی رنگی، جایگاه ویژه‌ای در تاریخ تکامل تلویزیون به او عطا کرده است.

۷۹. Sir Timothy John Berners-Lee دانشمند بریتانیایی قرن بیستم علوم رایانه، استاد دانشگاه ام‌آی‌تی، استاد و پژوهشگر دانشگاه ساوثهمپتون و ریاست کنسرسیوم وب جهان‌گستر است و تکامل وب را تحت نظر دارد.

۸۰. Thomas Crapper لوله‌کشی بود در قرن نوزدهم که شرکت توماس کرپر و شرکا را در لندن تاسیس کرد. او به‌دلیل کیفیت کارها و محصولاتش برنده‌ی چندین جایزه‌ی سلطنتی در بریتانیا شد.

۸۱. Jonas Edward Salk پزشک یهودی‌تبار آمریکایی قرن نوزدهم بود. شهرت او به‌خاطر کشف و تولید واکسن فلج اطفال است.

تولید می‌کردند، نمی‌توانستند چیز زیادی مصرف کنند. آنها نه آووکادو داشتند، نه تارانتینو[۸۲] یا مانولو بلانیک[۸۳] که خودش نام تجاری خودش بود.

در سال ۲۰۰۵ اگر یک مصرف‌کننده‌ی سطح متوسط بودید، درآمد پس از کسر مالیات‌تان را تقریباً به ترتیب زیر خرج می‌کردید:

- ۲۰ درصد خرج سقف بالای سر
- ۱۸ درصد برای اتومبیل، هواپیما، بنزین و دیگر اقسام مسافرت و جابه جایی
- ۱۶ درصد برای اثاثیه و مسائل خانه: مبلمان، یخچال، تلفن، برق و آب
- ۱۴ درصد برای غذا، نوشیدنی، رستوران و...
- ۶ درصد برای بیمه درمانی
- ۵ درصد برای سینما، موسیقی و انواع تفریحات
- ۴ درصد برای پوشاک در هر نوعی
- ۲ درصد برای آموزش و تحصیل
- یک درصد برای صابون، رژلب، آرایشگاه و چیزهای مشابه
- ۱۱ درصد برای بیمه‌ی عمر و بازنشستگی (مثل پس‌انداز تضمینی برای آینده)
- و از دیدگاه من با تأسف بسیار حدود ۰.۳ درصد هم برای مطالعه

یک کارگر مزرعه‌ی اهل انگلیس در دهه‌ی ۱۷۹۰، دستمزدش را تقریباً این‌گونه هزینه می‌کرد

- ۷۵ درصد برای خوراک
- ۱۰ درصد برای پوشاک و بستر
- ۶ درصد برای امور خانه
- ۵ درصد برای گرما و آتش
- ۴ درصد برای روشنایی و صابون

---

۸۲. Tarantino کارگردان معاصر آمریکایی.
۸۳. Manolo Blahnik طراح مد و کارآفرین اهل اسپانیا در قرن نوزدهم که مالک برندی با همین نام نیز بود.

امروزی بهتر

یک زن رعیت روستایی در کشور مالاوی[۸۴] در دوران مدرن، زمانش را تقریباً این‌طور سپری می‌کند

- ۳۵ درصد برای کشت محصولات زراعی
- ۳۳ درصد برای پخت‌وپز و شست‌وشو و نظافت
- ۱۷ درصد برای آوردن آب از منابع
- ۵ درصد برای جمع‌آوری هیزم
- ۹ درصد برای انواع دیگر کار شامل کار روزمزد

بار بعدی که شیر آب را باز می‌کنید، تصور کنید بدین شکل باشد که مجبور شوید یک مایل یا بیشتر پیاده به طرف رودخانه‌ی شایر[۸۵] در استان ماشینگا[۸۶] بروید و امیدوار باشید وقتی سطل آب را پر می‌کنید یک کروکودیل شما را نخورد (سازمان ملل برآورد می‌کند که در ماه، سه مورد مرگ در اثر حمله‌ی کروکودیل در ایالت ماشینگا اتفاق می‌افتد که بسیاری از آنها زنانی هستند که برای بردن آب به رودخانه رفته‌اند)، امیدوار باشید که آب سطل حاوی عامل بیماری وبا نباشد و سپس ۲۰ لیتر آب را بر دوش خود حمل کرده و برگردید که این تمام مقدار آبی است که خانواده‌ی شما در طول یک روز مصرف می‌کند. سعی نمی‌کنم گناهکار جلوه‌تان بدهم بلکه تلاش می‌کنم چیزی که باعث ثروتمند بودن‌تان می‌شود را جلوی چشم‌تان بیاورم. داشتن چنین زندگی دشواری با وجود ماشین‌ها، بازارها و دیگر مردمان آسان شده است. احتمالاً هیچ عاملی جلوی شما را در استفاده از آب جاری و مجانی نزدیک‌ترین رودخانه‌ی محل زندگی‌تان نمی‌گیرد اما ترجیح می‌دهید مقداری از محل درآمد خود بپردازید تا بتوانید آب پاک را به آسانی و سهولت از شیر آب خانه‌ی خود دریافت کنید.

این همان معنای فقر است. شما در حدی فقیر هستید که قادر نیستید وقت‌تان را برای تهیه‌ی پول کافی به‌منظور خرید خدماتی که نیاز دارید، بفروشید و ثروتمندید چون می‌توانید نه‌تنها خدماتی را که نیاز دارید خریداری کنید بلکه آنهایی را هم که آرزو دارید بخرید. کامیابی یا رشد مترادف است با حرکت از خودکفایی به‌سمت وابستگی متقابل، تبدیل خانواده از یک واحد زحمت‌کش، کند و با محصولات متنوع به واحدی آسوده، سریع و با مصارف گوناگون که هزینه آن توسط انفجاری در تخصصی‌سازی پرداخت شد.

۸۴. Malawi کشور محصور در خشکی واقع در جنوب شرقی آفریقا.

۸۵. Shire River

۸۶. Machinga منطقه‌ای در جنوب مالاوی.

خودکفایی یعنی فقر

این روزها رایج شده که «مسافت-غذا»[۸۷] را تقبیح کنیم. هرچه غذایی که به بشقاب رسیده مسافت طولانی‌تری را پیموده باشد، نفت بیشتری سوزانده شده و آرامش بیشتری را برهم زده است. اما چرا فقط به غذا می‌پردازید؟ آیا نباید در برابر مسافت طی‌شده‌ی تی‌شرت‌ها یا لپ‌تاپ‌ها هم اعتراض کنیم؟ علاوه بر همه‌ی اینها، میوه‌ها و سبزیجات، بیش از ۲۰ درصد صادرات کشورهای فقیر را تشکیل می‌دهند در حالی که لپ‌تاپ و تی‌شرت از کشورهای ثروتمند می‌آیند، پس برگزیدن واردات مواد غذایی و تبعیض قائل شدن برای آن، به‌معنای تحریم‌کردن کشورهای فقیر است. به‌تازگی دو اقتصاددان پس از بررسی این مسئله نتیجه گرفتند که کل مفهوم مسافت-غذا «شاخصی عمیقاً ناقص برای توسعه‌ی پایدار است.» گرفتن مواد غذایی از کشاورز و بردن آن به فروشگاه فقط در ۴ درصد از فرآیند توزیع گازهای گلخانه‌ای در کل عمر این محصول نقش دارد. ده برابر کربن بیشتر در یخچال کردن محصولات غذایی بریتانیا، در حمل و نقل هوایی آن از خارج و ۵۰ برابر کربن بیشتر هم در رفت و آمد مشتریان به فروشگاه منتشر می‌شود. گوشت بره‌ی نیوزیلندی که به انگلیس حمل می‌شود، یک‌چهارم کربن نسبت به بره‌ی ولزی برای رسیدن به بشقاب لندن مصرف می‌کند؛ یک گل رز هلندی که در گلخانه رشد کرده و در لندن فروخته می‌شود ۶ برابر کربن بیشتری نسبت به گل رز کنیایی که زیر آفتاب رشد کرده و از آب بازیافتی مزارع پرورش ماهی و نیروی برق زمین‌گرمایی استفاده کرده و زنان کنیایی را به‌کار مشغول کرده، مصرف کرده است.

در حقیقت، گذشته از ناپایداری، وابستگی متقابل جهان به واسطه تجارت، چیزی است که زندگی مدرن را همان‌گونه که هست، پایدار می‌کند. فرض کنید سازنده‌ی محلی لپ‌تاپ شما بگوید که سه سفارش پیش از شما گرفته و در تعطیلات هم هست و نمی‌تواند تا پیش از زمستان، سفارش‌تان را آماده کند. مجبور خواهید بود که صبر کنید. یا فرض کنید کشاورز گندم محلی شما می‌گوید باران‌های پارسال منجر شده که میزان تحویل آرد را امسال به نصف برساند. مجبور خواهید بود گرسنه بمانید. در عوض، شما از بازار جهانی لپ‌تاپ و گندم بهره می‌برید که در آن، کسی در جایی چیزی برای فروش به شما دارد و به همین خاطر کمبود کالا خیلی نادر است و فقط نوسانات متعادل قیمت وجود دارد.

مثلاً قیمت گندم در حدفاصل سال‌های ۲۰۰۶ تا ۲۰۰۸ تقریباً سه برابر شد، درست همان‌گونه که در سال‌های ۱۳۱۵ تا ۱۳۱۸ در اروپا این اتفاق افتاد. در

۸۷. Food Miles دانش‌واژه‌ای است که به مقدار مسافتی که یک ماده‌ی غذایی در واحد زمان صرف می‌کند تا از تولیدکننده به‌دست مصرف‌کننده برسد، اشاره دارد.

زمان‌های گذشته، جمعیت اروپا کم و کشاورزی کاملاً ارگانیک و مسافتی که مواد غذایی طی می‌کردند کوتاه بود. با این‌حال در سال ۲۰۰۸، هیچ‌کس کودکی را از فرط گرسنگی نمی‌خورد یا جسدی را از چوبه‌ی دار نمی‌رباید. پیش از زمانی که راه‌آهن بیاید، برای مردم راه ارزان‌تری بود که به‌دنبال غذا به جایی پناهنده شوند تا این‌که هزینه‌های گزافی را برای واردات مواد غذایی به مناطق قحطی‌زده بپردازند. وابستگی متقابل، خطر را کم می‌کند.

کاهش اشتغال در بخش کشاورزی، اقتصاددانان را به شگفتی وا داشت. فرانسوا کنه[۸۸] و همکاران «فیزیوکرات» او در قرن هجدهم در فرانسه ادعا کردند که تولیدات کارخانه‌ای هیچ دستاوردی در کسب ثروت نداشته و تغییر کاربری از کشاورزی به صنعت، ثروت کشور را کاهش می‌دهد: تنها کشاورزی بود که ایجاد ثروت می‌کرد. دو قرن پس از آن، در اواخر قرن بیستم، کاهش اشتغال در بخش صنعتی باعث حیرت مشابهی در میان اقتصاددانانی شد که بخش خدمات را انحرافی بیهوده از کسب‌وکار مهم تولید می‌دانستند. آنها هم در اشتباه بودند. تا زمانی که افراد، آماده‌ی خرید خدماتی هستند که شما ارائه می‌دهید، چیزی به‌نام اشتغال بی تولید وجود ندارد. امروزه ۱ درصد از افراد در بخش کشاورزی و ۲۴ درصد در بخش صنعت مشغولند و ۷۵ درصد مابقی فیلم‌های سینمایی، غذاهای رستورانی و کارگذاری بیمه و رایحه‌درمانی را عرضه می‌کنند.

احیای آرکادیا[۸۹]

قطعاً سال‌ها پیش، قبل از دوران بازرگانی، فناوری و کشاورزی، انسان‌ها زندگی ساده‌ای داشتند و زندگی ارگانیک‌شان در هماهنگی با طبیعت بود. آن زندگی فقیرانه نبود بلکه «جامعه‌ی مرفه اصلی» بود. یک تصویر فوری می‌گیریم از زندگی انسان‌های شکارچی-خوشه‌چین در دوران اوج‌شان، مثلاً در ۱۵ هزار سال پیش، درست پس از رام کردن سگ‌ها و انقراض کرگدن‌های پشمالو[۹۰]، اما قبل از ورود به قاره‌ی آمریکا و تشکیل جمعیت در آنجا. انسان‌ها، پرتاب‌گر نیزه، تیر و کمان، قایق، سوزن، تیشه و تور ماهی‌گیری داشتند. روی سنگ‌ها طرح‌های بدیعی می‌کشیدند، بدن خود را تزئین می‌کردند، به تجارت مواد غذایی، صدف،

---

۸۸. François Quesnay اقتصاددان فرانسوی قرن هجدهم و بنیان‌گذار مکتب اقتصادی فیزیکراسی است که ثروت ملت را تنها حاصل کشاروزی روی زمین می‌داند و بر این باور است که محصولات کشاورزی باید به میزان بالایی قیمت گذاری شوند.. او به‌خاطر انتشار کتاب میز اقتصاد در سال ۱۷۵۸ میلادی مشهور شد.

۸۹. Arcadia بخشی باستانی از پلوپونز است که در شمال لاکونیا قرار دارد. نام این منطقه برگرفته از شخصیتی اسطوره‌ای به‌نام آرکاس است. همچنین ترنتیوس در بازگشت از سفر یونان در ۵۲ سالگی در این منطقه درگذشت.

۹۰. Woolly Rhinoceros با نام علمی Coelodonta antiquitatis نام یک گونه از تیره‌ی کرگدن است. کرگدن پشمالو بزرگ‌تر از کرگدن‌های امروزی است. طول آنها در جنس نر ۳.۸ متر و وزنشان ۳۰۰۰ کیلو بوده است ولی ماده‌ها کوچک‌تر از این مقدار بودند.

مواد خام و ایده‌ها می‌پرداختند. آهنگ می‌خواندند، رقص‌های آئینی داشتند، قصه می‌گفتند و برای بیماری‌ها داروهای گیاهی درست می‌کردند. آنها نسبت به پیشینیان‌شان عمر بسیار بیشتری هم داشتند.

روش زندگی‌شان به‌قدر کافی سازگار با تقریباً هر زیست‌بوم و اقلیمی بود. بر خلاف هر گونه‌ی دیگری که به جایگاه خودش برای زندگی نیاز داشت، شکارچی-خوشه‌چین می‌توانست در هر جایی، مکانی برای زندگی فراهم کند: کنار دریا یا بیابان، مناطق قطبی یا استوایی، جنگل یا شن‌زار.

یک چکامه‌ی روسوئی؟[۹۱] شکارچی- خوشه‌چین قطعاً مثل یک وحشی نجیب به نظر می‌رسید: بلندقد، متناسب اندام، سالم و (با جایگزین کردن نیزه‌های دستی یا پرتاب‌شونده) با استخوان‌های شکسته‌ی کمتری نسبت به انسان نئاندرتال. آنها مقدار فراوانی پروتئین و مقدار کمی چربی و مقدار مناسبی ویتامین می‌خوردند. در اروپا به مدد بیشتر شدن سرما از شر شیرها و کفتارها که هر دو در هرم غذایی به رقابت با پیشینیان آنها می‌پرداختند، راحت شدند، بنابراین ترس کمتری در برابر حیوانات وحشی داشتند. تعجبی نیست که غم غربت گذشته برای دوره‌ی پلیستوسن[۹۲] در مجادلات امروزی علیه مصرف‌گرایی ابراز می‌شود. مثلاً جفری میلر[۹۳] در کتاب عالی خودش به نام خرج‌شده از خوانندگانش می‌خواهد یک مادر کرومانیون[۹۴] را تصور کنند که ۳۰ هزار سال پیش «در یک قبیله‌ی صمیمی متشکل از دوستان و خانواده می‌زیست... میوه‌ها و سبزیجات ارگانیک جمع‌آوری می‌کرد... آرایش می‌کرد و با کسانی که می‌شناخت، دوست داشت و به آنها اعتماد می‌کرد می‌رقصید، طبل می‌زد و آواز می‌خواند... خورشید بر ساحل شش‌هزار هکتاری سبزفام فرنچ ریویرا[۹۵] که

---

۹۱. اشاره به ژان ژاک روسو و علاقه او به زندگی قبایل ماقبل تاریخ و غیرمتمدن است. او از آنها به‌عنوان «وحشی نجیب» یاد می‌کرد.

۹۲. Pleistocene یکی از دوره‌های زمین‌شناسی است که از ۵.۲ میلیون سال پیش تا ۰۱ هزار سال پیش را پوشش می‌دهد. انقراض گروه بزرگی از پستانداران و شمار زیادی از گونه‌های پرندگان از اواخر دور پلیستوسن (حدود ده هزار سال پیش) آغاز شد و تا دوره‌ی هولوسن ادامه یافت که شاید دلیل آن پایان عصر یخبندان بوده است. ماموت، پستانک‌دندان، ببر خنجردندان، تنبل زمینی، شیاردندانGlyptodon، گوزن ایرلندی و خرس غارنشین از جمله حیوانات منقرض‌شده در اواخر پلیستوسن بودند. در اوایل این دوره، استفاده از ابزارهای سنگی ساده در آفریقا در بین گونه انسان ماهر، گسترش یافت. گونه‌ی انسان خردمند یا هوموساپینس در اواخر پلیستوسن، در شرق آفریقا تکامل یافت.

۹۳. Geoffrey Miller روان‌شناس تکاملی آمریکایی در عصر معاصر، مولف و استاد دانشگاه نیومکزیکو. او به‌خاطر تحقیق در زمینه‌ی انتخاب جنسی در تکامل بشر شناخته شده است.

۹۴. Cro-Magnon مردمانی بودند که در عصر پارینه‌سنگی زبرین در اروپا می‌زیستند. آنها حدود چهل هزار سال پیش -همزمان با پایان عصر یخبندان -از آفریقا به اروپا مهاجرت کردند و با آدمیان نئاندرتال زیستگاه مشترک یافتند. کرومانیون‌ها در ابزارسازی و فن شکار از هم‌قاره‌ای‌های نئاندرتال خود برتر بودند و مهارت‌های زبانی و فرهنگ پیشرفته‌تری داشتند. گمان می‌رود مسبب اصلی نابودی نسل نئاندرتال‌ها هم ایشان بوده‌اند. آدمیان کرومانیون از نظر ظاهر و ریخت، بسیار همانند مردم امروز بودند؛ از این رو دانشمندان ترجیح می‌دهند آنها را انسان امروزین اولیه بنامند.

۹۵. French Riviera ساحل مدیترانه‌ای در جنوب شرقی فرانسه.

متعلق به قبیله‌اش بود، در حال طلوع بود.»

چه زندگی خوبی بود، اما آیا واقعاً خوب بود؟ افعی بزرگی در بهشت شکارچی- خوشه‌چین‌ها نشسته بود[۹۶]؛ یک وحشی درون وحشیان نجیب. با این‌حال شاید این پیک‌نیک آخر هفته، همیشگی نبود. خشونت، یک تهدید دائمی و همیشه حاضر بود. باید که این‌طور باشد چراکه - در غیاب تهدید حیوان شکارچی گوشتخوار علیه انسان- جنگ، تراکم جمعیت انسان را پایین‌تر از سطحی که باعث گرسنگی و قحطی شود نگه می‌داشت. پلوتس[۹۷] می‌گوید «Homo homini lupus» یعنی «انسان، گرگ انسان است.» اگر شکارچی- خوشه‌چین‌ها سالم و چابک به‌نظر می‌رسیدند به این خاطر بود که چاق‌ها و کندها در همان اوایل از صفحه‌ی روزگار محو می‌شدند.

در اینجا داده‌هایی وجود دارند. از کونگ!ها[۹۸] در صحرای کالاهاری گرفته تا اینوئیت‌ها[۹۹] در نواحی قطبی، ثابت شده است که دو سوم از شکارچی- خوشه‌چین‌های دوران مدرن تقریباً در وضعیت خصمانه و جنگ قبیله‌ای به‌سر می‌برند و ۸۷ درصد آنها هر سال تجربه‌ی جنگ را از سر می‌گذرانند. شاید جنگ واژه‌ی غلوآمیزی برای یورش‌های سپیده‌دمان، زد و خوردها و بسیاری از دندان نشان‌دادن‌ها و رجزخوانی‌ها باشد، اما چون این مسائل همیشه روی می‌دهند، نرخ مرگ و میر بالاست؛ عمدتاً حدود ۳۰ درصد مردان بزرگسال به قتل می‌رسند. نرخ ۰۵ درصدی مرگ و میر سالانه‌ی جمعیت در جنگ که در بسیاری از جوامع شکارچی- خوشه‌چین عادی بود برابری می‌کند با مرگ دو میلیارد نفر در قرن بیستم (به‌جای صد میلیون نفر). در یک گورستان بدون پوشش در جبل الصحابه[۱۰۰] در مصر با قدمت ۱۴ هزار سال، ۲۴ جسد از ۵۹ جسدی که دفن شده‌اند به‌دلیل خونریزی و زخم ناشی از پرتاب نیزه، پیکان و تیر کمان، جان‌شان را از دست داده بودند. ۴۰ جسد از آنها متعلق به زنان و کودکان بود. زنان و کودکان به‌طور کلی سهمی در جنگ ندارند اما غالب اوقات هدف نبرد هستند. دزدیده شدن به‌عنوان غنیمت جنسی و دیدن کشته شدن فرزندان تقریباً به‌طور حتم، چیز نادری در سرنوشت زنان در جامعه‌ی شکارچی-

---

۹۶. اشاره به داستان آفرینش در کتاب مقدس.

۹۷. Plautus نمایش‌نامه‌نویس و نویسنده‌ی اهل روم باستان بود.

۹۸. Kung! بخشی از مردم سن San هستند که بیشتر در لبه‌ی غربی صحرای کالاهاری واقع در شمال نامیبیا و جنوب آنگولا زندگی می‌کنند. علامت تعجب، در واقع روشی برای تلفظ زبان آنهاست و با توجه به علائم آواشناسی این‌گونه تلفظ می‌شود. زبان برای تلفظ کلمات به‌سمت پایین کشیده می‌شود که باعث می‌شود آوای آنها توخالی‌تر شنیده شود.

۹۹. Inuit گروهی از مردم بومی در مناطقی از آمریکا، کانادا و گرینلند که در منطقه‌ی شمالگان واقع شده است، هستند که فرهنگی مشابه دارند. آن‌ها گسترده‌ترین اقوام بومی قطب شمال از لحاظ جغرافیایی به‌شمار می‌آیند و همچنین از لحاظ فرهنگی بسیار متنوعند و با آن‌که نام‌های گوناگون دارند، اکنون همگی به‌عنوان «اینوئیت» شناخته می‌شوند. «اینوئیت» یک اسم جمع است و به یک فرد «اینوک» Inuk گفته می‌شود.

۱۰۰. قبرستان پیش از تاریخ در دره رود نیل در مصر.

خوشه‌چین نبود. پس از دیدن جبل الصحابه، باغ عدن را فراموش کنید؛ به مدمکس[۱۰۱] فکر کنید.

این فقط جنگ نبود که رشد جمعیت را محدود می‌کرد. شکارچی-خوشه‌چین‌ها اغلب در معرض قحطی بودند. حتی زمانی که مواد غذایی فراوان داشتند، ممکن بود برای جمع کردن مواد غذایی، مسافت زیادی را مجبور شوند بپیمایند و مصیبت بسیاری را تحمل کنند و از این روی زنان نمی‌توانستند ذخیره مازاد به حد کافی در بدن‌شان داشته باشند و تنها سال‌های جوانی معدودی کاملاً بارور می‌توانستند باشند. نوزادکشی یک شیوه‌ی عادی در روزگاران سخت بود. از این‌ها گذشته، بیماری همیشه در کمین بود: قانقاریا، کزاز و انواع بسیاری از بیماری‌های انگلی، قاتلان مهیبی بودند. به برده‌داری اشاره کردم؟ در شمال غربی اقیانوس آرام، امری رایج بود. کتک‌زدن همسر؟ در تی‌یرا دل‌فوئگو[۱۰۲] معمولی بود. به نبود صابون، آب گرم، نان، کتاب، فیلم، فلزات، کاغذ و لباس چطور؟ وقتی یکی از این افراد را ملاقات کردید که تا جایی پیش رفته که می‌گوید ترجیح می‌دهد در دوران گذشته‌ای که لابد لذت‌بخش است زندگی کند، فقط امکانات توالت رفتن در دوران پلیستوسن، امکانات حمل و نقل در امپراتوری روم یا شپش‌های کاخ ورسای را به‌یادش بیاورید.

آوای چیزهای نوین

اما با این وجود نیازی نیست که با دیدن جنبه‌های جامعه‌ی مصرفی مدرن که با بی‌شرمی اسراف می‌کنند، شیفته‌ی عصر حجر شوید. جفری میلر می‌پرسد چرا «باهوش‌ترین نخستی دنیا، یک شاسی‌بلند هامر اچوان آلفا[۱۰۳] با تجهیزات ورزشی بخرد» که ظرفیت چهار نفر را دارد، با مصرف سوخت یک گالن در هر ده مایل، صفر تا صد ۱۳.۵ ثانیه و بهای ۱۳۹ هزار و ۷۷۱ دلار؟ او پاسخ می‌دهد چون انسان، تکامل یافته است که وضعیت اجتماعی و والا بودن ارزش جنسیت‌اش را به معرض نمایش بگذارد. چیزی که این مسئله به آن اشاره دارد این است که فرای صرفاً مادی‌گرایی، مصرف بشر پیش از آن به‌دست نوعی شبه‌معنویت‌گرایی هدایت می‌شود که در جست‌وجوی عشق، دلاوری و تحسین است. با این وجود همین عطش منزلت و موقعیت اجتماعی، افراد را تشویق می‌کند دستورالعمل‌هایی برای بازآرایی اتم‌ها، الکترون‌ها و فوتون‌ها در دنیا تهیه کنند که ترکیب آنها

---

۱۰۱. مکس دیوانه: جاده‌ی خشم Mad Max: Fury Road یک فیلم پسارستاخیزی و اکشن، به‌کارگردانی و تهیه‌کنندگی جرج میلر و نویسندگی جرج میلر، برندن مک‌کارتی و نیکو لاتوریس است.

۱۰۲. Tierra del Fuego یکی از ایالات ۲۳گانه‌ی آرژانتین، واقع در جنوب این کشور است که با هیچ‌یک از ایالات مرز مشترک ندارد. در واقع تی‌یرا دل‌فوئگو جزیره‌ای‌ست که توسط تنگه‌ی ماژلان از قاره آمریکا جدا شده است.

۱۰۳. Hummer H1

برای خود و دیگران مفید و کارآمد باشد. بلندپروازی به فرصت تبدیل شده است. این طور می‌گویند که یک معشوقه جوان امپراتوری چین در ۲۶۰۰ پیش از میلاد بود که دستورالعمل زیر برای بازآرایی صفحه‌های بتا و چین‌دار پلی پپتید[۱۰۴] و سرشار از گلیسیرین جهت تولید پارچه‌های ظریف به فکرش خطور کرد: یک کرم ابریشم را بگیرید، یک ماه به او برگ توت درختی بدهید، بگذارید پیله بتند، گرمش کنید تا بمیرد، پیله را برای جداشدن ابریشم از آن در آب بگذارید، با دقت رشته‌ی باریک و یک کیلومتری که پیله از آن ساخته شده است را روی یک قرقره بپیچید و رشته را بریسید و با آن پارچه ببافید. سپس رنگش کرده، ببرید و بدوزید، تبلیغ کنید و بفروشید و به پول نقد تبدیلش کنید. راهنمای سرانگشتی بابت کمیت ماجرا: حدود ۱۰ پوند برگ توت درختی برای ساخت ۱۰۰ پیله‌ی کرم ابریشم نیاز است که با آن می‌شود یک کراوات درست کرد.

معتقدم هم‌افزایی تجمعی دانش به‌دست متخصصان که به هرکدام ما مجال می‌دهد چیزهای گوناگون بیشتر و بیشتری مصرف و کمتر و کمتر تولید کنیم، قصه‌ی اصلی بشریت است. نوآوری، سیمای جهان را دگرگون کرد فقط به این خاطر که به بسط و تقسیم کار کمک می‌کند و مشوق تقسیم زمان است. برای چند لحظه جنگ‌ها، مذاهب، قحطی‌ها و شعرها را از یاد ببرید. این بزرگ‌ترین بن‌مایه‌ی تاریخ است: تکثیر و شیوع مبادله، تخصصی‌سازی و ابداع را آنها «خلق» زمان می‌خوانند. خوش‌بین خردگرا از شما دعوت می‌کند عقب بایستید و به گونه‌های خودتان به شکل متفاوتی بنگرید تا ساز و کار بزرگ بشریت را که از ۱۰۰ هزار سال پیش پیشرفت کرده است ببینید - همراه با شکست‌های مکرر. آن‌گاه، وقتی که آنها را دیدید، به این بیندیشید که این دستاورد به فرجامش رسیده یا همان‌طور که این خوش‌بین مدعی است، صدها و هزارها سال ادامه خواهد داشت. در واقع حتی در آستانه‌ی شتاب با سرعتی بی‌سابقه است.

اگر رفاه به معنی مبادله و تخصصی‌سازی است - که بیشتر شبیه ازدیاد کار است تا تقسیم آنها - چگونه و چه زمانی این رویه آغاز شد؟ چرا این خصلت غریب، خاص گونه‌ی انسان است؟

---

۱۰۴. Polypeptide زنجیره‌های کوتاه آمینواسیدها هستند که به تشکیل پروتئین کمک می‌کنند.

فصل دوم

عقل جمعی: مبادله و تخصصی‌سازی از ۲۰۰ هزار سال پیش

«او زیـر دوش می‌رود، آبشـار آب بـا قـدرت تـا طبقـه سـوم تلمبـه می‌شـود و بـر سـرش می‌ریـزد. هنـگامی کـه ایـن تمـدن سـقوط کنـد، هنـگامی کـه رومی‌هـا یـا هـر کـسی کـه در ایـن زمانـه هسـت، سـرانجام اینجـا را تـرک کننـد و عصـر تاریـکی نویـن آغـاز شـود، ایـن یـکی از نخسـتین تجـملاتی خواهـد بـود کـه از بیـن خواهـد رفـت. پیرهـا در حـالی کـه کنـار آتـش تـورب[۱۰۵] خـم شـده‌اند بـه نوه‌هـای ناباورشـان از برهنـه ایسـتادن در چلـه‌ی زمسـتان زیـر جریـان فشـار آب داغ تمیـز، از قالب‌هـای صابـون معطـر و از عنبـر لـزج و مایعـات سـرخابی کـه آنهـا بـه موهای‌شـان می‌مالیدنـد تـا آنهـا را بـراق و حجیم‌تـر از آنچـه در واقـع بودنـد کننـد و از حوله‌هـای ضخیـم و سـپید بـه بـزرگی ردای رومیـان کـه منتظـر آنهـا روی میله‌هـای گـرم بودنـد، خواهنـد گفـت.»

یان مک‌اوان[۱۰۶]

رمان شنبه

---

۱۰۵. Peat بـرگ و مـواد گیـاهی پوسیـده و قدیـمی کـه در باتلاق‌هـا و مرداب‌هـا یافـت می‌شـود و به‌عنـوان کـود و سـوخت بـه‌کار می‌رود.

۱۰۶. Ian McEwan نمایشنامه و رمان‌نویس معاصر انگلیسی.

شاخص امید به زندگی از بدو تولد (میانگین جهانی)

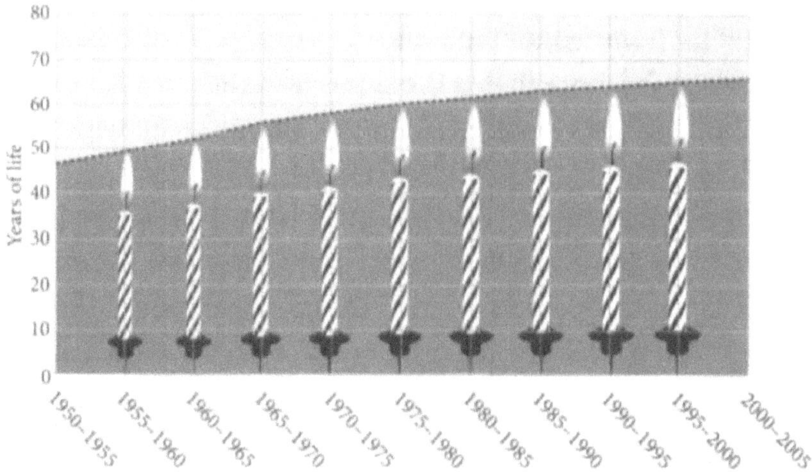

کمتر از ۵۰۰ هزار سال پیش، نزدیکی جایی که امروز روستای باکسگرو[۱۰۷] در جنوب انگلستان واقع شده است، شش یا هفت موجود دوپا در اطراف جسد اسب وحشی‌ای که احتمالاً با نیزه‌های چوبی کشته‌اند، نشسته‌اند. هر کدام یک تکه سنگ چخماق برداشتند و شروع به ساختن تبر دستی کردند و با استفاده ماهرانه از چکش سنگی، استخوانی یا چکش ساخته شده از شاخ، آن‌قدر سنگ را تراشیدند تا شکلی متقارن با لبه‌تیز و اشک‌مانند پیدا کرد؛ شکلی به اندازه و ضخامتی مابین یک آی‌فون و یک موس کامپیوتر. بقایای چیزی که آن روز ساخته بودند، هنوز آنجاست؛ ردپاهایی که نشان می‌دهد آنجا نشسته و مشغول به‌کار بودند. می‌توانید تشخیص بدهید که راست‌دست بودند. توجه: هر کسی ابزار خودش را ساخت بود.

تبر دستی‌ای که آنها برای قصابی اسب ساختند نمونه خوبی از «تبر دستی دوطرفه آشولی»[۱۰۸] است. آنها باریک و متقارن هستند و لبه‌های تیز و برنده‌ایی دارند و مناسب برای برش پوست‌های ضخیم، بریدن مفاصل و جدا کردن گوشت از استخوان می‌باشند. تبردستی دوطرفه آشولی، کلیشه‌ای از ابزارهای عصر حجر، ابزار قطره‌اشکی مسطح متداول در دوران پارینه‌سنگی است. از آنجایی که گونه‌هایی که این ابزار را ساخته‌اند، مدت‌هاست منقرض شده‌اند، شاید هیچ‌گاه نتوانیم کاملاً بفهمیم که چگونه از آن استفاده می‌کردند. اما یک چیز را به‌طور

---

۱۰۷. Boxgrove

۱۰۸. Acheulean یکی از فرهنگ‌های دوران پارینه‌سنگی یا صنعت ساخت ابزار سنگی است. صنعت آشولی از ۱.۶ میلیون‌سال پیش، یعنی پایان دوره‌ی الدوایی به معنی اخص تا ۳۰۰ هزار سال پیش در آفریقا و بخش‌هایی از اوراسیا رواج داشته است. ویژگی ابزارهای این صنعت، تراشیدن دو روی سنگ‌ها برای ساخت ابزار است.

حتم می‌دانیم. موجوداتی که این چیز را ساختند خیلی با آن راحت بودند. تا زمان قصابان اسب باکس‌گرو، اجداد آنها داشتند حدوداً چیز مشابهی را برای حدود یک میلیون سال طراحی می‌کردند - به اندازه‌ی دست، تیز، دو طرفه و گرد شده. فرزندان آنها به ساختن آن برای صدها هزار سال بیشتر ادامه دادند. این فناوری برای بیش از هزاران هزاره، ده هزار قرن و سی هزار نسل - و تقریباً برای مدت غیرقابل تصوری از زمان تغییری نکرد.

این همه‌ی داستان نبود؛ آنها تقریباً همین ابزارها را در جنوب و شمال آفریقا و تمامی نواحی بین این دو منطقه ساختند. آنها همین طراحی را با خود به خاور نزدیک و شمال غربی اروپا (هرچند نه تا آسیای شرقی) بردند و باز هم تغییری نکرد. در طول یک میلیون سال، مردم سه قاره، یک ابزار مشابه را می‌ساختند. در طول این یک میلیون سال، حجم مغز آنها حدود یک‌سوم افزایش یافت. چیزی تکان‌دهنده اینجا وجود دارد. مغزها و بدن‌های موجوداتی که تبر دستی آشولی را ساختند سریع‌تر از ابزارشان تغییر کرد.

چنین اوضاعی برای ما بی‌معناست. مردم چگونه می‌توانستند این‌قدر بدون تخیل و این‌قدر برده‌وار باشند که فن‌آوری یکسانی را برای مدت مدیدی بسازند؟ چگونه می‌توانسته تا این حد نوآوری، تغییر منطقه‌ای، پیشرفت یا حتی پسرفت اندکی وجود داشته باشد؟

این برداشت در واقع خیلی هم درست و دقیق نیست اما حقیقت دقیق و با جزئیات، به‌جای حل مشکل، آن را تشدید می‌کند. یک جهش ناگهانی و یک‌باره پیشرفت در تاریخ تبر دستی دوطرفه وجود دارد: حدود ۶۰۰ هزار سال پیش، طراحی به‌صورت تصادفی، کمی متقارن‌تر می‌شود. این موضوع، همزمان با ظهور گونه‌ی جدید انسان‌سانان بود که جایگزین اجدادشان در سراسر اوراسیا و آفریقا شدند. موجودی که انسان‌هایدلبرگی[۱۰۹] Homo heidelbergensis نامیده می‌شود، مغز بسیار بزرگ‌تری و احتمالاً ۲۵ درصد حجیم‌تر از مغز انسان راست‌قامت[۱۱۰] Homo erectus داشت. مغز او تقریباً به بزرگی مغز انسان مدرن بود. با این‌حال همچنان به ساخت تبر دستی و کمی هم چیزهای دیگر ادامه داد. طراحی تبر دستی به مدت نیم‌میلیون سال دیگر در رکود ماند. ما عادت داریم تصور کنیم که فناوری و نوآوری با هم هستند اما شواهدی قوی وجود دارند که نشان می‌دهد وقتی انسان دست به ساخت ابزار زد، هیچ چیزی که ذره‌ای شباهت به پیشرفت فرهنگی باشد را تجربه نکرد. آنها فقط کاری را انجام

۱۰۹. نام علمی گونه‌ای از سرده‌ی انسان بود که در آفریقا تکامل یافت. این گونه، احتمالاً نیای انسان خردمند در آفریقا و انسان نئاندرتال در اروپا بوده است. با این وجود تحقیقات اخیر نشان داده که ممکن است این تلقی درست نباشد.

۱۱۰. گونه‌ای منقرض شده از نوع بشر است از دوره پلیستوسین که نخستین ظهور آنها حدود دو میلیون سال پیش است.

دادند که خوب بلد بودند؛ اما هیچ تغییری نکردند.

هرچند که ممکن است خیلی عجیب به نظر برسد، اما در شرایط تکاملی، این موضوعات کاملاً عادی است. بیشتر گونه‌ها در طول میلیون‌ها سال عادات‌شان را بر کره زمین تغییر نمی‌دهند یا سبک زندگی‌شان را در بخش‌های مختلف محدوده‌ی خودشان عوض نمی‌کنند. انتخاب طبیعی، یک نیروی محرکه‌ی محافظه‌کارانه است. این انتخاب بیشتر وقتش را صرف نگهداری از گونه‌ها می‌کند تا این‌که آنها را تغییر دهد. انتخاب طبیعی تنها به‌سمت مرزهای محدوده‌ی خودش در یک جزیره‌ی پرت، یا در یک دره‌ی دوردست یا بالای یک تپه‌ی تک‌افتاده گه گاه باعث تبدیل بخشی از یک گونه به چیزی متفاوت می‌شود. این بازی متفاوت سپس گاهی گسترش پیدا می‌یابد تا امپراتوری زیست‌بومی وسیع‌تری را فتح کند و حتی شاید برای جایگزین کردن گونه‌های پیشین به‌منظور سرنگونی دودمانی که از آن پدید آمده‌اند، بازگردد. آشوبی مدامی از تغییر، درون ژن‌های گونه‌ها وجود دارد همان‌طور که گونه‌ها با انگل‌های‌شان سازگار می‌شوند و ژن‌ها با گونه‌ها. اما در اندام‌ها تغییر و تحول پیش‌رونده‌ی ناچیزی وجود دارد. دگرگونی تکاملی عمدتاً با جایگزینی گونه‌ها با گونه‌ی فرزند دختر[111] روی می‌دهد، نه با دگرگونی عادات در گونه‌ها. آنچه در داستان انسان، متحیرکننده است، وضعیت ساکن، خسته‌کننده و حیرت‌انگیز تبر دستی آشولی نیست بلکه به پایان رسیدن این وضعیت ایستاست.

انسان‌سان‌های باکس‌گرو در ۵۰۰ هزار سال پیش (که متعلق به گونه‌ی انسان‌هایدلبرگی بودند) جایگاه بوم‌شناختی خودشان را داشتند. آنها شیوه‌ای برای به‌دست آوردن خوراک، ساخت سرپناه در زیستگاهی که ترجیح می‌دادند، برای اغوای جفت و پرورش فرزندان داشتند. روی دو پا راه می‌رفتند، مغزهای بزرگی داشتند، نیزه‌ها و تبرهای دستی می‌ساختند، سنت‌های همدیگر را می‌آموختند، شاید با دستور زبان مشخصی با هم صحبت می‌کردند یا علامت می‌دادند، به‌طور قریب به یقین آتش می‌افروختند و غذای‌شان را می‌پختند و بدون شک به شکار و کشتن حیوانات بزرگ‌جثه می‌پرداختند. اگر آفتاب می‌زد و گله‌های شکار فراوان بود، نوک نیزه‌ها تیز می‌بود و از بیماری‌ها دور بودند، گاهی می‌توانستند رشد کنند و در سرزمین جدیدی جمع شوند. در دیگر اوقات، زمانی که خوراک کمیاب بود، جمعیت محلی از بین می‌رفت. آنها خیلی نمی‌توانستند شیوه‌شان را تغییر دهند؛ این ویژگی در سرشت‌شان نبود. هنگامی که در سراسر آفریقا و اوراسیا پخش شده بودند، جمعیت‌شان هرگز رشد نکرد بود. به‌طور میانگین نرخ مرگ و میر با تولد برابر بود. گرسنگی، جانوران مرده‌خوار، بی‌پناهی، نزاع‌ها و تصادفات، جان بیشتر آنها را پیش از این‌که به کهولت برسند و بیماری‌های مزمن بگیرند، می‌گرفت. آنها اساساً جایگاه خودشان را گسترش

۱۱۱. گونه‌ی جدیدی که با مکانیسم تکامل از گونه‌ی پیشین جدا می‌شود.

یا کارشان را تغییر ندادند. آنها داخل آن اسیر ماندند. هیچ‌کس یک روز صبح از خواب بلند نشد و نگفت: «من تصمیم گرفته‌ام روش زندگی‌ام را تغییر دهم.»

به این موضوع این گونه بیندیشید. شما انتظار ندارید که در هر نسل پیاپی، در راه‌رفتن بهتر و بهتر شوید - یا در نفس‌کشیدن یا خندیدن یا جویدن. برای انسان‌سان‌های دوره‌ی پارینه‌سنگی، ساختن تبر دستی چیزی مثل راه‌رفتن بود، چیزی که شما به واسطه‌ی تمرین در آن به‌خوبی رشد کرده‌اید و دیگر به آن فکر نمی‌کنید. این موضوع تقریباً یک عملکرد بدنی بود. این امر بدون تردید تا حدی با تقلید و آموزش انتقال یافت، اما برخلاف سنت‌های فرهنگی مدرن، تغییرات منطقه‌ای و محلی اندکی به خود دید. این قسمتی از همان چیزی در گونه انسان‌سان‌های راست‌قامت است که ریچارد داوکینز[112] آن را «فنوتیپ[113] گسترش‌یافته» می‌نامد، یعنی بروز بیرونی ژن‌ها. همان‌طور که طراحی خاص یک لانه برای یک گونه‌ی پرنده غریزه است، مجموعه رفتارهای انسانی نیز غریزه بود. توکا آوازخوان لانه‌اش را از گل و لای درست می‌کند، سینه‌سرخ اروپایی، لانه‌اش را با مو و سهره‌ی جنگلی، لانه‌اش را با پر درست می‌کند؛ همیشه این کار را کرده‌اند و خواهند کرد. ساخت یک ابزار سنگی با لبه‌های تیز و به شکل قطره‌ی اشک، به مهارتی بیش از لانه‌سازی پرندگان نیاز ندارد و احتمالاً همان‌قدر هم غریزی است: یک بیان طبیعی رشد از پیشرفت بشری.

در واقع، قیاس با یک عملکرد بدنی کاملاً متناسب با این امر است. اکنون شک کمی در این‌که انسان‌سان‌ها قسمت زیادی از آن یک و نیم میلیون سال را صرف خوردن گوشت تازه کرده‌اند، وجود دارد. زمانی پس از گذشت دو میلیون سال، میمون‌های انسان‌نما بیشتر گوشتخوار شده بودند. با وجود دندان‌های ضعیف‌شان و با ناخن‌هایی که باید به جای آن پنجه می‌بود، به ابزارهای تیزی برای بریدن پوست شکار احتیاج داشتند. آنها به‌خاطر ابزارهای تیزشان حتی می‌توانستند از عهده‌ی جانورانی با پوست ضخیم مثل کرگدن‌ها و فیل‌ها برآیند. تبرهای دوطرفه مثل دندان‌های نیش درندگان بودند. رژیم غذایی پر از گوشت همچنین رشد مغز انسان‌سان‌های راست‌قامت را بیشتر کرد، اندامی که ۹ برابر دیگر اندام‌های بدن انرژی می‌سوزاند. گوشت باعث شد معده بزرگی را که پیشینیان‌شان برای هضم گیاهان و گوشت خام لازم داشتند، کوتاه‌تر و به‌جای آن مغز حجیم‌تر شود. آتش و پخت و پز در عوض با بیشتر قابل هضم کردن غذا، حتی با معده‌ی کوچک‌تر همچنان مغز را حجیم‌تر کردند - زمانی که غذا پخته شود، نشاسته به شکل ژلاتین و پروتئین تغییر ماهیت می‌دهد و کالری بسیار بیشتری را نسبت به میزان کمتری انرژی ورودی آزاد می‌کند. در نتیجه، در حالی که دیگر نخستی‌ها معده‌ای با چهار برابر وزن مغزشان دارند، وزن مغز

---

۱۱۲. Richard Dawkins مولف و زیست‌شناس معاصر بریتانیایی.

۱۱۳. Phenotype در ژنتیک به مشخصات و رفتارهای قابل مشاهده‌ی یک ارگانسیم اطلاق می‌شود.

انسان از روده‌اش بیشتر است. پخت و پز، انسان‌سان‌ها را قادر ساخت اندازه‌ی معده‌شان را با مغز تاخت بزنند.

به عبارت دیگر، انسان‌سان‌های راست‌قامت همه‌ی آن‌چیزی را که ممکن بود ما انسان بنامیم داشتند: دو پا، دو دست، یک مغز حجیم، انگشت‌های روبه‌روی هم، آتش، پخت و پز، ابزار، فناوری، همکاری، دوران کودکی طولانی و رفتار مهربانانه. اما در عین حال هیچ نشانی از رشد فرهنگی، اندکی پیشرفت در جایگاه یا محدوده وجود نداشت.

انسان پویا[114]

پس از این دوران، نوع جدیدی از انسان‌سان‌ها بر کره زمین پدیدار شدند که از قوانین بازی تبعیت نکردند. بدون هیچ تغییری در جسم خود و بدون هیچ جانشینی در گونه، فقط به تغییر عادات‌شان ادامه دادند. برای اولین‌بار فناوری‌شان سریع‌تر از ساختار بدن‌شان تغییر کرد. این چیزی بدیع و تکاملی بود و آن، شما هستید.

تشخیص زمانی که این جانور جدید پدیدار شد دشوار است و ورودش بی‌سر و صدا بود. بعضی انسان‌شناسان مدعی هستند ابزارآلات از ۲۸۵ هزار سال پیش در آفریقای غربی و اتیوپی، علایمی از دگرگونی را نشان می‌دهند. قطعاً دست کم ۱۶۰ هزار سال پیش در اتیوپی، یک جمجمه‌ی جدید «انسان خردمند»، با صورتی کوچک در بالای ستون فقرات در حال پوسیدن بود. تقریباً در همان دوران در پیناکل پوینت[115] در آفریقای جنوبی، مردم - بله، برای نخستین‌بار باید آنها را مردم بنامم - صدف و دیگر موجودات دریایی صدف‌دار را در غاری نزدیک دریا می‌پختند و همچنین در حال ساخت «تیزی‌آلات» از تکه‌های کوچک سنگ‌های برنده بودند که احتمالا برای زدن به سرنیزه‌ها به‌کار می‌رفتند. آنها همچنین از اخرای سرخ، یحتمل برای تزئینات استفاده می‌کردند، که کاملاً اشاره به وجود ذهن‌های نمادین مدرن دارد.

این مسائل در دوران عصر یخبندان رخ داد، زمانی که آفریقا بیشتر یک بیابان بود. هرچند تاکنون ظاهراً چیز زیادی از این تجارب به‌دست نیامده است. شواهد متدوام از رفتار هوشمندانه و ابزارسازی پیچیده و ماهرانه دوباره محو و ناپدید شد. شواهد ژنتیکی مؤید این است که انسان‌ها حتی در آفریقا هم کم‌شمار بودند و تقلا می‌کردند وجود متزلزلی را از گودی‌های بیشه‌زارهای ساوانا در زمان خشکی یا احتمالاً از حواشی دریاچه‌ها و دریاها نجات دهند و زنده

---

۱۱۴. Homo Dynamicus

۱۱۵. Pinnacle Point دماغه‌ای کوچک در نزدیکی خلیج موسل (Mossel) ساحل جنوبی آفریقای جنوبی.

بمانند. در دوره‌ی بین یخبندان ایمین[۱۱۶]، از ۱۳۰ هزار تا ۱۱۵ هزار سال پیش، آب و هوا گرم‌تر و بسیار مرطوب‌تر شد و سطح دریاها افزایش یافت. بعضی جمجمه‌ها در جایی که امروز اسرائیل قرار دارد، نشان می‌دهند چندین آفریقایی با سر باریک در پایان دوره‌ی یخبندان ایمین در خاورمیانه پیش از این‌که هوای سرد و نئاندرتال‌ها آنها را وادار به عقب‌نشینی کنند شروع به سکونت کرده بودند. در طول این استراحت کوتاه بود که ابزارهای جدیدی که ماهرانه ساخته شده بودند، نخستین‌بار در غاری در منطقه‌ای که اکنون مراکش نامیده می‌شود، دیده شدند: تراشه‌ها، تراشنده‌های دندانه‌دار و سطوح دستکاری‌شده. یکی از سرنخ‌های فوق‌العاده، به شکل پوسته‌ی صدفی حلزون در مصب رودخانه به‌دست آمدکه ناساریوس[۱۱۷] نام داشت. این صدف کوچک با سوراخ‌های غیرطبیعی مدام در مناطق باستان‌شناسی پدیدار می‌شود. کهن‌ترین ناساریوس یافت‌شده در غارهای کبوتر نزدیک تافورال[۱۱۸] در مراکش است، جایی که ۴۷ صدف سوراخ‌شده که برخی با اخرای سرخ رنگ‌آمیزی شده بودند، با قدمتی قطعاً بیشتر از ۸۲ هزار سال و شاید بیش از ۱۲۰ هزار سال پیدا شدند. صدف‌های مشابهی که تاریخ‌گذاری آنها دشوارتر است در اوئد جبانای[۱۱۹] الجزایر و اسخول[۱۲۰] در اسرائیل و پوسته‌های سوراخ‌شده از ژنی مشابه اما زیرگونه‌ای متفاوت در غار بلومبوس[۱۲۱] در آفریقای جنوبی با قدمتی حدود ۷۲ هزار سال همراه با اولین درفش‌ها از جنس استخوان، پیدا شده است. این صدف‌ها مطمئناً مهره بودند و شاید در نخی به هم وصل می‌شدند. پیدا شدن آنها نه‌تنها نشانی از نگرش بسیار مدرن به زیورآلات شخصی، نمادگرایی یا شاید حتی پول دارد بلکه به وضوح از تجارت هم سخن می‌گوید. تافورال، ۲۵ مایل و اوئد جبانا، ۱۲۵ مایل با نزدیک‌ترین ساحل فاصله داشتند. مهره‌ها احتمالاً دست به‌دست تا آنجا مبادله می‌شدند. به علاوه، شواهدی از شرق آفریقا و اتیوپی در دست است که سنگ‌های شیشه‌ای آتشفشانی که به آبسیدین معروف هستند، احتمالاً در آن زمان از راه تجارت در مسیرهای طولانی یا حتی قبل‌تر شروع به جابه‌جا شدن کرده‌اند، اما تاریخ و سرمنشأ آنها هنوز نامشخص است.

درست آن‌سوی تنگه‌ی جبل‌الطارق در جایی که مردمان مهره‌پوش و تراشه‌ساز زندگی می‌کردند، پیشینیان نئاندرتال‌ها بودند، کسانی که اگرچه مغز حجیمی داشتند اما هیچ نشانی از ساخت مهره یا ابزارهای تراشه‌ای به‌دست آنها در دست نیست، چه برسد به تجارت در مسیرهای طولانی. در مورد آفریقایی‌ها معلوم بود که قضیه متفاوت است. طی چند ده هزاره‌ی آتی، پیشرفت‌های پراکنده‌ای رخ داد

---

۱۱۶. Eemian

۱۱۷. Nassarius

۱۱۸. Taforalt

۱۱۹. Oued Djebanna

۱۲۰. Skhul

۱۲۱. Blombos

اما خبری از هیچ انفجار بزرگی نبود. ممکن است در جمعیت‌های انسانی یک فروپاشی رخ داده باشد. در آن زمان، قاره‌ی آفریقا از سوی «ابرخشکسالی»[۱۲۲]ها تهدید می‌شد که در آن بادهای خشک‌کننده، گرد و خاک بیابان‌های پهناور را به‌سمت دریاچه‌ی مالاوی می‌بردند و سطح آب آن را تا ۶۰۰ متر کاهش دادند. شواهد ژنتیکی تأیید می‌کنند تنها از ۸۰ هزار سال پیش به این طرف بود که چیز بزرگی دوباره شروع به اتفاق افتادن کرد. شواهد این بار از ژنوم‌ها بود و نه آثار هنری. مطابق دستورالعمل‌های DNA در آن زمان بود که گروه کم‌شماری از مردم، سراسر قاره‌ی آفریقا را از جمعیت پر کردند. این پدیده از شرق یا جنوب آفریقا آغاز شد و سپس به‌سمت شمال گسترش پیدا کرد و با سرعتی به نسبت کمتر به‌سمت غرب رفت. ژن‌های آنها که با میتوکندریال[۱۲۳] نوع L3 علامت‌گذاری شده بودند، به‌صورت ناگهانی گسترش یافتند و به استثنای اجداد خویسان‌ها[۱۲۴] و کوتوله‌های پیگمه[۱۲۵] جایگزین دیگران در آفریقا شد. با این وجود حتی امروز هیچ نشانی از این‌که چه چیز در راه بود وجود ندارد. هیچ سرنخی از این‌که هر چیزی بود به غیر از یک آواتار تکاملی دیگر از موفقیت ناپایدار میمون شکارچی، وجود نداشت. این شکل جدید آفریقایی همراه با ابزار پیچیده و ماهرانه‌اش، رنگ‌آمیزی‌های با اخرا و زیورآلات صدفی، ممکن است همسایگان خودش را جابجا کرده باشد، اما امروز همان‌جا ساکن می‌شود تا از میلیون‌ها سال در آفتاب قبل از این‌که موقرانه جایش را به چیز جدیدی بدهد لذت ببرد. هرچند این بار بعضی از افراد L3 بی‌درنگ از آفریقا بیرون آمدند و در قلمرو جهانی پخش شدند. باقی افراد، همان‌طور که می‌گویند، تاریخ هستند.

آغاز به داد و ستد

انسان‌شناسان دو نظریه را برای توضیح ظهور و بروز فناوری‌ها و مردمان جدید در آفریقا ارائه می‌کنند. نخستین نظریه این است که آب و هوا موجب این پدیده شده است. نوسانات آب و هوا در آفریقا که انسان‌ها را در دهه‌های پرباران به بیابان‌ها می‌کشاند و در دهه‌ی‌های خشک آنها را دوباره برمی‌گرداند، قدرت سازگاری ممتازی را ایجاد می‌کرد که در نتیجه، قابلیت‌های جدیدی را می‌طلبید. مشکل نظریه‌ی اول این است که آب و هوا بدون تولید یک میمون

---

۱۲۲. خشکسالی‌های وسیع و عظیمی که ممکن است بیش از دو دهه طول بکشند.

۱۲۳. Mitochondrial کروموزوم دایره‌ای یافت شده در اندامک‌هایی به نام میتوکوندریا.

۱۲۴. Khoisan خویسان، نامی است عمومی برای گروه‌های قومی جنوب آفریقا که ویژگی‌های فیزیکی و زبانی مشترکی متمایز از اکثریت بانتو دارند. از حیث فرهنگی، خویسان‌ها به دو دسته‌ی شکارچی-گردآورنده و دامدار تقسیم می‌شوند.

۱۲۵. Pygmy پیگمه‌ها گروه قومی هستند که میانگین قد آنان به‌صورت غیرعادی کوتاه است. از منظر انسان‌شناسان، پیگمه به عضوی از گروه قومی اطلاق می‌شود که متوسط طول قد افراد بالغ آن کمتر از ۱۵۰ سانتی‌متر باشد. اشخاص بلندتر گروه، پیگموئید نامیده می‌شوند.

ماهر به لحاظ فناوری برای مدت زیادی ناپایدار بوده، و دوم این‌که این موضوع درباره بسیاری از گونه‌های دیگر آفریقایی هم صدق می‌کند: اگر شامل انسان‌ها می‌شود چرا شامل فیل‌ها و کفتارها نشود؟ مدرکی از کل باقی جانوران در دست نیست که نشان دهد نجات‌یافتگان مستأصل طی دوران غیرقابل پیش‌بینی آب و هوا، هوش و خرد یا انعطاف‌پذیری فرهنگی را انتخاب کنند. عکس این قضیه البته وجود دارد: زندگی در گروه‌های اجتماعی بزرگ با یک رژیم غذایی فراوان، هر دو موجب رشد مغز می‌شوند.

نظریه‌ی دوم این است که یک جهش ژنتیکی تصادفی، با تغییر ظریف و نامحسوسی در ساختار مغز انسان باعث دگرگونی در رفتار انسان شده است. این موضوع باعث شد افراد برای نخستین‌بار قابلیت تخیل، برنامه‌ریزی یا برخی عملکردهای عالی را داشته باشند که در نتیجه به آنها ظرفیت ساختن ابزار و دستگاه‌های بهتر و یافتن روش‌های مناسب‌تر برای زندگی را اعطا کرد. برای مدتی حتی به نظر می‌رسید گویا دو جهش منتخب در سن مناسب ظهور کرده بودند - در ژنی که FOXP2 نامیده می‌شود و برای گفت‌وگو و صحبت در انسان‌ها و پرندگان آوازخوان ضروری است. در واقع به نظر می‌رسید افزودن این دو جهش به موش‌ها به واقع به نظر می‌رسد که انعطاف‌پذیری سیم‌کشی مغز آنها را به گونه‌ای تغییر بدهد که می‌تواند برای سریع تکان‌خوردن زبان و ریه که گفتار نامیده می‌شود، ضروری باشد و یحتمل به‌طور تصادفی، جهش‌ها حتی شیوه‌ی جیرجیر کردن آنها را بدون تقریباً هیچ تغییر دیگری در آنها، تغییر می‌دهد. اما شواهد جدید تأیید می‌کنند که نئاندرتال‌ها نیز حامل هر دو جهش بودند و پیشنهاد می‌کند که نیاکان مشترک نئاندرتال‌ها و انسان‌های مدرن که حدود ۴۰۰ هزار سال پیش زندگی می‌کردند ممکن بوده از زبان پیچیده و سطح بالایی استفاده می‌کردند. اگر زبان، کلید تکامل فرهنگی است و نئاندرتال‌ها دارای زبان بودند، چرا ابزارهای دست‌ساز نئاندرتال‌ها تغییرات فرهنگی اندکی را نشان می‌دهند؟

علاوه بر این پس از طی ۲۰۰ هزار سال انقلاب بشری، مسلماً ژن‌ها هم تغییر کرده‌اند اما این تغییرات، بیشتر در پاسخ به عادات جدید بوده تا این‌که خود، دلیل آنها باشند. در ابتدا، پخت و پز، جهش‌هایی را که برای دهان و روده‌های کوچک‌تر بود برگزید، به جای آن که برعکس باشد. در دوران اخیر، نوشیدن شیر، جهش‌ها برای حفظ هضم لاکتوز در بزرگسالان اروپای غربی و نژاد شرق آفریقا را برگزید. اسب تغییرات فرهنگی، پیش از گاری تغییرات ژنتیک می‌آید. تقاضا برای یک تغییر ژنتیکی که تکامل را پیش می‌رانند، تکامل مشترک ژن - فرهنگ را معکوس می‌کند. این یک توضیح بالا به پایین برای یک فرآیند پایین به بالاست.

علاوه بر اینها، اعتراض بنیادین دیگری هم وجود دارد. اگر یک تغییر ژنتیکی

منجر به عادت‌های جدید انسان شد، چرا اثراتش به‌تدریج و خیلی بی‌قاعده و در مکان‌ها و زمان‌های مختلف روی می‌دهد اما سپس هنگامی که تثبیت می‌شود شتاب می‌گیرد؟ چگونه این ژن جدید در استرالیا نسبت به اروپا اثر کندتری داشته است؟ هر توضیحی در باب مدرن‌شدن فناوری انسانی بعد از ۲۰۰ هزار سال پیش، باید چیزی باشد که با مایه‌گذاشتن از خودش سرعت گرفته، چیزی که کاتالیزور خودکار دارد.

همان‌طور که می‌توانید حدس بزنید من هیچ‌کدام از این نظریه‌ها را نمی‌پسندم. به جرأت می‌گویم که پاسخ نه در آب و هواست، نه در ژنتیک، نه در باستان‌شناسی و نه حتی به‌طور کامل در «فرهنگ»، بلکه در اقتصاد است. انسان‌ها شروع به انجام کاری با هم و برای یکدیگر کرده بودند که در عمل باعث ایجاد یک هوش جمعی شد. آنها برای نخستین‌بار شروع به مبادله‌ی چیزها بین افراد غیرخویشاوند و غیرمزدوج کردند؛ اشتراکگذاشتن، تاخت‌زدن، داد و ستد و تجارت کردن. از این رو، پوسته‌های ناساریوس از سمت سواحل مدیترانه به سرزمین‌های داخلی آمدند. تأثیر این امر باعث پدید آمدن تخصصی‌سازی شد که به نوبه‌ی خود، نوآوری در فناوری را موجب شد که آن هم سبب تشویق تخصصی‌سازی بیشتر شد که به مبادله‌ی بیشتر انجامید؛ بدین‌ترتیب «پیشرفت» متولد شد. منظورم این است که فناوری و عادات، سریع‌تر از ساختار بدن تغییر کردند. آنها در آنچه فریدریش فون‌هایک، کاتالاکسی[۱۲۶] می‌نامید، افتان و خیزان پیش رفتند: این امکان گسترش مدام توسط یک تقسیم کار رو به رشد ایجاد شد. این چیزی است که خود را هنگامی که شروع شد، تقویت می‌کند.

مبادله باید ابداع می‌شد. این کار به‌صورت طبیعی از بیشتر حیوانات برنمی‌آید. تاخت زدن به وضوح کاربرد اندکی در دیگر گونه‌های حیوانی دارد. به اشتراک‌گذاری در خانواده‌ها وجود دارد و مبادله‌ی غذا برای آمیزش جنسی در بسیاری از جانداران من‌جمله حشرات و میمون‌ها رواج دارد اما موردی وجود ندارد که در آن حیوانی، چیزی به حیوانی غیرمرتبط برای مبادله با چیز دیگری بدهد. آدام اسمیت می‌گوید: «هیچ‌کس تاکنون سگی را ندیده است که عمداً به مبادله‌ی منصفانه‌ی استخوان با سگی دیگر دست بزند.»

لازم است اینجا مخالفت کنم. تحمل کنید. من درباره لطف متقابل حرف

---

۱۲۶. Catallaxy کلمه‌ای یونانی و به معنای «دشمن را دوست ساختن» است. فون‌هایک، با ظرافت از این کلمه در توصیف بازار آزاد و به‌جای «اقتصاد بازار» استفاده می‌کند. او معتقد است که کلمه‌ی «اقتصاد»(economy) همان‌طور که در فارسی هم اندکی چنین است، معنای «مدیریت خانه» را می‌دهد که به نوعی از وجود شیوه‌ای از کنترل و نوعی از اهداف مشخص و مشترک و به‌طور خلاصه از رگه‌هایی از «نا آزادی» حکایت می‌کند. اما واژه‌ی کاتالاکسی علاوه بر آن‌که در زبان یونانی به معنای مبادله است، به معنای آزادیِ عمل بخشیدن به آحاد اجتماع و نیز دشمن را به دوست تبدیل کردن نیز هست. این سه معنا دقیقاً معانی‌ای هستند که او از اقتصاد بازار آزاد مراد می‌کند. به‌طور دقیق، بازار از نظرهایک، دشمن را به دوست تبدیل می‌کند چرا که با بسط معاملات بر اساس سود دوطرفه و بدون در نظر گرفتن رنگ و نژاد و مذهب و... سبب گسترش صلح و دوستی در میان مردمان می‌شود.

نمی‌زنم؛ هر نخستی سالخورده‌ای می‌تواند این کار را بکند. در میان میمون‌ها میزان قابل توجهی از «بده‌بستان» وجود دارد: تو پشت من را می‌خارانی و من پشت تو را. یا همان‌گونه که لدا کاسمیدی و جان توبی[127] می‌گویند: «یک دسته در برهه‌ای از زمان به‌دسته‌ای دیگر کمک می‌کند، با هدف افزایش این احتمال که وقتی موقعیت‌شان معکوس شد (معمولاً) در زمان نامشخصی در آینده، این عمل تلافی شود.» چنین بده بستانی یک چسبندگی اجتماعی با اهمیت برای انسان است، منبعی برای همکاری و عادتی به ارث رسیده از گذشته‌ی حیوانی است که بدون تردید انسان‌ها را برای مبادله آماده کرده بود. اما این موضوعی مشابه مبادله نیست. بده‌بستان به معنای چیزی همسان به همدیگر دادن است (معمولاً) در زمان‌ها متفاوت. مبادله – آن را اگر می‌خواهید می‌توانید تاخت یا داد و ستد بنامید - یعنی دادن چیزهای (معمولاً) متفاوت به یکدیگر در یک زمان واحد: تاخت‌زدن دو چیز مختلف به‌طور همزمان. به قول آدام اسمیت: «به من آن چیزی را بده که می‌خواهم و تو باید آنی را داشته باشی که می‌خواهی.»

تاخت زدن بسیار جدی‌تر از بده‌بستان است. با این حال، سوای شپش‌جوریدن، چه تعداد فعالیت در زندگی وجود دارد که برای جبرانش باید عملی مشابه برای دیگران انجام داد؟ «اگر امروز برایت یک تونیک از پوست بدوزم، تو فردا می‌توانی یکی برایم بدوزی» این چیزها پاداش‌های محدود و بازده نزولی به همراه دارد. «من لباس می‌دوزم، تو غذا را بگیر»، بازده صعودی می‌آورد. در واقع این مسئله چنان ویژگی زیبایی دارد که حتی نیازی به عادلانه بودن هم ندارد. برای این‌که تاخت زدن کار کند، دو طرف نیازی ندارند چیزهایی را پیشنهاد کنند که ارزش یکسان داشته باشد. داد و ستد غالباً نابرابر است اما همچنان به دو طرف ماجرا منفعت می‌رساند. این نکته‌ای است که به نظر می‌رسد تقریباً همه آن را نادیده می‌گیرند. مثلاً در علفزارهای کامرون در قرون گذشته، تولیدکنندگان روغن نخل که در حاشیه‌ی این منطقه و در فقیرترین اراضی زندگی می‌کردند، به دشواری تلاش می‌کردند محصول کم‌ارزشی تولید کنند که با استفاده از آن با همسایگان‌شان به مبادله‌ی غلات، دام و آهن دست بزنند. به‌طور میانگین آنها ۳۰ روز کار می‌کردند تا بهای بیل آهنی را که فقط هفت روز کاری برای تولیدکننده‌اش هزینه داشت، بپردازند. با این حال روغن نخل هنوز پرمنفعت‌ترین محصولی بود که آنها می‌توانستند در منطقه‌شان و با منابع در دسترس‌شان تولید کنند. کم‌هزینه‌ترین روش برای گرفتن یک بیل آهنی برای آنها این بود که روغن نخل بیشتری تولید کنند. یا تصور کنید قبیله‌ای در جزیره‌ی تروبریاند[128] در ساحلی که ماهی‌های فراوان دارد و قبیله‌ای در نواحی

---

۱۲۷. Leda Cosmides & John Tooby لدا کاسمیدی ، روان‌شناس معاصر آمریکایی در فیلادلفیا، پنسیلوانیا و همسر جان توبی انسان‌شناس آمریکایی که هر دو در زمینه‌ی روان‌شناسی تکاملی فعالیت می‌کنند.

۱۲۸. Trobriand Island مجموعه جزایری مرجانی در غرب گینه‌ی نو هستند که در مجموع ۴۵ کیلومتر مربع وسعت دارند و بخشی از استان خلیج میلنه‌ی کشور پاپوا گینه‌ی نو می‌باشند. کیریوینا بزرگترین و پرجمعیت‌ترین جزیره‌ی تروبریاند است. جمعیت این جزایر در ابتدای قرن بیستم حدود هشت هزار نفر بود و در دهه‌ی ۱۹۹۰ به حدود بیست هزار نفر رسید.

داخلی جزیره که میوه‌های زیادی دارند: تا زمانی که دو قبیله در اقامتگاه‌های متفاوت زندگی می‌کنند، برای چیزهایی که دیگری دارد، ارزش بیشتری قائل هستند تا چیزهای خودشان و داد و ستد به هر دو طرف، عایدی می‌رساند. هر چه بیشتر داد و ستد کنند، بیشتر گیرشان خواهد آمد تا بتوانند در کارشان متخصص‌تر شوند.

روان‌شناسان تکاملی بر این فرض هستند که شرایطی که در آن دو نفر به‌صورت همزمان، چیزهایی ارزشمند برای پیشنهاد به همدیگر داشته باشند نادر است. اما این لزوماً درست نیست، چون افراد می‌توانند برای چیزی که در دسترس‌شان نیست ارزش زیادی قائل شوند. و هرچه بیشتر به مبادله اتکا کنند، بیشتر به‌سمت تخصصی‌شدن می‌روند که مبادله را همچنان جذاب‌تر می‌کند. بنابراین مبادله، زاینده‌ی امکان‌های بی‌شمار است، چیزی که زاد و ولد می‌کند، با سرعت پخش می‌شود، رشد می‌کند و کاتالیزور خودکار است. این مسئله ممکن است بر پایه‌ی غریزه‌ی بده‌بستان حیوانی قدیمی‌تر بنا شده باشد و احتمال دارد تا حد زیادی به‌صورت یگانه‌ای از طریق زبان تسهیل شده باشد؛ من این بحث را نمی‌کنم که اینها اجزای اصلی سرشت انسانی نبودند که مجال شروع این عادت را دادند. اما می‌گویم تاخت زدن - مبادله‌ی همزمان دو چیز متفاوت - فی‌نفسه یک پیشرفت بشری بود، حتی شاید مهم‌ترین چیزی بود که باعث چیرگی بومی و شکوفایی مادی گونه بشر شد. حیواناتِ دیگر اساساً تاخت نمی‌زنند.

هنوز کاملاً نمی‌دانم چرا، اما فهماندن این مسئله هم به اقتصاددانان و هم به زیست‌شناسان برایم مشکل بوده است. اقتصاددان‌ها تاخت زدن را تنها یک نمونه‌ی بزرگ‌تر از یک عادت انسانی در بده‌بستان عمومی می‌دانند. زیست‌شناسان درباره نقشی که بده‌بستان در تکامل اجتماعی بازی کرده حرف می‌زنند، یعنی «کاری با دیگران بکن که می‌خواهی با تو بکنند.» به نظر نمی‌رسد هیچ‌کدام به تمایزی که فکر می‌کنم حیاتی است، علاقه‌ای داشته باشند. پس اجازه بدهید آن را اینجا دوباره تکرار کنم: در برهه‌ای پس از میلیون‌ها سال لذت بردن از بده‌بستان و پشت خاراندن و افزایش تدریجی شدت آن، یک گونه و دقیقاً همان یک گونه به‌صورت اتفاقی با ترفندی کاملاً متفاوت مواجه شد. آدام[۱۲۹] به اُز شیئی را برای مبادله با شیئی متفاوت داد. این همان مبادله‌ای نیست که آدام پشت اُز را بخاراند و اُز پشت آدام را بعدتر بخاراند یا این‌که آدام به اُز مقداری از غذای مازادش را بدهد و فردا اُز به آدام مقداری غذای مازاد بدهد. دستاورد فوق‌العاده این رویداد این بود که آدام حالا به‌صورت بالقوه به چیزهایی که نمی‌دانست چگونه بسازد یا پیدا کند دسترسی داشت؛ و همین‌طور اُز. هرچه بیشتر این کار را انجام دادند برای‌شان ارزشمندتر شد. به هر دلیلی هیچ گونه‌ی حیوانی دیگری از چنین ترفندی سود نبرده است؛ دست کم بین افراد غیرخویشاوند.

۱۲۹. Adam, Oz اسامی فرضی و برای مثال مطرح شده از سوی نویسنده می‌باشند.

این تنها حرف من نیست. سارا برازنان[۱۳۰] نخستی‌شناس، سعی کرد به دو گروه مختلف از شمپانزه‌ها تاخت زدن را یاد بدهد و فهمید که کار بسیار مشکلی است. شمپانزه‌های او، انگور را به سیب و خیار را به هویج (که مشخصاً کمتر دوست داشتند) ترجیح می‌دادند. آنها گاهی حاضر بودند هویج را در قبال انگور بدهند اما هرگز سیب را در مقابل انگور با وجود مزایای این معامله، معاوضه نمی‌کردند (یا برعکس). آنها نمی‌توانستند نتیجه‌ی دست کشیدن از غذایی که دوست داشتند را در برابر غذایی که حتی بیشتر دوست داشتند، ببینند. شمپانزه‌ها و میمون‌ها می‌توانند برای مبادله‌ی ژتون در برابر غذا آموزش ببینند اما راهی بس طولانی در پیش است تا این‌که بتوانند همزمان چیزی را برای چیز دیگری مبادله کنند: ژتون‌ها برای شمپانزه‌ها ارزشی ندارند پس حاضرند آن را بدهند. تاخت واقعی به این نیاز دارد که چیزی را که برایش ارزش قائل هستی در ازای چیز دیگری که کمی بیشتر برایت ارزش دارد مبادله کنی.

این مسئله در بوم‌شناسی شمپانزه‌های وحشی بازتاب دارد. ریچارد رنگهم[۱۳۱] می‌گوید، «در حالی که در انسان‌ها، هر جنسیت نه‌تنها از مواد غذایی که خودشان جمع کرده‌اند می‌خورند بلکه از آنچه شریک‌شان پیدا کرده نیز می‌خورند، و هیچ نشانی از این مکمل بودن در میان نخستی‌های غیرانسان یافت نشده است.» این درست است که شمپانزه‌های نر نسبت به ماده‌ها، میمون‌ها را بیشتر شکار می‌کنند و وقتی یک شمپانزه‌ی نر، میمونی را شکار کرد، گاهی اگر دیگران به او التماس کنند اجازه می‌دهد با او شریک شوند، به‌ویژه اگر یک ماده‌ی بارور یا یک شریک نزدیک باشد که لطفی به او بدهکار است. اما چیزی که نمی‌بینیم، داد و ستد یک غذا با غذایی دیگر است. هیچ‌گاه گوشت با دانه‌های خوراکی تاخت زده نمی‌شود. برخلاف انسان‌ها که از سنین اولیه تقریباً علاقه‌ی خاصی نه فقط در اشتراک گذاشتن غذا با همدیگر دارند بلکه معاوضه‌ی چیزی با چیز دیگری در آنها چشم‌گیر است. بیروت گالدیکاس[۱۳۲] یک اورانگوتان جوان را در خانه‌اش همراه با دخترش بنتی[۱۳۳]، پرورش داد و از نگرش‌های متضاد شریک‌شدن غذا در دو کودک، انگشت به دهان ماند. او می‌نویسد: «به نظر می‌رسد بنتی در شریک‌شدن در غذا لذت بسیاری می‌برد اما در عوض پرنسس مثل هر اورانگوتان دیگری، التماس می‌کند و از هر فرصتی برای قاپیدن و دزدیدن غذا استفاده می‌کند.»

بحث من این است که اینْ رفتار مبادله، این اشتیاق برای تاخت زدن، چیزی است که حدوداً از ۱۰۰ هزار سال پیش در نیاکان ما در آفریقا ظاهر شد. چرا انسان‌ها ذائقه‌ای برای تاخت زدن کسب کردند که دیگر حیوانات نکردند؟

---

۱۳۰. Sarah Brosnan پژوهشگر در زمینه‌ی پیشبرد فرآیندهای شناختی در همکاری و عمل متقابل حیوانات.

۱۳۱. Richard Wrangham انسان‌شناس و نخستی‌شناس معاصر انگلیسی و استاد دانشگاه‌هاروارد.

۱۳۲. Birute Galdikas انسان‌شناس، نخستی‌شناس و نویسنده‌ی معاصر لیتوانیایی-کانادایی.

۱۳۳. Binti

شاید این مسئله مربوط به پخت و پز باشد. ریچارد رنگهم، مورد قانع‌کننده‌ای را مطرح می‌کند که مهار آتش، تأثیر فوق‌العاده‌ای در تکامل بشر داشته است. فرای ایمن کردن زمین برای زیستن، فرای آزادساختن نیاکان انسان برای رشد مغزهای بزرگ با وعده‌های غذایی با انرژی بالا، آشپزی همچنین انسان‌ها را بیشتر مستعد مبادله انواع غذاها ساخت. و شاید این مسئله باعث شده باشد که مترصد تاخت زدن شوند.

شکار کردن برای خوشه‌چینی

همان‌گونه که حییم اُفِک[۱۳۴] اقتصاددان استدلال کرده است، آتش‌افروختن به خودی خود دشوار است اما به اشتراک گذاشتنش آسان؛ غذا پختن نیز همین‌گونه است، پخت آن مشکل ولی اشتراک گذاری آن آسان. زمان صرف‌شده در آشپزی از زمان جویدن غذا کم شده است: شمپانزه‌های وحشی، ۶ ساعت یا بیشتر را در روز صرف نشخوار و جویدن غذای‌شان می‌کنند. گوشت‌خواران شاید غذای‌شان را نجوند (اغلب عجله دارند پیش از آن‌که غذا به سرقت برود آن را بخورند) اما ساعت‌های زیادی را در شکم عضلانی‌شان به هضم غذا سپری می‌کنند که تقریباً همین مقدار می‌شود. پس آشپزی ارزش‌آفرینی می‌کند: بزرگ‌ترین ویژگی غذای پخته‌شده این است که اگرچه نسبت به غذای خام، زمان زیادی برای آماده‌شدن می‌برد، ولی خوردنش چند دقیقه بیشتر نیست و این یعنی افراد دیگری علاوه بر کسی که غذا را آماده کرده است، می‌توانند از آن استفاده کنند. یک مادر می‌تواند سال‌ها به فرزندانش غذا بدهد. یا یک زن می‌تواند یک مرد را تغذیه کند.

در بیشتر شکارچی- خوشه‌چین‌ها، زنان ساعاتی متمادی را صرف جمع‌آوری، آماده‌سازی و پختن غذاهای اصلی می‌کنند در حالی که مردان بیرون در حال شکار خوراک‌های لذیذ هستند. از قضا هیچ جامعه‌ی شکارچی-خوشه‌چینی وجود ندارد که از آشپزی معاف باشد. آشپزی مهم‌ترین فعالیت زنانه است و تنها استثنائات، زمانی است که مردان ترتیبات جشن‌های آیینی را می‌دهند یا چند تکه گوشت را هنگامی که بیرون در حال شکار هستند، کباب می‌کنند. (آیا این زنگ دنیای مدرن را به صدا در نمی‌آورد؟ امروزه آشپزی تجملاتی و کباب‌کردن، دو نوع از مردانه‌ترین اشکال آشپزی امروز است.) به‌طور میانگین در سراسر جهان، هر جنسیتی در مقدار مشابهی از کالری سهیم است، هرچند که این الگو، قبیله به قبیله، متفاوت می‌باشد: برای مثال در اینوئیت‌ها، غذا بیشتر توسط مردان فراهم می‌شود، در حالی که زنان خویسان‌های صحرای کالاهاری، بیشتر

۱۳۴. Haim Ofek دکترای اقتصاد از دانشگاه کلمبیا و نظریه‌پرداز اقتصاد تکاملی اهل اسرائیل و نویسنده‌ی کتاب سرشت ثانویه .

در جمع‌آوری غذا سهیم هستند. اما -نکته‌ی حیاتی همین‌جاست- در سراسر نژاد بشر، مردان و زنان متخصص می‌شوند و سپس غذا را به اشتراک می‌گذارند.

به عبارت دیگر آشپزی، تخصص‌گرایی بر اساس جنسیت را تشویق می‌کند. نخستین و عمیق‌ترین انواع تقسیم کار، نوع جنسیتی آن است. این یک قانون آهنین است که تقریباً راجع به تمام مردم در جست‌وجوی خوراک سندیت دارد، «مردان شکار می‌کنند، زنان و کودکان جمع می‌کنند». هر دو جنسیت «در یک زیستگاه به راه می‌افتند، برای کسب منابع از آن زیستگاه تصمیم‌هایی کاملاً متفاوتی می‌گیرند و غالباً با حاصل دسترنج‌شان به مرکز آن مکان باز می‌گردند». مثلا زمانی که زنان هیوی[۱۳۵] در ونزوئلا پای پیاده به راه می‌افتند تا ریشه جمع کنند، نشاسته‌ی نخل بکوبند، گیاهان دانه‌دار بچینند و عسل جمع کنند، مردان‌شان با قایق کانو به شکار، ماهی‌گیری یا چیدن پرتقال می‌روند؛ مردان آچه[۱۳۶] در پاراگوئه، روزانه تا هفت ساعت به شکار گراز و گوزن و آرمادیلو[۱۳۷] می‌پردازند و زنان به‌دنبال آن‌ها به راه می‌افتند، میوه جمع می‌کنند و زمین را به‌دنبال ریشه‌های خوراکی حفر می‌کنند، یا حشره جمع میکنند و نشاسته می‌کوبند. گاهی هم آرمادیلو می‌گیرند. در حالی که زنان قبیله‌ی هدزا[۱۳۸] در تانزانیا، سیبک، میوه و خشکبار جمع می‌کنند و مردان، آنتلوپ (غزال آفریقایی) شکار می‌کنند؛ در حالی که در گرینلند، مردان اسکیمو، فُک شکار می‌کنند، زنان از این حیوانات خورش می‌پزند و ابزار و لباس درست می‌کنند. به همین صورت، مثال پس از مثال. حتی استثناهایی که بر این قانون پیش می‌آید و هنگامی که زنان به شکار می‌روند نیز آموزنده هستند، چون همچنان تقسیم کار وجود دارد. زنان آگتا[۱۳۹] در فیلیپین با سگ شکار می‌کنند و مردان آن‌ها با تیر و کمان. زنان مارتو[۱۴۰] در استرالیای غربی، سوسمار گوآنا و مردان، هوبره و کانگورو شکار می‌کنند. همچنان که یکی از انسان‌شناسان پس از زندگی با خویسان‌ها می‌گوید: «زنان به‌عنوان حق اجتماعی، گوشت طلب می‌کنند و آن را می‌ستانند - وگرنه شوهران خود را رها کرده، جایی دیگر ازدواج می‌کنند یا با مردان دیگر معاشقه می‌کنند.»

آنچه درباره شکارچی-خوشه‌چین‌های موجود صدق می‌کند به همان میزان بابت شیوه‌های منقرض‌شده‌ی زندگی که می‌توانیم از آنها مطمئن باشیم، صادق بود. زنان سرخ‌پوست کِری[۱۴۱] خرگوش شکار می‌کردند و مردان، گوزن قطبی.

---

۱۳۵. Hiwi

۱۳۶. Ache

۱۳۷. Armadillo

۱۳۸. Hadza

۱۳۹. Agta

۱۴۰. Martu

۱۴۱. Cree

زنان چوماش[۱۴۲] کالیفرنیا صدف دریایی جمع می‌کردند و مردان نیزه به‌دست، شیر دریایی شکار می‌کردند. سرخ‌پوستان یاهگان[۱۴۳](در تی‌یرا دل‌فوئگو)، سمور و شیر دریایی شکار می‌کردند؛ زنان ماهی‌گیری می‌کردند. در مصب رود مِرزی[۱۴۴]، در نزدیکی لیورپول چند دوجین ردپای محافظت‌شده‌ی باقی‌مانده از هشت هزار سال پیش وجود دارد؛ به نظر می‌رسد زنان و کودکان، صدف تیغی و میگو جمع می‌کردند؛ ردپای مردان به‌سرعت حرکت می‌کند و به موازات آن ردپای آهوی سرخ و آهوی (کوچک) رو[۱۴۵] به همین ترتیب.

به نظر می‌رسد یک معامله‌ی تکاملی انجام گرفته باشد: مرد در برابر انحصار جنسی، گوشت را تأمین و از آتش در مقابل دزدان و زورگویان پاسداری می‌کند؛ زن هم در ازای کمک برای پرورش فرزندان، سبزیجات جمع می‌کند و بیشتر آشپزی را انجام می‌دهد. این امر شاید توضیح‌گر آن باشد که چرا انسان‌ها تنها میمون‌های بزرگی هستند که پیوندهای طولانی‌مدت دارند.

بگذارید مسأله‌ای را روشن کنم. بحث کنونی هیچ ربطی به این مفهوم ندارد که «جای زن در خانه است» و مرد است که بیرون کار می‌کند. در جوامع شکارچی-خوشه‌چین، زنان سخت کار می‌کنند، اغلب سخت‌تر از مردان. نه خوشه‌چینی و نه شکار، هیچ‌کدام از نظر تکاملی، زمینه‌چینی مناسبی برای پشت میز نشینی و تلفن جواب‌دادن نیستند. انسان‌شناسان پیش‌تر بر این باور بودند که تقسیم کار جنسیتی، نتیجه‌ی دوران کودکی طولانی و آسیب‌پذیر انسان است. یعنی از آن‌جا که زنان نمی‌توانستند کودکان را به حال خود وانهند، پس نمی‌توانستند به شکار بروند. بنابراین نزدیک خانه می‌ماندند و به خوشه‌چینی و پختن غذا مشغول می‌شدند که با نگهداری از کودکان سازگار باشد. وقتی نوزادی به پشت بسته‌اید یا بچه‌ای کنار پای‌تان می‌خندد، بی‌شک خوشه‌چینی و ریشه‌کنی، از کمین نشستن برای شکار غزال آسان‌تر است. اما به‌تازگی انسان‌شناسان، این نظریه را که تقسیم جنسیتی کار فقط ریشه در محدودیت‌های نگهداری کودک دارد بازبینی کرده‌اند. آن‌ها دریافته‌اند حتی وقتی زنان خوشه‌چین-شکارچی در گزینش بین مراقبت از کودک و شکار محدودیت ندارند، همچنان نسبت به آنچه مردان می‌آورند نوع دیگری از خوراک را جست‌وجو می‌کنند. در میان استرالیایی‌های بومی آلیاواره[۱۴۶]هنگامی که زنان جوان به مراقبت از کودکان می‌پردازند، زنان مسن‌تر به‌دنبال شکار سوسمار گوآنا می‌روند و نه کانگورو و شترمرغ که شکار مردان است. حتی بدون محدودیت‌های ناشی از مراقبت کودکان هم تقسیم جنسیتی کار وجود داشت.

۱۴۲. Chumash
۱۴۳. Yahgan
۱۴۴. Mersey
۱۴۵. Roe Deer
۱۴۶. Alyawarre

این تخصصی‌سازی چه زمانی آغاز شد؟ تقسیم جنسیتی کار در جوامع شکارچی- خوشه‌چین توضیح اقتصادی شسته‌رفته‌ای دارد. از نقطه‌نظر تغذیه، زنان بیشتر کربوهیدرات‌های مطمئن و اساسی را انتخاب می‌کنند در حالی که مردان به‌دنبال به‌دست آوردن پروتئین ارزشمند هستند. این دو را با هم ترکیب کنید، کالری پیش‌بینی‌پذیر از سوی زنان و پروتئین گاه و بی‌گاه از سوی مردان – و شما بهترین از هر قسمت را دارید. به قیمت اندکی کار بیشتر، زنان می‌توانند مقداری پروتئین خوب بخورند بدون آن‌که مجبور باشند دنبالش بروند؛ و مردان می‌توانند مطمئن باشند وعده‌ی بعدی خوراک در راه است، حتی اگر موفق نشده باشند آهویی شکار کنند. همین حقیقت ساده، صرف زمان بیشتر برای به دنبال آهو رفتن را آسان‌تر و احتمال شکار یکی را بیشتر می‌کند. همه برنده هستند - منفعت از داد و ستد. گویی که این گونه حالا دو مغز و دو انباره‌ی دانش و تجربه دارد. مغزی که شکار می‌آموزد و مغزی که خوشه‌چینی می‌آموزد.

از دید من تقسیمی بسیار تروتمیز است. البته داستان به این شسته‌رفتگی هم نیست. مثلاً به نظر می‌رسد مردان تقلا می‌کنند شکارهای بزرگی به‌دست بیاورند تا بتوانند کل قبیله را سیر کنند – در مقابل هم موقعیت کسب کنند و هر از گاهی هم اغواگری - در حال که زنان، خانواده را غذا می‌دهند. این پدیده می‌تواند باعث افت کارایی مردان به لحاظ اقتصادی نسبت به آنچه می‌توانند باشند شود. مردان هدزا هفته‌ها وقت صرف می‌کنند تا غزال ایلند[۱۴۷] عظیم‌الجثه‌ای را بگیرند، در حالی که می‌توانند هر روز یک خرگوش فنری به دام بیندازند؛ مردان جزیره‌ی مر[۱۴۸] در تنگه‌ی تورس[۱۴۹]، نیزه‌به‌دست بر لبه‌ی صخره‌ها می‌ایستند به امید این‌که ترولی[۱۵۰] بزرگی را صید کنند در همان حال زنان‌شان با جمع‌آوری صدف، دو برابر غذا جمع‌آوری می‌کنند. حتی با وجود چنین سخاوت‌های چشمگیری یا طفیلی‌گری (انگل بودن) اجتماعی - بستگی دارد چگونه به آن نگاه کنید - منافع اقتصادی اشتراک‌گذاری خوراک و نقش‌های تخصصی جنسیتی، واقعیت دارند. علاوه بر این، منافع یادشده مختص انسان هستند. برخی انواع پرندگان وجود دارند که در آن‌ها جنسیت‌ها نقش‌های اندکی متفاوت از یکدیگر در عادت تغذیه دارند - جنس نر و ماده‌ی هوئیای نیوزیلندی[۱۵۱] که امروز منقرض شده‌اند، حتی نوک‌هایی متفاوت داشتند - اما تأمین انواع مختلف خوراک و تقسیم آن‌ها با یکدیگر مختص نژاد بشر است. این عادتی است که مدت‌ها پیش، نقطه‌ی پایانی بر خودکفایی گذاشت و اجداد ما را به عادت مبادله کشاند.

---

۱۴۷. Eland

۱۴۸. Mer

۱۴۹. Torres تنگه‌ای بین استرالیا و جزیره ملانزی‌ها در گینه‌نو.

۱۵۰. Trevally نوع ماهی بزرگ.

۱۵۱. Heteralocha acutirostris یک گونه منقرض‌شده از تیره غبغبکی‌های نیوزیلند است که هوئیا هم نامیده می‌شود.

تقسیم جنسیتی کار، چه زمانی آغاز شد؟ برآورد نظریه‌ی آشپزی به نیم‌میلیون سال پیش یا بیشتر اشاره می‌کند، اما دو باستان‌شناس، نظرات متفاوتی دارند. به عقیده‌ی استیون کوهن[۱۵۲] و مری اشتاینر[۱۵۳]، انسان خردمند مدرن آفریقایی‌تبار، تقسیم کار جنسیتی داشت و نئاندرتال‌ها نداشتند و این امر برتری بوم‌شناختی و حیاتی انسان‌های خردمند بر نئاندرتال‌ها بود هنگامی که ۴۰ هزار سال پیش با هم در اوراسیا شاخ به شاخ شدند. در پیش‌بردن این ایده، آنها یکی از اصول دیرپای دانش‌شان را نقض می‌کنند که نخستین‌بار در ۱۹۷۸ گلین آیزک[۱۵۴] مدعی‌اش شد - نقش‌های جنسیتی متفاوت با اشتراک‌گذاری خوراک از میلیون‌ها سال پیش آغاز شدند. آنها اشاره می‌کنند که نشانه‌ای از نوع غذایی که معمولاً زنان خوشه‌چین می‌آوردند در باقی مانده‌های نئاندرتال‌ها وجود ندارد و همچنین اثری از لباس‌های با جزئیات و سرپناه‌هایی که زنان اینوئیت می‌سازند در حالی که مردان‌شان در حال شکار هستند نیز وجود ندارد. گاه به گاه صدف، لاک‌پشت، پوست تخم مرغ و مانند آن یافت می‌شود که خوراک‌هایی هستند که در زمان شکار به‌راحتی پیدا می‌شوند، اما نه از سنگ آسیای دستی خبری هست و نه اثری از خشکبار و ریشه. در این شکی نیست که نئاندرتال‌ها اهل همکاری و طرفدار آشپزی بودند. اما این ایده را که جنسیت‌ها راه‌کارهای متفاوتی در جست‌وجوی خوراک داشتند و ماحصل را مبادله می‌کردند به چالش می‌کشد. بنابراین زنان نئاندرتال یا تمام روز یک‌جا نشسته و کاری نمی‌کردند، یا از آن‌جایی که به قدر مردان مدرن تنومند بودند، همپای مردان به شکار می‌رفتند. این یکی محتمل‌تر به نظر می‌رسد.

این یک تغییر فوق‌العاده در زاویه‌ی دید است. به‌جای صحبت کردن از شکار و خوشه‌چینی به‌عنوان وضعیت طبیعی انسانی که در عمل از ابتدای تاریخ بوده، گویی آنها مستعد این کار هستند، دانشمندان باید شروع به درنظر گرفتن این امکان کنند که این مسئله به نسبت مرحله‌ی جدیدی است، یک نوآوری است که قدمتش به حدود ۲۰۰ هزار سال پیش و این حدود می‌رسد. با این حساب آیا می‌توان تقسیم کار جنسیتی را توضیح محتملی دانست بر آنچه باعث شد نژاد کوچکی از آفریقایی‌ها در دوران ابرخشک‌سالی‌ها و آب‌وهوای سخت متغیر، نسبت به دیگر انسان‌سان‌ها در نجات و بقا بسیار بهتر باشند؟

شاید این‌طور باشد. یادمان باشد که زیستگاه‌های باقی‌مانده از نئاندرتال‌ها بسیار کم هستند. اما دست کم، حجم شواهد و دلایل، مقدار اندکی جابجا شده است. حتی اگر این عادت، قدمتی فراتر از برآورد ما داشته باشد، باز هم ممکن است عامل زمینه‌سازی برای آماده کردن نژاد آفریقایی برای ایده‌ی تخصص و دادوستد باشد. آفریقایی‌های کاملاً مدرن پس از آموزش دادن خودشان به متخصص شدن و مبادله

---

۱۵۲. Steven Kuhn

۱۵۳. Mary Stiner انسان‌شناس معاصر آمریکایی و استاد دانشگاه آریزونا.

۱۵۴. Glyn Isaac دیرین‌شناس معاصر آفریقای جنوبی.

میـان جنسیتهـا، وارد شـدن بـه عـادت تبـادل کار بـا دیگـران، رویکـرد مبادلـه را انـدکی بسـط دادنـد و به‌طـور امتحـانی ترفندهـای تـازه و جـدی تخصصی‌سـازی درون قبیلـه و سـپس بیـن قبیله‌هـا را پیـاده کردنـد. هـر چنـد کـه ایـن پلـه‌ی آخـر به‌خاطـر روابـط خونبـار بیـن قبایـل، گام سـختی بـود. مشـهور اسـت کـه هیـچ گونـه‌ی دیگـری از میمون‌هـا نیسـت کـه بتوانـد بـدون تلاش بـرای کشـتن غریبه‌هـا بـا آن‌هـا برخـوردی داشـته باشـد و این غریـزه هنوز هـم در وجـود انسـان نهفتـه اسـت. امـا تـا ۸۲ هـزار سـال پیـش انسـان‌ها بـر ایـن مشـکل بـه میـزان کافی فائـق آمدنـد تـا حـدی کـه توانسـتند صدفهـای ناساریوس را ۱۲۵ مایـل داخـل سـرزمین دسـت به‌دسـت کننـد. تاخـت زدن آغـاز شـده بـود.

ساحل‌گردی[155] در شرق

داد و سـتد، ترفنـدی بـود کـه جهـان را دگرگـون کـرد. بـه تعبیـر اچ. جی. ولـز[156] «مـا پناهگاه‌مـان را بـرای همیشـه رهـا کردیـم و تـن بـه جاده‌هـا سـپردیم». بـا وجـود تسـخیر بخـش عمـده‌ای از قـاره‌ی آفریقـا در حـدود ۸۰ هـزار سـال پیـش، انسـان‌های مـدرن در این نقطـه متوقـف نشـدند. ژن‌هـا قصـه‌ای باورنکـردنی برای‌مـان می‌گوینـد. الگـوی دگرسـانی DNA در کروموزوم‌هـای میتوکندریـال و Y[157] در تمـام افـراد بـا ریشـه‌های غیرآفریقـایی اثبـات می‌کنـد کـه زمـانی حـدود ۶۵ هـزار سـال پیـش یـا کـمی بعدتـر، گـروهی از مـردم یعنـی حـدود چندصـد نفـری از آنهـا، آفریقـا را تـرک کردنـد. آنهـا احتمـالاً از کانـالی باریـک در انتهـای جنـوبی دریـای سـرخ کـه بسـیار کم‌عرض‌تـر از کانـال کنـونی[158] اسـت، عبـور کرده‌انـد. سـپس در کرانه‌هـای جنـوبی شـبه‌جزیره عربسـتان پراکنـده شـدند و پـس از گـذر از یـک سـرزمین لم‌یـزرع و وسـیـع در خلیـج فـارس و دور زدن هنـد و سـری‌لانکا کـه در آن زمـان متصـل بـه هنـد بـود، به‌تدریـج از برمـه، مالایـا و امتـداد سـاحل یـک سـرزمین بـزرگ کـه سـاندا[159] نامیـده می‌شـد و بیشـتر جزایـر اندونـزی در آن زمـان را شـامل می‌شـد عبـور کـرده و بـه تنگـه‌ای در مجـاورت بـالی رسیده‌انـد. امـا آنجـا هـم متوقـف نشـدند. آنهـا دسـت کـم هشـت تنگـه‌ی دیگـر را کـه بزرگ‌تریـن آنهـا دسـت کـم چهـل مایـل عـرض داشـت بـا قایق‌هـایی کـه احتمـالاً زورق‌هـایی باریـک یـا کلـک بودنـد، پشـت سـر گذاشـتند و راهشـان را حـدود شـاید ۴۵ هـزار سـال پیـش، از میـان مجمع‌الجزایـری بـه خشـکی روی فلات قـاره‌ی سـاهول کـه اسـترالیا و گینـه‌ی نـو را بـه

۱۵۵. Beachcombing

۱۵۶. Herbert George Wells روزنامه‌نـگار، جامعه‌شـناس، تاریخ‌نـگار و نویسـنده‌ی سوسیالیسـت انگلیسی قـرن نوزدهـم و خالـق رمان‌های علـمی و تخیلی اسـت. او در اواخـر قـرن نوزدهـم و اوایـل قـرن بیسـتم زنـدگی می‌کـرده اسـت. از آثـار علـمی و تخیـلی او می‌تـوان بـه «ماشیـن زمـان"، "انسـان شـبیه خدایـان" و "جنـگ دنیاهـا" اشـاره کـرد.

۱۵۷. Y Chromosome یـک سـاختار رشـته‌ای در هسـته سـلول‌ها اسـت کـه جنسـیت زیسـتی را تعییـن می‌کنـد و از پـدر بـه پسـر منتقـل می‌شـود.

۱۵۸. منظور کانال سوئز است.

۱۵۹. Sunda

هم متصل می‌کرد، پیدا کردند.

این جابه‌جایی عظیم از آفریقا تا استرالیا، یک کوچ نبود بلکه یک گسترش بود. به محض آن‌که گروه‌های مردم با نارگیل‌ها، صدف‌ها، لاک‌پشت‌ها، ماهی‌ها و پرندگان در یک قسمت از ساحل ضیافت برپا می‌کردند و جشن می‌گرفتند و فربه و پرجمعیت می‌شدند، گروه‌های پیشرو (یا شاید مزاحمان تبعیدی؟) را به شرق برای یافتن اقامتگاه‌های جدید می‌فرستادند. این مهاجران برای این منظور گاهی اوقات مجبور می‌شدند از روی دیگرانی که پیش از آن مالک ساحل بودند، عبور کنند. آنها با راه‌پیمایی‌های طولانی در داخل خشکی یا با استفاده از زورق برای دور زدن ساحل، این پرش را انجام می‌دادند.

آنها در این راه، قبایلی از اجداد شکارچی- خوشه‌چین به‌جا گذاشتند که تعداد کمی از آنها تا به امروز از لحاظ ژنتیکی دست‌نخورده و آمیخته‌نشده با دیگر نژادها نجات یافته‌اند. در شبه‌جزیره مالایی[۱۶۰] شکارچی-خوشه‌چین‌ها اُرنگ اصلی[۱۶۱] «مردم اصلی» نامیده می‌شوند که ظاهری مانند سیاه‌پوست‌ها دارند و این اثبات می‌کند که دارای ژن‌های میتوکندریال هستند که از شاخه‌ی آفریقایی آنها از حدود ۶۰ هزار سال منشعب می‌شود. در گینه‌نو و استرالیا نیز ژنتیک، داستان بی‌ابهامی از انزوایی تقریباً کامل را بیان می‌کند. شاخص‌ترین آنها، مردم بومی جزایر آندامان[۱۶۲] هستند؛ با پوست سیاه، موهای مجعد و زبان گفتاری که با دیگر زبان‌ها ارتباطی ندارد. این مردم دارای کروموزوم ۷ و ژن‌های میتوکندریال هستند که آنها را از شاخه‌ی اجداد متداول باقی بشر از ۶۵ هزار سال پیش جدا می‌کند. دست‌کم این در مورد قبیله جاراوا[۱۶۳] در آندامان بزرگ[۱۶۴] حقیقت دارد. مردمان سنتینل شمالی[۱۶۵] در جزیره‌ی مجاور آن حاضر به اهدای خون – دست‌کم به اختیار خودشان- نشدند. این مردم با چهره‌های دلپذیر و در عین حال قوی، باریک‌اندام و متناسب که در ظاهر برهنه هستند و چیزی به‌جز کمربندی از الیاف گیاهان به دور کمرشان ندارند، به‌عنوان تنها شکارچی-خوشه‌چین‌هایی شناخته می‌شوند که هنوز در برابر «برقراری ارتباط» مقاومت می‌کنند و معمولاً با باران تیر و کمان‌های‌شان به پیشواز بازدیدکنندگان می‌روند. موفق باشند

هرچند مهاجران در ۶۵ هزار سال پیش برای رسیدن به جزایر آندامان (پس از آن نزدیک‌تر به ساحل برمه و همچنان دور از دید) و ساهول، می‌بایست قایق‌سواران

---

۱۶۰. Malay Peninsula شبه جزیره بزرگی در جنوب شرقی آسیا.

۱۶۱. Orang Asli

۱۶۲. Andaman Islands مجمع‌الجزایری متعلق به هند در خلیج بنگال.

۱۶۳. Jarawa

۱۶۴. Great Andaman جزیره‌ی اصلی در مجمع‌الجزایر آندامان.

۱۶۵. Sentinel مردمان بومی که در جزیره‌ی سنتینل شمالی واقع در خلیج بنگال سکونت دارند.

خبره‌ای می‌بودند. در اوایل دهه‌ی ۱۹۹۰ میلادی بود که جاناتان کینگدان[۱۶۶]، جانورشناس متولد آفریقا این نظریه را مطرح کرد که پوست سیاه بسیاری از آفریقایی‌ها، استرالیایی‌ها، ملانزیایی‌ها[۱۶۷] و آسیایی‌های «سیاه‌پوست» حاصل یک گذشته‌ی دریایی است. یک شکارچی-خوشه‌چین در دشت‌های پر از علف آفریقا به پوست خیلی سیاه نیاز ندارد و این مسئله را پوست به‌نسبت کم‌رنگ خویسن‌ها و پیگمی‌ها اثبات می‌کنند. اما روی یک صخره‌ی از آب بیرون‌زده یا یک ساحل و یا در یک قایق ماهی‌گیری، بیشترین میزان کرم ضدآفتاب مورد نیاز است. کینگدان معتقد بود «استرندلوپرهای[۱۶۸] بندا[۱۶۹]» -آن‌طور که او می‌نامیدشان- از آسیا به آفریقا برگشته بودند تا آن را تسخیر کنند، به جای آن‌که خلاف آن را انجام دهند. اما او در خلق ایده‌ی یک تبار پارینه‌سنگی دریایی، فراتر از شواهد ژنتیک بود.

این گسترش چشم‌گیر نسل بشر در طول ساحل آسیا که امروز «ساحل‌گردهای سریع‌السیر» نامیده می‌شوند، مقدار کمی ردپاهای باستانی به جای گذاشته‌اند، چراکه کرانه‌ی ساحل موجود در آن زمان، حالا ۲۰۰ پا زیر آب است. در آن زمان هوا سرد و خشک بود و لایه‌های پهناور یخ در عرض‌های جغرافیایی مرتفع و یخچال‌های طبیعی بزرگی بر دامنه‌ی کوه‌ها گسترده بودند. بیشتر این سرزمین‌ها به‌طرز نامساعدی، خشک، بادخیز و سرد بود. اما در سواحل پایین‌تر، نقاط پراکنده‌ای وجود داشت که در آنها واحه‌هایی با چشمه‌های آب شیرین وجود داشت. سطح پایین دریا نه‌تنها چشمه‌های بیشتری را نمایان می‌کرد، بلکه فشار نسبی سفره‌های آب زیرزمینی را که منجر به تخلیه‌ی آب در نزدیکی ساحل می‌شد نیز افزایش می‌داد. ساحل‌گردها، آب شیرین جوشان را در تمام طول ساحل آسیا در حالی که در یک مسیر پرپیچ و تاب به‌سمت اقیانوس جریان داشت، می‌یافتند. اگر شما هوش کافی برای پیدا کردن غذا داشتید، ساحل سرشار از غذا بود و حتی روی خشکی‌های بیابانی نیز یافت می‌شد.

شواهد DNA گواهی می‌دهد برخی از این ساحل‌گردها ظاهراً قبل از رسیدن به هند، باید در نهایت به داخل سرزمین حرکت کرده باشند، چراکه در ۴۰ هزار سال پیش، مردمان مدرن داشتند غرب را به داخل اروپا و شرق را به جایی که امروز چین نامیده می‌شود، می‌کشاندند. آنها با رها کردن ساحل پرجمعیت، شیوه‌ی قدیمی آفریقایی خودشان را که بازی شکار و جمع‌آوری میوه‌ها و ریشه‌ها بود از سر گرفتند و با پیشروی بیشتر به‌سمت شمال، جایی که جلگه‌ها به‌وسیله‌ی گله‌های ماموت، اسب و کرگدن چریده شده بود، به‌تدریج بیش از پیش به شکار وابسته شدند. آنها خیلی

---

۱۶۶. Jonathan Kingdon

۱۶۷. Melanesia مجمع‌الجزایری واقع در شمال استرالیا در اقیانوس آرام.

۱۶۸. Strandloper مردمی که از طریق شکار و خوشه‌چینی زندگی می‌کنند و در سواحل جنوب غربی آفریقا سکنا دارند. این واژه البته به جمع‌آوری چیزهای مختلف از ساحل دریا هم اشاره دارد که به سبک زندگی این مردمان مرتبط است.

۱۶۹. Banda جزایری در اندونزی.

زود بـا پسـرعموهای دورشـان کـه از اجـداد هومـو ارکتـوس[۱۷۰] بودنـد و یـک جـد مشـترک از نیم‌میلیـون سـال پیـش داشـتند مواجـه شـدند. چنان‌کـه ژن‌شـناسی شـپش مشـخص می‌کند آنهـا بـه انـدازه‌ی کافی بـه هـم نزدیـک شـده بودنـد کـه شـپش دومی را بـه خودشـان راه دهند و تـا حـدی نزدیـک بودنـد کـه تعـداد معـدودی از ژن‌هـای پسـرعموهای تکامل‌یافته‌شـان را از طریـق اخـتلاط نـژاد بـه دسـت آورنـده بـود. امـا بی‌وقفـه قلمـروی ایـن هومـو ارکتوس‌هـای اوراسـیایی را تـا آخریـن بازمانـده عقـب نشـاندند. ایـن بازمانـده کـه از اروپایی‌هـای بـا سـرما خـو گرفتـه بـود و به‌عنـوان نئاندرتـال شـناخته می‌شـد در حـالی کـه پشـتش به‌سـمت تنگـه جبل‌الطـارق[۱۷۱] بـود حـدود ۲۸ هـزار سـال پیـش می‌میـرد. ۱۵ هـزار سـال بعـد دیـده شـد کـه آنهـا از شـمال شـرق آسـیا به‌سـمت آمریـکا پراکنـده شـده‌اند.

آنهـا نه‌تنهـا تبحـر خـاصی در از بیـن بـردن پسـرعموهای خودشـان داشـتند بلکـه بیشـتر شکارهای‌شـان را نیـز نابـود می‌کردنـد؛ کاری کـه گونه‌هـای انسـان‌های پیشـین انجـام نـداده بودنـد. قدیمی‌تریـن نقاشـان غـار بـزرگ کـه در شـووه[۱۷۲] واقـع در جنـوب فرانسـه حـدود ۳۲ هـزار سـال پیـش کار می‌کردنـد، تقریباً دیوانـه‌ی کرگدن‌هـا بودنـد. هنرمنـدی کـمی جدیدتـر، حـدود ۱۵ هـزار سـال بعـد از آن در لاسـکو[۱۷۳] بیشـتر گاومیش‌هـا، گاوهـا و اسـب‌ها را بـه تصویـر می‌کشید چراکـه کرگدن‌هـا یـا بسیار نـادر بودنـد و یـا تـا آن زمـان نسل‌شـان در اروپـا منقـرض شـده بـود. انسـان‌های مـدرن مدیترانـه‌ای در ابتـدا بیشـتر متـکی بـر پسـتان‌داران بزرگ‌جثـه بـرای تهیـه‌ی گوشـت بودنـد. آنهـا شـکارهای کوچـک را فقـط اگـر کنـدرو بودنـد، می‌خورنـد. خـوردن لاک‌پشـتها و حلزون‌هـای کـوهی[۱۷۴] در آن زمـان رایـج بـود. سـپس آنهـا به‌تدریج توجه‌شـان را معطـوف حیوان‌هـای کوچـک به‌ویـژه گونه‌هـایی کـه به‌سـرعت زاد و ولـد می‌کردنـد، ماننـد خرگوش‌هـا، خرگوش‌هـای صحـرایی، کبک‌هـا و آهوهـای کوچـک کردنـد. ایـن امـر از خاورمیانـه شـروع شـد. آنهـا رفته‌رفتـه خـوردن لاک‌پشـت‌ها را متوقـف کردنـد. مـدارک باستان‌شـناسی، داسـتان مشـابهی را در بـرخی مکان‌هـای باسـتانی در اسـرائیل، ترکیـه و ایتالیـا بیـان می‌کنـد.

علـت ایـن تغییـر بـر اسـاس گفتـه‌ی مـری اسـتینر[۱۷۵] و اسـتیون کـون، رشـد بیـش از حـد تراکـم جمعیـت بشـر نسـبت بـه شـکارهایی ماننـد لاک‌پشـت‌ها، اسـب‌ها و فیل‌هـا بـود کـه زاد و ولـد کندتـری داشـتند. تنهـا حیوانـاتی بـا سـرعت زاد و ولـد بالاتـر ماننـد خرگوش‌هـا، خرگوش‌هـای صحـرایی و کبک‌هـا و بـرای مـدتی آهوهـا و گـوزن

---

۱۷۰. Homo Erectus مردمی که از طریق شکار و خوشه‌چینی زندگی می‌کنند و در سواحل جنوب غربی آفریقا سکنا دارند. این واژه البته به جمع‌آوری چیزهای مختلف از ساحل دریا هم اشاره دارد که به سبک زندگی این مردمان مرتبط است.

۱۷۱. Gibraltar منطقـه‌ای در سـاحل جنـوبی اسـپانیا کـه توسـط صخـره‌ی جبل‌الطـارق تسـخیر شـده اسـت. ایـن منطقـه بخشی از قلمـرو انگلسـتان اسـت.

۱۷۲. Chauvet

۱۷۳. Lascaux نام غارهایی در فرانسه که دارای بهترین نقاشی‌های محافظت‌شده در دنیا هستند.

۱۷۴. Limpet

۱۷۵. Mary Stiner, Steven Kuhn اساتید مردم‌شناسی دانشگاه آریزونا.

می‌توانستند تحت چنین فشار شکاری دوام بیاورند. این روند از ۱۵ هزار سال پیش به حدی شتاب گرفت که شکارهای بزرگ و لاک‌پشت‌ها از وعده‌های غذایی مردم مدیترانه به‌طور کامل حذف شدند و در آستانه‌ی انقراض به‌دست انسان شکارچی قرار گرفتند. (اتفاق مشابه در زمان معاصر: در صحرای موهاوی[۱۷۶] کالیفرنیا، کلاغ‌های سیاه هرازگاهی لاک‌پشت‌ها را برای خوردن می‌کشند. اما هنگامی که محل‌های دفن زباله، غذای جایگزین کافی برای آنها داشته باشند، آن‌گاه تعداد کلاغ‌هایی که لاک‌پشت‌ها را شکار می‌کردند شروع به سقوط می‌کند. بنابراین مردم مدرن با خوردن گوشت خرگوش‌های صحرایی توانستند باعث نابودی ماموت‌ها شوند.)

این بسیار نادر است که یک شکارچی، شکارش را به‌طور کلی از بین ببرد. در زمان کمیابی شکار، هومو ارکتوس‌ها مانند دیگر شکارچی‌ها به وضوح از کاهش جمعیت منطقه‌ای رنج می‌بردند که این امر در نتیجه از شکارها در مقابل خطر انقراض محافظت می‌کرد و جمعیت بشر نیز توانست در طول زمان جبران شود. اما این مردم جدید توانستند راهی برای خروج از این دردسر ابداع کنند. آنها توانستند فعالیت مطلوب‌شان را تغییر دهند و حتی با این‌که شکار قدیمی‌شان را از بین برده بودند، به رشد و کامیابی ادامه دادند. آخرین ماموت برای خورده شدن در جلگه‌ی آسیایی به احتمال زیاد به‌عنوان غذایی خوشمزه و کمیاب پنداشته می‌شد که می‌توانسته تغییر ذائقه‌ای دلپذیر از خورشت خرگوش صحرایی و آهو باشد. همان‌طور که آنها فنون شکارشان را برای به دام انداختن شکارهای سریع‌تر و کوچک‌تر اصلاح می‌کردند، انسان‌های مدرن نیز سلاح‌های بهتری ابداع کردند که در نتیجه آنها را قادر ساخت در تراکم‌های جمعیتی بالا، جان به در برند. اگرچه این امر به قیمت نابودی شکارهای با زاد و ولد کندتر و بزرگ‌تر تمام شد، این الگوی تغییر از شکار بزرگ به کوچک همان‌طور که روش قدیمی از بین رفت، به‌عنوان شاخصه‌ی آفریقایی‌های جدید به هر جایی که می‌رفتند شناخته می‌شد. در استرالیا تقریباً تمام گونه‌های حیوانات بزرگ‌تر از دیپروتودن‌ها[۱۷۷] گرفته تا کانگوروهای غول‌پیکر به محض رسیدن انسان‌ها دچار انقراض شدند. ورود انسان به قاره‌ی آمریکا مصادف شد با انقراض ناگهانی غول‌پیکرترین جانداران با زاد و ولد آهسته. خیلی بعدتر در ماداگاسکار و زلاندنو نیز انقراض گروهی حیوانات بزرگ همراه شد با مهاجرت و استقرار بشر. (از قضا، علاقه‌ی وافر شکارچیان مرد در خودنمایی با شکار جانداران بزرگ‌تر که به منظور به‌دست آوردن اعتبار و آبرو در قبیله بود، می‌تواند بیانگر این مسئله باشد که این انقراض گروهی مرهون انتخاب جنسیتی بوده است).

---

۱۷۶. Mojave

۱۷۷. Diprotodon بزرگ‌ترین کیسه‌داری است که تا به حال روی زمین زیسته است.

آیا ما باید داد و ستد کنیم؟

در این حین، سیل فن‌آوری‌های جدید به جریان افتاد. از حدود ۴۵ هزار سال پیش، مردم اوراسیای غربی به‌طرز فزاینده‌ای در ابزارآلات‌شان انقلاب ایجاد کرده بودند. آنها از مغزه‌ی سنگ‌های استوانه‌ای، تیغه‌های باریک و تیز می‌ساختند؛ ترفندی که به آنها اجازه می‌داد تا لبه‌ی برش تیغه، ده بار از چیزی که به روش قدیمی ساخته می‌شد برنده‌تر باشد که البته ساختنش هم بسیار سخت‌تر بود. تا ۳۴ هزار سال پیش، آنها در حال استفاده از استخوان برای سرنیزه و تا ۲۶ هزار سال پیش در حال ساخت سوزن بودند. پرتاب‌گرهای نیزه استخوانی – یا اَتِلتل‌ها[۱۷۸]- که سرعت پرتاب زوبین‌ها را تا حد زیادی افزایش می‌داد ۱۸ هزار سال پیش پدیدار شدند. تیر و کمان‌ها به زودی بعد از آنها وارد کارزار شدند. ریزاسکنه‌های سوراخ‌کن برای ایجاد سوراخ روی سوزن‌ها و مهره‌ها استفاده می‌شدند. البته این ابزار سنگی تنها نوک کوچکی از کوه یخی فن‌آوری می‌توانست باشد که با غالب شدن چوب، مدت‌ها پیش از بین می‌رفت. شاخ، عاج و استخوان هم به همان اندازه اهمیت داشتند. ریسمان ساخته‌شده از الیاف گیاهان یا چرم در آن زمان، قریب به یقین در تورها یا تله‌ها برای گرفتن ماهی و خرگوش و همچنین در ساختن کیسه برای حمل اشیا استفاده می‌شد.

این مهارت بالا در ساخت، تنها محدود به اشیای مفید و سودمند نشد. استخوان و عاج، صدف‌ها، مرجان‌های فسیلی، استاتیت[۱۷۹] (سنگ صابون)، کهربا، ذغال‌سنگ[۱۸۰]، سنگ آهن[۱۸۱] و پیریت[۱۸۲] برای ساخت اشیای تزیینی و وسایل دیگر استفاده می‌شدند. تاریخ ساخت فلوتی از استخوان یک کرکس که در هُل‌فِلز[۱۸۳] آلمان پیدا شده است به ۳۵ هزار سال پیش و اسب کوچک ظریفی که از عاج ماموت تراشیده و در وُگل‌هِرد[۱۸۴] آلمان یافت شده به ۳۲ هزار سال پیش باز می‌گردد. در آن زمان در سانگیر[۱۸۵] (دهکده‌ای در فضایی باز و در منطقه‌ای نزدیک به شهر ولادمیر واقع در شمال شرقی مسکو در ۲۸ هزار سال پیش) مردم با لباس‌های مزین به هزاران مهره که با زحمت فراوان از عاج تراشیده شده بود دفن می‌شدند. حتی تزئیناتی از استخوان‌های به شکل چرخ نیز پیدا شده بود. ۱۸ هزار سال پیش در مِزریک[۱۸۶] جایی که امروز به‌عنوان اکراین شناخته

۱۷۸. Atlatls وسیله‌ای برای پرتاب نیزه.
۱۷۹. Steatite نوعی سنگ دگردیسی.
۱۸۰. Lignite
۱۸۱. Hematite
۱۸۲. Pyrite سولفید آهن که به‌خاطر رنگ آن معروف به طلای ابلهان است.
۱۸۳. Hohle Fels
۱۸۴. Vogelherd
۱۸۵. Sungir منطقه‌ی باستانی از دوران پارینه‌سنگی واقع در روسیه. این منطقه یکی از قدیمی‌ترین شواهد انسان خردمند مدرن در اوراسیاست.
۱۸۶. Mezherich

می‌شود، جواهراتی از صدف‌های دریای سیاه و کهرباهای بالتیک ساخته شده بود که به تجارت بین صدها مایل مسافت اشاره می‌کند.

این مسئله به‌طرز چشمگیری برخلاف رویه‌ی نئاندرتال‌ها بود که ابزار سنگی‌شان تقریباً همیشه از مواد خامی ساخته می‌شد که یک ساعت پیاده با جایی که آن ابزار استفاده می‌شد فاصله داشت. این برای من یک سرنخ حیاتی برای یافتن علت این بود که چرا نئاندرتال‌ها همچنان در حال ساختن تبرهای کف دستی بودند در حالی‌که رقبای آفریقایی‌الاصل‌شان داشتند انواع گوناگون ابزارآلات را می‌ساختند. اگر داد و ستدی در کار نباشد، اختراعی ایجاد نمی‌شود. مبادله برای فن‌آوری به‌سان آمیزش برای تکامل است. این امر باعث ظهور چیزهای تازه می‌شود. مسئله‌ی شگفت‌آور درباره‌ی انسان‌های مدرن در غرب آسیا، گوناگونی مصنوعات ساخته‌شده به عنوان نوآوری متداوم نیست. اختراعات بیشتری بین ۸۰ تا ۲۰ هزار سال پیش نسبت به یک میلیون سال پیش از آن وجود دارد. این مقدار با استانداردهای امروز رشد کمی داشته، حال آن‌که با استانداردهای هومو ارکتوس به‌سرعت برق رشد کرده بود. طی ده هزار سال بعد از آن، همچنان شاهد اختراعات بیشتری هستیم: قلاب‌های ماهی‌گیری، انواع گوناگون ابزارآلات، گرگ‌های اهلی شده، گندم، انجیر، گوسفند و پول.

اگر خودکفا نیستید، اما برای دیگران کار می‌کنید، آن‌گاه به اندازه‌ای پول دریافت می‌کنید که زمان و تلاش‌تان را صرف بهبود فن‌آوری خودتان بکنید و در آن متخصص شوید. مثلاً فرض کنید آدام در یک مرغزار، جایی که در زمستان گله‌های گوزن در آن هستند، زندگی می‌کند اما از طرف دیگر با چند روز پیاده‌روی می‌تواند به ساحل جایی که در تابستان ماهی در آن هست، برسد. او می‌تواند زمستان را صرف شکار کند و بعد در تابستان برای ماهی‌گیری به ساحل مهاجرت کند. اما با این روش نه‌تنها زمان زیادی را در مسافرت تلف می‌کند و احتمالاً باید برای گذشتن از قلمروی قبیله‌های دیگر، خطر بزرگی را به جان بخرد بلکه باید در دو فعالیت کاملاً متفاوت نیز خبره شود.

اگر در عوض، آدام به همان شکار بچسبد و کمی گوشت خشک‌شده و شاخ گوزن – که برای ساخت قلاب بسیار به درد بخور است- را به اُز که ماهی‌گیر مقیم ساحل است در ازای ماهی بدهد، به هدفش یعنی تغییر در رژیم غذایی با کمترین خستگی و خطر دست یافته است. او همچنین یک بیمه‌نامه نیز خریده و حالا زندگی بهتری دارد چرا که می‌تواند ماهی بیشتری بگیرد و ذخیره کند. بعد از آن آدام دریافت که به جای دادن شاخ‌های خام به اُز می‌تواند به او تکه‌های از پیش تبدیل‌شده به قلاب ماهی‌گیری را بدهد. به این ترتیب حمل و نقل آنها آسان‌تر می‌شود و در ازایش با قیمت بهتری ماهی به‌دست می‌آورد. او این ایده را زمانی دریافت که یک بار به محل داد و ستد رفت و متوجه شد دیگران شاخ‌هایی که از پیش بریده شده را می‌فروشند. یک روز اُز از او خواست

برایش قلاب خاردار درست کند و آدام به او پیشنهاد کرد ماهی‌ها را خشک و دودی کند تا زمان بیشتری باقی بمانند. پس از آن اُز صدف‌ها را هم برای داد و ستد می‌آورد که آدام از آنها برای زنی که به او علاقه‌مند است جواهراتی بسازد. بعد از مدتی، آدام از بهای پایین قلاب‌های داد و ستد شده با این‌که کیفیت بالایی داشتند غمگین می‌شود و به فکر دباغی مقداری چرم و پوست و آوردن‌شان به محل داد و ستد می‌افتد. بعد از آن متوجه می‌شود در دباغی و تهیه‌ی چرم، مهارت بیشتری نسبت به ساخت قلاب ماهیگیری دارد. پس متخصص چرم می‌شود و شاخ‌های خام را در ازای دریافت چرم به شخص دیگری در قبیله‌ی خودش می‌دهد. و این قضیه به همین منوال پیش می‌رود.

شاید به نظر تخیلی بیاید و بی‌شک به لحاظ جزئیات کاملاً اشتباه است. اما نکته‌ی اصلی این است که به‌سادگی می‌توان فرصت‌های داد و ستد برای هر دو طرف معامله را بین شکارچی- خوشه‌چین‌ها تجسم کرد. مانند گوشت برای گیاه، ماهی برای چرم، چوب برای سنگ و شاخ برای صدف. و چقدر برای مردم پارینه‌سنگی آسان بوده تا به منافع مشترک حاصل از داد و ستد پی ببرند و سپس با کسب مهارت بیشتر و همچنین تقسیم کار، آن را بیش از پیش بهبود ببخشند. چیز فوق‌العاده‌ای که در باب مبادله وجود دارد آن است که مبادله باعث زایش و ازدیاد می‌شود. هر چه بیشتر انجام دهی، توانایی انجام مقدار بیشتری از قبل را خواهی داشت. و این کار ابداعات بعدی را فرامی‌خواند.

چنین چیزی البته فقط باعث برآمدن پرسش دیگری می‌شود: چرا پیشرفت اقتصادی در آن زمان و مکان منجر به یک انقلاب صنعتی نشد؟ چرا این پیشرفت برای هزاره‌های متمادی به‌طرز عذاب‌آوری آهسته بود؟ به گمان من، جواب در سرشت گسسته‌ی تمدن بشر نهفته است. نوع بشر توانایی ویژه‌ای در انزواگرایی و جدا شدن در قالب گروه‌هایی دارد که مدام از یکدیگر فاصله می‌گیرند. مثلا در گینه‌ی نو بیش از ۸۰۰ زبان وجود دارد که برخی از آنها فقط در مناطقی به وسعت چند مایل صحبت می‌شوند و همچنان این زبان‌ها برای انگلیسی‌ها و فرانسوی‌هایی که در اطراف آن مناطق زندگی می‌کنند نامفهوم هستند. همچنان در کره‌ی زمین ۷۰۰۰ زبان در حال تکلم وجود دارد و مردمی که هر یک از آنها را صحبت می‌کنند به‌طور چشم‌گیری در مقابل اقتباس واژگان، سنت‌ها، آیین‌ها یا ذائقه‌ی غذایی از همسایگان‌شان مقاومت می‌کنند. مارک پگل[۱۸۷] و روث میس[۱۸۸] دو زیست‌شناس تکامل‌گرا می‌گویند «در حالی‌که انتقال عمودی رفتارهای فرهنگی به‌طور گسترده‌ای نادیده گرفته می‌شوند، انتقال افقی آنها احتمال زیادی دارد که با سوءظن و حتی غیظ برخورد شود. به نظر می‌رسد فرهنگ‌ها دوست دارند به پیام‌رسان‌ها شلیک کنند.» مردم بیشترین تلاش

۱۸۷. Mark Pagel زیست‌شناس تکاملی و استاد دانشگاه معاصر آمریکایی.

۱۸۸. Ruth Mace زیست‌شناس و انسان‌شناس معاصر بریتانیایی.

را می‌کنند تا با محدود کردن تأثیر تخصص و مبادله، خودشان را از جریان آزاد ایده‌ها، فن‌آوری‌ها و عادت‌ها رها کنند.

ترفند جادویی ریکاردو[189]

تقسیم کار، فرای پیوند جفت‌ها احتمالاً در زمان پارینه‌سنگی پسین ابداع شده بود. انسان‌شناس، یان تدرسل[190] با بررسی ده هزار خرمهره‌ی ساخته شده از عاج ماموت که برای تزیین لباس جسد دو کودک به قدمت ۲۸ هزار سال استفاده و در سانگیر روسیه یافت شده بوده، می‌گوید «احتمال این‌که این مردم خودشان لباس‌های گران‌قیمت و مزین را درست کرده باشند بسیار کم است. به احتمال بسیار، تنوع تولید مواد مرغوب در جامعه‌ی آنها نتیجه‌ی تخصص افراد در فعالیت‌های مختلف بوده است.» منبت‌کاران مهره‌های ماموت در سانگیر، نقاشان کرگدن‌ها در غار شووه، سازندگان تیغه از مغزه‌ی سنگ‌ها، بافندگان تله‌های خرگوش – که احتمالاً تمام‌شان مختصص بودند - کارهای‌شان را با یکدیگر مبادله می‌کردند. چه‌بسا نقش‌های متفاوتی در گروه‌های نوع بشر از زمان پیدایش اولین جامعه‌ی مدرن در بیش از ۱۰۰ هزار سال پیش وجود داشته بود.

این امر چیزی‌ست که مختص انسان است و توضیحی واضح از مفهومی است که نیازمند تشریح است. تخصص‌گرایی منجر به مهارت می‌شود و مهارت، پیشرفت به همراه دارد. تخصص‌گرایی همچنین به متخصصان این دست‌آویز را می‌دهد که زمان بیشتری برای توسعه‌ی یک فن طاقت‌فرسای جدید صرف کنند. اگر فقط می‌خواهید یک زوبین ماهی‌گیری بسازید، ساخت یک ابزار هوشمندانه برای درست کردن زوبین بی‌معنی خواهد بود، اما اگر قرار باشد برای پنج ماهی‌گیر، زوبین بسازید، آن‌گاه شاید عقلانی باشد که اول ابزار ساخت زوبین را بسازید و در زمان هم صرفه‌جویی کنید.

بنابراین تخصص‌گرایی باعث ایجاد و افزایش فرصت‌های کسب سود در داد و ستدها می‌شود. اُز هر چه بیشتر به ماهی‌گیری می‌رود، در آن ماهرتر می‌شود و بنابراین زمان کمتری برای گرفتن هر ماهی صرف می‌کند. هرچه آدام -شکارچی گوزن- قلاب بیشتری بسازد، در آن ماهرتر می‌شود و در نتیجه زمان کمتری برای ساخت هر یک صرف خواهد کرد. این به اُز فرصت می‌دهد تمام روز را صرف ماهی‌گیری کند و با دادن تعدادی از آنها به آدام، قلاب‌های لازم خودش را از او بخرد. و آدام هم می‌تواند روزش را صرف ساختن قلاب‌ها کند و ماهی‌های خودش را که اُز به او می‌دهد، دریافت کند.

---

۱۸۹. David Ricardo اقتصاددان سیاسی بریتانیایی قرن هجدهم و یکی از تأثیرگذارترین اقتصاددان‌های کلاسیک در کنار رابرت مالتوس.

۱۹۰. Ian Tattersall انسان دیرینه‌شناس معاصر آمریکایی معاصر و متولد بریتانیا.

این قضیه به‌طرز حیرت‌آوری حتی اگر اُز در ساخت قلاب بهتر از آدام باشد نیز درست است. فرض کنید آدام یک ابله دست و پا چلفتی است که نیمی از قلاب‌هایش را می‌شکند، اما در گرفتن ماهی آن‌چنان ناشی است که حتی نمی‌تواند نخی را در آب بیندازد تا زندگی‌اش را با گرفتن ماهی نجات دهد. در این حین، اُز تجسم کامل افراد حرص درآری است که می‌تواند قلابی از یک تکه استخوان را با تراشیدن مدام و کمی زحمت بسازد و همیشه تعداد زیادی ماهی بگیرد. اما هنوز می‌صرفد که اُز قلاب‌هایش را از آدام دست و پا چلفتی بگیرد. چرا؟ برای این‌که آدام دست‌کم با تمرین در ساخت قلاب‌ها مهارت بیشتری پیدا کرده تا گرفتن ماهی. او برای ساخت هر قلاب سه ساعت صرف می‌کند، حال آن‌که برای گرفتن یک ماهی به چهار ساعت زمان نیاز دارد. اُز در هر ساعت یک ماهی می‌گیرد و با تمام مهارتی که در ساخت قلاب دارد، به دو ساعت زمان برای ساخت یک قلاب نیاز دارد. حال اگر هر دو خودکفا باشند، آن‌گاه اُز سه ساعت کار می‌کند (دو ساعت برای قلاب و یک ساعت برای ماهی) در حالی‌که آدام هفت ساعت کار می‌کند (سه ساعت برای ساختن قلاب و چهار ساعت برای گرفتن ماهی). اگر اُز دو ماهی بگیرد و یکی را برای گرفتن قلاب با آدام معاوضه کند، آن‌گاه فقط احتیاج دارد دو ساعت کار کند. اگر آدام دو عدد قلاب بسازد و یکی را برای خرید یک ماهی از اُز صرف کند، آن‌گاه فقط شش ساعت در روز کار می‌کند. این برای هر دوی آنها نسبت به زمانی که خودکفا بودند بهتر است. هر دوی آنها یک ساعت برای اوقات فراغت به‌دست آورده‌اند.

من اینجا کاری نکرده‌ام جز بازگویی مفهوم «مزیت نسبی» به زبان دوران پارینه‌سنگی که از سوی کارگزار سهام، دیوید ریکاردو در سال ۱۸۱۷ مطرح شد. او از داد و ستد پارچه‌ی انگلیسی با شراب پرتغالی به عنوان مثال استفاده کرده بود، در حالی که بحث حول آن یکسان است.

انگلیس می‌تواند تحت شرایطی باشد که برای تولید پارچه به ۱۰۰ نفر نیروی کار در یک سال احتیاج داشته باشد؛ و اگر سعی می‌کرد شراب تولید کند شاید به ۱۲۰ نفر نیروی کار در همان مدت زمان احتیاج می‌داشت. بنابراین انگلیس نفعش را در این می‌بیند که شراب را وارد کند و آن را با صادرات پارچه خریداری کند. تولید شراب در پرتغال شاید فقط به ۸۰ نیروی کار در یک سال احتیاج داشته باشد، در حالی‌که تولید پارچه در همان کشور شاید مستلزم ۹۰ نیروی کار در همان مدت زمان باشد. بنابراین برای او مقرون به صرفه است تا شراب را به ازای دریافت پارچه، صادر کند. این مبادله حتی با وجود این که کالای وارد شده از سوی پرتغال می‌تواند همان‌جا و با نیروی کار کمتری نسبت به انگلیس تولید شود، باز اتفاق می‌افتد.

قانون ریکاردو تنها پیشنهاد مطرح‌شده در تمام علوم اجتماعی است که هم درست و هم تعجب‌آور است. نکته‌ی بسیار ظریف این است که به سختی می‌شود باور کرد که این همه زمان برده تا مردم دوران پارینه‌سنگی درگیر قضیه‌ی داد و

ستد شوند (یا اقتصاددانان آن را تعریف کنند). درک این مسئله نیز سخت است که چطور دیگر گونه‌ها از آن استفاده نمی‌کنند. این‌که ما تنها گونه‌ای هستیم که ظهور پیدا کرده تا همواره از این روش بهره‌برداری کند، کمی گیج‌کننده است. مسلماً این موضوع به‌طور کامل درست نیست. تکامل، قانون ریکاردو را کشف کرده است و آن را درباره همزیستی‌هایی مانند همکاری بین جلبک و قارچ که یک گیاه رونده روی سنگ است یا همکاری بین گاو و یک باکتری در شکمبه‌اش به‌کار برده است. در میان گونه‌های مختلف نیز منفعت‌های مشخصی از داد و ستد بین سلول‌های یک جسم، پلیپ‌های[۱۹۱] مرجانی یک اجتماع مرجانی، مورچه‌های یک اجتماع مورچه، موش‌های مول[۱۹۲] از یک اجتماع موش مول وجود دارد. موفقیت بزرگ مورچه‌ها و موریانه‌ها که شاید حدود یک‌سوم جمعیت توده‌ی زیستی حیوانات روی زمین را تشکیل می‌دهند، بدون شک تقسیم کار آنهاست. زندگی اجتماعی حشرات بر اساس پیچیدگی رفتارهای فردی بنا نشده بلکه بر مبنای تخصص بین افراد است. جمعیت اجتماع مورچه‌های برگ‌بُر در جنگل‌های بارانی آمازون سر به میلیون‌ها می‌زند و مورچه‌های کارگر در یکی از چهار طبقه‌ی متفاوت موجود رشد می‌کنند: نابالغ‌ها، میانه‌ها، بالغ‌ها و فوق بالغ‌ها. در یکی از این گونه‌ها، وزن یک فوق بالغ (یا سرباز) می‌تواند برابر با پانصد نابالغ باشد.

اما تفاوت بزرگ این است که در هر گونه دیگری به‌غیر از انسان، اجتماع گونه‌ها از بستگان نزدیک تشکیل شده است به‌طوری که حتی یک شهر با یک میلیون مورچه در واقع چیزی نیست جز یک خانواده‌ی بزرگ. تولید مثل همچنان امری است که مردم هرگز به یک متخصص محول نمی‌کنند، چه برسد به یک ملکه. آنچه به مردم فرصت کسب منفعت از داد و ستد بدون آن‌که منتظر حرکت کسل‌کننده و تکاملی مادر طبیعت باشند را داد، فن‌آوری بود. هنگامی که نوع بشر به ابزار درست مجهز باشد می‌تواند بدل به یک سرباز یا کارگر (و شاید نه یک ملکه) شود و نقش‌های مختلفی را برگزینند. هر چه کار را بیشتر انجام دهید در آن خبره‌تر می‌شوید. گروهی از شکارچی‌-خوشه‌چین‌ها حدود ۱۵ هزار سال قبل در اوراسیای غربی که تقسیم کار را نه‌تنها بر اساس جنسیت بلکه بر مبنای فردیت نیز انجام می‌دادند به‌طور حیرت‌انگیزی پربازده‌تر از گروهی می‌شدند که تمایزی قائل نبودند. صد نفر در یک گروه را تصور کنید. برخی ابزار می‌سازند، برخی دیگر لباس می‌دوزند، برخی دیگر شکار می‌کنند و برخی دیگر خوشه‌چینی. یک آدم مزاحم ادعا می‌کند خواندن سحر و دعا داخل جمجمه‌ی یک گوزن و جست و خیز کردن با آن، به سلامتی عمومی کمی کمک می‌کند، اما سپس او مسئول تقویم قمری می‌شود و می‌تواند به مردم بگوید چه زمانی امواج دریا به پایین‌ترین سطح خواهند رسید

۱۹۱. Coral Polyps موجودات ریز دریایی.
۱۹۲. Mole Rat موش‌های کوچک و بدون موی حفار که بومی شرق آفریقا هستند.

تا بتوانند صدف‌چینان را اعزام کنند.

درست فکر می‌کنید، تخصص زیادی در شکارچی- خوشه‌چین مدرن وجود ندارد. در صحرای کالاهاری یا استرالیا، سوای زنان خوشه‌چین، مردان شکارچی و شاید جادوگران قبیله، مشاغل متمایز و بسیار دیگری در هر گروه وجود ندارد. اما اینها جوامع ساده‌ی باقی مانده در زیستگاه‌های سخت و خشن هستند. به احتمال زیاد تخصص‌گرایی در سرزمین‌های به نسبت حاصل‌خیز اوراسیای غربی در ۴۰ هزار سال پیش، هنگامی که گروه‌های متشکل از مردم بزرگ‌تر بودند و مشاغل کاری گوناگون وجود داشت، در میان گروه‌ها رشد کرده بود. نقاش کرگدن غار شووه در کار خودش بسیار متبحر بود (و این‌که باستان‌شناسان معتقدند او اساساً یک هنرمند بوده) و این‌که قطعاً باید زمان زیادی فارغ از شکار می‌داشته تا به تمرین نقاشی بپردازد. مهره‌سازان سانگیر باید دستمزد قابل توجهی بابت ساخت گرفته باشند، چراکه مسلماً وقت کافی برای شکار باقی نمی‌ماند. حتی چارلز داروین هم گمان می‌کرد که انسان‌های نخستین نیز تقسیم کار را تمرین کرده بودند. این‌گونه نبوده که هر فرد ابزار یا سفال بدترکیب خودش را بسازد، بلکه افراد مشخصی از قرار معلوم، وقت‌شان را صرف چنین مشاغلی می‌کردند و بی‌شک در ازایش، محصولی که به دنبالش بودند را دریافت می‌کردند.

شبکه‌های ابداع

بر اساس گفته‌های انسان‌شناس، جو هنریک[۱۹۳]، نوع بشر مهارت را از دیگران با نسخه‌برداری از افراد معتبر می‌آموزد و افراد معتبر با اشتباه کردن که هرازگاهی منجر به پیشرفت می‌شود، ابداع و اختراع می‌کنند و این‌گونه است که فرهنگ تکامل می‌یابد. هرچه جمعیت متصل به‌هم بزرگ‌تر باشد اساتید، مجرب‌تر و همچنین احتمال بروز اشتباه سازنده بیشتر می‌شود. بر خلاف آن، هر چه جمعیت به‌هم متصل کوچک‌تر باشد، زوال مداوم مهارت با گذشت زمان بیشتر می‌شود. شکارچی- خوشه‌چین‌ها به این علت که به منابع حیات وحش وابسته بودند به‌سختی می‌توانستند در گروه‌های بیش از چندصد نفر زندگی کنند و هیچ‌گاه نمی‌توانستند به تراکم جمعیتی مدرن دست یابند. این مسئله پی‌آمد مهمی‌داشت، به این معنا که برای آنچه می‌توانستند ابداع کنند محدودیتی وجود داشت. یک گروه صد نفری از مردم نمی‌تواند بیشتر از تعداد مشخصی از ابزار محافظت کند و به همین دلیل ساده، تولید و مصرف ابزار هر دو به حداقلی از اندازه‌ی بازار احتیاج دارد. مردم فقط یک سریِ محدود از مهارت‌ها را یاد خواهند گرفت و اگر به اندازه‌ی کافی متخصص وجود نداشته باشد که یک مهارت کمیاب را از او یاد بگیرند، آن مهارت را از دست خواهد رفت. یک ایده‌ی

---

۱۹۳. Joe Henrich استاد زیست‌شناسی تکاملی انسان در دانشگاه هاروارد.

خوب ظهور یافته برای استخوان، سنگ یا طناب باید به‌دست افراد زنده نگه داشته شود. پیشرفت می‌تواند به آسانی دچار لغزش و به پسرفت تبدیل شود.

هرجا که شکارچی- خوشه‌چین‌های مدرن از دسترسی به یک جمعیت بزرگ از شرکای تجاری محروم بودند - مثلاً در جمعیت پراکنده‌ی استرالیا به‌ویژه در تاسمانیا[۱۹۴] و جزایر آندامان - فضیلت فن‌آوری آنها متوقف شد و به میزان اندکی فراتر از فن‌آوری نئاندرتال‌ها رفت. در واقع چیز ویژه‌ای در باب مغز جوامع مدرن وجود نداشت؛ این شبکه‌های تجارت آنها بود که باعث ایجاد تفاوت می‌شد - مغزهای جمعی آنها.

چشمگیرترین آنها در باب پسرفت فن‌آوری در تاسمانیا است. جزیره‌ای دورافتاده در آخر دنیا با جمعیتی کمتر از ۵ هزار شکارچی- خوشه‌چین که به پنج قبیله تقسیم می‌شدند. آنها نه‌تنها متوقف شده بودند و موفقیتی حاصل نمی‌کردند بلکه به‌طور مداوم و تدریجی به‌سمت استفاده از ابزارآلات و سبک زندگی ساده‌تر برمی‌گشتند و این صرفاً به این خاطر بود که افراد کافی برای حفظ فن‌آوری موجود نداشتند. انسان‌ها دست‌کم ۳۵ هزار سال پیش، زمانی که هنوز به استرالیا متصل بود به تاسمانیا رسیدند. تاسمانیا تا ۱۰ هزار سال پیش - به‌طور پیوسته و ناپیوسته – متصل مانده بود تا زمانی که آب دریا بالا آمد و تنگه‌ی بس[۱۹۵] را پر کرد. پس از آن تاسمانی‌ها از همه جدا افتادند. با گذشت زمان اروپایی‌ها برای اولین‌بار با بومیان تاسمانی مواجه شدند و آنها را نه‌تنها با فقدان بسیاری از مهارت‌ها و ابزارآلات نسبت به پسرعموهای‌شان در سرزمین اصلی یافتند بلکه حتی از بسیاری از فن‌آوری‌ها که نیاکان‌شان زمانی داشتند نیز محروم بودند. آنها هیچ‌گونه ابزار ساخته شده از استخوان مانند سوزن، درفش، لباسی برای هوای سرد، قلاب ماهی‌گیری، ابزار دسته‌دار، نیزه‌ی خاردار، تور ماهی‌گیری، پرتاب‌گر نیزه و بومرنگ[۱۹۶] نداشتند. تعداد کمی از این ابزار مانند بومرنگ بعد از آن‌که تاسمانی‌ها جدا افتادند، اختراع شده بود ولی بیشتر آنها به‌دست اولین تاسمانی‌ها ساخته و استفاده شده بود. بر اساس آنچه تاریخ باستان‌شناسی مطرح می‌کند، این فنون به‌طور مداوم و توقف‌ناپذیری رها شدند. برای نمونه، ابزار استخوانی به‌تدریج ساده و ساده‌تر شدند تا جایی که تمام آنها از حدود ۳۸ هزار سال پیش دیگر استفاده نشدند. بدون ابزار استخوانی دوختن لباس از پوست غیرممکن شد. تاسمانی‌ها حتی در زمستان‌های زمهریر نیز تقریباً برهنه بودند و چیزی به تن نداشتند به جز آن‌که پوست‌شان را با چربی خوک دریایی آغشته می‌کردند و پوست والابی‌ها[۱۹۷] را روی دوش‌شان

---

۱۹۴. Tasmania جزیره‌ی دورافتاده در سمت ساحل جنوبی استرالیا که به‌خاطر مناطق ناهموار، وسیع و وحشی‌اش شناخته می‌شود.

۱۹۵. Bass Strait

۱۹۶. Boomerang

۱۹۷. Wallaby نوعی حیوان شبیه به کانگوروی کوچک که در استرالیا زندگی می‌کند.

می‌انداختند. اولین تاسمانی‌ها بسیار ماهی می‌گرفتند و میخوردند، اما زمانی که غربی‌ها با آنها تماس پیدا کردند، نه‌تنها دیگر ماهی نمی‌خوردند و ۳ هزار سال بود که ماهی نخورده بودند بلکه از این‌که به آنها پیشنهاد ماهی داده شود هم منزجر بودند. (ناگفته نماند که از خوردن صدف‌ها لذت می‌بردند).

البته داستان به این سادگی هم نیست، چرا که تاسمانی‌ها چند چیز را قطعاً حین زمان جدا افتادگی‌شان اختراع کرده بودند. حدود ۴ هزار سال پیش آنها چیزی شبیه بلم و زورق اختراع کردند که به‌طرز وحشتناکی ناپایدار بود. این قایق از دسته‌های حصیر ساخته می‌شد و یا به وسیله‌ی پارو زدن مردی حرکت می‌کرد و یا توسط زنی که شنا می‌کرد به جلو رانده می‌شد! این بلم به آنها این امکان را می‌داد تا به جزایر کوچک برسند و بتوانند خوک‌های دریایی و پرندگان را شکار کنند. قایق بعد از چند ساعتی، آب را به خود جذب می‌کرد و متلاشی یا غرق می‌شد. بنابراین وسیله‌ی خوبی برای برقراری مجدد ارتباط با سرزمین اصلی نبود. قایق به لحاظ نوآوری بسیار نامطلوب بود تا جایی که تقریباً به‌عنوان یک استثنا برای اثبات این قاعده به حساب می‌آید. زن‌ها همچنین یاد گرفتند چگونه تا عمق ۱۲ پایی زیرآب غور کنند تا بتوانند صدف‌ها را از صخره‌ها با استفاده از قلم‌های چوبی جدا و یا خرچنگ‌های دریایی (لابستر) را شکار کنند. این کار خطرناک و طاقت‌فرسایی بود که البته در آن خبره شده بودند و مردها در آن شرکت نمی‌کردند. پس در واقع این‌طور نبود که هیچ‌گونه نوآوری وجود نداشته باشد؛ پسرفت بود که باعث از توان انداختن پیشرفت شد.

باستان‌شناسی که نخستین‌بار پسرفت تاسمانی‌ها را توضیح داد، رایس جونز[۱۹۸] بود که آن را موردی از «اختناق تدریجی ذهن» می‌نامید و قابل درک است که احتمالاً تعدادی از همکاران دانشگاهی‌اش را خشمگین کرده باشد. مغز افراد تاسمانی هیچ مشکلی نداشت، بلکه چیزی نادرست درباره‌ی عقل جمعی آنها وجود داشت. انزوا و خودکفایی باعث پژمردن فن‌آوری‌شان شد. پیش‌تر اشاره کردم که تقسیم کار به‌وسیله‌ی فن‌آوری ممکن شد. اما مسئله از این هم جالب‌تر است. فن‌آوری به وسیله‌ی تقسیم کار میسر شد: مبادلات بازار باعث ایجاد نوآوری می‌شود.

حالا در آخر مشخص می‌شود که چرا هومو ارکتوس‌ها شاهد چنین پیشرفت آهسته‌ای در فن‌آوری بودند. آنها و اجدادشان، نئاندرتال‌ها بدون داد و ستد زندگی کردند (به یاد بیاورید که چگونه ابزار سنگی نئاندرتال‌ها در یک ساعتی محل استفاده آنها یافت شد). بنابراین در عمل هر قبیله‌ی هوموارکتوس، تاسمانیایی را تصرف کرد و از عقل جمعی جمعیت وسیع‌تر دست کشید. تاسمانیا تقریباً به اندازه‌ی جمهوری ایرلند است. تا زمانی که هابیل تزمن[۱۹۹] در سال ۱۶۴۲ به

---

۱۹۸. Rhys Jones باستان‌شناس معاصر ولز-استرالیایی.

۱۹۹. Abel Tasman کاشف و دریانورد هلندی قرن شانزدهم.

آنجا رسید، احتمالاً این جزیره حدود ۴ هزار شکارچی-خوشه‌چین که به ۹ قبیله تقسیم می‌شدند را در خود جای می‌داد. آنها عمدتاً با خوردن خوک‌های دریایی، مرغ‌های دریایی و والابی‌ها که آنها را با نیزه و چماق می‌کشتند زندگی می‌کردند. این بدان معناست که فقط چندصد نفر از افراد جوان در کل جزیره در حال یادگیری مهارت‌های جدید در هر برهه‌ی زمانی بودند. همان‌طور که به نظر می‌رسد این موردی باشد که در همه جا صادق است، اگر فرهنگ به‌وسیله‌ی تقلید وفادارانه و جانب‌دارانه از افراد معتبر عمل می‌کند (به بیان دیگر با نسخه‌برداری از متخصصان و نه والدین یا افراد در دسترس)، آن‌گاه آنچه باعث می‌شود مهارت‌های مشخصی از بین بروند، مشتی اتفاقات بداقبالانه هستند که در آن افراد معتبر، مراحل حیاتی کار را یا فراموش می‌کردند و یا به شیوه‌ی اشتباهی آموزش می‌دادند یا حتی بدون آن‌که به شاگردی یاد بدهند با خود به گور می‌بردند. مثلاً فرض کنید انبوهی از مرغان دریایی باعث شده‌اند یک گروه از مردم برای سال‌ها از ماهی‌گیری دوری کنند تا این‌که آخرین سازنده‌ی لوازم ماهی‌گیری می‌میرد. یا این‌که بهترین سازنده‌ی نیزه‌ی خاردار جزیره از صخره‌ای سقوط کند بدون آن‌که شاگردی را آموزش داده باشد. نیزه‌های او برای چند سالی استفاده می‌شوند، اما هنگامی که همه‌ی آنها از کار افتاد، ناگهان مردم درخواهند یافت شخص دیگری وجود ندارد که بتواند نیزه‌ها را بسازد. کسب یک مهارت احتیاج به صرف زمان و تلاش بسیار دارد؛ کسی قادر به یادگیری ساخت نیزه از صفر نبود. مردم بر یادگیری مهارت‌های دسته‌اولی که می‌توانستند مشاهده کنند، متمرکز بودند.

ذره، ذره فن‌آوری تاسمانی‌ها ساده‌تر شد. مشکل‌ترین ابزار و پیچیده‌ترین مهارت‌ها اول از همه از بین رفتند چراکه استاد شدن در آنها بدون وجود یک تعلیم‌دهنده برای یادگیری، بسیار دشوار بود. ابزارهای مورد استفاده در حقیقت، بیان‌گر میزان تقسیم کار است و همان‌طور که آدام اسمیت استدلال می‌کند، تقسیم کار محدود به اندازه‌ی بازار است. بازار تاسمانی به اندازه‌ای بزرگ نبود که بتواند تعداد زیادی از مهارت‌های تخصصی را حفظ کند. تصور کنید اگر ۴ هزار نفر از مردم شهرتان را به یک جزیره برده بودند و برای ده هزار سال در انزوای کامل رها می‌کردند. فکر می‌کنید چه تعداد مهارت و ابزار را می‌توانستند حفظ کنند؟ تلفن بی‌سیم؟ حسابداری به روش ورودی دوگانه[۲۰۰]؟ تصور کنید یکی از افراد در شهر شما حسابدار باشد. او می‌توانست حسابداری به روش ورودی دوگانه را به یک نوجوان آموزش دهد، اما آیا آن نوجوان آن را به نوجوان بعدی یا نفر پس از آن تا ابد منتقل می‌کرد؟

در دیگر جزایر استرالیا چیزی بسیار شبیه تاسمانیا اتفاق افتاد. مشاغل بشر در

۲۰۰. Double-entry

جزیره‌ی کانگورو و فلندرز[۲۰۱] به احتمال زیاد به واسطه‌ی انقراض و بعد از گذشت چندین هزار سال از زمان جدا افتادن به‌تدریج از میان رفتند. فلندرز جزیره‌ای حاصل‌خیز است بسان بهشت. اما چندصد نفری که در آن سکنا داشتند به لحاظ جمعیت انسانی بسیار کوچکی بودند تا بتوانند فن‌آوری شکارچی-خوشه‌چین‌ها را حفظ کنند. مردم تی‌وی[۲۰۲] که در دو جزیره‌ی جدا افتاده برای ۵ هزار و پانصد سال در شمال داروین[۲۰۳] بودند نیز جهت دنده ماشینِ جمع‌آوری مهارت‌ها را به عقب کشیدند و دوباره به استفاده از ابزار ساده‌تر برگشتند. جزیره‌نشینان تورس[۲۰۴] هنر بلم‌سازی را از دست دادند و باعث شدند فکر انسان‌شناس، دبلیو. اچ. آر ریورز[۲۰۵] را برای مدتی زیادی به «ناپدید شدن هنرهای مفید» مشغول کند. به نظر می‌رسد اگر سبک زندگی شکارچی-خوشه‌چینی بیش از حد منزوی می‌شد، محکوم به همین سرنوشت بود. در مقابل این وضعیت، سرزمین اصلی استرالیا پیشرفت ثابت فن‌آوری را تجربه کرد. در حالی که نیزه‌های تاسمانی‌ها صرفاً نوک‌های چوبی داشتند که با آتش سخت شده بودند، در سرزمین اصلی، نیزه‌ها نوک‌های جداشونده، خارهای سنگی و پرتاب‌گرهای نیزه‌ی «وومرا»یی[۲۰۶] داشتند. این تصادفی نیست که سرزمین اصلی، تجارتی با دامنه وسیع داشت تا اختراعات و کالاهای لوکس بتوانند از نقاط دور جزیره تأمین شوند. دانه‌های تزیینی ساخته‌شده از صدف، مسافت‌های بسیاری را در کل استرالیا از دست‌کم ۳۰ هزار سال پیش طی می‌کردند. گردن‌بندهای گوش‌ماهی و مروارید از ساحل شمالی از دست‌کم مناطق هشت قبیله می‌گذشتند تا به انتهای ساحل جنوبی برسند که بیش از هزار مایل از جایی که کشت می‌شدند فاصله داشتند و همان‌طور که پیش می‌رفتند تقدس‌شان نیز بیشتر می‌شد. پیچرا[۲۰۷] که گیاهی شبیه تنباکو بود از کوییزلند[۲۰۸] به غرب حمل می‌شد. بهترین تبرهای سنگی تا ۵۰۰ مایل از جایی که سنگ آن استخراج می‌شد، حمل می‌شدند.

برخلاف تاسمانیا، تیرا دل‌فوئگو[۲۰۹] که جزیره‌ای نه خیلی بزرگ‌تر از تاسمانیا بود و اقامتگاه مردم بسیاری نبود و به نسبت هم سردتر و کمتر قابل سکونت بود، تیره‌ای از مردم را داشت که وقتی چارلز داروین آنها را در سال ۱۸۳۴

---

۲۰۱. Flinders Island

۲۰۲. Tiwi جزیره‌ای در شمال قلمروی استرالیا.

۲۰۳. Darwin پایتخت قلمروی شمالی استرالیا.

۲۰۴. Torres Strait Islands مجمع‌الجزایری در شمال استرالیا با ۲۷۴ جزیره‌ی کوچک که در امتداد تنگه تورس قرار دارند. این آب‌راه شبه‌جزیره کیپ یورک در شمالی‌ترین نقطه‌ی قاره‌ی استرالیا را از جزیره‌ی گینه‌ی نو جدا می‌کند.

۲۰۵. W.H.R Rivers انسان‌شناس انگلیسی قرن هجدهم.

۲۰۶. Woomera منتسب به شهری در استرالیا و نوعی پرتاب‌گر نیزه که سرعت بیشتری نسبت به باقی پرتاب‌گرها داشت.

۲۰۷. Pitchera

۲۰۸. Queensland

۲۰۹. Tierra del fuego مجمع‌الجزایری در جنوبی‌ترین نقطه آمریکای جنوبی که میان شیلی و آرژانتین مشترک است.

ملاقات کرد، طعمه برای ماهی، تور برای خوک دریایی و دام برای پرنده‌ها، قلاب و زوبین، تیر و کمان، بلم و لباس داشتند که همه به وسیله‌ی ابزارآلات و مهارت‌های تخصصی ساخته شده بودند. تفاوت در آن بود که فوئگویی‌ها تقریباً در ارتباط مدام با دیگر مردم در کل تنگه‌ی ماژلان[۲۱۰] بودند. بنابراین می‌توانستند مهارت‌های از بین رفته را دوباره فراگیرند و یا ابزار جدید را در هر زمان وارد کنند. تمام آنچه برای این کار لازم بود، وجود گه‌گدار یک تازه‌وارد از سرزمین اصلی بود تا بتواند فن‌آوری را در مقابل پسرفت محافظت کند.

ارتباطات در شرق نزدیک

مسئله بسیار محرز است. خودکفایی ده‌ها هزار سال پیش از بین رفته بود. حتی سبک زندگی به نسبت ساده‌ی یک شکارچی-خوشه‌چین نیز بدون یک جمعیت بزرگ برای مبادله ایده‌ها و مهارت‌ها نمی‌تواند وجود داشته باشد. بر اهمیت این تفکر به اندازه کافی نمی‌توان تأکید کرد. موفقیت نوع بشر به‌شدت و به‌طرز ناپایداری به تعداد و ارتباطات وابسته است. چندصد نفر مردم نمی‌توانند از یک فن‌آوری پیشرفته محافظت کنند. داد و ستد، بخش اصلی داستان است.

هرچند استرالیا شاید به‌طور گسترده‌ای از تأثیر این انزوا رنج برده باشد. به یاد بیاورید که این منطقه ۴۵ هزار سال پیش به‌دست ساحل‌گردهای پیشگام که از آفریقا به‌سمت شرق و در طول ساحل تا آسیا پراکنده شده بودند، تصاحب شده بود. پیشگامان چنین کوچی باید از لحاظ تعداد، کم و به نسبت سبک سفر کرده باشند. این احتمال وجود دارد که آنها فقط یک نمونه از فن‌آوری را در دسترس بستگان‌شان در دریای سرخ قرار داده باشند. این مسئله می‌تواند توضیح دهد که چرا فن‌آوری بومی استرالیا با وجود آن‌که به‌طور پیوسته و با جزئیات طی هزاره‌های متمادی توسعه یافت، اما فاقد بسیاری از ویژگی‌های روزگار قدیم بود. مثلاً سلاح‌های ارتجاعی مانند کمان و منجنیق به اندازه‌ی اجاق‌ها ناشناخته بودند. این مسئله به این خاطر نبود که آنها «بدوی» یا از لحاظ ذهنی دچار رکود شده بودند. بلکه به این خاطر بود که آنها فقط با زیرمجموعه‌ای از فن‌آوری‌ها به آنجا رسیده بودند و جمعیت انبوه کافی نداشتند و در نتیجه عقل جمعی کافی و گسترده‌ای برای توسعه‌ی بیشتر این ابزار و سلاح‌ها وجود نداشت.

«اثر تاسمانی»[۲۱۱] همچنین می‌تواند توضیح دهد چرا پیشرفت فن‌آوری در آفریقا از ۱۶۰ هزار سال پیش این‌چنین کند و بدون الگو و سرگردان بود. این مسئله همچنین تجلی تناوبی ابزارآلات مدرن یافت شده در حفاری‌های

۲۱۰. Magellan Strait مسیر آبی در جنوب شیلی که سرزمین اصلی آمریکای جنوبی در شمال را از تیرا دل‌فوئگو در جنوب جدا می‌کند.

۲۱۱. Tasmanian Effect

آفریقای جنوبی مانند پیناکل پوینت[۲۱۲]، غار بلومبوس[۲۱۳] و رودخانه‌ی کلی‌سیز[۲۱۴] را توجیه می‌کند. با وجود ابداع مبادله‌ی کالا، اما قاره به‌سان پتویی وصله و پینه شده از تاسمانیاهای بالقوه بود. همان‌طور که استیو شنن[۲۱۵] و همکارانش محاسبه کرده‌اند، هر زمان که ترکیب درستی از غذای دریایی، آب آشامیدنی و زمین‌های حاصل‌خیز باعث انفجار جمیعت‌های بومی شود، فن‌آوری در سطح بالا و پیشرفته‌ای می‌توانند به نسبت تعداد کسانی که به واسطه مبادله برای حفظ و توسعه‌ی آن با هم شبکه ارتباطی ایجاد کرده‌اند، رشد پیدا کند - به بیان دیگر به نسبت میزان هوش جمعی موجود. اما زمانی که یک رودخانه خشک شود یا کویرها پیش‌روی کنند و جمیعت انسانی دچار اضمحلال یا کاهش شود، فن‌آوری دوباره ساده می‌شود. پیشرفت فرهنگی بشر، یک تجارت جمعی است و نیازمند یک ذهن جمعی انبوه.

بنابراین تغییر چشمگیر در فن‌آوری و رسوم فرهنگی که به نظر می‌رسد بیش از ۳۰ هزار سال پیش در آسیای غربی و شرق نزدیک - آنچه انقلاب پارینه‌سنگی نامیده می‌شود - اتفاق افتاده است می‌توانند با جمعیت انبوه آنجا توجیه شود. مردم جنوب غربی آسیا با توجه به داشتن سبک زندگی به‌شدت گیاه‌خوار و شکارچی-خوشه‌چینی و ارتباط نزدیک میان قبایل، در موقعیتی قرار داشتند که بتوانند مهارت‌ها و فن‌آوری‌های بسیار بیشتری نسبت به جمعیت‌های انسانی پیشین به‌دست آورند. یک جمعیت بزرگ و متصل به هم به معنی اختراعات تجمعی سریع‌تر بود. حتی امروز نیز این حقیقت شگفت‌آور را مناطقی مثل منهتن و هنگ‌کنگ نشان می‌دهند. همان‌طور که اقتصاددان، جولین سایمون[۲۱۶] مطرح می‌کند، «این‌که رشد جمعیت منجر به بازده نزولی می‌شود یک توهم است؛ واقعیت علمی این است که این امر باعث افزایش بهره‌وری می‌شود.» و یکی از آن ابداعات، کشاورزی بود که موضوع اصلی فصل ۴ است.

بهتر است که فصل شکارچی-خوشه‌چین‌ها را با یادآوری آنچه بر سر تاسمانی‌ها آمد به پایان ببریم. در اوایل قرن هجدهم میلادی، شکارچیان سفیدپوست خوک دریایی به‌تدریج به کرانه‌ی سواحل جزیره رسیدند و پس از مدت کوتاهی تاسمانی‌ها مشتاقانه شکارچیان را برای انجام داد و ستد ملاقات کردند و این اثبات می‌کند که ۱۰ هزار سال مبادلات محدود، هیچ ارتباطی با تضعیف اشتیاق ذاتی آنها برای مبادله‌ی پایاپای کالا ندارد. سگ‌های شکارچیان خوک دریایی، به‌طور ویژه‌ای مورد تقاضا بودند چرا که سگ‌های شکارچی

---

۲۱۲. Pinnacle Point

۲۱۳. Blombos Cave

۲۱۴. Klasies River

۲۱۵. Steve Shanan باستان‌شناس معاصر بریتانیایی.

۲۱۶. Julian Simon استاد مدیریت کسب‌وکار دانشگاه مریلند آمریکا.

گـوزن[217] می‌توانسـتند بـرای تعقیـب و شـکار کانگوروهـا اسـتفاده شـوند. شـرمگین از بازگـویی آن ولی تاسـمانی‌ها در ازایـش، زن‌هـا را به‌عنـوان معشـوقه بـه شـکارچیان می‌فروختنـد. وقـتی کشـاورزان سفیدپوسـت بـه آنجـا رسیدنـد رابطـه‌ی بیـن ایـن دو گـروه از مـردم وخیـم شـد تـا جـایی کـه در نهایـت سفیدپوسـت‌ها بـرای کشـتن بومی‌هـا، شـکارچیان انسـان جایزه‌بگیـر را بـه آنجـا ارسـال می‌کردنـد. سـپس بـاقی نجات‌یافتـگان را جمـع کردنـد و بـه جزیـره‌ی فلنـدرز، جـایی کـه در آن آخریـن روزهـای زندگی‌شـان در سـختی و تهی‌دسـتی سـپری شـد، تبعیـد کردنـد.

۲۱۷. Deerhound نـژادی از سـگ‌های شـکاری تیزبیـن کـه شـکار را بـا دیـدن و سـرعت بـالا شـکار می‌کننـد (گونـه‌ای دگیـر آنهـا بویـاب هسـتند کـه بـر اسـاس بـو و اسـتقامت شـکار می‌کننـد).

فصل سوم

تولید فضیلت: دادوستد، اعتماد و قوانین از ۵۰ هزار سال پیش به بعد

«پول یک تکه فلز نیست. اعتماد حک شده است.»

نایل فرگوسن[218]

برآمدن پول

۲۱۸. Niall Ferguson تاریخ‌دان اسکاتلندی- آمریکایی معاصر و عضو ارشد مؤسسه‌ی هوور (Hoover).

نرخ خودکشی در اروپا

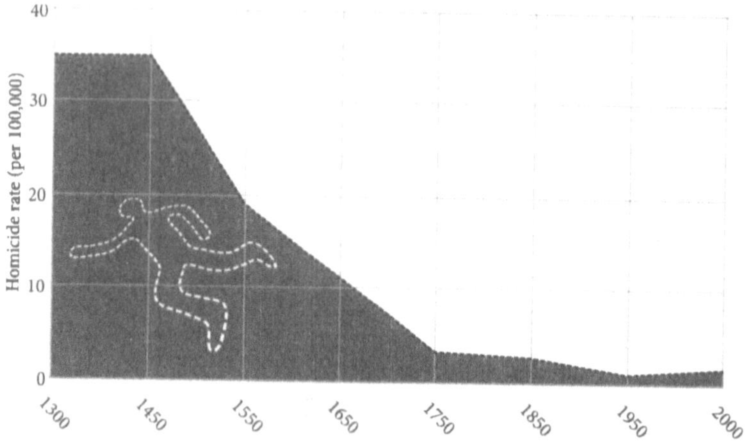

صحنه‌ای در فیلم «شاهین مالت»[۲۱۹] هست که در آن همفری بوگارت[۲۲۰] در حال دریافت هزار دلار از سیدنی گرین‌استریت[۲۲۱] است و باید آن را با مری استور[۲۲۲] تقسیم کند. گرین‌استریت در گوش بوگارت زمزمه می‌کند که می‌خواهد به او نصیحتی بکند: او درمی‌یابد که بوگارت قرار است بخشی از این پول را به آن زن بدهد، ولی اگر مقداری که زن فکر می‌کند باید بگیرد را به او ندهد، آن وقت باید حواسش باشد. فیلم، یک بازی به نام بازی نهایی (بازی اولتیماتوم[۲۲۳]) را به تصویر می‌کشد که در اواخر ۱۹۷۰ توسط ورنر گاث[۲۲۴] ابداع شد و بسیار مورد علاقه‌ی اقتصاددان‌ها قرار گرفت. این بازی، پنجره‌ای کوچک به روان بشر باز کرد. به بازیکن اول مقداری پول می‌دهند و از او می‌خواهند آن را با بازیکن دوم تقسیم کند. به بازیکن دوم هم گفته می‌شود که می‌تواند پیشنهاد را بپذیرد یا رد کند ولی نمی‌تواند آن را تغییر دهد. اگر او بپذیرد، آن‌گاه پول را دریافت می‌کند ولی اگر رد کند هیچ‌کدام از آنها یک پنی هم دریافت نمی‌کنند. پرسش این است که بازیکن اول چه مقدار پول باید به بازیکن دوم پیشنهاد کند؟ بر اساس منطق، بازیکن اول باید تقریباً هیچ پولی به او ندهد و بازیکن دوم هم باید آن را بپذیرد، چرا که امتناع هر چقدر هم مقدار پول کم باشد، فقط باعث می‌شود شرایط مالی بازیکن دوم در مقابل پذیرش آن بدتر شود. اما در عمل مردم معمولاً نزدیک به نصف پول را پیشنهاد می‌دهند. سخاوت‌مندی به نظر طبیعی می‌رسد و یا شاید رفتار خساست‌وار به‌طور غیرمنطقی ابلهانه باشد، چرا

۲۱۹. Maltese Falcon

۲۲۰. Humphry Bogart

۲۲۱. Sydney Greenstreet

۲۲۲. Mary Astor

۲۲۳. Ultimatum Game

۲۲۴. Werner Guth اقتصاددان معاصر آلمانی.

که بازیکن دوم، یک پیشنهاد محقرانه را مستحق امتناع می‌داند و با این کار فقط میخواهد خودخواهی بازیکن اول را تنبیه کند.

درسی که از بازی اولتیماتوم و صدها بازی مشابه آن می‌توان گرفت این است که انسان‌ها، بارها و بارها از چنین آزمون‌هایی بهتر از آنچه فکر می‌کنید سربلند بیرون آمده‌اند. اما برداشت شگفت‌انگیزتر این است که هر چه بیشتر مردم با عقل جمعی در دنیای مدرن و تجاری غوطه‌ور شوند، بیشتر سخاوتمند خواهند شد. همان‌طور که اقتصاددان هرب گنتیس[۲۲۵] بیان می‌کند، «جوامعی که به‌طور گسترده‌ای از بازار استفاده می‌کنند، فرهنگ تعاون، انصاف و احترام برای هر فرد را توسعه می‌دهند». گواه او بر این حرف از یک مطالعه‌ی شگفت‌انگیز منتج می‌شود که در آن مردم پانزده قبیله که بیشتر جوامع قبایل کوچک بودند، مجاب به انجام بازی اولتیماتوم شدند. جوامعی که کمترین تجربه‌ی معامله با خارجی‌ها را داشتند، سنگ‌دل‌تر، خسیس‌تر و به‌ندرت «منطقی» بودند. ماشیگوئنگاها[۲۲۶]، کشاورزانی که گیاهان جنگلی را در آمازون می‌بُرند و می‌سوزانند در بیشتر مواقع فقط ۱۵ درصد کل محصول را به افراد مشترک پیشنهاد می‌دادند و در تمام موارد به‌جز یکی، بازیکن دوم میپذیرفت. به همین ترتیب، یک هدزای[۲۲۷] شکارچی-خوشه‌چین از تانزانیا معمولاً مقدار کمی را پیشنهاد می‌کند و چندین عدم پذیرش را تجربه می‌کند. از سوی دیگر، بازیکن‌های جوامعی که بیشتر با بازارهای مدرن ادغام شده‌اند، مانند عشایر اورما[۲۲۸] در کنیا یا باغداران آچوار در اکوادور که فقط به اندازه‌ی معاش‌شان در می‌آورند، غالباً نیمی از پول را همانند کاری که یک دانشجوی غربی می‌کند پیشنهاد می‌دهند. شکارچی نهنگ لامالِرا[۲۲۹] در جزیره‌ی لامباتا در اندونزی که به هماهنگی یک گروه بزرگ از افراد غریبه برای این منظور احتیاج دارد، به‌طور میانگین ۵۸ درصد را پیشنهاد می‌دهد؛ گویی که ثروتی بادآورده را برای کسب تعهدات جدید سرمایه‌گذاری می‌کنند. چیزی بسیار شبیه این در دو قبیله‌ی گینه‌ی نو یعنی آو[۲۳۰] و گناو[۲۳۱] اتفاق می‌افتد که اعضای آن غالباً پیشنهادات بیش از حد منصفانه‌ای دارند و با این وجود، پذیرفته نمی‌شوند: در چنین فرهنگ‌هایی پذیرش هدیه می‌تواند بار زیادی بر دوش گیرنده‌ی آن قرار دهد چرا که دریافت آن تعهداتی متقابل را همراه دارد.

درسی که از این مطالعه حاصل می‌شود این است که معامله با دیگران به تو یاد می‌دهد با آنها با احترام رفتار کنی و این‌که برای بروز چنین سخاوتی، آگاهی از هزینه‌ی خودخواهی ضروری است. رد کردن پیشنهاد برای بازیکن دوم

---

۲۲۵. Herb Gintis اقتصاددان معاصر آمریکایی.
۲۲۶. Machiguenga مردم بومی ساکن جنگل‌های آمازون.
۲۲۷. Hadza مردم بومی شمال تانزانیا.
۲۲۸. Orma اجتماعی در شرق کنیا.
۲۲۹. Lamalera
۲۳۰. Au
۲۳۱. Gnau

هزینه‌دار است اما او گمان می‌برد که یاد دادن درسی به بازیکن اول، ارزشش را دارد. بحث بر سر این نیست که مبادله به مردم یاد می‌دهد تا مهربان باشند؛ بلکه به آنها این قدرت تشخیص را می‌آموزد تا بدانند نفع شخصی‌شان در تعاون و همکاری یافت می‌شود. و حالا این‌جا نکته‌ای وجود دارد که به خصلت منحصر به فرد انسانی متصل است و آن این‌که آنها می‌توانند برای گسترش تقسیم کار با غریبه‌ها، حتی با دشمنان‌شان هم معامله کنند.

همکاری، مبادله و تخصص در یک گروه خانوادگی در تمام قلمروی حیوانات، جریانی عادی است: بین شمپانزه‌ها و دلفین‌ها، گرگ‌ها و شیرها و در بین تقریباً هر گونه‌ی اجتماعی. یک میرکت[۲۳۲] یا اسکروب جی[۲۳۳] به خویشاوندان‌شان در وظیفه نگهبانی اعتماد می‌کنند تا هنگام ظاهر شدن عقابی، زنگ خطر را به صدا درآورند و این وظیفه را با دیگران نیز تقسیم می‌کنند. یک مورچه کارگر، کار را با ملکه‌ی خودش، دیگر سربازان و خواهرانش در گروه‌های دیگر تقسیم می‌کند. تمام این جوامع، فقط خانواده‌هایی بزرگ هستند. همکاری و تعاون بین غریبه‌های نامرتبط به نظر می‌رسد که یک دست‌آورد منحصر به فرد بشری باشد. در هیچ گونه‌ی دیگری دو نفر که از پیش یکدیگر را ملاقات نکرده‌اند، نمی‌توانند کالا یا خدماتی را در جهت نفع یکدیگر مبادله کنند، در حالی که این برای شما در هر زمان که به فروشگاه یا رستوران می‌روید و یا از وب‌سایتی بازدید میکنید به‌صورت عادی اتفاق می‌افتد. در واقع در دیگر گونه‌هایی که به‌صورت گروهی زندگی می‌کنند مانند مورچه‌ها یا شمپانزه‌ها، هر نوع تعامل و ارتباط بین اعضای گروهای مختلف تقریباً همیشه به خشونت ختم می‌شود. در حالی‌که انسان می‌تواند با غریبه‌ها به‌عنوان دوستان افتخاری رفتار کند.

برداشتن اولین قدم برای نشان دادن دست همکاری به یک دشمن قاتل باید بسیار مهم و به‌طرز نامکنی مشکل باشد و احتمالاً به همین دلیل است که چنین ترفندی در قلمروی حیوانات نادر است. این مسئله، پستان‌دارشناس‌هایی مانند سرا هردی[۲۳۴] و فرانس دووال[۲۳۵] را برآن داشت تا به این توجه کنند که چقدر عجیب است که یک صف مرتب از شمپانزه‌های غریبه را تصور کرد که آماده‌ی سوار شدن به هواپیما یا نشستن در رستورانی باشند بدون آن‌که با خشونت با یکدیگر برخورد کنند. به‌طور کلی هرچه همکاری بین گروه‌های یک گونه بیشتر باشد، میزان خصومت نیز بین گروه‌ها افزایش می‌یابد. برای ما به‌عنوان یک گونه که در سطح بالایی به‌صورت گروهی زندگی می‌کنیم و هنوز کمک‌ها و خشونت‌های دوجانبه بین گروه‌ها داریم، فوق‌العاده است که مردم می‌توانند بر غریزه‌شان به اندازه‌ی کافی غالب شوند و بتوانند با غریبه‌ها تجارت

---

۲۳۲. Meerkat نوعی میمون پوزه‌دار که در صحراهای کالاهاری زندگی می‌کند، معروف به دم‌عصایی.

۲۳۳. Scrub Jay پرنده‌ای کوچک با بال‌ها و پشت آبی که در قسمت غربی شمال آمریکا زندگی می‌کند.

۲۳۴. Sara Hardy

۲۳۵. Frans de Waal

اجتماعی داشته باشند.

فکر می‌کنم اولین پیش‌درآمدها برای معامله از سوی انسان ماده صورت گرفته باشد. گذشته از این، تاخت و تازهای خونین علیه گروه‌های همسایه - در تمام انسان‌ها و بیشتر پستان‌داران- همیشه از سوی جنس نر انجام شده است. بنابراین رویارویی بین غریبه‌های ماده لزوماً قرار نیست همیشه منجر به خشونت شود. علاوه بر این در تمام بوزینه‌ها، ماده‌ها جنسیتی هستند که وقتی جفت‌گیری کردند، گروهی را که در آن به دنیا آمده‌اند را ترک می‌کنند. این مسئله در میمون‌ها به‌طرز عجیبی برای جنس نر اتفاق می‌افتد و او گروه را ترک می‌کند. با فرض این‌که بشر نیز الگوی بوزینه‌ها را دنبال می‌کند - همان‌طور که امروزه در بیشتر جوامع انسانی اتفاق می‌افتد - زن‌ها می‌توانستند روابط نزدیکی در دیگر گروه‌ها در قالب مادران آنها برای ساختن رابطه با پدران و برادران داشته باشند. جالب این‌که بازتاب چنین الگوی ماده‌محوری خیلی بعدتر در الگوهای تجارت آسیای جنوب شرقی قبل از رسیدن غربی‌ها دیده می‌شود. تجار مالزی، اندونزی و فیلیپین غالباً زن‌ها بودند که محاسبه و حساب‌داری را از خردسالی فرا گرفته بودند.

این مسئله بارها در طول تاریخ تکرار شده است که اعتماد باید قبل از آن‌که به‌سمت غریبه‌ها گسترش یابد، از خویشاوندان شروع شود؛ فرستادن خویشاوندان به‌عنوان نماینده به خارج از کشور، تاریخی طولانی دارد. بنادر تجاری آسیا هرکدام انجمن تجاری خودشان را داشتند مانند گجراتی‌ها، فوجی‌ها، پارس‌ها، ارمنی‌ها، یهودی‌ها و عرب‌ها، درست مانند اروپایی‌ها که انجمن‌های تجاری جنوایی، فلورانسی، هلندی، انگلیسی و هانزی[۲۳۶] داشتند. آنها همان‌طور که خویشاوندان و مردمشان پراکنده می‌شدند، اعتماد را در خانواده نگه می‌داشتند. تأمین مالی نیروهای نظامی ولینگتون[۲۳۷] در اسپانیا بین سال‌های ۱۸۰۹ تا ۱۸۱۲ به این علت میسر شد که دولت انگلیس به یک وام‌دهنده‌ی یهودی به نام نیتن روتشیلد[۲۳۸] اعتماد کرد تا به برادرانش در جزیره برای خرید شمش طلا با اوراق قرضه انگلیسی اعتماد کند.

یافتن یک رفیق تجاری

در سال ۲۰۰۴ یک‌سری از دانشجویان دانشگاه جورج می‌سن[۲۳۹] در

۲۳۶. Hanseatic سازمانی تجاری برای محافظت از شهرهای آلمان در مقابل رقابت‌های خارجی که بین قرن سیزدهم و هفدهم وجود داشت.

۲۳۷. Wellington's Armies ارتش انگلیس در زمان جنگ‌های ناپلئون.

۲۳۸. Nathan Rothschild بانک‌دار و سرمایه‌دار آلمانی قرن هفدهم.

۲۳۹. George Mason

ویرجینیا[۲۴۰] به‌طور داوطلبانه روبه‌روی صفحه‌های کامپیوتر نشستند تا برای بردن پول، بازی کامپیوتری کنند. در بازی، هر شخص در یک دهکده‌ی مجازی با خانه و مزرعه‌ی متعلق به خودش قرار می‌گرفت که می‌توانست در مدت زمان کوتاه هر بازی، واحدهای مجازی قرمز و آبی را تولید و مصرف کند. او در هر بار بازی می‌دانست هرچه بیشتر واحد آبی و قرمز به‌دست آورد و هرچه به نسبت معینی از آنها نزدیک شود (مثلاً ۳ به ۱)، با پول واقعی بیشتری به خانه خواهد رفت. اما این مسئله برای آنها ناشناخته بود که آیا آنها بازیکن «زوج» هستند که برنامه‌ریزی شده‌اند تا واحدهای قرمز را سریع‌تر بسازند یا بازیکن فرد که قرار است واحدهای آبی را سریع‌تر بسازند. هر بازیکن قادر بود در صفحه‌ی نمایش تعداد واحدهای دیگر بازیکن‌ها (دو، چهار یا هشت) را ببیند. او همچنین می‌توانست در طول هر بازی و در فاصله‌ی زمانی ۱۰۰ ثانیه‌ای بین هر دوره، روی صفحه‌ی نمایش با دیگر بازیکنان صحبت کند. در دوره‌ای از فصل ششم بازی، دو بازیکن مراودات زیر را با هم داشتند

«می‌خواستم بدونم که می‌تونی کمی به من چیزی بدی»

«آره حتماً!»

«راستی من واحد آبی سریع‌تر می‌سازم، تو چه رنگی رو سریع‌تر می‌سازی؟»

«قرمز»

«باشه، علامت[۲۴۱] خنده‌ی زیاد»

«علامت خنده‌ی زیاد»

«پس من تمام آبی‌ها رو می‌سازم و تو قرمزها رو»

«بعدش اونا رو تو خونه‌های همدیگه بندازیم؟»

«آره بیا این کارو بکنیم»

«باشه. ٪۱۰۰ قرمز»

«٪۱۰۰ آبی»

البته هدف این آزمایش که از سوی بارت ویلسن[۲۴۲]، ورنن اسمیت[۲۴۳] و

---

۲۴۰. Virginia یکی از ایالات آمریکا.

۲۴۱. LOL در گفت‌وگوهای پیامی کامپیوتر و گوشی همراه استفاده می‌شود.

۲۴۲. Bart Wilson محقق و اقتصاددان تجربی معاصر آمریکایی.

۲۴۳. Vernon Smith

همکاران‌شان اجرا شد، این بود که ببینند آیا مردم مبادله و تخصص را خودشان بدون آن‌که قانون یا دستورالعملی وجود داشته باشد کشف می‌کنند. بخش تخصص در بازی، پرمخاطره است، چرا که کسانی که فقط با یک رنگ بازی را تمام کنند پرداختی نخواهند داشت. اما تخصص همراه با مبادله، این امکان را می‌دهد که پرداخت به سه برابر زمان خودکفایی افزایش یابد. در حالی که هیچ سرنخی وجود نداشت که مبادله کردن در بازی ممکن است. هرچند بیشتر بازیکنانی که در بازه‌ی پایین خودکفایی خودشان گیر کرده بودند در نهایت به منفعت ناشی از تجارت پی بردند. شرکت‌کنندگان اظهار می‌کنند که «پیش از مبادله»، وضعیت خودکفایی و خودکامگی حاکم است و زمانی که «قدرت مبادله» کشف می‌شود، تخصص به‌تدریج تکامل می‌یابد. بازیکنان به‌طرز زیرکانه‌ای شروع به تجارت دوجانبه یا شخصی کردند. بدین معنی که هر بازیکن روابط تجاری خودش را با بازیکن دیگر توسعه و سپس این رابطه را با دعوت از دیگران گسترش داد.

این تجارت که به‌عنوان یک امر شخصی و دوجانبه شروع شد به نظر موفق و منطقی می‌آمد. در قرن نوزدهم میان بومیان ییر یورانت[244] در شمال استرالیا، در چادر خانواده‌ی هر مرد حداقل یک تبر سنگی با ارزش یافت می‌شد. تبرها که به‌طرز غیورانه‌ای محافظت می‌شدند از یک معدن سنگ می‌آمدند که به‌طور نظام‌مندی به‌دست قبیله‌ی کالکَدون[245] در کوه آیسا[246] که در ۴۰۰ مایلی جنوب و بسیار دورتر از سرزمین ییر یورانت‌ها بودند، اداره می‌شدند. این تبرها از دست تعداد زیادی از شرکای تجاری می‌گذشت تا به قبیله برسد. هر مرد مسنی یک شریک تجاری در جنوب داشت که او را سالی یک‌بار در جشن گردهمایی در فصل خشک ملاقات می‌کرد. او در ازای یک دوجین خار سفره‌ماهی[247] که برای سرنیزه استفاده می‌شد، یک تبر دریافت می‌کرد. طرف دیگر در ازای آن نیز تعدادی خار از شریک تجاری‌اش در شمال که به او تبر داده بود، به‌دست می‌آورد. ۱۵۰ مایل به‌سمت جنوب، نرخ مبادله متفاوت بود: یک خار در مقابل یک تبر. سودهای حاصل از خرید و فروش همزمان، در تمام زنجیره وجود داشت.

بنابراین احتمالاً اولین قدم‌ها برای تجارت با غریبه‌ها با روابط دوستانه‌ی افراد آغاز می‌شود. یک زن می‌توانست به دخترش که در یک گروه از اقوام متحد و در همان اجتماع قبیله‌شان وصلت کرده بود، اعتماد کند. و چه‌بسا شوهرش نیز بعد از آن می‌توانست به دامادشان اعتماد کند. این اتحاد بین گروه‌ها در مواجه با یک دشمن مشترک باعث می‌شد سد سوءظن برای یک نفر به اندازه‌ی

---

۲۴۴. Yir Yoront

۲۴۵. Kalkadoon

۲۴۶. Isa Mount

۲۴۷. Stingray نوعی سفره‌ماهی با دم دراز که خار تیز و زهرآلودی در انتهای آن دارد. این ماهی از خود نور متصاعد می‌کند.

کافی تـرک بردارد تـا او پی ببـرد دیگـران سـنگ مـازاد بـرای سـاختن تبرهـا یـا خـار سـفره‌ماهی اضـافی بـرای سـاخت سـرنیزه‌ها دارنـد. رفتـه رفتـه و پله‌پلـه، عـادت تجـارت در کنـار عـادت بیگانه‌هـراسی شـروع بـه رشـد کـرد و باعـث پیچیـدگی در جاه‌طلـبی زنـان و مـردان شـد.

بیشـتر مـردم گمـان می‌برنـد تجـارتِ راه‌-دور بیـن غریبه‌هـا و مفهـوم بـازار، بـه نسـبت یـک پیشـرفت متأخـر در تاریـخ بشـر اسـت کـه بعـد از توسـعه‌ی کشـاورزی پدیـد آمـده اسـت. امـا همان‌طـور کـه بومیـان اسـترالیایی نشـان دادنـد ایـن نظریـه مهمـل اسـت. هیـچ قبیلـه شناخته‌شـده‌ی انسـانی وجـود نـدارد کـه تجـارت نکنـد. کاشـفان غـربی از کریسـتوف کلمـب گرفتـه تـا کاپیتـان کـوک[۲۴۸]، دچـار سـردرگمی‌ها و سـوءتفاهم‌های بسـیاری در اولیـن برخـورد بـا مردمـان جداافتـاده و منـزوی شـدند. امـا اصـل تجـارت جـزء ایـن سـردرگمی‌ها نبـود چـرا کـه مـردمی کـه بـا آنهـا ملاقـات کردنـد پیـش از آن در هـر مـورد، ایـده‌ی معاوضـه چیزهـا را داشـتند. هـر سـیاحی بعـد از گذشـت چنـد سـاعت یـا چنـد روز از ملاقـات بـا یـک قبیلـه‌ی جدیـد، در حـال داد و سـتد پایاپـای بـا آنهـا بـود. در سـال ۱۸۳۴ در تیـرا دل‌فوئگـو، یـک طبیعت‌شـناس جـوان بـه نـام چـارلـز داروین[۲۴۹] بـا شکارچی-خوشـه‌چین‌ها مواجـه شـد: «بـرخی از فوئگن‌هـا بـه سـادگی نشـان دادنـد کـه تصـور کافی از داد و سـتد تهاتـری دارنـد. مـن بـه یـک مـرد، یـک میـخ بـزرگ (یـک هدیـه‌ی بسـیار ارزشـمند) دادم، بـدون هیـچ رفتـاری کـه بیان‌گـر دریافـت چیـزی در ازای آن باشـد. امـا او به‌سـرعت دو مـاهی از سـر نیـزه‌اش بـه مـن داد.» دارویـن و دوسـت جدیـدش بـه هیـچ زبـان مشـترکی بـرای فهـم داد و سـتد مـورد توافق‌شـان نیـاز نداشـتند. بـه همیـن ترتیـب، کوهپایه‌نشـینان گینـه‌ی نـو وقـتی کـه بـرای نخسـتین‌بار بـا مایـکل لیـهی[۲۵۰] و دوسـت معـدن‌چی‌اش در سـال ۱۹۳۳ تمـاس برقـرار کردنـد، بـه آنهـا در ازای دریافـت صدفهـای تزیینـی، مـوز دادنـد. پیـش از ایـن ارتبـاط، مـردم گینـه‌ی نـو بـرای مـدت زیـادی در حـال تجـارت تبرهـای سـنگی در طـول یـک مسـافت طـولانی بودنـد. تبرهـای سـنگی و صدفهـا در اسـترالیا در طـول نسـل‌های بیشـماری در حـال داد و سـتد و گـذر در کل قـاره بودنـد. مـردم سـواحل اقیانـوس آرام در شـمال اسـترالیا، صدفهـا را صدهـا مایـل بـه داخـل سـرزمین ارسـال و سـنگ آبسیدیـن[۲۵۱] را حـتی از مناطـق دورتـر وارد می‌کردنـد. در دوران پارینه‌سـنگی در اروپـا و آسیـا، سـنگ کهربـا، آبسیدیـن، چخمـاق و صـدف از مسـافتی کـه هـر فـرد احتمـالاً می‌توانسـت آنهـا را حمـل کنـد، بیشـتر سـفر می‌کردنـد. در آفریقـا، آبسیدیـن، صدفهـا و خـاک اخـرا در مسـافت‌های طـولانی در ۱۰۰ هـزار سـال پیـش تجـارت می‌شـدند. تجـارت، امـری ماقبـل تاریخـی و همه‌گیـر اسـت.

همچنیـن بـرخی از جوامـع شکارچی-خوشـه‌چین قدیـمی بـه درجـه‌ای از پیشـرفت

---

۲۴۸. James Cook سیاح انگلیسی قرن شانزدهم-هفدهم.

۲۴۹. Charles Darwin

۲۵۰. Miachael Leahy

۲۵۱. Obsidian نوعی سنگ آتش‌فشانی قیمتی در استرالیا.

در تجارت و رونق رسیده بودند که گویی در جوامع متراکم و مدرن طبقاتی با تخصص‌های بیشتر زندگی می‌کنند. جایی که دریا به میزان معتنابه و غنی، طعام و ثروت تولید می‌کرد، این امکان وجود داشت تا به تراکمی از جمعیت برسند و معمولاً برای پشتیبانی از آن به کشاورزی نیاز داشتند (یک جمعیت کامل متشکل از رؤسای قبیله، کاهنان، تجار و مصارف افراطی و تجملی). بومی‌های کوکیوتل[۲۵۲] آمریکایی که از ماهی سالمون در شمال غربی اقیانوس آرام امرار معاش می‌کردند، نسبت به جریان مسیل و نقاط ماهی‌گیری، حقوق مالکیت خانوادگی داشتند. آنها خانه‌های بسیار بزرگی داشتند که با مجسمه‌ها و کاشی‌های با زرق و برق فراوان تزیین شده بودند. آیین و مراسم عجیب و غریبی داشتند که در آن به‌صورت افراطی ولخرجی می‌کردند. مانند اعطای هدایایی از مس عیار بالا به یکدیگر یا سوزاندن روغن ماهی[۲۵۳] فقط به‌منظور به‌دست آوردن اعتبار و منزلت و برای دیده شدن به‌عنوان شخصیتی انسان‌دوست و نیکوکار بود. آنها برده‌ها را نیز استخدام می‌کردند. در حالی که که همچنان مؤکداً به زبان شکارچی-خوشه‌چین صحبت می‌کردند. بومیان چومَش[۲۵۴] در جزایر کانال کالیفرنیا که به‌خوبی از غذاها و خوک‌های دریایی تغذیه می‌کردند، صنعت‌گرانی داشتند که از صدف‌های رنگی مهره‌هایی می‌ساختند تا از آن به‌عنوان پول در تجارت سطح بالای زورق‌های با قابلیت قایقرانی در مسافت‌های طولانی استفاده کنند. تجارت با غریبه‌ها و اعتمادی که آن را تقویت می‌کند، یک عادت اولیه‌ی بشر مدرن بود.

شیره‌ی اعتماد

اما آیا تجارت به واسطه‌ی شهد خوش‌قلبیِ انسان ممکن شد یا از ترشی نفع شخصی او؟ زمانی یک معمای فلسفی آلمانی وجود داشت که به «مشکل آدام اسمیت» معروف بود و به یافتن یک تناقض میان دو کتاب آدام اسمیت می‌پرداخت. او در یکی از کتاب‌ها گفته بود به مردم همدردی غریزی و نیکی اعطا شده است و در کتاب دیگر بیان می‌کند مردم به میزان بالایی با نفع شخصی‌شان هدایت می‌شوند. او در کتاب نظریه‌ی عواطف اخلاقی آورده است که: «انسان تا چه حد می‌تواند خودخواه انگاشته شود، مشخصاً اصولی در طبیعت او وجود دارد که موجب می‌شود به دارایی و خوش‌بختی دیگران اهمیت دهد و اعطای خوش‌بختی به آنها برایش امری ضروری باشد، با این‌که او چیزی از این کار به‌دست نمی‌آورد جز لذت تماشای آن.» او در کتاب ثروت ملل می‌نویسد «انسان تقریباً به‌طور مداوم، مناسبت و دلیلی برای کمک گرفتن از برادران و همنوعانش

---

۲۵۲. Kwakiutl

۲۵۳. Candlefish نوعی ماهی است که در متن آمده است.

۲۵۴. Chumash

دارد و این برایش بی‌معناست که آن را فقط برگرفته از حس خیرخواهی‌شان بداند. احتمال بیشتری برای موفقیت او وجود خواهد داشت اگر بتواند خوددوستی آنها را معطوف علاقه‌مندی و امور خودش کند.»

حل معمای اسمیت این است که خیرخواهی و دوستی ضروری هستند اما برای عملکرد یک جامعه کفایت نمی‌کند، چراکه «انسان در تمام اوقات، نیازمند همکاری و یاری گرفتن از گروه‌های زیادی است، در حالی که کل زندگی او به حدی کفایت می‌کند که فقط دوستی افراد معدودی را به‌دست آورد.» به بیان دیگر، مردم فراتر از دوستی می‌روند و علایق مشترکی را با غریبه‌ها کسب می‌کنند: بنا بر اصطلاحی که پل سی‌برایت[۲۵۵] به‌کار می‌برد؛ آنها غریبه‌ها را به دوستان افتخاری تبدیل می‌کنند. اسمیت به‌طرز استادانه‌ای تمایز میان نوع‌دوستی و خودخواهی را به هم می‌تاباند. اگر هم‌دردی این اجازه را بدهد که خودتان را با خشنود کردن دیگران خوشحال کنید، آیا تبدیل به یک نوع‌دوست می‌شوید یا یک خودخواه؟ همان‌طور که فیلسوف رابرت سالامون[۲۵۶] بیان می‌کند، «آنچه من برای خودم می‌خواهم، رضایت و تأیید تو است و من برای کسب آن به احتمال زیاد آن چراکه تو فکر می‌کنی باید انجام دهم را انجام خواهم داد.»

این توانایی در انجام معامله با غریبه‌ها، گویی که آنها با هم دوست بوده‌اند به واسطه‌ی ظرفیت ذاتی و غریزی بشر در اعتماد کردن میسر شده است. غالباً اولین کاری که در ملاقات با یک غریبه مثلاً یک پیش‌خدمت در رستوران انجام می‌دهید و شروع به معامله با او می‌کنید، لبخند زدن است، یک اشاره‌ی کوچک و غریزی صورت برای کسب اعتماد. لبخند انسان، آنچه آدام اسمیت، آن را تجسم درخشان احساس ذاتی هم‌دردی می‌نامد، می‌تواند درست به مغز شخص دیگر رخنه کند و افکارش را تحت تأثیر قرار دهد. در حد بالاتر، خنده‌ی یک کودک باعث می‌شود مدارهای خاصی در مغز مادر فعال شوند و احساس خوبی در او ایجاد کنند. هیچ موجود دیگری این‌گونه لبخند نمی‌زند. حتی در میان بزرگسالان هم یک تماس، نوازش یا همان‌طور که آزمایشات و تحقیقات نشان داده‌اند، یک حرکت ساده در گشاده‌دستی مالی می‌تواند باعث آزاد شدن هورمون آکسی‌توسین[۲۵۷] در مغز دریافت‌کننده شود. آکسی‌توسین، ماده‌ی شیمیایی است که تکامل برای ایجاد احساس خوب نسبت به یکدیگر در بین پستان‌داران از آن استفاده کرده است - خواه این احساس بین والدین و فرزندان باشد، یا بین عشاق نسبت به یکدیگر یا بین دوستان. این احساس طور دیگری نیز عمل می‌کند: تزریق آکسی‌توسین از راه بینی به دانش‌آموزان باعث می‌شود آنها نسبت به کسانی که داروی روانی بی‌اثر و تسکین‌دهنده از طریق بینی دریافت کرده‌اند خیلی زودتر به غریبه‌ها اعتماد کنند و پول‌شان را به آنها بدهند. همان‌طور

---

۲۵۵. Paul Seabright استاد اقتصاد انگلیسی معاصر.

۲۵۶. Robert Solomon فلسفه‌دان معاصر آمریکایی.

۲۵۷. Oxytocin معروف به هورمون عشق.

که پل زاک[۲۵۸] عصب-اقتصادشناس که این آزمایشات را انجام داده است بیان می‌کند: «آکسی‌توسین امضای فیزیولوژیک هم‌دلی است و حضور آن باعث ایجاد یک وابستگی موقت به دیگران می‌شود.»

زاک همراه ارنست فر[۲۵۹] و دیگر همکارانش در ۲۰۰۴ یکی از رمزگشایانه‌ترین آزمایش‌های تاریخ اقتصاد را انجام دادند. آنها نشان دادند اکسی‌توسین به‌طور ویژه بر میزان اعتماد تأثیر می‌گذارد. آنها ۱۹۴ دانشجوی مرد را در زوریخ استخدام کردند (این آزمایش نباید روی زنان انجام شود چراکه اگر یکی از آنها بدون آن‌که بداند باردار باشد، آن‌وقت اکسی‌توسین می‌تواند باعث تحریک زایمان شود) و از آنها خواستند یکی از دو بازی را انجام دهند. در بازی اول که بازی اعتماد بود، به بازیکنی که سرمایه‌گذار نامیده می‌شد ۱۲ واحد پول دادند و به او گفتند اگر مقداری از پولش را به بازیکن دیگر یعنی معتمد بدهد، آن مقدار چهار برابر می‌شود. پس اگر بازیکن اول هر ۱۲ واحد پول را به فرد مورد اعتماد بدهد، ۴۸ واحد دریافت خواهد کرد. سپس فرد معتمد می‌تواند بخشی از آن را دوباره به فرد سرمایه‌گذار بازگرداند، اما هیچ الزامی نسبت به انجام آن وجود ندارد. بنابراین فرد سرمایه‌گذار این خطر را می‌پذیرد که تمام پولش را از دست بدهد، اما اگر بتواند به سخاوت‌مندی فرد معتمد اطمینان کند، شاید بتواند سود خوبی از این کار کسب کند. پرسش این است: فرد سرمایه‌گذار چه مقدار پول اهدا خواهد کرد؟

نتیجه شگفت‌انگیز بود. افراد سرمایه‌گذاری که پیش از انجام آزمایش، اکسی‌توسین را از راه بینی دریافت کرده بودند نسبت به کسانی که محلول بی‌اثر آب‌نمک دریافت کرده بودند ۱۷٪ پول بیشتری اهدا کردند و میانگین میزان انتقال آنها به جای هشت واحد، ده واحد بود. احتمال این‌که افراد سرمایه‌گذار با اکسی‌توسین هر ۱۲ واحد را ببخشند نسبت به‌دسته‌ی دیگر بیش از دو برابر بود. در حالی که اکسی‌توسین چنین تأثیری بر انتقال متقابل ارائه‌شده از سوی افراد معتمد که فقط سخاوتمند بودند و آکسی‌توسین دریافت نکرده بودند، نداشت. بنابراین همان‌طور که آزمایشات حیوانی پیشنهاد می‌کنند، آکسی‌توسین تأثیری بر تعامل بین افراد ندارد، بلکه فقط بر میزان تمایل برای قبول یک مخاطره‌ی اجتماعی اثر می‌گذارند تا شخص وارد یک وضعیت پرمخاطره و حساس شود. علاوه بر این، بازی دومی مشابه بازی اول وجود داشت با این تفاوت که سخاوت‌مندی افراد معتمد به‌صورت تصادفی تعیین می‌شد و این کار هیچ‌گونه اثری از آکسی‌توسین را در افراد سرمایه‌گذار نشان نمی‌داد. بنابراین آکسی‌توسین به‌طور ویژه اعتماد را افزایش می‌دهد تا این‌که بر میزان خطرپذیری عمومی اثری بگذارد. همان‌طور که این هورمون در مادرها و عشاق عمل می‌کند، در

---

۲۵۸. Paul Zak

۲۵۹. Ernest Fehr اقتصاددان سوئیسی - اتریشی معاصر.

حیوانات نیز باعث می‌شود آنها خطر نزدیک شدن به دیگر اعضای گونه‌ی خودشان را بپذیرند. این مسئله، دوری‌گزینی اجتماعی غالب را با فعالیت مدارهای مغزی درگیر پاداش، پیوند می‌دهد. این امر تا حدی با متوقف کردن فعالیت آمیگدال (بادامه‌ی مغز)[260]، اندامی که ترس را نشان می‌دهد، انجام می‌شود. اگر پیشرفت اقتصادی بشر شامل یک نقطه‌ی سرنوشت‌ساز باشد و آن هنگامی باشد که او شروع به تعامل با غریبه‌ها به‌عنوان شریک تجاری و نه دشمن کرد، آن‌گاه بدون شک آکسی‌توسین نقشی حیاتی در این بین ایفا کرده است.

مردم به‌طرز شگفت‌آوری در حدس زدن به این‌که به چه کسی می‌توانند اعتماد کنند متبحر هستند. رابرت فرانک[261] و همکارانش یک آزمایش انجام دادند که در آن افراد داوطلب در گروه‌های سه نفری به مدت نیم‌ساعت با هم مکالمه داشتند. پس از آن، آنها را به اتاق‌های مجزایی برای انجام بازی با طرف‌های مکالمه‌شان فرستادند. بازی دوراهی زندانی (که در آن هر بازیکن باید تصمیم بگیرد که آیا می‌خواهد به امید کسب یک نفع مشترک همکاری کند یا به امید یک نفع شخصی - اگر بازیکن دیگر قصد همکاری داشته باشد - آن را رد کند). در اولین قدم هر بازیکن برگه‌هایی را پر کرد تا نه‌تنها بگوید چگونه با هر شریک بازی می‌کند بلکه پیش‌بینی کند که هر شریک چه خط‌مشی‌ای اتخاذ می‌کند. چیزی که در بازی اتفاق افتاد این بود که سه‌چهارم افراد شرکت‌کننده اعلام کردند همکاری می‌کنند و این بر نقطه‌نظر اسمیت مبنی بر این‌که مردم به‌صورت ذاتی خوب هستند صحه می‌گذارد (احتمال این‌که دانشجویان اقتصادی که طبیعت خودخواه نوع بشر به آنها تدریس شده این نظر را رد کنند، دوبرابر است!) افراد شرکت‌کننده به‌طرز چشمگیری در پیش‌بینی این‌که چه کسی همکاری می‌کند و چه کسی پیشنهاد را نمی‌پذیرد، خیلی خوب عمل کردند. کسانی که پیش‌بینی می‌شد همکاری کنند، ۸۱ درصد اوقات این کار را انجام دادند. کل گروه شرکت‌کننده‌ها در قیاس ۷۴ درصد این کار را انجام دادند. کسانی که پیش‌بینی می‌شد پیشنهاد را رد کنند، ۵۷ درصد مواقع این کار را انجام دادند. کل گروه در قیاس ۲۶ درصد مواقع آن را رد کردند. همان‌طور که اقتصاددان رابرت فرانک می‌گوید، بیشتر مردم می‌توانند به یک دوست غیرمرتبط فکر کنند، به او اعتماد کرده و کیف پولی را که در یک کنسرت پرازدحام گم شده بود به او برگردانند. در مقابل آن، مردم در حقیقت چهره‌ی کسانی را که به آنها خیانت می‌کنند به یاد دارند.

بنابراین تمام ساختمان مشارکت و مبادله‌ی بشر که بر خوش‌بختی و پیشرفت بنا شده به یک واقعیت بیولوژیکی خوش‌اقبالانه بستگی دارد. نوع بشر توانایی هم‌دلی دارد. آنها معتمدین باخردی هستند. آیا داستان همین است؟ این‌که

---

۲۶۰. Amygdale در فارسی بادامه نامیده می‌شود.

۲۶۱. Frank Robert استاد مدیریت و اقتصاد دانشکده مدیریت دانشگاه کرنل (Cornell) در نیویورک.

نوع بشر می‌تواند جوامع پیچیده‌ای بسازد و خوش‌بختی را تجربه کند آیا به این واقعیت برمی‌گردد که آنها غریزه‌ی بیولوژیک دارند که آنها را به همکاری تشویق می‌کند؟ کاش همین‌قدر ساده بود. اگر فقط می‌شد تمام مجادلهها و بحثهای میان‌هابز[۲۶۲] و لاک[۲۶۳]، روسو[۲۶۴] و ولتر[۲۶۵]، هیوم[۲۶۶] و اسمیت، کانت[۲۶۷] و راولز[۲۶۸] به چنین نتیجه خالص و موجزی می‌رسیدند. هرچند که زیست‌شناسی فقط یک نقطه‌ی آغاز است. چیزی است که خوش‌بختی را ممکن می‌کند، اما توضیح کل ماجرا نیست.

علاوه بر این، هنوز هیچ مدرکی دال بر این مسئله وجود ندارد که این زیست‌شناسی به‌طور منحصر به فردی در نوع بشر توسعه یافته است. میمون‌های کپوچین[۲۶۹] و شمپانزه‌ها به همان اندازه‌ی نوع بشر نسبت به رفتار ناعادلانه، منزجر و بی‌میل هستند و به همان اندازه قادر به انجام کارهای مفید برای قوم و خویش و اعضای گروه‌شان هستند. هر چه بیشتر به نوع‌دوستی و همکاری نگاه می‌کنید، منحصر به فرد بودنش برای انسان کمتر می‌شود. آکسی‌توسین در تمام پستان‌داران مشترک است و در عشق مادری گوسفند و عشق میان موش‌های صحرایی عاشق به‌کار رفته است. بنابراین این احتمال وجود دارد که بتوان وجود اعتماد را در میان تقریباً تمام پستان‌داران اجتماعی اثبات کرد. این مسئله برای توضیح گرایش انسان به مبادله ضروری است اما کافی نیست. از سوی دیگر، احتمال بسیاری وجود دارد که نوع بشر در طول ۱۰۰ هزار سال سیستم‌های حساس آکسیتوسین را به شکل عجیبی توسعه داده است و بسیار آماده‌تر برای پاسخ به همدردی به‌عنوان نتیجه‌ی انتخاب طبیعی در یک گونه‌ی معامله‌گر باشد. این بدین معنی است که بگوییم ژن‌های هضم شیر در یک انسان بزرگسال به‌خاطر ابداع و ساختن لبنیات تغییر کرده است و بنابراین ژن‌ها احتمالاً برای تحریک مغز شما توسط آکسی‌توسین در پاسخ به رشد جمعیت، شهرسازی و داد و ستد تغییر کرده‌اند. انسان‌ها نسبت به دیگر حیوانات خیلی بیشتر به معتادان آکسی‌توسین تبدیل شده‌اند.

از این گذشته، پیدا کردن زمینه‌ی فیزیولوژیک اعتماد، کمک زیادی به توضیح این موضوع نمی‌کند که چرا برخی جوامع انسانی در ایجاد اعتماد، بسیار بهتر از دیگر جوامع هستند. اگر بخواهیم به‌طور گسترده این مسئله را تعمیم دهیم، باید بگوییم که هرچه مردم در یک جامعه بیشتر به یکدیگر اعتماد کنند، آن

---

۲۶۲. Hobbes فیلسوف انگلیسی قرن پانزدهم.

۲۶۳. John Locke فیلسوف و فیزیکدان انگلیسی قرن پانزدهم.

۲۶۴. Jean-Jacques Rousseau فیلسوف، نویسنده و آهنگ‌ساز سوئیسی قرن هفدهم.

۲۶۵. Voltaire فیلسوف، نویسنده و روشنفکر فرانسوی قرن شانزدهم.

۲۶۶. David Humme اقتصاددان، فیلسوف و اقتصاددان انگلیسی قرن هفدهم.

۲۶۷. Immanuel Kant فیلسوف آلمانی قرن هفدهم.

۲۶۸. John Rawls فیلسوف آمریکایی قرن بیستم.

۲۶۹. Capuchin

جامعه بیشتر موفق خواهد بود و به نظر می‌رسد رشد اعتماد، مقدم بر رشد درآمد است. این را می‌توان با ترکیبی از پرسش‌نامه‌ها و آزمایشات ارزیابی کرد. مثلاً با رها کردن یک کیف پول در خیابان و دیدن این‌که کسی آن را برمی‌گرداند یا نه. یا از مردم به زبان خودشان بپرسیم «آیا به‌طور کلی فکر می‌کنید بیشتر مردم قابل اعتماد هستند، یا این‌که در تعامل با مردم نمی‌توانید بیش از حد محتاط باشید؟» بر اساس این ارزیابی، نروژی‌ها از لحاظ اعتماد در حال صعود هستند (۶۵ درصد مردم به یکدیگر اعتماد دارند) و همچنین ثروتمند و پرویی‌ها در بی‌اعتمادی غوطه‌ور هستند (۵ درصد مردم به یکدیگر اعتماد دارند) و فقیر. پل زک می‌گوید «افزایش ۱۵ درصدی در نسبت افراد کشوری که فکر می‌کنند دیگران قابل اعتماد هستند، باعث افزایش درآمد شخص تا یک درصد در هر سال پس از آن می‌شود.» خیلی غیرمحتمل است که نروژی‌ها دریافت‌کننده‌های آکسی‌توسین بیشتری در مغزشان نسبت پرویی‌ها داشته باشند، اما این ارقام، این مسئله را مطرح می‌کند که جامعه‌ی نروژ نسبت به پرو به شکل بهتری در پاسخ به سیستم‌های اعتماد طرح‌ریزی شده است.

مشخص نیست که کدام‌یک اول اتفاق می‌افتد: غریزه‌ی اعتماد یا داد و ستد. بسیار بعید است که سیستم آکسی‌توسین بر حسب تصادف دچار جهش و به یک نوع حساس بدل شده باشد که بعد از آن نوع بشر را قادر ساخته تا داد و ستد را توسعه دهد. به احتمال قوی نوع بشر به‌طور امتحانی شروع به داد و ستد کرده است. او این کار را با کسب منفعت از مزیت نسبی و عقل جمعی انجام داده که در نتیجه، انتخاب طبیعی را به‌سمت انواع جهش‌یافته‌ی مطلوب ذهن انسان سوق داده است؛ ذهنی که به‌طور ویژه‌ای قابلیت اعتماد و همدلی داشته است. حتی پس از آن، این کار را به‌صورت بسیار محتاطانه و مشکوکی انجام می‌دهد. حیرت‌زده می‌شوم اگر ژن‌های سیستم آکسی‌توسین شواهدی مبنی بر تغییر سریع و تازه در پاسخ به اختراع داد و ستد به واسطه تکامل همگام فرهنگ- ژن نشان ندهد.

سایه‌ی آینده

یک تریلیون نسل از سخاوت‌مندی بی‌وقفه‌ی والدین پشت یک چانه‌زنی با مادرتان برای پول قرار گرفته است. صدها تجربه‌ی خوب پشت اتکای شما بر یک دوست قرار دارد. سایه‌ی بلند آینده بر هر معامله شما با مغازه‌دار محله‌تان گسترده است. او به‌طور حتم می‌داند با کلاه گذاشتن سر شما برای کسب یک دلار باید خطر از دست دادن تمام خریدهای آینده‌ای که شما شاید انجام دهید را بپذیرد. چیزی که بسان معجزه به نظر می‌رسد این است که در جامعه‌ی مدرن می‌توانید به مغازه‌داری که نمی‌شناسید اعتماد کنید و مورد اعتماد او قرار بگیرید. تضمین‌کننده‌های اعتماد تقریباً به‌صورت نامرئی زیر پوست هر معامله

در بازار مدرن پنهان هستند: بسته‌بندی‌های مهر و موم شده، ضمانت‌نامه‌ی کالا، فرم نظرخواهی مشتریان، قوانین مشتریان، نام تجاری، حساب اعتباری و «پرداخت در وجه حامل» برای پول از جمله‌ی این تضمین‌کننده‌ها هستند. وقتی من به یک فروشگاه معروف می‌روم و یک خمیردندان با نام تجاری مشهور برمی‌دارم، دیگر احتیاجی ندارم بسته‌بندی‌اش را باز کنم و فشارش دهم تا مقداری از خمیردندان را روی انگشتم بگذارم و بدین ترتیب متوجه شوم خمیردندان با آب پر نشده است. حتی لازم نیست بدانم فروشگاه مشکل قانونی دارد و به‌خاطر فروش کالاهای تقلبی تحت پیگرد قانونی است. من فقط لازم است بدانم این فروشگاه خرده‌فروشی بزرگ و این شرکت بزرگ که خمیردندان را ساخته هر دو مشتاق این هستند که من سال‌ها برای خرید به آنجا برگردم. گسترده بودن سایه‌ی خطر اعتبار حتی بر سر این معامله‌ی ساده این اطمینان را به من می‌دهد که می‌توانم بی‌درنگ به این فروشنده‌ی خمیردندان اعتماد کنم.

تاریخچه‌ی طولانی‌ای پشت یک خمیردندان وجود دارد. مسیری طولانی که هر اینچ آن بر اساس اعتماد ساخته شده است. اگرچه وقتی که این مسیر طی شد، این اعتماد می‌تواند به‌راحتی برای محصولات و رسانه‌های جدید به‌کار برده شود. چیز چشمگیر در روزهای اول اینترنت این نبود که به‌سختی به مردم ثابت کند که می‌توانند با دسترسی به یک فضای ناشناس به یکدیگر اعتماد کنند، بلکه نکته این بود که این کار چقدر آسان انجام می‌شد. تمام آنچه ای‌بی انجام داد این بود که از مشتریان درخواست کند تا بازخوردشان را بعد از هر معامله بیان کنند و سپس نظرات خریداران را درباره فروشنده‌ها به اشتراک و نمایش بگذارد. ناگهان هر معامله تحت‌الشعاع آینده قرار گرفت؛ به‌طور قطع هر کاربر ای‌بی، نفس گرم خوش‌نامی را روی گردن خودش احساس می‌کرد، همان‌گونه که فروشنده‌ی پوست گوزن در دوران پارینه‌سنگی به همان محل داد و ستدی که در سال قبلش پوست گندیده فروخته بود، برمی‌گردد. وقتی که پیِر امیدیار[۲۷۰]، ای‌بی را تأسیس کرد، کمتر کسی باور می‌کرد اعتماد بین غریبه‌های ناشناس به‌آسانی در یک فضای جدید ایجاد شود. اما تا سال ۲۰۰۱ کمتر از ۰.۰۱٪ از تمام معاملات در سایت، تلاش برای تقلب و کلاهبرداری بود. جان کلیپینگر[۲۷۱] یک نتیجه‌گیری خوش‌بینانه را ترسیم می‌کند: «موفقیت مؤسسه‌های مبتنی بر اعتماد طرفین مانند ای‌بی، ویکی‌پدیا و فعالیت‌های متن-باز[۲۷۲] نشان می‌دهد اعتماد یک ویژگی به‌شدت گسترش‌پذیر است.» چه‌بسا اینترنت ما را به دنیایی کمی شبیه دوران پارینه‌سنگی برگردانده است که در آن جایی برای پنهان شدن کلاهبرداران وجود ندارد.

این البته پاسخ ساده‌دلانه‌ای است. در حالی که روزانه تعداد بسیاری از جرایم

---

۲۷۰. Pierre Omidyar مؤسس ایرانی‌الاصل ای‌بی.

۲۷۱. John Clippinger

۲۷۲. Open source

سایبری مخرب و خلاقانه اتفاق می‌افتد اما اینترنت جایی است که مشکل اعتماد بین غریبه‌ها هر روزه حل و فصل می‌شود. می‌توان از ویروس‌های کامپیوتری جلوگیری کرد، فیلترها می‌توانند اسپم‌ها را کنترل کنند، ایمیل‌های نیجریه‌ای که مردم را فریب می‌دهند تا جزییات حساب‌های بانکی‌شان را فاش کنند را می‌توان بی‌اثر کرد و برای مسئله‌ی اعتماد بین خریدار و فروشنده، شرکت‌هایی مانند ای‌بی، مشتریان‌شان را قادر ساخته‌اند که بتوانند از شهرت یکدیگر با روش ساده ارائه‌ی نظرات محافظت کنند. به بیان دیگر اینترنت می‌تواند بهترین مرکز برای جرم باشد اما در عین حال می‌تواند بهترین مرکز آزاد و منصفانه برای مبادله باشد که دنیا تا به حال به خود دیده است.

نکته‌ی من بسیار ساده است: با وجود مشکلات و وقفه‌ها، اعتماد به‌آرامی و به‌صورت پیش‌رونده‌ای در تاریخ بشر گسترش یافته، رخنه کرده و رشد کرده است. مبادله، اعتماد تولید می‌کند و برعکس. می‌توانید فکر کنید در یک دنیای مشکوک و فریب‌کار زندگی می‌کنید اما در واقع از جرعه‌های عظیم اعتماد در حال نفع بردن هستید. بدون اعتماد، مبادله‌ی آن کسری از کار که باعث می‌شود مردم پول‌دارتر شوند اتفاق نمی‌افتاد. جی. پی. مورگان[۲۷۳] در یک دادرسی کنگره در سال ۱۹۱۲ می‌گوید: «اعتماد پیش از پول یا هر چیز دیگری اهمیت دارد... پول نمی‌تواند اعتماد را بخرد. زیرا در تمام عالم مسیحیت، انسانی که من به او اعتماد ندارم نمی‌تواند از من پول بگیرد.» منشور اخلاق و رفتار گوگل نیز صحبت‌های مورگان را منعکس می‌کند: «اعتماد، اساس و پایه‌ای است که موفقیت و سعادت ما روی آن بنا شده و باید هر روز، به هر روشی و به‌دست هر یک از ما دوباره به‌دست آید.» (و بله، درست است که یک روز نیز مردم احتمالاً به مؤسسان گوگل به چشم بارون‌های دزد[۲۷۴] نگاه خواهند کرد) اگر مردم به یکدیگر به‌خوبی اعتماد کنند آن‌گاه خدمات متقابل می‌تواند با کمترین اصطکاک، معامله‌ای بهتر شود و اگر به همدیگر اعتماد نکنند آن‌گاه سعادت از آنها دور می‌شود. این به‌طور حتم بخش بزرگی از داستان بحران بانک‌داری در سال ۲۰۰۸ است. بانک‌ها خودشان را در حالی یافتند که مشتی کاغذ را که دروغ گفته بود نگه داشته بودند. کاغذهایی که می‌گفت ارزش‌شان خیلی بیشتر از آن چیزی است که در واقع می‌ارزیدند. معاملات همه متلاشی شدند.

---

۲۷۳. J.P. Morgan سرمایه‌دار و بانک‌دار آمریکایی قرن نوزدهم.

۲۷۴. Rubber barons واژه‌ای تحقیر کننده که در قرن نوزدهم به تاجران و صاحبان کسب‌وکار آمریکا اطلاق می‌شد.

اگر اعتماد باعث شود بازار کار کند، آیا بازار می‌تواند اعتماد ایجاد کند؟

یک معامله‌ی موفق بین دو نفر - خرید و فروش - باید به هر دو طرف نفع برساند. اگر فقط برای یکی منفعت داشته باشد و دیگری نفعی نبرد، آن‌گاه به بهره‌کشی تبدیل می‌شود و هیچ کمکی به بالا بردن استاندارد زندگی نمی‌کند. همان‌طور که رابرت رایت[۲۷۵] بحث می‌کند، تاریخ سعادت بشر در کشف مکرر داد و ستدهای با حاصل جمع غیر صفر نهفته است که هر دو طرف معامله را بهره‌مند کند. مانند بخشش پورتیا[۲۷۶] در داستان تاجر ونیزی، «مبادله دوچندان خوش‌بختی است: آن‌که می‌دهد و آن‌که می‌گیرد را برکت می‌دهد.» این حقه‌ی طناب هندی[۲۷۷] است که دنیا با آن ثروتمند می‌شود. در حالی که فقط لازم است چند نگاه زیرچشمی به انسان‌های اطراف‌تان بیندازید تا دریابید به‌طرز قابل ملاحظه‌ای افراد بسیار کمی از مردم این‌گونه فکر می‌کنند. تفکر حاصل جمع صفر بر گفتمان متداول غالب است، چه در مناظره درباره تجارت باشد، چه در شکایت بابت ارائه‌دهندگان خدمات. هیچ‌وقت از مردم نمی‌شنوید که از فروشگاه بیرون بیایند و بگویند من یک خرید با تخفیف فوق‌العاده داشتم ولی نگران نباشید، به اندازه‌ی کافی به مغازه‌دار پول دادم تا او هم بتواند خانواده‌اش را سیر کند. مایکل شرمر[۲۷۸] می‌اندیشد که این بدان خاطر است که بیشتر معاملات دوران پارینه‌سنگی به‌ندرت هر دو طرف را بهره‌مند می‌کرده است: «در طول تکاملِ حق مالکیت، ما در یک وضعیت حاصل جمع صفر (دنیای برنده- بازنده) زندگی می‌کردیم، در دنیایی که نفع یک نفر به معنی باخت شخص دیگر بود.»

این باعث شرمساری است چرا که اشتباه حاصل جمع صفر، چیزی بود که باعث شد ایسم‌ها و مکاتب قرون گذشته بسیار اشتباه از آب دربیایند. مکتب سوداگری می‌گفت صادرات شما را ثروتمند می‌کند و واردات شما را فقیر و این مغالطه‌ای بود که آدام اسمیت آن را مسخره می‌کرد و آن زمانی بود که او به فروش ظروف مقاوم و ماندگار فلزی به فرانسه در قبال وارد کردن شراب که ناماندگار بود اشاره میکرد که این فرصتی از دست رفته برای به‌دست آوردن «تقویت و افزایش باور نکردنی در تولید قابلمه و ماهی‌تابه‌ی کشور است». مارکسیسم می‌گفت سرمایه‌داران، پول‌دار می‌شوند برای این‌که کارگران فقیرتر می‌شوند، این هم مغالطه‌ی دیگری است. در فیلم وال‌استریت، شخصیت ساختگی گوردون گِکو[۲۷۹] نه‌تنها می‌گوید که طمع خوب است بلکه اضافه می‌کند این یک بازی حاصل جمع صفر است که در آن یکی برنده می‌شود و یکی می‌بازد.

---

۲۷۵. Robert Wright روزنامه‌نگار معاصر آمریکایی.

۲۷۶. Portia

۲۷۷. حقه‌ی شعبده‌بازی قدیمی که در آن شخصی بر سر طنابی در هوا معلق می‌شود.

۲۷۸. Michael Shermer تاریخ‌نگار علوم و معاصر آمریکایی.

۲۷۹. Gordon Gekko

او لزوماً درباره برخی از بازارهای گمانه‌ای سرمایه و دارایی‌ها اشتباه نمی‌کند ولی درباره بازارهای کالا و خدمات در اشتباه است. ایده‌ی هم‌افزایی و این‌که هر دو طرف بهره‌مند شوند به نظر نمی‌آید به‌طور طبیعی به ذهن انسان متبادر شده باشد. هم‌دردی شاید غریزی باشد، اما هم‌افزایی اما این‌گونه نیست.

بنابراین بیشتر مردم فکر نمی‌کنند بازار یک مکان پاک و منزه است. در واقع بیشتر شبیه میدان مسابقه‌ای است که در آن مصرف‌کننده به پیکار تولیدکننده می‌رود تا برنده را مشخص کنند. خیلی پیش از فروپاشی اعتباری سال ۲۰۰۸، بیشتر مردم نظام سرمایه‌داری را (و به تبع آن بازار را) به‌عنوان یک شرارت ناگزیر می‌دیدند تا یک کالای جدانشدنی و ذاتی. این تقریباً یک اصل کلی در مناظرات مدرن است که تجارت آزاد، مشوق و طالب خودخواهی است در حالی که مردم پیش از آن‌که زندگی‌های‌شان جنبه تجاری پیدا کند، مهربان‌تر و نجیب‌تر بودند. چرا که قیمت گذاشتن برای هر چیزی جامعه را تکه‌تکه کرده است و روح‌ها را ناچیز. به احتمال زیاد این مسئله در این دیدگاه فوق‌العاده همه‌گیر نهفته است که تجارت، غیراخلاقی و ثروتی ناپاک است و این‌که انسان‌های مدرن با وجود اسارت در بند بازار، انسان‌های خوبی هستند. این دیدگاهی است که تقریباً می‌تواند از منبر کلیسای انگلیسی (آنجلیکن[۲۸۰]) در هر زمان شنیده شود. «مارکس مدت‌ها پیش این روش را مشاهده کرد که در آن نظام سرمایه‌داریِ افسارگسیخته، تبدیل به افسانه‌ای شده که واقعیت، قدرت و بنگاه را به چیزهایی که هیچ جانی در خود ندارند نسبت می‌دهد» این را اسقف اعظم کنتربری[۲۸۱] در سال ۲۰۰۸ گفت.

بازار هم مانند تکامل بیولوژیک، یک دنیای پایین به بالاست که هیچ‌کس در آن مسئول نیست. همان‌طور که اقتصاددان استرالیایی، پیتر سندرز[۲۸۲] بحث می‌کند، «هیچ‌کس نظام سرمایه‌داری جهانی را طراحی نکرده، هیچ‌کس آن را اداره نمی‌کند و هیچ‌کس به واقع درکش نمی‌کند. این به‌ویژه باعث رنجش روشنفکران است چرا که نظام سرمایه‌داری، آنها را چیزی زاید می‌داند. این نظام بدون آنها بسیار عالی پیش می‌رود.» چیز تازه‌ای بابت این مسئله وجود ندارد. روشنفکران و متفکران، در تمام طول تاریخ غرب تجارت را خوار می‌شمردند و تحقیر می‌کردند. هومر[۲۸۳] و ایسایا[۲۸۴] از تاجران و سوداگران بیزارند. پل قدیس[۲۸۵]، توماس آکویناس[۲۸۶] و مارتین لوتر[۲۸۷] همگی ربا را گناه قلمداد می‌کنند. شکسپیر

۲۸۰. Anglican مسیحی‌های عضو کلیساهای انگلیس.
۲۸۱. Canterbury شهری در انگلیس.
۲۸۲. Peter Saunders
۲۸۳. Homer
۲۸۴. Isaiah
۲۸۵. St. Paul
۲۸۶. St. Thomas Aquinas
۲۸۷. Martin Luther

در نمایشنامه تاجر ونیزی نتوانست خودش را متقاعد کند که شخصیت شای‌لاک[۲۸۸] رباخوار را که مورد آزار و اذیت بود تبدیل به یک قهرمان کند. برینک لیندزی[۲۸۹] درباره سال ۱۹۰۰ می‌نویسد: «خیلی از ذهنهای باهوش آن زمان، موتور رهایی نهایی توده - که نظام بازار رقابتی است - را با سد اصلی که سلطه و ستم است اشتباه گرفته بودند.» اقتصاددان‌هایی مانند تورستاین وبلن[۲۹۰] بسیار تمایل دارند که انگیزه‌ی سود را با ترکیبی از روحیه و شوق عمومی و دولت مرکزیِ تصمیم‌گیرنده جایگزین کنند. در دهه‌ی ۱۸۸۰، آرنولد توین‌بی[۲۹۱] برای کارگران در زمان انقلاب صنعتی سخنرانی می‌کرد که البته بسیار آنها را برانگیخته بود. او کسب‌وکار آزاد در نظام سرمایه‌داری را مورد بازخواست و انتقاد قرار می‌داد و از آن به‌عنوان «دنیای حیوانات جویای طلا که از تمام عواطف انسانی جدا شده‌اند» و «از جزیره‌ی لی‌لی‌پوت[۲۹۲] غیرواقعی‌تر هستند» یاد می‌کرد. در سال ۲۰۰۹، آدام فیلیپ[۲۹۳] و باربارا تیلور[۲۹۴] این بحث را مطرح کردند که «سرمایه‌داری، نظامی برای انسان‌های با قلب‌های رئوف نیست. حتی طرفداران نظام سرمایه‌داری هم این مسئله را قبول دارند در حالی که بر این مسئله پافشاری می‌کنند که نتایج این نظام برای اجتماع سودمند است، هرچند انگیزه‌های سرمایه‌داران پرطمطراق می‌تواند این‌گونه باشد.» همان‌طور که سیاست‌مدار لرد تاورن[۲۹۵] در مورد خودش مطرح می‌کند: «یک نظام آموزشی کلاسیک به شما بیزاری از ثروت را آموزش می‌دهد که از کسب درآمد جلوگیری می‌کند.»

اما اصل قضیه و نتیجه‌گیری هر دو اشتباه است. این تفکر که بازار یک شر ملزم است که به مردم اجازه می‌دهد به اندازه‌ایی ثروتمند باشند که بتوانند ایرادات فرساینده بازار را با آن جبران کنند، به شدت اشتباه است. در جوامع بازاری، اگر شما به بی‌انصافی شهره شوید دیگر کسی با شما معامله نخواهد کرد. در جاهایی که جوامع سنتی فئودالی مبتنی بر شرافت و منزلت، جای خودشان را با اقتصاد مبتنی بر مصلحت و تدبیر، مانند ایتالیا در ۱۴۰۰، اسکاتلند در ۱۷۰۰ و ژاپن در ۱۹۴۵ عوض کردند، اثر متمدنانه‌ای داشت و مشکل و فرسایش ایجاد نکرد. وقتی جان پگت[۲۹۶] در دانشگاه شیکاگو داده‌های انقلاب تجاری را در قرن چهاردهم فلورانس گردآوری کرد، دریافت که افزایش نفع شخصی بسیار ضعیف‌تر شده بود چراکه یک سیستم «اعتبار متقابل» بین شرکای تجاری ظهور کرده بود که به‌صورت تدریجی اعتماد و پشتیبانی بیشتری را بین خودشان

۲۸۸. Shylock
۲۸۹. Brink Lindsey
۲۹۰. Throstein Veblen
۲۹۱. Arnold Toynbee تاریخ‌دان و فیلسوف تاریخ انگلیسی قرن نوزدهم.
۲۹۲. Lilliput جزیره‌ای خیالی در داستان سفرهای گالیور.
۲۹۳. Adam Phillips
۲۹۴. Barbara Taylor
۲۹۵. Lord Taverne
۲۹۶. John Padgett

توسعه داده بود. یک «انفجار اعتماد» پدید آمده بود. چارلز[297]، بارونِ منتسکیو می‌گوید: «هر جایی که انسان روش نجیبانه در پیش می‌گیرد، تجارت وجود دارد و هر جا که تجارت هست، رفتار انسان‌ها نجیبانه است.» ولتر اشاره می‌کند، مردمی که اگر غیر از این بود تلاش می‌کردند یکدیگر را به‌خاطر پرستش خدای اشتباه بکشند، وقتی یکدیگر را در ساختمان بورس لندن ملاقات کردند متمدن بودند. دیوید هیوم می‌اندیشید که «تجارت اگرچه منجر به ایجاد یک دولت آزاد نمی‌شود، اما بیشتر در راستای آزادی و یک تمایل ذاتی برای نگه‌داشت آن است» و این‌که «هیچ چیز بیشتر از تعداد دولت‌های همسایه و مستقل که به‌واسطه‌ی سیاست و تجارت به هم متصل شده‌اند در راستای بالا بردن نزاکت، ادب و یادگیری عمل نمی‌کند.» طلوع این مسئله در دوران ویکتوریا با کسانی مانند جان استوارت میل[298] بود. قانون روتشیلد[299] و بارینگز[300] در حال اثبات بود که از قوانین بناپارت وهابزبورگ[301] به‌نسبت خوشایندتر بود و این‌که تدبیر و مصلحت شاید بتواند تقوایی با خون‌ریزی کمتر نسبت به شجاعت، ایمان و شرافت باشد. (البته شجاعت، شرافت و ایمان همیشه داستان‌های بهتری می‌سازند.) این درست است که همیشه روسو و مارکسی هستند که ایراد بگیرند و راسکین[302] و گوته‌ای که مسخره کنند، اما این امکان هم بود که همراه ولتر و هیوم بپرسیم آیا رفتار تجاری می‌تواند مردم را بیشتر اخلاق‌گرا کند.

اجبار، مخالف آزادی است

یحتمل حق با آدام اسمیت بود که با تبدیل غریبه‌ها به دوستانِ افتخاری، مبادله می‌تواند ماهیت سود شخصی را به سخاوتمندی تغییر دهد. تجاری‌شدن سریع زندگی‌ها از ۱۸۰۰ هم‌زمان بود با یک بهبود فوق‌العاده در هوشمندی انسان در قیاس با قرن‌های گذشته. این فرآیند در بیشتر ملل تجاری مانند انگلیس و هلند آغاز شد. ظلم و ستم چیزی بسیار معمول و پیش پا افتاده در دنیای پیش از تجاری‌شدن بود: اعدام، ورزشی پر تماشاچی بود، بریدن اعضای بدن مجازاتی عادی و روزانه بود، قربانی کردن انسان‌ها، تراژدی پوچ و عبث و شکنجه و عذاب دادن حیوانات یک سرگرمی همگانی و محبوب بود. نظام سرمایه‌داری در قرن نوزدهم، انسان‌های بسیاری را وابسته به بازار کرد و آن زمانی بود که

---

۲۹۷. Charles, Baron de Montesquieu

۲۹۸. John Stuart Mill فیلسوف و اقتصاددان سیاسی انگلیسی قرن هجدهم. او یکی از تاثیرگذارترین متفکران در دوران کلاسیک لیبرالیسم است.

۲۹۹. Rothschild Family خانواده‌ی ثروتمند یهودی درآلمان که بانک خودشان را در سال دهه‌ی ۱۷۶۰ تأسیس کردند.

۳۰۰. Barings Family خانواده‌ای در آلمان و انگلیس در قرن هفدهم که متشکل از تجار و بانکدارها بود.

۳۰۱. Habsburg خاندان سلطنتی در اتریش که یکی از تاثیرگذارترین خاندان‌ها در اروپا بود.

۳۰۲. John Ruskin منتقد هنری انگلیسی قرن هجدهم.

برده‌داری، کارِ کودکان و سرگرمی‌هایی مانند پرتاب روباه و جنگ خروس‌ها دیگر پذیرفتنی نبودند. در اواخر قرن بیستم، زندگی بیشتر تجاری شد و آن هنگامی بود که نژادپرستی، جنسیت‌گرایی و کودک‌آزاری دیگر قابل قبول نبودند. در این میان، وقتی نظام سرمایه‌داری به شکل‌های مختلفی از دولت‌های تمامیت‌خواه (که دولت در آن همه چیز را هدایت می‌کرد) و مقلدانِ رنگ‌پریده‌شانِ مجال داد، عقب‌نشینی چنین فضیلت‌هایی چشم‌گیر بود و این در حالی بود که شجاعت و ایمان احیا شده بودند. در قرن بیست و یکم، هنگامی که تجاری شدن بسیار پیش رفت و تسری یافت، کشاورزی باطری[۳۰۳] و اعلان جنگ یک‌جانبه دیگر پذیرفتنی نبودند. خشونت‌های تصادفی در صدر اخبار و حائز اهمیت و مداقه هستند چراکه اتفاقات بسیار نادری هستند در حالی که به مهربانی و محبت هرروزه در اخبار اشاره‌ای نمی‌شود چون بسیار عادی هستند. بخشش و خیرات با سرعت بیشتری از اقتصاد به‌طور کل در دهه‌های اخیر رشد داشته است. اینترنت نظرات به اشتراک گذاشته شده‌ی مردم را به‌صورت رایگان منعکس می‌کند.

مسلماً این‌گونه تمایلات و رفتار مردم چیزی به‌جز حسن تصادف نیست: می‌توان این‌طور مطرح کرد که ما هر چه بیشتر به‌صورت بازگشت‌ناپذیری به بازارها و تجارت آزاد وابسته شویم، به انسان‌های مهربان‌تری مبدل می‌شویم. من اما این‌طور فکر نمی‌کنم. این «جمعیت فروشگاه‌داران» بودند که در ابتدا نسبت به الغای تجارت بردگان، کاهش محدودیت‌های کاتولیک‌ها و اطعام فقرا اظهار نگرانی کردند. درست همان‌طور که بازرگانان پولدار و مدرنی مانند وجوود و ویلبرفورس[۳۰۴]، قبل و بعد از ۱۸۰۰ میلادی جنبش‌های ضد برده‌داری را تأمین مالی و هدایت می‌کردند در حالی که شهرهای قدیمی به آن با بی‌تفاوتی نگاه می‌کردند، امروزه نیز پول تازه‌ی کارآفرینان و بازیگران است که برای همدلی با مردم، حیوانات و سیارات سرمایه‌گذاری می‌شود. پیوند مستقیمی بین بازرگانی و تقوا وجود دارد. ایمون باتلر[۳۰۵] می‌گوید: «سیستم بازار دور از فساد، نفع شخصی را کاملا بدل به چیزی وارسته و با فضیلت می‌کند.» این همان ویژگی شگفت‌انگیز بازارهاست: این‌که می‌توانند افراد غیرمنطقی و منحصر به فرد بسیاری را بدل به پیامدی جمعی و منطقی کند. بر همین اساس، بازارها می‌توانند بسیاری از انگیزه‌های خودپسندانه در هر فرد را به یک نتیجه‌ی مهرآمیز و جمعی تبدیل کنند.

مثلاً همان‌طور که روان‌شناسان تکاملی تأیید می‌کنند، گاهی اوقات انگیزه پنهان در نمایش‌های خودنمایانه‌ی افراد ثروتمند از فضیلت و خلوص نیت فاصله بسیاری دارد. وقتی که عکسی از یک مرد جذاب به یک زن نشان داده شود و از

---

۳۰۳. Battery Farming روشی برای پرورش حیوانات به‌ویژه مرغ که در آن حیوانات به‌صورت فشرده در قفس‌های موازی کنار هم نگه‌داشته می‌شوند.

۳۰۴. Wilberforce

۳۰۵. Eamonn Butler اقتصاددان انگلیسی و معاصر. او مدیر و از بنیانگذاران مؤسسه‌ی آدام اسمیت است.

او خواسته شود داستانی درباره یک قرار عاشقانه با او بنویسد، زن خواهد گفت که آماده است در یک فعالیت خودنمایانه و به نفع اجتماع به‌صورت داوطلبانه شرکت کند. برخلاف آن اگر به یک زن عکسی از یک خیابان نشان داده شود و از او خواسته شود درباره آب و هوای ایده‌آل برای آن‌که آنجا باشد بنویسد، دیگر از آن شوق ناگهانی برای انسان‌دوستی و خیرخواهی خبری نخواهد بود. (یک مرد در همان شرایط «زوج‌یابی مهیا شده» می‌خواهد بیشتر برای تجمل و چیزهای لوکس خودنمایانه و یا کارهای قهرمانانه خرج کند). تأمین مالی جنبش ضد برده‌داری که عمه‌ی پولدار و مجرد چارلز داروین، سارا وجوود[۳۰۶] انجام داد (او بزرگ‌ترین اهداکننده‌ی این جنبش بود) می‌تواند اشاره‌ای به انگیزه‌های جنسی ناخودآگاهش داشته باشد و این شگفتی، جذاب است. البته این از ارزش کار خوبی که او انجام داد یا این حقیقت که تجارت او هزینه‌ی این کار خوب را پرداخت کرده است، کم نمی‌کند.

این داستان به همان اندازه که مختص افراد ثروتمند است بین افراد فقیر نیز اتفاق می‌افتد. افراد کارگر فقیر بخش بیشتری از درآمدشان را نسبت به افراد ثروتمند به امور خیریه اختصاص می‌دهند و مهم‌تر آن‌که آنها سه برابر بیشتر از افرادی که از حمایت مالی و رفاهی دولت بهره‌مند هستند، بخشش می‌کنند. همان‌طور که مایکل شرمر[۳۰۷] اظهار نظر می‌کند، «فقر، مانعی برای انجام امور خیریه نیست، اما کمک‌های دولتی این سد را ایجاد می‌کنند.» آن دسته از افراد با گرایشات آزادی‌خواهانه فردی[۳۰۸] (آزادی اراده برای انجام هر کاری بدون کنترل دولت) غالباً سخاوت‌مندی بیشتری نسبت به آنهایی که اعتقادات سوسیالیستی دارند، به خرج می‌دهند. جایی که سوسیالیست‌ها فکر می‌کنند وظیفه‌ی دولت است که از فقرا با استفاده از مالیات، مراقبت و حمایت کند، آزادی‌خواهان بر این عقیده‌اند که وظیفه‌ی آنهاست که این کار را انجام دهند. من نمی‌گویم بازار تنها منبع امور خیریه است. پر واضح است که این‌طور نیست؛ مذهب و اجتماعات محله‌ها نیز انگیزه‌های زیادی برای کارهای انسان‌دوستانه فراهم می‌کنند. اما این تفکر که بازار با آموزش خودخواهی، خیریه‌ها را از بین می‌برد به‌کلی غلط است. هر زمان که اقتصاد بازار رونق بگیرد، کارهای بشردوستانه نیز بیشتر می‌شوند. میتوانید از بیل گیتس[۳۰۹] و وارن بافت[۳۱۰] بپرسید.

این فقط بی‌رحمی و بی‌تفاوتی نسبت به افراد محروم نیست که با گسترش عقل جمعی کاهش یافته و عقب‌نشینی کرده، بلکه برای بیسوادی و سلامتی نیز چنین اتفاقی افتاده است. همین‌طور برای جرم و جنایت: احتمال به قتل

---

۳۰۶. Sarah Wedgwood

۳۰۷. Michael Shermer نویسنده و تاریخ‌دان علوم معاصر آمریکایی.

۳۰۸. Libertarians

۳۰۹. Bill Gates یکی از بنیان‌گذاران شرکت مایکروسافت.

۳۱۰. Warren Buffett تاجر و سرمایه‌گذار معروف آمریکایی.

رسیدن شما در هر کشور اروپایی از قرن هفدهم به این‌طرف به‌طور پیوسته سقوط کرده و اما باز هم این مسئله با تجارت دیوانه‌وار هلند و انگلیس آغاز شد. میزان جنایت پیش از انقلاب صنعتی در اروپا نسبت به میزان جمعیت ده برابر رایج‌تر بود تا به امروز. کاهش جنایت در آستانه‌ی قرن بیست و یکم به یک سقوط مبدل شد. این اتفاق همچنین برای استفاده از داروها و مواد مخدر غیرقانونی نیز افتاد. همچنین برای میزان آلودگی که در زمان رژیم‌های کمونیستی خیلی بدتر نسبت به آنچه در بازار آزاد غرب دموکراتیک بود نیز همین اتفاق افتاد. امروزه یک روش بسیار خوب سرانگشتی وجود دارد (که به‌عنوان منحنی محیط‌زیستی کوزنتس[311] شناخته می‌شود) که وقتی درآمد سرانه به ۴ هزار دلار برسد، مردم خواستار پاکیزگی هوا و مسیل‌های محلی‌شان می‌شوند. دسترسی جهانی به آموزش و تحصیلات در زمانی اتفاق افتاد که جوامع غربی برخلاف معمول، خودشان را به تجارت آزاد اختصاص داده بودند. ساعات کاری انعطاف‌پذیر، حقوق مستمری مشاغل، ایمنی در کار، همه‌ی اینها بعد از دوران جنگ در غرب بهبود یافت چرا که مردم در حال توانمند ساختن خودشان بودند و استانداردهای بالاتری می‌خواستند و همچنین به این علت که استانداردهای بالاتر از سوی سیاستمداران پاک و درستکار به شرکت‌های سرکش و متمرد تحمیل می‌شد؛ تصادفات در محل کار قبل از قانون ایمنی و سلامت با همان شیبی بالا می‌رفت که بعد از آن کاهش یافت. باز هم می‌گویم برخی از این روندها شاید هم در هر صورت، بدون تجاری شدن زندگی اتفاق می‌افتادند، ولی خیلی هم مطمئن نباشید. مالیات‌هایی که برای فاضلاب هزینه شدند به‌دست تجارت ایجاد شده بود.

تجارت برای اقلیت‌ها هم خوب است. اگر از نتیجه‌ی انتخابات راضی نیستید، چاره‌ای جز پذیرش آن ندارید؛ اما اگر از آرایشگرتان خوش‌تان نمی‌آید، می‌توانید یکی دیگر پیدا کنید. تصمیم‌های سیاسی بر اساس تعریف، انحصاری، اجحافی و به‌صورت مستبدانه‌ای اکثریت‌گرا هستند؛ بازارها به‌خوبی می‌توانند احتیاجات اقلیت را تأمین کنند. چند روز پیش وسیله‌ای برای اتصال چوب ماهی‌گیری به خودرو خریدم. چه مدت باید در لنینگراد دهه‌ی ۱۹۷۰ منتظر می‌ماندم تا یک برنامه‌ریز مرکزی این ایده‌ی درخشان درباره تأمین چنین نیاز ناچیزی به ذهنش برسد؟ بازار آن را پیدا کرد. علاوه بر این، به لطف اینترنت، اقتصاد در حال بهتر و بهتر شدن در فراهم کردن خواسته‌های اقلیت است. به این خاطر که آن تعداد بسیار کمی از مردم دنیا که به اتصال چوب ماهی‌گیری یا کتاب‌هایی درباره خودکشی در قرن چهاردهم نیاز دارند، حالا میتوانند فروشنده‌هایی در اینترنت پیدا کنند. فرصت‌های فروش چیزهای خاص برای گروهی کوچک در حال رشد است. زنجیر دراز پخش - برای بسیاری از محصولات که هر کدام از

---

۳۱۱. Kuznets

سوی تعداد کمی از افراد درخواست می‌شود، به‌جای آن‌که معکوس این باشد - میتواند به آسانی هر چه بیشتر خدمات ارائه دهد.

خود آزادی هم تا حد زیادی به تجارت بدهکار است. چرخش به‌سمت حق رأی جهانی، بردباری و پذیرش مذهبی و رهایی زنان با انسان‌های عمل‌گرا و مشتاق برای تجارت آزاد مانند بن فرانکلین[۳۱۲] آغاز شد و توسط بورژوازی شهری به‌عنوان پاسخی به رشد اقتصادی پیش رفت. درست با آغاز قرن بیستم، تزارها و دبیرکل‌ها دریافتند کنترل یک خواسته محدود کننده دهقانان به‌طرز وحشتناکی آسان‌تر از شکایت‌های مصرف‌کنندگان بورژوا است. اصلاحات مجلس در انگلیس در دهه‌ی ۱۸۳۰ به‌خاطر نمایش ناجور و ناچیز رشد شهرهای کارخانه‌ای و صنعتی شروع شد. حتی مارکس از کارخانه‌ی نساجی پدر انگلس[۳۱۳] کمک‌هزینه دریافت کرده بود. فیلسوف در حال حاضر از رونق افتاده، هربرت اسپنسر[۳۱۴] بود که اصرار می‌کرد آزادی همراه با تجارت افزایش می‌یابد. او در سال ۱۸۴۲ می‌نویسد (پیش‌بینی جان استوارت میل در ۹ سال آینده): «حرف من این است که هر کس تا جایی که به آزادی دیگران خدشه وارد نکند، آزاد است». هرچند او پیش‌بینی کرده بود جدال برای متقاعد کردن رهبران برای باور نداشتن به اجبار و زور خیلی مانده تا اتفاق بیفتد: «اگرچه ما دیگر انسان‌ها را مجبور به انجام امور خیریه و معنوی نمی‌کنیم ولی هنوز فکر می‌کنیم باید آنها را به کسب نفع مادی خودشان مجبور کنیم: نمی‌بینیم که یکی به اندازه‌ی دیگری توجیه‌ناپذیر است.» ضد آزادی بودن ذاتی نظام دیوان‌سالاری و تمایل آن به فساد و زیاده‌روی در مصرف پول، تهدیدی بود که اسپنسر، بیهوده بابتش هشدار داده بود.

یک قرن بعد، برچیده شدن تدریجی آپارتاید و تبعیض نژادی نیز با کمک تجاری‌شدن میسر شد. جنبش حقوق شهروندی آمریکا، بخشی از قدرتش را از یک کوچ اقتصادی بزرگ به‌دست آورد. تعداد آفریقایی-آمریکایی‌های که جنوب را بین سال‌های ۱۹۴۰ تا ۱۹۷۰ ترک کردند در مقایسه بیشتر از لهستانی‌ها، یهودی‌ها، ایتالیایی‌ها یا ایرلندی‌ها بود که به‌عنوان مهاجر طی دوران کوچ بزرگ به آمریکا رسیدند. سیاهان مشغول به‌کار زراعتی اشتراکی که فریفته‌ی مشاغل بهتر یا به‌خاطر پنبه‌چین‌های مکانیکی اخراج شده بودند، به شهرهای صنعتی شمالی می‌آمدند و شروع به کشف صدای اقتصادی و سیاسی‌شان می‌کردند. آنها سپس به مبارزه با نظام تعصب و تبعیضی که از سر گذرانده بودند، پرداختند. اولین پیروزی در این راه، ممارستی در باب قدرت مصرف‌کننده بود - تحریم اتوبوس مونتگامری[۳۱۵] بین سال‌های ۱۹۵۵ و ۵۶.

---

۳۱۲. Benjamin Franklin دانشمند و یکی از مؤسسان ایالات متحد آمریکا.
۳۱۳. Friedrich Engels فیلسوف، تاریخ‌دان، کمونیست و تاجر آلمانی قرن هجدهم و نوزدهم.
۳۱۴. Herbert Spencer فیلسوف و انسان‌شناس انگلیسی قرن هجدهم.
۳۱۵. Montgomery مرکز ایالت آلاباما در آمریکا.

آزادی سیاسی و جنسی زنان در دهه‌ی ۱۹۶۰ به‌طور مستقیم همراه بود با رهایی خانگی‌شان از آشپزخانه که توسط ماشین‌ها و دستگاه‌های برقی که در میزان کار صرفه‌جویی می‌کردند اتفاق افتاد. زنان طبقه‌ی پایین همیشه برای دست‌مزد مشاغلی مانند شخم زدن در مزارع، دوخت و دوز در تولیدی‌های البسه و پیش‌خدمتی در بارها و سالن‌ها کار کرده بودند. البته در میان طبقه‌ی متوسط رو به بالا، داشتن یا بودن زنی که کار نمیکنند (یا دست‌کم خانه‌دار است) نشانی از درجه‌ی بالای طبقاتی بود که از گذشته‌ی مالک و فئودالی آنها به ارث رسیده بود. در دهه‌ی ۱۹۵۰، بسیاری از مردان حاشیه‌نشین شهرها که از جنگ برمی‌گشتند، دریافتند که آنها نیز می‌توانند چنین زندگی‌ای را مهیا کنند و در نتیجه زن‌ها تحت فشار بودند تا مشاغل‌شان را در جوشکاری کشتی‌های جنگی به مردان بازگردانند. این مسئله به احتمال زیاد می‌توانست در صورت نبود تغییر اقتصادی این‌گونه بماند، اما خیلی زود، فرصت کار در خارج از خانه با کاهش زمان وسایل ماشینی برای انجام کار و رواج روزافزون آنها، افزایش یافت. و به این ترتیب بود که این مسئله به اندازه هر بیداری سیاسی کمک کرد تا جنبش فمینیستی و طرف‌دار حقوق زنان بتواند برای خودش جاذبه و کششی در دهه‌ی ۱۹۶۰ فراهم کند.

درسی که می‌شود از دو قرن اخیر گرفت این است که آزادی و رفاه دست در دست هم با سعادت و داد و ستد گام برمی‌دارند. کشورهایی که امروزه آزادی‌شان را به حاکمان ستم‌گر به واسطه‌ی کودتاهای نظامی می‌بازند، به‌صورت کلی افت درآمد سرانه به میزان میانگین ۱.۴ درصد در هر زمان را تجربه می‌کنند. سقوط درآمد سرانه کمک کرد روسیه، آلمان و ژاپن بین دو جنگ جهانی اول و دوم تبدیل به حکومت‌های دیکتاتوری شوند. یکی از معماهای بزرگ تاریخ این است که چرا چنین چیزی در آمریکای دهه‌ی ۱۹۳۰ اتفاق نیفتاد؛ جایی که تمام این تکثرگرایی و تحمل و بردباری نه‌تنها از تشنج اقتصادی شدید دهه‌ی ۱۹۳۰ جان سالم به در برد بلکه شکوفا شد و رشد یافت. یحتمل این چیزی بود که تقریباً اتفاق افتاد: پدر کافلین[۳۱۶] موفق شد، اگر روزولت[۳۱۷] بیش‌تر جاه‌طلب بود یا قانون اساسی ضعیف‌تر بود، کی می‌دانست که «دست جدید»[۳۱۸] به کجا می‌توانست ختم شود. به‌طور حتم دموکراسی‌هایی به اندازه‌ی کافی قوی بودند تا بتوانند با پافشاری بر ارزش‌های‌شان از مهلکه نجات پیدا کنند. امروزه

---

۳۱۶. Charles Coughlin کشیش آمریکایی- کانادایی در زمان رئیس جمهوری روزولت. او در ابتدا موافق و پشتیبان «دست جدید» روزولت بود. اما سپس به منتقد سرسخت برنامه‌ی روزولت بدل شد و او را متهم می‌کرد که بیش از حد با بانک‌دارها دوستانه و با مماشات رفتار می‌کند.

۳۱۷. Franklin D. Roosevelt سی و دومین رئیس‌جمهور آمریکا بین سال‌های ۱۹۳۳ و ۱۹۴۵.

۳۱۸. New Deal یک‌سری از برنامه‌ها، پروژه‌های کاری همگانی و اصلاحات مالی و قوانینی بود که از سوی روزولت بین سال‌های ۱۹۳۳ و ۱۹۳۹ وضع شده بود. این برنامه رویکردی بود در نیاز به آرامش، اصلاح و بازیابی از «رکود اقتصادی بزرگ». این برنامه به این دلیل «دست جدید» خوانده می‌شد که روزولت مدعی بود مثل یک دست جدید یا دوباره پخش‌کردن کارت در بازی است و خیلی چیزها قرار است از نو انجام شوند.

مباحثه‌های بسیاری درباره این وجود دارد که آیا وجود دموکراسی برای رشد لازم است و به نظر می‌رسد چین ثابت کرده که این‌گونه نیست. اما می‌تواند کمی شک هم وجود داشته باشد - در واقع هم وجود دارد - که چین اگر نرخ رشدش به سمت صفر سقوط می‌کرد، یا انقلاب‌های بیشتری به خودش می‌دید یا ستم و سرکوب بیشتری انجام می‌داد.

من خوشحال می‌شوم که در شادی دیردری مک‌کلاسکی[۳۱۹] شریک باشم: «آفرین بر دموکراتیزه‌سازی و توسعه‌ی اواخر قرن بیستم. آفرین بر کنترل جمعیت و تولد و بر جنبش حقوق شهروندی. تو ای مفلوک بیچاره به پاخیز». وابستگی متقابل به واسطه‌ی بازار این چیزها را ممکن ساخت. از لحاظ سیاسی همان‌طور که برینک لیندزی[۳۲۰] تشخیص داده است، همزمانی و تلاقی ثروت و رواداری به تضاد عجیب از یک جنبش محافظه‌کارانه که از تغییر اقتصادی استقبال می‌کند ولی از پیامدهای اجتماعی‌اش متنفر است و یک جنبش آزادی‌گرایانه که عاشق پیامدهای اجتماعی است ولی از منبع اقتصادی آن بیزار است منجر شده‌است. «یک طرف نظام سرمایه‌داری را محکوم می‌کند ولی میوه‌هایش را با ولع می‌خورد؛ طرف دیگر میوه‌ها را لعنت می‌کند در حالی که از سیستمی که آنها را زاییده است، حمایت می‌کند.»

برخلاف تصور ساده‌انگارانه، این تجارت بود که مردم را از یک مادی‌گرایی محدود آزاد کرد و این امکان را به همه داد تا متفاوت باشند. هرچند که روشنفکران به روی‌گرداندن از حومه‌ها ادامه دادند، اما حومه‌ها بودند که رواداری و اجتماعات محلی و سازمان‌های داوطلبانه و صلح و آرامش بین طبقات اجتماع شکوفا شد و رشد یافت؛ همان‌جا بود که پناهندگان در ساختمان‌های تنگ و فرسوده و مزارع رنج‌آور، تبدیل به مصرف‌کنندگان آگاه از حقوق‌شان و والدین هیپی‌ها شدند. از آن‌جایی که این مسئله در حومه‌ی شهرها بود، جوان‌ها به‌دنبال یافتن استقلال اقتصادی و مالی، چیزی به‌غیر از دنبال کردن نصیحت نجیبانه و ملایم پدر و مادرشان انجام دادند. تا اواخر دهه‌ی ۱۹۵۰، نوجوانان داشتند به اندازه‌ی پولی که کل خانواده در اوایل دهه‌یی چهل به‌دست می‌آورد، درآمد کسب می‌کردند. همین کامیابی بود که باعث شد پریزلی[۳۲۱]، گینگزبرگ[۳۲۲]، کرواک[۳۲۳]، براندو[۳۲۴] و دین[۳۲۵] بدرخشند و طنین‌انداز شوند. این رفاه آحاد مردم در دهه‌ی ۱۹۶۰ (و وجوه سپرده‌ای که این جریان تولید کرد) بود که رؤیای اجتماعات اشتراکی با عشق آزاد را ممکن ساخت. همان‌طور که پیشرفت مادی، نظم اقتصادی را از بین

۳۱۹. Deirdre McCloskey استاد اقتصاد، تاریخ و زبان انگلیسی دانشگاه ایلینوی در شیکاگو.
۳۲۰. Brink Lindsey رئیس پروژه‌ی «جامعه‌ی باز» در مرکز نیسکَنن (Niskanen) در واشنگتن.
۳۲۱. Presley
۳۲۲. Ginsberg
۳۲۳. Kerouac
۳۲۴. Brando
۳۲۵. Dean اشاره به بازیگر فقید آمریکایی جیمز دین.

می‌برد، باعث فروپاشی نظام اجتماعی نیز می‌شود. صحت این مطلب را می‌توانید از اسامه بن‌لادن، بچه پولدار نهایی بپرسید.

هیولای شرکت

با وجود تمام تأثیرات آزادی‌ساز تجارت، بیشتر مفسران مدرن، قدرت شرکت‌های بزرگ را که لاجرم از آنها بازار آزاد ایجاد می‌شود، تهدید بسیار بزرگ‌تری برای آزادی بشر می‌دانند. منتقد فرهنگی امروزی، خودش را به‌سان حضرت داوود می‌بیند که در حال سنگ انداختن با قلاب‌سنگش به شرکت‌های بسیار بزرگ، فاسد، ضدانسانی و جالوت‌مانندی است که بی هیچ مجازاتی، گوش‌مالی می‌دهند، آلوده می‌سازند و سودجویی می‌کنند. تا جایی که می‌دانم هیچ شرکت بزرگی در یک فیلم‌هالیوودی بدون آن‌که در آن، رئیس شرکت بزرگ، یک نقشه‌ی شیطانی برای کشتن مردم نکشیده باشد تا به حال به نمایش درنیامده است (در آخرین فیلمی که تماشا کردم، تیلدا سوینتن[۳۲۶]، البته تا حدی پیش‌بینی‌پذیر سعی می‌کرد جورج کلونی را به‌خاطر لو دادن او در مسموم کردن مردم با مواد آفت‌کش، به قتل برساند). از شرکت‌های بزرگ که ناکارآمدی، رضایتمندی از خودشان و میل‌شان به ضد-رقابت، غالباً من را مانند هر کس دیگری عصبانی می‌کند، هیچ حمایتی نمی‌کنم. من هم مانند میلتون فریدمن[۳۲۷] متوجه شدم شرکت‌های بزرگ به‌طور کلی مدافع کسب‌وکار آزاد نیستند. برعکس، آنها یکی از منابع اصلی خطر هستند. آنها معتاد به حمایت‌ها و معافیت‌هایی هستند که دولت برای شرکت‌های بزرگ قائل می‌شود. آنها عاشق قانون و مقررات هستند تا باعث ایجاد سد برای ورود رقیب‌های کوچک‌شان شود. آنها بسیار مشتاق انحصارطلبی هستند و با گذشت زمان، ناکارآمد، گسسته و ضعیف می‌شوند.

اما دریافتم که این انتقاد به‌طور فزاینده‌ای تاریخ گذشته است و در دنیای مدرن، شرکت‌های بزرگ نسبت به رقیب‌های چابک‌شان حتی بیشتر شکننده و حساس هستند - یا می‌شدند اگر به آنها مزایای ویژه‌ای از طرف دولت اعطا نمی‌شد. در واقع بیشتر شرکت‌های بزرگ به‌خاطر مطبوعات، فشار گروه‌ها، دولت و مشتریان‌شان شکننده و ضعیف شده‌اند و در سرآسیمگی به‌سر می‌برند. البته باید این‌چنین باشند. این مسئله با توجه به این‌که شرکت‌های بزرگ بارها با ورشکستگی یا واگذاری به شرکت‌های دیگر ناپدید می‌شوند خیلی هم تعجب‌آور و دور از انتظار نیست. بر اساس گفته‌های یک منتقد، کوکاکولا شاید آرزو داشت مشتریانش مانند رعیت‌ها در اختیار مالکان مارک‌های تجاری بودند،

---

۳۲۶. Tilda Swinton بازیگر زن انگلیسی.

۳۲۷. Milton Friedman اقتصاددان آمریکایی قرن بیستم.

اما ببینید چه اتفاقی برای «نیو کوک»[۳۲۸] افتاد. شِل[۳۲۹] می‌خواست یک دستگاه ذخیره‌ی نفت را در اعماق دریا دفن کند که شمه‌ای از تحریم مصرف‌کنندگان، نظر آنها را در این مورد عوض کرد. شاید اگزان[۳۳۰] به‌خوبی در برابر اجماع کلی بحران تغییرات آب و هوا توسط تأمین مالی برای ایجاد شک و شبهه و بدبینی در مورد آن ایستادگی کرد (در حالی که انران[۳۳۱] به آگاهی‌سازی راجع به این بحران کمک مالی کرده بود) - اما تا سال ۲۰۰۸ با مورد حمله قرار گرفتن رسماً از حرفش برگشت.

شرکت‌ها نیمه‌ی عمر بسیار کوتاه‌تری نسبت به نمایندگان و ادارات دولت دارند. نیمی از بزرگ‌ترین شرکت‌های آمریکایی در سال ۱۹۸۰ تا به حال یا به‌واسطه‌ی ورشکستگی یا واگذاری از بین رفته‌اند؛ نیمی از بزرگ‌ترین شرکت‌های امروز حتی در سال ۱۹۸۰ وجود نداشتند. البته مشابه این مسئله درباره انحصارهای دولتی صدق نمی‌کند: خدمات درآمد داخلی[۳۳۲] و خدمات درمانی ملی[۳۳۳] از بین نخواهند رفت، اگرچه ممکن است بی‌کفایتی بیشتری نشان بدهند. در حالی که بیشتر فعالان ضد شرکت‌های بزرگ به نیت نیکِ لویاتان‌ها[۳۳۴] ایمان دارند که می‌توانند شما را مجبور به تجارت با آنها کنند اما در مورد بهموت‌ها که برای تجارت باید به شما التماس کنند، مشکوک هستند. این مسئله برای من عجیب است.

علاوه بر این شرکت‌های بزرگ کارآفرینی در حالی که هنوز جوان و در حال رشد هستند کارهای فوق‌العاده خوبی می‌توانند برای تمام گناهان نهایی‌شان انجام دهند. مورد تخفیف خرده‌فروشی را در نظر بگیرید. انفجار تولید فزاینده محصولات که کشورهایی مانند آمریکا و انگلیس تا حدی به‌صورت غیرمترقبه در دهه‌ی ۱۹۹۰ تجربه کردند، در ابتدا اقتصاددان‌های بسیاری را سردرگم کرده بود. آنها می‌خواستند علت آن را کامپیوترها بدانند، اما همان‌طور که اقتصاددان رابرت سالو[۳۳۵] به طعنه و طنز گفته بود، «شما می‌توانید کامپیوتر را هر جایی ببینید به‌غیر از آمارهای تولید»، و آن دسته از ما که در آن دوران این تجربه را داشتند

---

۳۲۸. New Coke اسم غیررسمی برای فرمول جدید کوکاکولا بود که در سال ۱۹۸۵ معرفی شد. در سال ۱۹۹۲ به «Coke II" تغییر نام داد. کوکاکولا سهم زیادی از بازار را به تولیدکننده‌های نوشابه‌های رژیمی و غیرکولا باخت.

۳۲۹. Shell یکی از شرکت‌های بزرگ تولیدکننده‌ی نفت در دنیا.

۳۳۰. Exxon یکی از شرکت‌های بزرگ تولیدکننده‌ی نفت در دنیا.

۳۳۱. Enron یکی از شرکت‌های بزرگ انرژی آمریکایی.

۳۳۲. Internal Revenue Service

۳۳۳. National Health Service

۳۳۴. Leviathan and Behemoth لویاتانِ هیولای دریایی و افسانه‌ای‌ست که در کتاب‌های بسیاری از جمله عهد عتیق به آن اشاره شده. او غالباً تجسم هرج و مرج است که لعنت‌شدگان را بعد از زندگی‌شان می‌خورد. جفت او در خشکی بهیموت است که هر دو به‌دست خداوند خلق شده‌اند و بر اساس آیین یهود هر دو طعام مردم درستکار در آخرِ زمان می‌شوند.

۳۳۵. Robert Solow

که چه آسان می‌شد با استفاده از یک کامپیوتر وقت را تلف کرد، با این گفته موافقند. مطالعه‌ای که از سوی مؤسسه‌ی مک‌کنزی[۳۳۶] انجام شده بود نشان می‌داد که موج دهه‌ی ۱۹۹۰ در آمریکا به‌خاطر (طبلِ هیجان) تغییرات ترابری و حمل و نقل در کسب‌وکار (آیه یأس) اتفاق افتاده بود ، به‌ویژه در کارهای خرده‌فروشی و به‌طور اخص فقط در یک شرکت به نام وال‌مارت[۳۳۷]. سفارش‌دهی کارآمد، مذاکرات قیمت بی‌رحمانه، زمان‌بندی‌های بسیار دقیق (تأمین‌کنندگان گاهی اوقات می‌بایست تحویل کالا را در یک بازه‌ی زمانی سی‌ثانیه‌ای انجام می‌دادند)، کنترل هزینه‌ی بدون ارفاق و پاسخ‌گویی هوشمندانه به مشتریان، وال‌مارت را تا اوایل دهه‌ی ۱۹۹۰ به میزان ۴۰ درصد از نظر بازدهی نسبت به رقبایش به پیش انداخت. رقبا نیز به‌سرعت تقاضا را دنبال کردند و بهره‌وری را تا اواخر دهه‌ی ۱۹۹۰ به میزان بیست و هشت درصد افزایش دادند. اما وال‌مارت بیکار ننشسته بود و در حالی که در هر ماه و به مدت یک دهه به‌طور میانگین هفت مرکز خرید جدید و بسیار بزرگ را در مساحتی به اندازه‌ی ۳ جریب باز کرد، ۲۲ درصد دیگر در همان زمان این میزان بازدهی را افزایش داد. بر اساس گفته‌ی اریک بین‌هاکر[۳۳۸] از مؤسسه مک‌کنزی، این ابداعات «فن‌آوری-اجتماعی» در بخش خرده‌فروشی به‌تنهایی یک‌چهارم کل رشد تولید ایالات متحد آمریکا را به خود اختصاص داده است. تسکو[۳۳۹] نیز احتمالاً تأثیر مشابهی در بریتانیا داشته است.

تصمیم سم والتن[۳۴۰] در آرکانزاس در دهه‌ی ۱۹۵۰ مبنی بر فروش اقلام هرروزه با قیمتی کمتر از رقبایش را به‌سختی بتوان ایده‌ای جدید و نو نامید. مشکل است این کار را یک ابداع تازه دانست، اگرچه چیزهای مانند «تخلیه‌ی بار متقابل» که در واقع اجناس از کامیون‌های تأمین‌کننده، مستقیم به کامیون‌های پخش‌کننده منتقل می‌شدند بدون این‌که زمانی را در انبار تلف کنند، به واقع ابداعی نو بود. هرچند که دنبال کردن همین راه و قاطعانه چسبیدن به همین ایده ساده باعث بالا بردن سطح استاندارد زندگی آمریکایی‌ها به میزان زیادی شد. مانند صفحات آهنی موج‌دار و حمل و نقل با کانتینرها، فروش کالا با تخفیف نیز میان یکی از ابداعات نه خیلی سطح بالا اما پرمایه‌ی قرن بیستم قرار دارد. یک تصمیم کوچک و عادی وال‌مارت در دهه‌ی ۱۹۹۰ - نفروختن دئودورانت (مواد بهداشتی خوشبوکننده‌ی بدن) در جعبه‌های مقوایی باعث یک ذخیره ۵۰ میلیون دلار در سال برای آمریکا شد، که نیمی از آن به مشتریان رسید. چارلز فیش‌من[۳۴۱] می‌نویسد: «کل جنگل‌ها به‌خاطر تصمیمی که در دفتر

---

۳۳۶. McKinsey Global Institute

۳۳۷. Wal-Mart یکی از فروشگاه‌های بزرگ خرده‌فروشی در آمریکا.

۳۳۸. Erin Beinhocker از اعضای مؤسسه‌ی مک‌کنزی. مجله‌ی فُرچون از او به‌عنوان رهبر کسب‌وکار قرن آینده یاد می‌کند.

۳۳۹. Tesco فروشگاه خرده‌فروشی بزرگ و زنجیره‌ای در انگلیس.

۳۴۰. Sam Walton تاجر و کارآفرین آمریکایی که بیشتر به تأسیس وال‌مارت معروف است.

۳۴۱. Charles Fishman نویسنده‌ی کتاب اثر وال‌مارت.

وال‌مارت برای حذف جعبه‌های مواد بهداشتی خوشبوکننده گرفته شد از تکه‌تکه شدن نجات یافتند.»

به‌طور میانگین وقتی وال‌مارت در شهری شروع به‌کار می‌کند، باعث کاهش ۱۳ درصدی در قیمت‌های رقبا می‌شود و سالانه ۲۰۰ میلیارد دلار در کل کشور به نفع مشتریان می‌شود. این در حالی است که منتقدان شرکت‌های غول‌آسا که معمولاً درباره سودجویی شکایت می‌کنند، هنوز این کار وال‌مارت را تأیید نمی‌کنند و می‌گویند قیمت‌های پایین چیز بدی هستند چرا که کسب‌وکارهای کوچک نمی‌توانند با آن رقابت کنند یا این‌که وال‌مارت «بزرگ‌ترین کارگاه غیرقانونی»[۳۴۲] در جهان است که دستمزدهای پایینی می‌دهد. با این‌که وال‌مارت دو برابر حداقل دستمرد را پرداخت می‌کند (و در زمانی که من در حال نوشتن این متن هستم، وال‌مارت اعلام کرد با وجود رکود اقتصادی دو میلیارد پاداش به‌کارمندانش به‌خاطر آمار فروش پرداخت کرده است). این حقیقت دارد که رشد وال‌مارت در دهه‌ی ۱۹۹۰، مانند افتتاح یک وال‌مارت جدید در یک شهر مشخص باعث آشفتگی و به‌هم ریختن شرایط می‌شد. رقبای موجود در آن شهر، ورشکسته یا مجبور به ادغامی تحقیرآمیز می‌شدند. تأمین‌کننده‌ها عملکرد جدیدی پیدا کردند. اتحادیه‌ها اهرم نظارت بر نیروهای کار خرده‌فروش‌ها را از دست دادند. سازندگان جعبه‌های مقوایی از بازار کار خارج شدند. عادات مصرف‌کننده‌ها تغییر کرد. هر ابداعی خواه به شکل یک فن‌آوری تازه یا روشی نو برای سازمان‌دهی دنیا به همان اندازه که می‌تواند نابودگر باشد، می‌تواند سازنده باشد. یک فروشگاه وال‌مارت، یک خرده‌فروش کوچک را از بازار خارج می‌کند همان‌طور که کامپیوتر، ماشین تحریر را بیرون راند. اما در روی دیگر سکه، این مسئله باعث متعادل شدن منافع بسیار هنگفتی شده است که (به‌ویژه فقیرترین) مشتری‌ها سود خوبی به لحاظ کالا و اجناس ارزان‌تر، متنوع‌تر و باکیفیت‌تر کسب می‌کنند.

جوزف شومپیتر[۳۴۳] به این مطلب اشاره کرد که رقابتی که یک تاجر را در نیمه‌شب بیدار نگه می‌دارد، به‌خاطر کاهش قیمت از سوی رقبایش نیست، بلکه به‌خاطر کارآفرین‌هایی است که محصول او را تاریخ گذشته و منسوخ می‌کنند. همان‌طور کُداک و فوجی برای تسلط در صنعت فیلم ۳۵ میلی‌متری در دهه‌ی ۱۹۹۰ در حال نزاع با یکدیگر بودند، عکاسی دیجیتال شروع به از بین بردن کل بازار فیلم آنالوگ کرد - مانند همان اتفاقی که برای صفحه‌های آنالوگ و کاست‌های ویدئویی آنالوگ افتاد. شومپیتر آن را انهدام سازنده نامید. نکته‌ی او این بود که به همان اندازه که سازندگی پیش می‌رود، تخریب نیز صورت می‌گیرد - این‌که رشد عکاسی دیجیتال به همان اندازه که در مدت زمان طولانی

۳۴۲. Sweatshop اصطلاحی که اشاره به‌کارگاه‌های تولیدی لباس غیر قانونی دارد که زیر حداقل دستمزد قانونی را به‌کارگران پرداخت می‌کنند.
۳۴۳. Josef Schumpeter اقتصاددان اتریشی قرن بیستم.

شغل ایجاد می‌کند اما در صنعت آنالوگ شغل از بین می‌برد، یا آن پولی که در جیب یک مشتری وال‌مارت ذخیره می‌شود، خیلی زود برای چیزهای دیگر خرج می‌شود که منجر به افتتاح فروشگاه‌های بزرگ برای ارائه خدمات به تقاضاهای جدید می‌شود. در آمریکا سالیانه به‌طور تقریبی ۱۵ درصد شغل از بین می‌رود و تقریباً ۱۵ درصد شغل ایجاد می‌شود.

تجارت و خلاقیت

این میزان جابه‌جایی و گردش استخدام و اخراج نیروی کار به خودی خود بهبود مداوم شرایط کاری را تضمین می‌کند. از جوزایا وِجوود[۳۴۴] که مفتخر به تغییر شرایط کارخانه‌ی سفال‌گری ایتروریا[۳۴۵] بود تا هنری فورد[۳۴۶] که دستمزد کارگران و کارمندان خودش را در سال ۱۹۱۴ برای کاهش میزان جابه‌جایی نیروی کار دو برابر کرد و تا لری پیج[۳۴۷] که به‌طور ایده‌آل‌گرایانه‌ای گوگل‌پلکس را طراحی کرد، هر نسلی از کارآفرینان غالباً تلاش می‌کنند کار را به تجربه بهتری برای کارمندان‌شان تبدیل کنند. در روزهایی که تازه اینترنت آمده بود، ای‌بی فقط یکی از بسیار شرکت‌های حراج آنلاین بود. ای‌بی در میان شرکت‌های رقیبی که شکست خوردند، موفق شد چون دریافت که کلید اصلی، داشتن حس یک اجتماع مشترک است و نه فقط یک فرآیند رقابتی - حراجی. مِگ وایت‌من[۳۴۸]، مدیر اجرایی ای‌بی بیان می‌کند: «این مسئله درباره حراج‌ها نیست. در حقیقت راجع به جنگ اقتصادی هم نیست. بلکه خلاف اینها بود.» این بقای مهربانترین بود.

گردش و جابه‌جایی در شرکت‌ها به میزان زیادی در حال شتاب است به حدی که حتی بیشتر انتقادها از شرکت‌های بزرگ دیگر بی‌اعتبار است. نه‌تنها شرکت‌های بزرگ این روزها بیشتر سقوط می‌کنند - ناپدید شدن خیلی از نام‌های بانکداری در یک ماه در سال ۲۰۰۸، صرفاً یک مورد شتاب‌گرفته در یک صنعت خاص است - بلکه به‌طور فزاینده‌ای تکه‌تکه و به بخش‌های کوچک‌تر تبدیل و از هسته مرکزی جدا می‌شوند. شرکت‌های بزرگ به‌سان جزایری که در دریای سیستم پایین به بالا، از بالا به پایین برنامه‌ریزی می‌کنند، آینده‌ی کمتر روشنی دارند (هر چه اندازه شرکت کوچک‌تر باشد، برنامه‌ریزی بهتر کار

---

۳۴۴. Josiah Wedgwood کارآفرین، سفال‌گر و مؤسس انگلیسی شرکت وجوود در قرن هفدهم.

۳۴۵. Etruria نام یکی از کارخانه‌های وجوود.

۳۴۶. Henry Ford مؤسس کارخانه‌ی خودروسازی فورد.

۳۴۷. Larry Page دانشمند کامپیوتر و اینترنت و یکی از بنیان‌گذاران شرکت گوگل.

۳۴۸. Meg Whiteman

می‌کند).آی‌اِی‌جی[349] و جنرال موتورز[350] شاید بتوانند با پول‌های مالیات مردم زنده نگه داشته شوند، اما در وضعیت کمای شرکت‌های بزرگ هستند. ستاره‌های اقتصادی بازار مدرن از غول‌های سرمایه‌داری صنعتی متفاوت هستند. فرق بین ای‌بی و اگزان، به‌سان فرق بین نظام سرمایه‌داری و سوسیالیسم است. نایکی در سال ۱۹۷۲ متولد شد، رشد کرد و فقط با بستن قرارداد بین کارخانه‌ها در آسیا و باز کردن فروشگاه‌ها در آمریکا از یک دفتر مرکزی به‌نسبت کوچک، رشد کرد و به یک شرکت عظیم تبدیل شد. کارمندان حقوق‌بگیر ویکی‌پدیا که هیچ سودی هم کسب نمی‌کند کمتر از سی نفر هستند. در حالی که یک شرکت معمولی، زمانی متشکل از گروهی از کارگران بود که به‌صورت سلسله‌مراتبی سامان‌دهی می‌شد و در مکانی مستقر بود، اما امروز به‌طور فزاینده‌ای ابری از فزاینده‌هییبی ایپلیاییب استعدادهای بازاریابی و خلاق هستند که دور هم جمع شده‌اند تا تلاش‌های افراد قراردادی را در راستای رضایت اولویت‌های مصرف‌کننده قرار دهند.

با این مفهوم، «نظام سرمایه‌داری» به‌سرعت در حال مردن است. اندازه میانگین شرکت آمریکایی از بیست و پنج نفر به ده نفر طی فقط بیست و پنج سال کاهش یافته است. اقتصاد بازار در حال متحول شدن به یک فرم جدید است که در آن حتی صحبت کردن از قدرت شرکت‌های بزرگ نادیده گرفتن نکته‌ی اصلی است. بخش عمده‌ی کارگران خویش‌فرمای فردا که ساعت کاری خودشان را به‌صورت آنلاین شروع می‌کنند و در تکاپو برای به‌دست آوردن مشتری در هر زمان و مکان که برای‌شان میسر باشد هستند، به‌طور حتم به روزهای رئیس‌ها و سرکارگرها، روزهای پر از جلسات و ارزیابی‌ها، روزهای برگه‌های ساعت کاری و اتحادیه‌های کارگری، با تفنن نگاه خواهند کرد. تکرار می‌کنم: شرکت‌ها یک گردهمایی موقت از مردم هستند که به مردم در تولیدشان کمک می‌کنند به همان طریقی که به دیگران در مصرف‌شان.

هیچ شکی نیست که عقل جمعی، فرهنگ را غنی‌تر می‌کند و روحیه را بالاتر می‌برد. طبقه‌ی روشنفکر به‌طور کلی به تجارت نگاه محقرانه‌ای دارند و آن را در نوع خودش به‌طرز جبران‌ناپذیری نافرهیخته، قراردادی و تنزلی می‌دانند. اما برای هر کسی که فکر می‌کند هنر عالی و فلسفه‌ی برجسته هیچ ارتباطی به تجارت ندارد، بهتر است به آتن و بغداد برود و جویا شود که ارسطو و خوارزمی چه اوقات فراغتی برای فلسفه‌بافی داشتند. بگذارید یک سر به فلورانس، پیزا و ونیز بزند و درباره این‌که چگونه میکل آنژ، گالیله و ویوالدی حقوق می‌گرفتند، پرس‌وجو کند. او را به آمستردام و لندن بفرستید تا بپرسد چه چیزی اسپینوزا، رامبرانت، نیوتون و داروین را تأمین مالی می‌کرد. جایی که تجارت رونق می‌گیرد،

---

۳۴۹. IAG شرکت بزرگ سرمایه‌گذاری و بیمه.
۳۵۰. General Motors

خلاقیت و همدلی هر دو شکوفا می‌شوند.

قوانین و ابزار

حتی اگر دنیا همان‌طور که بیشتر تجاری می‌شود به‌واقع در حال تبدیل شدن به یک مکان با خشونت کمتر و اعتماد بیشتر باشد بدین معنی نیست که تجارت به نوبه‌ی خود تنها راه مطمئن ساختن دنیاست یا به‌تنهایی برای ایجاد اعتماد کفایت می‌کند. علاوه بر ابزار جدید باید قوانین جدیدی نیز وجود داشته باشد. این بحث می‌تواند مطرح شود که ابداعاتی که دنیا را بهتر ساخت، مؤسسه‌ها هستند و نه فن‌آوری‌ها: چیزهایی مانند قانون طلایی[351]، قانون ضوابط و مقررات، احترام به ملک خصوصی، دولت دموکرات، دادگاه‌های منصف و بی‌طرف، اعتبار، قوانین مصرف‌کننده، کمک‌های دولتی، مطبوعات آزاد، تعلیمات مذهبی و اخلاقیات، حق تکثیر اثر، عرفی که شما سر میز تف نمی‌کنید و قراردادی که همیشه در سمت راست رانندگی می‌کنید (یا سمت چپ در کشورهای ژاپن، انگلیس، هند، استرالیا و بیشتر کشورهای آفریقا). این قوانین، تجارت ایمن و مطمئن را ممکن ساخت، دست‌کم به اندازه‌ی خلاف آن.

بومیان استرالیا یا خویسن‌های آفریقای جنوبی وقتی برای نخستین‌بار با غربی‌ها ملاقات کردند، نه‌تنها فولاد و ماشین بخار نداشتند بلکه دادگاه و کریسمس هم نداشتند. قطعاً وارد کردن یک قانون جدید غالباً یک جامعه را قادر می‌سازد تا سود حاصل از مبادله و تخصص را پیش‌تر از رقیب‌هایش به‌دست بیاورد. این امر باعث می‌شود زندگی شهروندانش هم به لحاظ مادی و هم به لحاظ معنوی بهتر شود. با گشتن در اطراف دنیا به‌طور واضح می‌توان دید جوامعی وجود دارند که زندگی شهروندان را با قوانین پسندیده و سودمند به‌خوبی اداره می‌کنند و هستند جوامعی که با قوانین ناکارآمد و مخرب زندگی شهروندان را به وضع بدی اداره می‌کنند. قوانین خوب به مبادله و تخصص پاداش می‌دهند؛ قوانین بد، مصادره و سیاسی‌بازی را پاداش می‌دهند. کره شمالی و جنوبی به ذهن خطور می‌کنند. یکی به‌طور کلی، جایی آزاد و خوب است که اغلب، مردم در آن پول‌دارتر و خوشحال‌تر می‌شوند؛ دیگری کشوری دیکتاتوری که دچار گرسنگی و ستم است و مردم از آنجا به‌عنوان پناهندگانی مستأصل هر زمان که بتوانند فرار می‌کنند. اختلافی که منتج به ۱۵ برابر شدن کامیابی برای هر نفر در کره جنوبی می‌شود به‌طور واضح در روشی است که مؤسسه‌ها اداره می‌شوند. بعدتر در این کتاب بحث خواهم کرد که نوع اشتباه دولت می‌تواند یک عامل فقر فاجعه‌بار در بلندمدت باشد. امپراتوری

۳۵۱. همان‌گونه با دیگران رفتار کن که می‌خواهی با تو رفتار شود.

مینگ[۳۵۲] مثال اول من است. امروز زیمبابوه پیش از آن‌که بتواند بازار بهتری داشته باشد، احتیاج به قوانین بهتری دارد. اما اینجا دقت داشته باشید که آزادی اقتصادی یک کشور، میزان خوشبختی آن کشور را بهتر بیان می‌کند تا ثروت منابع معدنی، نظام آموزشی یا زیرساخت‌های آن. در یک نمونه شامل ۱۲۷ کشور، ۶۳ کشورِ با سطح آزادی اقتصادی بالاتر، بیشتر از چهار برابر، درآمد سرانه بالاتر و تقریباً دو برابر نرخ رشد بالاتری نسبت به دیگر کشورها داشتند.

چند سال پیش، بانک جهانی مطالعه‌ای درباره «ثروت نهفته» منتشر کرد که در آن سعی کرده بود ارزش آموزش و پرورش، قانون و مقررات و چیزهای مشابه ناپیدا و مبهم را اندازه‌گیری کند. در این تحقیق به‌سادگی سرمایه‌های طبیعی (زمین و منابع طبیعی) و سرمایه تولید شده (ابزار و مایملک) و باقی‌مانده را اندازه‌گیری کردند تا بتوانند درآمد سرانه هر کشور را توضیح دهند. می‌توان نتیجه گرفت که آمریکایی‌ها می‌توانند ده برابر مکزیکی‌ها ثروت نهفته کسب کنند که توضیح می‌دهد چرا یک مکزیکی به محض رد شدن از مرز و ورود به آمریکا بهره‌وری خود را چهار برابر می‌کند. او به مؤسسه‌هایی که مشکلات کمتری دارند و بهتر اداره می‌شوند، قوانین روشن‌تر، مشتریانی که تحصیلات بهتری دارند و فرم‌های ساده‌تر و چیزهایی از این قبیل دسترسی دارند. بانک جهانی این‌گونه نتیجه‌گیری می‌کند که کشورهای ثروتمند تا حد زیادی به این علت ثروتمند هستند که جمعیتی ماهر دارند و کیفیت مؤسسه‌هایی که از فعالیت‌های اقتصادی پشتیبانی می‌کنند بالا می‌باشد. در برخی کشورها سرمایه نهفته می‌تواند بسیار کوچک یا حتی منفی باشد. مثلاً نیجریه امتیاز بسیار پایینی در اجرای قوانین، آموزش و پرورش و صداقت و درستکاری مؤسسه‌های ملی و عمومی می‌گیرد، حتی ذخایر عظیم نفتی آنها نیز نتوانست به تقویت این موضوع کمکی بکند.

پس یحتمل من اشتباه می‌کنم که به‌دنبال چرخ طیار پیشرفت بشر در توسعه‌ی تدریجی مبادله و تخصص هستم. شاید آنها فقط به‌سان علائم بیماری هستند و نه علت بیماری، و اختراع مؤسسه‌ها و قوانین بود که پس از آن مبادله را ممکن ساخت. مثلاً قانون ضد قتل به‌خاطر انتقام باید به آرام کردن جامعه کمک بزرگی کرده باشد. این‌که گفتن «برای دیگران انجام بده»، فقط راجع به‌کار خیر به‌کار می‌رود و نه بابت کشتن، باید پیشرفت بزرگی بوده باشد یا سپردن امر انتقام به دولت که از طرف شما به واسطه‌ی روند قانونی مسئله را پیگیری کند، برای همه نفع عمومی است. هر دو داستان آرستیز[۳۵۳] و رومئو و ژولیت (و پدرخوانده[۳۵۴] و هریِ کثیف برای این مسئله) جوامعی را به تصویر

---

۳۵۲. Ming Empire خاندان مینگ که بین سال‌های ۱۳۶۸ تا ۱۶۴۴ در چین حکمرانی می‌کردند.

۳۵۳. Oresties از اسطوره‌های یونان باستان.

۳۵۴. Godfather, Dirty Harry فیلم‌های معروف آمریکایی ساخته شده در دهه‌ی ۱۹۷۰ که در آن شخصیت‌های اصلی مسئله انتقام را به‌جای سپردن به قانون به شخصه پیگیری می‌کنند.

می‌کشد که در حال گلاویز شدن با این مسئله هستند. همه می‌توانند با این موافق باشند که اجرای قانون بهتر از انتقام متقابل است، هرچند از جنبه‌ی سینمایی آن می‌کاهد. اما همه نمی‌توانند برای کسب آن بر غریزه و عادات‌شان غلبه کنند.

این مسئله به حد کفایت درست است، اما من این قوانین و مؤسسه‌ها را به‌عنوان پدیده‌هایی تکاملی نیز می‌بینم که از پایین به بالا در جامعه ظهور می‌کنند و نه از سوی مجریان قانونی که خوش‌اقبالانه و سلیمان‌وار[۳۵۵] از بالا به پایین تحمیل می‌شوند. آنها توانستند از فیلترِ انتخاب فرهنگی همان‌طور که فن‌آوری‌ها توانستند، جان سالم به در برند و اگر مثلاً نگاهی به تاریخ بازرگانی و تاجران بیندازید، دقیقاً این را خواهید یافت: تاجران همان‌طور که پیش می‌روند، تولید می‌کنند، اختراعات‌شان را تبدیل به عادات و سنن می‌کنند و کسانی که قوانین غیررسمی را می‌شکنند، طرد می‌کنند و بعد از آن پادشاهان این قوانین را در مقررات سرزمین جای می‌دهند. این داستان لِکس مرکاتوریا[۳۵۶] از دوران قرون وسطا است. شاهان قانون‌گذار انگلیس مانند هنری دوم[۳۵۷] و جان[۳۵۸]، بیشتر در حال تدوین قانونی بودند که بابت موارد تجاری بود که پیش از این بین خودشان درباره داد و ستد با غریبه‌ها در بروژ[۳۵۹]، بربنت[۳۶۰] و ویزبی[۳۶۱] توافق کرده بودند. در حقیقت این کل موضوع قانون عمومی[۳۶۲] است. وقتی که مایکل شرمر و سه دوست، مسابقه‌ی دوچرخه‌سواری را در دهه‌ی ۱۹۸۰ در سرتاسر آمریکا شروع کردند، تقریباً هیچ قانونی برای آن نداشتند. تنها بر اساس تجربه‌هایی که داشتند، قوانینی را ایجاد کردند تا بدانند چگونه با دستگیر شدنَ به‌خاطر ایجاد راه‌بندان روی تپه‌ای در آریزونا و دیگر پیچیدگی‌های غیرمنتظره مواجه شوند.

پس در حالی که این صحت دارد که مخترعان مؤسسه‌ها در سپهر عمومی به همان اندازه مخترعان فن‌آوری در حیطه خصوصی، حیاتی هستند، اما گمان می‌کنم تخصص کلید اصلی هر دوی آنها می‌باشد. متخصص ساخت تبر شدن در کل قبیله به شما زمان، سرمایه و بازار می‌دهد تا شکل بهتر و جدیدتری از تبر را توسعه دهید، بنابراین متخصص مسابقه‌ی دوچرخه‌سواری شدن، شما را قادر می‌سازد قوانینی درباره مسابقات دوچرخه‌سواری وضع کنید. تاریخ بشر با تکامل همزمان قوانین و ابزار به پیش رفته است. افزایش تخصص در گونه‌ی بشر و وسعت یافتن عادت مبادله، علت اصلی ابداع در هر دوی آنها است.

---

۳۵۵. اشاره به حضرت سلیمان و ثروت و خرد اوست.
۳۵۶. Lex Mercatoria قانون بازرگان.
۳۵۷. Henry II
۳۵۸. John
۳۵۹. Bruges شهری در بلژیک.
۳۶۰. Brabant شهری در هلند.
۳۶۱. Visbyشهری در سوئد.
۳۶۲. Common Law سیستم قانونی در انگلیس که در آن قوانین بیشتر بر اساس سنت‌ها، رسوم و تصمیم قضات است تا بر اساس مقررات تصویب شده‌ی مجلس.

فصل چهارم

تأمین غذای ۹ میلیارد نفر: کشاورزی از ۱۰ هزار سال پیش

«هر کس که بتواند دو خوشه ذرت یا دو دسته علف در نقطه‌ای از زمین بکارد و رشد دهد که پیش از آن فقط یکی رشد می‌کرده، شایسته‌ی چیز بهتری از بشریت است و خدمات اساسی‌تری برای کشورش انجام می‌دهد تا کل تبار سیاستمداران در مجموع.»

جاناتان سوییفت[۳۶۳]

سفرهای گالیور

۳۶۳. Jonathan Swift طنزنویس و هجوپرداز ایرلندی قرن هفدهم.

میزان جهانی برداشت غلات

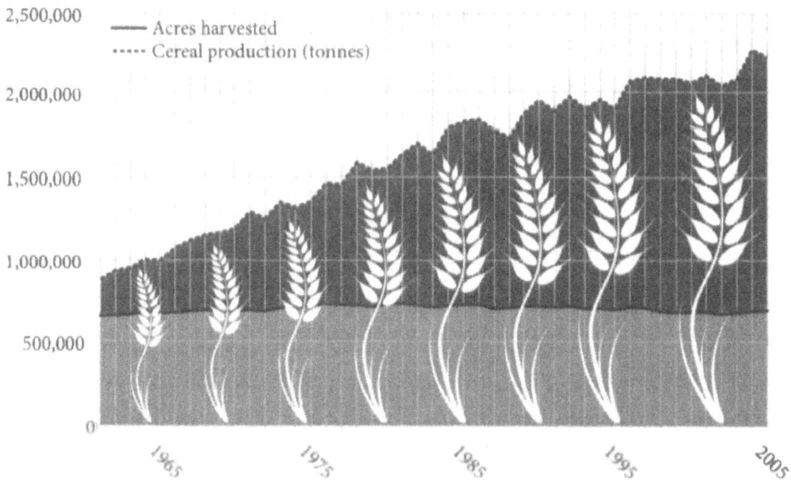

اتسی[۳۶۴]، مرد یخی مومیایی که در کوه‌های آلپ در سال ۱۹۹۱ پیدا شد به اندازه کوه‌نوردانی که او را حمل می‌کردند تجهیزات داشت. او ابزاری از جنس مس، سنگ چخماق، استخوان و شش نوع چوب به همراه داشت: چوب درختان زبان‌گنجشک، بداغ، لیمو، ذغال‌اخته، سرخدار و توس. او لباسی بافته‌شده از علف، پوست درخت، رباط حیوانات و چهار نوع چرم به تن داشت: پوست خرس، چرم گوزن، چرم بز و گوساله. او دو گونه قارچ گیاهی حمل می‌کرد که یکی به‌عنوان دارو بود و دیگری به‌عنوان بسته لوازم آتش‌افروزی شامل یک دوجین از گیاهان و سنگ آتش‌زنه برای ایجاد جرقه. او یک دایره‌المعارف متحرک از دانش‌های جمع‌آوری‌شده بود. دانش ساخت ابزار و لباس و این‌که چه موادی برای ساخت آنها باید به‌کار برد. او اختراعات فراوانی، شاید هزاران اختراع از انسان‌های پیش از خود، سیاهه‌ای از ادراکات آنها را در بسته‌ی لوازمش حمل می‌کرد. اگر قرار بود تمام تجهیرات را خودش از ابتدا اختراع کند حتماً می‌بایست که یک نابغه باشد. اما حتی با دانستن این‌که چه چیزی را چگونه بسازد، اگر اتسی روزها را به جمع‌آوری مواد خام مورد نیازش برای غذا و البسه صرف کرده بود (سرپناه و ابزارش بماند)، در نهایت می‌توانست خودش را به نقطه‌ی ابتدایی کار کشانده باشد، چه برسد که بخواهد بعد از آن آهن را ذوب کند، پوست را دباغی کند، ببافد، بدوزد و همه چیز را شکل و حالت دهد. او بدون شک از نیروی کار افراد دیگر بسیاری استفاده کرده و در ازای آن نیروی کار خودش را داده است.

او همچنین کار تخصصی دیگر گونه‌ها را نیز به‌کار برده است. اتسی حدود ۵۳۰۰ سال پیش در دره‌ای در آلپ زندگی می‌کرده است. این ۲۰۰۰ سال پس از آن است

---

۳۶۴. Oetzi

کـه کشـاورزی بـه اروپـای جنـوبی رسـید. در مقایسـه بـا نیـاکان شکارچی-خوشـه‌چین خـود، اتـسی گاو و بـز داشـته کـه تمـام روز بـا تبدیـل علـف بـه چـرم و گوشـت بـرای او کار می‌کردنـد؛ گندم‌هـا نـور خورشـید را می‌گرفتنـد و آن را تبدیـل بـه دانـه می‌کردنـد. ایـن گونه‌هـا تحـت سرپرسـتی ژنتیـکی بشـر و به‌طـور تخصـصی بـرای انجـام چنیـن امـری بـه قیمـت آسیـب رسیـدن بـه دیگـر ضروریـات زیست‌شناختی‌شـان، رشـد کـرده بودنـد. ایـن مفهـوم کشـاورزی اسـت: کشـاورزی، کار دیگـر گونه‌هـا را در جهـت فراهـم آوردن خدمـات بـرای نـوع بشـر منحـرف می‌کنـد. زیست‌شـناس لی سیلـور[۳۶۵]، یکبـار در حـال تماشـای جوجه‌هـایی در روسـتایی در جنـوب شـرقی آسیـا کـه بـرای سـر بریـدن می‌رفتنـد، بـود کـه ایـن فکـر بـه ذهنـش خطـور کـرد کـه آن جوجه‌هـا ماننـد ابـزار کشـاورز بودنـد: آنهـا داشـتند تمـام روز بـرای کشـاورز در بیشـه نیـز غـذا جمع‌آوری می‌کردنـد. کشـاورزی، گسـترش مبادلـه و تخصـص بـا بـه حسـاب آوردن دیگـر گونه‌هاسـت.

اتـسی از سـرمایه‌گذاری نیـز بهره‌منـد بـود. او درسـت در آغـاز دوران عصـر فلـز، زمـانی کـه مـس بـرای اولیـن بـار ذوب شـد، زنـدگی می‌کـرد. تبـر مـسی دسـت‌نخورده و نـاب او بـا ۹۹.۷ درصـد خلـوص در کـوره‌ای ذوب شـده بـود کـه شـخصی بـرای سـاخت آن سـرمایه‌ی زیـادی صـرف کـرده بـود. کاه موجـود در لبـاس او از غلاتی می‌آمـد کـه توسـط سـرمایه‌گذاری بـه شـکل دانه‌هـا و نیـروی کار ذخیـره شـده، رشـد یافتـه بودنـد. سـرمایه بـرای آدام اسـمیت، «همان‌طـور کـه بـوده، مقـدار مشـخصی از کار ذخیـره و انبـار شـده اسـت تـا در صـورت لـزوم و در فرصـت دیگـری اسـتفاده شـود.»

اگـر بتوانیـد نیـروی کار دیگـران را برای اسـتفاده در آینـده ذخیـره کنیـد، آن‌گاه می‌توانید بـه خودتـان زمـان و انـرژی بـرای کار بـه منظـور رفـع نیازهـای ضروری‌تـان بدهیـد، بدیـن معـنی کـه می‌توانیـد روی چیـز تـازه‌ای سـرمایه‌گذاری کنیـد کـه حـتی پـاداش بزرگ‌تـری بـه همـراه خواهـد داشـت. زمـانی کـه سـرمایه پـا بـه صحنـه‌ی نمایـش گذاشـت، اختـراع توانسـت سـرعت بگیـرد، چراکـه زمـان و دارایی می‌توانسـتند در پروژه‌هـایی سـرمایه‌گذاری شـوند کـه در ابتـدا هیـچ سـودی نداشـتند. مـثلا تعـداد کـمی از شکارچی-خوشـه‌چین‌ها می‌توانسـتند زمـانی را خـارج از کار خودشـان، صـرف سـاختن کـوره بکننـد و بـا کنـدی و زحمـت بسیـار، فلـز کافی بـرای سـاخت تبـر مـسی ذوب کننـد: امـا در ایـن حیـن حـتی اگـر می‌توانسـتند بـرای تبرهـا بـازار فـروش پیـدا کننـد بـاز هـم گرسـنه می‌ماندنـد.

بـه طـور متعـارف، ایـن کشـاورزی بـود کـه سـرمایه را بـا ذخیـره مـازاد تولیـد و اسـتفاده از آنهـا در داد و سـتدها ممکـن سـاخت. قبـل از کشـاورزی کـسی قـادر بـه جمع‌آوری مـازاد نبـود. واقعیت‌هـایی در ایـن ماجـرا وجـود دارد امـا تـا درجـه‌ای نیـز ترتیـب داسـتان را اشـتباه نشـان می‌دهـد. کشـاورزی به‌خاطـر وجـود داد و سـتد ممکـن شـد. داد و سـتد باعـث ایجـاد انگیـزه بـرای ایجـاد تخصـص در اقلام زراعـتی و تولیـد غـذای مازاد شـد.

---

۳۶۵. Lee Silver

کشاورزی به‌صورت مستقل در خاور نزدیک، کوه‌های آند[۳۶۶]، مکزیک، چین، بلندی‌های گینه‌نو، جنگل‌های بارانی برزیل و ساحل آفریقا[۳۶۷] طی تنها چند هزار سال شروع به پدیدار شدن کرد. چیزی در آن زمان باعث شد تا ظهور آن گریزناپذیر و تقریباً اجباری شود. اگرچه بیشتر آن در نهایت طی مدت زمان طولانی منجر به فلاکت و تهی‌دستی، بیماری و دولت‌های استبدادی شد، اما به‌وضوح به نخستین متخصصین آن، برتری رقابتی را اعطا کرد. این در حالی است که کشاورزی یک انتقال و تغییر یک‌شبه نبود. این اوج یک فرآیند کند و طولانی در غنی کردن رژیم غذایی بشر بود که طی ده‌ها هزار سال اتفاق افتاد. انسان برای یافتن کالری اضافه به‌تدریج به‌سمت پایین هرم غذایی[۳۶۸] حرکت کرد. بدین معنی که انسان‌ها بیشتر گیاه‌خوار شدند. تا ۲۳ هزار سال پیش، مردم منطقه‌ای که امروز به‌عنوان اسرائیل و سوریه می‌شناسیم وابسته به بلوط، غلات و حتی دانه‌ی علف و همچنین ماهی، پرندگان و گه‌گاهی به غزال (که یحتمل به واسطه داد و ستد با دیگر قبایل شکارچی تأمین می‌شد) بودند. در یک منطقه‌ی قابل توجه به نام اوهالو۲ [۳۶۹] در کنار دریاچه‌ی کینرت (دریای جلیله) که امروزه به استثنای سال‌های خشک، زیر آب است، شواهد واضحی از خوردن غلات وحشی پیدا شده است. در بقایای یکی از شش کلبه چوبی کشف‌شده، سنگ تخت و صافی وجود دارد که ظاهراً برای آسیاب کردن دانه‌ها استفاده می‌شده و علاوه بر این، در رسوبات حفظ‌شده از دریاچه طی ۲۳ هزار سال، ذرات میکروسکوپی نشاسته از دانه‌های جو وحشی پیدا شده است. در نزدیکی آن، چیزی وجود دارد که به نظر می‌رسد اجاق سنگی برای پخت و پز باشد. استفاده‌کنندگان آن با آسیاب کردنِ غلات و تبدیل آن به آرد، میزان انرژی را که می‌توانستند دریافت کنند تقریباً دو برابر می‌کردند.

بنابراین نان بسیار قدیمی‌تر از کشاورزی است. این یک ۱۲ هزار سال شگفت‌انگیز پس از اوهالو ۲ است چرا که قبل از آن‌که کسی شروع به کاشت و برداشت غلاتی مانند جو، گندم و چاودار کند و چهار هزار سال پس از آن، پیش از گندم مدرن ژنتیکی شش‌بخشی همراه با دانه‌های سنگین و بی‌نیاز به خرمن‌کوبی، نان اختراع شده بود و کار طولانی خودش را به‌عنوان بزرگ‌ترین و رایج‌ترین منبع کالری بشر آغاز کرده بود. نتیجه‌ی حتمی که می‌توان از این مطلب گرفت این است که مردم خاور نزدیک به هیچ عنوان ابله نبودند. آنها از مزایای غلات – نشاسته‌ی آسیاب‌شده و پخته‌شده - خیلی پیش‌تر از آن‌که کار پرزحمت کاشت آنها را شروع کنند، بهره‌مند بودند. چرا باید ماه‌ها را صرف مراقبت از مزرعه‌ی ذرت خودت بکنی وقتی می‌توانی با صرف فقط چندین ساعت،

---

۳۶۶. Andes یکی از طولانی‌ترین رشته‌کوه‌های دنیا در بخش غربی آمریکای جنوبی.

۳۶۷. African Sahel بخشی از آفریقا که در جنوب صحرای کبیر قرار دارد.

۳۶۸. Trophic Pyramid هرم غذایی یا هرم انرژی؛ نمایان‌گری گرافیکی است که جریان انرژی در هر سطح غذایی برای هر زیست‌بومی نشان می‌دهد.

۳۶۹. Ohalo II منطقه‌ی باستان‌شناسی در اسرائیل در نزدیکی دریای جلیله.

انواع وحشی آن را درو کنی؟ تحقیقی وجود دارد که به «بی‌میلی فراوان برای حرکت به‌سمت غذاهای بومی‌شده» اشاره می‌کند.

تا ۱۳ هزار سال پیش، مردم خاور نزدیک که امروزه با عنوان تمدن ناتوفیان[۳۷۰] شناخته می‌شوند از تیغه‌های داس سنگی برای درو کردن سر علف‌ها به‌جای کوبیدن دانه‌ها در سبد استفاده می‌کردند. آنها در خانه‌هایی زندگی می‌کردند که به اندازه‌ی کافی مستعد گرفتن طاعون از موش‌های خانگی بودند. آنها همان‌قدر به کشاورزی نزدیک بودند که شما امروز می‌توانید بدون دست‌کاری ژنتیکی در بومی‌سازی، محصولات زراعی را به‌دست آورید. با وجود این‌که در این لحظه آنها در آستانه‌ی ساخت تاریخ بودند، اما پس‌رفت کردند. آنها خانه‌های خودشان را ترک کردند و به کوچ‌نشینی برگشتند و رژیم غذایی‌شان را دوباره متنوع ساختند. هم‌زمان چیز مشابهی در مصر اتفاق افتاد. یک بازگشت دیگر از آسیاب غلات به‌سوی شکار و ماهی‌گیری (به‌جز این‌که بابت مصر، این مسئله خیلی قبل‌تر از این بود که تجربه‌ی کشت و کار اولیه از سر گرفته شود). دلیل محتمل این وقفه، سرمای ناگهانی بود که هزاران سال طول کشید و به‌عنوان «یانگر دریاس»[۳۷۱] شناخته می‌شود. دلیل این سرمای ناگهانی احتمالاً به این خاطر بود که قطب شمال به‌طور ناگهانی یا به‌خاطر انفجار یک‌سری از سدهای یخی پهناور در قاره‌ی آمریکای شمالی یا به‌خاطر جاری شدن و بیرون ریختن آب اقیانوس قطب شمال، سرد شد. هنگامی که این سرمای ناگهانی آغاز شد، نه‌تنها هوا سردتر و خشک‌تر شد، بلکه تغییرات آن سال به سال شدیدتر و وسیع‌تر می‌شد. این نوسانات تا هفت درجه در یک دهه بود. ناتوانی در اتکا به میزان بارش باران یا رسیدن محصولات در تابستان باعث شد انسان‌ها نتوانند سبک زندگی به‌شدت متمرکز بر تغذیه از غلات را حفظ کنند. تعداد زیادی از آنها باید دچار گرسنگی شده باشند و آنهایی هم که نجات پیدا کردند به زندگی کوچ‌نشینی شکارچی-خوشه‌چین بازگشتند.

پس از آن حدود ۱۱ هزار و ۵۰۰ سال پیش، دما در کوه‌های یخی گرین‌لند طی نیم‌قرن، ۱۰ درجه سانتی‌گراد افزایش پیدا کرد؛ در کل جهان شرایط آب و هوایی به‌طور چشمگیری گرم‌تر، مرطوب‌تر و پیش‌بینی‌پذیرتر شد. در کل منطقه‌ی شام، شدت گرفتن استفاده از غلات توانست از سر گرفته شود. ناتوفیان توانستند به خانه‌های‌شان بازگردند و خیلی زود چیزی باعث شد تا کسی با تأمل شروع به ذخیره‌ی دانه‌ها برای کاشت آنها کند. نخود احتمالاً اولین محصول کاشتنی بود، بعد از آن چاودار و گندم تک‌دانه[۳۷۲] کشت شدند. اگرچه انجیر به احتمال زیاد چندین هزاره پیش از این پرورش می‌یافته و سگ‌ها نیز در همان زمان

---

۳۷۰. Natufian

۳۷۱. Younger Dryas دوره‌ی عصر یخبندان که بین ۱۱۷۰۰ تا ۱۲۹۰۰ سال پیش اتفاق افتاد.

۳۷۲. Einkorn Wheat قدیمی‌ترین نوع شناخته شده گندم برای دانشمندان. وجه تسمیه آن از کلمه‌ی آلمانی به معنای تک‌دانه گرفته می‌شود.

خانگی شده بودند. آیا می‌توان شک داشت که آن فرد خوشه‌چین کوشا که در ابتدا ایده کاشت دانه را داشته، زن بوده و نه آن مرد شکارچی ناشی و دمدمی؟ یک محصول خوب که در سواحل رودخانه‌ها یا دیگر زمین‌های خالی کاشته شده و سپس با دقت علف‌زدایی و از هجوم پرندگان محافظت شده، به‌معنی کار جدید و سخت‌تر بوده اما برای خانواده‌ی زنی که آن را آزموده، به‌عنوان پاداش، محصول به ارمغان آورده است. این کار توانسته آرد مازاد به همراه داشته باشد که برای معاوضه با گوشت شکار شکارچی استفاده شود. پس نه‌تنها این امر برای زنده نگه‌داشتن صاحبِ زن زمین و بچه‌هایش بوده بلکه احتمالاً چندین خانواده شکارچی را نیز زنده نگه می‌داشته بود. مبادله دانه‌ها با گوشت شکار به‌طور مؤثری به شکار کمک کرد، یا باعث بالا رفتن قیمت گوشت شد. این مسئله فشار بیشتری بر دوش غزال‌ها و خرگوش‌های صحرایی گذاشت. بنابراین به‌تدریج تمام جامعه وابستگی بیشتری به کشاورزی پیدا کرد و انگیزه‌ی جدیدی به نخستین انسانی داد که به‌جای خوردن یک بزغاله، آن را پرورش می‌داد. کشاورزی به یک ضرورت برای مردمی که آنجا زندگی می‌کردند بدل شده بود و سبک زندگی شکارچی-خوشه‌چین‌ها به آرامی تحلیل می‌رفت. این مسئله بی‌شک فرآیندی آهسته و طولانی بود: کشاورزها بعد از آن‌که اولین‌بار شروع به کشت زمین کردند، برای هزاران سال غذای‌شان را از گوشت شکارهای وحشی تأمین می‌کردند. در بیشتر مناطق آمریکای شمالی، بومی‌ها محصولات زراعی را با شکارهای فصلی ترکیب می‌کردند. در بخش‌هایی از آفریقا هنوز این کار انجام می‌شود.

به احتمال قوی، هلال حاصلخیز[۳۷۳] نخستین جایی بود که کشاورزی در آن اتفاق افتاد و از آنجا این عادت به‌تدریج در جنوب به مصر، در غرب به آسیای صغیر و در شرق به هند گسترش یافت. اما کشاورزی دست کم در شش منطقه دیگر به‌سرعت و در زمان کوتاهی ابداع شد و به واسطه‌ی همان چرخه‌ی داد و ستد، رشد جمعیت، شرایط پایدار آب و هوا و شدت روزافزون گیاه‌خواری توسعه یافت. اسکواش[۳۷۴] و سپس بادام زمینی در پرو ۹۲۰۰ سال پیش، ارزن و برنج در چین ۸۴۰۰ سال پیش، ذرت در مکزیک ۷۳۰۰ سال پیش، تارو[۳۷۵] و موز در گینه‌نو ۶۹۰۰ سال پیش، گل آفتابگردان در آمریکای شمالی ۶۰۰۰ سال پیش و ذرت خوشه‌ای در آفریقا در همین حدود زمانی کشت شدند. این تصادف فوق‌العاده به همان اندازه عجیب و غریب است که دریابیم یک بومی، یک اینوییت[۳۷۶]، یک پلی‌نزی[۳۷۷] و یک اسکاتلندی، همه در همان دهه‌ی قرن هجدهم، موتور بخار را بدون هیچ‌گونه ارتباطی با یکدیگر اختراع کرده باشند و

۳۷۳. Fertile Crescent منطقه‌ای به شکل هلال در خاورمیانه.

۳۷۴. Squash از سبزیجات و شبیه به کدو.

۳۷۵. Taro از سبزیجات و مانند سیب‌زمینی به‌صورت ریشه‌ای.

۳۷۶. Inuit مردم بومی ساکن قطب شمال و گرین‌لند.

۳۷۷. Polynasian منطقه‌ای متشکل از هزاران جزیره که در منطقه‌ی مرکزی و جنوبی اقیانوس آرام پخش شده‌اند.

توضیح این امر، تثبیت شرایط آب و هوا در پایان عصر یخبندان بود. در یکی از جراید اخیر آمده بود، «کشاورزی در آخرین دوره‌ی یخبندان غیرممکن بود، اما در دوره‌ی هالسین[۳۷۸] اجباری شده بود». این تصادفی نیست که استرالیای مدرن با سال‌های خشکسالی پیش‌بینی‌ناپذیر که با سال‌های بارانی و خیس همراه بود، هنوز مانند دنیای یخبندان ناپایدار به نظر برسد. استرالیایی‌ها به احتمال قوی کاملاً می‌توانستند کشاورزی کنند: آنها می‌دانستند چگونه دانه‌ها را آسیاب کنند، بوته‌ها را بسوزانند تا چراگاه کانگوروها را بهبود بخشند و گیاهان مطلوب را پرورش دهند؛ و این‌که آنها به‌طور قطع می‌دانستند چگونه مسیر آب رودخانه را منحرف کنند تا بتوانند مارماهی پرورش دهند. آنها همچنین می‌دانستند یا با سختی بسیار دریافته بودند که کشاورزی در آب و هوایی با میزان ناپایداری بالا ممکن نیست.

کشاورزی بدون داد و ستد ممکن نیست

یکی از چیزهای خیره‌کننده درباره نخستین جوامع کشاورزی این است که به نظر می‌رسد آنها با شهرها داد و ستد می‌کردند. از ۱۴ هزار سال پیش آبسیدین‌های[۳۷۹] (شیشه‌های آتش‌فشانی) ارزشمند از آتش‌فشان‌های کاپادوکیه[۳۸۰] واقع در آناتولی ترکیه به جنوب و در امتداد بالادست فرات، از آب‌گیر دمشق می‌گذشتند و به دره‌ی اردن حمل می‌شدند. صدف‌های دریایی از دریای سرخ به‌سمت دیگر حمل می‌شدند. کاتال‌هویوک[۳۸۱]، ابوهُریره[۳۸۲] و اَریحا[۳۸۳] دقیقاً جاهایی هستند که نخستین جوامع کشاورزی پدید آمدند. چنین جوامعی در واحه‌هایی قرار داشتند که چشمه‌های آب از کوه‌ها به‌سمت غربی صحرا روان بودند: جاهایی که مواد مغذی خاک، رطوبت و نور آفتاب به خوبی دست به‌دست هم می‌دادند. همچنین جاهایی که مردم با همسایگان‌شان به واسطه‌ی داد و ستد می‌آمیختند. این مسئله فقط به این خاطر شگفت‌انگیز می‌باشد چرا که آسان است به کشاوزان اولیه به‌عنوان افراد یکجانشین و خودکفا نگاه کنیم. در حالی که آنها با سختی بیشتری در این منطقه نسبت به مناطق دیگر مبادله می‌کردند و این گمانی منطقی است که یکی از فشارهایی که باعث اختراع کشاورزی شد، تهیه‌ی غذا و کسب منفعت از تجار ثروتمند بود. آنها با تولید محصول مازاد توانستند آن را با سنگ آبسیدین، صدف و دیگر کالاهای فاسدشونده مبادله کنند. داد و ستد اول ظهور کرد.

---

۳۷۸. Holocene دوره زمین‌شناسی که حدود ۱۱۶۵۰ سال پیش، پس از آخرین یخبندان شروع شده است.

۳۷۹. Obsidian سنگ آتش‌فشانی به شکل شیشه و تیره‌رنگ.

۳۸۰. Cappadocian ناحیه‌ای در ترکیه.

۳۸۱. Catalhoyuk شهری باستانی در جنوب آناتولی.

۳۸۲. Abu Hureyra منطقه‌ای باستانی در جلگه‌ی فرات در سوریه‌ی امروزی.

۳۸۳. Jericho شهری در فلسطین در کرانه‌ی غربی.

در دهه‌ی ۱۹۶۰ جین جیکوب[۳۸۴] در کتاب خودش اقتصاد شهرها بیان می‌کند که کشاورزی برای تأمین غذای نخستین شهرها اختراع شد، تا این‌که ساخت شهرها با اختراع کشاورزی ممکن شود. البته این مطلب بیش از حد پیش رفته است و باستان‌شناسان این ایده را که مراکز شهری پیش از اولین کشاورزی‌ها بوده بی‌اعتبار می‌دانند. بزرگ‌ترین اجتماعات دائمی شکارچی-خوشه‌چین‌ها، حتی ماهی‌گیران سواحل اقیانوس آرام در آمریکایی شمالی نیز نمی‌توانند شهرنشین نامیده شوند. با وجود این مطلب، جوانه‌هایی از واقعیت در ایده‌ی جیکوب وجود داشت و آن این‌که اولین کشاورزان پیش از آن، تاجران مشتاقی بودند که از امرار معاش به واسطه‌ی مبادله کردن، رها شده بودند و کشاورزی فقط نمود دیگری برای داد و ستد بود.

در یونان حدود ۹ هزار سال پیش کشاورزها به‌طور ناگهانی و انبوه از راه رسیدند. ابزار سنگی‌شان بیانگر این است که آنها استعمارگرانی بودند از آناتولی یا شام (لِوانت)[۳۸۵] که به احتمال زیاد با قایق و با قصد قبلی در جست‌وجوی استعمار سرزمین جدیدی آمده بودند. همچنین، این نخستین کشاورزان یونانی به‌ظاهر تاجران مشتاقی بودند که با یکدیگر داد و ستد می‌کردند و از خودکفایی خیلی فاصله داشتند. آنها وابسته به متخصصان صنعت‌گر بودند تا از مواد خام وارداتی از جاهای دیگر ابزار آبسیدین تولید کنند. و باز این مسئله‌ای نبود که خرد متعارف می‌توانست پیش‌بینی و تصور کند. داد و ستد اول می‌آید و نه آخر. کشاورزی به‌خوبی جواب می‌دهد چرا که درون شبکه‌ی داد و ستد قرار گرفته است.

زمانی پس از این ماجرا، حدود ۷ هزار و ششصد سال پیش، هنگامی که کشاورزان با خشنودی بر دشت‌های حاصل‌خیز در اطراف دریاچه‌ی یوکسین[۳۸۶] کار می‌کردند، ضربه‌ای خشن و سخت باعث رنجش آنها شد و آن هنگامی بود که بالا آمدن سطح دریا بر تنگه‌ی هلس‌پانت[۳۸۷] سرازیر شد و به‌سمت آب‌گیر دریاچه طغیان کرد و آن را با سرعت شش اینچ در روز پر کرد، تا جایی که تبدیل به دریای سیاه امروزی شد. پناهندگان سردرگم و ناامید با دنبال کردن رود دانوب به قلب اروپا فرار کردند. آنها طی فقط چند صد سال به ساحل اقیانوس اطلس رسیدند. کشاورزان در نیمی از جنوب اروپا سکنی گزیدند. گاهی اوقات همسایگان خودشان را با ذوق آموزش فوت و فن جدید کشاورزی مبتلا به زراعت می‌کردند، اما بیشتر اوقات (که مدارک ژنتیک نشان می‌دهند) همان‌طور که به پیش می‌رفتند، شکارچی-خوشه‌چین‌ها را به‌طرز خشونت‌باری سرکوب می‌کردند

---

۳۸۴. Jane Jacob ژورنالیست آمریکایی-کانادایی معاصر.

۳۸۵. Levant نام منطقه‌ای در انتهای شرقی دریای مدیترانه که شامل سوریه، لبنان، اسرائیل و بخش‌هایی از ترکیه می‌شود.

۳۸۶. Euxine نام تاریخی دریای سیاه.

۳۸۷. Hellespont

و بیرون می‌راندند. هزاران سال دیگر طول کشید تا کشاورزی به دریای بالتیک برسد. عمدتاً به این خاطر که ماهی‌گیرها در ساحل آنجا با جمعیت انبوهی سکنی گزیده بودند و نیازی برای شروع کشاورزی نداشتند. محصولات زراعی که کشاورزان می‌کاشتند با توجه به شرایط جدیدی که با آن مواجه می‌شدند کمی تغییر کرد. برخی از آنها مانند عدس و انجیر باید همان‌جا در مدیترانه می‌ماندند. دیگر محصولات مانند گندم تک‌دانه و دودانه[۳۸۸] خودشان را به‌سرعت با سرزمین‌های مرطوب‌تر و سردتر اروپای شمالی تطبیق دادند. کشاورزان ۵ هزار سال پیش به ایرلند، اسپانیا و اتیوپی و هند رسیده بودند.

نسل‌های بعدی پناهندگان دریای سیاه، جلگه‌هایی را که امروزه اکراین نامیده می‌شود تصاحب کردند. جایی که آنها اسب‌ها را اهلی کردند و زبان جدیدی به نام هندواروپایی را گسترش دادند. آنها نیمه غربی قاره‌ی اوراسیا را تسخیر کردند. هر دو زبان سانسکریت و گِلیک[۳۸۹] از نسل این انسان‌ها هستند. همچنین جایی نزدیک دریای سیاه یا بالتیک بین ۶ تا ۱۰ هزار سال پیش بود که یک جهش ژنتیک و جابه‌جایی G با A در یک توالی کنترلی بالادست در یک ژن رنگ‌دانه به نام OCA2، باعث شد به بزرگسالان برای نخستین‌بار چشم‌های آبی بدهد. این جهشی بود که در نهایت از سوی تقریباً ۴۰ درصد اروپاییان به ارث برده شد. از آنجایی که این مسئله با پوست‌های رنگ‌پریده‌ی نامعمول همراه بود، به احتمال زیاد به انسان‌هایی که سعی می‌کردند با غلات عاری از ویتامین D و در آب و هوای بدون آفتاب شمالی زندگی کنند، کمک کرد. نور آفتاب کمک می‌کند تا بدن انسان ویتامین D را سنتز کند. تناوب ژن، حکایت از حاصل‌خیز بودن زمین کشاورزان دارد.

یکی از دلایلی که کشاورزی از زمانی که شروع شد به‌سرعت گسترش یافت، این بود که اولین برداشت‌های محصول هم پربارتر بود و هم این‌که خیلی آسان‌تر نسبت به برداشت محصولات بعدی رشد می‌کردند و به همین علت کشاورزان همیشه از این‌که به یک زمین بکر و دست‌نخورده بروند راضی و خشنود بودند. اگر یک جنگل را آتش بزنید، یک خاک نرم و سبک که با خاکستر بارور شده به‌دست خواهید آورد. آنچه باید انجام دهید این خواهد بود که با چوبی زمین را بکنید، دانه را بکارید و منتظر بمانید تا دانه رشد کند. هرچند بعد از چندین سال، خاک فشرده می‌شود و نیاز دارد که با بیل آن را درست کنید و همچنین علف‌های هرز را که تکثیر شده‌اند از بین ببرید. حالا اگر زمین را آیش کنید (شخم بزنید و چیزی نکارید) و بگذارید دوباره بارور شود، آن‌گاه ریشه‌های سخت علف‌ها باید کنده و دفن شوند تا بستر خوبی برای رشد دانه‌ها فراهم کنند. برای این منظور به گاوآهن و گاوی که آن را بکشد

---

۳۸۸. Emmer Wheat

۳۸۹. Gaelic زبان بومی اسکاتلند.

نیاز دارید. اما گاو باید تغذیه شود، پس به چراگاه و زمین قابل کشت احتیاج دارید. تعجبی ندارد که کشاورزی دوره‌ای - بریدن و سوزاندن - تا حد بسیار زیادی بین مردم قبایل در جنگل‌ها تا به امروز محبوب باقی مانده است. در اروپای نوسنگی، همان‌طور که کشاورزی به‌سمت غرب در حال گسترش بود، دود آتش می‌بایست که به‌صورت سنگینی در هوا معلق مانده باشد. دی‌اکسید کربن آزاد شده از آتش‌ها حتی می‌توانسته به گرم کردن هوا به بیشترین حد معتدلِ ۶ هزار سال پیش، هنگامی که یخ‌های قطب شمال از ساحل شمالی گرین‌لند در تابستان جدا شدند، کمک کرده باشد. این مسئله به این خاطر است که کشاورزی اولیه نسبت به کشاورزی امروز، ۹ برابر زمین بیشتر برای هر نفر استفاده می‌کرده، بنابراین جمعیت کوچکی در آن زمان دی‌اکسید کربن بیشتری به ازای هر نفر تولید می‌کرده است.

سرمایه و فلز

کشاورزها به هر کجا که رفتند عادات خودشان را نیز به آنجا بردند؛ نه‌تنها کاشت، برداشت و خرمن‌کوبی، بلکه پخت و پز، تخمیر کردن، انبار و احتکار کردن و مالکیت را نیز می‌بردند. شکارچی-خوشه‌چین‌ها باید سبک سفر کنن.؛ اگرچه آنها عشایر فصلی نیستند، اما باید در هر لحظه آماده جابه‌جایی باشند. در مقابل آنها، کشاورزها باید غلات را انبار یا از گله محافظت کنند و یا نگهبان زمین‌ها قبل از دروی آنها باشند. اولین نفری که می‌خواست در زمینی گندم بکارد، باید با این معضل مواجه شده باشد که چگونه بگوید «این مال من است؛ فقط من می‌توانم از آن برداشت کنم». اولین نشانه‌ها از املاک خصوصی مربوط به مهر و موم‌هایی است متعلق به مردم هَلَف[۳۹۰] در مرز سوریه و ترکیه در ۸ هزار سال پیش: بعدها از مهر و موم‌های مشابهی برای نشان دادن مالکیت استفاده شد. این تصاحب زمین ظاهراً باقی شکارچیان را بِه تماشاگرانی مبهوت و سردرگم بدل کرده بود چرا که زمین‌های آنها احتمالا توسط مردم فقیرتر و بیشتر فرودست به قطعات کوچک‌تری تقسیم شده بود. یحتمل قابیل یک کشاورز بوده وهابیل یک شکارچی.

در این حین، همان‌طور که خوشه‌چینی با کشاورزی جایگزین شد، گله‌داری هم جای شکار را گرفت. جوامع نوسنگی خاورمیانه همراه با بازارها یعنی جاهایی که چوپانان از تپه‌ها می‌توانستند با زارعین غلات از جلگه‌ها برای مبادله‌ی محصولات مازاد ملاقات کنند، رشد کردند. بازار شکارچی-خوشه‌چینها حالا به بازار گله‌داران-کشاورزان تبدیل شده بود. حییم اُفِک می‌نویسد: «در سطح انسانی، هیچ چیز در آغاز کشاورزی نمی‌توانست مفیدتر از یک گرایش طبیعی

۳۹۰. Halaf

و مستحکم برای مبادله باشد و هیچ چیز نمی‌توانست نیاز به تخصص در تولید مواد غذایی را با نیاز برای تنوع در مصرف مواد غذایی بهتر از این تطبیق دهد.»

ذوب کردن مس فعالیتی نبود که یک فرد برای رفع نیازهای شخصی‌اش سعی در انجامش داشته باشد یا حتی در جهت خودکفایی یک قبیله باشد. این کار به تلاش فوق‌العاده‌ای برای استخراج سنگ معدن نیاز دارد و سپس با هنر استادانه دمیدن در آتش ذغال چوب با دمای بیش از ۱۰۸۳ سانتی‌گراد برای ذوب مس، فقط چند قطعه شمش فلزی که به اندازه‌ی کافی محکم و منعطف (چکش‌خورده) و نه خیلی سخت تولید می‌شود. این را تصور کنید: باید چوب‌ها را قطع کنید و سپس از آنها ذغال بسازید، بوته‌ی سرامیکی آهنگری برای ذوب بسازید، زمین را برای استخراج سنگ معدن حفاری کنید، سنگ معدن را خرد کنید، در نهایت مس را قالب بگیرید و چکش بزنید. فقط با مصرف نیروی کار ذخیره‌شده دیگران و گذران زندگی با سرمایه، می‌توانستید این کار را به پایان برسانید. سپس، حتی اگر بتوانید تبرهای مسی را به دیگر شکارچی-خوشه‌چین‌ها بفروشید اما بازار به احتمال زیاد برایش چنان کوچک است که ارزش زمانی را که برای برپا کردن چنین عملیاتی صرف کرده‌اید نداشته باشد. ولی هنگامی که کشاورزی سرمایه را تأمین کرده، تراکم جمعیت را افزایش داده و به آنها دلیل خوبی برای قطع درختان داده است، آن‌گاه شاید بازار به اندازه کافی بزرگی وجود داشته باشد تا بتواند اجتماعی از ذوبگران مس تمام‌وقت را پشتیبانی کند. البته تا زمانی که آنها بتوانند مس را به قبایل همسایه بفروشند. یا به زبان دو نظریه‌پرداز: «جوامع پرتراکم که با کشاورزی امکان وجود پیدا کردند، می‌توانند بازده چشم‌گیری در بهره‌برداری بهتر از همکاری، سامان‌دهی و تقسیم کار بالقوه داشته باشند.»

به همین دلیل اختراع ذوب فلز تقریباً پی‌آمد گریزناپذیر کشاورزی بود (اگرچه برخی استخراج‌های بسیار اولیه از ذخایر مس خالص در اطراف دریاچه‌ی سوپریور[391] ظاهراً به‌دست شکارچی-خوشه‌چین‌ها انجام شده بود، که به احتمال قوی پرورش‌دهندگان ماهی آزاد ساحل اقیانوس آرام را با آن تأمین می‌کردند.) مس در تمام رشته‌کوه آلپ، جایی که بهترین سنگ معدن‌ها یافت شده بود، تولید می‌شد. اما مس به باقی اروپا برای چندین هزار سال پس از مرگ اتسی صادر می‌شد تا زمانی که بعدها با مس استخراج شده در قبرس جایگزین شد. کمی بیشتر از هزار سال پس از مرگ اتسی، در فاصله کوتاهی به‌سمت غرب در منطقه میتِربرگ[392]، جایی که امروزه اتریش نام دارد، اجتماعی از انسان‌ها سکنی گزیده بودند که ظاهراً کارهایی بیشتر از استخراج مس از رگه‌های معدن کوه‌های اطراف و ذوب آن انجام دادند. آنها با زندگی در یک دره با کوه‌های

---

۳۹۱. Lake Superior بزرگ‌ترین دریاچه‌ی آب شیرین دنیا که در آمریکای شمالی واقع شده است.

۳۹۲. Mitterberg

سرد دریافتند که می‌توانند سود بیشتری از ساخت مس و مبادله‌ی آن با مثلاً با گوشت و غلات از جلگه‌های دانوب به‌دست آورند تا این‌که دام خودشان را داشته باشند و آنها را پرورش دهند. البته به نظر می‌رسد این کار آنها را خیلی ثروتمند نکرد، همان‌طور که قلع کورنیش[۳۹۳]، نقره‌ی پرو، یا از این لحاظ، ذغال‌سنگ ولز، معدن‌چیان آنها را تا هزاران سال بعد توانگر و ثروتمند نکرد. در مقایسه با کشاورزان جلگه‌ی دانوب، معدن‌چیان مس منطقه‌ی میتربرگ از خودشان مقداری زیورآلات و چیزهای لوکس به‌جای گذاشتند. اما وضعیت آنها بهتر از آن بود که بخواهند تلاش کنند به‌صورت خودکفا در کوه‌ها زندگی کنند و مواد غذایی خودشان را پرورش دهند. آنها حتی یکی از احتیاجات‌شان را هم تأمین نمی‌کردند. آنها با پاسخ به مشوق‌های اقتصادی به همان وضوحی که انسان مدرن انجام می‌دهد، زندگی را می‌گذراندند. هومو اکونومیکوس[۳۹۴] یک اختراع قرن هجدهمی اسکاتلندی نبود. مس آنها تبدیل به داس و شمش شد، استاندارد و قیاسی برای وزن شد، سپس به قطعات کوچک‌تر تبدیل شد و در مناطق دوردست و وسیع به گردش درآمد و به‌زودی به شکل ابتدایی پول بدل گشت که در تمام اروپا برای تسهیل در مبادلات استفاده می‌شد.

خرد متعارف به احتمال زیاد، گسترش تخصص و داد و ستد در دوران نوسنگی را دست کم گرفته بود. گرایشی به این تفکر وجود دارد که همه کشاورز بودند. اما در زمان اتسی کشاورزانی بودند که گندم تک‌دانه می‌کاشتند و شاید کشاورزانی بودند که علف می‌کاشتند تا از بافتن آنها رخت و جامه تهیه کنند؛ مسگران تبر می‌ساختند و احتمالاً شکارچیانِ خرس، کفش و کلاه را تأمین می‌کردند. و هنوز چیزهایی هست که بدون شک اَتسی برای خودش می‌ساخت: کمان او و همچنین تعدادی از تیرهای او ناتمام بود. یک تخمین نه خیلی دقیق این است که انسان‌های غیرصنعتی و مدرنِ نوعی که در جوامع سنتیِ زندگی می‌کردند، بین یک‌سوم تا دوسوم محصولاتِ تولیدی خودشان را مستقیماً مصرف و مابقی را برای کسب کالاهای دیگر مبادله می‌کردند. مردم به ازای هر نفر در سال تا ۳۰۰ کیلوگرم از مواد غذایی را که خودشان پرورش می‌دادند می‌خوردند؛ بعد از آن، شروع به مبادله‌ی محصول مازاد برای به‌دست آوردن لباس، سرپناه، دارو یا آموزش و تحصیلات می‌کردند. تقریباً از لحاظ تعریفی، هرچه شخصی ثروتمندتر باشد، چیزهای بیشتری از متخصصان می‌تواند به‌دست آورد. اثر مشخص فقر، برگشتن به خودکفایی است. امروز به یک روستای فقیر در مالاوی[۳۹۵] یا موزامبیک بروید و خواهید دید که تعداد کمی از متخصصان وجود دارند و مردم بخش عمده آنچه را تولید می‌کنند خودشان مصرف می‌کنند. همان‌طور که یک

---

۳۹۳. Cornish یک گروه از مردمان قومی سلتیک هستند و به‌عنوان اقلیتی ملی در انگلستان شناخته می‌شوند.

۳۹۴. Homo Economicus انسان اقتصادی واژه‌ای است که در نظریه‌های اقتصادی استفاده می‌شود.

۳۹۵. Malawi کشوری در جنوب شرق آفریقا.

اقتصاددان در اصطلاح ممکن است بگوید «آنها در بازار نیستند». و بسیار محتمل است که آنها حتی کمتر از کشاورزان کهن مانند اتسی «در بازار» باشند.

با من در یک موعظه‌ی کوچک همراه شوید. سنتی که بین انسان‌شناسان و باستان‌شناسان وجود داشته این است که با گذشته به‌عنوانی مکانی بسیار متفاوت از زمان حال رفتار می‌کنند، مکانی با آداب و سنن رازآلود خودش. بنابراین درهم کردن دوران عصر حجر یا قبایل دریاهای جنوبی در واژگان اقتصاد مدرن، یک خطای عدم تطابق زمانی[۳۹۶] است که القای سرمایه‌داری را نشان می‌دهد. این نظریه به‌ویژه از سوی انسان‌شناس، مارشال سالینز[۳۹۷] که اقتصاد پیش از دوران صنعتی بر اساس «بده و بستان متقابل» را از اقتصاد مدرن بر اساس بازار، متمایز می‌داند ترویج یافت. استفن شِنَن[۳۹۸] این مطلب را این‌گونه با طنز مطرح می‌کند: «ما درگیر مبادلات می‌شویم تا بتوانیم به‌نوعی سود از آن کسب کنیم؛ آنها همین کار را به منظور تحکیم روابط اجتماعی انجام می‌دهند؛ ما مواد خام را داد و ستد می‌کنیم؛ آنها هدیه می‌دهند.» من هم مانند شنن، فکر می‌کنم این حرف چرند و مزورانه‌ای است. فکر می‌کنم مردم به مشوق‌ها پاسخ می‌دهند و همیشه این کار را کرده‌اند. مردم هزینه و منفعت را می‌سنجند و آنچه را برای‌شان سود داشته باشد انجام می‌دهند. آنها مسلماً عوامل غیراقتصادی مانند ماندن در شرایط خوب کاری با شرکای تجاری و رسیدن به صلح با خدایان نابکار و بدجنس را مد نظر قرار می‌دهند. به‌طور حتم آنها با خانواده، دوستان و آشنایان و مشتری‌های همیشگی، معامله بهتری نسبت با غریبه‌ها می‌کنند. حال آن‌که این کار را امروز هم انجام می‌دهند. حتی درگیرترین تاجر مالی مدرن در بازار هم گرفتار یک‌سری تشریفات، آداب معاشرت، قراردادها و تعهدات است که شامل مهمان کردن یک دوست برای یک ناهار خوب یا دعوتی برای دیدن یک مسابقه‌ی فوتبال هم می‌شود. درست همان‌طور که اقتصاددانان مدرن در مورد عقلانیت بی‌رحم و سرد مصرف‌کننده‌ها اغراق می‌کنند، انسان‌شناس‌ها هم بابت غیرمنطقی بودن نوازش‌گرانه مردم پیش از دوران صنعتی مبالغه می‌کنند.

سیستم «کولا»[۳۹۹] در جنوب اقیانوس آرام، مورد تاریخی محبوب کسانی است که دوست دارند درباره این بحث می‌کنند که بازار برای مردم پیش از دوران صنعتی ناشناخته بود است. طبق نظر برانیسلاو مالینوفسکی[۴۰۰]، مردم چهارده جزیره، صدف‌ها را با گردن‌بند بدین طریق مبادله می‌کردند که صدف‌ها در یک مسیر دایره‌وار دور تمام جزیره‌ها در خلاف جهت عقربه‌ها ساعت سفر می‌کرد، در حالی‌که گردن‌بندها در جهت عقربه‌های ساعت جابه‌جا می‌شدند. بعد از دو

---

۳۹۶. Anachronistic چیزی که متعلق به گذشته است و دیگر در زمان حال وجود ندارد.

۳۹۷. Marshall Sahlins انسان‌شناس معاصر آمریکایی و استاد دانشگاه شیکاگو.

۳۹۸. Stephen Shennan باستان‌شناس معاصر انگلیسی.

۳۹۹. Kula سیستم مبادله‌ای.

۴۰۰. Bronisław Malinowski انسان‌شناس لهستانی قرن نوزدهم.

سال یا بیشتر ممکن بوده که کالا به‌دست صاحب اولیه‌اش برسد. توضیح چنین سیستمی به‌عنوان بازار به‌طور واضح، پوچ و مهمل است: خود مبادله باید نکته‌ی اصلی باشد و نه سود آن. اما نگاهی دقیق‌تر که بیندازید آن‌گاه سیستم کولا را کمتر عجیب می‌بینید. این روش فقط یکی از بسیار انواع مبادلاتی بوده که در این جزیره‌ها استفاده می‌شده است. این واقعیت که غربی‌ها در زمان کریسمس به یکدیگر کارت و جوراب هدیه می‌دهند از اهمیت معنای مبادله در زندگی‌شان سخن می‌گوید. ولی این بدین معنی نیست که آنها به‌دنبال کسب منفعت در بازارها نیستند. یک انسان‌شناس از جنوب اقیانوس آرام ممکن است کریسمس غربی‌ها را مطالعه کند و به این نتیجه برسد که این یک فعالیت تجاری کاملا بیهوده، عاری از منفعت و دیوانه‌وار در چله‌ی زمستان است که از مذهب برگرفته و بر زندگی غربی‌ها حاکم شده است. جزیره‌نشینان اقیانوس آرام با فراست از اهمیت به‌دست آوردن یک معامله‌ی خوب هنگام داد و ستد با یک غریبه آگاه بودند و هستند. تحقیقات بعدی در هر موردی پس از دوران مالینوفسکی نشان می‌دهد او تا حدی درباره ماهیت چرخشی سیستم اغراق کرده بود که صرفاً یکی از تأثیرات جانبی این واقعیت است که تاجرها هنگام مبادله کالاهای مفید، همچنین علاقه‌مند هستند به یکدیگر هدایای بی‌فایده ولی زیبا بدهند که گاهی اوقات ممکن است آن هدیه به همان جایی برگردد که برای بار اول اهدا شده بود.

وحشیِ فرومایه؟

در نیمه‌ی نخست قرن بیستم، انقلاب نوسنگی از سوی گوردون چایلد[۴۰۱] و پیروانش به‌عنوان وضعیت بهتر شدهی بشر تعبیر می‌شد که منفعت‌های آشکاری به همراه آورده بود: مواد غذایی انبار شده که با آن می‌شد از قحطی نجات یافت، دسترسی به اشکال جدیدی از خوراک‌های مقوی مانند شیر و تخم مرغ، احتیاج کمتر به پیاده‌روی‌های طاقت‌فرسا، خطرناک و گاهی اوقات بی‌نتیجه در حیات وحش، کارهایی که افراد نامتناسب و آسیب‌دیده هم می‌توانستند انجام دهند، یحتمل وجود اوقات فراغت بیشتر که در آن می‌شد تمدن را ابداع کرد.

در یک‌سوم پایانی قرن بیستم، زمان کامیابی و رونق و در عین حال دلتنگی برای دوران گذشته، کشاورزی به‌عنوان اختراعی که بیشتر زاییده استیصال بشر بود تا الهام و یحتمل حتی «به‌عنوان بدترین اشتباه در تاریخ تبار بشر» بازتفسیر شد. بدبین‌هایی مانند مارک کوهن[۴۰۲] و مارشال سالینز، این بحث را مطرح کردند که کشاورزی یک تردمیل مخرب و کمرشکن بود که رژیم غذایی

---

۴۰۱. Gordon Childe باستان‌شناس استرالیایی قرن هجدهم.
۴۰۲. Mark Cohen

یکنواخت و نامقوی برای مردمی که دچار آلودگی، کثافت و بیماری‌های عفونی و مرگ زودهنگام شده بودند به همراه آورده بود. مردم بیشتری حالا می‌توانستند از طریق زمین گذران زندگی کنند، اما با حاصل‌خیزی رو به وخامت باید بیشتر کار می‌کردند. نوزادان بیشتری متولد شدند ولی افراد جوان بیشتری هم مردند. در حالی که شکارچی-خوشه‌چین‌های باقی‌مانده مانند مردم !کُنگ در منطقه‌ی دوب[۴۰۳] به نظر می‌رسد که زمان تفریح به اندازه کافی دارند و در «جامعه‌ی اولیه و ثروتمند» (عبارت سالینز) زندگی می‌کنند. این مردم تولید مثل را محدود کرده‌اند و بنابراین از ازدیاد جمعیت جلوگیری شده است. اسکلت‌های یافت‌شده از نخستین کشاورزان، پوسیدگی و آسیب، تغییر شکل در طول زمان، دندان‌درد و کوتاهی قامت را نشان می‌دهند. در این حین آنها سرخک را از دام‌ها، آبله را از شترها، سل را از شیر، آنفولانزا را از خوک و طاعون را از موش می‌گیرند. لازم به ذکر نیست که به‌خاطر استفاده از مدفوع خودشان به‌عنوان کود، کرم می‌گیرند و این‌که به‌خاطر پشه‌هایی که در نهرها و مخازن جمع‌آوری آب وجود دارد گرفتار مالاریا می‌شوند.

آنها همچنین حمله بدی از نابرابری را برای نخستین‌بار متحمل شدند. شکارچی-خوشه‌چین‌های باقی‌مانده به‌طور چشمگیری تساوی‌گرا[۴۰۴] هستند و این وضعیتی است که به‌خاطر وابستگی‌شان در به اشتراک گذاشتن و تجمیع فرصت شکار دیکته شده است. (آنها گاهی لازم دارند این برابری را با مکافاتی وحشیانه علیه افرادی که ایده‌ی بالاتر از جایگاه‌شان دارند اعمال کنند.) در حالی‌که یک کشاورز موفق می‌تواند خیلی زود از عهده‌ی ذخیره خواروبار برآید و به‌وسیله‌ی آن، نیروی کارِ کمتر موفق همسایگانش را خریداری کند. این کار باعث می‌شود او بیشتر موفق شود تا جایی که در نهایت - به‌ویژه در دره‌ای که با آب رودخانه آبیاری می‌شود و او می‌تواند اختیار آب را به‌دست بگیرد - می‌تواند تبدیل به یک امپراطور شود که با استفاده از خدمت‌کاران و سربازان، هوس خودکامگی‌اش را بر رعایا تحمیل کند.

و بدتر این‌که، همان‌طور که فردریک انگلس[۴۰۵] برای نخستین‌بار استدلال کرد، کشاورزی می‌توانسته نابرابری جنسیتی را بدتر کرده باشد. این مسئله قطعاً و به‌طرز دردناکی در بسیاری از اجتماعات کشاورزیِ دهقانی آشکار است که مردان، زنان را مجبور به انجام بخش بیشتری از کار سخت می‌کنند. در شکارچی-خوشه‌چینی، مردها عادت‌های آزاددهنده‌ی جنسی بسیاری دارند ولی دست‌کم در کارها مشارکت می‌کنند. وقتی که گاوآهن حدود ۶ هزار سال پیش اختراع شد، مردها مسئولیت راندن گاو نر که زمین را شخم می‌زد به عهده گرفتند چرا

---

۴۰۳. Dobe منطقه‌ای بین صحرای کالاهاری و جنوب است که مردم کُنگ را از خطر حمله و ادغام محافظت می‌کند. مردم این منطقه مهمان‌نواز نیستند.

۴۰۴. Egalitarian کسانی که معتقد به تساوی حقوق همه‌ی انسان‌ها هستند.

۴۰۵. Friedrich Engels فیلسوف آلمانی قرن نوزدهم.

که این کار به قدرت بیشتری احتیاج داشت، اما این کار فقط نابرابری را تشدید کرد. حالا دیگر زن‌ها بیشتر به‌عنوان کنیز و دارایی مرد به‌حساب می‌آمدند که با گردن‌بندها و پابندها تزیین می‌شدند تا ثروت شوهران‌شان را نشان هند. حالا هنر توسط سمبل‌های قدرت مردانه و رقابت - تیرها، تبرها و خنجرها - تسخیر می‌شود. حالا احتمالاً چندهمسری زیاد می‌شود و ثروتمندترین مردان برای خودشان حرمسرا اختیار می‌کنند و جایگاه مردسالارانه به‌دست می‌آورند: در منطقه‌ی برَنک[۴۰۶] در اسلواکی، زنان بیشتری نسبت به مردان، همراه وسایل و جزئیات مربوط به قبر دفن شده‌اند که نشان می‌دهد نه‌تنها آنها ثروتمند بودند بلکه به همان اندازه، شوهران چندهمسرشان نیز پولدار بودند. این در حالی بود که دیگر مردها از فلاکت عزب‌بودن ذله شده بودند. بدین طریق، چندهمسری، زنان فقیر و محروم را قادر ساخت تا سهم بیشتری از سعادت و کامیابی نسبت به مردان فقیر نصیب‌شان شود. این یک دوره‌ی مردسالاری بود.

این در حالی است که هنوز هیچ مدرکی دال بر این‌که کشاورزهای نخستین از شکارچی-خوشه‌چین‌ها بدتر رفتار می‌کردند، وجود ندارد. آن جوامع معدود شکارچی-خوشه‌چین که به‌خاطر منابع محلی غنی و مطمئن، فربه و کامیاب شدند- چشمگیرتر از همه قبایلی بودند که در شمال غرب آمریکا ماهی آزاد می‌گرفتند- خیلی زود درگیر سیستم مردسالار و نابرابر شدند. «ثروت اولیه»ی شکارچی-خوشه‌چین‌های مدرن مردم !کُنگ فقط به‌خاطر ابزار مدرن، داد و ستد با کشاورزها و حتی دریافت کمک‌های متفرقه از دست انسان‌شناسان ممکن شد. میزان بارداری پایین آنها، بیشتر وام‌دار بیماری‌های عفونی مقاربتی بود تا روش‌های کنترل تولد. تغییر شکل و نقص عضو در اسکلت کشاورزان نخستین، شاید نشان چیزی نباشد ولی می‌تواند به شما بیشتر درباره بیماری‌ها و صدماتی که از آنها نجات پیدا کردند بگوید تا تلفات تأییدشده‌ی آنها. حتی برابری جنسیتی شکارچی-خوشه‌چین‌ها می‌تواند تفکر آرزومندانه‌ای باشد. بعد از همه‌ی اینها، مردان فوئگویی که نمی‌توانستند شنا کنند، همسران‌شان را رها کردند تا در زورق‌ها، در بسترهای جلبکی لنگر بیندازند و در طوفان برف به‌سمت ساحل شنا کنند. واقعیت این است که شکارچی-خوشه‌چین‌ها و کشاورزها هر دو می‌توانستند بسته به فراوانی مواد غذایی و میزان نسبی انبوه جمعیت، ثروت یا فلاکت ایجاد کنند. یک مفسر می‌نویسد: «تمام اقتصادهای پیش از دوران صنعتی، سوای آن‌که ساده یا پیچیده‌اند، ظرفیت ایجاد فلاکت را دارند و این کار را اگر زمان کافی به آنها داده شود، خواهند کرد.»

خشونت تاریخی و همیشگی دنیای شکارچی-خوشه‌چین‌ها به اختراع کشاورزی ختم نشده بود. اتسی مرگ خشنی داشت. او بر اساس آنچه DNA بیان می‌کند، پس از کشتن دو مرد با یکی از تیرهایش و به دوش کشیدن رفیقش،

---

۴۰۶. Branc

با تیری که از پشت به او اصابت و شریان شانه‌اش را سوراخ کرد، کشته شد. خون مرد چهارمی هم روی چاقویش بود. در این فرآیند او یک خراش عمیق روی شست دستش و یک ضربه‌ی مهلک بر سرش را تحمل کرده بود. این یک نزاع جزئی نبود. موقعیت او در حال مرگ نشان می‌دهد که قاتل، او را برمی‌گرداند تا بتواند تیر را بیرون بکشد اما تیر با سر سنگی در بدن اتسی می‌شکند. باستان‌شناس، استیون له‌بلان[۴۰۷] می‌گوید مدارک دال بر خشونت مدام در گذشته‌های کهن به‌طرز سازمان‌دهی‌شده‌ای از سوی تفکرات آرزومندانه‌ی روسو مآب[۴۰۸] در بین دانشگاهیان نادیده گرفته شده است. او به اکتشافات بی‌شمار قلاب‌سنگ‌ها و سنگ‌هایی شبیه دونات[۴۰۹] در حدود ۸ هزار سال پیش که به‌شخصه در مناطق باستانی ترکیه انجام داده بود، استناد می‌کند. در دهه‌ی ۱۹۷۰ زمانی که او آنجا کار می‌کرد گمان می‌برد که این ابزار توسط چوپانان برای دنبال کردن گرگ‌ها و کشاورزان برای انداختن وزن روی بیل‌ها استفاده می‌شده است. اکنون دریافته که آنها سلاح‌هایی برای اعمال خشونت بودند. سنگ‌ها برای سر گرزها به‌کار می‌رفته و قلاب‌سنگ‌ها برای دفاع، انبار می‌شد.

باستان‌شناسان به هر طرف که نگاه می‌کنند شواهدی دال بر این‌که کشاورزها بی‌وقفه با تبعات مرگ‌باری با هم در جنگ بودند پیدا می‌کنند. ساکنین نخستینِ اَریحا، یک خندق دفاعی به عمق سی و عرض ده پا داخل سنگ سفت، بدون هیچ ابزار فلزی حفر کرده بودند. در دره‌ی مرزباخ[۴۱۰] در آلمان، آمدن کشاورزی با خود پنج قرن رشد جمعیت در صلح و آرامش به همراه آورد که همراه شد با ساخت خاک‌ریزهای دفاعی، دفن اجساد در گودال‌ها و ترک کل دره. در تلهیم[۴۱۱] حدود سال ۴۹۰۰ (پیش از میلاد)، کل یک اجتماع سی و چهار نفری از مردم با ضربه به سر و اصابت تیر به پشت، قتل عام شدند و این سوای زنان بزرگسالی است که مفقود شده بودند (به احتمال زیاد به‌عنوان جوایز جنسی ربوده شدند). قاتلین کاری بیشتری از آنچه بعدها حضرت موسی به پیروانش در عهد عتیق فرمان داد، انجام ندادند. بعد از یک نبرد موفق علیه مدیانی‌ها[۴۱۲] و قتل عام مردان، او به پیروانش دستور داد کار را با تجاوز به باکره‌ها به پایان برسانند: «حال، از این روی، به قتل برسانید هر مرد را میان خردسالان، و بکُشید هر زنی که مرد را با هم‌بستری شناخته است. اما تمام زنان خردسال که مردی را با هم‌بستری نشناخته‌است، زنده نگه دارید و از آنِ خود کنید.»

۴۰۷. Steven LeBlanc باستان‌شناس معاصر آمریکایی.
۴۰۸. Rousseauesque اشاره به تفکرات ژان‌ژاک روسو دارد.
۴۰۹. Doughnut نوعی شیرینی به شکل حلقه.
۴۱۰. Merzbach
۴۱۱. Talheim
۴۱۲. Midianites نام منطقه‌ای جغرافیایی که در تورات و قرآن ذکر شده است.

هم‌چنین، انسان‌شناسان به هر طرف که نگاه می‌کنند، از گینه‌نو تا آمازون و جزیره‌ی ایستر[۴۱۳]، جنگ‌های تاریخی میان کشاورزان امروز که برای امرار معاش زراعت می‌کنند، پیدا می‌کنند. حمله پیش‌گیرانه به همسایه‌ها مبادا که به شما حمله کنند، رویه‌ی همیشگی انسان است. همان‌طور که پل سی‌برایت نوشته است: «در جایی که محدودیت‌های نهادی و قانونی بر چنین رفتاری وجود ندارد، کشتار سامان‌دهی‌شده افراد غیرمرتبط در بین نوع بشر بسیار متداول است. هرچند ناخوشایند و وحشتناک، اما نمی‌تواند به‌عنوان چیزی استثنایی، آسیب‌شناسانه یا آشفته توضیح داده شود.

همچنین نمی‌توان انکار کرد که چنین خشونتی بر حسب عادت با درجه‌ای از سنگ‌دلی همراه بوده که باعث ایجاد تهوع در معده‌ی انسان امروز می‌شود. هنگامی که ساموئل شاپلن[۴۱۴] یک یورش موفق هوران[۴۱۵] به موهاوک‌ها[۴۱۶] را در سال ۱۶۰۹ همراهی کرد (و با تفنگ شمخال خودش این کار را کرد)، مجبور بود همان‌طور که متحدانش، بدن یک اسیر را با چوب گداخته و سوزان می‌زدند و هر بار او را با پاشیدن سطل آب، در صورتی که از حال می‌رفت به هوش می‌آوردند، شب تا سحر تماشا کند. آنها بر اساس سنن فقط زمانی که خورشید بالای آسمان می‌آمد اجازه داشتند شکم قربانی بخت‌برگشته را پاره کنند و سپس او را بخورند. قربانی طی این فرآیند به‌تدریج می‌مرد.

انقلاب در کودها

می‌توان گفت انقلاب نوسنگی برای آیندگان کالری نامحدودی فراهم آورد. قحطی‌های فراوانی طی هزاران سال در راه بود ولی آنها هرگز دیگر تراکم جمعیت بشر را به سطح شکارچی-خوشه‌چین‌ها کاهش نمی‌دهند. اینچ به اینچ، ترفند به ترفند و محصول به محصول، انسان‌ها راهی پیدا می‌کنند تا حتی از نامرغوب‌ترین زمین‌ها مواد غذایی به‌دست آورند و حتی از نامغذی‌ترین مواد غذایی کالری کسب کنند. این چیزها، بینش معجزه‌وار فراست و خردمندی را برای انجام این کارها نهادینه کرد. یک حرکت سریع رو به جلو به‌مدت حدود چندهزار سال از دوران نوسنگی به‌سمت دوران انقلاب صنعتی، زمانی که جمعیت به‌جای گسترش شروع به انفجار کرد و حیرت‌انگیز این‌که شما و اجدادتان از چنین انفجار جمعیتی نه‌تنها از گرسنگی نمردید بلکه با تغذیه‌ی بهتر گذر کردید. پیش‌بینی معروف رابرت مالتوس[۴۱۷] در سال ۱۷۹۸ در «مقاله‌ای درباره جمعیت» بیان می‌کند

---

۴۱۳. Easter Island جزیره‌ای دورافتاده و آتشفشانی در قلمروی کشور شیلی.

۴۱۴. Samuel Champlain سیاح و استعمارگر فرانسوی قرن پانزدهم.

۴۱۵. Huron

۴۱۶. Mohawk

۴۱۷. Robert Malthus روحانی و اقتصاددان در زمینه اقتصاد سیاسی اهل انگلیس در قرن هجدهم.

که تأمین مواد غذایی نمی‌توانست با رشد جمعیت به‌خاطر بهره‌وری محدود زمین‌ها همگام باشد. او در اشتباه بود، اما این کار هم مسئله‌ی آسانی نبود؛ قرن نوزدهم، زمان نامعلوم و خطرناکی بود. هرچند کشتی‌های بخار، راه‌آهن، کانال اِری[۴۱۸]، سیستم تبرید و ماشین‌های درو و دسته‌کردن، آمریکایی‌ها را قادر ساخت تا مقدار فراوانی گندم به‌سمت شرق بفرستند تا جمعیت‌های صنعتی اروپا را به‌صورت مستقیم یا به شکل گوشت گاو و خوک تغذیه کنند، اما باز قحطی خیلی دور نبود.

وضعیت می‌توانست بدتر باشد اما حدود سال ۱۸۳۰ چیز غیرمنتظره‌ای کشف شد. در جزایر خشک پرندگان، در سواحل آمریکای جنوبی و آفریقای جنوبی، جایی که بارندگی وجود نداشت، فضولات مرغ ماهی‌خوار، پنگوئن و غاز دریایی، ذخایر بزرگی از نیتروژن و فسفر را طی قرن‌ها متراکم کرده بود. استخراج گوآنو[۴۱۹] یک کسب‌وکار سخت و پرسود شده بود. جزیره کوچک ایچابو[۴۲۰] ۸۰۰ هزار تن گوآنو در طول فقط چند سال تولید کرد. بین سال‌های ۱۸۴۰ تا ۱۸۸۰، نیتروژن گوآنو، تفاوت بسیار بزرگی در کشاورزی اروپا ایجاد کرد. اما خیلی زود حتی بهترین ذخایر نیز مصرف و تمام شدند. معدنچیان به معادن غنی شوره (نیترات پتاسیم) در کوه‌های آند (که ثابت شده است جزایر قدیمی گوآنو هستند و به‌خاطر رانش قاره‌ی آمریکای جنوبی به‌سمت غرب، سر بیرون آورده‌اند) روی آوردند، اما این معادن به‌سختی می‌توانستند با میزان تقاضا همگام شوند. با آغاز قرن بیستم، بحران کودها بسیار ناامیدکننده بود. در ۱۸۹۸، یک قرن پس از پیش‌بینی بدبینانه‌ی مالتوس، شیمی‌دان برجسته‌ی انگلیسی، سر ویلیام کروکس[۴۲۱] مرثیه‌ای مشابه در نطق ریاست خودش خطاب به «اتحادیه‌ی علوم انگلیس»[۴۲۲] تحت عنوان «مسئله‌ی گندم» ایراد کرد. او مطرح کرد که با توجه به جمعیت رو به رشد و نبود زمین‌های تازه برای شخم زدن در آمریکا «تمام تمدن‌ها در خطر مرگ‌بار نداشتن غذای کافی برای خوردن هستند»، مگر آن‌که نیتروژن بتواند به‌طور شیمیایی از هوا به واسطه‌ی برخی فرآیندهای علمی به‌دست آید، «در غیر این‌صورت نژاد عالی و بزرگ سفید، دیگر در دنیا پیشرو نخواهد بود و از دایره‌ی حیات و وجود از سوی نژادهایی که نانِ گندمین برای‌شان حیاتی نیست بیرون رانده خواهند شد.»

چالش او طی پانزده سال پاسخ داده شد. فرتزهابر[۴۲۳] و کارل بوش[۴۲۴] راهی برای تولید مقدار زیادی کود نیتروژن غیرآلی از بخار، متان و هوا اختراع

۴۱۸. Erie Canal کانالی در نیویورک که از شرق به غرب ایالت کشیده شده است.
۴۱۹. Guano فضولات متراکم مرغ‌های دریایی و خفاش‌ها که به‌عنوان کود استفاده می‌شود.
۴۲۰. Ichaboe جزیره‌ای در نامیبیا.
۴۲۱. Sir William Crookes
۴۲۲. British Science Association
۴۲۳. Fritz Haber شیمی‌دان آلمانی قرن بیستم برندهی جایزه نوبل.
۴۲۴. Carl Bosch شیمی‌دان آلمان قرن بیستم برنده‌ی جایزه‌ی نوبل.

کردند. امروزه نیمی از اتم‌های نیروژن در بدن شما از چنین کارخانه آمونیاکی بیرون می‌آید. اما عامل حتی بزرگ‌تر در جلوگیری از مصیبت پیش‌بینی‌شده‌ی کروکس، موتور احتراق داخلی بود. اولین تراکتورها مزیت کمی نسبت به بهترین اسب‌ها داشتند، اما به‌طور قطع تا جایی که به دنیا مربوط می‌شد، یک سود بزرگ داشتند: آنها به زمین برای تولید سوخت خودشان احتیاجی نداشتند. جمعیت اسب‌های آمریکا در سال ۱۹۱۵ به بالاترین میزان خودش یعنی بیست و یک میلیون رأس رسید؛ در آن زمان حدود یک‌سوم تمام زمین‌های کشاورزی به تغذیه آنها اختصاص داده شده بودند. بنابراین جایگزینی حیوانات بارکش با ماشین‌ها، هکتارهای وسیعی از زمین‌ها را برای رشد مواد غذایی مصرفی انسان‌ها آزاد کرد. در همان زمان، وسایل حمل و نقل موتوری، زمین‌ها را به انتهای خطوط راه‌آهن می‌رساندند. در سال ۱۹۲۰، بالای سه میلیون هکتار زمین مرغوب کشاورزی در میانه‌ی غربی آمریکا کشت‌نشده باقی ماند چرا که بیشتر از ۸۰ مایل با راه‌آهن فاصله داشتند و این به معنی یک سفر پنج‌روزه با واگن‌های اسب‌دار بود که هزینه‌ی آن ۳۰ درصد بالاتر از ارزش خود غلات می‌شد.

در سال ۱۹۲۰، پرورش‌دهندگان گیاهان، گونه‌ی جدیدی از گندم مقاوم و قوی به نام مارکوئِس[۴۲۵] را پرورش دادند که از پیوند یک گیاه هیمالیایی با یک گیاه آمریکایی حاصل می‌شد و می‌توانست در مناطق شمالی‌تر و در کانادا دوام بیاورد. بنابراین با کمک تراکتورها، کودها و گونه‌های جدید گیاهان تا سال ۱۹۳۱، سالی که کروکس برای حادث شدن آن قحطی بالقوه انتخاب کرده بود، تولید گندم از میزان تقاضا بسیار فراتر رفت تا حدی که قیمت گندم نزول کرد و زمین‌های گندم در سرتاسر اروپا به چراگاه تبدیل شدند.

ژن‌های بارلوگ[۴۲۶]

قرن بیستم به متحیر کردن بدبین‌های مالتوس‌گرا ادامه داد و از همه چشم‌گیرتر در دهه‌ی ۱۹۶۰ در آسیا بود. برای دو سال در اواسط دهه‌ی ۱۹۶۰، هند در آستانه‌ی قحطی جمعی بود. گیاهان در خشک‌سالی به بار نمی‌آمدند و روزانه تعداد مردم دچار گرسنگی بیشتر می‌شد. گرسنگی هرگز برای مدت طولانی در شبه‌قاره غایب نبوده و داغ خاطرات قحطی بزرگ بنگال در سال ۱۹۴۳ هنوز تازه و از یادها نرفته بود. با وجود جمعیت بیش از ۴۰۰ میلیون نفر، کشور در میانه‌ی یک انفجار جمعیتی بی‌سابقه بود. دولت، کشاورزی را در بالاترین اولویت دستور جلساتش قرار داده بود، اما شرکت‌های انحصاری ایالتی که مسئول پیدا

---

۴۲۵. Marquis Wheat

۴۲۶. Norman Borlaug دانشمند معاصر آمریکایی. او ابتکارات زیادی در سطح جهانی در زمینه‌ی افزایش محصولات کشاورزی انجام داد. او به‌خاطر این کار جوایز زیادی من‌جمله جایزه‌ی صلح نوبل، مدال طلایی کنگره و مدال آزادی ریاست‌جمهوری را کسب کرد.

کردن گونه‌های جدید گندم و برنج بودند، چیزی برای ارائه نداشتند. زمینهای جدید کمی برای بردن زیر کشت وجود داشت. تمام پنج میلیون تن کمک مواد غذایی در سال از سمت آمریکا، بین هند و یک سرنوشت وحشتناک قرار گرفته بود و این‌که آن محمولهها به‌طور حتم نمی‌توانست برای همیشه ادامه یابند.

در میان چنین شکست‌خوردگی ناامیدکننده‌ای، تولید گندم هند به‌خاطر یک‌سری از اتفاقات که بیست سال پیش شروع شده بود، بالا رفت. در گروهان ژنرال داگلاس مک‌آرتور[۴۲۷] در ژاپن در پایان جنگ جهانی دوم یک دانشمند زراعت و کشاورزی به نام سیسل سمون[۴۲۸] بود. سمون ۱۶ گونه گندم را که شامل یک گونه به‌نام «نورین ۱۰»[۴۲۹] بود جمع‌آوری کرد. این گونه به‌جای این‌که به‌صورت معمولی چهارپا قد بکشد به کمک آنچه امروز جهش یگانه در ژنی به نام Rht1 شناخته می‌شود فقط دو پا قد کشید. این کار باعث می‌شود که گیاه کمتر به هورمون رشد طبیعی واکنش دهد. سمونِ برخی دانه‌ها را جمع‌آوری کرد و آنها را به آمریکا به‌دست دانشمندی به نام اُرویل وُگل[۴۳۰] در اورگان[۴۳۱] در سال ۱۹۴۹ رساند. در آن زمان اثبات شد که تقویت محصول گندم قدبلند با اضافه کردن کود مصنوعی غیرممکن است. کود باعث می‌شد گیاه قد بکشد و ضخیم شود و در نتیجه گیاهان روی هم سقوط کنند یا به اصطلاح «بخوابند». وُگل شروع به پیوند زدن نورین ۱۰ با دیگر گندم‌ها کردِ تا بتواند گونه‌های جدید با ساقه‌ی کوتاه‌شده تولید کند. در سال ۱۹۵۲ وُگل با دانشمندی به نام نورمن بارلوگ که در مکزیک مشغول به‌کار بود، ملاقات کرد. او چند تا از دانه‌های پیوندی نورین و نورین-بِروُر[۴۳۲] را به مکزیک برد و شروع به پرورش پیوندهای جدید کرد. در عرض فقط چند سال، بارلوگ گندمی تولید کرده بود که سه برابر قبل محصول می‌داد. تا سال ۱۹۶۳، ۹۵ درصد گندم مکزیک از گونه‌ی بارلوگ بود و برداشت گندم کشور ۶ برابر آن زمانی شده بود که بارلوگ، پا در مکزیک گذاشته بود. بارلوگ شروع به آموزش دانشمندان کشاورزی از دیگر کشورها شامل مصر و پاکستان کرد.

بین سال‌های ۱۹۶۳ تا ۱۹۶۶ بارلوگ و گندم‌های کوتوله مکزیکی‌اش با موانع بی‌شماری برای پذیرش در پاکستان و هند مواجه شدند. پژوهش‌گران محلی به‌خاطر حسادت و از روی عمد به زمین‌های آزمایشی سم و کود ناکافی می‌دادند. دفاتر گمرک در آمریکا و مکزیک علاوه بر شورش‌های نژادی که در لوس‌آنجلس اتفاق می‌افتاد، در ترخیص محموله‌های دانه تأخیر ایجاد می‌کردند و بنابراین آنها

---

۴۲۷. Douglas MacArthur

۴۲۸. Cecil Salmon

۴۲۹. Norin 10

۴۳۰. Orville Vogel

۴۳۱. Oregan ایالتی در آمریکا.

۴۳۲. Brevor

دیر به فصل کاشت می‌رسیدند. گندزدایی بیش از حد در گمرک، نیمی از دانه‌ها را از بین می‌برد. شرکت‌های انحصاری ایالتی هندی علیه دانه‌ها تبانی می‌کردند و شایعاتی مبنی بر این‌که دانه‌ها در مقابل بیماری آسیب‌پذیر هستند منتشر می‌کردند. دولت هند به افزایش واردات کود مجوز نداد چراکه می‌خواست یک صنعت کود بومی را بسازد تا این‌که بارلوگ بر سر معاون نخست‌وزیر فریاد کشید. و در آخر، جنگ بین دو کشور آغاز شد.

اما به‌تدریج و به لطف پشتکار و استقامت بارلوگ، گندم‌های کوتوله چیره شدند. وزیر کشاورزی پاکستان گونه‌های جدید را در رادیو تحسین و تمجید کرد. وزیر کشاورزی هند، وسط زمین کریکت خودش را شخم زد و گیاه کاشت. در سال ۱۹۶۸، بعد از محموله‌های عظیم دانه از مکزیک، برداشت گندم در هر دو کشور فوق‌العاده بود. نه نیروی کار کافی، نه کامیون و نه امکانات ذخیره‌سازی کافی برای رویارویی با محصول وجود نداشت. در برخی شهرها، غلات در مدارس نگهداری می‌شد.

در ماه مارس همان سال، دولت هند، تمبری برای جشن گرفتن انقلاب گندم صادر کرد. این درست در همان سالی بود که پل ارلیک[۴۳۳]، دوست‌دار محیط زیست، کتاب خودش را با عنوان بمب جمعیت منتشر کرد. او در این کتاب، چیزی خیالی را اعلام کرد و آن این‌که، هند همیشه خودش را تغذیه خواهد کرد. پیش‌بینی او قبل از آن‌که جوهر قلمش خشک شود، اشتباه از کار درآمد. هند تا سال ۱۹۷۴، تبدیل به صادرکننده خالص[۴۳۴] گندم شد. تولید گندم سه‌برابر شده بود. گندم بارلوگ و گونه‌های برنج کوتاه که به‌دنبال آن آمدند به انقلاب سبز منجر شد. انقلابی که دگرگونی حیرت‌انگیزی در کشاورزی آسیایی در دهه ۱۹۷۰ بود و قحطی را تقریباً در تمام قاره حتی با افزایش جمعیتی که به‌سرعت در حال اتفاق بود از میان برداشت. در سال ۱۹۷۰، نورمن بارلوگ جایزه‌ی صلح نوبل را دریافت کرد.

در عمل، بارلوگ و متحدانش، افسار قدرت کودهایی را که از سوخت‌های فسیلی تهیه می‌شدند، رها کرده بودند. از سال ۱۹۰۰، دنیا جمعیتش را تا ۴۰۰ درصد، زمین‌های زراعی را تا ۳۰ درصد، میانگین محصول را تا ۴۰۰ درصد و برداشت کلی محصول را تا ۶۰۰ درصد افزایش داده است. بنابراین سرانه تولید مواد غذایی تا ۵۰ درصد بالا رفته است. خبر عالی این‌که همه‌ی این‌ها به کمک سوخت‌های فسیلی بوده است.

---

۴۳۳. Paul Ehrlich زیست‌شناس آمریکایی معاصر که به‌خاطر هشدارش درباره عواقب رشد جمعیت و منابع محدود معروف است.

۴۳۴. یعنی صادراتش از واردات بیشتر بود.

کشاورزی متراکم موجب نجات طبیعت می‌شود

اگر تمام محصولات غلات دنیا را کنار هم جمع کنیم، در سال ۲۰۰۵ دو برابر آنچه از یک جریب زمین مشابه در ۱۹۶۸ تولید می‌شد، دانه‌ی غلات حاصل شده بود. این تراکم در کشاورزی در مقیاس وسیعی زمین‌ها را حفظ کرده بود. به این آمار شگفت‌انگیز که توسط اقتصاددان ایندور گوکلانی[۴۳۵] محاسبه شده است توجه کنید. اگر میانگین محصول در ۱۹۶۱ همچنان در ۱۹۹۸ نیز غالب بود، آن‌گاه تغذیه‌ی ۶ میلیارد نفر، به شخم زدن ۷.۹ میلیارد جریب زمین به جای ۳.۷ میلیارد جریب زمینی که در واقع در سال ۱۹۹۸ شخم زده شد احتیاج داشت: منطقه‌ای اضافی به بزرگی آمریکای جنوبی منهای شیلی. این مطلب به‌طرز خوش‌بینانه‌ای فرض می‌کند که میزان محصولات برداشت‌شده از این زمین تازه کشت‌شده، چه در جنگل‌های بارانی، باتلاق‌ها و چه در نیمه‌بیابان‌ها در یک سطح و اندازه باقی می‌ماند. اگر میزان محصولات افزایش نیافته بودند، آن‌گاه جنگل‌های بارانی سوخته بودند، بیابان‌ها را آب فرا گرفته بود، تالاب‌ها خشک شده بودند، جلگه‌های جزر و مدی دوباره احیا می‌شدند و چراگاه‌ها شخم می‌خوردند و وسعت آن بسیار فراتر از آنچه می‌شد که در حقیقت اتفاق افتاد. اگر بخواهیم به شکل دیگری بیان کنیم، کشاورزی مردم امروز (یعنی شخم‌زدن، کاشت محصول یا چرای حیوانات) فقط ۳۸ درصد مناطق خشکی روی زمین را تشکیل می‌دهد، حال آن‌که با میزان محصول ۱۹۶۱، باید ۸۲ درصد زمین‌ها برای تأمین غذای جمعیت امروز جهان زراعت می‌شد. متراکم‌سازی کشاورزی، ۴۴ درصد از این سیاره را برای حیات وحش حفظ کرده است. متراکم‌سازی از نقطه‌نظر محیط‌زیستی بهترین چیزی است که تا به حال اتفاق افتاده است. بعد از ترک کشاورزان به قصد مهاجرت به شهرها، در حال حاضر بیش از دو میلیارد جریب جنگل‌های بارانی ثانویه در مناطق گرمسیری در حال رویش هستند و این مناطق در تنوع زیستی تقریباً به همان اندازه جنگل‌های اولیه غنی هستند. این مسئله به‌خاطر کشاورزی متراکم و شهرنشینی اتفاق افتاده است.

برخی بحث می‌کنند که گونه‌ی انسان، بخش تجدیدناپذیری از محصول اصلی کره زمین را به خود اختصاص داده و اگر بیشتر از این به مصرف آن ادامه دهد، زیست‌بوم (اکوسیستم) کل زمین از میان خواهد رفت. نوع بشر حدود ۰.۵ درصد وزنی کل حیوانات روی زمین را تشکیل می‌دهد. با این حال انسان‌ها هنوز به‌طور تخمینی ۲۳ درصد کل محصول اولیه‌ی گیاهان پرورش‌یافته در زمین‌ها را به خودشان اختصاص می‌دهند، قرض می‌گیرند و می‌دزدند (این عدد خیلی کم‌تر می‌شود اگر شامل اقیانوس‌ها هم بشود). این عدد برای زیست‌بوم‌شناسان

---

۴۳۵. Indur Goklany تحلیل‌گر سیاست علوم و فن‌آوری در وزارت کشور آمریکا.

به‌عنوان HANPP[۴۳۶] (تصاحب انسان از میزان تولید خالص اولیه) شناخته می‌شود. این بدان معناست که از ۶۵۰ میلیارد تن کربنی که هر ساله به‌صورت بالقوه توسط گیاهان از هوا جذب می‌شود، هشتاد میلیارد تن آن درو می‌شود، ده میلیارد تن آن سوزانده می‌شود و ششصد میلیون تن هم به واسطه‌ی شخم زدن، خیابان‌ها و بزها رشد نمی‌کنند. با این حساب ۵۰۰ میلیارد تن برای تأمین گونه‌های دیگر باقی می‌ماند.

به نظر می‌رسد که با این حساب هنوز جایی برای رشد باقی بماند، اما آیا این به‌راستی عملی است که از سیاره زمین توقع داشته باشیم که به تأمین چنین تک-فرهنگ غالب و متعلق به یک میمون ادامه دهد؟ برای پاسخ به این پرسش، اعداد را بر اساس منطقه تقسیم می‌کنیم. در سیبری و آمازون یحتمل ۹۹ درصد رشد گیاهان صرف حیات‌وحش می‌شود تا انسان‌ها. در بیشتر مناطق آفریقا و آسیای مرکزی، مردم تولید محصول را کاهش می‌دهند تا جایی که یک‌پنجم آن را تصاحب می‌کنند. یک بیشه‌زار که بیش از حد مورد چرای حیوانات قرار گرفته، تعداد کمتری بز را می‌تواند تأمین کند تا این‌که اگر صحرایی بکر بود و بزهای کوهی از آن تغذیه می‌کردند. هرچند در اروپای غربی و آسیای شرقی مردم نیمی از محصول گیاهی را میخورند اما با این حال به میزان کمی باقی‌مانده را برای دیگر گونه‌ها کاهش می‌دهند. دلیل آن این است که مردم این مناطق میزان تولید زمین‌ها را با کودها به‌طرز چشم‌گیری افزایش می‌دهند. بر علفزار نزدیک خانه‌ی من سالی دوبار کود نیترات پاشیده می‌شود که گله بزرگ گاو شیری را تأمین می‌کند و همچنین مملو از کرم‌ها، کرم‌های خاکی و مگس‌های سرگین[۴۳۷] است که توکاهای سیاه، زاغچه‌ها و پرستوها از آنها تغذیه می‌کنند. این مطلب، دلیل خوبی برای خوش‌بینی است چرا که به این مسئله اشاره دارد که متراکم سازی کشاورزی در کل آفریقا و آسیای مرکزی می‌تواند انسان‌های بیشتری را تغذیه و همچنان دیگر گونه‌ها را نیز تأمین کند. یا از نقطه‌نظر دانشگاهی، «این یافته‌ها پیشنهاد می‌کنند که در مقیاس جهانی، این امکان بالقوه و چشمگیر وجود دارد که برداشت محصول کشاورزی را بدون اینکه لزوماً HANPP را بالا برد، افزایش داد.»

روندهای دیگری نیز کشاورزی مدرن را برای کره زمین بهتر کرده‌اند. امروزه علف‌های هرز به وسیله‌ی علف‌کش‌ها به‌جای شخم زدن از بین می‌روند (کاربرد اصلی شخم، خاک کردن علف‌های هرز است) و دانه‌های بیشتر و بیشتری بدون شخم‌زدن، مستقیماً در زمین کاشته می‌شوند. این کار باعث کاهش فرسایش خاک، رانش گل و لای و کشته شدن دسته‌جمعی حیوانات کوچک بی‌گناه در داخل خاک که به‌صورت گریزناپذیری درگیر شخم خوردن یک زمین هستند، می‌شود.

---

۴۳۶. Human Appropriation of Net Primary Productivity

۴۳۷. Dung flies نوعی حشره پرنده شبیه مگس.

گله‌های مرغ‌دریایی کرم‌خوار بر این مطلب گواهی می‌دهند. وجود نگهدارنده‌ها در فرآیند تولید مواد غذایی که از سوی سبزها و طرفداران محیط‌زیست بسیار تحقیر می‌شود، میزان غذایی را که به زباله‌دانی‌ها ریخته می‌شود تا حد زیادی کاهش داده است. حتی محصور کردن جوجه‌ها، خوک‌ها و دام در داخل طویله‌ها و دامداری باطری، اگرچه وجدان کسانی (من‌جمله خودم) را که به آسایش حیوانات اهمیت می‌دهند آزرده می‌کند، اما بی‌شک منتج به تولید بیشتر گوشت از میزان خوراک کمتر، همراه با آلودگی و بیماری کمتر می‌شود. هنگامی که آنفولانزای پرندگان تهدیدساز شد، دسته‌های جوجه در مزارع با محدوده آزاد بود که در معرض بیشترین خطر بودند و نه جوجه‌های مزارع باطری. برخی دامداری‌های متراکم به‌صورت غیرقابل قبولی بی‌رحمانه هستند اما گروهی دیگر، بدتر از برخی دامداری‌ها با محدوده‌ی آزاد نیستند و تأثیر محیط‌زیستی آنها نیز بدون تردید کمتر است.

آمیزش دوباره ژن بارلوگ با آمونیاک هابر و موتور احتراق داخلیِ رادلف دیزل[۴۳۸]، اتم‌های کافی را دوباره به گونه‌ای آرایش دادند که نه‌تنها اطمینان داد که پیش‌بینی مالتوس دست‌کم برای یک نیم‌قرن دیگر اشتباه بود بلکه ببرها و توکاها می‌توانند در حیات وحش همچنان باقی بمانند. بنابراین می‌خواهم یک پیشنهاد تکان‌دهنده ارائه بدهم: این‌که جهان می‌تواند به‌طور منطقی هدفی برای تغذیه‌ی خودش با یک استاندارد بالا و بالاتر در کل قرن بیست و یکم بدون آن‌که زمین‌های جدیدی را زیر کشت ببرد تعریف کند و آن در حقیقت کاهش تدریجی مناطق کشاورزی است. آیا این کار شدنی است؟ در اوایل دهه‌ی ۱۹۶۰، اقتصاددان کالین کلارک[۴۳۹] محاسبه کرده بود که نوع بشر هر کدام در تئوری می‌تواند روی فقط بیست و هفت متر مربع زندگی کنند. استدلال او از این قرار بود: به‌طور میانگین هر فرد به ۲۵۰۰ کالری از غذا در هر روز احتیاج دارد که معادل ۶۸۵ گرم غلات است. این مقدار را برای تولید مقدار کمی سوخت، الیاف و پرورش مقداری پروتئین حیوانی، دو برابر کنید: ۱۳۷۰ گرم غلات. بیشترین میزان فتوسنتز در یک خاک غنی و به‌خوبی آبیاری شده، حدود ۳۵۰ گرم در هر متر مربع در روز است که البته می‌توانید آن را به حدود پنجاه گرم در بهترین حالت تقلیل دهید چراکه کشاورزی در عمل می‌تواند در یک منطقه‌ی وسیع به بار بنشیند. بنابراین پرورش ۱۳۷۰ گرم غلات مورد احتیاج هر فرد به بیست و هفت متر مربع زمین نیاز دارد. کلارک در دهه‌ی ۱۹۶۰ محاسبه کرد که بر این اساس و محصول روزانه، دنیا می‌تواند سی‌وپنج میلیارد دهان را تغذیه کند.

خب، بگذارید فرض کنم که با وجود محافظه‌کاری کلارک بابت فتوسنتز، این مطلب هنوز به‌طرز وحشتناکی خوش‌بینانه است. بگذارید عدد کلارک را چهار

۴۳۸. Rudolf Diesel مهندس مکانیک و مخترع آلمانی موتور دیزل در قرن نوزدهم.

۴۳۹. Colin Clark اقتصاددان انگلیسی/استرالیایی قرن بیستم.

برابر کنم و فرض کنیم کره زمین نمیتواند به‌طور میانگین هر انسان را با مساحتی زیر ۱۰۰ متر مربع تغذیه کند. ما چقدر به این نقطه نزدیک هستیم؟ در سال ۲۰۰۴، دنیا حدود دو میلیارد تن برنج، گندم و ذرت را روی تقریباً نیم میلیارد هکتار زمین تولید کرد: میانگین محصول چهار تن در هر هکتار بود. این سه محصول حدود دوسوم غذای دنیا را چه به‌صورت مستقیم و چه به طریق گوشت گاو، مرغ و خوک فراهم آورده‌اند. این عدد معادل تغذیه چهار میلیارد انسان است. بنابراین هر هکتار زمین تقریباً به هشت نفر غذا داده است، یا تقریباً ۱۲۵۰ متر مربع برای هر فرد. البته این عدد از ۴۰۰۰ متر مربع در دهه‌ی ۱۹۵۰ به این مقدار رسیده است. این مقدار خیلی با ۱۰۰ متر مربع فاصله دارد. علاوه بر این، دنیا یک میلیارد هکتار دیگر برای کشت انواع دیگر غلات، دانه‌های سویا، سبزیجات، کتان و مانند اینها استفاده کرد (زمین‌های مراتع در این محاسبه قرار نمی‌گیرند). این به معنی ۵۰۰۰ متر مربع برای هر نفر است. حتی اگر جمعیت مردم دنیا را به ۹ میلیارد نفر افزایش دهید، هنوز فضای بسیار بزرگی برای بهبود و پیشرفت وجود دارد و این پیش از آن است که ما به سقف میزان تولید کشاورزی برسیم. شما می‌توانید محصول را دو برابر یا حتی چهار برابر کنید و هنوز حتی به بیشترین مقدار عملی تولید محصول زمین‌ها هم نزدیک نشده باشید، چه برسد که به حد فتوسنتز برسید. اگر همه‌ی ما گیاه‌خوار شویم، میزان زمینی که نیاز داریم باز هم مقدار کمی است ولی اگر همه‌ی ما بخواهیم مواد آلی و ارگانیک مصرف کنیم، زمین بیشتری نیاز داریم: ما به جریب زمین بیشتری برای پرورش گاو نیاز داریم تا کود حیوانی آن بتواند زمین‌های ما را بارور کند. به‌طور دقیق‌تر، برای جایگزین کردن تمام کودهای ازت صنعتی که امروزه به‌کار برده می‌شود به هفت میلیارد دام اضافه نیاز داریم تا روی ۳۰ میلیارد جریب مرتع اضافه چرا کنند. (غالباً می‌شنوید که مدافعان مواد آلی و ارگانیک، هم در مدح فضیلت‌های کود حیوانی و هم گیاه‌خواری سخن می‌گویند: به تناقض توجه کنید!) اما این محاسبات نشان می‌دهند که حتی بدون گیاه‌خواری، محصول مازاد رو به رشدی در زمین‌های کشاورزی وجود خواهد داشت.

بنابراین بیایید این کار را انجام دهیم: بیایید به کم کردن مناطق مختص زمین‌های کشاورزی برای هر نفر ادامه دهیم تا جایی که بتوانیم شروع به تبدیل باقی‌مانده زمین‌ها به حیات وحش کنیم.

کمبود زمین برای کسب نور آفتاب، مشکلی برای تولید مواد غذایی ایجاد نخواهد کرد – دست کم نه از زمانی که هابر مشکل کودها را حل کرد. تمام شدن آب هم می‌تواند مشکل باشد. لِستر براون[۴۴۰] اشاره می‌کند که هند برای آبیاری محصولات، به‌شدت به سفره‌های آب زیرزمینی وابسته است که به‌سرعت

۴۴۰. Lester Brown تحلیل‌گر محیط زیست آمریکایی معاصر و بنیان‌گذار مؤسسه ورلدواچ (Worldwatch).

در حال خالی شدن هستند و همچنین آب رودخانه گنگ که آن‌هم به‌تدریج در حال خشک شدن است. و این‌که آب آبیاری به‌خاطر تبخیر شور می‌شود، مشکلی روزافزون است که کل دنیا درگیر آن شده و دیگر این‌که به‌طور کامل، ۷۰ درصد مصرف آب دنیا صرف آبیاری محصولات می‌شود. اما او در ادامه می‌پذیرد که ناکارآمدی سیستم‌های آبیاری به‌سرعت در حال بهبود است. به‌خصوص در چین که در حال حاضر از تکنیک آبیاری قطره‌ای به‌خوبی استفاده می‌کنند و تقریباً توانسته‌اند این مشکل را از بین ببرند. کشورهایی مانند قبرس، اسرائیل و اردن در حال حاضر از مصرف‌کنندگان جدی آبیاری قطره‌ای هستند. به بیان دیگر هدر دادن آب در آبیاری به‌خاطر قیمت پایین آب است. آب اگر به‌درستی در بازار قیمت‌گذاری شود آن‌گاه نه‌تنها با صرفه‌جویی بیشتر و از روی احتیاط مصرف می‌شود، بلکه وفور بسیار آن‌هم به واسطه‌ی انگیزه‌های تصرف و ذخیره‌سازی افزایش می‌یابد.

این چیزی است که برای تغذیه‌ی ۹ میلیارد نفر در سال ۲۰۵۰ نیاز داریم: دست کم دو برابر شدن محصول کشاورزی با افزایش بسیار زیاد کود در آفریقا، پذیرش استفاده از آبیاری قطره‌ای در آسیا و آمریکا، گسترش کاشت محصول دوگانه[۴۴۱] در بسیاری از کشورهای گرمسیری، استفاده از گیاهان اصلاح‌شده‌ی ژنتیکی[۴۴۲] در کل دنیا جهت بهبود محصول و کاهش آلودگی، تغییر تغذیه‌ی دام از غلات به دانههای سویا، ادامه به توسعه نسبی مزارع ماهی، جوجه و خوک به‌جای گاو و گوسفند (جوجه و ماهی به‌طور مؤثری غلات را سه برابر دام به گوشت تبدیل می‌کنند، خوک‌ها از این نظر در حد میانه هستند) و یک معامله خوب برای تجارت، نه فقط به این خاطر که مصرف‌کننده‌ها و گیاهان در یک مکان مشابه نخواهند بود، بلکه به این دلیل که داد و ستد باعث تشویق تخصص در تولید بهترین محصول برای هر منطقه ویژه‌ای می‌شود. اگر سیگنال‌های قیمت، دنیای کشاورزان را به این سمت سوق دهد که این اقدامات را انجام دهند، آن‌گاه کاملاً این امکان وجود دارد که ۹ میلیارد نفر در ۲۰۵۰ وجود خواهند داشت که راحت‌تر از امروز و از زمین زراعی کوچک‌تری تغذیه می‌کنند و قطعات بزرگی از زمین‌های کشاورزی را رها خواهند کرد تا به ذخایر طبیعت بپیوندد. تصور کنید: گسترش عظیم حیات وحش در تمام دنیا در سال ۲۰۵۰. این هدفی فوق‌العاده است که فقط با کشاورزی متراکم و تغییر بیشتر و نه کناره‌گیری و امرارمعاش از مواد آلی و ارگانیک مقدر خواهد شد. در واقع بیایید این‌طور فکر کنیم و کشاورزی را یک کسب‌وکار چندطبقه بدانیم با سیستم کشت آبی و آبیاری قطره‌ای و روشنایی برقی که در طول سال در مناطق متروکه شهری مواد غذایی تولید می‌کند و با نوار نقاله به‌طور مستقیم به فروشگاه‌ها و بقالی‌ها متصل است.

---

۴۴۱. Double Cropping شکلی از کشاوزی متراکم که درآن دو گیاه متفاوت را در یک زمین و در طول یک سال می‌کارند.

۴۴۲. GM (Genetically Modified Crops)

بیایید هزینه ساختمان‌ها و برق را با اهدای معافیت مالیاتی به توسعه‌دهنده به‌خاطر ترک زمین کشاورزی و اتصال آن به جایی در جنگل، باتلاق یا دشت، پرداخت کنیم. این یک حالت ایده‌آل هیجان‌انگیز و جان‌افزاست.

همان‌طور که یک پروفسور و یک سرآشپز به‌تازگی در برنامه‌ی رادیویی من، هر دو پیشنهاد کرده‌اند که دنیا باید تصمیم بگیرد و کشورها باید به میزان بالایی مواد غذایی خودشان را پرورش دهند و بخورند (چرا کشورها؟ چرا قاره‌ها نه؟ یا روستاها؟ یا سیاره‌ها نه؟) سپس قدر مسلم به جریب زمین بیشتری نیاز خواهد بود. در کشور من همان‌قدر کشت موز و پنبه بی‌فایده است که در جامائیکا کشت گندم و پشم. اگر دنیا بخواهد تصمیم بگیرد، همان‌طور که به‌طرز دیوانه‌واری در اوایل ۲۰۰۰ شروع به این‌کار کرد و می‌خواست سوخت موتورهایش را به‌جای آن‌که از چاه‌های نفت استخراج کند، در زمین کشاورزی رشد دهد، آن‌گاه جریب‌های تحت شخم می‌بایست که مانند بادکنک باد می‌کردند. و همچنین خداحافظی با جنگل‌های بارانی بود. اما تا زمانی که سلامت روان و عقل غالب است، می‌توان گفت که بله، هم نوه‌های من می‌توانند به‌خوبی تغذیه شوند و هم ذخایر طبیعی وسیع‌تر و وحشی‌تری نسبت به من ببینند. این چشم‌اندازی است که خوشحال می‌شوم برایش تلاش کنم. محصولات متراکم، مسیری است برای رسیدن به آنجا.

وقتی که نوع بشر، شکارچی-خوشه‌چین بود، هرکدام‌شان به حدود هزار هکتار زمین برای تأمین مرد یا زن نیاز داشتند. به کمک کشاورزی، ژنتیک، نفت، ماشین‌آلات و تجارت حالا هر کدام به کمی بیشتر از هزار مترمربع یعنی یک‌دهم هکتار نیاز دارند. (این‌که آیا نفت به اندازه‌ی کافی دوام خواهد آورد موضوع دیگری است که بعداً در این کتاب به آن خواهم رسید: به‌طور موجز، پاسخ من این است که اگر قیمت نفت به اندازه‌ی کافی بالا برود جایگزین‌ها پذیرفته خواهند شد.) این تنها به این خاطر ممکن است که در هر متر مربع، چیزی کاشته می‌شود که در آن خوب به عمل می‌آید و تجارت جهانی، نتیجه و محصول را توزیع می‌کند تا اطمینان پیدا کند که هر کسی مقداری از هر چیزی را می‌گیرد. یک بار دیگر معلوم شد موضوع تولید تخصصی- مصرف متنوع، کلید خوش‌بختی و سعادت است.

تصمیم اشتباه طرفداران مواد آلی و ارگانیک

سیاست‌مداران می‌توانند پیش‌بینی‌ام را رد کنند. این‌که دنیا تصمیم بگیرد که آلی و ارگانیک شود – به این معنی که کشاورزان باید نیتروژن مورد نیازشان را به‌جای هوا و با به‌کارگیری کارخانه‌ها و سوخت‌های فسیلی، از گیاهان و ماهی‌ها بگیرند – آن‌گاه بسیاری از ۹ میلیارد جمعیت کره زمین گرسنه خواهند

ماند و تمام جنگل‌های بارانی از بین خواهند رفت. بله، من نوشتم «تمام» جنگل‌ها. چه دوست داشته باشید یا نه، کشاورزی آلی و ارگانیک، محصول کمی تولید می‌کند. دلیل آن یک معادله شیمی ساده است. از آن‌جایی که در کشاورزی آلی از تمام کودهای ترکیبی دوری می‌شود، در نتیجه تمام مواد مغذی معدنی در خاک به‌خصوص فسفر و پتاسیم و در نهایت گوگرد، کلسیم و منیزیوم از آن خارج می‌شوند. این مشکل با افزودن سنگ خردشده و ماهی کوبیده‌شده به خاک مرتفع می‌شود. این دو یا باید استخراج شوند و یا با تور به‌دست آیند. اگرچه مشکل اصلی کمبود نیتروژن است که می‌توانند با رشد حبوبات (شبدر، یونجه یا لوبیا) که نیتروژن را از هوا می‌گیرند و آن را یا در خاک می‌پراکنند یا غذای دام می‌کنند تا کود حیوانی آن سپس در خاک شخم زده به‌کار رود، معکوس شود. با چنین کمکی، یک گیاه آلی می‌تواند با محصول غیر آلی برابر باشد. این کار فقط با به‌کار گیری زمینِ اضافی در جای دیگری برای کاشت حبوبات و تغذیه‌ی دام ممکن است که عملا منطقه زیر کشت را دو برابر می‌کند. در مقابل آن، کشاورزی متداول است که نیتروژن مورد نیاز خودش را از آنچه در منابع نقطه‌ی اثر وجود دارد یعنی کارخانه‌ها -که آنها هم از هوا می‌گیرند- کسب می‌کند.

کشاورزان سبک آلی و ارگانیک همچنین آرزو دارند که کمتر بر سوخت‌های فسیلی تکیه داشته باشند، اما در غیر این‌صورت غذاهای ارگانیک گران، کمیاب، خاکی و فاسد و خراب می‌شوند و باید به میزان بیشتری تولید شوند که این به معنی استفاده از سوخت است. در عمل، یک پوند[۴۴۳] کاهوی ارگانیک که بدون کودهای مصنوعی یا آفت‌کش‌ها در کالیفرنیا رشد کرده و حاوی هشتاد کالری است، به ۴۶۰۰ کالری سوخت فسیلی احتیاج دارد تا به بشقاب مشتری در رستوران شهر برسد: کاشت، چیدن علف‌های هرز، برداشت، سردسازی، شستن، پردازش و حمل و نقل، همه از سوخت فسیلی استفاده می‌کنند. یک کاهوی کاشته‌شده به روش متداول به ۴۸۰۰ کالری نیاز دارد. اختلاف ناچیز است.

این در حالی است که وقتی یک فن‌آوری جدید از راه رسید و این نوید را داد که کشاورزی ارگانیک را رقابتی و کارآمد کند، جنبش‌های طرفداران روش ارگانیک، آن را به‌سرعت رد کردند. آن فن‌آوری، اصلاح ژنتیک بود که نخستین‌بار در نیمه‌ی دهه‌ی ۱۹۸۰ به‌عنوان یک روش جایگزین ملایم‌تر برای «تولید مثل جهش‌یافته»ای بود که از پرتو گاما و مواد شیمیایی سرطان‌زا استفاده می‌کرد. آیا می‌دانستید این روشی بود که خیلی از محصولات گیاهی در نیم قرن گذشته با آن تولید می‌شد؟ آیا این همه پاستا از یک گونه گندم دوروم[۴۴۴] پرتوتابی شده می‌آید؟ آیا بیشتر گلابی‌های آسیایی از گیاهان پیوندی پرتوتابی‌شده می‌آیند؟ آیا آن گلدن پرامیس، که گونه‌ای از جو در انگلیس است و به‌ویژه بین آبجوسازان

---

۴۴۳. تقریباً برابر نیم کیلوگرم.

۴۴۴. Durum Wheat گندمی سخت معروف به گندم پاستا یا ماکارونی.

ارگانیک معروف است، برای اولین‌بار در یک راکتور اتمی در انگلیس در دهه‌ی ۱۹۵۰ به واسطه‌ی یک جهش بسیار بزرگ در ژن‌هایش و سپس انتخاب آن، ساخته شد؟ تا دهه‌ی ۱۹۸۰، دانشمندان به نقطه‌ای رسیده بودند که به‌جای هم‌زدن تصادفی ژن‌های گیاه هدف با نتیجه‌ای ناشناخته و به‌بار آوردن خسارت‌های ژنتیکی جانبی بسیار، می‌توانستند ژنی شناخته‌شده با عملکرد شناخته‌شده را به ژنوم یک گیاه تزریق کنند تا کار شناخته‌شده‌ی خودش را انجام دهد. آن ژن ممکن است از یک گونه‌ی متفاوت بیاید، بنابراین چنین انتقال افقی در خصوصیات بین گونه‌ها، نسبتاً به‌ندرت بین گیاهان در طبیعت اتفاق می‌افتد (اگرچه بین میکروب‌ها این مسئله امری عادی است).

مثلاً بسیاری از کشاورزان ارگانیک، یک باکتری حشره‌کش به نام Bacillus thuringiensis یا bt را با خوشحالی پذیرفتند که اولین بار در فرانسه با نام اسپورین[۴۴۵] در دهه‌ی ۱۹۳۰ تبلیغ و تجاری شد و کشاورزان آن را برای از بین بردن آفات روی محصولات پاشیدند. این حشره‌کش به‌عنوان افشره‌ای «بیولوژیک» و نه شیمیایی در تمام آزمایش‌های‌شان پذیرفته شد. تا دهه‌ی ۱۹۸۰، انواع مختلف بسیاری از bt برای انواع مختلف حشره ساخته شده بود. تمام آنها به‌عنوان حشره‌کش‌های ارگانیک شناخته می‌شدند. اما پس از آن مهندسان ژنتیک، سم bt را گرفتند و آن را در گیاه پنبه برای تولید پنبه‌ی bt گنجاندند که یکی از نخستین گیاهانی می‌باشد که اصلاح ژنتیک شده است. این کار دو مزیت بزرگ داشت: کرم‌های غوزه پنبه را که داخل گیاه زندگی می‌کنند و سم‌کش‌ها به آن قسمت به‌راحتی نمی‌رسیدند از بین برد؛ و این‌که حشرات بی‌گناهی که گیاه پنبه را نمی‌خوردند از بین نمی‌برد. اگرچه این ماده به‌طور رسمی محصولی ارگانیک بود که به‌صورت بیولوژیک در گیاه ادغام شد و مسلماً برای محیط‌زیست هم بهتر بود اما باز هم مجتهدین بالارتبه‌ی کشاورزی ارگانیک، این فن‌آوری را رد کردند. پنبه bt به دگرگونی صنعت پنبه ادامه داد و در حال حاضر جایگزین یک‌سوم کل محصول پنبه‌شده است. کشاورزهای هندی که این فن‌آوری از سوی دولت‌شان رد شده بود، بعد از دیدن رشد محصولات قاچاق‌شده در زمین‌های همسایه، شورش کردند تا آن را از دولت مطالبه کنند. امرزوه بیشتر پنبه‌های هند bt است و در نتیجه محصول تقریباً دو برابر شده است و نصف شدن مصرف حشره‌کش‌ها یعنی یک معامله‌ی برد - برد. در هر تحقیقی درباره محصول پنبه‌ی bt در سراسر دنیا، از چین تا آریزونا، مصرف حشره‌کش‌ها به میزان ۸۰ درصد پایین آمده است و زنبورها، پروانه‌ها و پرنده‌ها به حد فراوانی دوباره به منطقه برگشته‌اند. خبرهای خوب، چه از نظر اقتصادی و چه زیست‌محیطی همه‌جا پخش شده بود. هرچند به صرف هم‌صدا شدن با تبلیغات اعتراض، رهبران جنبش‌های ارگانیک، خودشان را از فن‌آوری جدیدی که کاهش عمده‌ای در استفاده از آفت‌کش‌های مصنوعی به همراه داشت، محروم کرده بودند. به‌صورت تخمینی، میزان آفت‌کشی که به‌خاطر اصلاح ژنتیک مصرف نشد را بالغ بر بیش از ۲۰۰ میلیون کیلوگرم از مواد

---

۴۴۵. Sporeine

تشکیل‌دهنده‌ی فعال می‌دانند که این مقدار در حال بالا رفتن است.

این فقط یک نمونه از پافشاری جنبش ارگانیک برای متوقف کردن فن‌آوری کشاورزی در نیمه‌ی قرن بیستم است و این‌که چگونه مزایای محیط‌زیستی را که با فن‌آوری‌های بعدی برآورده می‌شود، از دست می‌دهد. بلیک هرست[۴۴۶]، کشاورز اداره میزوری[۴۴۷] می‌نویسد: «خیلی خسته و ناامید هستم از کسانی که پیش پزشکی که از گوشی پزشکی به‌جای ام‌آرآی استفاده می‌کند، نمی‌روند و بعد خواستار این هستند که کشاورزانی مانند من از فن‌آوری دهه‌ی ۱۹۳۰ برای تولید مواد غذایی استفاده کنند.» کشاورزان ارگانیک راضی هستند که سولفات مس یا سولفات نیکوتین را روی گیاهان بپاشند، اما خودشان را از به‌کارگیری پایریترویدهای[۴۴۸] مصنوعی که به‌سرعت حشرات را می‌کشند و میزان سم بسیار پایینی برای پستان‌داران دارند و همچنین در محیط باقی نمی‌مانند تا باعث خسارت جانبی شوند و غیر آفت‌ها را از بین ببرند، منع می‌کنند. آنها خودشان را از علف‌کش‌ها هم منع می‌کنند و این بدین معنی است که علف‌ها را باید با استخدام کارگر با دستمزد کم با دست بکنند یا این‌که آنها را شخم زده و آتش بزنند که می‌تواند جانوران خاک را از بین ببرد، فرسایش خاک را سرعت بخشد و باعث پخش گازهای گلخانه‌ای شود. آنها خودشان را از کودهای ساخته‌شده از هوا محروم می‌کنند اما به خودشان اجازه می‌دهند تا از کود ساخته‌شده از ماهی‌های صید شده با تور استفاده کنند.

راشل کارسن در کتاب کلاسیک خودش، بهار خاموش، دانشمندان را فرامی‌خواند تا به آفت‌کش‌های شیمیایی پشت کنند و به‌دنبال یک «راه حل زیست‌شناختی» برای از بین بردن آفات باشند. خب دانشمندان چنین کاری کرده‌اند و جنبش ارگانیک آن را رد کرده است.

راه‌های بسیار اصلاح ژن

البته که به لحاظ تعریف، تقریباً تمام گیاهان زراعی به‌صورت «ژنتیکی» اصلاح شده‌اند. آنها جهش‌یافته‌های غول‌آسایی هستند که قادر به تولید محصول به‌طور غیرطبیعی بزرگ، دانه‌هایی بدون نیاز به خرمن‌کوبی یا تولید میوه‌های سنگین و شیرین و وابسته به دخالت انسان برای بقا هستند. هویج‌ها به لطف فقط انتخاب یک جهش که یحتمل نخستین‌بار در اواخر قرن شانزدهم در هلند کشف شد، نارنجی هستند. موزها نابارور هستند و قادر به ساختن دانه نیستند.

---

۴۴۶. Blake Hurst

۴۴۷. Missouri Fram Bureau سازمانی بر اساس مشارکت اعضا که صدای کشاورزان میزوری در قوانین ایالتی و فدرال است و از حقوق آنها دفاع می‌کند.

۴۴۸. Pyrethroid

گندم دارای سه ژنوم کامل دولاد (دوگانه) در هر یک از سلول‌هایش است که از سه علف وحشی مختلف به ارث برده است و خیلی ساده این‌که به‌صورت یک گیاه وحشی نمی‌تواند دوام بیاورد. شما هیچ‌وقت با علف‌های گندم مواجه نمی‌شوید. برنج، ذرت و گندم همه جهش‌های ژنتیکی مشترکی دارند که رشد گیاه را برای بزرگ‌تر ساختن دانه‌ها تغییر می‌دهد، از شکستگی آنها جلوگیری می‌کند و جداشدن از پوسته بدون خرمن‌کوبی را ممکن می‌سازد. این جهش‌ها البته سهواً از سوی اولین کشاورزها که این دانه‌ها را کاشته و درو کرده بودند، انتخاب شده بود.

اما اصلاح ژنتیک مدرن که از ژن‌های یگانه استفاده می‌کرد، فن‌آوری بود که به‌طرز نگران‌کننده‌ای وارد کار شد چراکه نزدیک بود به‌واسطه‌ی ترس‌های غیرمنطقی که از طرف گروه‌های فشار اعمال می‌شد در نطفه خفه شود. آنها اول گفتند که مواد غذایی ممکن است خطرناک باشند. یک تریلیون وعده‌ی غذایی GM[۴۴۹] (اصلاح ژنتیک شده) بعد از آن بدون حتی یک مورد بیماری انسانی ایجاد شده به‌واسطه غذای GM این بحث را مردود ساخت. سپس آنها این بحث را مطرح کردند که این برای ژن‌ها غیرطبیعی است که از سد گونه‌ها گذر کنند. در حالی‌که گندم به‌عنوان بزرگ‌ترین محصول، یک ادغام شده چندلاد (چندگانه) از سه گونه گیاه وحشی است و انتقال افقی ژن در بسیاری از گیاهان مانند آمبورلا[۴۵۰] که یک گیاه گل‌دار ابتدایی است، پدیدار می‌شود و این ثابت می‌کند که توالی DNA که از خزه‌ها و جلبک‌ها قرض گرفته است را دارد. (حتی DNA هم دیده شده که به واسطه یک ویروس و به‌صورت طبیعی از مار به موش صحرایی جهش کرده باشد). سپس آنها ادعا کردند که محصولات GM برای کسب منفعت شخصی تولید و فروخته می‌شوند و نه برای کمک به کشاورزان. پس تراکتورها هم به همین دلیل تولید و فروخته می‌شوند. بعد آنها یک مجادله عجیب و غریب را شروع کردند که محصولات گیاهی مقاوم نسبت به علف‌کش‌ها ممکن است با گیاهان وحشی پیوند بخورند و در نتیجه علف‌های بسیار بزرگی تولید کنند که دیگر از بین بردن آنها با آن علف‌کش ناممکن باشد. این از طرف کسانی بود که به هر روی مخالف علف‌کش‌ها بودند و چه چیز برای آنها جذاب‌تر از این بود که علف‌کش را بی‌فایده جلوه دهند؟

تا سال ۲۰۰۸، کمتر از بیست و پنج سال بعد از این‌که این‌ها برای نخستین‌بار اختراع شوند، ۱۰ درصد تمام زمین‌های قابل کشت که ۳۰ میلیون جریب زمین می‌شد در حال پرورش محصولات اصلاح ژنتیکی شده بودند: یکی از سریع‌ترین و موفق‌ترین پذیرش‌های فن‌آوری نوین در تاریخ کشاورزی. این محصولات فقط در بخش‌هایی از اروپا و آفریقا برای کشاورزان و مصرف‌کنندگان

---

۴۴۹. Genetically Modified

۴۵۰. Amborella

از سوی طرفداران ستیزه‌جوی محیط‌زیست با چیزی که استوارت برند[۴۵۱] آن را «بی‌تفاوتی سنتی به گرسنگی» می‌نامید، منع شد. دولت‌های آفریقایی بعد از تبانی شدیدی که با گروه‌های غربی انجام شد، متقاعد شدند غذاهای تولید شده از اصلاح ژنتیک را به‌عنوان خط قرمز بدانند و این به معنی جلوگیری از رشد آنها به‌صورت تجاری در همه جا به جز سه کشور آفریقای جنوبی، بورکینافاسو و مصر بود. در یک مورد رسواکننده، زامبیا در سال ۲۰۰۲، حتی در میان یک قحطی، بعد از آن‌که از سوی گروه‌های داوطلب شامل صلح‌سبز بین‌الملل[۴۵۲] و دوستان زمین[۴۵۳]، متقاعد شد که به‌خاطر اصلاح ژنتیک، غذاها می‌توانند خطرناک باشند، کمک‌های غذایی را رد کرد. یک گروه فشار حتی به هیأت نمایندگان زامبیایی گفت که محصولات GM ممکن است باعث عفونت‌های ویروسی شود. رابرت پارل‌برگ[۴۵۴] می‌نویسد: «اروپایی‌ها در حال تحمیل غنی‌ترین مزه‌ها به فقیرترین مردم هستند.» اینگو پوتریکوس[۴۵۵]، توسعه‌دهنده‌ی برنج طلایی می‌اندیشد که «مخالفت همه‌جانبه نسبت به غذاهای GM، چیزی تجملی است که فقط غربی‌های نازپرورده می‌توانند بهایش را بپردازند.» یا همان‌طور که دانشمند کنیایی، فلورنس وامبوگو[۴۵۶] مطرح می‌کند، «شما مردم دنیای توسعه‌یافته به‌طور قطع آزاد هستید تا درباره شایستگی‌های غذاهای اصلاح نژادی بحث و مناظره کنید، اما می‌شه اول ما غذا بخوریم بعد این کار را بکنید؟»

در حالی‌که این آفریقاست که می‌تواند دقیقاً بیشترین بهره را از محصولات GM به این خاطر ببرد که بسیاری از کشاورزانش، خرده‌مالک‌هایی هستند که دسترسی محدودی به مواد شیمیایی آفت‌کش دارند. در اوگاندا، جایی که یک بیماری قارچی به نام سیگاتوکای[۴۵۷] سیاه، محصول اصلی آنجا، موز را تهدید می‌کند و نژادهای مقاوم همراه ژن برنج هنوز به‌خاطر قوانین، سال‌ها مانده تا به بازار برسند، گیاهان آزمایشی GM باید در حصارهایی قفل و کلید شده، نه از دست معترضان صاحب عنوان و پایمال‌گر، بلکه از دست کاربران مشتاق محافظت شود. تولید سرانه‌ی غذا در آفریقا طی ۳۵ سال، ۲۰ درصد سقوط کرده است. حدود ۱۵ درصد محصول ذرت آفریقایی به‌خاطر لارو پروانه‌ی ساقه‌خوار از بین می‌رود و دوباره حداقل به همین مقدار در انبارها به‌خاطر سوسکها هدر می‌شود. ذرت bt به هر دوی این آفت‌ها مقاوم است. مالکیت شرکت هم مشکلی ندارد: شرکت‌های غربی و مؤسسه‌های علاقه‌مند به اعطای حق امتیاز رایگان چنین محصولی به کشاورزان آفریقایی از طریق سازمان‌هایی مانند مؤسسه‌ی فن‌آوری

---

۴۵۱. Stewart Brand نویسنده‌ی معاصر آمریکایی.
۴۵۲. Greenpeace International
۴۵۳. Friends of the Earth
۴۵۴. Robert Paarlberg استاد کشاورزی و محیط‌زیست دانشگاه‌هاروارد.
۴۵۵. Ingo Portyus استاد علوم گیاهان در سوئیس.
۴۵۶. Florence Wambugu
۴۵۷. Sigatoka

کشاورزی آفریقا[۴۵۸] هستند. اینها کورسوهایی از امید هستند. آزمایش‌های میدانی در کنیا برای ذرت مقاوم در برابر خشک‌سالی و حشره در سال ۲۰۱۰ شروع می‌شود، هرچند که سال‌ها آزمایش ایمن بودن بعد از آن انجام خواهد شد.

اگر بخواهیم به‌طور طعنه‌آمیزی بیان کنیم، ماحصل اعتراض علیه محصولات GM در کل دنیا تأخیر انداختن در پس‌زدن آفت‌کش‌های شیمیایی و اطمینان از این بود که فقط محصولات زراعی اصلی و اولیه[۴۵۹] بتوانند از سد مقررات رسمی گیاهان بگذرند و به بازار راه یابند که عملاً این معنی را داشت که محصولات زراعی به کشاورزان خرده و مؤسسه‌های خیریه داده نشد. مهندسی ژنتیک بیشتر از آنچه می‌توانست انجام دهد باقی ماند و باعث شد شرکت‌های بزرگ بتوانند قوانین تحمیل شده به واسطه فشار طرفداران محیط زیست را تاب بیاورند. هرچند که فواید زیست‌محیطی محصولات GM بسیار فراوان است. میزان استفاده از آفت‌کش‌ها، هر جا که پنبه‌ی GM کشت می‌شود به‌سرعت سقوط می‌کند و هر جا که دانه‌های سویای مقاوم به علف‌کش‌ها رشد می‌کنند، کشت بدون شخم باعث تقویت خاک می‌شود. اما این فواید به اینها ختم نمی‌شوند. گیاهانی که به خشکسالی، نمک و آلومینیوم سمی مقاوم هستند در راهند. دانه‌های سویا سرشار از لایسین[۴۶۰] به‌زودی ماهی‌های سالمون (آزاد) در مزارع را تغذیه خواهند کرد و احتیاجی به تاراج ماهی‌های دیگر در حیات‌وحش جهت تغذیه آنها نخواهد بود. در زمانی که در حال خواندن این کتاب هستید ممکن است گیاهانی در بازار باشند که نیتروژن را به‌صورت مؤثرتری جذب کنند و در نتیجه محصول بیشتری با کمتر از نصف کود مصرفی میتواند به‌دست آید، زیستگاه‌های آبزی از هرزآب‌های آلوده و بیش از حد سرشار شده از مواد مغذی و معدنی محفوظ می‌ماند، جو کره زمین از یک گاز گلخانه‌ای (اکسید نیتروژن) که ۳۰۰ برابر از گاز دی‌اکسید کربن قوی‌تر است ایمن می‌ماند و میزان سوخت فسیلی مورد استفاده در ساخت کود را پایین می‌آورد. لازم به ذکر نیست که هزینه‌ی کشاورزان هم کاهش می‌یابد. بسیاری از این‌ها بدون انتقال ژن هم میسر می‌شد اما از این طریق، ایمن‌تر و سریع‌تر انجام می‌شود. گروه صلح سبز و دوستان زمین هنوز با تمام این‌ها مخالفت می‌کنند.

از یک حیث انتقاد محیط‌زیستی از کشاورزی مدرن، سمبه‌ی پرزوری دارد. در مسیر کسب بالابردن میزان محصول، علم شاید کیفیت مقوی بودن مواد غذایی را قربانی کرده باشد. در واقع حرکت قرن بیستم به سمت تأمین یک جمعیت رو به افزایش با کالری مواد غذایی و محصولاتی که از همیشه سریع‌تر رشد میکنند، به‌طور باشکوهی موفق بود است تا حدی که بیماری‌های ناشی از سرف غذاهای بیش از حد ساده و بدون ادویه، بی‌حساب است: چاقی، بیماری‌های قلبی، دیابت

۴۵۸. African Agricultural Technology Foundation

۴۵۹. مانند گندم، برنج و سویا و محصولاتی که غیرقابل انشقاق هستند.

۴۶۰. Lysine نوعی آمینو اسید که در بیوسنتز پروتئین استفاده می‌شود.

و به احتمال زیاد افسردگی. مثلاً روغن‌های گیاهی مدرن و مقدار فراوان گوشت قرمز باعث می‌شود یک رژیم غذایی، میزان اسیدهای چرب امگا-۳ کمی داشته باشد و این منجر به بیماری‌های قلبی می‌شود، یا آرد گندم مدرن که سرشار از نشاسته‌ی آمیلوپکتین[۴۶۱] است می‌تواند به مقاومت در مقابل انسولین کمک و در نهایت منجر به دیابت شود؛ و ذرت که به‌طور خاص حاوی میزان کمی از آمینو اسید تریپتوفان[۴۶۲] می‌باشد که ماده تأثیر گذار بر سروتونین- انتقال‌دهنده‌ی عصبی «حس خوب» - است. مصرف‌کنندگان به‌حق دنبال نسل بعدی از زیرگونه‌های گیاهان هستند تا این ناکارآمدی‌ها را تصحیح کند. آنها می‌توانند چنین کاری را با خوردن بیشتر ماهی، میوه و سبزیجات انجام دهند. اما این کار گزینه‌ای است که نه‌تنها زمین بیشتری را اشغال می‌کند، بلکه بیشتر مناسب حال ثروتمندان است تا فقرا. بنابراین، نابرابری سلامتی تشدید می‌شود. فعال هندی، واندانا شیوا[۴۶۳] که گویی منعکس‌کننده حرف‌های ماری-آنتوانت[۴۶۴] است در بحث علیه برنج سرشار از ویتامین سفارش می‌کند که هندی‌ها باید گوشت، اسفناج و انبه بیشتری بخورند به‌جای آن‌که وابسته به برنج طلایی باشند.

اصلاح ژنتیک در عوض راه حل روشنی برای آن تدارک دیده است: کارگذاشتن ویژگی‌های مغذی سالم در گونه‌ها با میزان محصول بالا: وارد کردن تریپتوفان در ذرت برای مبارزه با افسردگی، جا گذاری ژن‌های منتقل‌کننده‌ی کلسیم در هویج‌ها به‌منظور کمک به جنگ علیه پوکی استخوان در کسانی که نمی‌توانند شیر بخورند، وارد کردن ویتامین‌ها و مواد معدنی در ذرت خوشه‌ای و نشاسته‌ی کاساوا[۴۶۵] برای کسانی که به این گیاهان به‌عنوان مواد غذایی اصلی وابسته هستند. در زمانی که این کتاب چاپ و منتشر شود، دانه‌های سویای سرشار شده از اسید چرب امگا-۳ که در داکوتای جنوبی پرورش یافته باید در راه رسیدن به‌سمت خواروبارفروشی‌ها و فروشگاه‌های آمریکا باشند. آنها قول داده‌اند خطر حمله‌ی قلبی را پایین بیاورند و یحتمل به سلامت فکری کسانی که با روغن آنها آشپزی می‌کنند هم کمک کنند. آنها همزمان فشار روی ماهی‌های وحشی که برای روغن ماهی صید می‌شوند نیز کاهش می‌دهند.

---

۴۶۱. Amylopectin

۴۶۲. Tryptophan

۴۶۳. Vandana Shiva

۴۶۴. Marie-Antoinette آخرین ملکه فرانسه پیش از انقلاب فرانسه که با گیوتین اعدام شد. کنایه‌ای از این جمله‌ی معروف او خطاب به انقلابیون گرسنه‌ی فرانسوی که "اگر نان ندارند، بگذارید کیک بخورند."

۴۶۵. Cassava

فصل پنجم

پیروزی شهرها: تجارت از ۵۰۰۰ سال پیش

«واردات، صبح کریسمس است؛ صادرات، صورت‌حساب ماه ژانویه کارت اعتباری.»

پی. جی. اورورک[۴۶۶]

اندر احوال ثروت ملل

۴۶۶. P.J O'Rourke روزنامه‌نگار و طنزپرداز آزادی‌خواه معاصر آمریکایی.

میزان مرگ و میر آمریکا بر اثر بیماری‌های مرتبط با آب

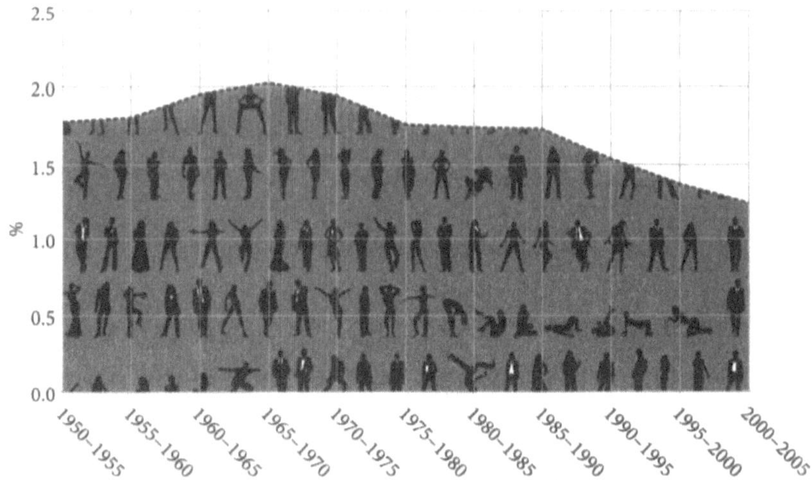

یک ماشین مدرن درو که توسط یک نفر هدایت می‌شود، می‌تواند در روز به اندازه‌ی تولید نیم میلیون قرص نان، گندم کافی درو کند. کمی عجیب است، هم‌اکنون که این کتاب را می‌نویسم (حدود اواخر ۲۰۰۸)، برای نخستین‌بار است که بخش عمده‌ی جمعیت مردم جهان در شهرها زندگی می‌کنند و این مقدار از ۱۵ درصد در سال ۱۹۰۰ به این نقطه رسیده است. ماشینی‌شدن کشاورزی توسط گروهی از مردم که زمین‌های زراعی‌شان را در جست‌وجوی اقبال و خوش‌بختی به‌سمت شهرها ترک کردند انجام شد و آنها را قادر کرد آزادانه برای یکدیگر چیزهایی به‌غیر از غذا تولید کنند.

اگرچه برخی با امید و آرزو و برخی دیگر با ترس و درماندگی آمدند ولی تقریباً همگی با یک هدف مشترک به شهرها کشیده شدند. شهرها برای داد و ستد هستند. آنها مکان‌هایی هستند که مردم می‌آیند تا تقسیم کار کنند، تا متخصص شوند و مبادله کنند. آنها زمانی رشد می‌کنند که تجارت توسعه پیدا یابد و وقتی تجارت کم شود، کوچک می‌شوند. جمعیت هنگ‌کنگ در قرن بیستم سی‌برابر شد. جمعیت ساکنان روم باستان از یک میلیون نفر در سال ۱۰۰، پیش از میلاد به ۲۰ هزار نفر در قرون وسطی کاهش یافت. به این خاطر که انسان‌ها عموماً میزان مرگ و میر بیشتری نسبت به زاد و ولد در شهرها دارند، بنابراین شهرهای بزرگ همیشه برای نگه‌داشتن جمعیت به مهاجران روستایی وابسته‌اند.

درست همان‌طور که کشاورزی در شش یا هفت نقطه جهان به‌صورت هم‌زمان ظهور کرد که بیان‌گر یک جبرگرایی تکامل‌گرایانه است، چندین هزار سال بعد نیز برای شهرها چیز مشابهی اتفاق افتاد. جوامع بزرگ شهری با ساختمان‌های گروهی، بناهای تاریخی و زیرساخت‌های مشترک از هفت هزار سال پیش در بسیاری از دره‌های حاصل‌خیز کنار رودخانه شروع به پدیدار شدن

کردند. کهن‌ترین شهرها در جنوب بین‌النهرین جایی که عراق امروزی هست قرار داشتند. ظهور آنها حاکی از آن است که تولید در حال بیشتر تخصصی شدن و مصرف در حال متنوع‌تر شدن بود.

به نظر می‌رسد که کشاورزان روی خاک آبرفتی و غنی دره‌ی رود فرات در دوران بارندگی فراوان، به اندازه‌ی کافی کامیاب بودند تا غلات و پشم بافته‌شده‌شان را با الوار و سنگ‌های قیمتی مردم بالای تپه در شمال مبادله کنند. از حدود ۷۵۰۰ سال پیش، سبک متمایز سفال‌گری «عُبید»[۴۶۷] داس‌های گِلی و طراحی خانه‌ها در تمام شرق نزدیک، تا نزدیکی کوه‌های ایران و در سراسر مدیترانه و سواحل شبه‌جزیره عربستان، جایی که ماهی‌گیران، ماهی‌ها را به تجار عبیدی در ازای غلات و تور ماهی‌گیری می‌فروختند، گسترش یافته بود. این یک پراکندگی جمعیتی تجاری بود و نه یک امپراتوری: عادات بومی مردم دور و نزدیک که سبک عبید را پذیرفته بودند، متمایز باقی مانده بود که نشان می‌دهد هرچند آنها مهاجران و ساکنان بین‌النهرین نبودند ولی بومی‌ها تقلید سبک و عادت عبید را دوست داشتند.

شهر باستانی اور[۴۶۸]

پس بین‌النهرین در دوران عبید با صادر کردن غلات و پارچه، پای همسایگانش را به صادرات الوار و بعدها فلزات کشاند. عبیدها می‌بایست که به این واسطه خیلی ثروتمند شده باشند تا بتوانند از رهبران مذهبی و رئیس قبایل پشتیبانی کنند. اینها به‌طرز اجتناب‌ناپذیری ایده‌های بالاتری از جایگاه خودشان داشتند برای همین وقتی در ۶ هزار سال پیش تمدن عبید ناپدید شد، چیز دیگری با آن جایگزین شد که بیشتر به یک امپراتوری شبیه بود و آن «گسترش و شکوفایی اوروک» بود. اوروک شهر بزرگی بود و به احتمال زیاد بزرگ‌ترین شهری که دنیا تا آن زمان به خودش دیده بود که جمعیتی بیش از ۵۰ هزار نفر را با ۶ مایل دیوار در خود جای داده بود (گیلگمش‌شاه[۴۶۹] محتمل است که این دیوار را با غارت زمین‌های شرکای تجاری‌اش و دشمنی با آنها ساخته باشد). تمام شواهد و علائم در اوروک حاکی بر این است که کشاورزی توسط کانال‌های آبیاری پیچیده و پیشرفته‌ای به موفقیت دست یافته بود که به قول باستان‌شناس

---

۴۶۷. Ubaid دوران عبید، دوران ماقبل تاریخ در بین‌النهرین است. وجه تسمیه آن از تل العبید است؛ جایی که اولین کند و کاو بزرگ برای اشیای دوره عبید توسط هنری‌هال و سپس توسط لئونارد وولی انجام شد.

۴۶۸. Ur-city شهر مهم سومریان در بین‌النهرین باستانی که در منطقه جدید تل المقیر در جنوب عراق واقع شده است.

۴۶۹. Gilgamesh گیلگمش، قهرمان اصلی افسانه‌ی باستانی بین‌النهرین و شخصیت اصلی شعر حماسه‌ی گیلگمش است که توسط آکادیان در اواخر هزاره دوم پیش از میلاد نوشته شده. او پادشاه شهر سومری اوروک بود.

گیل استاین[۴۷۰]، «مؤسسات متمرکز توسعه‌یافته‌ای داشتند که کالاها و نیروی کار مازاد را از مناطق داخلی و دور افتاده به‌طرز بسیار دقیقی و با اقتصاد سیاسی مدیریت‌شده‌ای جابه‌جا می‌کردند». اگر بخواهیم به‌طور اجمالی‌تری بیان کنیم، طبقه‌ای از واسطه‌ها، دلالان داد و ستد برای نخستین‌بار ظهور کردند. اینان کسانی بودند که نه از طریق تولید، نه به واسطه‌ی تاراج و غارت و نه از باج و خراج، بلکه فقط از طریق معاملات گذران زندگی می‌کردند. درست مانند تاجرهای آن زمان، آنها تا جایی که مقدور بود نزدیک به هم جمع می‌شدند تا جریان اطلاعات را به بیشترین میزان افزایش و هزینه را به کم‌ترین مقدار کاهش دهند. تجارت با تپه‌نشینان ادامه یافت، اما بیشتر به شکل باج به نظر می‌رسید، چراکه خانه‌های بازرگانان اوروک که با تالارهای مرکزی متمایز، معابد با نماهای طاق‌دار و شکل‌های خاص از سفال‌گری و ابزار سنگی تکمیل شده بود، حین سکنی گزیدن شرکای تجاری روستایی در تپه‌ها، مورد هجوم و غارت قرار می‌گرفتند. شبکه تجاری دوستانه و همیارانه به نظر می‌رسید که به چیزی بیشتر شبیه استعمارگری بدل شده بود. مالیات و برده‌داری خیلی زود شروع به پدیدار شدن کردند. بدین‌سان، این الگو که در آن تجار را ثروتمند می‌ساخت و رؤسای قبایل آن را ملی می‌کردند برای ۶ هزار سال بعد تحمل شد.

داستان عبید و اوروک برای گوش ما آشنا و امروزی است. می‌توانید تصور کنید که تجار عبید، پارچه و سفال‌ها و کیسه‌های دانه و غلات را پیش چشمان دهقانان تپه‌ها به نمایش گذاشته‌اند. می‌توان نوابین و آدم‌های ثروتمند اوروک را دید که در قلمروهای ممتازشان که به‌دست بومی‌های مطیع و تحت سلطه مانند انگلیسی‌ها در هند و چینی‌ها در سنگاپور احاطه شده‌اند. با این شروع است که شما به‌یاد می‌آورید این هنوز اساساً دوران عصر حجر است. تنها در اواخر دوران عبید بود که مس ذوب می‌شد و در دوران اوروک، داس‌ها و چاقوها هنوز از سنگ یا گل ساخته می‌شدند. در اواخر دوران اوروک، لوح‌های گِلی که علائمی یکسان داشتند و بیانگر حساب و کتاب سهم و سود تجار بود پدیدار شدند. آن آمار ثبت‌شده مبهم که روی سطوح الواح کنده شده بودند، اجداد خط بودند و حساب‌داری اولین کاربرد خط بود. پیامی که این الواح با خود دارند این است که بازار خیلی پیش از متعلقات دیگر تمدن ظهور کرده بود. مبادله و داد و ستد، سنتی بودند که پیش از وجود نخستین شهر به‌خوبی تثبیت شده بود و ثبت آمار به احتمال قوی، نقش حیاتی در این مسئله را بازی کرده بود تا به شهرها اجاز دهد مملو از غریبه‌هایی شوند که می‌توانستند به یکدیگر در معاملات اعتماد کنند. این عادت مبادله بود که متخصصین را قادر ساخت در اوروک ظاهر شوند و شهر را پر از صنعت‌گران و پیشه‌ورانی کند که هرگز نزدیک زمین‌های کشاورزی نشده بودند. برای نمونه، به نظر می‌رسد تولید انبوه کاسه‌های گرد اریب که ظاهراً یکبار مصرف بوده در آن زمان وجود داشته است. این کاسه‌ها در مناسبت‌های عمومی مانند ساخت معابد

۴۷۰. Gil Stein باستان‌شناس آمریکایی معاصر در دانشگاه شیکاگو.

به افراد داده می‌شد و بی‌شک در جایی مانند کارخانه توسط کارگران حقوق‌بگیر و نه کشاورزان دوشغله ساخته می‌شد.

اوروک مدت طولانی دوام نیاورد. به این خاطرکه آب و هوا گرم شد و جمعیت کاهش شدیدی پیدا کرد و بی‌شک فرسایش خاک، شوری، مخارج بالای امپراتوری و بربرهای متکبر به این مسئله کمک کردند. اما اوروک توسط یک سری از امپراتوری‌های بی‌پایان بر همان اساس دنبال شد: سومری‌ها، آکادی‌ها، آشوری‌ها، بابلی‌ها، نئو-آشوری‌ها، پارس‌ها، هلنیستی‌ها، رومی‌ها (به‌طور خلاصه تحت نام تراژان)، پارت‌ها، عباسی‌ها، مغول‌ها، تیموری‌ها، عثمانی‌ها، بریتانیایی‌ها، صدامی‌ها، بوشی‌ها و... هر امپراتوری محصول داد و ستد ثروت بود و در نهایت خودش علت نهایی فروپاشی ثروت بود. تجار و پیشه‌وران سعادت و رفاه را فراهم می‌کنند، رؤسای قبایل و روحانیون آن را هدر دادند.

پنبه و ماهی

انقلاب شهرنشینی در سواحل فرات، رود سند، و رود زرد نیز تکرار شد. مصر باستان توانست تقریباً دو تن گندم در هر هکتار از زمین‌هایی که از آب رود نیل آبیاری و از مواد مغذی دریافتی از سیلاب‌های سالانه بارور می‌شدند، رشد دهد، آن‌قدر که مازاد تولید را با دیگر کالاها مبادله کنند؛ البته اهرام از این مطلب مستثنی نیستند، و این با متقاعد کردن دهقانان برای تولید محصول اضافه همراه بود. مصر حتی بیشتر از بین‌النهرین، مسیر آبیاری، تمرکزگرایی، بناهای تاریخی و رکود نهایی را دنبال کرد. دهقانان به‌خاطر وابستگی به آب رودخانه‌ی نیل برای آبیاری گیاهان زراعی، تحت سلطه‌ی آن کسی می‌شدند که صاحب قایق‌ها و دریچه‌های تخلیه‌ی آب بود و آن شخص بیشترین مقدار محصول مازاد را تصاحب می‌کرد. بر خلاف شکارچی-خوشه‌چین‌ها یا گله‌داران، کشاورزان با مسئله‌ی مالیات مواجه شدند و باید منتظر می‌ماندند و آن را پرداخت می‌کردند به‌ویژه اگر توسط بیابان احاطه شده و وابسته به نهرهای آب برای آبیاری بودند. بنابراین وقتی مینیز[۴۷۱]، دره‌ی بالایی و پایینی را یکپارچه و متحد و خودش را اولین فرعون کرد، اقتصاد پربازده مصر خودش را ملی، انحصاری و دیوان‌سالارانه یافت و در نهایت آن‌طور که دو تاریخ‌دان معاصر آن را «استبداد سربی» می‌نامند، توسط حاکمان خودش از بین رفت.

تمدنی شهری بدون ایجاد هیچ امپراتوری یا حداقل نامی که شناخته شده باشد در سواحل رود سند سر بلند کرد. هاراپا[۴۷۲] و موئن جو- درو[۴۷۳] به‌خاطر اندازه

---

۴۷۱. Menes فرعون زمان مصر باستان در دوران خاندان اول بود. او بنیان‌گذار اولین خاندان است.
۴۷۲. Harappa منطقه‌ی باستان‌شناسی در ایالت پنجاب پاکستان.
۴۷۳. Mohenjo-Daro منطقه‌ی باستان‌شناسی در ایالت سند پاکستان.

دقیق و استاندارد آجرها و تمهیدات مرتب و منظم بهداشتی‌شان مشهور هستند. بندر لوتال[۴۷۴] با آنچه به نظر می‌رسد یک اسکله باشد، سد جزر و مد و کارخانه‌ای برای ساختن دانه‌های تزیینی شناخته می‌شد. علائم و شواهد کمی از کاخ‌ها یا معابد وجود دارد چه برسد به وجود چیزهایی مانند اهرام مصر. اما استنتاج اولیه انسان‌شناس، گُردن چایلد این است که تمام چیزهایی که تساوی‌گرایانه و صلح‌آمیز به نظر می‌رسد، معلوم شد تا حد زیادی تفکری خوش‌خیالانه باشد. کسی یک شبکه منظم از خیابان‌ها را بنانهاده و ارگی از ستونهای سنگین، برج‌ها و دیوارها را ساخته است. این‌ها برای من بوی وجود یک سلطنت را می‌دهد. همان‌طور که سر مورتیمر ویلیر[۴۷۵] در کتاب زندگی‌نامه‌اش می‌نویسد: «نشستم و برای گُردن چایلد در لندن نوشتم که رضایت‌مندی بورژوایی و بیش از حد تمدن سند در گرد و غبار ناپدید شده بود و به‌جای آن یک امپراتوری کاملاً نظامی، سر مهیب و زشتش را از میان ویرانه‌ها بیرون آورد بود.»

مردم سند در حمل و نقل کالاها خیلی خوب بودند: گاری‌های گاو نر و قایق‌های بادبانی ساخته شده از تخته‌های الوار احتمالاً برای اولین‌بار اینجا استفاده شدند. حمل و نقل اجازه داد تجارت گسترده شود. برخی از اولین ساکنین این منطقه مانند مِهرگره[۴۷۶] در بلوچستان، سنگ لاجورد را از شمال کوه‌های هندوکش در شش هزار سال پیش وارد می‌کردند. در زمان هاراپا، مس از راجستان، پنبه از گجرات و الوار از کوه‌ها می‌آمد. باستان‌شناس، شیرین رتنگار[۴۷۷] حتی به‌طور قابل ملاحظه‌تری نتیجه‌گیری کرده که قایق‌هایی که صادرات را به غرب و بین‌النهرین می‌بردند در بنادری در طول ساحل، جایی که امروزه ایران نام دارد، توقف می‌کردند و این اشاره به دریانوردی دارد که برای چنین تاریخ زودهنگامی شگفت‌آور است. کمی شک وجود دارد که تمام آن ثروت هنگفت شهرهای سند از داد و ستد به‌دست آمده باشد.

مردم هاراپا مقدار زیاد ماهی می‌خوردند و پنبه‌ی فراوانی تولید می‌کردند و اینها چیزهایی بودند که آنها با شهروندان دره‌ی دیگری در آن‌سوی دنیا به اشتراک داشتند. کارال[۴۷۸] شهر بزرگی بود در بیابان دره‌ی سوپ[۴۷۹] در پرو با یادمان‌های تاریخی، انبارها، معابد و بازارها. روث شیدی[۴۸۰] در دهه‌ی ۱۹۹۰ کشف کرد که این شهر در بیابانی واقع شده بود که از کنار دره رودخانه گذر می‌کرد و تنها شهر بزرگ میان شهرهای بسیار در این منطقه بود. تاریخ برخی از

۴۷۴. Lothal یکی از جنوبی‌ترین شهرهای تمدن رود سند.

۴۷۵. Sir Mortimer Wheeler باستان‌شناس انگلیسی قرن نوزدهم.

۴۷۶. Mehrgarh منطقه‌ای از دوران پارینه‌سنگی در بلوچستان پاکستان.

۴۷۷. Shereen Ratnegar باستان‌شناس معاصر هندی.

۴۷۸. Caral

۴۷۹. Supe Valley

۴۸۰. Ruth Shady باستان‌شناس و انسان‌شناس معاصر پرویی.

این شهرها به بیش از ۵۰۰۰ هزار سال پیش و تمدنی که نورته‌چیکو[۴۸۱] نامیده می‌شود برمی‌گردد. سه ویژگی مبهم درباره شهرهای پرویی برای باستان‌شناسان وجود دارد. اول این‌که مردم این شهرها هیچ‌گونه غلاتی در رژیم غذایی‌شان نداشتند. ذرت هنوز اختراع نشده بود و هرچند تعدادی اسکواش‌های بومی‌شده و دیگر غذاها وجود داشت، اما چیزی که خیلی آسان به‌عنوان دانه که غذای اصلی بین‌النهرین بود، جمع‌آوری و ذخیره شود، وجود نداشت. پس این ایده که شهرها به‌واسطه جمع‌آوری دانه‌ها در مقیاس بزرگ امکان وجود پیدا کردند، نقش بر آب می‌شود. دوم این‌که شهرهای تمدن نورته‌چیکو هیچ‌گونه محصول سفالی تولید نکرده‌اند. آنها همه «پیش از سفال» بودند. این مسئله به‌طور حتم، ذخیره و پخت غذا را بسیار سخت‌تر کرده بود. این دوباره پایه یکی از اصول مورد علاقه‌ی باستان‌شناسان را که با آن سعی می‌کنند توضیح دهند شهرها چگونه شروع شدند سست می‌کند. و سوم این‌که هیچ مدرکی دال بر فعالیت‌های جنگی و دفاعی وجود ندارد. پس آن دانش متعارف که ذخایر غلات وجود شهرها را ممکن ساخت، این‌که ظروف سفالی وجود آنها را عملی کرد و این‌که جنگ وجود آنها را ضروری ساخت، با تمدن نورته‌چیکو منتفی می‌شود.

پس چه چیزی مردم را به این شهرهای آمریکای جنوبی روان می‌کرد؟ جواب در یک کلام، تجارت است. ساکنین این سواحل ماهی که عمدتاً انچویز و ساردین بود و همچنین صدف را در مقادیر بسیار زیاد پرورش می‌دادند. آنها برای این منظور به تور احتیاج داشتند. ساکنین مناطق داخلی مقادیر زیادی پنبه در زمین‌هایی که از آب برف کوه‌های آند آبیاری می‌شدند کشت می‌کردند. آنها از پنبه‌ها تور ماهی‌گیری می‌ساختند که با ماهی معاوضه می‌کردند. نه‌تنها وابستگی دوطرفه‌ای وجود داشت بلکه کسب منفعت هم دوسویه بود. یک ماهی‌گیر فقط لازم بود چند ماهی بیشتر بگیرد تا این‌که وقتش را صرف ساختن تورهای خودش کند. به همین ترتیب یک کشاورز پنبه فقط نیاز دارد پنبه بیشتری کشت کند تا وقتش را صرف ماهی‌گیری کند. تخصص باعث بالارفتن استاندارد زندگی هر دو طرف شد. کارال در مرکز یک شبکه‌ی بزرگ تجارت قرار گرفته بود که از یک‌سو به کوه‌های آند کشید می‌شد و از سوی دیگر به جنگل‌های بارانی و در امتداد ساحل بود.

پرچم، تجارت را دنبال می‌کند

بنابراین برای بحث در باب این‌که امپراتورها یا مازاد محصولات کشاورزی باعث انقلاب شهرنشینی شد، باید آن را برعکس بررسی کنیم. شدت یافتن داد و ستدها اول از همه اتفاق افتاد. مازاد محصولات کشاورزی به‌واسطه تجارت و بعد

۴۸۱. Norte Chico

از آن ظاهر شدند که به کشاورزها این امکان را داد تا محصولات را با کالاهای باارزش جاهای دیگر مبادله کنند. امپراتورها با اهرام و زیگورات‌های‌شان[۴۸۲] غالباً به‌واسطه تجارت پدید می‌آمدند. در کل تاریخ امپراتوری‌ها پیش از آن‌که تبدیل به بازیچه‌ی غارت‌گران نظامی از داخل یا بیرون شوند، به‌عنوان مناطق داد و ستد آغاز می‌شدند. انقلاب شهرنشینی، گسترشی بود در مسئله‌ی تقسیم کار.

وقتی که غاصبی به نام سارگون، سلسله آکادیان را با تسخیر در میانه هزاره سوم پیش از میلاد بنیاد نهاد، شکوفایی و کامیابی شهری در سوریه به نام اِلبا[۴۸۳] و شرکای تجاری آن را نیز به ارث برد: دنیایی که در آن غلات، چرم، پارچه، نقره و مس به آسانی میان مدیترانه و خلیج فارس در جریان و مبادله بود. آکادیان با مدیریت و مقاومت در برابر وسوسه اقتدارگرایی اداری و دیوانی حتی به‌نسبت، بیشتر از هم‌عصران چینی و مصری، اجازه دادند این تجارت به حدی گسترش یابد تا رابطه‌ای پرسودی با لوتال در نزدیکی دهانه رود سند ایجاد شود و بتوانند پنبه و لاجورد هند را با گندم و برنز بین‌النهرین بخرند. یک منطقه‌ی بزرگ تجارت آزاد از رود نیل تا رود سند کشیده شده بود. یک تاجر آکادیانی می‌توانست نقره‌ی آناتولی را از هزاران مایل به‌سمت غرب و مس راجستانی را از هزاران مایل به‌سمت شرق اداره کند. و این یعنی که او با اتصال آنها به تولیدکنندگان کالاهای گوناگون می‌توانست استاندارد زندگی مصرف‌کنندگانی که او تأمین می‌کرد، چه کشاورز و چه روحانی را ارتقا دهد.

چه کسی چنین تاجری بود؟ اقتصاددان کارل پولانی[۴۸۴] در دهه‌ی ۱۹۵۰ استدلال کرد که مفهوم بازار نمی‌تواند برای هیچ زمانی پیش از قرن چهارم پیش از میلاد مسیح به‌کار برده شود چراکه تا آن زمان مبادله‌ی متقابل، پخش مجدد کالاها با حمایت مالی دولت، پیمان‌های تجاری فرمایشی که در آن نمایندگان به خارج فرستاده می‌شدند تا از طرف دربار، چیزهایی خریداری کنند، به‌جای عرضه، تقاضا و قیمت وجود داشت. تجارت چیزی مدیریت‌شده بود و نه چیزی خودجوش. اما رساله‌ی پولانی و دوستان ماهیت‌گرایش[۴۸۵]، محبوب واقع نشد. اکنون این‌گونه به نظر می‌رسد که دولت‌ها از تجارت حمایت مالی زیادی نکرده بودند بلکه آن را به چنگ می‌آوردند. هرچه بیشتر از تجارت دوران کهن پرده برداشته می‌شود، قضایا بیشتر برعکس به نظر می‌رسند. درحالی که این قضیه درست است که برخی از تجار آکادیانی در نهایت خودشان را تا بخشی به‌صورت کارمندان دولت می‌دیدند که به‌منظور خرید کالا برای حاکمان‌شان به خارج فرستاده می‌شدند و حتی با تجارت کردن برای منفعت خودشان زندگی خوبی دست و پا می‌کردند. پولانی، بازتابی از دوران خودش که در آن وسواس برنامه‌ریزی بود را تشریح می‌کند.

۴۸۲. Ziggurat بنای تاریخی در خاورمیانه و بین‌النهرین که هرچه بالاتر می‌رفت مساحتش کوچک‌تر می‌شد.
۴۸۳. Elba یکی از اولین پادشاهی‌ها در سوریه.
۴۸۴. Karl Polanyi استاد تاریخ اقتصاد و جامعه‌شناسی اقتصادی اتریشی-مجاری قرن نوزدهم.
۴۸۵. Substantivists

ذهنیت دیرجیست[۴۸۶] که نیمه‌ی دوم قرن بیستم را تسخیر کرده بود، همیشه می‌پرسید که چه کسی مسئول است و به‌دنبال کسی بود که برای خط مشی تجارت تصمیم می‌گرفت. این شیوه‌ای نیست که دنیا با آن کار می‌کند. تجارت از تعامل متقابل افراد پدید آمد و تکامل یافت. کسی مسئولش نبود.

بنابراین تاجر یا تمکرام[۴۸۷] آرکادیایی به‌طرز شگفت‌آوری نوعی سوداگر مدرن بود که برای گذران زندگی‌اش به مبادله آزادانه کالا برای کسب منفعت وابسته بود. هرچند هیچ سکه ضربی وجود نداشت، اما از اواخر هزاره چهارم پیش از میلاد قیمت‌ها بر اساس نقره بود که آزادانه نوسان داشت. معبد به‌عنوان نوعی بانک عمل می‌کرد و با سود، به مردم پول قرض می‌داد و این‌که کلمه‌ی اوروک که گبرای روحانی بالامرتبه بود، همانی است که برای حساب‌دار استفاده می‌شد. تا سال ۲۰۰۰ پیش از میلاد، تاجرین آشوری تحت امپراتوری آشوری در «کِرام»[۴۸۸] که در میان ایالت‌های مستقل آناتولی محصور شده بود فعالیت می‌کردند. آنها کاملاً به‌سان کارآفرینان مدرن امروزی با «دفاتر مرکزی، شعبه‌های خارجی کارگاه‌ها، سلسله‌مراتب شرکتی، قوانین کسب‌وکار فرامرزی و حتی کمی سرمایه‌گذاری مستقیم خارجی و فعالیت‌هایی با ارزش افزوده» کار می‌کردند. آنها طلا، نقره و مس را در ازای مبادله با قلع، نمدهایی از جنس موی بز، پارچه‌های بافته‌شده و عطر که با کاروان‌هایی تا ۳۰۰ خر حمل می‌شد، می‌خریدند. حاشیه‌ی سود برای قلع ۱۰۰ درصد و برای پارچه ۲۰۰ درصد بود. این درصد می‌بایست که بالا می‌بود چراکه حمل و نقل نامطمئن و خطر دزدی بالا بود. یکی از این تجار به نام پوسوکِن که در یک منطقه‌ی آزاد مالیاتی در کانِش[۴۸۹] از شهرهای آناتولی فعالیت می‌کرد، متهم به تبانی با شاه در سال ۱۹۰۰ پیش از میلاد شد. او به‌خاطر تخطی در مقررات واردات پارچه که از طرف هیئت قانون‌گذاران اعمال می‌شد، جریمه پرداخت کرد و سود را با شرکای سرمایه‌گذارش تقسیم کرد. این قضیه به زبان دیگر از هر لحاظ مانند مدیر عامل‌های مدرن به نظر می‌رسد. چنین تاجرهایی خودشان را وقف تجارت مس و پشم نمی‌کردند فقط به این خاطر که آشور از آنها می‌خواست، بلکه به این خاطر که تجارت وسیله‌ای برای کسب طلا و نقره‌ی بیشتر بود. منفعت حکم می‌کند.

در این امپراتوری‌های عصر برنز، تجارت، علت بود و نه علامت سعادت و رفاه. با این وجود، یک منطقه تجارت آزاد، خودش را به‌راحتی به سلطه امپراتوری می‌سپرد. خیلی زود به‌واسطه مالیات، قوانین و انحصار، ثروت تولید شده توسط تجارت به‌سمت تجمل عده‌ی معدودی و ستم عده‌ی زیادی منحرف شد. تا سال ۱۵۰۰ پیش از میلاد، می‌توانستید بحث کنید که ثروتمندترین بخش دنیا به ورطه‌ی

---

۴۸۶. Dirigiste سیستمی که در آن یک دولت باید در برنامه‌ریزی و اداره اقتصاد کشور بسیار فعال باشد.

۴۸۷. Tamkarum

۴۸۸. Karum نامی بود که به مراکز تجاری آشوری در آناتولی از قرن بیستم تا هجدهم قبل از میلاد اطلاق می‌شد.

۴۸۹. Kanesh

سوسیالیسم کاخی[۴۹۰] افتاده بود چرا که فعالیت‌های تاجرها به‌صورت تصاعدی در حال ملی‌شدن بود. دیکتاتورهای مصری، مینوسی[۴۹۱]، بابلی و شنگی[۴۹۲] بر جوامع با یک سیستم سفت و سخت دیرجیست، دیوان‌سالاری ولخرج و حقوق فردی ضعیف، حکمرانی کردند که باعث خفه شدن ابداعات فن‌آوری بودند و ابداعات اجتماعی را منزوی و ابتکارات و اختراعات را مجازات می‌کردند. یک امپراتوری در عصر برنز به همان علتی راکد می‌ماند که یک صنعت ملی‌شده امروز راکد می‌ماند: انحصار، احتیاط را تشویق و آزمایش و تجربه را دلسرد می‌کند، درآمد به‌تدریج به‌نفع تولیدکنندگان و به ضرر مصرف‌کنندگان ستانده می‌شود و از این دسته تأثیرات. سیاهه اختراعاتی که در زمان فراعنه به وجود آمد به همان اندازه کوتاه است که سیاهه اختراعات راه‌آهن بریتانیا یا خدمات پستی آمریکا.

انقلاب دریانوری و کشتیرانی

هنوز هم نمی‌توانید یک ایده خوب را متوقف کنید. حوالی سال ۱۲۰۰ پیش از میلاد، قدرت‌های مصر و آشور رو به زوال رفتند، مینوسی‌ها سقوط کردند، مایسینه‌ها[۴۹۳] تجزیه شدند و هیتی‌ها[۴۹۴] آمدند و رفتند. این زمان دوره تیره‌ای برای امپراتوری‌ها بود و مانند «عصر تاریکی»[۴۹۵] که با سقوط روم همراه آمد، این تجزیه سیاسی که به احتمال زیاد یک کاهش جمعیت نیز به آن کمک کرده بود باعث انفجاری در اختراعات شد، درحالی که تقاضا بین افراد آزاد افزایش یافت. فلسطینی‌ها آهن را اختراع کردند، کنعانی‌ها الفبا را، و پسرعموهای ساکن ساحل یعنی فینیقی‌ها شیشه را اختراع کردند. قایق پارویی بزرگ، اختراع فینیقی متفاوتی بود که به واقع دوران کلاسیک را به‌وجود آورد. مردم بایبلوس[۴۹۶] (جبیل)، صور[۴۹۷] و صیدا[۴۹۸] نزدیک به جنگل‌های عظیمی با درخت‌های بزرگ سرو و زربین زندگی می‌کردند که الوارهای سخت و معطرشان به‌طور خاص برای ساخت قایق‌های مقاوم استفاده می‌شد. قایق فینیقی با عرشه‌ای از جنس درخت

۴۹۰. نوعی از سوسیالیسم که در آن تجمیع و توزیع منابع در کاخی در مرکز حکومت قرار دارد.

۴۹۱. Minoan تمدن مینوسی (مینوئی) در عصر برنز از ۲۷۰۰ تا ۱۱۰۰ پیش از میلاد.

۴۹۲. Shang سلسله‌ی شنگ در چین بنیان‌یافته در ۱۱۲۲ قبل از میلاد مسیح.

۴۹۳. Myceneans یونان مایسینه، آخرین مرحله در عصر برنز در یونان باستان بود که حدوداً بین ۱۶۰۰ تا ۱۰۰ پیش از میلاد بود.

۴۹۴. Hittites از مردم آناتولی حدود ۱۶۰۰ پیش از میلاد.

۴۹۵. Dark Ages دوره‌ای تاریخی که اشاره به قرون وسطی دارد و اثبات می‌کند که یک نابودی جمعیتی، فرهنگی و اقتصادی در این زمان در اروپای غربی اتفاق افتاده است که به‌دنبال آن زوال امپراتوری روم بوده است.

۴۹۶. Byblos شهری قدیمی در لبنان. اسامی داخل پرانتز، نام عربی این شهر است.

۴۹۷. Tyre یکی از قدیمی‌ترین شهرهای دنیا در لبنان.

۴۹۸. Sidon شهری در لبنان.

کاج از قبرس و پاروهایی از جنس بلوط از اردن (حزقیال[۴۹۹] می‌گوید) از جمع قطعات دورافتاده‌اش، شگفت‌آورتر بود. البته چیز جدیدی راجع به قایق به لحاظ مفهوم وجود نداشت. قایق‌ها در رود نیل، فرات، سند و رود زرد برای قرن‌ها و در سواحل آسیا و مدیترانه به همین اندازه در حال تردد بودند. اما با پی بردن به برتری نسبی‌شان در الوار میتوان گفت فینیقی‌ها کشتی‌هایی با ظرفیت بیشتر و ظاهر زیبا و ظریف و چفت و بست‌های مناسب دریانوردی نسبت به هر کسی قبل از خودشان ساختند. در نهایت آنها توانستند کشتی‌های بسیار بزرگی بسازند که به دو ردیف پارو برای راندن کشتی‌ها نیاز داشتند. هرچند که پاروها فقط برای راندن به‌سمت ساحل استفاده می‌شدند. این‌ها کشتی‌های دریانوردی بودند و هرچه بزرگ‌تر بودند، بیشتر می‌توانستند کار متصدیان انسانی‌شان را تقویت کنند. یک گروه خدمه به نسبت کوچک با استفاده از نیروی باد می‌توانستند محموله‌ی سنگینی را به هزاران مایل دورتر ارسال کنند که این مسئله خیلی ارزان‌تر از کاروان‌های خری بود که امید داشتند این کار را انجام دهد.

ناگهان برای نخستین‌بار تقسیم کار دریایی در مقیاس بزرگ ممکن شد: گندم مصر می‌توانست هیتی‌ها را در آناتولی تغذیه کند؛ پشم آناتولی می‌توانست مصریان را در کنار رود نیل لباس بپوشاند؛ روغن زیتون کرت[۵۰۰] می‌توانست رژیم غذایی آشوریان را در بین‌النهرین تقویت کند. کشتی‌های از جایی که امروز لبنان نام دارد توانستند برای کسب سود تجارت کنند و دریاها را برای به‌دست آوردن محصولات جذاب درنوردند. با وجود غلات، شراب، عسل، روغن، رزین، ادویه‌ها، عاج، آبنوس، چرم، پشم، پارچه، قلع، سرب، نقره، اسب‌ها، برده‌ها یا رنگ ارغوانی گرفته شده از صدف حلزونی، چیزهای کمی وجود داشتند که فینیقی‌ها نتوانند برای یک فرعون جاه‌طلب با حرم‌سرایی برای عشرت، یا کشاورز آشوری متمول با نامزدی که بخواهد او را تحت تأثیر قرار دهد، پیدا کنند.

بازارها در سراسر مدیترانه در شهرهای بزرگ و کوچک و بنادر رشد کردند. با سفر به مناطق دورافتاده، اختراعات فینیقی‌ها هم چندین‌برابر شدند: تیرهای زیر کشتی، دریانوردی، دانش ناوبری، سیستم‌های حسابداری و ثبت گزارش سفرهای کشتی همه بهتر شده بود. تجارت یک‌بار دیگر چرخ طیار ماشین اختراع شد. در جنوب، روحانیون اسرائیل، غرق در افکار و عقاید مذهبی خودشان با وحشتی خشک‌مذهبانه به این انفجار ثروت که پس از آن ایجاد شده بود نگاه می‌کردند. اشعیا با خوشحالی نابودی یهوه در شهر صور که بازار ملل بود را بشارت می‌داد تا عظمت یهوه را تحقیر کند. حزقیال هنگامی که شهر صور مورد هجوم قرار گرفت بر طبل خوشحالی‌اش می‌کوفت: «آن‌گاه که اجناس شما از دریاها بیرون آمد... شما با آنها مردم بسیاری را سرشار کردید؛ شما شاهان

---

۴۹۹. Ezekiel پیامبر یهود قرن ششم پیش از میلاد.

۵۰۰. Crete جزیره‌ای در یونان.

زمین را با کالاهای خود و ثروت‌تان غنی کردید... هنر شما تبدیل به وحشت شده است؛ و باشد که هرگز نباشید.» به‌سمت غرب، کشاورزان متخاصم جزیره دریای اژه با دیده تحقیر و جنگوجویانه به تجار بورژوا که ناگهان در وسط کارزار ظاهر می‌شدند نگاه می‌کردند. هومر در تمام ایلیاد و اودیسه، رفتاری منفی و بی‌وقفه سنگدلانه نسبت به تجار فینیقی را به نمایش می‌گذارد و متذکر می‌شود آنها باید دزدان دریایی باشند. تجارت یونان در دوران هومر قرار بود که برای هدایای ارزشمند متقابل، میان برگزیدگان استفاده شود و نه کالاهای مورد تقاضا روزمره در میان مردم عادی. فخرفروشی ثروتمندان و قدرتمندان در تجارت، ریشه‌های تاریخی دارد.

اثر فینیقی‌ها می‌بایست که باعث ایجاد یک انفجار تخصص در کل مدیترانه شده باشد. روستاها، شهرها و مناطق می‌توانستند مزیت نسبی‌شان را در ذوب فلزات، تولید سفال، دباغی پوست یا رشد دانه‌ها کشف کنند. منفعت و وابستگی دوطرفه حاصل از تجارت در مکان‌هایی دور از انتظار می‌توانست ظهور کند. مثلا اصلاح نابرابری طبیعی در محل قرارگیری سنگ معدن فلزات به سود همه است. قبرس شاید میزان زیادی مس داشته باشد و انگلیس میزان زیادی قلع، اما اگر آنها را روی هم بگذارید و به شهر صور بیاورید می‌توانید میزان خیلی بیشتری برنز قابل استفاده تولید کنید. تجار صوری، شهر گدیر، کادیز امروزی را در سال ۷۵۰ پش از میلاد بنا نهادند تا با ساکنین آن داد و ستد کنند و به‌ویژه به استخراج سنگ معدن نقره، داخل سرزمین ایبریا بپردازند، نه این‌که آنجا مستقر شوند. این معدن نقره بر اساس افسانه‌ها هنگامی کشف شد که آتش یک جنگل باعث شد نهرهای باریک نقره‌ی خالص از بالای تپه جاری شوند. آنها با انجام این کار باید تعداد زیادی از مردم منطقه را از دهقانان خودکفا به مردم تولیدکننده- مصرف‌کننده تبدیل کرده باشند. بومی‌های تارتسین[۵۰۱]، استخراج معدن و ذوب نقره را اداره می‌کردند و آن را به مردم صور در گدیر در ازای دریافت روغن، نمک، شراب و زیورآلات برای فریفتن رؤسای قبایل و دیگر افراد داخلی می‌فروختند. سپس مردم صور، آن نقره را به شرق و به‌سمت مدیترانه می‌بردند تا آن را با کالاهای اساسی و دیگر کالاهای تجملی معاوضه کنند (طبق گفته‌ی دیودوروس[۵۰۲]، گاهی لنگرهای نقره برای کشتی‌های‌شان می‌ساختند تا مقدار بیشتری نقره حمل کنند).

شکی نیست که صوری‌ها نمی‌توانستد بخت و اقبال خودشان را باور کنند که مردم وحشی در ازای دادن مقادیر زیادی نقره به آنها و دریافت مقدار کمی روغن زیتون کرت، چنین خوشحال باشند و همچنین تارتسین‌ها بخت خودشان را باور نمی‌کردند که دریانوردان عجیب و غریبی پیدا کرده باشند که

۵۰۱. Tartessian

۵۰۲. Diodorus تاریخ‌دان یونانی دوران باستان که به‌خاطر نوشتن تاریخ عظیم جهانی در چهل جلد بین سال ۶۰ تا ۳۰ پیش از میلاد مسیح مشهور است. پانزده جلد از کتاب‌ها دست‌نخورده نجات یافته‌اند.

چنین هدیه بی‌دردسر، انبار شدنی و غنی از لحاظ کالری به آنها در ازای صرفاً یک فلز بدهند. این متداول است که ببینیم دو تاجر، هر دو فکر می‌کنند طرف مقابل‌شان به‌طرز احمقانه‌ای بیشتر از حد پرداخت می‌کند؛ این زیبایی ترفند جادویی ریکاردو است. یک صیاد مانتانی[۵۰۳] به یک مبلغ فرانسوی در قرن هفدهم در کانادا گفت، «انگلیسی‌ها درک نمی‌کنند». «آنها به ما بیست چاقو در ازای این یک پوست سگ آبی می‌دهند.» اهانت دوطرفه بود. وقتی که ملوانان اچ‌ام‌اس دولفین[۵۰۴] در ۱۷۶۷ فهمیدند یک میخ آهنی به مبلغ بیست پنی برای آنها یک شب هم‌خوابی در تاهیتی[۵۰۵] فراهم می‌کند، نه ملوانان و نه مردم تاهیتی نمی‌توانستند خوش‌اقبالی‌شان را باور کنند. این‌که زنان تاهیتی هم به اندازه مردان‌شان از معامله‌ی شیرین خوشحال بودند یا نه، جایی ثبت نشده است. دوازده روز بعد، تورم شدیدی در بازار اتفاق افتاد و ملاقات جنسی حالا یک طناب‌شکاف (پازو) ۹ اینچی هزینه داشت.

تاجرهای گدیر حتی کارشان را به‌سمت جنوب و در طول ساحل آفریقا کشاندند و از ساکنین آنجا با «تجارت خاموش» طلا به‌دست آورند. بدین معنی که کالاها را بر ساحل می‌گذاشتند و عقب‌نشینی می‌کردند. ترفند نسبی ریکاردو بر دنیای فینیقی‌ها حکمرانی می‌کرد. صور، نمونه اولیه بنادر تجاری جنوا، آمستردام، نیویورک، یا هنگ‌کنگ در زمان خودش بود. پراکندگی جمعیت فینیقی‌ها یکی از فوق‌العاده‌ترین داستان‌های ناگفته تاریخ است. ناگفته به این خاطر که صور و کتاب‌هایش در نهایت به‌طور کلی به‌دست اراذل و تبه‌کارانی مانند بختُ‌النصر[۵۰۶]، کوروش و اسکندر، و شهر کارتاژ[۵۰۷] توسط اسکیپیو[۵۰۸] نابود شدند. بنابراین داستان‌ها فقط توسط همسایگان پرطمطراق و حسود به‌صورت تکه و پاره به ما رسیده‌اند.

اما به واقع آیا مردمی ستودنی‌تر از فینیقی‌ها بوده است؟ آنها نه‌تنها کل کرانه‌های مدیترانه را به هم دوختند بلکه بخشی از اقیانوس اطلس، دریای سرخ و مسیرهای زمینی را به آسیا متصل کردند، و این در حالی است که آنها هرگز امپراتوری نداشتند، به‌نسبت وقت کمی برای مذهب داشتند و در هیچ نبرد خاطره‌انگیزی نجنگیدند - مگر این‌که بخواهید نبرد کَنی[۵۰۹] را که توسط یک ارتش مزدور و با پرداخت کارتاژی‌ها انجام شده بود را به حساب آورید. منظور من این نیست که آنها لزوماً مردم مهربانی بودند: آنها تجارت برده می‌کردند و

---

۵۰۳. Montagnais از اقوام بومی کانادا در ایالت کبک.

۵۰۴. HMS Dolphin کشتی تحقیقاتی انگلیسی که در سال ۱۷۵۱ به آب انداخته شد.

۵۰۵. Tahiti بزرگ‌ترین جزیره از مجمع‌الجزایر اقیانوس آرام جنوبی.

۵۰۶. Nebuchadnezzar پادشاه بابل بین سال‌های ۶۰۵ تا ۵۶۲ پیش از میلاد.

۵۰۷. Carthage پایتخت تمدن کهن کارتاژ در شرق دریاچه‌ی تونس.

۵۰۸. Scipio سردار رومی که به بزرگ‌ترین فرمانده نظامی شناخته می‌شود.

۵۰۹. Cannae

گاهی آنها را برای جنگیدن نگه می‌داشتند و با دزدان دریایی فلسطینی-«مردمان دریا»- که شهرهای ساحلی را حدود سال ۱۲۰۰ پیش از میلاد نابود کرده بودند، معامله می‌کردند. اما به نظر می‌رسد فینیقی‌ها توانسته بودند در مقابل وسوسه تبدیل شدن به دزدان، رهبران مذهبی و رؤسای قبیله بهتر از بیشتر مردمان موفق در تاریخ مقاومت کنند. آنها فضیلت اجتماعی را به واسطه بنگاه‌های اقتصادی کشف کردند.

فضیلتِ دولت فدرال

پراکندگی جمعیت فینیقی‌ها درس مهم دیگری را یاد می‌دهد که اولین بار از سوی دیوید هیوم مطرح شد: تقسیمات سیاسی به‌خاطر توقفی که در «قدرت و اقتدار» ایجاد می‌کند غالباً دوست پیشرفت اقتصادی هستند تا دشمن آن. نیازی وجود نداشت که صور، صیدا، کارتاژ و گدیر به‌عنوان یک نهاد سیاسی با هم متحد شوند تا برای آنها رونق و کامیابی بیاورد. در بهترین حالت آنها یک اتحادیه بودند. شکوفایی استثنایی ثروت و فرهنگ که در اطراف دریای اژه بین سال‌های ۶۰۰ تا ۳۰۰ پیش از میلاد اتفاق افتاد نیز گویای همین داستان است. در ابتدا میلِزین‌ها[۵۱۰] و بعد آتنی‌ها و متحدانش به‌واسطه‌ی تجارت میان دولت‌های مردمی کوچک و مستقل ثروتمند شدند نه با متحد شدن به‌عنوان یک امپراتوری. میلتوس[۵۱۱] با نسخه‌برداری از کشتی‌های فینیقی و عادات تجاری آنها از موفق‌ترین شهرهای منطقه ایونیای[۵۱۲] یونان شد که مانند عنکبوتی بادکرده در محل اتصال چهار مسیر تجارت قرار گرفته بود؛ از شرق و از راه خشکی به آسیا، از شمال و از طریق هلسپانت[۵۱۳] به دریای سیاه، از جنوب به مصر و از غرب به ایتالیا. هرچند این کار، مستعمراتی در تمام اطراف دریای سیاه ایجاد کرد، اما میلتوس یک پایتخت امپراتوری نبود. ملیتوس میان هم‌مرتبه‌ها اولین بود. شهر سیباریس[۵۱۴] به‌عنوان شریک تجاری ارجح میلتوس که در یک دشت حاصلخیز در انتهای جنوبی ایتالیا قرار داشت به احتمال زیاد جمعیتش به چندصد هزار نفر افزایش یافت و قبل از این‌که توسط دشمنانش نابود و زیر رودخانه منحرف‌شده کراتی[۵۱۵] در ۵۱۰ پیش از میلاد مدفون شود، به ضرب‌المثلی به‌خاطر توانگری و فرهیختگی بدل شد.

---

۵۱۰. Milesians ایرلندی‌های مسیحی قرون وسطی. آنها آخرین نژادی بودند که در ایرلند سکنی گزیدند.

۵۱۱. Miletus شهری در یونان باستان واقع در ساحل غربی آناتولی.

۵۱۲. Ionian منطقه‌ای باستانی که در مرکز ساحل غربی آناتولی در ترکیه‌ی امروزی قرار داشت.

۵۱۳. Hellespont نام قدیمی داردانلز، دره‌ای طبیعی و قدیمی و آبراهی از نظر بین‌المللی مهم که در شمال غربی ترکیه قرار گرفته است.

۵۱۴. Sybaris

۵۱۵. Crathis

اکتشاف سنگ‌های معدن غنی نقره در لورین در آتیکا[۵۱۶] در ۴۸۰ پیش از میلاد، دموکراسی آزمایشی در آتن را به موقعیت یک ابرقدرت اقتصادی منطقه‌ای سوق داد. این مسئله نه‌تنها به این خاطر بود که به آنها توانایی تأمین مالی یک نیروی دریایی برای شکست پارس‌ها را می‌داد، بلکه آتنی‌ها نیز در میان هم‌مرتبه‌ها اولین بودند[۵۱۷]. دنیای یونانی‌ها به‌طور حیاتی وابسته به کسب سود از تجارت بود: دانه از کریمه، زعفران از لیبی و فلزات از سیسیل با روغن زیتون از خود اژه‌ای‌های معاوضه می‌شد. فیلسوف‌های مدرن که بسیار مشتاق این هستند که خودشان را از واقعیت پست اقتصادی دنیا مصون بدانند، به‌خوبی به‌یاد می‌آورند که این تجارت، باروری متقابل ایده‌ها را ممکن ساخت که به کشف‌های بزرگی منتج شد. فیثاغورس احتمالاً قضیه‌اش را از یک دانش‌آموز تالسِ میلژینی که هندسه سفرهای تجاری را به مصریان آموخته بود، گرفته است. ما هیچ‌وقت نام‌های پریکلس[۵۱۸]، سقراط یا آیسخولوس[۵۱۹] را نمی‌شنیدیم اگر آنجا ده‌ها هزار برده در زیر زمین در لوریون به‌طرزی مشقت‌بار کار نمی‌کردند و اگر ده‌ها هزار مشتری برای کالاهای آتنی در سراسر مدیترانه نبود.

هرچند به محض این‌که یونان در سال ۳۳۸ پیش از میلاد توسط یک تبه‌کار - فیلیپِ مقدونی[۵۲۰] - شکل یک امپراتوری به خود گرفت، برتری‌اش را از دست داد. اگر امپراتوری پسر او اسکندر ادامه یافته بود، بی‌شک از لحاظ تجاری و فکری مانند نیاکان پارسی خودش بی‌اثر و سست شده بود. اما چون امپراتوری با مرگ اسکندر مجزا شد، بخشی از امپراتوری به‌صورت دولت‌های شهری مستقل دوباره ایجاد شدند که از طریق تجارت زندگی می‌کردند. معروف‌ترین آنها اسکندریه در مصر است که به نقطه‌ای رسید که یک‌سوم جمعیت یک میلیونی در دولت‌شهری ثروتمند، زندگی می‌کردند و تحت قانون سودمندِ جمع‌آوری کتاب بطلمیوس سوم بودند. این ثروت مبتنی بر جاده‌های جدید بود تا محصولات نقد پنبه، شراب، دانه و پاپیروس را به نزدیکی رودخانه نیل برای صادرات بیاورد.

این بدان معنی نیست که شهرهای دموکراتیک تنها جاهایی هستند که پیشرفت اقتصادی می‌تواند اتفاق بیفتد بلکه این مسئله برای درک الگو است. وقتی که دولت‌ها مشروطه، جمهوری و فدرال باشند به‌وضوح چیز سودمندی در رشد تقسیم کار وجود دارد (هرچند دولت آن‌قدر ضعیف نباشد که دزدی همه‌جا گسترش یابد). دلیل اصلی قدر مسلم این است که دولت‌های قوی و مقتدر اساساً انحصارطلب هستند و انحصار همیشه رضایت از وضع موجود، رکود و منفعت‌طلبی را پرورش می‌دهد. پادشاهان عاشق انحصارها هستند زیرا جایی‌که آنها نتوانند

---

۵۱۶. Attica منطقه‌ای در یونان.

۵۱۷. primus inter pares این جمله به‌صورت لاتین در متن آمده است.

۵۱۸. Pericles دولتمرد یونانی.

۵۱۹. Aeschylus تراژدی‌نویس یونان باستان. از او غالباً به‌عنوان پدر تراژدی یاد می‌شود.

۵۲۰. Philip o f Macedon پادشاه مقدونیه از ۳۵۹ پیش از میلاد تا زمان مرگش در ۳۳۶ پیش از میلاد.

چیزی برای خودشان نگه دارند، می‌توانند آن را بفروشند، به افراد مورد علاقه و دلخواه‌شان اعطا کنند و مالیاتش را دریافت کنند. آنها همچنین در این مغالطه همیشگی میفتند که اگر به‌جای این‌که تجارت و کسب‌وکار را تشویق کنند و به آن اجازه رشد دهند، خودشان برای آن برنامه‌ریزی کنند میتوانند کارآمدی‌اش را بالاتر ببرند. دانشمند و تاریخ‌دان ترنس کیلی[521] اشاره می‌کند که کارآفرینان منطقی و خردمند هستند. اگر آنها دریابند که ثروت می‌تواند خیلی آسان‌تر دزیده شود تا ایجاد شود، پس ثروت را خواهند دزدید: «نبرد بزرگ بشریت طی ده‌هزار سال گذشته، نبرد علیه انحصارطلبی بوده است.»

در عین حیرت، این مطلب به‌دست دو امپراتوری در حوالی آغاز دوران مسیحیت تأیید شده است: روم و هند، هر دو به مزایای یک‌پارچه‌سازی اقتصادی پیش از آن‌که بتوانند مصبیت‌های یک‌پارچگی سیاسی را تحمل و مدیریت کنند، پی بردند. امپراتوری موریان[522] در هند به‌نظر می‌رسد که ثروت و کامیابی را از دره رود گنگ کسب کرده باشد تا یک امپراتوری پادشاهی را با تجارت در حال گسترش ترکیب کند. این امپراتوری در دوران اوجش در ۲۵۰ پیش از میلاد، توسط آسوکا[523] حکمرانی می‌شد. او جنگجویی بود که به محض آن‌که در نبرد پیروز شد به یک صلح‌طلب بودایی بدل شد (که مضحک است) و به لحاظ اقتصادی و به‌عنوان یکی از سران دولت دخالتی در امور نداشت. او جاده‌ها و آبراه‌ها را ساخت تا به‌وسیله آنها حرکت و جابه‌جایی کالاها را ترغیب کند. او یک پول رایج و مشترک ایجاد کرد و مسیرهای تجاری دریایی با چین، آسیای جنوب شرق و خاورمیانه را باز کرد که درخشش یک رونق صادراتی بود که در آن پنبه و پارچه‌های ابریشم، نقش برجسته‌ای ایفا می‌کردند. تقریباً تمام داد و ستدها با بخش‌های خصوصی (سرنی[524]) بود که یکی از انواع مشخص شرکت‌های حقوقی بودند. اگرچه مالیات‌ها زیاد بود ولی به‌خوبی مدیریت می‌شدند. پیشرفت‌های علمی چشمگیری مانند اختراع صفر، سیستم اعشاری و محاسبه‌ی دقیق عدد پی وجود داشت. امپراتوری آسوکا، پیش از آن‌که بدل به یک حکومت استبدادی و تمامیت‌خواه شود از هم پاشید. میراث آن چشمگیر بود: برای چند قرن پس از آن، شبه‌قاره هند با یک‌سوم جمعیت مردم جهان و داشتن یک‌سوم GDP[525] جهان، پرجمعیت‌ترین و ثروتمندترین نقطه‌ی دنیا بود. هند به‌طور حتم در آن زمان ابرقدرت اقتصادی دنیا بود که چین و روم در مقابل او بسیار کوچک به‌شمار می‌رفتند و پایتخت آن پاتالیپوترا[526] بزرگ‌ترین شهر دنیا بود که به‌خاطر باغ‌ها،

---

۵۲۱. Terence Kealey پرفسور بیوشیمی در دانشگاه باکینگام.

۵۲۲. Mauryan امپراتوری به وسعت ۵ میلیون کیلومتر مربع در عصر آهن در هند بین ۳۲۲ تا ۱۸۵ پیش از میلاد.

۵۲۳. Asoka

۵۲۴. Sreni انجمن تجار و صنعت‌گران در هند باستان.

۵۲۵. Gross domestic product تولید ناخالص داخلی.

۵۲۶. Pataliputra

تجملات و بازارهایش شهرت داشت. اما بعدها تحت سلطه‌ی گوپتاها[527]، نظام طبقاتی تجارت هند را ضعیف کرد.

از رود گنگ تا رود تیبر[528]

آسوکا هم‌عصر هانیبال[529] و اسکیپیو بود که من را به روم می‌کشانند. تخصص ویژه‌ی روم از اولین روزها تا اواخر امپراتوری، به‌طور خیلی ساده این بود که استان‌های خودشان را برای رشوه، تجملات، جشن‌های پیروزی و پرداخت مقرری سربازان نزدیک‌تر به خانه غارت کنند. چهار روش آبرومند و محترم برای یک رومی برجسته وجود داشت تا به‌وسیله آن کسب مال و ثروت کند. زمین‌داری، غنیمت جنگی، قرض دادن پول (نزول‌خوری)، رشوه دادن و اختلاس. سیسرو[530] بیش از دو میلیون سسترس[531] (سه‌برابر بیشتر از آنچه او پیش‌تر برای نمایش «تجمل» تعریف کرده بود) در زمان استانداری‌اش در سیلیسیا در سال‌های ۵۱ و ۵۰ پیش از میلاد به جیب زد و هم‌زمان مشهور بود به یک استاندار ویژه و صادق.

در حالی‌که بی‌شک برتری و سلطه روم به واسطه تجارت بنا شده بود. روم آخرین یکپارچگی مناطق تجاری یونانی‌ها و کارتاژها بود با تعداد کمی از اتروسک‌های[532] پرخاشگر و لاتین‌های مسئول امور. توماس کارنی[533] می‌نویسد، «تاریخ باستان با موفقیت‌های خون‌بار برگزیدگان قدرتمند و جنگجوی آریایی به‌صدا در می‌آید». «اما شامی‌ها[534]، آرامی‌ها[535]، سوری‌ها و یونانی‌های که قهرمان‌های اقتصادی دوران باستان را تشکیل می‌دادند، تحقیرشده بودند.» شهرهای پرجمعیت و ثروتمند جنوب ایتالیا، سیسیل و نقاطی در شرق که مرکز و هسته دنیای روم بود به زبان یونانی سخن می‌گفتند؛ آنها در حالی‌که لشگریان و کنسول‌ها، پیروزی‌های‌شان را به رخ دیگران می‌کشیدند، کار سختی در ثروتمند نگه‌داشتن مردم انجام دادند. این حقیقت که تاریخ‌نگاری‌های مرسوم و متعارف روم به بازارها، بازرگانان، کشتی‌ها و شرکت‌های خانوادگی که باعث حفظ امپراتوری شدند به‌ندرت اشاره می‌کنند و ترجیح می‌دهند به‌جای آن، مدام درباره نبردها صحبت کنند، بدان معنی نیست که آنها وجود نداشتند.

---

۵۲۷. Guptas امپراتوری گوپتا در هند باستان از نیمه قرن سوم تا نیمه قرن ششم پس از میلاد.
۵۲۸. Tiber سومین رود طولانی ایتالیا.
۵۲۹. Hannibal سردار و دولتمرد کارتاژ.
۵۳۰. Cicero دولتمرد و وکیل در دوران روم باستان.
۵۳۱. Sesterce سکه‌ی دوران روم باستان.
۵۳۲. Etruscans مردم باستان اهل اتروریا در ایتالیا بین رود تیبر و آرنو.
۵۳۳. Thomas Carney
۵۳۴. Levantines
۵۳۵. Arameans

آستیا[۵۳۶] به‌طور حتم شهری تجاری به همان اندازه که امروز هنگ‌کنگ است بود، «با میدان وسیعی برای تجارت که دفاتر مرکزی حدود پنج دوجین شرکت را در خود جای می‌داد». بیشتر حومه‌ی منطقه‌ی کامپانیا[۵۳۷] به مزارعی برای تولید شراب و روغن جهت صادرات اختصاص یافته بود.

علاوه بر این، ثروت مستدام روم هنگامی‌که جمهوری بدل به امپراتوری شد، شاید کم شد و بخشی از آن دست کم به‌خاطر «کشف» هند بود. به‌دنبال تصرف مصر توسط آگوستوس[۵۳۸]، رومی‌ها تجارت مصری‌ها با شرق را هم به ارث بردند و خیلی زود دریای سرخ با کشتی‌های باری و عظیم رومی‌ها که قلع، سرب، نقره، شیشه و شراب حمل می‌کردند به جنب و جوش درآمد و در نهایت به‌سرعت به چیز جذاب نوظهوری در هند تبدیل شد. به کمک کشف بادهای موسمی که به‌طور قابل اعتمادی بر کشتی‌ها می‌وزید و آنها را در تابستان به‌سمت شرق و در زمستان برعکس و به‌سمت غرب می‌کشاند، سفری که در طول دریای عرب چندین سال به طول می‌انجامید را به چند ماه کاهش داد. در آخر کشتی‌های رومی با ابرقدرت اقتصادی دنیا رابطه‌ای مستقیم برقرار کردند. در قرن اول، نویسنده ناشناس کتاب راهنمای دریای اریتره[۵۳۹]، رهیابی دریایی و تجارت اقیانوس هند را توضیح داد؛ استریبو[۵۴۰] می‌نویسد که «حالا ناوگان‌های بزرگ به جاهای دوری در هند فرستاده می‌شوند.» و امپرتور تیبِریوس[۵۴۱] از این شکایت می‌کرد که تجملات هندی، ثروت امپراتوری را تخلیه می‌کنند. طاووس‌های هندی تبدیل به یک دارایی مورد علاقه رومی‌های متمول شده بود. بنادر هندی مانند باریگازا (باروچ امروزی در گجرات) به نظر می‌رسد به واسطه صادرات لباس‌های پنبه‌ای و دیگر تولیدات به غرب شکوفا شدند. خیلی زود حتی داخل سرزمین هند، مناطقی تحت پوشش تجار رومی وجود داشت که گنج کوزه‌های سکه آنها هنوز گاهی اوقات کشف می‌شوند. مثلاً آریکامدو[۵۴۲] در ساحل شرقی پاندیچری[۵۴۳] امروزی، به چین، شیشه و کریستال وارداتی از سوریه‌ی روم را صادر می‌کرد (شیشه‌گری و دمیدن شیشه، اختراعی جدید از رومی‌ها بود و شیشه و کریستال ناگهان در سراسر امپراتوری کیفیت بهتر و قیمت کمتری پیدا کرده بود).

به این مطلب از نقطه‌نظر مصرف‌کننده نگاه کنید. هیچ‌کس در چین

---

۵۳۶. Ostia

۵۳۷. Campanian منطقه‌ای در جنوب غربی ایتالیا.

۵۳۸. Augustus دولتمرد و رهبر نظامی رومی که اولین امپراتور روم شد.

۵۳۹. The Periplus of the Erythrean Sea

۵۴۰. Strabo جغرافی‌دان، فیلسوف و تاریخ‌دان یونانی که در زمان انتقال جمهوری روم به امپراتوری روم در آسیای صغیر زندگی کرد.

۵۴۱. Tiberius دومین پادشاه روم که از ۱۴ تا ۳۷ بعد از میلاد حکمرانی کرد.

۵۴۲. Arikamedu

۵۴۳. Pondicherry

نمی‌تواند شیشه‌گری کند؛ هیچ‌کس در اروپا نمی‌تواند ابریشم ببافد. علی‌رغم این امر به کمک یک واسطه تجاری در هند، اروپایی‌ها می‌توانند لباس ابریشمی بپوشند و چینی‌ها می‌توانند از شیشه و کریستال استفاده کنند. اروپایی‌ها شاید این روایت مسخره که این پارچه‌ی زیبا از پیله‌ی کرم ابریشم ساخته شده است را به سخره بگیرند و چینی‌ها ممکن است که به این افسانه‌ی خنده‌دار که این ظرف سفالی شفاف از شن درست شده است بسیار بخندند. اما هر دوی آنها و همچنین آن دلال هندی زندگی بهتری دارند. هر سه نفر، نیروی کار دیگران را کسب کرده‌اند. به اصطلاح رابرت رایت[۵۴۴]، این یک معامله‌ی حاصل جمع غیر صفر است. مغز جمعی در تمام طول اقیانوس هند گسترش یافت و استاندارد زندگی هر دو سر آن را بالا برد.

کشتی‌های صحرا

اما غارت، فقدان اختراع، بربری‌گری‌ها و بالاتر از همه قوانین غیرضروی و دست‌وپاگیر دیوکلیسین[۵۴۵] در نهایت کار روم را ساخت. هرچند که امپراتوری زیر این فشارهای تشریفاتی و اداری تجزیه شد اما دست کم باعث شد قرض دادن پول با سود و چرخش این‌چنین آزادانه سکه‌ها در غرب متوقف شود. در عصر تاریکی که به‌دنبال آن آمد، به این علت که تجارت آزاد ناممکن شده بود، شهرها کوچک شدند، بازارها تحلیل رفتند، کالاها ناپدید شدند، میزان سواد کاهش یافت و اگر بخواهیم به‌طور اجمالی سخن بگوییم، زمانی‌که غارت و حمله گاث[۵۴۶]،هان[۵۴۷] و وندل[۵۴۸] زمان خودشان را سپری کردند، هرکسی می‌بایست دوباره به دوران خودکفایی بازمی‌گشت. اروپا از شهرنشینی خارج شد. حتی جمعیت روم و قسطنطنیه به کسری از جمعیت سابق‌شان سقوط کرد. تجارت با مصر و هند به‌ویژه وقتی عرب‌ها اداره اسکندریه را به‌دست گرفتند به میزان زیادی کاهش یافت. بنابراین نه‌تنها واردات شرقی مانند پاپیروس، ادویه و ابریشم دیگر دیده نشد، بلکه آن کشت و کارهایی که به‌منظور صادرات در کامپانیا صورت می‌گرفت تبدیل به طرحی برای امرار معاش کشاورزها شد. از این لحاظ سقوط امپراتوری روم، تجار مصرف‌کننده را به دهقانانی در حد امرار معاش برگرداند. عصر تاریکی، آزمونی بزرگ و سنگین بود در بازگشت به زمین و سبک زندگی هیپی‌وار (بدون وجه سپرده به امانتدار): شما ذرت خودتان را می‌کارید، پشم گوسفند خودتان را می‌زنید، چرم خودتان را تولید می‌کنید و چوب خودتان را می‌برید. هر محصول

۵۴۴. Robert Wright روزنامه‌نگار و مؤلف معاصر آمریکایی.
۵۴۵. Diocletian امپراتور روم از ۲۸۴ تا ۳۰۵ میلادی.
۵۴۶. Goth مردمی آلمانی بودند که نقش اصلی در سقوط امپرتوری روم غربی بازی کردند.
۵۴۷. Hun مردم کوچ‌نشینی که در آسیای مرکزی زندگی می‌کردند.
۵۴۸. Vandal مردم آلمانی در زمان روم باستان که در جنوب لهستان امروزی زندگی می‌کردند.

مازاد ناچیزی هم که تولید می‌کردید به منظور حمایت از یک راهب مصادره می‌شود و یا شاید بتوانید هرازگاهی چیزی بفروشید تا بتوانید فلزی بخرید تا با آن به‌صورت پاره‌وقت آهنگری کنید. غیر از این، امرار معاش جایگزین تخصص شد.

البته این کاملاً حقیقت ندارد. داخل هر روستا یا صومعه، درجه‌ای از تخصص وجود داشت اما به اندازه‌ای نبود که شهرهای بزرگ را تأمین کند. اما حالا دست‌کم محرک‌هایی برای بهبود تکنولوژی وجود داشتند که در زمان رومِ متکی به قدرت برده‌ها وجود نداشت. تعداد اندک ولی ثابتی از اختراعات باعث شد بهره‌وری در اروپای شمالی خیلی بعد از پایان امپراتوری غرب شروع به بهتر شدن کند: بشکه، صابون، چرخ‌های پره‌دار، چرخ‌های آبی (که در جهت جریان آب می‌چرخیدند)، نعل اسب، یوغ و دهنه‌ی اسب. بیزانس به‌صورت بی‌قاعده‌ای از آنچه از تجارت مدیترانه به‌جای مانده بود رونق گرفت، اما وبا، جنگ، سیاست و دزدی به وارد شدن در مسیر ادامه دادند. کشورگشایی‌های چپاول‌گرانه فرانکی‌های کارولینجین[۵۴۹] در قرن هشتم که حاصل احیای متوسط تجارت منطقه‌ای در غلات و ساخت و تولید بود، همچنین شروع به راه انداختن تجارت ادویه و برده در کل مدیترانه کردند. وایکینگ‌ها[۵۵۰] که قایق‌های‌شان را در طول رودخانه‌های روسیه پارو می‌زنند تا به دریای سیاه و مدیترانه برسند، بخشی از تجارت شرقی را احیا کردند (کمی تاراج هم البته به آن اضافه کنید) و بنابراین خوش‌بختی غیرمنتظره و قدرت آنها نیز احیا شد.

در این حین، مشعل به شرق منتقل شد. همان‌طور که اروپا دوباره در خودکفایی غرق شد، عربستان در حال کسب سود از تجارت بود. پیدایش غیرمنتظره یک پیامبر تماماً کشورگشا و تسخیرکننده، وسطِ یک بیابان در میانه‌ی قرن هفتم تقریباً به همان اندازه که داستان آن معمولاً گفته می‌شود، مبهم و گیج‌کننده است. کسی با الهامات مذهبی و رهبری نظامی. چیزی که در داستان گم شده، دلیل و انگیزه اقتصادی است که عرب‌ها ناگهان در موقعیتی قرار داشتند که می‌توانستند تمام کالاها را پیش از آنها حمل کنند. به لطف فن‌آوری که به‌تازگی تکمیل شده بود، یعنی شتر، مردم شبه‌جزیره عربستان خودشان را در موقعیت مناسبی برای کسب سود از تجارت بین شرق و غرب یافتند. کاروان‌های شتر عربستان، منبع درآمد بودند که محمد و یارانش را به قدرت رساندند. شتر چندین هزار سال پیش اهلی شده بود ولی قرون اول پس از میلاد بود که در نهایت تبدیل به موجودی قابل اعتماد برای حمل بار شد. شتر می‌توانست خیلی بیشتر از خر بار حمل کند، جاهایی برود که ارابه‌های چرخ‌دار گاو نر نمی‌توانست بروند و به این خاطر که می‌توانست خوراک خودش

---

۵۴۹. Carolingian امپراتوری در دوران قرون وسطی که بیشتر مردم آن فرانکی (آلمانی) بودند و غرب و مرکز اروپا را در برمی‌گرفت.

۵۵۰. Vikings مردم اسکاندیناوی از اواخر قرن هشتم تا اواخر قرن یازدهم.

را در طـول مسیر پیـدا کنـد، مصـرف سـوخت آن ماننـد کشـتی بادبـانی اساسـاً صفـر بـود. بـرای مـدتی حـتی کشـتی‌های بـادی بیزانـس هـم در دریـای سـرخ کـه منتظـر وزش بادهـای مناسـب بودنـد و مـورد هجـوم روزافـزون دزدان دریـایی بیشـماری قـرار می‌گرفتنـد، خودشـان را در نقطه‌ضعـف رقابـتی در مقایسـه بـا «کشـتی‌های صحـرا» یافتنـد. از آنجـایی کـه مسیـر در امتـداد رود فـرات به‌خاطـر جنـگ بیـن ساسـانیان پـارسی و بیزانسی‌هـای قسـطنطنیه مختـل شـده بـود، راه بـرای مـردم مکـه ماننـد فینیقی‌هـای خشـک و بیـروح بـاز بـود تـا به‌واسـطه‌ی تجارت ثروتمنـد شـوند. ادویه‌هـا و برده‌هـا به‌سـمت شـمال و غـرب می‌رفتنـد؛ در حالی‌کـه آهـن، شـراب و شیشـه و کریسـتال به‌سـمت جنـوب و شـرق می‌رفـت.

بعدهـا بـا به‌کارگیـری دو اختـراع چیـنی، بادبـان سـه‌گوش و سـکان کشـتی، عرب‌هـا بازوهـای بازرگانی‌شـان را به‌سـمت آفریقـا و شـرق دور دراز کردنـد. کشـتی بادبـانی عـربی کـه در بلیتونـگ[۵۵۱] اندونـزی در ۸۲۶ پـس از میلاد غـرق شـده بـود، اشیـایی از جنـس طلا، نقـره، سـرب، چـوب، برنـز و ۵۷ هـزار قطعـه ظـروف سـفالی شـامل ۴۰ هـزار کاسـه چانگشـا[۵۵۲]، ۱۰۰۰ کـوزه‌ی مراسـم ترحیـم، ۸۰۰ جوهـردان کـه در کوره‌هـای هونـان[۵۵۳] تولیـد انبـوه و بـرای مـردم دارا و ثروتمنـد بصـره و بغـداد صـادر شـده بودنـد حمـل می‌کـرد. ایـن تصـادفی نیسـت کـه عرب‌هـا بـا تجـارت آزاد کـه ایده‌هـا، کالاهـا و فرهنـگ را مبادلـه می‌کردنـد، رشـد کننـد و موفـق شـوند. از آنجـایی کـه اعـراب از سـرزمین خودشـان بیـرون آمدنـد، کالاهـای تجمـلی و دانـش را بـه منطقـه‌ای از عـدن تـا کوردوبـا آوردنـد. ایـن مسـئله پیـش از رضایت‌منـدی بیـش از حـد و اجتناب‌ناپذیـر امپراتـوری و سـپس سـرکوب شـدید کشیشـانه کـه در خانـه شـروع شـده بـود اتفـاق افتـاد. هنـگامی کـه کشیشی‌گـری جایگاهـش را مسـتحکم کـرد، کتاب‌هـا خوانـده نمی‌شـدند بلکـه سـوزانده می‌شـدند.

بازرگان پیزا

ایـن مسـلمان‌ها کـه از تجـارت، سـود و منفعـت کسـب می‌کردنـد، تـا حـد زیـادی بـه لطـف تجـار یهـودی کـه در قـرن دهـم سـتم روزافـزون دربـار عباسیـان در بغـداد را بـرای رژیـم باگذشـت‌تر و شـکیباتر فاطمیـان در مصـر تـرک کـرده بودنـد، در زمـان مناسـب شـروع بـه خـارج کـردن اروپـا از حالـت خودکفـایی کردنـد. ایـن تجـار مغـربی بـا سـاکن شـدن در طـول سـواحل جنـوبی مدیترانـه در سیسـیل، قوانیـن خودشـان را بـرای اجـرای قـرارداد و مجـازات بـا طـرد افـراد توسـعه دادنـد. ایـن مسـئله کاملاً خـارج از دادگاه‌هـای رسـمی بـود. آنهـا ماننـد همـه‌ی کارآفرینـان موفـق و عـالی، علی‌رغـم

۵۵۱. Belitung جزیره‌ای در ساحل شرقی سوماترای اندونزی.
۵۵۲. Changsha مرکز استان هونان چین.
۵۵۳. Hunan استانی کوهستانی در جنوب چین.

وجـود دولت‌هـا و به‌جـای گرفتـن کمـک از آنهـا، رشـد کردنـد و موفـق شـدند. و آنهـا بودنـد کـه شـروع بـه تجـارت بـا بنـادر ایتالیـا کردنـد. دهقانـان ایتالیـایی دریافتنـد کـه به‌جـای تقسیـم زمیـن بیـن وراث فقیـر، می‌تواننـد پسرهای‌شـان را بـرای تجـارت بـا یهودی‌هـای مغـربی بـه شـهر بفرسـتند.

شـمال ایتالیـا به‌خاطـر یـک بن‌بسـت بی‌حاصـل میـان امپراتـور مقـدس روم و پـاپ، به‌طـور موقـت از مزیـت عـدم حضـور شـاهان طمـاع و رانت‌خـوار اسـتفاده می‌کـرد. هنـگامی کـه غـارت عرب‌هـا و تـاراج پاپ‌هـا تحـت تأثیـر اوتـوی اول[۵۵۴] متوقـف شـد، شـهرهای لومبـاردی و توسـکانی خودشـان را بـرای راه‌انـدازی دولت‌های‌شـان آزاد دیدنـد و از آنجـایی کـه آن شـهرها به‌خاطـر تجـارت و داد و سـتد وجـود داشـتند، در نتیجـه ایـن دولت‌هـا تحت‌الشـعاع سـود تاجرهـا قـرار گرفتنـد. آمالـفی[۵۵۵]، پیـزا و جنـوآ بـه پشـتوانه تجـارت مغربی‌هـا شـروع بـه رشـد و شـکوفایی کردنـد. ایـن تاجـر اهـل پیـزا، فیبونـاچی کـه در شـمال آفریقـا زنـدگی می‌کـرد بـود کـه اعـداد اعشـاری عربی-هنـدی، کسـرها و محاسـبه سـود را در کتـاب خـودش بـه نـام *Liber Abaci* (کتـاب محاسـبات)، چاپ‌شـده در ۱۲۰۲، بـه توجـه اروپاییـان رسـاند. تجـارت جنـوآ بـا آفریقـای شـمالی بعـد از توافـقی کـه در سـال ۱۱۶۱ در جهـت محافظـت از تاجرهـا به‌دسـت آمـد، دو برابـر شـد و تـا سـال ۱۲۹۳، تجـارت شـهر از کل درآمـد شـاه فرانسـه فراتـر رفـت. شـهر لـوکا[۵۵۶] موقعیـت محکـمی در تجـارت ابریشـم و سـپس بانـک‌داری کسـب کـرد. فلورانـس بـه واسـطه پشـم‌بافی و ابریشـم ثروتمنـد شـد. میلان دروازه‌ای بـود بـه گذرگاه‌هـای آلـپ و به‌عنـوان یـک شـهر بـازاری شـکوفا شـد. ونیـز کـه به‌واسـطه‌ی امنیـت تـالاب خـودش، اسـتقلال طـولانی داشـت، به‌تدریـج تبدیـل بـه مظهـر دولـت تجـاری شـد. بـا وجـود رقابـت و حـتی گاهی جنـگ بـا یکدیگـر، دولت‌شـهرهای بـا نظـام جمهـوری کـه به‌دسـت تاجرهـا اداره می‌شـدند، نه‌تنهـا مراقـب ایـن بودنـد کـه مالیـات و قوانیـن باعـث نابـودیِ تجـارت نشـود، بلکـه هرآنچـه می‌توانسـتند انجـام می‌دادنـد تـا آن را تشـویق کننـد: مـثلاً دولـت در ونیـز کشـتی‌ها را می‌سـاخت، اجـاره می‌داد و کاروان‌هـا را مدیریـت می‌کـرد.

موفقیـت و کامیـابی ایتالیـا در شـمال اروپـا نیـز احسـاس شـده بـود. تاجـران ونیـزی در جسـت‌وجوی نقـره از گـذرگاه برنـر[۵۵۷] به‌سـمت آلمـان رفتنـد و سـر از بازارهـای شـامپانی[۵۵۸] در فلنـدرز[۵۵۹] - سـرزمین دیگـری کـه بیـن قلمـروی پادشـاهی‌ها بـود و بـه هیـچ انسـانی تعلـق نداشـت - درآورنـد. آنهـا ابریشـم، ادویـه، شـکر و رنـگ لاکی بـرای مبادلـه بـا پشـم بـه ایـن بـازار می‌آوردنـد. بـرای مثـال در اوایـل دهـه ۱۴۰۰، جیـووانی

---

۵۵۴. Otto I که به نام اوتوی کبیر شناخته می‌شود از ۹۳۶ شاه آلمان و از ۹۶۲ تا زمان مرگش، سال ۹۷۳، امپراتور روم مقدس بود.

۵۵۵. Amalfi شهر و بخشی در سالرنوی ایتالیا.

۵۵۶. Lucca شهری در منطقه توسکانی.

۵۵۷. Brenner گذرگاهی کوهستانی در میان کوه‌های آلپ، که مرز میان ایتالیا و اتریش است.

۵۵۸. Champagne

۵۵۹. Flanders ناحیه‌ای در بلژیک که مردم آن به زبان هلندی صحبت می‌کنند.

آرنولفینی[۵۶۰] در بروژ[۵۶۱] به‌عنوان نماینده‌ای برای کسب‌وکار خانوادگی ابریشم‌شان در لوکا مقیم بود و در تابلوی نقاشی از ون‌آیک[۵۶۲] جاودانه شد. هرچند درصد کوچکی از جمعیت اروپایی در قرون وسطی با ابریشم و شکر مواجه می‌شدند، چه برسد که به‌طور منظم مصرف کنند و این‌که بخش بسیار کمی از تولید ناخالص داخلی اروپا از چنین تجارتی حاصل می‌شد. با این وجود، این مسئله انکارناپذیر است که بیداری اروپا توسط ارتباط با تولیدات چین، هند، عربستان و بیزانس به‌واسطه تجارت ایتالیا قوت گرفت. مناطقی که در تجارت آسیا شرکت می‌کردند از مناطقی که شرکت نمی‌کردند، ثروتمندتر بودند: تا سال ۱۵۰۰ سرانه تولید ناخالص داخلی ایتالیا، ۶۰ درصد از میانگین اروپا بیشتر بود. اما تاریخ‌دانان گاهی اهمیت زیادی برای تجارت خارق‌العاده با شرق قائل می‌شوند. در اواخر ۱۶۰۰، تجارت اروپایی‌ها با آسیا غالب شده بود چرا که هزینه حمل و نقل کالاهای تجملی مانند ادویه، نصف ارزش تجارت داخلی دام به‌تنهایی در اروپا بود. اروپا می‌توانست با آسیا تجارت کند چراکه بسیار با خودش داد و ستد و می‌کرد و نه خلاف آن.

به‌طرز وصف‌ناپذیری، منفعت حاصل از تجارت می‌تواند دوباره ایجاد شود. مردم می‌توانند دوباره تبدیل به مصرف‌کننده شوند یعنی که آنها می‌توانند تولیدکننده هم باشند و محصولات نقد را به یکدیگر بفروشند. اگر من کمی بیشتر گندم تولید کنم و شما کمی بیشتر چرم دباغی کنید، در نتیجه می‌توانم به شما غذا بدهم و شما می‌توانید به من کفش بدهید... در نهایت در قرن دوازدهم، شهرها با سرعت بالایی شروع به رشد کردند. تا سال ۱۲۰۰، یکبار دیگر اروپا، مکانی برای بازارها، تجار و صنعت‌گران بود، هرچند به‌شدت به ۷۰ درصدی که روی زمین‌ها برای تولید غذا، الیاف، سوخت و مصالح ساختمانی کار می‌کردند وابسته بود. در یک آب و هوای گرم غیرمعمول، قاره اروپا از رونق اقتصادی لذت می‌برد. استانداردهای زندگی در سراسر قاره اروپا به‌ویژه در شمال، جایی‌که تجار هنسی‌اتیک[۵۶۳] از لوبک[۵۶۴] و دیگر شهرها که مجهز به کشتی‌های بادبانی تازه و آهسته ولی پرظرفیت که کاگ[۵۶۵] نامیده میشدند بودند، ارتقا یافت. آنچه آنها در دریای بالتیک و دریای شمال انجام دادند، مردم جنوآ برای مدیترانه انجام داده بودند. این کشتی‌ها الوار، خز، موم، شاه‌ماهی و رزین را به غرب و جنوب برای مبادله با پارچه و غلات می‌آورند. مانند مغربی‌ها، آنها نیز قانون تجارت خودشان را کاملاً مستقل از قوانین ملی با شرط تحریم کسی که

۵۶۰. Giovanni Arnolfini تاجر ایتالیایی قرن چهاردهم اهل شهر لوکا.

۵۶۱. Bruges شهری در بلژیک.

۵۶۲. Van Eyck نقاشی از بخش لون در بروژ و یکی از مشهورترین نقاشان اوایل رنسانس بود. ۱۳۹۰ تا ۱۴۴۱. پیشنهاد می‌شود به نقاشی مذکور و دیگر نقاشی‌های او و به‌ویژه جزئیات نقاشی نگاهی بیندازید.

۵۶۳. Hanseatic کنفدراسیون بازرگانی و دفاعی از اصناف تاجر و شهرهای بازاری در شمال غربی و مرکز اروپا که در سال ۱۳۵۸ تأسیس شد و در سال ۱۸۶۲ دست از فعالیت کشید.

۵۶۴. Lübeck شهری در شمال آلمان که به‌خاطر معماری آجری دوران گوتیک شناخته می‌شود.

۵۶۵. Cog

قرارداد آنها را در خارج از کشور بشکند، بنا نهادند. تاجرین ویزبی[566] در گوتلند[567] از طریق رودخانه‌های روسیه و دریای سیاه، حتی با شرق از طریق نووگراد[568] قرار دوباره بستند. آنها با این کار توانستند عرب‌ها را که صاحب تنگه‌ی جبل‌الطارق بودند، دور بزنند.

دولت مولوخ[569]

چین در این حین به‌سمت دیگری یعنی رکود و فقر در حرکت بود. چین از وضعیت شکوفایی و شعف در اقتصاد و فن‌آوری حوالی سال ۱۰۰۰ پس از میلاد به یکی از جمعیت‌های متراکم، عقب‌مانده به لحاظ کشاورزی، با فقری ناامیدانه در ۱۹۵۰ بدل شد. بر اساس تخمین انگوس مدیسون[570]، چین در ۱۹۵۰ تنها منطقه‌ی با GDP سرانه‌ی پایین‌تر نسبت به سال ۱۰۰۰ در دنیا بود. گناه این مسئله کاملاً بر گردن دولت چین بود.

اول از همه برای تمجید از آن شعف و شکوفایی دست نگه دارید. بهترین لحظات چین زمانی بود که مجزا بودند و نه متحد. اقتصاد به‌واقع در ابتدا در سلسله‌ی ناپایدار ژو[571] در هزاره‌ی اول بعد از میلاد رونق گرفت. سپس بعد از آن‌که امپراتوری‌هان[572] در سال ۲۲۰ پس از میلاد از هم پاشید، دوره‌ی «سه‌پادشاهی» شکوفایی فرهنگ و فن‌آوری را به خود دید. هنگامی که امپراتوری تانگ در سال ۹۰۷ به پایان رسید و «پنج سلسله و ده پادشاهی» با یکدیگر بی‌وقفه جنگیدند، چین جذاب‌ترین انفجار اختراعات و ثروت خودش را تا به آن زمان تجربه کرد که سلسله‌ی سانگ[573] آن را به ارث برد. حتی تولد دوباره چین در اواخر قرن بیستم بیشتر وام‌دار تجزیه دولت و انفجار در استقلال محلی بود. شکوفایی فعالیت‌های اقتصادی در چین بعد از ۱۹۷۸ توسط «بنگاه‌های اقتصادی شهرستان‌ها و روستاها» حاصل شد. نمایندگان دولت به محلی‌ها آزادی راه‌اندازی شرکت‌ها را دادند. یکی از ویژگی‌های متناقض چینِ مدرن، ضعف یک دولت مرکزی و دوستدار حکومت استبدادی است.

تا سال ۱۰۰۰ پس از میلاد، چینی‌ها استادان ساخت ابریشم، چای، ظروف

---

۵۶۶. Visby شهری در ناحیه‌ی گوتلند سوئد.

۵۶۷. Gotland جزیره‌ی بزرگ سوئدی در دریای بالتیک.

۵۶۸. Novgorod شهری در غرب روسیه.

۵۶۹. Moloch نامی برگرفته از کتاب مقدس از یک خداوند کنعانی است که در ارتباط با قربانی کردن بچه در آتش یا جنگ است.

۵۷۰. Angus Maddison اقتصاددان معاصر انگلیسی.

۵۷۱. Zho Dynasty

۵۷۲. Han

۵۷۳. Song

چینی، کاغذ و چاپ و هم‌چنین قطب‌نما و باروت بودند. آنها از چرخ‌های ریسندگی پنبه با چندین دوک، چکش‌های هیدرولیکی، چتر، کبریت، مسواک و کارت‌های بازی استفاده می‌کردند. آنها برای ذوب و به‌دست آوردن آهن با کیفیت بالا از ذغال‌سنگ، کک ساختند. آنها ۱۲۵۰۰۰ تن شوشه‌ی آهن در سال تولید می‌کردند. آنها نیروی آب را برای چرخاندن نخ‌های کنفی به‌کار می‌گرفتند. ساعت‌های آبی باشکوهی داشتند. در تمام دلتای یانگ‌تسه[۵۷۴]، حکم کنفسیوس «مردها شخم بزنند، زن‌ها ببافند» با بهره‌وری صنعتی اجرا می‌شد، در نتیجه دهقانان برای پول نقد و امرار معاش کار می‌کردند و با پول نقد کالا می‌خریدند. هنر، علوم و مهندسی شکوفا شده بود. پل‌ها و بت‌کده‌ها همه‌جا سبز شده بود. چاپ‌نقش‌های چوبی، تشنگی شدید برای ادبیات را ارضا کرده بود. به‌طور خلاصه در دروان سانگ، تقسیم کار بسیار مفصلی وجود داشت: بیشتر مردم چیزهایی را که برای یکدیگر تولید می‌کردند، مصرف می‌کردند.

سپس مصیبت‌های سال‌های ۱۲۰۰ و ۱۳۰۰ آمد. اول حمله مغول‌ها و بعد هم «مرگ سیاه»[۵۷۵] و سپس یک‌سری از بلایای طبیعی که همه همراه شد با فلاکت‌های بیش از حد غیرطبیعی حکومت استبدادی مینگ. مرگ سیاه که باید در فصل بعدی درباره‌اش بحث کنم، اروپا را برای کسب منفعت‌های بیشتر از تجارت و رها شدن از تله‌ی خودکفایی ترغیب کرد. چرا این مسئله اثر مشابهی در چین نگذاشت؟ جایی که باعث شد جمعیت آنها نصف قبل شود و بنابراین به احتمال زیاد از زمین‌های مازاد ثروتمند شوِد تا درآمدهای مصرف‌شدنی (بعد از مالیات) را حمایت کنند. گناه این امر کاملاً به گردن سلسله‌ی مینگ است. اروپای غربی فقط به این‌خاطر از مرگ سیاه نجات یافت چون مناطق مستقلی در دولت‌شهرهایش داشت که به‌دست تجار و برای تجارت اداره می‌شد، به‌ویژه در ایتالیا و فلندرز. این مسئله کار را برای زمین‌داران سخت‌تر کرد تا دوباره بردگی را تحمیل کنند و وجود محدودیت‌ها بر جنبش‌های دهقانان بعد از طاعون برای مدت کوتاهی طبقه کارگر را قدرتمند کرد. در اروپای شرقی، مصرِ تحت حکومت ممالیک[۵۷۶] و چینِ تحت حکومت مینگ، برده‌داری به‌طور مؤثری دوباره احیا شده بود.

امپراتوری‌ها و در واقع دولت‌ها در آغاز تمایل دارند چیزهای خوبی باشند و هر چه بیشتر بر سر کار می‌مانند، بدتر می‌شوند. آنها در آغاز توانایی جامعه برای ایجاد رونق و شکوفایی را با ایجاد خدمات مرکزی و برداشتن موانع تجارت و تولید تخصص بهبود می‌بخشند. از این‌رو حتی «صلح چنگیزخان»[۵۷۷] با از بین

---

۵۷۴. Yangtze رودخانه‌ای در چین و بلندترین رودخانه‌ی آسیا.

۵۷۵. Black Death اشاره به بیماری طاعون است.

۵۷۶. Mamluk Sultanate سلطنت‌الممالک دولتی بود که بر مصر، شام و حجاز از اواسط قرن سیزدهم تا اوایل شانزدهم میلادی حکمرانی می‌کرد.

۵۷۷. Pax Mongolica

بردن راهزنان جاده ابریشم باعث تسهیل تجارت در سرزمین‌های آسیایی شد و هزینه‌ی کالاهای شرقی را در تالارهای هم‌نشینی و ضیافت اروپایی پایین آورد. اما سپس همان‌طور که پیتر ترچین[۵۷۸] در راستای مباحث رهبر جغرافی‌دان قرون وسطی یعنی ابن‌خلدون مطرح می‌کند، دولت‌ها به‌تدریج برگزیدگانِ جاه‌طلب بیشتری که سهم بزرگ و بزرگ‌تری از درآمد جامعه را با دخالت بیشترِ در زندگی مردم و واداشتن آنها به اجرای قوانین بیشتر غصب می‌کنند به‌کار می‌بندند. آنها به این کار ادامه دادند تا جایی که غازی که تخم طلایی می‌گذاشت را کشتند. درسی در این مطلب برای دنیای امروز وجود دارد. اقتصاددانان خیلی سریع درباره «ناکامی بازار» سخن می‌گویند و به‌حق این‌گونه است، اما تهدید بزرگ‌تر از سوی «ناکامی دولت» سرازیر می‌شود. چراکه این انحصارطلبی است و دولت‌ها باعث ناکارآمدی و رکود بیشتر چیزهایی که در حال فعالیت هستند می‌شوند؛ مراکز دولتی بیشتر به‌دنبال بالا بردن بودجه‌های خودشان هستند تا این‌که به مشتریان‌شان خدمات ارائه کنند؛ گروه‌های فشار اتحاد نامقدس و خبیثانه‌ای با این مراکز به‌منظور گرفتن پول بیشتر از مالیات‌دهنده‌ها برای اعضای‌شان ایجاد می‌کنند. هرچند با وجود تمام این مسائل هنوز بیشتر مردم باهوش برای اداره بیشتر چیزها خواهان دولت هستند و فرض می‌کنند که اگر دفعه‌ی بعد دولت این کار را بکند، چیزها به نحوی، بهتر، کامل‌تر و فداکارانه‌تر می‌شوند.

نه‌تنها امپراتورهای مینگ، بخش عمده‌ای از تجارت و صنعت را ملی کردند و انحصارهای دولتی در نمک، آهن، چای، الکل، تجارت خارجی و آموزش و پرورش ایجاد شد، بلکه دخالت و اظهار نظر را تا حد یک حکومت استبدادی در زندگی روزمره‌ی شهروندان‌شان نیز سانسور کردند. مقامات رسمی مینگ از جایگاه بالای اجتماعی و حقوق پایین برخوردار بودند. این ترکیبی است که به‌طرز اجتناب‌ناپذیری، فساد و رانت تولید می‌کند. آنها مانند تمام دیوان‌سالاران و صاحب منصبان اداری، به‌طور غریزی به اختراعات به‌عنوان تهدیدی برای مقام و موقعیت‌شان سوءظن داشتند و بیشتر توان‌شان را به‌جای آن‌که هدف‌هایی را که به‌خاطر آنها در آن جایگاه قرار گرفته بودند دنبال کنند صرف مراقبت از منافع شخصی‌شان می‌کردند. همان‌طور که اتین بالاز[۵۷۹] مطرح می‌کند

دامنه‌ی حکومت مولوخ یعنی قدرت مطلقه‌ی دیوان‌سالاری فراتر از این حرف‌ها می‌رود. قوانینی برای پوشش لباس وجود دارد، قانونی برای ساخت و ساز عمومی و خصوصی (ابعاد خانه‌ها) هست؛ رنگ‌های لباس‌هایی که یک نفر می‌پوشد، موسیقی که یک نفر گوش می‌دهد، جشن‌ها، همه و همه تنظیم شده است. قوانینی برای تولد و قوانینی برای مردن وجود دارد؛ دولتِ مشیتی، با دقتی موشکافانه بر هر قدمی که اشخاص از گهواره تا مرگ برمی‌دارند نظارت می‌کند. این یک نظام

---

۵۷۸. Peter Turchin دانشمند آمریکایی-روسی معاصر.

۵۷۹. Etienne Balazs چین‌شناس مجار-فرانسوی قرن نوزدهم.

کاغذبازی و تعرض است، کاغذبازی بی‌پایان و تعرض بی‌پایان.

فریب زمان حال را نخورید. این چین زمان مینگ است که بالاژ توصیف می‌کند، نه چین مائویستی. رفتارهانگ‌وو[۵۸۰]، اولین امپراتور سلسله مینگ، درسی هدف‌مند در باب چگونگی سرکوب اقتصاد است: ممنوع کردن تمام تجارت‌ها و سفرها بدون اجازه‌ی دولت؛ اجبار تجار به ثبت سیاهه‌ی موجودی کالاهای‌شان به‌صورت ماهانه؛ دستور دادن به دهقانان برای پرورش محصولات فقط برای امرار معاش خودشان و نه برای بازار؛ رها کردن تورم تا حدی که ارزش پول کاغذی تا ۱۰ هزار بار پایین بیاید. پسر او، لانگ-له چند مورد بیشتر به این فهرست اضافه کرد: جابه‌جایی سرمایه با هزینه‌ی بسیار هنگفت؛ نگهداری یک ارتش عظیم؛ حمله‌ی ناموفق به ویتنام؛ گماردن خواجه‌ی مورد علاقه‌اش برای مدیریت ناوگان کشتی‌های غول‌پیکر با ۲۷ هزار مسافر، پنج منجم و یک زرافه سوار بر کشتی، و سپس منع کردن همه از ساخت کشتی یا تجارت با خارج به‌خاطر رنجش حاصل از شکست این ماموریت در ایجاد سود.

این در حالی بود که چینی‌ها برای تجارت با دنیا بسیار بی‌تاب بودند. در سال ۱۵۰۰ میلادی کَرَک‌های[۵۸۱] پرتغالی، ابریشم را از ماکائو[۵۸۲] برای مبادله با نقره به ژاپن می‌بردند. در سال ۱۶۰۰ میلادی جانک‌ها[۵۸۳] که به‌صورت غیررسمی از ساحل فوجیان[۵۸۴] فرار کرده بودند، با محموله‌ای مملو از ابریشم، پنبه، ظروف چینی، باروت، جیوه، مس، گردو و چای به مانیل[۵۸۵] رسیدند. آنها آنجا با گالیون‌های[۵۸۶] اسپانیایی که از نقره‌ی معدن پوتوسی[۵۸۷] در پرو پر شده بود و از اقیانوس آرام از آکاپولکو[۵۸۸] گذشته بود، ملاقات کردند. تصادفی نیست که وقتی سلسله‌ی مینگ به‌خاطر کمبود نقره با از دست دادن سه گالیونِ آکاپولکو طی سه سال ضعیف شد و سقوط کرد، سلسله را به تاجرین مانچو کِه پیروزی‌شان را با مبادلات پرسود کالاها با کره و ژاپن تأمین مالی کرده بودند، باخت.

بخشی از مشکل این بود که یک صنعت‌گر چینی نمی‌توانست بگریزد و تحت حکومت حاکمی باگذشت‌تر یا جمهوری سازگارتر کار کند، همان‌طور که اروپایی‌ها به‌طور معمول انجام می‌دادند. اروپا به‌خاطر شبه‌جزیره‌ها و رشته‌کوه‌هایش نسبت به چین بسیار مشکل‌تر است که متحد شود: می‌توانید

---

۵۸۰. Hongwu

۵۸۱. Carrack کشتی‌های اقیانوس پیما با سه یا چهار دکل که بین قرن ۱۴ و ۱۵ در اروپا و عمدتاً در پرتغال ساخته می‌شد.

۵۸۲. Macao منطقه‌ای خودمختار در جنوب چین.

۵۸۳. Junk نوعی قایق بادبانی چینی با بادبان‌های چوب‌دار.

۵۸۴. Fujian ایالتی در جنوب شرقی چین معروف به‌خاطر کوه‌ها و شهرهای ساحلی.

۵۸۵. Manila پایتخت فیلیپین.

۵۸۶. Galleon کشتی‌های بزرگ دارای چندین عرشه در اروپا.

۵۸۷. Potosi

۵۸۸. Acapulco شهری در ساحل اقیانوس آرام در مکزیک.

از چارلز پنجم، لویی چهاردهم، ناپلئون یا هیتلر بپرسید. رومی‌ها برای مدتی به‌نوعی اتحاد اروپا دست یافتند و نتیجه به‌سان سلسله‌ی مینگ بود: رکود و دیوان‌سالاری. لکتانتیوس[۵۸۹] می‌گوید که تحت امپراتوری دیوکلیسین (درست همان‌طور که تحت امپراتوری یانگ- له[۵۹۰] بود) «تعداد مالیات‌بگیران نسبت به مالیات‌دهنده‌ها شروع به فزونی گرفت و تعدد حاکمان و ازدحام فرمانروایان در هر منطقه، تقریباً هر شهری را سرکوب کرد؛ به این جمع، تحصیلداران، منشی‌ها و دستیاران دیکتاتورها را هم اضافه کنید.»

اروپا از آن زمان میان دولت‌های متخاصم تقسیم شد. به همین خاطر اروپایی‌ها همیشه اسب فرار را زین کرده آماده داشتند. گاهی اوقات فرار از حاکمان ظالم همان‌طور که هیوگنات‌های[۵۹۱] فرانسوی و یهودی‌های اسپانیایی انجام دادند، گاهی اوقات به سمت حاکمان جاه‌طلب کشیده می‌شدند، گاهی اوقات نیز در جست‌وجوی آزادی نظام جمهوری بودند. کریستف کلمب ایتالیایی، پرتغال را رها کرد و به‌جای آن اسپانیا را برگزید. سفارتزا[۵۹۲]، مهندسین را اغوا کرد تا به میلان بیایند. لویی چهاردهم تولیدکنندگان ابریشم ایتالیایی را فریب داد تا کارشان را در لیون راه‌اندازی کنند، ژوهانس گوتنبرگ در جست‌وجوی سرمایه‌گذار از ماینتس[۵۹۳] به استراسبورگ نقل مکان کرد. گوستاووس آدولفوس[۵۹۴] صنعت آهن سوئدی را با آوردن شخصی از والو[۵۹۵] به نام لویی دِگی[۵۹۶] آغاز کرد. جان کی[۵۹۷]، مخترع انگلیسی دوک (نخ‌ریسی) پرنده، سالانه ۲۵۰۰ فرانک از مقامات فرانسه دریافت می‌کرد تا به نرماندی سفر کند و ماشین خودش را به نمایش بگذارد. در یکی از موارد عجیب شکار صنعتی در اوایل سال ۱۷۰۰، آگوستوسِ[۵۹۸] قدرتمند از زاکسِن[۵۹۹]، انحصار تولید ظروف چینی را با اقدامی فریب‌کارانه و به زندان انداختن یک شیادِ گذری که ادعا کرده بود قادر به ساختن طلاست به‌دست آورد تا مبادا دیگر ایالات‌ها او را به چنگ آورند. شخص مورد نظر در این موضوع، جوهان فردیک باتگر[۶۰۰] است که هرچند هیچ طلایی تولید نکرد، اما فن ساخت ظروف چینی مرغوب را که از یک همکار داشت تکمیل کرد به این

---

۵۸۹. Lactantius از مؤلفان اولیه‌ی مسیحیت بود که مشاور اولین امپراتور روم شد.

۵۹۰. Yong-le

۵۹۱. Huguenotگروهی مذهبی از پروتستان‌های فرانسوی.

۵۹۲. Sforzas خانواده‌ای از حکام در دوران رنسانس ایتالیا.

۵۹۳. Mainz شهری در آلمان کنار رودخانه‌ی راین.

۵۹۴. Gustavus Adolphus پادشاه سوئد بین سال‌های ۱۶۱۱ تا ۱۶۳۲ میلادی.

۵۹۵. Walloon منطقه‌ای فرانسه‌زبان در جنوب بلژیک.

۵۹۶. Louis De Geer کارآفرین و صنعت‌گر هلندی از منطقه والو.

۵۹۷. John Kay

۵۹۸. Augustus the Strong پادشاه لهستان و دوک اعظم لیتوانی بین سال‌های ۱۶۹۷ تا ۱۷۰۶ و ۱۷۰۹ تا زمان مرگش ۱۷۳۳ میلادی. لقب او به‌خاطر توان بدنی بالایش بود.

۵۹۹. Saxony ایالتی در شرق آلمان.

۶۰۰. Johann Friedrich Bottger شیمی‌دان آلمانی قرن شانزدهم که مشهور است به اولین کسی که در اروپا رمز ساخت ظروف چینی با خمیر سفت را کشف کرد.

امید که این کار آزادی را به او برخواهد گرداند. اما آگوستوس حتی او را با مراتب امنیتی بیشتر در کاخی بر سر تپه‌ای در مایسن[۶۰۱] زندانی کرد و به‌کارش گرفت تا گلدان‌ها و قوری‌های چای به تعداد زیادی تولید کند. به‌طور خلاصه این‌که برای صنعتی‌سازی اروپا، رقابت مشوق بزرگی و ترمزی بر خفقان دیوان‌سالارانه در سطح ملی و سطح شرکت‌ها بود.

قوانین ذرت را دوباره لغو کنید

بزرگ‌ترین بهره‌وران تجزیه سیاسی اروپا، هلندی‌ها بودند. هلندی‌ها تا ۱۶۷۰ تحت حکومت امپراتورها نبودند و حتی بین خودشان هم مجزا بودند. آنها تا حدی بر تجارت بین‌الملل اروپا چیره بودند که ناوگان کشتی‌های بازرگانی آنها از ناوگان فرانسه، انگلیس، اسکاتلند، امپراتوری مقدس روم، اسپانیا و پرتغال روی هم رفته بزرگ‌تر بود. آنها غلات از بالتیک، شاه‌ماهی از دریای شمال، چربی نهنگ از قطب شمال، میوه و شراب از جنوب اروپا، ادویه از شرق و البته محصولات خودشان برای هر کس که خواهان آن بود، می‌آوردند. آنها به واسطه کشتی‌سازی کارآمد و باکیفیت (و تقسیم کار جدیدی در کشتی‌سازی‌ها، همان‌طور که ویلیام پتی[۶۰۲] کنجکاو مشاهده کرده بود)، تا بیش از یک‌سوم زیر قیمت هزینه تمام حملِ و نقل‌های دیگر قیمت ارائه دادند. این مسئله مدت زمان زیادی دوام نیاورد. در طول یک قرن، لویی چهاردهم و دیگران با ترکیبی از جنگ، انقام‌جویی مرکانتیلیستی[۶۰۳] و مالیات‌های بالا، تحمیل به جنگیدن، عصر طلایی هلندی‌ها را به پایان رساندند. با این وجود، تلاش دیگری برای به‌کارگیری تجارت آزاد در جهت بالا بردن استاندارد زندگی با شکست مواجه شد. اما از آنجایی که مانند چین، نظامی عظیم‌الجثه، قدرتمند و یک‌تکه نبود، کار دست دیگران به‌ویژه انگلیسی‌ها افتاد.

بخت بالای انگلیس در زمان ویکتوریا این بود که در اوج زمان صنعتی‌شدن، رابرت پیل[۶۰۴] تجارت آزاد را در آغوش کشید و پذیرایش شد در حالی‌که یانگ-له در چین آن را ممنوع کرده بود. بین سال‌های ۱۸۴۶ و ۱۸۶۰، بریتانیا به‌طور یک‌جانبه یک‌سری اقدامات که در طول تاریخ بی‌سابقه بود را برای باز کردن بازارهایش به تجارت آزاد اتخاذ کرد. او قوانین ذرت را ملغی کرد، لایحه‌ی ناوبری را پایان داد، تمام تعرفه‌های گمرکی را برداشت و با معاهدات تجاری با فرانسه

---

۶۰۱. Meissen شهری در آلمان که خانه‌ی چینی‌آلات است.

۶۰۲. William Petty اقتصاددان و فیلسوف انگلیسی قرن شانزدهم.

۶۰۳. Mercantilist ایده‌ای که در آن تجارت باعث ایجاد ثروت می‌شود به‌ویژه برای کشور صادرکننده. تحت این نظام فکری، صادرات از طرف دولت تشویق می‌شود اما واردات بسیار محدود.

۶۰۴. Robert Peel نخست‌وزیر انگلستان در قرن هفدهم. از او به‌عنوان پدر سیاست مدرن انگلیس یاد می‌شود.

و دیگران توسط گنجاندن اصل «محبوب‌ترین ملت»[۶۰۵] موافقت کرد – یعنی به‌کاربردن هرگونه آزادی برای همه طرف‌های تجارت. این کار، کاهش تعرفه گمرگی را مانند ویروس بین کشورهای جهان پخش کرد و در نهایت تجارت آزاد جهانی اصیل به‌دست آمد - یک آزمایش فینیقی زمینی. بنابر همین امر، آمریکا در لحظه حساس توانست متخصص تهیه‌ی غذا و الیاف برای انگلیس و اروپا و بیشتر از آن توانست متخصص تهیه محصولات تولیدی برای مصرف‌کنندگان جهان شود. هر دو طرف سود بردند. مثلاً تا سال ۱۹۲۰، ۸۰ درصد تمام گوشت گاو خورده‌شده در لندن، وارداتی بود که بیشتر آن از آرژانتین وارد می‌شد و به همین واسطه، آرژانتین یکی از ثروتمندترین کشورهای جهان بود. هر دو سوی مصب رودخانه‌ی پلیت[۶۰۶] که به دریا می‌ریزد تبدیل به کشتارگاه‌های بزرگ و پهناوری شدند که در آن گوشت گاو برای صادرات، کنسرو، نمک سود و خشک می‌شد. نام شهر اروگوئه‌ای، فرای بنوتوس[۶۰۷] به مترادفی برای گوشت‌های قوطی‌شده در انگلیس بدل شد.

پیام تاریخ به‌طور آشکاری مشخص است. این‌که تجارت آزاد باعث خوش‌بختیدوجانبه می‌شود در حالی‌که حمایت‌گرایی[۶۰۸] فقر به‌همراه می‌آورد. باورنکردنی است که کسی حتی غیر از این اندیشیده باشد. حتی یک مثال از کشوری وجود ندارد که مرزهایش را برای تجارت باز گذاشته باشد و در نهایت فقیرتر شده باشد (تهدید و اجبار به تجارت برده و مواد مخدر بحث دیگری است). تجارت آزاد حتی برای کشورهایی که آن را دارند و همسایگان‌شان ندارند نیز جواب می‌دهد. موقعیتی را تصور کنید که در آن محله شما آماده پذیرش محصولات محله‌های دیگر است ولی آنها فقط حق دارند محصولات خودشان را داشته باشند: چه کسی بازنده است؟ هرچند در وقایع بعد از جنگ جهانی اول در قرن بیستم تک‌تک کشورها سعی کردند از کشورهای همسایه‌شان تقاضای پول و غذا کنند. همان‌طور که ارزش واحدهای پولی نزول کرد و بیکاری در دهه‌ی ۱۹۳۰ افزایش یافت، دولتی پس از دولت دیگر به‌دنبال خودکفایی و جایگزینی واردات افتاد؛ یونان تحت حکومت یوآنیس متاکساس[۶۰۹]، اسپانیا تحت

---

۶۰۵. Most Favoured Nation در روابط اقتصاد بین‌الملل، وضعیت یا سطحی از تعهد است که دولتی به دولت دیگر در زمینه تجارت بین‌الملل اعطا می‌کند. اعطای مطلوب‌ترین تعرفه و نظارت قانونی در واردات و صادرات و رفتار برابر با همه‌ی شرکای تجاری.

۶۰۶. River Plate ریو د پلاتا (رودخانه‌ی نقره) رودخانه‌ای بین آرژانتین و اروگوئه.

۶۰۷. Fray Bentos

۶۰۸. Protectionism ایده‌ای که در آن دولت سعی می‌کند به صنایع داخلی با ایجاد محدودیت برای واردات کالاهای خارجی و اعمال مالیات کمک کند.

۶۰۹. Ioannis Metaxas افسر نظامی و سیاستمدار یونانی که نخست وزیر یونان بین سال‌های ۱۹۳۶ تا زمان مرگش در ۱۹۴۱ بود.

حکومت فرانسیسکو فرانکو[۶۱۰]، آمریکا تحت قانون اسموت-هالی[۶۱۱]. تجارت جهانی تا دوسوم بین سال‌های ۱۹۲۹ و ۱۹۳۴ سقوط کرد. دولت انگلستان در دهه‌ی ۱۹۳۰ تعرفه‌هایی را در هند برای حمایت از کشاورزان گندم، تولیدکنندگان پنبه و شکر، علیه واردات ارزان گندم از استرالیا، پنبه از ژاپن و شکر از جاوه اعمال کرد. این اقدامات حمایت‌گرایانه فروپاشی اقتصادی را تشدید کرد. طی پنج سال از ۱۹۲۹، صادرات ابریشم ژاپنی از ۳۶ درصد میزان کل به ۱۳ درصد سقوط کرد. کمی جای تعجب وجود دارد که با توجه به یک جمعیت به‌سرعت رو به رشد، اما با وجود افول فرصت صادرات، هم در زمینه‌ی کالا و هم نیروی کار، رژیم ژاپن در عوض شروع به جست‌وجو برای فضایی امپراتوری کرد.

سپس بعد از جنگ جهانی دوم تمام قاره آمریکای لاتین تحت تأثیر یک اقتصاددان آرژانتینی به‌نام رائول پربیش[۶۱۲] با تجارت آزاد نابود شد. او می‌اندیشید که ایراد منطق ریکاردو را پیدا کرده است و همین امر دهه‌ها رکود به‌همراه آورد. هند نیز تحت حکومت جواهر لعل نهرو به یک خودبسندگی و استقلال اقتصادی رسید و مرزهایش را بر تجارت بست به این امید که رونق را جایگزین واردات کند. این کار نیز باعث رکود اقتصادی شد. کشورهای دیگر هم آن را امتحان کردند؛ کره شمالی تحت حکومت کیم ایل سونگ[۶۱۳]، آلبانی تحت حکومت انور خوجه[۶۱۴]، چین تحت حکومت مائو تسه‌تونگ[۶۱۵]، کوبا تحت حکومت فیدل کاسترو و هر کشوری که سیاست حمایت‌گرایی را در پیش گرفت از این مسئله رنج برد. کشورهای دیگری که مسیری دیگر را انتخاب کردند شامل سنگاپور، هنگ‌کنگ، تایوان، کره جنوبی و بعدها جزیره موریس، نمونه‌هایی برای رشد معجزه‌آسا هستند. کشورهایی که در قرن بیستم خط مشی را تغییر دادند شامل ژاپن، آلمان، شیلی، چینِ بعد از مائو، هند و در اواخر اوگاندا و غنا هستند. سیاست درهای باز چین که تعرفه‌ی واردات را از ۵۵ درصد به ۱۰ درصد طی بیست سال کاهش داد، این کشور را از یکی از محافظت‌شده‌ترین کشورها به یکی از بازترین بازارهای جهان تبدیل کرد. نتیجه‌ی آن بزرگ‌ترین شکوفایی اقتصادی دنیا بود. یوهان نوربرگ[۶۱۶] می‌گوید که تجارت مانند ماشینی است که سیب‌زمینی را تبدیل به کامپیوتر می‌کند یا هر چیزی را به چیزی تبدیل می‌کند: چه کسی نمی‌خواهد که چنین ماشینی در اختیار داشته باشد؟

---

۶۱۰. Francisco Franco ژنرال اسپانیایی که نیروهای ملی را برای سرنگونی جمهوری دوم اسپانیا در زمان جنگ داخلی اسپانیا رهبری می‌کرد.

۶۱۱. Smoot-Hawly قانون تعرفه که در سال ۱۹۳۰ سیاست تجارت حمایت‌گرایانه در آمریکا را اجرا کرد و به‌دست رئیس‌جمهور هربرت هوور به امضاء رسید.

۶۱۲. Raul Prebissch اقتصاددان معاصر آرژانتینی.

۶۱۳. Kim Il Sung

۶۱۴. Enver Hoxhat

۶۱۵. Mao Zedong

۶۱۶. Johann Norberg مؤلف و تاریخ‌دان اقتصادی سوئدی معاصر.

برای مثال تجارت توانست آینده آفریقا را متحول کند. خریدهای چین از آفریقا (سرمایه‌گذاری مستقیم چین در آنجا را به‌حساب نمی‌آوریم) در دهه‌ی نود پنج برابر شد و بین سال‌های ۲۰۰۰ تا ۲۰۰۹ دوباره نیز پنج برابر شد و این در حالی است که آنها هنوز دو درصد از تجارت خارجی چین را تشکیل می‌دهند. چین شاید در شرف تکرار اشتباهات استعماری و سوءاستفاده‌گرایانه اروپا در آفریقا باشد اما از لحاظ باز بودن برای داد و ستد با آفریقا، باعث شرمندگی اروپا و آمریکا می‌شود. کمک‌های مالی در کشاورزی و تعرفه‌های واردات روی پنبه، شکر و برنج و دیگر محصولات، سالانه ۵۰۰ میلیارد دلار برای آفریقا به‌خاطر از دست دادن فرصت‌های صادرات هزینه در بر دارد، یا به زبان دیگر دوازده برابر کل بودجه‌ی کمکی به قاره‌ی آفریقا.

بله، مسلم است که تجارت مخرب است. واردات ارزان می‌تواند مشاغل در کشور میزبان را از بین ببرد. هرچند حین چنین عملی، واردات همیشه مشاغل بسیار بیشتری با آزاد کردن نقدینگی مصرف‌کنندگان برای خرید دیگر کالاها و خدمات، چه در کشور میزبان و چه در خارج ایجاد می‌کند. اگر اروپاییان کفش‌های‌شان را ارزان در ویتنام بسازند، آن‌گاه پول بیشتری دارند تا موهای‌شان را آرایش کنند و مشاغل خوب بیشتری برای اروپاییان در سالن‌های آرایش وجود خواهد داشت و مشاغل کسل‌کننده‌ی کمتری در کارخانه‌های کفش. به‌طور حتم تولیدکنندگان به‌دنبال کشورهایی که دستمزد و استانداردهای پایین‌تر را می‌پذیرند، هستند و خواهند بود، هرچند این مسئله از سوی فعالان غربی تحریک می‌شود که در عمل، اثر اصلی آن بالابردن دستمزدها و استانداردها در چنین جاهایی است که بیشتر از همه‌چیز نیازمند ارتقا هستند. این مسئله کمتر، مسابقه‌ای برای رسیدن به پایین‌دست و بیشتر، مسابقه‌ای برای بالا آوردن پایین‌دست است. مثلا کارگاه‌های تولیدی نایک در ویتنام که زیر حداقل دستمزد را پرداخت می‌کنند، سه‌برابر کارخانه‌های محلی که صاحبان محلی دارند، مزد پرداخت می‌کنند و تسهیلات بسیار بهتری دارند. این امر باعث افرایش دستمزد و بالا رفتن سطح استاندارد می‌شود. در طول دوره‌ی سریع‌ترین گسترش تجاری و تأمین نیروی کار خارجی، کار کودکان از سال ۱۹۸۰ به نصف کاهش یافته است: اگر این مسئله باعث پایین آوردن استانداردها می‌شود، بگذارید که بیشتر از آن اتفاق بیفتد.

اوج شهر

تجارت، مردم را به شهرها می‌کشد و باعث تورم زاغه‌ها می‌شود. آیا این چیز بدی نیست؟ نه این‌طور نیست. شاید انقلاب صنعتی به چشم شاعران رمانتیک و عاشقانه، آسیاب‌های شیطانی به نظر آماده باشد. اما آنها برای افراد جوان که با فقر و فلاکت و ازدحام جمعیت در یک کلبه روستایی با یک قطعه

زمین بیش از حد کوچک دست و پنجه نرم کردند، به منزله‌ی چراغ‌های فرصت بودند. همان‌طور که فورد مداکس فورد[۶۱۷] در رمان دوران ادواردی‌اش، روح لندن تجلیل می‌کند، شهر شاید به چشم ثروتمندان کثیف و فقیر به نظر می‌رسید، اما در نگاه طبقه‌ی کارگر، مکانی برای برابری‌طلبی و کسب‌وکار بود. از یک زن هندی مدرن بپرسید چرا می‌خواهد روستای خودش را برای زندگی در زاغه‌ی بمبئی ترک کند. برای این‌که بمبئی با تمام خطرات و فلاکت‌هایش، مظهر فرصت است و مجالی است برای فرار از روستای محل تولدش. جایی که در آن جان کندن بدون دستمزد وجود دارد، جایی که نظارت خفه‌کننده‌ی خانواده هست و جایی که کار یا در گرمای بی‌رحم آفتاب اتفاق می‌افتد یا خیس شدن زیر بارش بی‌امان حاصل بادهای موسمی. همان‌طور که هنری فورد[۶۱۸] می‌گوید، او برای فرار از «بی‌حوصلگی مخرب زندگی در یک مزرعه واقع در غرب میانه» به اختراع کالسکه‌ی بنزینی کشیده شد و همان‌طور سوکِتا مِهتا[۶۱۹] بیان می‌کند که «برای یک شخص جوان در یک روستای هند، ندای بمبئی، فقط برای پول نیست. بلکه برای آزادی نیز هست.»

در سراسر آسیا، آمریکای لاتین و آفریقا، موجی از کشاورزانی که برای امرار معاش کار می‌کنند در حال ترک زمین‌ها و گسیل شدن به‌سمت شهرها هستند تا بتوانند کارهایی با دستمزد پرداختی پیدا کنند. برای بسیاری از غربی‌ها که سرشار از حس دلتنگی برای گل و لای روستاها هستند، این امر روندی تأسف‌آور است. خیلی از خیریه‌ها و سازمان‌های یاری‌دهنده، کارشان کمک به جلوگیری از سرازیر شدن این کشاورزان به شهرها، با بیشتر تحمل‌پذیر کردن زندگی آنها در روستاها است. استوارت برند این‌گونه می‌نویسد، «خیلی از هم‌عصران من در این دنیای توسعه‌یافته، کشاورزی برای امرار معاش را پرشور و ارگانیک می‌پندارند، اما این کار تله‌ای برای فقر و بدبختی، و یک فاجعه زیست‌محیطی است.» آیا به‌طور حتم زاغه‌ای در نایروبی یا یک فاولا[۶۲۰] در سائوپائولو بدتر از بودن در روستایی آرام است؟ البته نه برای مردمی که به آنجا نقل مکان می‌کنند. آنها اگر این مجال را به‌دست بیاورند، به صراحت اذعان خواهند کرد که آزادی نسبی و فرصت در شهرها را با وجود شرایط ضعیف زندگی ترجیح می‌دهند. دروی کوئسی اندرو[۶۲۱]، معلمی که چهار دلار در روز در اکرا[۶۲۲] عایدی دارد می‌گوید، «من از هر لحاظ نسبت به دوستانم که در روستا مانده‌اند زندگی و درآمد بهتری دارم.» خودکفایی روستایی، یک سراب شاعرانه است. فرصت‌های شهری چیزی است که مردم

---

۶۱۷. Ford Madox Ford نویسد، شاعر و منتقد انگلیسی قرن نوزدهم.

۶۱۸. Henry Ford

۶۱۹. Suketa Mehta نویسنده‌ی معروف هندی ساکن نیویورک.

۶۲۰. Favela نوعی منطقه‌ی زاغه‌نشین در برزیل است که افراد کم‌بضاعت در آن زندگی می‌کنند و بی‌توجهی دولتی و تاریخی را تجربه کرده است.

۶۲۱. Deroi Kwesi Andrew

۶۲۲. Accra پایتخت غنا.

می‌خواهند. در سال ۲۰۰۸ برای اولین‌بار بیش از نیمی از مردم جهان در شهرها زندگی می‌کردند. این مسئله چیز بدی نیست. این معیاری است برای پیشرفت اقتصادی که بیش از نیمی از جمعیت دنیا می‌توانند زندگی برای امرار معاش را رها کنند و در عوض به جست‌وجوی امکان‌های یک زندگی بر اساس عقل جمعی بپردازند. دو سوم رشد اقتصادی در شهرها اتفاق می‌افتد.

تا همین چندی پیش، توقع جمعیت‌شناسان آماری این بود که فن‌آوری‌های جدید باعث تخلیه شهرها شود چراکه مردم شروع به دورکاری و انجام کارها توسط کامپیوتر و اینترنت از خانه در جایی آرام در حومه‌ی شهرها کردند. اما این‌طور نشد، حتی در صنایع بی‌وزنی مانند بخش مالی و سرمایه‌گذاری، مردم ترجیح می‌دهند در برج‌های شیشه‌ای خودشان را حتی بیشتر به دیگران نزدیک کنند تا بتوانند مبادلات‌شان و تخصص‌های‌شان را انجام دهند و آماده هستند برای انجام این کار، اجاره‌های بالای غیرمعقولی پرداخت کنند. به نظر می‌آید تا سال ۲۰۲۵، ۵ میلیارد از جمعیت دنیا در شهرها زندگی خواهند کرد (و در واقع جمعیت‌های روستایی به‌سرعت در حال سقوط هستند)، و هشت شهر خواهند بود که هریک بیش از بیست میلیون جمعیت خواهند داشت: توکیو، بمبئی، دهلی، داکا، سائوپائولو، مکزیکوسیتی، نیویورک و کلکته. تا جایی که به کره زمین مربوط است، این خبر خوبی است چراکه شهرنشینان فضای کمتری اشغال می‌کنند، انرژی کمتری مصرف می‌کنند و تأثیر کمتری بر زیست‌بوم‌های طبیعی نسبت به ساکنین روستاها دارند. در حال حاضر شهرهای دنیا نیمی از جمعیت دنیا را در خود جای داده‌اند، در حالی‌که کمتر از سه درصد مناطق خشکی زمین را اشغال کرده‌اند. «گسترش بی‌رویه شهری» ممکن است باعث انزجار برخی طرفداران آمریکایی محیط‌زیست شود، ولی در مقیاس جهانی، چیزی بسیار خلاف این امر در حال وقوع است: همان‌طور که روستاها خالی می‌شوند، مردم هر چه فشرده‌تر در خانه‌هایی مانند لانه‌ی مورچه زندگی می‌کنند. همان‌طور که ادوارد گلیزر[۶۲۳] مطرح می‌کند، «ثورو[۶۲۴] اشتباه می‌کرد. زندگی در روستا و بیرون شهر، روش صحیحی برای مراقبت از کره زمین نیست. بهترین کاری که می‌توانیم برای محافظت از کره زمین انجام دهیم ساخت آسمان‌خراش‌های بیشتر است.»

بعد از یک عصر گرم و بدبو در یک تاکسی در دهلی مرکزی در دهه‌ی ۱۹۶۰، بوم‌شناس پل ارلیش به یک بینش ناگهانی دست یافت. «خیابان‌ها با مردم زنده به نظر می‌رسیدند. مردم می‌خورند، می‌شورند، می‌خوابند. مردم دیدار می‌کنند، بحث و مجادله می‌کنند، فریاد می‌زنند. مردم دست‌های‌شان را از پنجره‌ی تاکسی برای گدایی داخل می‌کنند. مردم ادرار و مدفوع می‌کنند. مردم به اتوبوس‌ها آویزان می‌شوند. مردم حیوانات را گله می‌کنند. مردم، مردم

---

۶۲۳. Edward Glaeser اقتصاددان معاصر آمریکایی و استاد دانشگاه‌هاروارد.

۶۲۴. Thoreau هنری دیوید ثورو، فیلسوف و نویسنده‌ی آمریکایی قرن بیستم که مدعی بود باید برای زندگی به دل طبیعت رفت و خودکفا بود.

و مـردم.» آن‌وقـت بـود کـه ارلیـش ماننـد بسیـاری از غربی‌هـا بـا شـوک فرهنـگی، بـه ایـن نتیجـه رسیـد کـه دنیـا (بـه نقـل از سـرفصل خـودش) «بیـش از حـد مـردم» داشـت. اگرچـه در پایـان شـاید زنـدگی خـوب به‌دسـت آیـد، امـا تمـام آن به‌خاطـر رشـد جمعیـت، بی‌حاصـل خواهـد بـود. آیـا حـق بـا او بـود؟ حـالا زمـانِ درک مفهـوم قدیـمی «جمعیـت مالتـوس» اسـت.

فصل ششم

فرار از دام مالتوس: جمعیت بعد از ۱۲۰۰ میلادی

«اکنون پرسش اصلی درباره این موضوع این است که آیا بشر از این پس باید با سرعتی شتابان شروع به پیش‌روی به سوی توسعه بی‌حد و مرز و تاکنون تصور ناشده، کند؛ یا محکوم به یک نوسان همیشگی بین خوش‌بختی و فلاکت شود؟»

تی. آر. مالتوس

رساله در باب جمعیت

درصد افزایش جمعیت دنیا

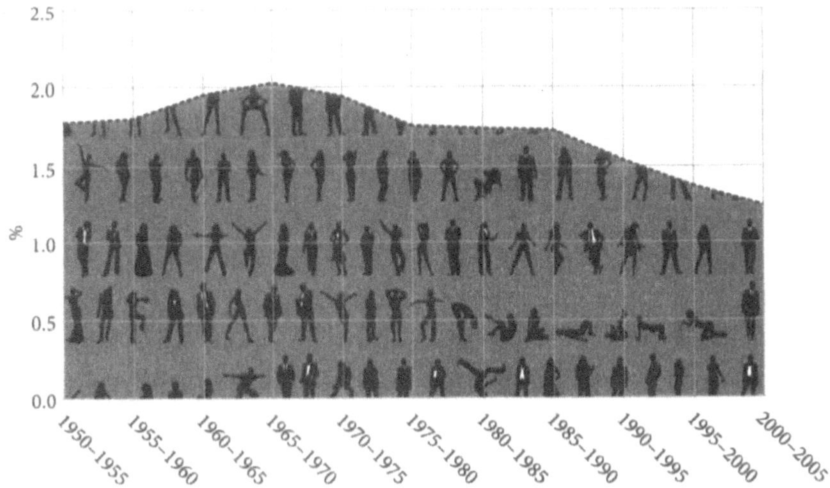

از آنجایی که بشر صرفاً نوع دیگری از حیوان است، داستان جمعیت باید داستان ساده‌ای باشد. به ما غذای بیشتری بدهید و ما بچه‌های بیشتری خواهیم داشت تا این‌که به تراکم جمعیتی می‌رسیم که قحطی، شکارچیان و انگل‌ها باعث فروپاشی این سیستم می‌شوند. در برخی از قسمت‌های تاریخ بشر به‌واقع چیزی مانند این اتفاق افتاده است. در حالی‌که غالباً بعد از چنین فروپاشی‌ای، تراکم جمعیت در سطح بالاتری نسبت به قبل مستقر می‌شود. سطح معیشت به‌صورت بی‌قاعده اما توقف‌ناپذیر به رشد خود ادامه می‌دهد. به لحاظ قدرت و ثروت نسبی، مصر مدرن می‌تواند سایه‌ای از دوران فرعون خودش باشد، اما امروز به شدت پرجمعیت‌تر از دورانی است که در زمان رامسس دوم[۶۲۵] بود.

ویژگی عجیب دیگری هم وجود دارد. در بالای نمودار، وجود غذای فراوان برخی از مردم را تشویق به متخصص شدن در چیز دیگری به غیر از پرورش غذا یا به‌دست آوردن آن می‌کند، در حالی‌که دیگر افراد غذا را برای فروش تولید می‌کنند و نه برای خودکفایی. تقسیم کار افزایش می‌یابد. اما هنگامی که تأمین غذا در اطراف نوک نمودار سخت می‌شود، افراد کمتری آمادگی فروش غذاهای‌شان را خواهند داشت یا غذای مازاد کمتری برای فروش وجود خواهد داشت. آنها غذاها را برای تغذیه خانواده‌شان استفاده می‌کنند و بدون کالاهایی که قبلاً از دیگران خریداری می‌کردند، سر خواهند کرد. غیرکشاورزها که به‌دست اوردن غذا و مشتری برای خدمات‌شان را سخت‌تر می‌یابند، مجبور خواهند شد مشاغل‌شان را رها کنند و به پرورش غذای برای خودشان برگردند. بنابراین

۶۲۵. Ramses II که همچنین به‌عنوان رامسس کبیر هم شناخته می‌شود، سومین فرعون از سلسله نوزدهم مصر بود. او بزرگ‌ترین، قدرتمندترین و مشهورترین فرعون در پادشاهی جدید بود.

چرخه‌ای از فراز و فرود تخصص در جمعیت بشر وجود دارد. اقتصاددان، ورنان اسمیت[۶۲۶] در خاطراتش به‌یاد می‌آورد که در دوران رکود اقتصادی بزرگ، چگونه خانواده‌اش در دهه‌ی ۱۹۳۰ وقتی که پدرش به‌عنوان ماشین‌کار، شغلش را از دست داد از شهر ویچیتا[۶۲۷] در کانزاس به یک مزرعه نقل مکان کردند، چراکه «ما حداقل می‌توانستیم بیشتر غذای خودمان را تولید و در یک اقتصاد امرار معاشی مشارکت کنیم.» این بازگشت به زندگی در حد امرار معاش غالباً در تاریخ بشر اتفاق می‌افتد.

این مسئله در دنیای حیوانات منحصر به فرد است. در هیچ گونه حیوانی، اعضای آن با افزایش جمعیت، متخصص‌تر نمی‌شوند. همچنین راکد بودن جمعیت یا کاهش آن از تخصص آنها نمی‌کاهد. در واقع کل ایده تخصص افراد در خارج از گونه‌ی بشر، چیزی نادر است و جایی هم که این اتفاق می‌افتد - مثلاً در مورچه‌ها - این گونه اوج و فرود ندارد.

این مسئله نشان می‌دهد که محدودیت جمعیت مالتوسی تاریخ گذشته است و به‌واقع درباره نوع بشر به‌خاطر عادت مبادله و تخصص، کاربرد ندارد. این بدان معنی است که مردم به‌جای مردن از قحطی و طاعون در زمانی که نسبت به تأمین غذا، تعداد بیشتر از حدی هستند، می‌توانند تخصص را افزایش دهند که به آنها اجازه می‌دهد افراد بیشتری بر اساس منابع موجود امرار معاش کنند. از سوی دیگر اگر مبادله سخت‌تر شود، آنها میزان تخصص‌شان را کاهش می‌دهند، که می‌تواند منجر به یک بحران جمعیتی حتی بدون افزایش جمعیت می‌شود. بحران مالتوسی به‌خاطر پی‌آمدی مستقیم از رشد جمعیت حادث نمی‌شود، بلکه علت آن کاهش تخصص است. افزایش خودکفایی نشانه‌ای بسیار بارز از یک تمدن تحت فشار و توضیحی برای سقوط استاندارد یک زندگی است. تا سال ۱۸۰۰، هر رونق اقتصادی این‌گونه پایان می‌یافت: بازگشت بخشی به خودکفایی که به‌خاطر چپاول برگزیدگان اتفاق می‌افتاد، یا بازده نزولی در کشاورزی. با توجه به اطلاعات تکه تکه‌ایی که وجود دارد، بسیار مشکل است بتوان مطمئن شد که این چیزی است که برای بین‌النهرین و مصر بعد از ۱۵۰۰ قبل از میلاد، یا هند و روم پس از ۵۰۰ بعد از میلاد اتفاق افتاده بود. اما بسیار واضح است که این مسئله برای چین و ژاپن در قرون بعدی اتفاق افتاده است. همان‌طور که گرگ کلارک[۶۲۸] مطرح می‌کند، «در دنیای پیشاصنعتی، پیشرفت‌های پراکنده فن‌آوری باعث تولید مردم شد، نه ثروت.»

---

۶۲۶. Vernon Smith اقتصاددان معاصر آمریکایی و استاد قانون و اقتصاد کسب‌وکار.

۶۲۷. Wichita

۶۲۸. Greg Clark استاد اقتصاد دانشگاه کالیفرنیا. او متولد اسکاتلند است.

فروپاشی قرون وسطی

هرچند که رابرت مالتوس و دیوید ریکاردو دوستان خوبی بودند اما اختلافات زیادی با هم داشتند. اما آنها بر سر یک موضوع کاملاً با یکدیگر هم‌سو بودند و آن این‌که جمعیت مهارنشده می‌تواند باعث پایین آوردن سطح استاندارد زندگی شو د.

مالتوس می‌گوید: «در بعضی کشورها به‌نظر می‌رسد جمعیت تحت اعمال زور هستند، به این معنی که مردم به‌تدریج عادت کرده‌اند بر اساس کمترین مقدار غذای ممکن زندگی کنند... چین ظاهراً جوابی برای این توصیف دارد.»

ریکاردو می‌گوید: «زمینی که به لحاظ کمیت محدود و به لحاظ کیفیت متفاوت می‌شود، با هر افزایش در سرمایه به‌کار گرفته شده در آن، مقداری کاهش در میزان محصول وجود خواهد داشت.»

در نگاه اول انگلیس قرون وسطی، مثال شسته و رفته‌ای از چنین بازده کاهنده‌ای را فراهم می‌آورد. قرن سیزدهم - زمانی که آب و هوا در سراسر اروپا معتدل بود - گسترشی طولانی و مدید از جمعیت را به خود دید که در قرن بعد به‌خاطر رو به وخامت رفتن آب و هوا سقوط کرد. دهه‌ی ۱۲۰۰ دوران طلایی و موفق‌ترین زمان قرون وسطی بود. بارگاه شاهان مجلل‌تر شد؛ صومعه‌ها رونق گرفتند؛ کلیساهای جامع سر به آسمان کشیدند؛ تروبادورها[۶۲۹] هنر خودشان را به رخ کشیدند. آسیاب‌های آبی، بادی، پل‌ها و بنادر در تمام انگلیس ساخته شد. نمایشگاه‌ها و بازارها رونق گرفتند و بسط و گسترش یافتند. افزایش شدید بی‌سابقه‌ای در فعالیت‌های تجاری بین سال‌های ۱۱۵۰ و ۱۳۰۰ وجود داشت. یک بخش خوب آن توسط تجارت پشم هدایت می‌شد. همان‌طور که فلندرزی‌ها هرچه بیشتر به‌دنبال پشم انگلیس بودند تا تولیدکنندگان لباس فلندرزی را تأمین کنند، با این کار وسیله امرار معاش صاحبان کشتی‌ها، نمدمال‌ها و بالاتر از آن گوسفندداران را فراهم می‌کردند. میزان گله‌های گوسفند ملی (داخلی) یحتمل به ۱۰ میلیون رأس افزایش یافت. چیزی بیشتر از دو گوسفند برای هر نفر. انگلیسی‌ها یک برتری نسبی در آب و هوای معتدل، مرطوب و علف‌خیز برای تأمین الیاف اروپا پیدا کرده بودند که منفعتی به‌دست آمده از تجارت بود. تخصص و مبادله، سوخت مورد نیاز برای رشد جمعیت بود.

مثلاً در ۱۲۲۵ از ۱۲۴ نفری که در روستای ویلتشر[۶۳۰] در دَمرهم[۶۳۱] برای یک

---

۶۲۹. Troubadour نوعی خواننده و شاعر که در اروپای جنوبی و در قرن ۱۲ و ۱۳ بین قصرها و کاخ‌ها مسافرت و هنرنمایی می‌کردند. مضمون اجرای عشق‌های درباری بود. عشق‌های درباری، سنتی متعارفِ قرون وسطایی از عشقی بین یک شوالیه و یک زن متأهل نجیب‌زاده بود.

۶۳۰. Wiltshire

۶۳۱. Damerham

بررسی ارزیابی شدند، پنجاه و نه نفر آنها صاحب گوسفند با گله‌ای مرکب از ۱۲۹۵ رأس بودند. این بدان معنی بود که آنها پشم را برای دریافت وجه نقد می‌فروختند به‌جای آن‌که برای خودکفا شدن تقلا کنند. آنها به احتمال زیاد از آن وجه نقد برای خرید نان از نانوا استفاده می‌کردند که او هم آرد خود را از آسیابان می‌خرید و او هم دانه‌هایش را از کشاورزان خریده بود که بنابراین او هم وجه نقد دریافت می‌کرد. حالا همه به‌جای خوکفایی در بازار بودند و درآمد قابل مصرف داشتند. مردم برای خرید اجناس می‌خواستند به بازار اطراف سالزبری سفر کنند: در نتیجه گاری‌چی‌ها نیز اوضاع خوبی داشتند، و همچنین تجار سالزبری. در ۱۲۸۵ کلیسای جامع شکوه‌مندی در سالزبری به پشتوانه‌ی رونق پشم شروع به شکل‌گیری کرد، چراکه کلیسا خیلی سریع در حال کسب درآمد از طریق عشر[۶۳۲] و مالیات بود. خودتان را به‌جای کشاورزان غلات در دمرهم بگذارید. آسیابان تمام آنچه می‌توانید بکارید را می‌خواهد، پس شما هر دو پسرتان را تشویق می‌کنید زودتر ازدواج کنند و چند هکتار زمین از شما اجاره کنند. گاری‌چی، آسیابان، نانوا، بازرگان و چوپان، همه همین کار را می‌کنند: گذاشتن فرزندان‌شان در کسب‌وکار. تشکیل خانواده همیشه به همان اندازه که تصمیمی زیست‌شناختی بوده، تصمیمی اقتصادی نیز بوده است که به‌طور مشخص در قرن سیزدهم فزونی می‌یابد. ماحصل تمام این ازدواج‌های زود و پرتعداد، باروری و حاصل‌خیزی بود. به نظر می‌رسد جمعیت انگلیس در قرن سیزدهم دو برابر شده و از بیش از دو میلیون نفر به پنج میلیون نفر رسیده باشد.

به‌طرز گریزناپذیر و تدریجی، رشد جمعیت از بهره‌وری اقتصاد پیشی گرفت. اجاره‌بها افزایش یافت و دستمزدها کاهش: ثروت‌مندان قیمت زمین‌ها را به مزایده می‌گذاشتند در حالی‌که افراد تنگ‌دست دستمزدها را به مناقصه می‌گذاشتند. تا ۱۳۱۵، دستمزد واقعی [۶۳۳] در طول یک قرن به نصف رسیده بود، اگرچه به‌خاطر تشکیل خانواده، درآمد خانواده یحتمل به‌سرعت دستمزدهای افراد سقوط نمی‌کرد. مثلاً یک آسیابان در روستای فی‌یرینگ[۶۳۴] در اِسکس[۶۳۵] در دهه‌ی ۱۲۹۰، هنگامی که کارفرمایش قصد استخدام کارگر دیگری می‌کرد، موافقت می‌کرد دستمزدش به نصف کاهش یابد. به احتمال زیاد کارمند جدید، پسر آسیابان بوده و آنها به‌سادگی درآمد را در خانواده تقسیم می‌کردند. با این حال، همان‌طور که حقوق‌های پرداختی آب رفت تقاضا برای کالاهایی که توسط بازرگانان عرضه می‌شد می‌بایست که شروع به راکد شدن کرده باشد. به‌منظور تغذیه جمعیت در حال رشد، زمین‌های کم‌بازده[۶۳۶] شخم زده می‌شدند

---

۶۳۲. Tithe پولی است که برخی مسیحیان به کلیسا می‌دهند.

۶۳۳. Real Wage میزان کالا و خدماتی که با دستمزد یک نفر با در نظر گرفتن تورم می‌توان خریداری کرد.

۶۳۴. Feering

۶۳۵. Essex بخشی در انگلیس.

۶۳۶. Marginal Land زمین‌هایی که به لحاظ کشاورزی ارزش کمی دارند چرا که ارزش محصول به‌دست آمده از میزان اجاره‌بهای زمین کمتر می‌شود.

و محصول غلات کمتری نسبت به هر دانه‌ای که کاشته می‌شد به بار می‌آوردند. بازده نزولی مستولی شده بود. کشیش‌ها و فرماندهان غارتگر کمکی نکردند.

خیلی زود گرسنگی تبدیل به یک خطر واقعی شد. گرسنگی به‌طور ناگهانی در تابستان‌های بسیار مرطوب ۱۳۱۵ و ۱۳۱۷، هنگامی که میزان محصول گندم در سراسر شمال اروپا کمتر از نصف شده بود اتفاق افتاد. محصولات کشاورزی در زمین‌های کشاورزی فاسد شدند؛ برخی از مردم مجبور شدند دانه‌های ذرت خودشان را بخورند. مادرها کودکان‌شان را رها می‌کردند. شایعاتی موجود است مبنی بر این‌که اجساد تازه تبه‌کاران برای خوردن از چوبه‌های دار پایین کشیده می‌شد. در سال‌های بعدی، با ادامه‌ی برداشت‌های ضعیف محصول و هوای سرد غیرمعمول، عفونت دامی کشنده‌ای بین گاوهای نر گرسنه پخش شد و این باعث شد برخی از زمین‌های کشاورزی شخم‌نخورده باقی بمانند و بعد از آن کمبود غذا را تشدید کرد. سپس جمعیت برای سه دهه راکد ماند تا این‌که مرگ سیاه در دهه‌ی ۱۳۴۰ از راه رسید و باعث ریزشی در تعداد بشر شد. طاعون در دهه‌ی ۱۳۶۰، به همراه برداشت محصول بدتر و شیوع بیشتر برگشت. تا سال ۱۴۵۰، جمعیت انگلیس تقریباً به میزانی که در سال ۱۲۰۰ بود کاهش یافت.

در حالی‌که هنوز نه رونق قرن سیزدهم و نه ورشکستگی قرن چهاردهم نمی‌توانند در تعریفات ساده‌انگارانه‌ی ریکاردویی و مالتوسی توضیح داده شوند. ظرفیت بار زمین، نه در اولین دوره با تغییر فن‌آوری ریکاردویی خیلی افزایش یافت و نه در دومین دوره به واسطه‌ی سقوط محصول زراعی مالتوسی کاهش بسیاری داشت. آنچه تغییر کرده بود ظرفیت اقتصادی برای پشتیبانی مردم بسیاری بود تا ظرفیت زمین. گذشته از همه این مسائل، مرگ سیاه به‌خاطر ازدیاد جمعیت اتفاق نیفتاد بلکه به‌خاطر یک باکتری بود. به‌طور طعنه‌آمیزی طاعون می‌توانسته یکی از جرقه‌هایی بوده باشد که رنسانس را روشن کرده است، چراکه کمبود کارگر، درآمد را از کرایه‌بها به‌دستمزد منتقل کرد، در حالی که مالکین برای پیدا کردن مستاجر و هم نیروی کار در تنگا بودند. با افزایش دستمزدها، برخی از دهقانان نجات‌یافته توانستند یک‌بار دیگر کالاهای تجملی شرقی و لباس‌های مرغوبی را که بازرگانان لومبارد[۶۳۷] و هنسی‌اَتیک تأمین می‌کردند خریداری کنند. انبوهی از ابداعات مالی وجود داشت؛ اسناد اعتباری برای حل مشکل در چگونگی پرداخت کالاها بدون انتقال نقره از طریق سرزمین‌های راهزنان، حساب‌داری به روش ورودی دوگانه و بیمه. بانک‌داران ایتالیایی در سراسر قاره شروع به ظهور کردند. آنها شاهان و جنگ‌های‌شان را تأمین مالی می‌کردند، گاهی اوقات سود می‌بردند و گاهی اوقات ضرر فجیعی می‌کردند. ثروتی که شهرهای تجاری ایتالیا تولید کردند خیلی زود راه‌شان را در تأمین هزینه‌های تحصیلی، هنری یا علمی یا در مورد لئوناردو داوینچی هر سه‌ی آنها پیدا کردند. درآمد سرانه‌ی انگلیس

۶۳۷. Lombard ائتلافی که در قرون وسطی در ۱۱۶۷ تشکیل شد و توسط پاپ حمایت می‌شد.

در ۱۴۵۰ احتمالاً تا ۱۸۲۰ که دوباره بالا برود از تمام این سال‌ها بیشتر بود.

نکته این است. اروپا در ۱۳۰۰ به احتمال در مسیری به‌سمت یک انقلاب سخت‌کوشانه و نیازمند نیروی کار در بازده نزولی بود. آسیابان اهل فی‌یرینگ را به‌خاطر می‌آورید که دستمزد خودش را با سهیم کردن پسرش در شغل خودش در دهه‌ی ۱۲۹۰ نصف کرد؟ یا زنانی را در نظر بگیرید که با دریافت نصف دستمزدی که مردان دریافت می‌کردند، آب (برای ساختن ساروج) را به منطقه‌ای که آسیاب بادی جدید در حال ساخت بود در قصر داور[۶۳۸] در ۱۲۹۴ حمل می‌کردند. شکی نیست که آنها از داشتن شغل و مقدار ناچیز وجه نقدی که به‌دست می‌آورند خوشحال بودند، اما این کار را خیلی ارزان انجام می‌دادند. آنها مشوقی بودند برای کارفرمای‌شان تا از خرید گاری و گاو نر صرف نظر کند. با وجود این مسئله، اروپا تا ۱۴۰۰ تا حدی به‌سمت مسیر صنعتی با کاهش نیروی کار تغییر جهت داده بود و این الگو بعد از قرن هفدهم سرد و بی‌رحم، هنگامی که قحطی، طاعون و جنگ، یک‌بار دیگر جمعیت اروپا را کاهش داد، تکرار شده بود: بین ۱۶۹۲ تا ۱۶۹۴، یحتمل ۱۵ درصد از مردم فرانسه از گرسنگی تلف شدند. بر خلاف بین‌النهرین، مصر، هند، مکزیک، پرو، چین و روم، اروپای مدرن در ابتدا سرمایه‌مدار شد و نه کارگرمدار. این سرمایه صرف گرفتن کار از حیوانات، رودخانه‌ها و باد می‌شد تا از مردم. به قول جوئل موکیر[۶۳۹]، اروپا، «اولین جامعه‌ای بود که یک اقتصاد را به‌جای گرده‌ی برده‌ها و کارگرها، بر نیروی غیرانسانی ساخت».

انقلاب سخت‌کوشانه

برای این‌که تصور کنید چه اتفاقی برای اروپا بدون مرگ سیاه می‌افتاد، مورد ژاپن در قرن هجدهم را در نظر بگیرید. در دهه‌ی ۱۶۰۰ ژاپن به نسبت کشور ثروتمند و پیشرفته با جمعیتی به اندازه‌ی ترکیب فرانسه و اسپانیا بود که صنعت ساخت و تولید توان‌مندی داشت، به‌ویژه در محصولات کاغذی، منسوجات پنبه‌ای و تسلیحات که بیشترشان برای صادرات بود. در ۱۵۹۲ ژاپنی‌ها، کره‌ای‌ها را که با خودشان ده‌هزار ارکبوس[۶۴۰] دست‌ساز (تفنگ قدیمی) که از طراحی‌های پرتغالی نسخه‌برداری کرده بودند حمل می‌کردند، مغلوب ساختند. با این‌حال ژاپن اقتصادی به‌طور عمده مبتنی بر کشاورزی داشت با گله‌های پرشمار گوسفند و بز، تعداد زیادی خوک، تعدادی گاو ماده و گاو نر و تعداد کمی اسب. برای کشیدن گاوآهن از اسب و گاو نر به‌طور مشترک استفاده می‌شد.

---

۶۳۸. Dover Castle قصری از دوران قرون وسطی در ناحیه کِنت انگلیس.

۶۳۹. Joel Mokyr تاریخ‌دان اقتصادی اسرائیلی-آمریکایی و متولد هلند.

۶۴۰. Arquebus تفنگی قدیمی.

تا دهه‌ی ۱۸۰۰ حیوانات اهلی مزرعه عملاً ناپدید شدند. گوسفند و بز تقریباً ناشناخته بودند، اسب‌ها و گاوها خیلی کمیاب و حتی خوک‌ها از نظر تعداد بسیار کم بودند. همان‌طور که سیاح، ایزابلا بیرد[۶۴۱] در ۱۸۸۰ اظهار می‌کند، «از آنجایی که حیوانات برای شیر دوشیدن، بارکشی یا غذا مورد استفاده قرار نمی‌گیرند، هیچ چراگاهی وجود ندارد، به همین خاطر روستاها و هم زمین‌های کشاورزی سکوتی غریب و ظاهری بی‌جان دارند.» کالسکه‌ها، گاری‌ها (و حتی فرغون‌ها) نایاب بودند. به‌جای آن نیروی مورد نیاز برای حمل و نقل توسط انسان با حمل کالاها که از چوب آویزان بودند و بر شانه‌ها کشیده می‌شد و گذاشتن قفسه‌ها بر پشت به‌دست می‌آمد. از آسیاب‌های آبی که فن‌آوری آن برای مدت زیادی شناخته شده بود کمتر استفاده می‌شد. برنج با آسیاب‌های دستی یا چکش‌های لنگری با وزنه‌ی سنگی که با رکاب زدن کار می‌کردند، خرمن‌کوبی و آسیاب می‌شدند. می‌شد شنید که کوبنده‌های برنج انسانی حتی در توکیو، برهنه در پشت پرده‌ها، بی‌وقفه و مشقت‌بار برای ساعت‌ها در حال کار کردن هستند؛ پمپ‌های آبیاری مورد نیاز برای مزارع برنج غالباً با رکاب زدن کارگرها کار می‌کرد. فراتر از همه اینها، گاوآهن حالا عملاً در کل کشور چیز ناشناخته‌ای بود. زمین‌ها به‌دست مردان و زنان با کج‌بیل‌ها شخم زده می‌شدند. جایی که اروپایی‌ها از حیوانات، آب و نیروی باد برای انجام کار استفاده می‌کردند، ژاپنی‌ها کارها را خودشان انجام می‌دادند.

چیزی که به نظر می‌رسد اتفاق افتاده باشد این است که بین ۱۷۰۰ و ۱۸۰۰، ژاپنی‌ها به‌طور جمعی از کج‌بیل‌ها به جای شخم‌زدن استفاده کردند، چرا که مردم فقیرتر از این بودند که بتوانند حیوانات بارکش را استخدام کنند. این زمانی بود که رشد جمعیتی سریعی اتفاق افتاد و این امر به‌خاطر تولید بالای محصول در برنج شالیکاری که به‌طور طبیعی توسط سیانوباکتری‌های تثبیت‌کننده‌ی نیتروژن در آب بارور می‌شد و در نتیجه به مقدار کمی کود حیوانی نیاز داشت، ممکن شد (اگرچه فضولات انسانی که از آبریزها به‌دست می‌آمد با مداومت و دقت جمع‌آوری و انبار و سپس با سخت‌کوشی در زمین به‌کار برده می‌شد). با فراوانی غذا و رویکردی سخت‌گیرانه بابت بهداشت، جمعیت ژاپن به حدی افزایش یافت که زمین کمیاب شده بود، کارگر ارزان بود و عملاً استفاده از نیروی انسانی برای بیل زدن زمین، اقتصادی‌تر بود تا این‌که هکتارها زمین باارزش را برای چرای اسب و گاونر کنار بگذارند تا آنها بتوانند گاوآهن را بکشند. بنابراین ژاپنی‌ها به میزان چشمگیری از فن‌آوری و تجارت عقب مانده بودند و میزان تقاضاهای‌شان از بازرگانان از آنجایی که بیشتر خودکفا شده بودند، کاهش پیدا کرده بود. بازار فن‌آوری از هر نوعی نحیف شده بود. آنها حتی تفنگ‌هایی را که سرمایه‌بر بودند به‌خاطر شمشیرهایی که پرکارگر بودند از دست دادند. یک شمشیر خوب ژاپنی تیغه‌ای مستحکم و هرچند نرم از فولاد داشت، اما با

۶۴۱. Isabella Bird نویسنده‌ی انگلیسی قرن هجدهم.

یک لبه‌ی سخت و شکننده که چکش‌خوردن‌های پی در پی آن را به‌طرز مرگباری تیز کرده بود.

اروپا نیز در قرن هجدهم احتمالاً نزدیک بود همان مسیری را طی کند که ژاپن طی کرد. درست مانند قرن سیزدهم، جمعیت اروپا در دهه‌ی ۱۷۰۰ جهش یافت که ثروت ایجاد شده از سوی تجارت محلی و شرقی و پیشرفت‌های کشاورزی به آن کمک کرد. اگرچه محصولات جدید کشاورزی مانند سیب‌زمینی معمولاً وقتی از طرف حاکمان بر توده‌ی مردم تحمیل می‌شد با بدگمانی همراه بود (ماری-آنتوانت با پوشیدن گل‌های سیب‌زمینی، خوردن آن توسط فرانسوی‌ها را دهه‌ها به تأخیر انداخت) اما اجازه داد جمعیت کشورهایی مانند ایرلند به‌سرعت رشد کنند. سیب‌زمینی‌ها می‌توانستند با یک بیلچه به‌جای استفاده از گاوآهن به عمل آیند و بهره‌دهی فوق‌العاده آنها بیشتر از سه‌برابر گندم و چاودار در هر جریب زمین کالری تولید می‌کرد و محتوای بسیار مغذی آنها مشوقی بود برای داشتن یک جمعیت بسیار پرتراکم. یک جریب زمین در ایرلند در ۱۸۴۰ می‌توانست شش تن سیب‌زمینی محصول بدهد، تقریباً به همان اندازه که یک جریب شالیزار برنج در دلتای یانگ‌تسه می‌توانست غذا تولید کند. (سر ویلیام پتی نسبت به تنبلی و بطالت ایرلندی‌ها احساس افسوس و ناراحتی فراوان می‌کرد و سیب‌زمینی را به‌خاطر آن سرزنش می‌کرد: آنها چه نیازی به‌کار دارند وقتی که بتوانند خودشان را با سیب‌زمینی‌ها راضی کنند که کار یک مرد می‌تواند چهل نفر را غذا دهد؟ آدام اسمیت به‌شدت با این نظر مخالف بود و برای سیب‌زمینی اعتبار قائل بود چرا که لندن در حال دیدن «قوی‌ترین مردان و زیباترین زنانی بود که یحتمل تمام قلمروی انگلیس به خود دیده بود». در آن زمان یک کارگر انگلیسی به بیست جریب زمین نیاز داشت تا نان و پنیرش را تولید کند. کشاورزان معیشتی در ایرلند حتی تا دهه‌ی ۱۸۰۰، نه‌تنها به‌طور عمده متکی به نیروی بازوی خودشان برای کشت و حمل و نقل بودند بلکه «بیرون بازار بودند» و تنها تعداد کمی از کالاهای ساخته‌شده در کارخانه را به‌خاطر کمبود درآمد قابل هزینه، مصرف می‌کردند. (ملاکین طماع و حریص انگلیسی کمکی نکردند). همان‌طور که قطعه زمین‌های سیب‌زمینی خانوادگی کوچک شد، ایرلند یک فاجعه‌ی مالتوسی در انتظار وقوع بود، حتی قبل از آن‌که قحطی فیتوفتورا[۶۴۲] در ۱۸۴۵ یک میلیون مردم را بکشد و بیش از یک میلیون را به آمریکا براند. در بلندی‌های اسکاتلند[۶۴۳] نیز انفجار جمعیت دهه‌ی ۱۷۰۰ باعث عقب‌گرد به کشاورزی معیشتی و یا کشاورزی در مزارع کوچک[۶۴۴]، همان‌طور که در آن مناطق شناخته شده بود شد. تنها یک «پاک‌سازی» وسیع و کوچ به آمریکا و استرالیا که با رنجش و اجبار زیادی تا به امروز در جریان است، فشار

---

۶۴۲. Phytophthora میکروارگانیسمی که باعث بیماری در سیب‌زمینی و گوجه‌فرنگی می‌شود.
۶۴۳. Scottish Highlands منطقه‌ای تاریخی در اسکاتلند.
۶۴۴. Croft کشاورزی در زمین‌های کوچک در اسکاتلند.

مالتوسی را پایین آورد.

دانمارک هم راه ژاپن را برای مدتی دنبال کرد. دانمارکی‌ها به افزایش محدودیت‌های زیست‌محیطی در قرن هجدهم با تشدید نیروی کار کشاورزی پاسخ دادند. آنها بردن گاو و حیوانات به جنگل را ممنوع کردند تا بتوانند از آن برای تأمین سوخت در آینده محافظت کنند که همین امر باعث افزایش قیمت کود حیوانی شد. آنها برای مراقبت از باروری خاک زمین‌ها به‌طرز فوق‌العاده پرتلاشی روی کندن نهر آب، کاشت شبدر و کود دادن با مارل[۶۴۵] (کندن زمین با زحمت و پخش کردن آهک و خاک رس زیر خاک برای خنثی کردن و آزاد کردن مواد مغذی از خاک ماسه‌ای یا اسیدی) کار کردند. ساعت‌های کاری تا ۵۰ درصد افزایش یافت. تا دهه‌ی ۱۸۰۰، دانمارک به کشوری بدل شده بود که در دام خودکفایی خودش اسیر شده بود. مردم تا حدی مشغول کشاورزی بودند که هیچ‌کدام‌شان نمی‌توانستند وقتی برای صنایع دیگر صرف کنند و تعداد کمی از آنها استطاعت مالی برای خرید محصولات ساخته‌شده را داشتند. استاندارد زندگی راکد مانده بود و باید قبول کرد که به نسبت در سطح مناسبی بود. سرانجام در اواخر قرن نوزدهم، صنعتی شدن کشورهای همسایه، بازاری برای صادرات محصولات کشاورزی دانمارکی ایجاد کرد و این توانست به‌آرامی سطح زندگی دانمارکی‌ها را بالا ببرد.

استثناگرایی[۶۴۶] بریتانیایی

این تقدیر بریتانیا بود که از تله‌ی شبه‌مالتوسی که ژاپن، ایرلند و دانمارک در آن گرفتار بودند بگریزد. دلایل آن بسیار و قابل بحث است، اما چیزی که اینجا شایان ذکر است، عامل شگفت‌انگیز جمعیتی است. بریتانیا بیش از هر کشور دیگر و به‌طور ناخواسته، خودش را برای زندگی صنعتی به روشی ابتدایی و انسانی آماده کرده بود. برای قرن‌ها - با بیرون گذاشتن اشراف (که وراث کمتری به‌جای گذاشتند چون به‌خاطر افتادن از اسب مردند) - افراد به نسبت ثروتمند، فرزندان بیشتری نسبت به افراد به نسبت فقیر داشتند. به‌طور میانگین یک تاجر در انگلیس که در وصیت‌نامه‌اش ۱۰۰۰ پوند به ارث گذاشته بود، چهار فرزند زنده داشت درحالی که کارگری که ۱۰ پوند به ارث گذاشته بود فقط دو فرزند داشت. این مسئله حوالی ۱۶۰۰ بود، اما این تفاوت در دیگر تاریخ‌ها نیز مشابه بود. چنین ناهمسانی تولید مثل در چین نیز اتفاق افتاد اما به میزان بسیار کمتری. به این علت که افزایش کمی یا اصلاً بهبودی در سطح استاندارد

۶۴۵. Marl خاک حاوی آهک و خاک رس.

۶۴۶. Exceptionalism مفهوم و باوری که در آن یک گونه، کشور، جامعه، مؤسسه، جنبش، فرد یا دوره‌ی زمانی را از دیگران مستثنی می‌کند.

زندگی بین ۱۲۰۰ و ۱۷۰۰ وجود نداشت، این تولید مثل بیش از حد ثروتمندان به این معنی بود که تحرک رو به پایین مداومی وجود داشت. گرگوری کلارک[۶۴۷] بر اساس ثبت اسناد قانونی نشان داده که نام‌های خانوادگی کمیاب فقرا بسیار کمتر از نام‌های خانوادگی کمیاب افراد ثروتمند نجات یافته است.

بنابراین تا ۱۷۰۰ در بریتانیا بیشتر مردم فقیر در واقع از نوادگان ثروتمندان بودند. آنها یحتمل بسیاری از عادات و رسوم ثروتمندان را به طبقه‌ی کارگر برده بودند: مثلاً سواد خواندن و نوشتن، محاسبه اعداد و احتمالاً سخت‌کوشی و خرد مالی. این نظریه به‌ویژه و به‌خوبی توجیه متقاعدکننده‌ای برای رشد متحیرکننده سواد در اوایل دوران مدرن است. این همچنین می‌تواند توضیحی باشد برای کاهش مداوم در خشونت. احتمال این‌که شما قربانی یک آدم‌کشی در انگلیس شوید از ۰.۳ در هزار نفر در ۱۲۵۰ به ۰.۰۲ در هزار نفر در ۱۸۰۰ کاهش یافت: احتمال این‌که در دوران اولیه کشته شوید ۱۰ برابر بالاتر بود.

با این‌که این کشف جمعیتی بسیار شگفت‌انگیز است، اما به‌طور کامل انقلاب صنعتی را نمی‌تواند توضیح دهد. چنین چیزی تقریباً برای هلند در دوران طلایی صدق نمی‌کند؛ و مثلاً به‌سختی می‌تواند صنعتی شدن سریع و موفق چین بعد از ۱۹۸۰ را توجیه کند - که در پی سیاست قتل عمد و تحقیر افراد باسواد و بورژوا در انقلاب فرهنگی بود.

آنچه اروپا بعد از ۱۷۵۰ به‌دست آورد، منحصراً و به‌طور متزلزل و غیرمنتظره‌ای، تقسیم کار فزاینده بود به این معنی که هر شخص می‌توانست در هر سال بیشتر تولید کند و در نتیجه می‌توانست در هر سال میزان بیشتری مصرف کند، که باعث می‌شد هنوز برای تولید بیشتر تقاضا ایجاد کند. همان‌طور که تاریخ‌دان، کِنت پامِرنس[۶۴۸] می‌گوید، دو چیز راجع به موفقیت اروپا حیاتی بود؛ ذغال‌سنگ و آمریکا. دلیل نهایی این‌که اوج‌گیری اقتصادی بریتانیا در جایی‌که چینی‌ها، یا در این خصوص هلندی‌ها، ایتالیایی‌ها، عرب‌ها، رومی‌ها، موریان‌ها، فینیقی‌ها یا بین‌النهرینی‌ها هیچ‌کدام موفق نشدند این بود که بریتانیا از سرنوشت مالتوسی فرار کرد. زمین‌هایی که آنها برای تأمین ذرت، پنبه، شکر، چای و سوخت خودشان نیاز داشتند در جایی دیگر در حال تولید و شکل‌گیری بود. اینها اعداد پامرنس هستند: در حدود ۱۸۳۰ بریتانیا هفده میلیون جریب زمین قابل کشت، بیست و پنج میلیون جریب مرتع و کمتر از دو میلیون جریب جنگل داشت. اما بریتانیا شکر خود را از سرخ‌پوست‌های غربی[۶۴۹] تأمین می‌کرد که (از لحاظ کالری) معادل تولید حداقل دو میلیون جریب زمین گندم بود؛ چوب و الوار از

---

۶۴۷. Gregory Clark

۶۴۸. Kenneth Pomeranz استاد تاریخ دانشگاه شیکاگو.

۶۴۹. The West Indies جزایری در دریای کارائیب، بین جنوب شرق آمریکا و جنوب آمریکا شامل باهاماس، کوبا، جامائیکا، پورتوریکو، باربادوس و دومنیکا.

کانادا به‌دست می‌آمد که این هم معادل یک میلیون دیگر جریب جنگل و بیشه بود، پنبه از قاره‌ی آمریکا که معادل پشم تولید شده در یک مرتع بیست و سه میلیون جریبی فوق‌العاده و ذغال‌سنگ از زیر زمین که معادل پانزده میلیون جریب جنگل بود. بدون این «زمین‌های ارواح»، انقلاب صنعتی بریتانیا که تازه شروع به بالابردن استانداردهای زندگی در ۱۸۳۰ کرده بود، به‌خاطر فقدان کالری، پنبه یا ذغال‌سنگ به رعشه می‌افتاد و متوقف می‌شد.

نه تنها قاره آمریکا محصولات خودش را به آنجا ارسال کرد؛ بلکه آنها شیر اطمینانی را هم برای مهاجرت اختصاص دادند تا بتوانند فشار افزایش سریع جمعیت مالتوسی را که به‌واسطه صنعتی شدن اعمال می‌شد تخلیه کنند. آلمان به‌طور ویژه به این خاطر که با سرعت زیادی در قرن نوزدهم صنعتی شد، شاهد نرخ بالایی در میزان تولد بود، اما سیل مهاجرین به آمریکا، مانع تقسیم اراضی میان وراث متعدد و بازگشت به فقر و خودکفایی شد که دو قرن پیش دامن‌گیر ژاپن شده بود.

زمانی که آسیا یک جهش جمعیتی را در اوایل قرن بیستم تجربه کرد، چنین شیر اطمینان مهاجرتی وجود نداشت. در واقع کشورهای غربی قویاً و تعمداً با وحشت از «خطر زرد» که شاید در غیر این‌صورت سر راه آنها قرار می‌گرفت، درها را بستند. نتیجه آن افزایش مالتوسی معمول در خودکفایی بود. تا ۱۹۵۰، چین و هند در حال انفجار از فقرای کشاورز خودکفا بودند.

انتقال جمعیتی

حالا دیگر یادآوری این‌که چقدر سیاست‌های جمعیتی اعمال‌شده توسط متخصصین در اواسط قرن بیستم، زورگویانه بود، دشوار است. هنگامی که مشاور رئیس‌جمهور لیندِن جانسن[۶۵۰]، جوزف کالیفَنو[۶۵۱] پیشنهاد کرد که افزایشی در کمک به قحطی باید قبل از دیدار ایندرا گاندی[۶۵۲] از ایالات متحده اعلام شود، جانسن از قرار معلوم پاسخ می‌دهد که «او قرار نیست کمک‌های خارجی را برای ملت‌هایی تلف کند که آنجا از مواجه شدن با مشکلات جمعیتی خودشان سر باز میزنند». گرت‌هاردین[۶۵۳] در مقاله‌ی معروفش «تراژدی عوام»[۶۵۴] (امروزه به‌عنوان حرکتی جمعی به‌یاد آورده می‌شود، اما در واقع مباحثه‌ای بلند درباره

۶۵۰. Lyndon Johnson سی و ششمین رئیس‌جمهور آمریکا بین سال‌های ۱۹۶۳-۱۹۶۹.

۶۵۱. Joseph Califano

۶۵۲. Indira Gandhi نخست‌وزیر سابق هند و تنها نخست‌وزیر زن هند تاکنون. او دختر جواهر لعل نهرو اولین نخست‌وزیر هند بود.

۶۵۳. Garrett Hardin بوم‌شناس معاصر آمریکایی.

۶۵۴. The Tragedy of the Commons

کنترل اجباری جمعیت است)، دریافت که «آزادی در تولید مثل تحمل‌ناپذیر است»، وجود اجبار «یک ضرورت» است و این‌که «تنها راه برای حفظ و پرورش آزادی‌های ارزشمند دیگر و بیشتر، تسلیم هر چه زودتر آزادی تولیدمثل است». دیدگاه هاردین تقریباً جهانی بود. جان هلدرن (مشاور وقت رئیس‌جمهور اوباما) نوشته بود، «اضافه کردن یک ماده ضدعفونی به آب آشامیدنی یا غذاهای اصلی هرروزه، پیشنهادی است که به نظر می‌رسد مردم را بیشتر به وحشت بیندازد تا اغلب طرح‌های پیشنهادی برای مهار باروری غیر ارادی،» و پال و آن ارلیک در ۱۹۷۷ می‌نویسند: «این‌طور نتیجه‌گیری شده است که قوانین اجباری مهار جمعیت که حتی شامل قوانینی که نیازمند سقط اجباری است، اگر بحران جمعیت به اندازه‌ی کافی شدت یابد که جامعه را به خطر بیندازد می‌توانند تحت قانون اساسی موجود باقی بمانند.» تمام انسان‌های درست‌اندیش موافقت کردند – همان‌طور که بیشتر اوقات موافقت می‌کنند - که اقدام بالا به پایین دولت ضروری بود: به مردم می‌باید که دستور یا دست کم رشوه داده شود که عقیم‌سازی را بپذیرند و به‌خاطر امتناع از آن مجازات شوند.

که دقیقاً چیزی است که اتفاق افتاد. با تحریک طرف دولت‌های غربی و گروه‌های فشار مانند بنیاد بین‌المللی فرزندپروری برنامه‌ریزی‌شده، عقیم‌سازی اجباری تبدیل به الگویی در بخش‌های زیادی در آسیا در ۱۹۷۰ شد. محافظ ضدبارداری دالکن[۶۵۵] که موضوع دعاوی به‌خاطر مسئله‌ی ایمنی بود، به‌طور عمده توسط دولت مرکزی آمریکا خریداری و به آسیا ارسال می‌شد. زنان چینی به زور از خانه‌های‌شان برای نازا شدن بیرون کشیده می‌شدند. به تشویق رابرت مک‌نامارا[۶۵۶] در بانک جهانی، سانجی گاندی، پسر نخست‌وزیر هند، کارزار وسیعی از جایزه و اجبار به‌راه انداخت تا هشت میلیون هندی فقیر را مجبور به پذیرش وازکتومی‌کند. در بخشی از داستان که توسط تاریخ‌دان متئو کانلی[۶۵۷] بازگو شده است، روستای اوتاوار[۶۵۸] توسط پلیس محاصره و هر مرد واجد شرایطی عقیم شده بود. در پاسخ به این رفتار، جمعیتی از مردم برای دفاع از روستای مجاور پپلی[۶۵۹] جمع شده بودند، اما پلیس به جمعیت شلیک کرد و چهار نفر را کشت. یک مقام دولتی عذرخواهی نکرد. در این جنگ علیه «آلودگی مردمی»، اعمال زور توجیه‌پذیر بود: «اگر مقداری افراط و تفریط به‌وجود آمد، من را سرزنش نکنید... چه دوست داشته باشید یا نه، تعدادی کمی از مردم خواهند مرد.» در نهایت ثابت شد سیاست‌های سانجی گاندی بسیار نامحبوب هستند تا جایی که مادرش یک انتخابات را با ریزشی بسیار در ۱۹۷۷ باخت و برنامه‌ریزی خانواده

---

۶۵۵. Dalkon Shield

۶۵۶. Robert McNamara هشتمین وزیر دفاع آمریکا. او در ۱۹۶۸ از این منصب استعفاء داد تا رئیس بانک جهانی شود.

۶۵۷. Matthew Connelly استاد معاصر تاریخ بین‌الملل دانشگاه کلمبیا در آمریکا.

۶۵۸. Uttawa روستایی در منطقه پلوال هندوستان.

۶۵۹. Pipli

برای سال‌ها بعد از آن مورد سوءظن بسیار بالایی قرار گرفت.

با این حال فاجعه این‌جاست که این اجبار بالا به پایین فقط ضد تولید نبود؛ بلکه غیرضروری بود. نرخ تولد پیش از این در دهه‌ی ۱۹۷۰ در سراسر قاره آسیا کاملاً به‌صورت داوطلبانه و به‌سرعت در حال ریزش بود. نرخ تولد به همان اندازه و به همان سرعت بدون اجبار سقوط کرد و امروز هم به این سقوط ادامه می‌دهد. به محض آن‌که رفاه و کامیابی حاصل از تجارت احساس شد، آسیا هم دقیقاً همان گذر به نرخ تولد پایین‌تری را که اروپا قبلاً تجربه کرده بود تجربه کرد.

بنگلادش امروز متراکم‌ترین کشور بزرگ دنیا از نظر جمعیت با بیش از دو هزار نفر در حال زندگی در هر مایل مربع است. این کشور جمعیتی بیشتر از روسیه دارد که در منطقه‌ای کوچک‌تر از فلوریدا زندگی می‌کنند. بنگلادش در ۱۹۵۵ نرخ تولدی برابر ۶.۸ بچه به ازای هر زن داشت. امروز بعد از پنجاه سال، این نرخ به کمتر از نصف، تقریباً برابر ۲.۷ برای هر زن رسیده است. بر اساس همین روند جاری، رشد جمعیت بنگلادش به‌زودی کاملاً متوقف خواهد شد. همسایه‌ی آنها، هند نیز چنین سقوطی در باروری، از ۵.۹ به ۲.۶ بچه به ازای هر زن به خود دیده است. نرخ تولد در پاکستان تا اواسط دهه‌ی ۱۹۸۰ شروع به افت نکرد، اما کاهش آن در حال رسیدن به میزان همسایه‌هایش است: نرخ آن تنها طی بیست سال نصف شده و به ۳،۲ بچه به ازای هر زن رسیده است. در بین آنها، این سه کشور چیزی تقریباً برابر یک‌چهارم جمعیت دنیا را تشکیل می‌دهند. اگر آنها شاهد سقوط نرخ تولد در کشورهای‌شان به این سرعت نبودند، انفجار جمعیت جهان کرکننده می‌شد.

این در حالی است که این کشورها تنها نیستند. در کل دنیا نرخ تولد در حال سقوط است. هیچ کشوری در دنیا وجود ندارد که نرخ تولد بیشتری از ۱۹۶۰ خودش داشته باشد و در بخش کمتر توسعه‌یافته‌ی دنیا به‌عنوان یک کل، نرخ تولد به‌طور تقریبی نصف شده است. سازمان ملل تا ۲۰۰۲ هنگامی که تراکم جمعیت آینده دنیا را پیش‌بینی و برنامه‌ریزی می‌کرد، بر این فرض بود که نرخ تولد در بیشتر کشورها هیچ‌وقت به زیر ۲.۱ بچه به ازای هر زن نمی‌افتد: این نرخ، «نرخ جایگزینی» است که در آن یک زن به اندازه‌ی کافی نوزاد به دنیا می‌آورد تا جایگزین خودش و شوهرش شود، همراه با ۰.۱ نوزاد اضافه شده به آن برای جبران مرگ‌های در زمان کودکی و اندکی هم نسبت جنسی بالاتر مرد. اما در سال ۲۰۰۲، سازمان ملل این فرضیه را تغییر داد از آنجایی که مشخص شد که کشور پس از کشور، کاهش در تولد نوزاد، درست به میزان ۲.۱ رسید و به افت بیشتر ادامه داد. این کاهش حتی می‌تواند با تأثیر ترکیبات خانواده‌های با اندازه‌ی کوچک، شتاب بیشتری بگیرد. امروزه تقریباً نیمی از دنیا میزان باروری کمتر از ۲.۱ دارد. سریلانکا با نرخ تولد ۱.۹ در حال حاضر کاملاً زیر نرخ جایگزینی

است. جمعیت روسیه به‌سرعت در حال کاهش است و تا سال ۲۰۵۰ به میزان یک‌سوم اوایل ۱۹۹۰، زمانی که در اوج بود خواهد رسید.

آیا این آمار شما را شگفت‌زده می‌کند؟ همه می‌دانند که جمعیت دنیا در حال رشد است. اما ظاهراً به‌طرز قابل توجهی تعداد کمی از مردم می‌دانند که نرخ افزایش جمعیت جهان از اوایل دهه‌ی ۱۹۶۰ در حال سقوط است و همچنین تعداد ابتدایی انسان‌های جدیدی که در هر سال اضافه می‌شوند، از اواخر دهه‌ی ۱۹۸۰ در حال افت است. استوارت برند به‌عنوان فعال محیط زیست این‌گونه مطرح می‌کند، «بیشتر طرفداران محیط زیست هنوز متوجه این مطلب نشده‌اند. در سراسر جهان، نرخ تولد در وضعیت سقوط آزاد است... در هر قسمت از هر قاره و در هر فرهنگی (حتی مورمن‌ها[۶۶۰])، نرخ تولد سقوط کرده است. این نرخ به نرخ جایگزینی می‌رسد و به سقوط خودش ادامه می‌دهد. «با وجود این‌که انسان‌ها بیشتر عمر می‌کنند و بنابراین باعث تورم نرخ جمعیت، برای مدت بیشتری می‌شوند و این امر با توجه به این واقعیت که مرگ و میر نوزادان دیگر به اندازه‌ی اوایل قرن بیستم نیست، در حال اتفاق افتادن است. رشد جمعیت حتی با کاهش نرخ مرگ و میر در حال کند شدن است.»

بی‌پرده بخواهم بگویم، این خوش‌اقبالی فوق‌العاده است. اگر نوع بشر به تبدیل ثروت به نوزاد ادامه داده بود، همان‌طور که قرن‌ها انجام داده بود، به پایان غمباری ختم می‌شد. زمانی که جمعیت جهان به نظر می‌آمد تا ۲۰۵۰ به پانزده میلیارد نفر برسد و بعد از آن به رشدش ادامه دهد، این خطر واقعی وجود داشت که تغذیه و تأمین آب برای این عدد به‌راحتی انجام نشود، دست کم نه تا زمانی که به هر زیستگاه طبیعی وابسته باشد. اما امروز، حتی با این‌که بهترین برآورد سازمان ملل این است که جمعیت جهان به احتمال زیاد وقتی به اوج خودش یعنی ۹.۲ میلیارد در ۲۰۷۵ برسد، شروع به سقوط خواهد کرد، هر چشم‌اندازی برای تغذیه جهان برای همیشه وجود دارد. گذشته از این‌ها، در حال حاضر ۶.۸ میلیارد نفر روی زمین وجود دارند که در هر دهه بهتر و بهتر تغذیه می‌شوند. فقط ۲.۴ میلیارد نفر مانده که برسیم.

به این مسئله این‌طور فکر کنید. بعد از این‌که جمعیت جهان برای نخستین‌بار به یک میلیارد (بهترین حدس) در ۱۸۰۴ رسید، نوع بشر ۱۲۳ سال دیگر وقت داشت تا دریابد چگونه یک میلیارد بعدی را تغذیه کند، نقطه‌ی عطف جمعیت دو میلیاردی در ۱۹۲۷ به‌دست آمد. میلیاردهای بعدی جمعیتی، سی و سه سال، چهارده سال، سیزده سال و دوازده سال به‌ترتیب به طول انجامید تا حاصل شود. با وجود این سرعت شتابنده، تأمین غذای دنیا به نسبت کالری

---

۶۶۰. Mormon گروه مذهبی و فرهنگی مرتبط با شاخه‌ی اصلی جنبش قدیسان آخرالزمان مسیحیت احیاگر هستند که با جوزف اسمیت در نیویورک در دهه‌ی ۱۸۲۰ شروع شد. نرخ زاد و ولد در آنها به‌خاطر عدم استفاده از وسائل کنترل بارداری بالاست.

برای هر نفر به‌طرز چشمگیری بهبود یافت. میزان میلیارد نفرهایی که در حال اضافه‌شدن بودند اکنون در حال سقوط هستند. هفت میلیاردمین نفر تا ۲۰۱۳، یعنی چهارده سال پس از شش میلیاردمین نفر به دنیا نخواهد آمد، هشت میلیاردمین نفر پانزده سال بعد از آن به دنیا خواهد آمد و نه میلیاردمین نفر، بیست و شش سال پس از آن به دنیا خواهد آمد. بر اساس پیش‌بینی که امروز رسماً اعلام شده است، ده میلیاردمین نفر هرگز به دنیا نخواهد آمد.

به زبان تخصصی، کل دنیا در حال تجربه نیمه‌ی دوم یک «انتقال جمعیتی» از مرگ و میر و باروری بالا به مرگ و میر و باروری پایین است. این فرآیندی است که در بسیاری از کشورها اتفاق افتاده است. این فرآیند با فرانسه در اواخر قرن هجدهم آغاز شد، سپس به‌سمت اسکاندیناوی و بریتانیا در قرن نوزدهم گسترش یافت و در اوایل قرن بیستم باقی اروپا را فراگرفت. آسیا در دهه‌ی ۱۹۶۰، آمریکای جنوبی در دهه‌ی ۱۹۷۰ و بیشتر آفریقا در دهه‌ی ۱۹۸۰ همین مسیر را شروع کردند. امروزه این یک پدیده‌ی جهانی است: به استثنای قزاقستان، هیچ کشوری وجود ندارد که نرخ تولد آن بالا و در حال رشد باشد. الگو همیشه یکسان است: در ابتدا مرگ و میر سقوط می‌کند که باعث یک جهش جمعیتی می‌شود و سپس بعد از چند دهه باروری کاملاً به‌صورت ناگهانی و به‌سرعت افت می‌کند. معمولاً حدود پانزده سال زمان می‌برد تا نرخ تولد به میزان ۴۰ درصد سقوط کند. حتی یمن، کشوری با بالاترین نرخ تولد در دنیا که در بیشتر دهه‌ی ۱۹۷۰ میانگینی حدود ۹ نوزاد برای هر زن داشت، این عدد را نصف کرده است. هنگامی که انتقال جمعیتی در کشوری شروع به اتفاق افتادن کند، به‌خوبی در تمام سطوح جامعه و در یک زمان اتفاق می‌افتد.

همگان متوجه آمدن انتقال جمعیتی نشدند، اما برخی این را دیده بودند. هنگامی که روزنامه‌نگار جان مداکس، کتابی در ۱۹۷۳ نوشت و این مسئله را مورد بحث قرار داد که انتقال جمعیتی در حال حاضر نرخ تولد آسیایی‌ها را آهسته کرده است، از سوی پل ارلیش و جان هلدرن با رفتاری تحقیرانه مواجه شد.

جدی ترین خطای مداکس در بین خطاهای بسیار جمعیتی، استناد او به یک «انتقال جمعیتی» به‌عنوان درمان برای رشد جمعیت در آسیا، آفریقا و آمریکای لاتین است. او انتظار دارد که نرخ تولد در این قاره‌ها همان‌طور که در کشورهای توسعه‌یافته به‌دنبال انقلاب صنعتی اتفاق افتاد، سقوط کند. از آنجایی که در بیشتر کشورهای در حال توسعه بعید است یک انقلاب صنعتی اتفاق بیفتد، مسئله‌ای که او مطرح می‌کند به نظر تا حدی در بهترین حالت خوش‌بینانه به نظر می‌رسد. اما حتی اگر آن ملت‌ها همان مسیر را هم دنبال کنند و این کار را بی‌درنگ انجام دهند، رشد جمعیت آنها به‌راحتی تا یک قرن ادامه خواهد یافت. یحتمل تا ۲۱۰۰ جمعیت دنیا را به بیست میلیارد نفر خواهند رساند.

به‌ندرت یک پاراگراف این‌قدر زود ثابت می‌شود که تا این حد اشتباه است.

یک پدیده‌ی نامعلوم

به‌طرز دلپذیری، هیچ‌کس واقعاً نمی‌داند چگونه این پدیده‌ی قابل پیش‌بینی رازآلود را توضیح دهد. نظریه‌ی انتقال جمعیتی به‌طرز باشکوه و جذابی، عرصه‌ای مبهم است. سقوط نرخ تولد به‌نظر می‌رسد که تا حد زیادی چیزی پایین به بالا باشد که به‌واسطه‌ی تکامل فرهنگی ظاهر می‌شود، به‌واسطه صحبت کردن درباره آن پخش می‌شود و از بالا توسط حاکم دستور داده نمی‌شود. نه دولت‌ها و نه کلیساها، نمی‌توانند اعتبار زیادی بابت آن کسب کنند. گذشته از این‌ها، انتقال جمعیتی اروپا در قرن نوزدهم بدون هیچ تشویق رسمی و حتی هیچ دانشی اتفاق افتاد. درباره فرانسه، این مسئله در سایه‌ی خطر مخالفت با تشویق دولتی برای زاد و ولد اتفاق افتاد. به همین ترتیب، انتقال مدرن بدون هیچ‌گونه سیاست دولت برای برنامه‌ریزی خانواده در بسیاری از کشورها به‌ویژه آمریکای لاتین آغاز شد. کاهش نرخ تولد به‌شدت اجباریِ چین (یک فرزند) از ۱۹۵۵ (از ۵.۵۹ فرزند به ۱.۷۳ فرزند، یا ۶۹ درصد) تقریباً انعکاس همان چیزی است که در سری‌لانکا تا حد زیادی به‌صورت داوطلبانه در طول همان مدت زمان اتفاق افتاد (۵.۷۰ فرزند به ۱.۸۸ فرزند، یا ۶۷ درصد). از لحاظ مذهبی، سقوط آزاد نرخ تولد ایتالیا (امروز ۱.۳ فرزند به ازای هر زن) آن‌هم در حیاط‌خلوت پاپ، همیشه به‌نسبت برای غیرکاتولیک‌ها سرگرم‌کننده به‌نظر رسیده است. مسلماً ارائه مشاوره تنظیم خانواده به این امر کمک می‌کند و در بخش‌هایی از آسیا توانسته انتقال را شتاب بخشد. اما در مجموع به‌نظر می‌رسد به زن‌ها کمک می‌کند به‌آسانی و ارزان به چیزی که دوست دارند به‌دست آورند برسند. شروع انتقال جمعیتی بریتانیا در دهه‌ی ۱۸۷۰ هم‌زمان شد با چاپ و انتشار کتاب‌های پرفروش انی بِسَنت[۶۶۱] و چارلز بردلف[۶۶۲] درباره جلوگیری از بارداری. اما کدام‌یک باعث دیگری شد؟

پس چه چیزی می‌تواند باعث این اپیزودهای کاملاً شگفت‌آور در تغییر رو به پایین باروری بشر باشد؟ در بالای فهرستِ توضیحات، به‌طرز متناقضی، سقوط مرگ و میر در بچه‌ها قرار می‌گیرد. هرچه احتمال مردن نوزادان بیشتر باشد، والدین آنها بیشتر فرزند به دنیا می‌آورند. فقط هنگامی که زن‌ها فکر کنند فرزندان‌شان زنده خواهند ماند، برای تکمیل خانواده‌های‌شان برنامه‌ریزی می‌کنند تا این‌که فقط به زاد و ولد ادامه دهند. به نظر می‌رسد این واقعیت قابل توجه خیلی کمتر شناخته شده است. بیشتر مردم تحصیل‌کرده در غرب

۶۶۱. Annie Besant جامعه‌شناس و فعال حقوق زنان انگلیسی قرن هجدهم.
۶۶۲. Charles Bradlaugh فعال سیاسی انگلیسی قرن هجدهم. او انجمن سکولار ملی را بنا نهاد.

این‌گونه و با این منطق می‌اندیشند که زنده نگه‌داشتن نوزادان در کشورهای فقیر فقط باعث بدتر شدن مشکل جمعیت می‌شود و این‌که ... خب، معمولاً پیامد آن ناگفته می‌ماند. جفری سَکس[۶۶۳] حکایت می‌کند که در یکی از «مناسبت‌های بی‌شمار»، بعد از سخنرانی، شخصی از حضار در گوش او این پرسش را مطرح کرد، «اگر ما همه‌ی آن بچه‌ها را نجات دهیم، آیا آنها در بزرگسالی گرسنه نخواهند ماند؟» جواب: نه. اگر ما بچه‌ها را از مردن نجات دهیم، مردم خانواده‌های کوچک‌تری خواهند داشت. امروز در نیجر و افغانستان، جایی که بیشتر از پانزده بچه از هر ۱۰۰ بچه پیش از اولین جشن تولدشان می‌میرند، هر زن به‌طور میانگین هفت‌بار در طول زندگی‌اش زایمان می‌کند؛ در نپال و نامیبیا، جایی که کمتر از پنج بچه از هر ۱۰۰ بچه می‌میرد، هر زن به‌طور میانگین سه بار وضع حمل می‌کند. اما ارتباط آنها دقیق نیست. مثلا برمه دو برابر گواتمالا مرگ و میر نوزادان دارد و نصف آن نرخ تولد.

عامل دیگر ثروت است. داشتن درآمد بالاتر یعنی این‌که می‌توانید از پس هزینه‌های فرزندان بیشتری برآیید، اما همچنین به این معنی است که می‌توانید تجملات بیشتری بخرید و این شما را از زاد و ولد مدام منحرف می‌کند. فرزندان کالاهایی برای مصرف کننده‌ها می‌باشند، اما در مقایسه با مثلاً خودرو به‌نسبت وقت‌گیر و پرخواسته هستند. به نظر می‌رسد همان‌طور که کشورها ثروتمندتر می‌شوند این انتقال شروع و مؤثر می‌شود. اما سطح درآمد دقیقی وجود ندارد که در آن این اتفاق بیفتد و دارا و ندار در هر کشوری، کاهش نرخ تولد را تقریباً در یک زمان شروع می‌کنند. دوباره استثناهایی هم وجود دارد:یمن تقریباً دوبرابر لائوس نرخ تولد و حدوداً دوبرابر آن درآمد سرانه دارد.

آیا این رهایی زنان است؟ قطعاً وابستگی بین تداوم تحصیلات زنان و نرخ پایین تولد بسیار تنگاتنگ است و باروری بالای خیلی از کشورهای عربی باید تاحدی بیانگر فقدان نسبی نظارت زنان بر زندگی خودشان باشد. احتمالاً بهترین سیاست برای کاهش جمعیت تاکنون، تشویق تحصیل زنان است. این مسئله به لحاظ تکاملی در نوع بشر پذیرفتنی است که زن‌ها به‌نسبت بخواهند فرزندان کمتری داشته باشند و آنها را با کیفیت بالا بار بیاورند، در حالی که مردها می‌خواهند فرزندان بیشتری داشته باشند و اهمیت کمتری به کیفیت پرورش آنها می‌دهند. بنابراین توانمند شدن زنان به‌واسطه‌ی کسب تحصیلات به آنها قدرت کنترل و نظارت می‌دهد. اما اینجا هم باز استثناهایی وجود دارد: ۹۰ درصد دخترها در کنیا تحصیلات ابتدایی‌شان را تکمیل می‌کنند که دو برابر مراکش نرخ تولد دارند، در حالی که در مراکش، تنها ۷۲ درصد دخترها تحصیلات ابتدایی را تکمیل می‌کنند.

آیا این شهرنشینی است؟ به‌طور حتم همان‌طور که مردم از مزارع که در آن

۶۶۳. Jeffrey Sachs اقتصاددان آمریکایی معاصر.

بچه‌ها می‌توانند در کار زمین‌ها کمک باشند به شهرها که قیمت خانه‌ها گران است و مشاغل خارج از خانه‌ها هستند کوچ می‌کنند، در می‌یابند که خانواده بزرگ یک اشکال است. در بیشتر شهرها همیشه نرخ مرگ و میر از نرخ تولد پیشی گرفته و می‌گیرد. مهاجرت تعداد آنها را حفظ می‌کند. اما هنوز این کل داستان نیست: نیجریه دو برابر بنگلادش شهرنشینی دارد و دو برابر آن زاد و ولد.

به بیان دیگر، بهترین چیزی که با اطمینان بابت انتقال جمعیتی می‌تواند گفته شود این است که کشورها همان‌طور که سلامت‌تر و ثروتمندتر می‌شوند و تحصیلات بهتری کسب می‌کنند و بیشتر شهرنشین می‌شوند و بیشتر از فشار و سلطه خارج می‌شوند، نرخ تولدشان را پایین می‌آوردند. یک زن نوعی، یحتمل این‌گونه استدلال می‌کند: حالا می‌دانم فرزندانم احتمالاً از بیماری نمی‌میرند، دیگر احتیاجی ندارم تعداد زیادی فرزند داشته باشم، حالا می‌توانم شغلی داشته باشم تا از آنها حمایت کنم، نمی‌خواهم مرتب در کارم وقفه ایجاد کنم، حالا تحصیلات دارم و چک حقوق دریافت می‌کنم، می‌توانم بارداری‌ام را کنترل کنم، حالا تحصیلات می‌تواند به فرزندانم مشاغلی غیر از کشاورزی بدهد، باید تنها تعدادی فرزند داشته باشم که بتوانم از آنها برای رفتن به مدرسه حمایت کنم، حالا می‌توانم کالاهای مصرفی خریداری کنم، باید مراقب باشم درآمدم را بین یک خانواده بیش از حد بزرگ پخش کنم، حالا در یک شهر زندگی می‌کنم و خانواده‌ام را برنامه‌ریزی می‌کنم. یا ترکیبی از چنین افکار و ایده‌هایی. و این زن نوعی با تبعیت از دیگران و کلینیک‌های تنظیم خانواده تشویق می‌شود.

این بحث که انتقال جمعیتی پدیده‌ای رازآلود، تکاملی و طبیعی است تا این‌که یک خط مشی دولتی موفق باشد، بدین معنی نیست که نمی‌توان در آن تغییری ایجاد کرد. اگر سقوط آهسته نرخ تولد آفریقا می‌توانست سرعت بگیرد، سود بالایی از لحاظ رفاه و آسایش وجود می‌داشت. یک برنامه جسورانه که به‌صورت بشردوستانه یا حتی با کمک‌های دولتی هدایت می‌شود ولی به آموزش پرهیز از مقاربت جنسی هم کاری ندارد، برای کاهش مرگ و میر کودکان در کشورهایی مانند نیجر که منجر به کوچک شدن اندازه خانواده و پخش خبر در روستاها درباره تنظیم خانواده می‌شود، می‌توانست برای آفریقا به این معنی باشد که آنها ۳۰۰ میلیون دهان کمتر برای تغذیه در ۲۰۵۰ دارند که در غیر این‌صورت این‌گونه می‌شود. هرچند سیاستمداران باید مراقب باشند که در آفریقا وحشی‌گری مغرورانه‌ای را که آسیا در دهه‌ی ۱۹۷۰ تجربه کرد تکرار نکنند.

این مسئله مقداری به مذاق روشنفکران ناخوشایند می‌آید که بپذیرند، مصرف و تجارت می‌توانند دوست کنترل جمعیت باشند، یا به عبارت دیگر، هنگامی که مردم به‌عنوان مصرف‌کننده «وارد بازار» می‌شوند، می‌توانند اندازه خانوادهای‌شان را برنامه‌ریزی کنند. این چیزی نیست که بیشتر اساتید بازارهراس که ریاضت ضدسرمایه‌داری را موعظه می‌کنند بخواهند بشنوند. در حالی که این رابطه وجود

دارد و بسیار هم قوی است. ست نورتن[۶۶۴] دریافت که نرخ تولد در کشورهای با آزادی اقتصادی اندک (به‌طور میانگین ۴.۲۷ فرزند به ازای هر زن) در مقایسه با کشورهای با آزادی اقتصادی بالا (به‌طور میانگین ۱.۸۲ فرزند به ازای هر زن) بیش از دو برابر بود. علاوه بر این یک استثنای کاملاً خوب و ناب وجود دارد که این قاعده را اثبات می‌کند. فرقه‌های مسیحی آناپتیست[۶۶۵]، هوتری‌ها[۶۶۶] و آمیش[۶۶۷] در آمریکای شمالی تا حد زیادی در برابر انتقال جمعیتی مقاومت کرده‌اند؛ بدین معنی که آنها خانواده‌های بزرگی دارند. این امر برخلاف یا بهتر بگوییم به‌خاطر یک تأکید زاهدانه بر نقش‌های خانوادگی که آنها را در مقابل گسترش زمان - سرگرمی‌های مصرفی (شامل تحصیلات بالاتر) و تجربه ابزار و اسباب گران‌قیمت - ایمن می‌کند به‌دست آمده است.

چه نتیجه‌گیری خوشایند و خوبی. نوع بشر گونه‌ای است که گسترش جمعیتش را زمانی که تقسیم کار به نقطه‌ای برسد که همه‌ی افراد به‌جای تلاش برای خودکفایی، در حال تجارت کالا و خدمات با یکدیگر باشند، متوقف می‌کند. هرچقدر همه‌ی ما بیشتر به یکدیگر وابسته و ثروتمندتر شویم، جمعیت خودش را بهتر در بین منابع کره زمین تثبیت می‌کند. همان‌طور که ران بِیلی[۶۶۸] در تناقض کامل با گرت‌هاردین[۶۶۹] مطرح می‌کند: «احتیاجی به اعمال اقدامات اجباری کنترل جمعیت نیست؛ آزادی اقتصادی در حقیقت یک دست نامرئی و بی‌خطر برای کنترل جمعیت ایجاد می‌کند.»

امروزه اکثر اقتصاددان‌ها بیشتر نگران تأثیرات فروپاشی جمعیت از داخل هستند تا انفجار آن. کشورهای با نرخ تولد پایین به‌سرعت نیروی کارشان مسن می‌شوند. این بدان معنی است که افراد سالمند بیشتر و بیشتری پس‌انداز و مالیات افراد معدودی در سن کاری را می‌خورند. آنها حق دارند نگران باشند، هرچند در اشتباهند اگر بخواهند نسبت به آینده بدبین و نگاه آخرالزمانی داشته باشند. گذشته از همه‌ی اینها، چهل‌ساله‌های امروز به‌طور حتم خوشحالتر خواهند بود تا به استفاده از کامپیوتر در سن هفتاد سالگی ادامه دهند، نسبت به هفتاد ساله‌های امروز که بخواهند به استفاده از ماشین‌آلات و ابزارها ادامه دهند. یک‌بار دیگر، خوش‌بین خردگرا می‌تواند آسایشی به ارمغان بیاورد. آخرین تحقیقات، پرده از دومین انتقال جمعیتی بر مَی‌دارد که در آن کشورهای بسیار ثروتمندتر یک افزایش جزئی در نرخِ تولدشان هنگامی که از یک سطح معینی از رفاه عبور می‌کنند، می‌بینند. مثلاً ایالات متحده، پایین‌ترین نرخ تولد

---

۶۶۴. Seth Norton استاد اقتصاد و کسب‌وکار معاصر آمریکایی.

۶۶۵. Anabaptist

۶۶۶. Hutterites

۶۶۷. Amish

۶۶۸. Ron Bailey نویسنده‌ی آزادی‌خواه معاصر آمریکایی (منظور از آزادی‌خواه Libertarian اعتقاد به آزادی مردم در هر زمینه، بدون دخالت هیچ دولتی است.)

۶۶۹. Garret Hardin بوم‌شناس معاصر آمریکایی که بر بحث افزایش بیش از حد جمعیت متمرکز بود.

خودش یعنی ۱.۷۴ فرزند به ازای هر زن را حدود ۱۹۷۶ به خود دید؛ از آن زمان تا به حال این عدد به ۲.۰۵ افزایش یافته است. نرخ تولد در هجده کشور از بیست و چهار کشوری که شاخص توسعه‌ی انسانی[۶۷۰] بالاتر از ۰.۹۴ دارند، افزایش یافته است. استثناهای گیج‌کننده، کشورهایی مانند ژاپن و کره جنوبی هستند که کاهشی مداوم را شاهد می‌باشند. هانس-پیتر کوئلر[۶۷۱] از دانشگاه پنسیلوانیا که مطالعات جدیدی را به‌صورت مشترک تألیف کرده است، باور دارد که هرچند این کشورها ثروتمندتر می‌شوند، اما در ایجاد فرصت‌های بهتر برای زنان برای تعادل بین کار و زندگی، عقب مانده‌اند.

بنابراین در مجموع اخبار مربوط به جمعیت جهانی به‌سختی می‌توانست از این بهتر شود، هرچند بهتر می‌شد اگر بهبودها سریع‌تر حادث می‌شدند. انفجارها در حال فروکش هستند، و سقوطها در حال رسیدن به کف. هرچه مردم کامیاب‌تر و آزادتر شوند، نرخ تولد آنها بدون احتیاج به اجبار، بیشتر حول دو فرزند به ازای هر زن تثبیت می‌شود. حالا، آیا این خبر خوبی نیست؟

---

۶۷۰. Human Development Index شاخص آماری و ترکیبی از امید به زندگی، تحصیلات و درآمد سرانه است که برای طبقه‌بندی کشورها در چهار طبقه به لحاظ توسعه‌ی انسانی استفاده می‌شود.

۶۷۱. Hans-Peter Kohler

فصل هفتم

رهایی بردگان: انرژی بعد از ۱۷۰۰

«با ذغال‌سنگ تقریباً هر کار برجسته‌ای ممکن یا آسان است؛ بدون آن ما به فقر طاقت‌فرسای دوران گذشته پرتاب می‌شویم.»

استنلی جونز

مسئله‌ی ذغال‌سنگ

قیمت فلزات نسبت به دستمزدها در آمریکا

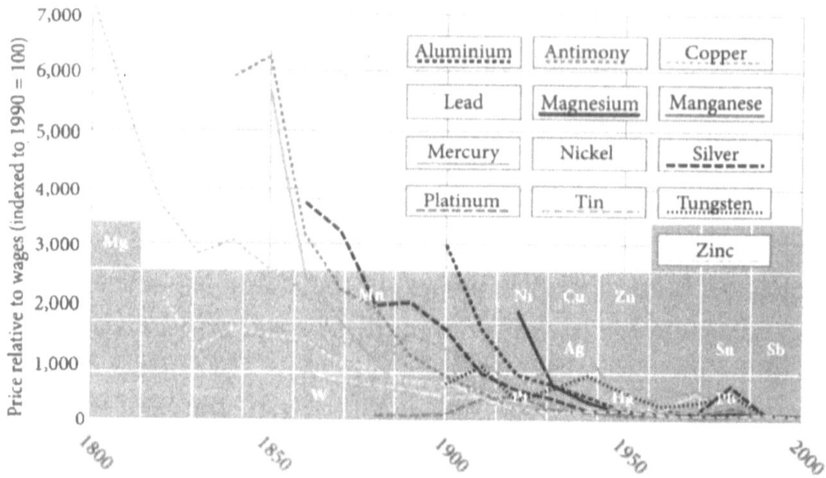

در ۱۸۰۷، همان‌طور که پارلمان لندن داشت آماده می‌شد که در نهایت لایحه‌ی ویلیام ویلبرفورس[۶۷۲] برای لغو تجارت برده را تصویب کند، بزرگ‌ترین مجموعه کارخانه‌ی دنیا در انکوتس[۶۷۳] منچستر تازه باز شده بود. این مجموعه با نیروی بخار کار می‌کرد و روشنایی آن با گاز بود که هر دو توسط ذغال‌سنگ ایجاد می‌شد. کارخانه‌های موری[۶۷۴] بازدیدکنندگان کنجکاو را از اطراف و نقاط دورتر به خود می‌کشاند تا با دیدن ماشین‌آلات متحیر شوند. ارتباطی بین این دو رویداد وجود دارد. صنعت پنبه‌ی لنکه‌شر[۶۷۵] داشت به‌سرعت از نیروی آب به ذغال‌سنگ تبدیل می‌شد. دنیا نیز از این الگو پیروی کرد و تا اواخر قرن بیستم، ۸۵ درصد تمام انرژی که توسط انسان استفاده می‌شد از سوخت‌های فسیلی می‌آمد. سوخت‌های فسیلی بودند که برده‌داری را - در کنار نیروی حیوانات و چوب، باد و آب - غیراقتصادی کردند. آرزوی ویلبرفورس بدون سوخت‌های فسیلی، خیلی سخت‌تر به‌دست می‌آمد. اقتصاددان، دان بودرو می‌نویسد: «تاریخ بر این حقیقت صحه می‌گذارد که سرمایه‌داری، برده‌داری را ریشه‌کن کرد.»

داستان انرژی ساده است. روزی روزگاری تمام کارها را مردم با استفاده از زور بازو برای خودشان انجام می‌دادند. سپس زمانی رسید که برخی مردم، برخی دیگر را برای انجام کارها به‌کار گرفتند، نتیجه اهرام ثلاثه بود - لذت برای تعداد کمی و خستگی و فرسودگی برای بسیاری. بعد از آن، تبدیل تدریجی از یک

---

۶۷۲. William Wilberforce سیاستمدار و عضو پارلمان بریتانیا و سردمدار جنبش لغو تجارت برده در قرن هجدهم.

۶۷۳. Ancoats

۶۷۴. Murry’s Mills مجموعه‌ای از کارخانه‌های پنبه که برای ادم و جورج موری ساخته شد.

۶۷۵. Lancashire بخشی در شمال غربی انگلیس.

منبع انرژی به منبع دیگر بود: انسان به حیوان به آب به باد به سوخت‌های فسیلی. در همه‌ی موارد، مقدار کاری که یک انسان می‌توانست برای انسان دیگر انجام دهد توسط حیوان یا ماشین تقویت می‌شد. امپراطوری روم تا حد زیادی بر توان بازوی انسان در قالب بردگان ساخته شد. اسپارتاکوس و دوستانش بودند که جاده‌ها و خانه‌ها را ساختند، زمین را شخم زدند و آماده‌ی کشت کردند و انگورها را برای شراب لگدمال کردند. اسب‌ها، کوره‌های آهنگری و کشتی‌های بادبانی نیز وجود داشتند، اما منبع اصلی وات (انرژی) در روم، مردم بودند. دوره‌ای که به‌ویژه در اروپا به‌دنبال امپراطوری روم آمد، جابه‌جایی وسیعی در توان بازوی انسان با توان بازوی حیوان به خود دید. اوایل قرون وسطای اروپا، دوران گاوهای بزرگ بود. اختراع علوفه از علف خشک‌شده، اروپایی‌های شمالی را قادر ساخت تا گاو را در طول زمستان تغذیه کنند. حیوانات، جایگزین بردگان شدند که اگر برای کسی سؤال پیش بیاید پاسخش این است که بیشتر به‌خاطر واقعیت موجود اتفاق افتاد تا بر اساس محبت و شفقت. گاوها غذاهای ساده‌تری می‌خورند، کمتر شکایت می‌کنند و از برده‌ها قوی‌تر هستند. گاوها احتیاج به چریدن دارند، بنابراین این تمدن باید بر اساس روستاها باشد تا شهرها. سپس با اختراع یراق اسب، گاوها، راه را برای اسب‌ها که می‌توانند حدوداً دو برابر سرعت یک گاو زمین را شخم بزنند، باز کردند. بر همین اساس میزان محصول یک انسان دو برابر شد و هر کشاورز را قادر ساخت افراد بیشتری را غذا بدهد یا زمان بیشتری را صرف کار دیگری بکند. در انگلیس، ۲۰ درصد حیوانات بارکش در ۱۰۸۶ اسب‌ها بودند و در ۱۵۷۶، ۶۰ درصد آنها را تشکیل می‌دادند.

در عوض، گاوها و اسب‌ها خیلی زود جای‌شان را به نیروی بی‌جان دادند. آسیاب آبی که برای رومی‌ها شناخته‌شده بود اما در قیاس کمتر استفاده شده بود، در عصر تاریکی بسیار متداول شد و تا زمان دفتر دومزدی[۶۷۶] (۱۰۸۶)، در جنوب انگلیس به ازای هر پنجاه نفر، یک آسیاب وجود داشت. دویست سال بعد تعداد آسیاب‌های آبی باز دوبرابر شد. تا ۱۳۰۰، شصت و هشت آسیاب آبی در یک‌مایلی رود سن در پاریس وجود داشت و باقی آنها بر کرجی‌ها شناور بودند.

حکم رهبانی سیسترشن[۶۷۷] آسیاب آبی را به اوج فنی‌اش کشاند، نه‌تنها آن را بهبود داد و کامل کرد بلکه به‌شدت رقیب آنها یعنی آسیاب‌های با نیروی حیوانات را با اقدام قانونی متوقف کرد. آنها با چرخ‌دنده‌ها، چرخ‌ها و چکش‌های لنگری و با استفاده از آب، کارهای مختلفی انجام دادند. برای مثال در کلروو[۶۷۸]، آب رودخانه در ابتدا چرخ آسیاب را برای خرد کردن دانه‌ها می‌چرخاند، سپس الک را تکان می‌داد تا آرد از پوست جدا شود، سپس مخازن بزرگی را برای ساختن

---

۶۷۶. Doomesday Book نخستین دفتر ثبت املاک، زمین و ملاکین در انگلیس (دفتر روز قیامت).

۶۷۷. Cistercian راهبه‌ی عضو گروه مسیحی سیسترشن که در فرانسه در ۱۰۹۸ آغاز شد. تمام اعضای گروه مرد بودند و قوانین ریاضتی سختی داشتند.

۶۷۸. Clairvaux صومعه‌ای در فرانسه متعلق به سیسترشن‌ها.

آبجو پر می‌کرد، بعد از آن به حرکتش ادامه می‌داد تا چکش‌های نمدمالی را بر پارچه‌های خام به‌کار بیندازد، سپس با یک جریان کم وارد بخش دباغی پوست حیوانات می‌شد و در نهایت به جایی هدایت می‌شد که می‌توانست ضایعات را با خود بشوید و ببرد.

آسیاب بادی برای اولین‌بار در قرن دوازدهم ظاهر شد و به‌سرعت بین تمام کشورهای فرودین (سُفلی) که نیروی آب گزینه نبود، گسترش یافت. اما این ذغال‌سنگ نارس (تورب)[۶۷۹] بود تا باد، که به هلندی‌ها این قدرت را داد که به‌کارگاه دنیا در دهه‌ی ۱۶۰۰ تبدیل شوند. تورب با کندن میزان وسیعی از زمین‌های گلی و مرطوب که به‌تازگی آب خودشان را از دست داده‌اند به‌دست می‌آمد و سوخت صنایع آجرسازی، سرامیک، آبجو، صابون، نمک و شکر می‌شد. هارلم[۶۸۰] تمام ملحفه‌های آلمان را سفید و تمیز کرد. تورب در زمانی که الوار کمیاب و گرانقیمت بود برای هلندی‌ها بخت و اقبال بود.

علوفه، آب و باد، راه‌هایی هستند برای گرفتن انرژی خورشید: خورشید به گیاهان، باران و باد نیرو می‌دهد. الوار راهی برای گرفتن انرژی خورشید ذخیره‌شده در دهه‌های گذشته است – سرمایه‌ی خورشیدی، همان‌طور که بود. تورب، ذخیره‌های قدیمی‌تری از نور خورشید است. سرمایه خورشیدی برای بیش از هزاران سال گسترده بوده است. و ذغال‌سنگ که محتوای انرژی بالای آن انگلیسی‌ها را قادر ساخت بر هلندی‌ها چیره شوند، همچنان از نور خورشید قدیمی‌تری است که عمدتاً حدود ۳۰۰ میلیون سال پیش ذخیره شده است. راز انقلاب صنعتی، تغییر جهت از نیروی خورشیدی موجود به نیروی خورشیدی ذخیره‌شده بود. نه به این معنی که نیروی بازوی انسانی ناپدید شد: برده‌داری در روسیه، کارائیب و آمریکا و همچنین خیلی مناطق دیگر ادامه پیدا کرد. اما به‌طور تدریجی و بی قاعده‌ای، کالاهایی که مردم می‌ساختند بیشتر و بیشتر با انرژی فسیلی ساخته می‌شد.

سوخت‌های فسیلی نمی‌توانند دلیلی برای آغاز انقلاب صنعتی باشند. ولی به‌طور حتم می‌توانند توضیحی برای این باشند که چرا انقلاب صنعتی پایان نپذیرفت. هنگامی که سوخت‌های فسیلی وارد شدند، رشد اقتصادی به واقع اوج گرفت و تقریباً به‌طور ناحدودی قادر شد از سقف مالتوسی عبور کند و استانداردهای زندگی را بالا ببرد. تنها آن زمان بود که رشد در یک کلام پایدار شد. این منجر به کنایه‌ای تکان‌دهنده می‌شود. می‌خواهم این بحث را مطرح کنم که رشد اقتصادی تنها وقتی پایدار شد که شروع به تکیه بر نیروهای تجدیدناپذیر، غیرسبز و غیرپاک کرد. هر رونق اقتصادی در تاریخ از اوروک به این طرف، به افول و ورشکستگی ختم شده بود به این دلیل که منابع انرژی

۶۷۹. Peat تجمعی از گیاهان یا مواد آلی پوسیده شده که برای سوخت استفاده می‌شود.
۶۸۰. Harlem مرز استان هلند شمالی.

تجدیدپذیر تمام شدند: الوار، زمین‌های کشاورزی، چراگاه، دام (نیروی کار)، آب و تورب. همه‌ی اینها به خودی خود دوباره ذخیره و تأمین می‌شوند ولی با سرعت بسیار کمی و به‌راحتی با یک افزایش جمعیت تحلیل می‌روند. اما ذغال‌سنگ بدون آن‌که مهم باشد چقدر از آن مصرف شده بود تمام نشد: در واقع هرچه زمان پیش رفت، ارزان‌تر و فراوان‌تر هم شد. در مقابل آن مشخصاً، ذغال چوب هست که زمانی که مصرف آن از یک حدی گذشت، همیشه گران‌تر می‌شد و دلیلش به‌سادگی این بود که مردم برای یافتن الوار باید به مناطق دورتر می‌رفتند. اگر انگلیس هیچ‌وقت از ذغال‌سنگ استفاده نکرده بود، می‌توانست همچنان به‌نوعی یک معجزه‌ی صنعتی داشته باشد. چراکه می‌توانست (و این کار را کرد) از نیروی آب برای راه انداختن چارچوب‌ها و دستگاه‌های بافندگی استفاده کند و لنکشر را بدل به پایتخت پنبه‌ی دنیا بکند. اما نیروی آب هرچند که تجدیدپذیر است ولی بسیار محدود است و رونق صنعتی انگلیس می‌توانست همان‌طور که توسعه غیرممکن می‌شد، فشار جمعیت از درآمد سبقت می‌گرفت و دستمزدها سقوط می‌کردند و تقاضا افت می‌کرد تحلیل رود.

این بدان معنی نیست که منابع تجدیدناپذیر، نامحدود و بیکران هستند. مسلماً این‌طور نیست. البته که اقیانوس اطلس بی‌کران نیست، اما این بدان معنی نیست که اگر با یک قایق کوچک از بندرگاه ایرلند پارو بزنید باید نگران برخورد با نیوفاندلند[681] باشید. برخی چیزها محدود، اما پهناور هستند؛ برخی دیگر به‌طور بی‌نهایتی تجدیدپذیر اما خیلی محدود هستند. منابع تجدیدناپذیر مانند ذغال‌سنگ به اندازه‌ی کافی فراوان هستند که به فعالیت‌های اقتصادی و جمعیت اجازه توسعه را تا نقطه‌ای بدهند که بتوانند ثروت پایدار برای تمام مردم کره زمین بدون آن‌که از یک سقف مالتوسی بگذرند، ایجاد کنند و پس از آن مشعل را به‌دست دیگر صورت‌های انرژی برساند. درخشش کورکننده این درک هنوز من را متحیر می‌کند: ما می‌توانیم تمدنی بسازیم که در آن هرکسی با بهره از خورشیدشاه[682]، زندگی خودش را بکند، چراکه هر کسی از خدمات هزاران خدمتکار استفاده می‌کند و به هزاران خدمتکار خدمات ارائه می‌دهد و خدمات هر یک از آنها با میزان فوق‌العاده‌ای از انرژی طبیعت بی‌جان تقویت شده است و هر یک از آنها نیز به‌سان خورشیدشاه زندگی می‌کنند. من در فصل‌های بعدی به مخالفت‌های بسیاری که طرفداران محیط زیستِ بدبین مطرح خواهند کرد که شامل مسئله ظرفیت تجدیدناپذیر جو برای جذب دی‌اکسید کربن می‌شود، پاسخ خواهم داد.

---

۶۸۱. Newfoundland شرقی‌ترین استان کانادا.

۶۸۲. اشاره به لقب پادشاه فرانسه و مقایسه‌اش با خورشید.

همچنان ثروتمندتر و ثروتمندتر

قبل از این‌که به این مسئله بپردازم که سوخت‌های فسیلی با به‌کار انداختن پیستون‌ها و دینام‌ها، استانداردهای زندگی مدرن را ممکن کردند، ابتدا گریزی بزنیم به استانداردهای زندگی. آیا صنعتی‌سازی به‌واقع آنها را بهبود بخشیدند؟ هنوز کسانی وجود دارند، من‌جمله کسانی که به نظر می‌رسد کتاب‌های درسی می‌نویسند که بچه‌های من از آنها تاریخ یاد می‌گیرند، کسانی که دنباله‌رو کارل مارکس هستند و براین باورند که انقلاب صنعتی با چپاندن دهاتی‌های بی‌خیال، ساده و سرخوش در کارخانه‌های شیطانی و ساختمان‌های بزرگ با واحدهای کوچک و آلوده که در آنها به‌کار گرفته می‌شدند تا که از کار می‌افتادند و سپس سرفه باعث مرگ زودهنگام آنها می‌شد، بیشتر استانداردهای زندگی را پایین آورد. آیا واقعاً لازم است به این اشاره شود که فقر، نابرابری، کار کودکان، بیماری و آلودگی، پیش از کارخانه‌ها وجود داشتند؟ در مورد فقر این‌که فقرای روستایی در ۱۷۰۰ به‌طور مشخص وضعیت بدتری نسبت به فقرای شهری در ۱۸۵۰ داشتند و بسیاری مانند آنها وجود داشت. در بررسی گریگوری کینگ[۶۸۳] از جمعیت بریتانیا در ۱۶۸۸، ۱.۲ میلیون کارگر فقط با درآمد ۴ پوند در سال زندگی می‌کردند و ۱.۳ میلیون کلبه‌نشینِ دهقان با فقط ۲ پوند در سال زندگی می‌کردند. این بدان معنی است که نیمی از کل کشور با فقر شدیدی زندگی می‌کردند؛ بدون وجود خیریه‌ها، آنها از گرسنگی می‌مردند. در طول انقلاب صنعتی، فقر بسیاری وجود داشت اما نه شدت و نه میزان آن به این دوره نزدیک هم نبود. حتی درآمد کارگران مزارع کشاورزی هم طی انقلاب صنعتی افزایش یافت. درباره نابرابری، از لحاظ قد و قامت فیزیکی و هم تعداد کودکان نجات‌یافته، شکاف میان پولدارترین و فقیرترین در زمان صنعتی‌سازی کمتر شد. اگر نابرابری اقتصادی افزایش پیدا می‌کرد این اتفاق نمی‌افتاد. به لحاظ کار کودکان، در پروانه‌ی حق بهره‌برداری از اختراع یک ماشین پارچه‌ریسی دستی در ۱۶۷۸ که خیلی پیش از کارخانه‌های خودکار بود، با افتخار اظهار می‌شد که «یک کودک سه یا چهارساله می‌تواند به اندازه یک کودک هفت یا هشت‌ساله با آن کار انجام دهد.» درباره بیماری هم، مرگ و میر به سبب بیماری‌های عفونی به‌طور پیوسته در کل این زمان سقوط کرد. به لحاظ آلودگی، دود و غبار بدون شک در شهرهای صنعتی افزایش یافت، اما خیابان‌های مملو از فاضلاب سموئل پیپس[۶۸۴] لندن خیلی بدبوتر و ناخوشایندتر از هر چیزی در منچسترِ الیزابت گسکل[۶۸۵] در دهه‌ی ۱۸۵۰ بود.

واقعیت ساده این است که ماشینی‌شدن تولید در انقلاب صنعتی باعث افزایش درآمد در تمام طبقات اجتماع شد. میانگین درآمد مرد انگلیسی که ظاهراً برای

---

۶۸۳. Gregory King تبارشناس انگلیسی قرن هفدهم.

۶۸۴. Samuel Pepys

۶۸۵. Elizabeth Gaskell رمان‌نویس انگلیسی قرن هجدهم.

سه قرن راکد مانده بود، حوالی ۱۸۰۰ شروع به افزایش کرد و تا ۱۸۵۰، با وجود افزایش سه برابری جمعیت، ۵۰ درصد بالاتر از سطح خودش در ۱۷۵۰ بود. تندترین شیب این افزایش برای کارگران غیرماهر بود؛ اضافه دستمزد کارگران ماهر ساختمانی به‌تدریج کاهش یافت. نابرابری درآمد و نابرابری جنسیتی نیز نزول پیدا کرد. سهم درآمد ملی کسب‌شده توسط کارگر افزایش یافت در حالی که سهم به‌دست آمده از زمین کاهش یافت: با اجاره‌بهای یک جریب زمین کشاورزی در انگلیس می‌شد همان تعداد کالا را خریداری کرد که در دهه‌ی ۱۷۶۰ می‌شد خرید، در حالی که با دستمزد واقعی یک ساعت کار بسیار بیشتر می‌شد خرید کرد. دستمزدهای واقعی سریع‌تر از تولیدات واقعی در کل قرن نوزدهم افزایش یافتند، یعنی که منفعت کالاهای ارزان‌تر، به‌طور عمده به‌دست کارگران به‌عنوان مصرف‌کنندگان کسب می‌شد و نه توسط رؤسا یا ملاکین. این بدان معنی است که کسانی که کالاهای ساخته‌شده کارخانه‌ای را تولید کردند، همچنین توانستند به‌طور فزاینده‌ای آنها را خریداری و مصرف کنند.

در حالی که بی‌شک صحت دارد که با استانداردهای مدرن، کارگرهایی که کارخانه‌ها و کارگاه‌ها را در ۱۸۰۰ انگلیس به راه انداختند، برای ساعت‌های غیر انسانی و در سنین خیلی پایین در شرایط بسیار خطرناک با سر و صدا و گرد و خاک کارگری می‌کردند و با عبور از خیابان‌های آلوده به خانه‌های پرازدحام و غیربهداشتی برمی‌گشتند. آنها امنیت شغلی، تغذیه، برنامه و نظارت سلامت و آموزش وحشتناکی داشتند. اما با وجود این مطلب، به‌طرز غیرقابل انکاری درست است که آنها نسبت به پدربزرگان‌شان که کارگر مزارع بودند و مادربزرگان‌شان که ماشین پشم می‌چرخاندند، زندگی‌های بهتری داشتند. به همین خاطر است که آنها از مزارع به‌کارخانه‌ها هجوم آوردند و همین کار را در نیوانگلند[۶۸۶] در دهه‌ی ۱۸۷۰، در جنوب آمریکا در دهه‌ی ۱۹۰۰، در ژاپن در دهه‌ی ۱۹۲۰، در تایوان در دهه‌ی ۱۹۶۰، در هنگ‌کنگ در دهه‌ی ۱۹۷۰ و امروز در چین انجام دادند. به همین خاطر بود که مشاغل کارخانه‌ها به ایرلندی‌ها در نیوانگلند و سیاهان در کارولینای شمالی پیشنهاد نمی‌شد.

اینجا سه حکایت وجود دارد تا این مفهوم را به تصویر بکشد که مشاغل کارخانه‌ای غالباً به مشاغل کشاورزی ارجحیت دارند. یک کارگر مزرعه به نام ویلیام تورنبول[۶۸۷] که در ۱۸۷۰ به دنیا آمده بوده به مادربزرگ من گفت که کار را در سیزده‌سالگی برای شش پنی در روز و برای شش روز در هفته از ۶ صبح تا ۶ عصر و معمولاً در فضای باز بدون توجه به این‌که چه شرایط آب و هوایی حاکم است و فقط با روز جمعه‌ی نیک، روز کریسمس و نصف روز از روز سال نو به‌عنوان تنها تعطیلات شروع کرد. در روزهای بازار او شروع به گله‌داری گوسفند یا گاو

---

۶۸۶. New England ناحیه‌ای در شمال شرقی ایالات متحده.

۶۸۷. William Turnbull

می‌کرد و آنها را ۱ یا ۲ صبح در حالی که یک فانوس در دست داشت به شهر می‌برد. یک پنبه‌چین از کارولینای شمالی در دهه‌ی ۱۹۲۰ به تاریخ‌نگار دیگری توضیح می‌دهد که چرا کارخانه خیلی بهتر از مزرعه بود: «ما بعد از این‌که به اینجا نقل مکان کردیم، به سر کار در کارخانه رفتیم و نسبت به زمانی که کشاورزی می‌کردیم لباس‌های بیشتری داشتیم و غذاهای متنوع‌تری می‌خوردیم و خانه بهتری داشتیم. بله، وقتی به‌کارخانه آمدیم، زندگی آسان‌تر بود.» و در دهه‌ی ۱۹۹۰، لیانگ ینگ[۶۸۸] بسیار خوشحال بود که از مزرعه‌ی خانوادگی کائوچو در جنوب چین، جایی که باید به‌صورت روزانه پوست صدها درخت کائوچو را در تاریکی پیش از سحر ببرد، فرار کند تا شغلی در یک کارخانه‌ی منسوجات در شنژن[۶۸۹] بگیرد: «اگر جای من بودید کدام را ترجیح می‌دادید؛ کارخانه یا مزرعه؟» اقتصاددان پیترا ریوولی[۶۹۰] می‌نویسد، «همان‌طور که نسل‌های دختران کارخانه و دوزندگان اروپا، آمریکا و آسیا در تجربه رایج کارگاه‌های بهره‌کشی که در آن کنترل می‌شدند، استثمار می‌شدند، بیش از حد کار می‌کردند و دستمزد کم می‌گرفتند با یکدیگر هم‌صدا هستند، در یک یقین مطلق هم با یکدیگر هم‌نظرند که در سراسر قرن‌ها و قاره‌ها مشترک است: سگ این زندگی شرف داره به زندگی در مزرعه.»

دلیل این‌که فقر در اوایل انگلیس صنعتی این‌چنین با زور به ما حمله می‌کند این است که برای اولین‌بار بود که نویسندگان و سیاستمداران به آن توجه کردند و برایش استثنا قائل شدند، البته نه به این خاطر که قبلاً وجود نداشته است. خانم گسکل و آقای دیکنز[۶۹۱] معادل‌هایی در قرون گذشته نداشتند؛ قوانین کارخانه و محدودیت کار کودکان قبلاً نامیسر بود. انقلاب صنعتی باعث یک جهش در ظرفیت تولید ثروت جمعیت شد که تا حد زیادی از امکان بالقوه‌ی تولید مثل خودش پیشی گرفت، اما همین امر نیز باعث یک افزایش در همدردی و مهربانی شد که بیشتر آن به واسطه کارهای نیک مؤسسات خیریه و دولت‌ها ارائه می‌شد.

میدلندز[۶۹۲] فلزی

انفجار اختراعاتی که بریتانیا به‌طور کاملاً ناگهانی در اواخر دهه‌ی ۱۷۰۰ تجربه کرد، دلیل و هم نتیجه‌ی ماشینی شدن - تقویت نیروی کار یک نفر توسط ماشین‌آلات و سوخت - بود. ملت کوچک بریتانیا فقط با هشت میلیون جمعیت در ۱۷۵۰ در مقایسه با بیست و پنج میلیون جمعیت بسیار سطح بالاتر و

۶۸۸. Liang Ying
۶۸۹. Shenzhen شهری در جنوب شرقی چین.
۶۹۰. Pietra Rivoli استاد سرمایه‌گذاری و کسب‌وکار بین‌الملل در دانشگاه جورج‌تاون آمریکا.
۶۹۱. منظور چارلز دیکنز است.
۶۹۲. Midlands ناحیه‌ای کلان‌شهر در انگلیس و پرجمعیت‌ترین بعد از لندن بزرگ.

تحصیل‌کرده‌تر فرانسه، ۳۱ میلیون جمعیت ژاپن پرتراکم و ۲۷۰ میلیون جمعیت بسیار تولیدکننده چین، توسعه‌ی اقتصادی شگفت‌انگیزی را شروع کرد که او را طی یک قرن به سلطه‌ی جهانی سوق می‌دهد. مردان انگلیسی (که برخی از آنها مهاجر بودند) بین ۱۷۵۰و ۱۸۵۰، یک‌سری وسائل کاهش‌دهنده‌ی و تقویت‌کننده‌ی نیروی کار اختراع کردند که به آنها اجازه داد بیشتر تولید کنند، بیشتر بفروشند، بیشتر کسب درآمد کنند، بیشتر خرج کنند، بهتر زندگی کنند و فرزندان زنده بیشتری داشته باشند. نوشته‌ی معروف چاپ‌شده‌ای با عنوان «مردان ممتاز علمی بریتانیای کبیر بین ۱۸۰۷ تا ۱۸۰۸» - سالی که در آن، پارلمان تجارت برده را ملغی کرد - ۵۱ مهندس و دانشمند را که در آن زمان زنده بودند به تصویر می‌کشد، گویی توسط یک هنرمند در کتابخانه‌ی مؤسسه‌ی سلطنتی کنار هم جمع آمده باشند. اینها مردانی هستند که کانال‌ها (تامس تلفورد[۶۹۳])، تونل‌ها (مارک برونل[۶۹۴])، موتورهای بخار (جیمز وات[۶۹۵])، لوکوموتیوها (ریچارد ترویتیک[۶۹۶])، موشک‌ها (ویلیم کانگریو[۶۹۷])، پرس‌های هیدرولیک (جوزف براما[۶۹۸]) را ساختند؛ اینها مردانی هستند که ابزار ماشینی (هنری مادزلی[۶۹۹])، ماشین ریسندگی خودکار (ادموند کارترایت[۷۰۰])، کارخانه (متئو ماولتن[۷۰۱])، چراغ معدنچی (هامفری دیوی[۷۰۲])، واکسن آبله (ادوارد جِنِر[۷۰۳]) را اختراع کردند. ستاره‌شناسانی مانند نویل مسکلین[۷۰۴]، ویلیلم هرشل[۷۰۵]، فیزیکدان‌هایی مانند هنری کَوندیش[۷۰۶] و کانت رامفورد[۷۰۷]، شیمی‌دان‌هایی مانند جان دالتن[۷۰۸] و ویلیام هنری[۷۰۹]، گیاه‌شناسانی مانند جوزف بنکس[۷۱۰]، دانشمندانی مانند تامس یانگ[۷۱۱] و بسیاری دیگر. به چنین تصویری نگاه می‌کنید و متعجب می‌شوید «چگونه کشوری این میزان استعداد را در یک مکان دارد؟»

مسلماً پیش‌فرض اشتباه است، زیرا این مشخصات و روحیه‌ی آن زمان و

۶۹۳. Thomas Telford
۶۹۴. Marc Brunel
۶۹۵. James Watt
۶۹۶. Richard Trevithick
۶۹۷. William Congreve
۶۹۸. Joseph Bramah
۶۹۹. Henry Maudslay
۷۰۰. Edmund Cartwright
۷۰۱. Matthew Boulton
۷۰۲. Humphry Davy
۷۰۳. Edward Jenner
۷۰۴. Nevil Maskelyne
۷۰۵. William Herschel
۷۰۶. Henry Cavendish
۷۰۷. Count Rumford
۷۰۸. John Dalton
۷۰۹. William Henry
۷۱۰. Joseph Banks
۷۱۱. Thomas Young

مکان بود که چنین استعدادهایی را بیرون کشید (و از خارج جذب می‌کرد - برونل فرانسوی بود و رامفورد آمریکایی). در مقابل تمام درخشش آنها، واتس‌ها، دیوی‌ها، جنرها و یانگ‌هایی به تعداد فراوان در هر کشور و در هر زمانی وجود داشت. اما به‌ندرت سرمایه‌ی کافی، آزادی، تحصیلات، فرهنگ و فرصت، این‌چنین با هم جمع می‌شد تا آنها را بیرون بکشند. دو قرن بعد کسی توانست تصویری از مردان بزرگ سیلیکون‌ولی[۷۱۲] را نقاشی کند و آیندگان بر این تفکر متحیر خواهند ماند که غول‌هایی مانند گوردن مور[۷۱۳]، رابرت نویس[۷۱۴]، استیو جابز[۷۱۵] و سرگی برین[۷۱۶]، هرب بویر و لروی هود، همه در یک زمان و در یک مکان زندگی می‌کردند.

درست همین‌طور که کالیفرنیای امروز این‌گونه هست، در ۱۷۰۰ نیز کارآفرین تولیدکننده انگلیسی به‌صورت غیرمعمولی برای سرمایه‌گذاری، اختراع، توسعه و جمع‌آوری سود در مقایسه با معادل‌های اروپایی و آسیایی آزاد بود. پایتخت بزرگ او به‌طرز عجیب و نامعمولی در تسلط بازرگانان بود و نه دولت. و همیشه این‌گونه بود. انگلیسی‌ها به لطف کشتی‌های بریتانیایی که به نقاط گرمسیری دنیا سرک می‌کشیدند، یک بازار جهانی نیز داشتند. مناطق روستایی دورافتاده از ساحلش، مملو از مردمانی بود که آزادانه نیروی کارشان را به بالاترین قیمت پیشنهادشده می‌فروختند. بیشتر بخش سرزمین همچنان تحت سلطه‌ی اربابان مقاوم در مقابل تغییر و رعیت‌ها بود که هیچ‌کدام‌شان انگیزه‌ای برای تولید محصول بیشتر نداشتند. در بیشتر اروپای شرقی و مرکزی، سیستم رعیتی و فئودالی به‌دنبال جنگ‌ها و قحطی‌های دهه‌ی ۱۶۰۰، خون تازه‌ای در رگ‌هایش در قرن هجدهم جاری شد. دهقانان بیشتر نیروی کار یا محصول‌شان را به اربابان بدهکار بودند (به‌علاوه‌ی عشریه به کلیسا) و آزادی کمی برای حرکت و جابه‌جایی داشتند. بنابراین برای تولید بیشتر و تجاری شدن انگیزه کمی داشتند. در این حین اربابان و مالکین به‌شدت بر تلاش‌هایی که به‌واسطه‌ی سلطنت‌های اصلاح‌طلب برای آزاد کردن رعیت‌ها و خراج‌گذاران‌شان انجام می‌شد مقاومت می‌کردند. یک آزادی‌خواه مجارستانی توضیح می‌دهد که «ارباب به رعیتش به‌عنوان ابزاری مورد نیاز برای کشت زمین‌هایش و یکی از اموال منقولش که از والدینش به ارث رسیده، یا خریداری کرده یا به‌عنوان جایزه به‌دست آورده است نگاه می‌کند.»

حتی در جایی که آزادی برای تجارت و شکوفایی به‌دست آمده بود - حوالی

---

۷۱۲. Silicon Valley منطقه‌ای در شمال کالیفرنیا که مرکز جهانی فن‌آوری و اختراعات است.

۷۱۳. Gordon Moore از بنیان‌گذاران شرکت اینتل.

۷۱۴. Robert Noyce فیزیکدان آمریکایی و معروف به "شهردار سیلیکون‌ولی". او از بنیان‌گذاران شرکت اینتل بود.

۷۱۵. Steve Jobs از بنیان‌گذاران شرکت اپل.

۷۱۶. Sergey Brin او به همراه لری پیج (Larry Page) از بنیان‌گذاران گوگول است.

تولو[۷۱۷]، در سیلیزیا[۷۱۸]، در بوهمیا[۷۱۹] - مجریان قانون و باجبگیران و رشوه‌بگیران به تعداد یک سپاه بودند، این در حالی بود که جنگ‌های متعدد باعث اخلال در تجارت و نابودی آن می‌شد. هفده گونه خراج و عوارض با تهدید و زور از شانزده اتحادیه در روستای لیموزین[۷۲۰] مطالبه می‌شد. فرانسه که سه برابر انگلیس جمعیت داشت، توسط موانع گمرکی داخلی به سه بخش اصلی تجارت تقسیم شده بود، و به‌خاطر گمرک غیررسمی، خراج‌های تاریخ گذشته و عوارض و بالاتر از همه به‌خاطر ارتباطات ضعیف، به موزاییکی از تکه‌های نیمه آتارکی[۷۲۱] تقسیم شده بود. قاچاق داخلی بسیار شایع بود. اسپانیا «یک مجمع‌الجزایر بود. جزایری از محصولات بومی و مصرف داخلی که از یکدیگر به‌واسطه قرن‌ها تعرفه‌های داخلی جدا افتاده بودند». در مقابل آن، مرد انگلیسی به همان اندازه مجبور نبود به اداره‌چی‌ها و مأموران اداری خرده‌پا و مالیات‌چی‌های مزاحم جواب پس بدهد. به همین خاطر او تا حدی توانست سپاس‌گزار تحولات قرن پیشین باشد که شامل یک جنگ داخلی و یک «انقلاب شکوهمند» علیه حکومت خودسر جیمز دوم[۷۲۲] بود. واقعه بعدی چیزی بیشتر از یک جابه‌جایی پادشاه بود؛ این مسئله در عمل یک مدیریت نیمه‌خصمانه در خرید کل کشور توسط سرمایه‌داران ماجراجوی هلندی بود که منجر به یک هجوم سرمایه‌گذاری هلندی، حرکت ناگهانی به‌سمت تجارت خارجی به‌عنوان موتور محرکه‌ی سیاست دولتی در تقلید از هلند و تجدیدی در قانون اساسی که پارلمان تجار و بازرگانان را قدرت بخشید، شد. ویلیام سوم[۷۲۳] اگر می‌خواست تاج و تخت را حفظ کند می‌بایست که حق مالکیت مردمش را به رسمیت می‌شناخت. این هم را اضافه کنید که بریتانیا یک ارتش همیشه آماده را پشتیبانی نمی‌کرد، به این معنی که یک خط ساحلی به‌شدت تورفته اجازه داد تجارت دریایی به بیشتر بخش‌های کشور برسد و این‌که پایتخت اداری کشور، پایتخت تجاری هم بود و مشخص می‌شود که برای شروع یا توسعه یک کسب‌وکار در حدود سال ۱۷۰۰ جای بدی نبود. دیوید لندز[۷۲۴] می‌گوید، «هیچ جا دیگر حومه‌ی شهر نبود از بس که پر از تولیدکننده و کارخانه بود؛ جای دیگری این‌گونه نبود که فشارها و مشوق‌ها برای تغییر، قوی‌تر و نیروی‌های سنت گرا ضعیف‌تر باشند.»

شهر کوچک بیرمنگام[۷۲۵] بدون اصناف دست و پا گیر و هیچ منشور مدنی

---

۷۱۷. Toulouse شهری در فرانسه.
۷۱۸. Silesia منطقه‌ی تاریخی در مرکز اروپا که بیشتر در لهستان قرار دارد.
۷۱۹. Bohemia غربی‌ترین و بزرگ‌ترین منطقه‌ی تاریخی در جمهوری چک.
۷۲۰. Limousin منطقه‌ای در فرانسه.
۷۲۱. Autarkic سیاستی که در آن یک کشور یا یک منطقه به هیچ کالایی از کشور یا منطقه‌ی دیگر نیاز ندارد یا آن را نمی‌خواهد.
۷۲۲. James II پادشاه انگلستان قرن شانزدهم که در انقلاب ۱۶۸۵ از سلطنت خلع شد.
۷۲۳. William III شاهزاده هلندی که پادشاه انگلیس، ایرلند و اسکاتلند از ۱۶۸۹ تا زمان مرگ ۱۷۰۲ بود.
۷۲۴. David Landes استاد معاصر اقتصاد و تاریخ دانشگاه هاروارد.
۷۲۵. Birmingham شهری در در انگلستان.

به‌عنوان مرکز تجارت فلزکاری در اوایل دهه‌ی ۱۶۰۰ شروع به رشد و توسعه کرد. تا ۱۶۸۳ بالای ۲۰۰ کارگاه ذوب داشت که با استفاده از ذغال‌سنگ، آهن تولید می‌کردند. ترکیب قوی مهارت‌های موجود و آزادی شرکت‌ها باعث ایجاد یک رونق در صنعتی شد که به نام «تجارت اسباب‌بازی» شناخته می‌شد، اگرچه مواردی که ساخته می‌شد بیشتر قلاب، سنجاق، میخ، دکمه و وسایل کوچک آشپزخانه بود تا خود اسباب‌بازی‌ها. اختراعات بیشتری در بیرمنگام نسبت به شهرهای دیگر به‌غیر از لندن در قرن هجدهم ثبت شد، هر چند تعداد کمی از آنها به‌عنوان «اختراعات» مهم به‌حساب می‌آیند: این اکتشاف تدریجی و فزاینده به‌خاطر وجود آهن، برنج، ورق حلبی و مس بود. کار در کارگاه‌های کوچک و با ماشین‌آلات کمی جدید انجام می‌شد بین افراد فنی ماهر و متخصص و خطوط تولیدی که به‌طور فزاینده‌ای در سطح بالایی سازمان‌دهی می‌شدند، تقسیم شده بود. تولیدکنندگان از شرکت‌های‌شان بیرون آمدند و کسب‌وکار خودشان را به‌تنهایی شروع کردند، درست همان‌گونه که در خلیج سانفرانسیسکو در دهه‌ی ۱۹۸۰ انجام دادند.

تقاضا کنید، آنها تأمین خواهند کرد

مردم کسب‌وکاری را شروع نمی‌کنند مگر آن‌که از طرف مصرف‌کنندگان تقاضایی وجود داشته باشد. یک دلیل اصلی معجزه انگلیس این است که به لطف تجارت، به تعداد کافی بریتانیایی‌های به قدر کفایت ثروتمند بعد از ۱۷۰۰ وجود داشتند تا کالاها و خدمات تأمین‌شده توسط تولیدکنندگان را خریداری کنند، بنابراین همین به تولیدکنندگان این امکان مالی را می‌داد تا فراتر بروند و فن‌آوری‌های پربازده‌تری پیدا کنند و در این امر چیزی را تصادفاً کشف کردند که به یک ماشین اقتصادی با حرکت دائم نزدیک بود. رابرت فریدل[۷۲۶] می‌گوید، «یکی از واقعیت‌های بسیار فوق‌العاده درباره قرن هجدهم، بزرگ‌شدن طبقه مصرف‌کننده بود. نیل مک‌کندریک[۷۲۷] می‌نویسد «یک انقلاب مصرف‌کننده در انگلیس قرن هجدهم وجود داشت، مردان و زنان بیش از همیشه در کل تاریخ بشر از تجربه به‌دست آوردن مالکیت اجناس لذت بردند.» در مقایسه با اروپایی‌های سرزمین اصلی، آنها لباس‌های پشمی می‌پوشیدند (در مقابل پارچه‌ی کتانی)، گوشت (در مقابل پنیر) و نان گندم سفید (در مقابل نان چاودار) می‌خوردند. برای دنیل دفو[۷۲۸] همان‌طور که در ۱۷۲۸ می‌نویسد، تقاضای سطح پایین از سمت توده‌های مردم بسیار پراهمیت‌تر از یک تقاضای پربار از سمت عده‌ای قلیل

---

۷۲۶. Robert Friedel استاد دانشگاه در بخش تاریخ دانشگاه مریلند.

۷۲۷. Neil McKendrick تاریخ‌دان معاصر انگلیسی.

۷۲۸. Daniel Defoe نویسنده، تاجر، روزنامه‌نگار و جاسوس انگلیسی در قرن هفدهم بود که به‌خاطر رمانش رابینسون کروزو معروف است.

است

مردم بیچاره، شاگردان حرفه‌ها، مردم ساعی و باوجدان... اینها مردمانی هستند که مصرف کلی شما را انجام می‌دهند؛ به همین خاطر است که بازارهای‌تان در شب‌های شنبه تا دیروقت باز است... تعداد آنها صدها یا هزاران، یا صدها هزار نفر نیست، بلکه میلیون‌ها نفر است؛ من می گویم، به‌خاطر کثرت آنهاست که تمام چرخ‌های تجارت به حرکت درمی‌آید، مصنوع و محصول در خشکی و دریا، متناسب بازار خارج ساخته می‌شود و شکل می گیرد؛ این به‌خاطر بزرگی دریافتی‌های‌شان است که پشتیبانی می‌شوند، و به‌خاطر بزرگی تعدادشان است که کل کشور تأمین است.

در ابتدا این هزینه کالاهای تجملی بود که سریع‌تر از همه سقوط کرد. اگر فقط می‌توانستید بضاعت خرید غذا، سوخت و الیاف را داشته باشید، وضعیت مالی خیلی بهتری از اجداد قرون وسطایی خودتان نداشتید؛ اما اگر می‌توانستید ادویه‌جات، شراب، ابریشم، کتاب، شکر، شمع، قلاب و مانند آنها را خریداری کنید، آن‌گاه شما سه‌برابر وضع مالی بهتری داشتید، نه به این خاطر که درآمدتان بالا رفته بود، بلکه به این خاطر که قیمت این کالاها به لطف تلاش‌های تاجران کمپانی هند شرقی و امثال آنها در حال پایین آمدن بود. اشتیاق جنون‌آمیزی برای پنبه‌ی هندی و چینی‌آلات چین وجود داشت و با نسخه‌برداری از این واردات شرقی بود که صنعت‌گران شروع به‌کار کردند. مثلاً جوزایا وجوود به لحاظ فنی در سفال‌گری و ساخت چینی‌آلات از بسیاری بهتر نبود، اما به‌طرز ممتازی در این مهارت داشت که آن را مقرون به صرفه بسازد و این کار را با تقسیم کار بین کارگران ماهر و به‌کارگیری بخار در طول فرآیند انجام می‌داد. او همچنین در بازاریابی چینی‌آلات در طبقه‌های مصرف‌کننده با جلوه‌دادن آن به شکلی که هم اعیانی به نظر برسد و هم مقرون به صرفه، تبحر بسیاری داشت. جام مقدس[۷۲۹] بازاریابی از آن زمان تاکنون.

هرچند پنبه، داستان را به بهترین نحو بیان می‌کند. در دهه‌ی ۱۶۰۰، مردم انگلیس لباس پشمی، کتانی و اگر ثروتمند بودند، لباس ابریشمی می‌پوشیدند. پنبه تقریباً ناشناخته بود اگرچه برخی از پناهندگان فراری از آزار و اذیت اسپانیا در انتورپ[۷۳۰]، به‌عنوان بافندگان پنبه در نوریچ[۷۳۱] ساکن شدند. اما داد و ستد با هند، لباس‌های پنبه‌ای «کالیکو»[۷۳۲]ی بیشتر و بیشتری به کشور می‌آورد که سبکی، نرمی، خاصیت قابل شست‌وشو بودنش و این‌که می‌شد با طرح‌های رنگارنگ روی

---

۷۲۹. اشاره به مطلوب بودن و مورد درخواست بودن آن برای همگان است.

۷۳۰. Antwerp شهری در بلژیک.

۷۳۱. Norwich شهری در انگلیس.

۷۳۲. Calico پارچه‌ای با بافت ساده، سفید نشده و گاهاً نیمه‌فرآوری شده، ساخته شده از پنبه که همین امر قیمت آن را پایین می‌آورد.

آن چاپ کرد، باعث ایجاد تقاضا از سوی خانواده‌های ثروتمند شد. بافندگان پنبه و ابریشم از این رقیب تازه از راه رسیده خشمگین بودند و پارلمان را تحت فشار گذاشتند تا از آنها در مقابل این رقیب محافظت کند. در ۱۶۹۹ از تمام قاضی‌ها و دانش‌آموزان خواسته شد روپوش‌های پشمی بپوشند. در ۱۷۰۰ دستور داده شد تمام اجساد با کفن‌هایی از پشم گوسفند پوشانده شوند؛ و از ۱۷۰۱ حکم داده شد تمام «کالیکوهایی که نقاشی شده‌اند، رنگ‌آمیزی شده‌اند، چاپ شده‌اند یا کلاً رنگ شده‌اند... نباید پوشیده شوند.» سپس خانم‌هایی که در کار مد بودند پارچه‌های ماسلین[۷۳۳] ساده می‌خریدند و آن را رنگ می‌کردند. شورش‌ها آغاز شد و زن‌هایی که حتی با لباس پنبه‌ای دیده می‌شدند، مورد حمله‌ی گروه‌های بافندگان پشم و یا ابریشم قرار گرفتند. پنبه در مقابل وطن‌پرستی قرار می‌گرفت. در ۱۷۲۲، پارلمان تسلیم خواسته‌های این بافندگان شد و در روز کریسمس آن سال، هنگامی که قانون کالیکو اجرایی شد، پوشیدن پارچه پنبه‌ای از هر نوع، یا حتی استفاده از آن در اثاثیه منزل غیرقانونی شد. نه برای آخرین‌بار، منفعت ناچیز تولیدکنندگان بر منفعت وسیع‌تر مصرف‌کنندگان در یک قانون حمایت‌گرانه[۷۳۴] از تجارت پیروز شد.

و نه برای آخرین‌بار، حمایت‌گرایی شکست می‌خورد و حتی نتیجه‌ی معکوس می‌دهد. بازرگانان هند شرقی در عوض برای دور زدن قانون شروع به واردات پنبه خام کردند و کارآفرینان شروع کردند به «واگذار کردن» پنبه به کلبه‌های نخ‌ریسان و بافندگان روستایی و به‌کار بردن آن داخل پارچه‌ها به‌منظور صادرات، یا ترکیب کردن کمی پنبه یا پشم جهت قانونی‌ساز آن برای فروش داخلی (قانون کالیکو در نهایت در ۱۷۷۴ملغی شد). آنها پیش از این و برای دهه‌ها با سبقت گرفتن از کشورهای فرودین، جایی که اصناف قدرتمند صنایع دستی، با درهم کوبیدن چرخ‌های ریسندگی در کلبه‌های روستایی مانع «واگذاری» شده بودند، داشتند کار پشم را واگذار می‌کردند. واگذارکننده‌ها یا، پوشاک‌فروشانی بودند که مشهور به نزول‌خور[۷۳۵] بودند و بیشتر از طریق تأمین پشم خام برای کارگران در کلبه‌های‌شان و پرداخت دستمزد بعد از اتمام لباس‌ها و جمع‌آوری آنها و منهای سود وام‌ها، زندگی می‌کردند. همسران و دختران کشاورزان و مردان خانه در برخی از فصل‌ها عملاً آماده بودند به درآمد خانواده با فروش نیروی کار علاوه بر محصول، بیفزایند. گاهی آنها خودشان را بدهکار و مقروض می‌یافتند چرا که برای تجهیز خودشان از تولیدکننده پول قرض می‌کردند.

شما می‌توانید به این افراد به‌عنوان برده‌های مزدگیر مستأصلی نگاه کنید که از زمین‌های اشتراکی به‌واسطه‌ی قانون محصورسازی، بیرون رانده شدند.

---

۷۳۳. Muslin پارچه پنبه‌ای بسیار نازک.

۷۳۴. منظور حمایت مضر دولت از تولید داخلی در مقابل واردات که پیش‌تر به آن اشاره شد.

۷۳۵. در متنLoan Shark آمده، که به کسانی اطلاق می‌شود که پول را با بهره‌ی بالا و شرایط سخت پرداخت وام می‌دهند.

تقسیم زمین‌های اشتراکی به قطعه‌های خصوصی به‌تدریج در بیشتر انگلستان بین حدود ۱۵۵۰ و ۱۸۰۰ گسترش یافت. اما این مسئله گمراه‌کننده است. دقیق‌تر خواهد بود اگر به بافت روستایی کارگران به‌عنوان اولین پله از نردبان تولید و مصرف و تخصص و مبادله نگاه کنیم. آنها در حال فرار از خودکافی به اقتصاد نقد بودند. این درست است که برخی مردم، مالکیت بر طریق امرار معاش‌شان را به‌واسطه محصورسازی از دست دادند، اما محصورسازی به واقع، استخدام و حقوق را برای کارگران مزرعه افزایش داد، بنابراین بیشتر یک تغییر از خودکفایی سطح پایین به یک تولید و مصرف کمی بهتر بود. علاوه بر این، ایرلندی‌ها و اسکاتلندی‌ها به‌خوبی مهاجران انگلیسی در مناطق نساجی جمع شدند تا به صنایع کلبه‌ای بپیوندند. افرادی بودند که این مشاغل پرزحمت و رنج دهقانی را به امید پیوستن به اقتصاد نقد رها کردند، هرچند برای دستمزدی پایین و کاری سخت. مردم در سنین جوان‌تری ازدواج می‌کردند و در نتیجه فرزندان بیشتری به دنیا می‌آوردند.

نتیجه این بود که بسیاری از مردمی که داشتند به‌عنوان کارگر به صنعت ملحق می‌شدند، خیلی زود بدل به مشتری‌های آن شدند. ناگهان افزایش درآمد کارگر متوسط بریتانیایی با هزینه در حال سقوط پارچه‌ی نخی مطابقت پیدا کرد و یکباره همگان از پس خرید (و شستن) لباس زیر نخی برآمدند. تاریخ‌دان ادوارد بینز[۷۳۶] در ۱۸۳۵ اشاره می‌کند که «ارزانی متحیرکننده کالاهای نخی حالا داشت به «آحاد مردم» منفعت می‌رساند. یک مراسم ترحیم روستایی در قرن نوزدهم می‌تواند همان میزان تجمل را به نمایش بگذارد که یک اتاق پذیرایی در قرن هجدهم». دستاورد سرمایه‌داری را جوزف شومپیتر یک قرن بعد منعکس می‌کند، «که سرمایه‌داری معمولاً شامل تهیه جوراب‌های ابریشمی بیشتر برای ملکه‌ها نیست، بلکه در رساندن آنها به‌دست دختران کارخانه در ازای کاهش مدام میزان تلاش است.»

اما افزایش عرضه، کار آسانی نبود چراکه دوردست‌ترین دره‌های پناین[۷۳۷] و مناطق مرزی ولز حالا داشتند به‌طور انبوهی مملو از کلبه‌های بافندگان و چرخ‌ریسان می‌شدند، حمل و نقل گران بود و برخی کارگران دستمزد به اندازه کافی کسب می‌کردند که آخر هفته‌ها را به تعطیلات بروند و حتی هرازگاهی حقوق‌شان را تا دوشنبه‌شب صرف مشروب خوردن کنند و مصرف را به درآمد اضافه ترجیح می‌دادند. همان‌طور که اقتصاددان قرن بیستم کالین کلرک[۷۳۸] بیان می‌کند، «فراغت حتی برای افراد بسیار فقیر هم ارزشی واقعی دارد.»

بنابراین واگذارکننده‌ها و تأمین‌کنندگان آنها، گیر افتاده میان تقاضای پررونق

۷۳۶. Edward Baines سیاستمدار و عضو پارلمان انگلیس در قرن هجدهم.

۷۳۷. Pennine رشته‌کوهی در انگلیس.

۷۳۸. Colin Clark

و عرضه راکد، مشتریان مستعدی برای هرگونه اختراع در زمینه بهبود میزان تولید بودند و سرمایه‌گذاران با چنین انگیزه‌ای، خیلی زود متعهد به انجام آن شدند. ماکوی پرنده‌ی جانی کی[۷۳۹]، چرخ ریسندگی چنددوکی جیمزهارگریوز[۷۴۰] (جنی)، چرخ ریسندگی آبی ریچارد آرکرایت[۷۴۱]، ماشین ریسندگی ساموئل کرامپتن[۷۴۲] (قاطر)، فقط نقاط عطفی در جاده متدوام بهبود و رو به رشد تولید و بهره‌وری بودند. چرخ ریسندگی چنددوکی (جنی) تا بیست‌برابر سرعتِ چرخ ریسندگی کار می‌کرد و نخ تابیده پایدارتری تولید می‌کرد، اما هنوز کاملاً با نیروی بازوی انسانی عمل می‌کرد. هرچند جنی تا ۱۸۰۰ منسوخ شد، چراکه چرخ ریسندگی آبی صدها برابر سریع‌تر بود. چرخی‌های آبی به‌طور فزاینده‌ای نیروی‌شان را از آسیاب‌های آبی می‌گرفتند. ده سال بعد «قاطر» که ماشینی بود مرکب از امکانات هر دو ماشین جنی و آبی، به ازای هر دوک، بیش از ده دوک نسبت به چرخ آبی داشت. و چرخ‌های قاطر خیلی زود با بخار کار می‌کردند. دستورد آن، توسعه وسیعی در کار پنبه و نزولی پرشیب در قیمت پارچه‌ی بافته‌شده بود. صادرات کالاهای پنبه‌ای بریتانیا در دهه‌ی ۱۷۸۰ پنج‌برابر شد و در دهه‌ی ۱۷۹۰ دوباره پنج‌برابر شد. قیمت یک پوند نخ پنبه‌ای تابیده‌شده ریزبافت از ۳۸ شیلینگ در ۱۷۸۶ به فقط سه شیلینگ در ۱۸۳۲ سقوط کرد.

تا ۱۸۰۰، بیشتر نخ تابیده‌شده خام در انگلیس از آسیا می‌آمد. اما پرورش‌دهنده‌های هندی و چینی پنبه یا نمی‌توانستند و یا نمی‌خواستند تولیدشان را افزایش دهند. آنها هم زمین‌های دست‌نخورده کمی برای بهره‌برداری داشتند و هم انگیزه کمی: اربابان زمین‌دار یا مأموران و دیوان‌سالاران سلطنتی، منفعتِ هرگونه افزایش در محصول تولیدی را برای خود برمی‌داشتند. در عوض این ایالات‌های جنوبی آمریکا بودند که از این فرصت استفاده کردند. آمریکا از تولید میزان ناچیزی پنبه در ۱۷۹۰ تا دهه‌ی ۱۸۲۰ بدل شد به بزرگ‌ترین تولیدکننده و تا ۱۸۶۰ دو سوم پنبه‌ی دنیا را تولید می‌کرد. پنبه از لحاظ ارزش، نیمی از صادرات آمریکا را بین ۱۸۱۵ تا ۱۸۶۰ تشکیل می‌داد.

کار را برده‌ها انجام می‌دادند. پنبه محصول زراعی پرزحمتی بود و نیروی کار زیادی صرف آن می‌شد و در آن هر یک مرد فقط می‌توانست هجده جریب زمین را دانه بکارد، علف‌ها را وجین کند (بارها و بارها) و محصول را برداشت و تمیز کند که در قیاس، صرفه اقتصادی اندکی داشت. در زمین‌های غنی و اندک از لحاظ جمعیتی آمریکا، تنها راه برای توسعه محصول، حذف بازار در بخش کارگری آن بود: مجبور کردن کارگران به انجام کار بدون هیچ دستمزدی. همان‌طور که اقتصاددان پیترا ریوولی بیان می‌کند: «این خطرات بازار کار نبود که زندگی

۷۳۹. John Kay

۷۴۰. James Hargreaves

۷۴۱. Richard Arkwright

۷۴۲. Samuel Crompton

برده‌ها را محکوم به نابودی کرده بود بلکه سرکوب بازار کار باعث آن می‌شد.» توان مالی برای خرید پارچه در طبقه‌ی کارگر انگلیسی به واسطه خرید و فروش آفریقایی‌های اسیر شده امکان‌پذیر شده بود.

ذغال‌سنگ شاه

تا اینجا سوخت‌های فسیلی تنها بخش کوتاهی را بازی کرده‌اند. حالا تصور کنید چه اتفاقی می‌افتاد اگر بریتانیا صاحب ذخایر ذغال‌سنگ قابل دسترس نبود. ذغال‌سنگ در تمام دنیا وجود دارد، اما برخی میدان‌های ذغال‌سنگ انگلیسی به سطح نزدیک بودند و به اندازه‌ی کافی در جوار آبراه‌های قابل کشتیرانی بودند تا به قیمت ارزانی حمل و نقل شوند. هزینه حمل و نقل ذغال‌سنگ از طریق خشکی بسیار گزاف بود تا این‌که خط آهن کشیده شد. این نبود که ذغال‌سنگ ارزان‌تر از دیگر منابع انرژی باشد. یک قرن طول کشید تا قیمت ذغال‌سنگ بر قیمت نیروی آب در کارخانه‌ها فائق شود. اما از نظر ذخیره عملاً نامحدود بود. مهار نیروی آب همان‌طور که به نقطه‌ی اشباع در سلسله‌دره‌های پناین رسید خیلی زود بازده نزولی را تجربه کرد. هیچ سوخت دیگری که تجدیدپذیر باشد وجود نداشت که بتواند تأمین‌کننده نیاز باشد. در نیمه‌ی اول قرن هجدهم، حتی صنعت به نسبت کوچک آهن در انگلیس به‌خاطر کمبود سوخت ذغال چوب در جزیره‌ای که تا حد زیادی جنگل‌زدایی و درخت‌های آن بریده شده بود، نزدیک به نابودی بود. تمام الواری که در جنوب انگلیس بود مورد تقاضای کشتی‌سازی بود و همین امر باعث می‌شد قیمت آن افزایش یابد. بنابراین آهنگران در جست‌وجوی ذغال چوب برای تغذیه‌ی کوره‌های آهنگری، ساسکس ویلد[۷۴۳] را ترک گفتند و به میدلندز غربی نقل مکان کردند، سپس به مناطق مرزی ولز، به یورکشایر جنوبی و در نهایت به کامبرلند[۷۴۴] رفتند. واردات آهن چکش‌خورده از سوئد و روسیه پرجنگل با تقاضای رو به رشد در صنعت نساجی به‌خاطر مکانیزه‌شدن مواجه شد، اما حتی این واردات نتوانست پاسخگوی انقلاب صنعتی باشد. تنها ذغال‌سنگ می‌توانست این کار را انجام دهد. هیچ‌وقت قرار نبود در انگلیس به اندازه‌ی کافی باد، آب یا چوب وجود داشته باشد تا نیروی کارخانه‌ها را تأمین کند، چه برسد به این‌که در جای مناسب هم باشند.

این موقعیتی بود که چین خودش را در آن یافت. چین در سال ۱۷۰۰ صنعت نساجی پویا و پر جنب و جوشی داشت که یحتمل به همان اندازه مستعد مکانیزه شدن بود، اما از میادین ذغال‌سنگ مسافت طولانی وجود داشت و صنعت آهن

---

۷۴۳. Sussex Weald ناحیه‌ای در جنوب‌شرقی انگلیس.

۷۴۴. Cumberland ناحیه‌ی در شمال غربی انگلیس.

داخلی کاملاً وابسته به ذغال چوب بود که قیمت آن هم به‌خاطر عقب‌نشینی جنگل‌ها در حال افزایش بود. بخشی از مشکل، استان‌های شنکسی[۷۴۵] و مغولستان داخلی[۷۴۶] بود که ذغال‌سنگ در این مناطق بودند و به‌خاطر بربرها و طاعون طی سه قرن پس از ۱۱۰۰ خالی از سکنه شده بودند، بنابراین جمعیت کشور و مرکز ثقل اقتصادی به‌سمت جنوب و دره یانگ‌تسه منتقل شده بود. به این خاطر که هیچ‌کدام از ذخایر ذغال‌سنگ به آبراه قابل کشتیرانی نزدیک نبود، صنعت آهن چین از آزمایش اولیه خودش با سوخت فسیلی صرف نظر کرد. قیمت آهن در چین بالا رفت و باعث دلسردی مخترعین و سازندگان برای استفاده از آن در ماشین‌آلات شد. بر این اساس، فعالیت صنعتی در چین بازده نزولی را تجربه کرد و همان‌طور که جمعیت افزایش یافت، انگیزه‌ی مردم نیز برای مصرف و اختراع، کمتر و کمتر شد. علاوه بر این، دیوان‌سالاری سلطنتی دچار حمله‌ی عصبی می‌شد اگر از آنها خواسته می‌شد تا به‌کارآفرینان مستقل اجازه دهند کار خودشان را خارج از ضوابط و در حومه‌ی شهر تولید کنند، چه برسد به این‌که بخواهند کارخانه بسازند.

بهره‌وری در صنعت ذغال‌سنگ به خودی خود آن‌چنان به افزایش میزان تولید در بریتانیا حتی در قرن نوزدهم کمک نکرد. پنبه ۳۴ برابر ذغال‌سنگ به رشد تولید در صنعتی‌سازی بریتانیا کمک کرد. قیمت ذغال‌سنگ به ازای هر تن در ورودی معدن ذغال‌سنگ نیوکاسل به میزان کمی بین دهه‌های ۱۷۴۰ و ۱۸۶۰ افزایش یافت، هرچند قیمت آن در لندن به‌خاطر مالیات پایین‌تر و هزینه در حال سقوط حمل و نقل، کاهش یافت. سوای چراغ ایمنی معدنچی، ذغال‌سنگ از تعداد معدودی فن‌آوری جدید بعد از پمپ‌هایی که با بخار کار می‌کردند استفاده کرد. درست در قرن بیستم، تجهیزات معمول معدنچی شامل یک چراغ، کلنگ، الوارهای چوبی نگه‌دارنده‌ی حفره و یک اسب پونی (کوتوله) بود. افزایش بزرگ در مصرف (پنج‌برابر در قرن هجدهم، چهارده‌برابر در قرن نوزدهم) نتیجه سرمایه‌گذاری بیشتر بود و نه میزان تولید بیشتر. این را با صنعت آهن مقایسه کنید که در آن میزان ذغال‌سنگ مورد نیاز برای ذوب یک تن آهن خام و سپس تخلیص و تبدیلش به آهن چکش‌خورده و شکل‌گرفته در هر سی سال نصف شد. تقریباً همان میزان نیروی کار انسانی برای استخراج یک تن ذغال‌سنگ در ۱۹۰۰ مصرف می‌شد که در ۱۸۰۰ مصرف می‌شد. این مسئله ادامه یافت تا زمانی که استخراج معدن روباز در نیمه دوم قرن بیستم شروع شد و تناژ تولیدی به ازای هر معدنچی به واقع شروع به افزایش با شیب بالایی کرد.

این یکی از دلایلی است که صنعت ذغال‌سنگ مانند همه صنایع معدنی پیش و پس از آن با شرایط کاری وحشتناک عجین بود و شناخته می‌شد و تنها

---

۷۴۵. Shanxi استانی در شمال چین.

۷۴۶. Inner Mongolia ناحیه‌ای خودمختار در شمال چین.

به این دلیل تحمل می‌شد که دستمزدها تا حدی بالاتر از آنچه بود که می‌شد از کار مزرعه به‌دست آورد. دستمزدها دست کم در ابتدای کار بالا بود یا اگر غیر از این بود همه اسکاتلندی‌ها و ایرلندی‌ها در منطقه‌ی تاین‌ساید[۷۴۷] در قرن نوزدهم جمع نمی‌شدند. دستمزد یک برشکار ذغال‌سنگ در شمال شرقی انگلیس دوبرابر کارگر مزرعه در قرن نوزدهم بود و دو برابر سریع‌تر از آنها این دستمزد افزایش می‌یافت.

بدون ذغال‌سنگ، ابداع و اختراع در صنعت نساجی، آهن و حمل‌ونقل می‌بایست که بعد از ۱۸۰۰ از فعالیت باز می‌ماند؛ هنگامی که تمام شور و هیجان اختراع به‌گونه‌ای بود که گویی هنوز تقریباً هیچ تأثیری بر استانداردهای زندگی نگذاشته بود. همان‌طور که تاریخ‌دان، تونی ریگلی[۷۴۸] بیان می‌کند: «تا تقریباً اواسط قرن نوزدهم هنوز منطقی بود که از وقوع سرنوشتی برای انگلیس مشابه آنچه بر سر هلند آمد، ترسید و نگران بود.» از این‌روی، این مسئله نکته برجسته در وضعیت ثابت پیش‌گویی‌های اقتصاددانان کلاسیک است. ریگلی مسئله را این‌گونه مطرح می‌کند که این گذاری بود از یک اقتصاد ارگانیک که سوخت خودش را رشد می‌داد به یک اقتصاد معدنی که سوختش را استخراج می‌کرد و بریتانیا را قادر ساخت از رکود فرار کند. این ذغال‌سنگ بود که به انقلاب صنعتی، دومین باد شگفت‌انگیزش را اهدا کرد و کارخانه‌ها، کوره‌ها و لوکوموتیوها را فعال و در حرکت نگه داشت. در نهایت سوخت، آنچه انقلاب صنعتی دوم دهه‌ی ۱۸۶۰ نامیده می‌شد را تأمین کرد. این زمانی بود که برق، مواد شیمیایی و تلگراف‌ها برای اروپا کامیابی بی‌سابقه و قدرت جهانی به ارمغان آورد. ذغال‌سنگ به بریتانیا سوختی معادل خروجی سوزاندن پانزده میلیون جریب جنگل اضافی، منطقه‌ای حدوداً به بزرگی اسکاتلند را داد. تا ۱۸۷۰ سوزاندن ذغال‌سنگ همان میزان کالری تولید می‌کرد که توسط ۸۵۰ میلیون کارگر می‌توانست مصرف شود. وضعیت به گونه‌ای بود که گویی هر کارگر بیست خدمتکار در خدمت داشت. ظرفیت موتورهای بخار کشور به‌تنهایی معادل شش میلیون اسب یا چهل میلیون مرد بود که در غیر این‌صورت همین تعداد، سه برابر کل برداشت گندم را می‌خوردند. این مقدار انرژی است که با به‌کار بردن تقسیم کار مهار شده بود. این نشان می‌دهد چقدر معجزه‌ی بریتانیای قرن نوزدهم، بدون سوخت‌های فسیلی نامکن می‌شد.

حالا دیگر لنکشایر می‌توانست دنیا را در هر دو زمینه، قیمت و کیفیت شکست دهد. در ۱۷۵۰، پارچه‌ی ماسلین و کالیکوی هند مورد حسادت بافنده‌ها در همه‌جا بود. یک قرن بعد با وجود این‌که دستمزدها چهار یا پنج‌برابر بیشتر از هند بود، لنکشایر این قدرت را داشت که حتی هند را با پارچه‌های نخی

---

۷۴۷. Tyneside منطقه‌ای در شمال انگلیس.

۷۴۸. Tony Wrigley تاریخ‌دان معاصر انگلیسی.

ارزان‌قیمت تسخیر کند که برخی از آنها از پنبه‌ی خام هندی تولید شده بود و یک سفر دوطرفه‌ی ۱۳۰۰۰ مایلی انجام داده بود. تمام اینها به لطف بهره‌وری کارخانه‌های مکانیزه لنکشایر بود. این میزان تفاوتی است که سوخت فسیلی می‌تواند ایجاد کند. هرچه قدر هم که دستمزد یک بافنده هندی کم باشد باز هم نمی‌تواند با ماشین‌کار یک چرخ ریسندگی قاطر در منچستر که با نیروی محرکه بخار کار می‌کند، رقابت کند. تا سال ۱۹۰۰، ۴۰ درصد کالاهای نخی دنیا در سی مایلی منچستر تولید می‌شدند.

صنعتی‌شدن واگیردار شد: بهره‌وری افزایش یافته در کارخانه‌های پنبه باعث ایجاد تقاضا و تشویق در صنایع شیمیایی شد که منجر به اختراع کلر به‌عنوان سفیدکننده شد. همچنین در صنعت چاپ، چاپ غلطکی را ایجاد کرد که برای پارچه‌های رنگ‌شده استفاده می‌شد. کاهش قیمت پنبه همچنین دست مصرف‌کننده را برای خرید کالاهای دیگر باز گذاشت و باعث تحریک دیگر اختراعات کارخانه‌ای شد. و البته ساخت ماشین‌های جدید، آهن باکیفیت طلب می‌کرد که به لطف ذغال‌سنگ ارزان ممکن شده بود.

مسئله حیاتی درباره ذغال‌سنگ این بود که برخلاف جنگل‌ها و آبراه‌ها، دچار بازده‌ی نزولی و افزایش قیمت نشد. شاید که قیمت ذغال‌سنگ خیلی از دهه‌ی ۱۸۰۰ سقوط نکرده باشد اما با وجود افزایش بسیار زیاد در حجم مصرفی، قیمت آن افزایش نیافت. بریتانیا در ۱۸۰۰ بالای دوازده میلیون تن ذغال‌سنگ، سه برابر آنچه در ۱۷۵۰ بود، در سال مصرف می‌کرد. ذغال‌سنگ همچنان فقط برای دو منظور استفاده می‌شد: گرمایش خانگی و تولید و ساخت عمومی که در آن تاریخ، بیشتر آجر، شیشه، نمک و فلزات بود. تا ۱۸۳۰ مصرف ذغال‌سنگ دوبرابر شد که ۱۶ درصد آن صرف تولید آهن می‌شد و خود معدن ذغال‌سنگ، تجهیزات و ساختمان‌های آن ۵ درصد آن را مصرف می‌کردند. تا ۱۸۶۰ کشور یک میلیارد تن ذغال‌سنگ مصرف کرده بود و حالا داشت آن را برای راندن چرخ‌های لوکوموتیوها و چرخ پاروهای کشتی‌ها استفاده می‌کرد. تا ۱۹۳۰ بریتانیا در حال مصرف ۶۸ برابر ذغال‌سنگ مصرفی در ۱۷۵۰ بود و حالا داشت برق و گاز هم از آن تولید می‌کرد. امروزه بیشتر ذغال‌سنگ صرف تولید برق می‌شود.

دینام

سهم برق در رفاه بشر را به‌سختی بشود بهتر از این توصیف کرد. برای نسل من، برق یکی از سرویس‌های پیش پا افتاده مانند آب یا هوا است که همه‌جا یافت می‌شود. دکل‌های برق، کابل‌ها و سیم‌های آن بدترکیب هستند، دوشاخه‌های آن مزاحم‌اند، خرابی‌هایش بسیار ناراحت‌کننده، خطر آتش‌سوزی آن دهشتناک، صورتحسابش آزاردهنده و ایستگاه‌های نیروی آن نمادهای غول‌آسایی از

تغییرات آب و هوایی ایجاد شده به دست بشر است (این تصویر را با طوفان‌های اَل‌گور[۷۴۹] که از خیل آنها برمی‌آید کامل کنید). اما سعی کنید معجزه‌اش را ببینید. سعی کنید آن را از دید کسی ببینید که تابه‌حال از نیرویی که نامرئی و بی‌وزن باشد خبر نداشته؛ نیرویی که با یک سیم نازک قابل انتقال به مایل‌ها دورتر است و این‌که تقریباً هرکاری می‌تواند انجام دهد، از روشنایی گرفته تا برشته‌کردن نان، از ایجاد نیروی رانش تا پخش موسیقی. دو میلیارد انسان زنده امروز تابه‌حال کلید روشن کردن یک چراغ برق را نزده‌اند.

خودتان را در نمایشگاه ۱۸۷۳ وین تصور کنید. غرفه‌ای وجود دارد که کار با زرق و برق نام‌گذاری شده مخترع نیمه‌باسواد بلژیکی، زنوب تئوفیل گرام[۷۵۰] را به نمایش گذاشته و توسط شریک تجاری‌اش، مهندس فرانسوی ایپولیت فونتین[۷۵۱] که به همان اندازه سرخوش است اداره می‌شود. آنها در حال نمایش دینام گرام، اولین مولد برق هستند که قادر است هنگامی که چرخنده‌اش با دست یا با یک موتور بخار به چرخش درآید، جریانی صاف و هموار و روشنایی یکنواخت تولید کند. طی پنج سال بعدی، دینام آنها صدها تأسیسات روشنایی صنعتی جدید در سراسر پاریس را نیرو خواهند داد. یک کارگر در نمایشگاه وین با بی‌مبالاتی مرتکب اشتباهی می‌شود. او سیم‌های چرخنده‌ی دینام را تصادفاً به دینام یدکی که آنجا برای پشتیبانی بود تا در زمانی که اگر اولی کار نکرد، استفاده شود، متصل کرد. دینام یدکی فوراً خودبه‌خود شروع به چرخش کرد و در عمل تبدیل به یک موتور شد. ذهن فونتین نیز شروع به چرخیدن کرد. او درازترین سیمی را که یافت می‌شد طلب می‌کند و دو دینام را با سیمی که ۲۵۰ متر طول دارد به‌هم متصل می‌کند. دینام یدکی به‌محض آن‌که متصل می‌شود شروع به‌کار می‌کند. ناگهان معلوم می‌شود برق می‌تواند نیرو را خیلی دورتر از آنچه تسمه‌ها، زنجیرها یا چرخنده‌ها می‌توانستند، منتقل کند.

تا ۱۸۷۸، دینام‌های گرام توسط آب رودخانه‌ی مارن[۷۵۲] به گردش درمی‌آمد که نیرو را به دو دینام دیگر گرام که به‌عنوان موتور سه مایل آن‌طرف‌تر کار می‌کردند منتقل می‌کرد که در نتیجه گاوآهن را توسط کابل در طول یک زمین در املاک مونیه[۷۵۳] در نزدیکی پاریس می‌کشید و چشمان متحیر بزرگان مؤسسه مهندسین مکانیک لندن نظاره‌گر آن بود. سیلی از اختراعات به‌دنبال آن آمد: راه‌آهن برقی از ویلیام زیمنس[۷۵۴]، لامپ‌های بهتری از جوزف سوان[۷۵۵] و توماس

---

۷۴۹. Al Gore

۷۵۰. Zénobe Théophile Gramme مهندس برق بلژیکی قرن نوزدهم.

۷۵۱. Hippolyte Fontaine مهندس برق فرانسوی قرن نوزدهم.

۷۵۲. Marne رودخانه‌ای در فرانسه.

۷۵۳. Menier

۷۵۴. William Siemens

۷۵۵. Joseph Swan

ادیسون[۷۵۶]، جریان متناوب از جورج وستینگ‌هاوس[۷۵۷]، نیکولا تسلا[۷۵۸] و سباستین د فرانتی[۷۵۹]، مولدهای توربین از چارلز پارسونز[۷۶۰]. برق‌رسانی دنیا آغاز شد و هرچند مانند کامپیوتر دهه‌ها طول کشید تا در آمار تولید هویدا شود، اما پیروزی آن توقف‌ناپذیر و تأثیرش بسیار گسترده بود. امروز، ۱۳۰ سال بعد، وقتی برق در دسترس مردم قرار می‌گیرد، همچنان زندگی آنها را با آوردن این انرژی بی‌رنگ، بی‌بو و بی‌وزن، دگرگون می‌کند. مطالعات اخیر در فیلیپین تخمین زده است که یک خانواده متوسط، ۱۰۸ دلار در ماه از اتصال به شبکه برق سود می‌برد - روشنایی ارزان‌تر (۳۷ دلار)، رادیو و تلویزیون ارزان‌تر (۱۹ دلار)، سال‌های بیشتر در تحصیلات (۲۰ دلار)، صرفه‌جویی در زمان (۲۴ دلار) و بهره‌وری کسب‌وکار (۸ دلار). اوه، برق حتی بر نرخ تولد هم تأثیر می‌گذارد، چرا که تلویزیون به‌عنوان یک فعالیت شبانه جایگزین زاد و ولد می‌شود.

زمین ۱۷۴ میلیون میلیارد وات نور خورشید دریافت می‌کند که این میزان حدوداً ۱۰۰۰۰ برابر بازده تولید سوخت فسیلی است که بشر استفاده می‌کند. یا اگر بخواهیم جور دیگری بیان کنیم، یک تکه زمین تقریباً به اندازه پنج یارد در پنج یارد به همان اندازه نور خورشید دریافت می‌کند که شما برای راه‌انداختن زندگی پرفن‌آوری خودتان نیاز دارید. پس چرا باید پول برق را پرداخت کنیم وقتی این همه نیرو اطراف شما وجود دارد؟ چون با وجود زمستان با زمان‌بندی ناخوشایند، شب، ابرها و سایه‌ی درخت‌ها، این بارش بی‌امان فوتون‌ها همه بی‌فایده خواهد بود. فوتون‌ها به شکل برق نازل نمی‌شوند چه برسد سوخت ماشین یا پلاستیک. به لحاظ مقایسه ژول و کار انجام شده، چوب نامناسب‌تر از ذغال‌سنگ، ذغال‌سنگ نامناسب‌تر از گاز طبیعی است که نامناسب‌تر از برق است که آن هم نامناسب‌تر از برقی است که در حال حاضر وارد تلفن همراه من می‌شود. من آماده هستم تا پول خوبی به کسی بدهم که الکترون‌های تصفیه‌شده و کاربردی را بر اساس تقاضا به من تحویل دهد، درست همان‌طور که برای استیک یا پیراهن انجام می‌دهم.

فرض کنید به خانواده فرضی من در ۱۸۰۰ که داشتند خورشت گوشت خودشان را کنار آتش هیزم می‌خوردند، گفته بودید طی دو قرن، نوادگان آنها دیگر احتیاجی به جمع‌کردن چوب یا آوردن آب یا این‌که فاضلاب را به بیرون حمل کنند، ندارند چرا که آب، گاز و شکل سحرآمیزی از نیرویی نامرئی که برق نام دارد از طریق لوله‌ها و سیم‌ها وارد خانه آنها می‌شود. آنها این فرصت را برای داشتن چنین خانه‌ای می‌قاپیدند، اما محتاطانه و هوشیارانه چیزی از این‌که

۷۵۶. Thomas Edison

۷۵۷. George Westinghouse

۷۵۸. Nikola Tesla

۷۵۹. Sebastian de Ferranti

۷۶۰. Charles Parsons

چگونه می‌توانند بهایش را پرداخت کنند نمی‌پرسیدند. حالا فرض کنید به آنها می‌گفتید برای به‌دست آوردن چنین خانه‌ای، فقط باید مطمئن شوند پدر و مادر، هر دو برای هشت ساعت کار به یک دفتر کار می‌روند، رفت و آمد آنها با یک کالسکه‌ی بدون اسب حدود ۴۰ دقیقه در هر مسیر طول می‌کشد و این‌که بچه‌ها به هیچ وجه نیاز به‌کار کردن ندارند بلکه باید به مدرسه بروند تا خاطرجمع شوند که می‌توانند چنین مشاغلی را وقتی که در بیست سالگی شروع به‌کار کردند، به‌دست آورند. برای آنها چیزی بیشتر از شاخ درآوردن از تحیر اتفاق می‌افتد؛ آنها از هیجان دچار هذیان می‌شوند. آنها فریاد خواهند زند که یک جای کار می‌لنگد؟

گرما کار است و کار گرما

آیا می‌توانم انقلاب صنعتی را نیز همان‌طور که برای دوران پارینه‌سنگی بالایی، دوران نوسنگی، انقلاب‌های شهری و تجاری انجام دادم، در قالب فرضیه‌ام جای دهم؟ در اصل بیشتر به کمک فن‌آوری‌های انرژی جدید، آنچه یک کارگر نساجی در ۱۷۵۰ را بیست دقیقه به خود مشغول می‌کرد، در ۱۸۵۰ فقط یک دقیقه کار می‌برد. بنابراین او می‌توانست یا بیست برابر کار بیشتر به افراد در یک روز کاری محول کند یا بیست برابر بیشتر برای هر مشتری پارچه فراهم کند یا این‌که دست مشتری‌اش را باز بگذارد تا نوزده بیستم از درآمدش را صرف چیز دیگری به‌غیر از پیراهن کند. در اصل این دلیلی بود که در نیمه دوم انقلاب صنعتی، بریتانیا را ثروتمند کرد. این مسئله باعث شد تعداد معدودی از مردم بتوانند تعداد بیشتری از مردم را با کالاهای بیشتر و خدمات بیشتر تأمین کنند - به زبان آدام اسمیت موجب شد «تعداد کمتری کارگر، میزان بیشتری کار تولید کنند». تعداد افرادی که می‌توانستند از یک نفر خدمات بگیرند یا او تأمین‌شان کند، یک پله تغییر کرد. یک جهش بزرگ در تخصص تولید و تنوع مصرف پدید آمد. ذغال‌سنگ همه را تبدیل به یک لوئی چهاردهم کوچک کرد.

امروز یک شخص متوسط، به میزان ۲۵۰۰ وات روی زمین نیرو مصرف می‌کند، یا اگر بخواهیم طور دیگری بیان کنیم، ۶۰۰ کالری در ثانیه. حدود ۸۵ درصد آن از سوختن ذغال‌سنگ، نفت و گاز به‌دست می‌آید و مابقی از نیروی هسته‌ای و برق‌آبی (انرژی بادی، خورشیدی و زیست توده‌ای مانند غذایی که می‌خورید، صرفاً موارد ستاره‌دار جدول هستند). از آنجایی که یک نفر که به‌طور قابل قبولی اندام متناسبی دارد در تمرین روی دوچرخه ثابت می‌تواند حدود پنجاه وات تولید کند، این بدان معنی است که ۱۵۰ برده، هر کدام باید یک نوبت کاری هشت‌ساعتی رکاب بزنند تا بتوانند شما را به سبک زندگی حال حاضرتان برسانند. (آمریکایی‌ها ۶۶۰، فرانسوی‌ها ۳۶۰ و نیجری‌ها ۱۶ برده احتیاج دارند).

دفعه بعد که خواستید برای وابستگی بشر به سوخت‌های فسیلی ابراز ناراحتی و تأسف کنید، مکث کنید و تصور کنید برای هر خانواده چهار نفری که در خیابان می‌بینید، باید ۶۰۰ برده بدون دستمزد که در تنگنای فقر زندگی می‌کنند در خانه باشد: اگر سبک زندگی برده‌ها بهتر می‌شد، آنها نیز به برده‌های خودشان احتیاج داشتند. این چیزی نزدیک به یک تریلیون انسان می‌شود.

می‌توانید این برهان خلف را به دو طریق برداشت کنید. می‌توانید از این ولخرجی بی‌مهابا و گناه‌آلود دنیای مدرن که واکنشی متعارف است متأسف شوید یا می‌توانید نتیجه‌گیری کنید که اگر به‌خاطر سوخت‌های فسیلی نبود، آن‌گاه ۹۹ درصد مردم باید برده‌وار زندگی می‌کردند تا بقیه استاندارد مناسبی در زندگی داشته باشند، همان‌گونه که به واقع در امپراطوری‌های عصر برنز بود. مقصود این بحث این نیست که شما را عاشق ذغال‌سنگ و نفت بکند، بلکه مشخص کند چه مقدار استاندارد زندگی لویی چهاردهمی شما با اختراع انرژی‌های جایگزین برده‌ها ممکن شده است. بگذارید اینجا یک‌بار دیگر اعلامیه جهت‌گیری‌ام را تکرار کنم. من از تبار صفی طولانی از مردمی هستم که از استخراج ذغال‌سنگ، سود و منفعت بردند و هنوز هم می‌برم. ذغال‌سنگ نقطه‌ضعف‌های بزرگی دارد. ذغال‌سنگ، دی‌اکسیدکربن، رادیواکتیویته و جیوه منتشر می‌کند اما نکته‌ی من اینجا اشاره به این مطلب است که چگونه به سعادت و خوشبختی بشر هم کمک می‌کند. ذغال‌سنگ تولید برق می‌کند که خانه‌تان را روشن می‌کند، ماشین لباس‌شویی‌تان شما را می‌چرخاند و آلومینیومی را ذوب می‌کند که هواپیمای شما از آن ساخته شده است؛ نفت، سوخت کشتی‌ها، کامیون‌ها و هواپیماها را تأمین می‌کند که سوپرمارکت‌های‌تان را پر می‌کند و از نفت پلاستیک به‌دست می‌آید که اسباب بازی بچه‌های‌تان از آن ساخته می‌شود؛ گاز، خانه‌تان را گرم می‌کند، نان‌تان را می‌پزد و کود از آن به‌دست می‌آید که غذای‌تان از آن رشد می‌کند. اینها برده‌های شما هستند.

اما آیا این می‌تواند دوام داشته باشد؟ این‌که سوخت‌های فسیلی تمام خواهند شد اضطرابی است به قدمت خود سوخت‌های فسیلی. پیش‌بینی یک افزایش قریب‌الوقوع در قیمت ذغال‌سنگ همان‌طور که تقاضا گسترش می‌یابد و منابع عرضه کم می‌شوند، اظهار نظری بود که اقتصاددان استنلی جِونز[۷۶۱] در ۱۸۶۵ کرد: «از این روی به‌سادگی استنباط می‌شود که نمی‌توانیم نرخ پیشرفت حال حاضرمان را به مدت طولانی ادامه دهیم» و اضافه می‌کند: «بی‌فایده است که به فکر سوخت جایگزینی برای ذغال‌سنگ باشیم» و همچنین همکاران بریتانیایی او اضافه می‌کنند «یا باید در یک خیل عظیم، کشور را ترک کنیم یا همین‌جا بمانیم تا فشار و فقر دردناکی را ایجاد کنیم». سخنرانی مرثیه‌وار جونز درباره آنچه امروز «اوج ذغال‌سنگ» نامیده می‌شود بسیار مؤثر و پرقدرت بود

---

۷۶۱. Stanley Jevons اقتصاددان انگلیسی قرن نوزدهم.

که منجر به یک «هراس ذغال‌سنگ» در ۱۸۶۶ شد که توسط روزنامه‌ها هدایت می‌شد و سپس به پیش‌بینی بودجه آن سال ویلیام گلدستون[۷۶۲] سرایت کرد تا شروع به پرداخت بدهی ملی و پرداخت به کمیسیونی سلطنتی در خصوص تأمین ذغال‌سنگ، در حالی که ذغال‌سنگ هنوز وجود داشت، کند. از قضا این مسئله در همان دهه‌ای بود که ذخایر هنگفت ذغال‌سنگ در سراسر دنیا کشف شده و حفاری نفت به‌طور جدی در منطقه قفقاز و آمریکای شمالی آغاز شده بود.

نفت در قرن بیستم به علت اصلی اضطراب بدل شده بود. اداره معادن ایالات متحده در ۱۹۱۴ پیش‌بینی کرده بود ذخایر نفت آمریکا ده سال دوام می‌آورد. در ۱۹۳۹ وزارت کشور گفت نفت آمریکا برای سیزده سال باقی خواهد ماند. دوازده سال بعد گفتند نفت یک سیزده سال دیگر دوام خواهد آورد. رئیس‌جمهور جیمی کارتر در دهه‌ی ۱۹۷۰ اعلام کرد: «ما می‌توانیم تمام ذخایر تأییدشده نفت در سراسر دنیا را تا پایان دهه‌ی بعدی مصرف کنیم.» در ۱۹۷۰، ۵۵۰ میلیارد بشکه ذخایر نفتی در دنیا وجود داشت و بین ۱۹۷۰ و ۱۹۹۰، دنیا ۶۰۰ بیلیارد بشکه نفت مصرف کرد. بنابراین تا ۱۹۹۰، از ذخایر باید پنجاه میلیارد بشکه بیش از حد برداشت شده باشد. در حقیقت تا ۱۹۹۰ میزان ذخایر کشف‌نشده تا ۹۰۰ میلیارد بشکه بود که البته نفت شن[۷۶۳] آتاباسکا[۷۶۴] در آلبرتا، نفت شیل[۷۶۵] اُرینوکو[۷۶۶] در ونزوئلا و نفت شیل کوه‌های راکی که چیزی حدود شش تریلیون بشکه نفت سنگین یا بیست برابر ذخایر نفتی تأییدشده در عربستان سعودی هستند در آن به حساب نیامده است. بهره‌برداری این نفت‌های نفت سنگین پرهزینه است، اما این امکان وجود دارد که توسط روش‌های برداشت به‌وسیله باکتری، خیلی زود آنها به قیمت معمول نفت سبک برسند و با آن رقابت کنند. یک چنین پیش‌بینی‌های نادرستی راجع به ناتوانی قریب‌الوقوع تأمین گاز طبیعی در سراسر دهه‌ی‌های اخیر تکرار شد. اکتشاف‌های گاز شیل در زمان اخیر منابع گازی آمریکا را دوبرابر کرده است که تا حدود سه قرن ارزش دارد.

نفت، ذغال‌سنگ و گاز، محدود هستند. اما در این حین، دهه‌ها و یحتمل قرن‌ها دوام خواهند آورد و مردم جایگزین‌هایی برای آنها خیلی پیش‌تر از آن‌که به اتمام برسند پیدا خواهند کرد. سوخت را می‌توان از آب[۷۶۷] با استفاده از هرگونه منبع نیرو، مانند نیروی خورشیدی یا هسته‌ای تولید کرد. در حال حاضر هزینه انجام چنین کاری بسیار زیاد است. به محض آن‌که بازه افزایش یابد و قیمت نفت بالا رود، آن‌گاه معادله جور دیگری به نظر خواهد رسید.

---

۷۶۲. William Gladstone نخست‌وزیر انگلستان در قرن نوزدهم.

۷۶۳. Tar Sand نفت ماسه که شامل ماسه، گل، آب و نفت قیرمانند است و از روش نامتعارف برای استخراج آن استفاده می‌شود.

۷۶۴. Athabasca شهری نفتی در استان آلبرتا در کانادا.

۷۶۵. Tar Shales سنگ رسوبی حاوی نفت.

۷۶۶. Orinoco ناحیه‌ای نفت‌خیز در ونزوئلا.

۷۶۷. اشاره به جداسازی هیدروژن از آب.

به‌علاوه، حقیقتی انکار نشدنی و بلکه شگفت‌انگیز که غالباً هم نادیده گرفته می‌شود این است که سوخت‌های فسیلی بسیاری از زمین‌ها و چشم‌اندازها در حومه شهرها و روستاها را از دست صنعتی‌شدن در امان نگه داشته‌اند. پیش از سوخت‌های فسیلی، انرژی روی زمین رشد می‌یافت و به زمین‌های بسیاری برای این کار نیاز بود. جایی که من زندگی می‌کنم نهرها آزادانه جاری هستند؛ الوارها و چوب در جنگل‌ها رشد می‌کنند و می‌پوسند. چراگاه‌ها، گاوها را تأمین می‌کنند؛ خطوط آسمان و دورنمای مناظر با آسیاب‌های بادی مخدوش نشده است. جایی که اگر سوخت‌های فسیلی نبودند، آن‌وقت این زمین‌های وسیع، ناگزیر جهت تولید نیرو برای زندگی بشر مورد نیاز می‌شدند. اگر آمریکا می‌خواست تمام سوخت مورد نیاز برای حمل نقلش را از رشد زیست‌سوخت به‌دست آورد به ۳۰ درصد زمین کشاورزی بیشتر از آنچه امروز برای تولید غذا استفاده می‌کند نیاز داشت. آن‌وقت کجا می‌توانست محصول غذایی رشد دهد؟ برای آن‌که ایده‌ای داشته باشید از این‌که چقدر سوخت‌های جایگزین تجدیدپذیر زمین‌خوار هستند، در نظر بگیرید فقط برای تأمین سیصدمیلیون ساکن حال حاضر ایالات متحده با میزان تقاضای برق کنونی‌شان که به‌صورت تقریبی ۱۰۰۰۰ وات برای هر نفر (۲۴۰۰ کالری در هر ثانیه) است، نیاز به

- صفحات خورشیدی به بزرگی اسپانیا
- یا مزارع بادی به بزرگی قزاقستان
- یا زمین‌های جنگلی به بزرگی هندوستان و پاکستان
- یا مزارع یونجه و علف برای اسب‌ها به اندازه روسیه و کانادا با هم
- یا سدهای برق‌آبی با مخازن آبگیری به اندازه یک‌سوم بزرگ‌تر از تمام قاره‌ها روی هم رفته بود.

با توجه به شرایطی که در حال حاضر وجود دارد، گروه کوچکی از ایستگاه‌های نیروی هسته‌ای و ذغال‌سنگ و تعداد انگشت‌شماری پالایشگاه‌های نفت و خطوط لوله‌ی گاز، تقریباً تمام انرژی مورد نیاز ۳۰۰ میلیون آمریکایی را به‌طرز خنده‌آوری از مقدار زمین کوچکی - حتی با احتساب زمین‌های تباه‌شده در اثر برداشت معدن روباز - تأمین می‌کند. مثلاً در منطقه ذغال‌سنگ آپالاچی[۷۶۸]، جایی که برداشت معدن به‌صورت روباز اتفاق می‌افتد، به‌طور تقریبی ۷ درصد از دوازده میلیون جریب زمین در طول بیست سال تحت تأثیر قرار گرفته است، یا منطقه‌ای به اندازه‌ی دو سوم دله‌ور[۷۶۹]. این البته منطقه‌ی بزرگی است ولی نه

۷۶۸. Appalachi ناحیه‌ای در شرق آمریکا.

۷۶۹. Delaware ایالت کوچکی در آمریکا.

به اندازه‌ی اعداد و ارقامی که بالا ذکر شد. توربین‌های بادی به ازای هر وات به پنج تا ده برابر نیروگاه‌های هسته‌ای، به بتن و فولاد احتیاج دارند، لازم به ذکر مایل‌ها جاده‌های آسفالته و کابل‌های هوایی نیست. این‌که این هیولاهای زمین‌خوار انرژی تجدیدپذیر را برچسب «سبز»، عفیف یا پاک بزنند برای من عجیب است. اگر شما حیات وحش را مانند من دوست دارید، آخرین چیزی که می‌خواهید، بازگشت به عادت قرون وسطایی و استفاده از زمین‌های پیرامون‌مان برای تولید نیرو است. تنها یک مزرعه‌ی بادی در التامانت[۷۷۰] کالیفرنیا سالانه ۲۴ عقاب طلایی را می‌کشد: اگر یک شرکت نفتی این کار را می‌کرد کارش به دادگاه می‌کشید. صدها اورانگوتان در یک سال به‌خاطر قرار گرفتن در مسیر کشت و زرع زیست‌سوخت روغن نخل، کشته شده‌اند. متخصص انرژی، جسی آسوبول[۷۷۱] می‌گوید: «بیایید دست از مقدس انگاشتن خداهای جعلی و جزئی برداریم و مرتدانه سرود»تجدیدپذیرها سبز نیستند» را سر دهیم.»

واقعیت این است که بخت خوب و باورنکردنی اروپای غربی بود، هنگامی که نوع بشر شروع به در مخاطره انداختن زمین‌ها و زیستگاه‌های خودش به شدیدترین نحو کرد، به‌جای فجایع زیست‌محیطی مانند آنچه در شهر بابل اتفاق افتاد، ماده‌ای شبیه معجزه از زیر زمین پدیدار شد که به‌خاطر آن زمین‌ها و چشم‌اندازها توانستند تا بخشی در امان بمانند. امروز نباید از زمین‌ها برای رشد سوختِ حمل و نقل استفاده کنید (نفت جایگزین علوفه‌ی اسب‌ها شده)، سوخت برای گرمایش (گاز طبیعی به‌جای چوب)، برق شما (ذغال‌سنگ به‌جای آب)، یا روشنایی شما (نیروی هسته‌ای و ذغال‌سنگ به‌جای موم زنبورعسل و پیه). شما هنوز باید، بیشتر البسه خودتان را رشد دهید، هر چند «پشم‌ها» امروزه از نفت به‌دست می‌آیند. حیف! اگر پنبه می‌توانست با یک ماده ترکیبی جایگزین شود، دریای آرال[۷۷۲] می‌توانست احیا و بخش‌هایی از چین و هند به ببرها بازگردانده شود. چیزی که تابه‌حال کسی کشف نکرده این است که چگونه در کارخانه‌ها با استفاده از ذغال‌سنگ یا نفت غذا تولید کنند که البته به لطف خداوند، گاز طبیعی انرژی مورد نیاز برای تأمین حدود نیمی از اتم‌های نیتروژن در میانگین وعده غذایی شما را فراهم می‌کند.

دنیای دیوانه‌ی زیست‌سوخت‌ها

این چیزی است که باعث می‌شود برنامه‌های رسمی، پرهزینه و پیچیده‌ی اتانول و زیست‌سوخت‌ها تا این حد عصبانی‌کننده شوند. حتی جاناتان سوییفت

۷۷۰. Altamont

۷۷۱. Jesse Ausubel دانشمند محیط‌زیست معاصر آمریکایی.

۷۷۲. Aral Sea دریاچه‌ی بین قزاقستان و ازبکستان که در ۲۰۱۰ خشک شد.

هم جرأت نوشتن طنزی که در آن سیاستمداران این‌گونه بحث می‌کنند را نمی‌کرد - که در دنیایی که گونه‌های جانوران در حال ناپدید شدن هستند و بیش از یک میلیارد نفر به‌سختی می‌توانند از پس تهیه‌ی غذای خودشان برآیند – به‌نوعی برای کره زمین خوب می‌شود که جنگل‌های بارانی را پاک‌سازی کند تا روغن نخل پرورش دهد یا زمین‌های تولید محصولات غذایی را بدهد تا زیست‌سوخت در آن رشد دهد فقط به این خاطر که مردم بتوانند سوخت حاصل از کربوهیدرات را به‌جای سوخت هیدروکربنی در خودروهای‌شان بسوزانند که در نتیجه قیمت غذا را برای فقرا بالا می‌برد. مزخرف کلمه بسیار ناچیزی برای این جنایت شنیع است. اما من آرامشم را حفظ می‌کنم تا به مرور و بررسی اعداد در صورتی که کسی راجع به آنها نشنیده است، بپردازم.

در ۲۰۰۵ دنیا به‌طور تقریبی ۱۰ میلیارد تن اتانول تولید کرد که ۴۵ درصد آن از نیشکر برزیلی و ۴۵ درصد از ذرت آمریکایی بود. به این اعداد، یک میلیارد تن زیست‌سوخت ساخته‌شده از دانه‌ی کلزای[۷۷۳] اروپایی را هم اضافه کنید و نتیجه این است که ۵ درصد زمین‌های تولید محصول دنیا از زیر کشت تولید غذا بیرون آورده شد و برای رشد و تولید سوخت استفاده شد (۲۰ درصد در ایالات متحده). همه این‌ها همراه با خشکسالی در استرالیا و بالاتر رفتن مصرف گوشت در چین، تبدیل به کلید اصلی شد تا میزان عرضه غذای دنیا به زیر میزان تقاضای غذای دنیا در ۲۰۰۸ سقوط کند و موجب شورش‌های غذا در سراسر دنیا شود. بین سال‌های ۲۰۰۴ و ۲۰۰۷، برداشت ذرت تا ۵۱ میلیون تن افزایش یافت اما ۵۰ میلیون آن برای اتانول مصرف شد و چیزی برای افزایش تقاضا در دیگر مصارف که ۳۳ میلیون تن بود باقی نمی‌گذاشت: بنابراین قیمت افزایش یافت. یادتان باشد که افراد فقیر، ۷۰ درصد از درآمدشان را صرف غذا می‌کنند. در عمل رانندگان خودروهای آمریکایی داشتند کربوهیدرات را از دهان فقرا بیرون می‌کشیدند تا باک خودروهای‌شان را پر کنند.

این مسئله می‌توانست پذیرفتنی باشد اگر زیست‌سوخت‌ها منفعت محیط‌زیستی بزرگی داشتند یا این‌که باعث می‌شدند تا آمریکایی‌ها پولی را صرفه‌جویی و ذخیره کنند، پس می‌توانستند کالاها و خدمات بیشتری را از فقرا خریداری کنند و بدین ترتیب آنها را از تهیدستی نجات دهند. اما از آنجایی که آمریکایی‌ها عملاً سه‌برابر بیشتر مالیات برای تأمین هزینه‌های صنعت اتانول پرداخت می‌کنند - آنها برای رشد ذرت کمک‌هزینه پرداخت می‌کنند، برای تولید اتانول کمک‌هزینه پرداخت می‌کنند و برای خرید غذاهای‌شان پول بیشتری پرداخت می‌کنند - توانایی مصرف‌کننده‌های آمریکایی برای مشارکت در تقاضای کالاهای کارخانه‌ای به‌واقع از اتانول ضربه خورد تا آن‌که تقویت شود. در این میان، منافع محیط زیستی زیست‌سوخت‌ها فقط توهم نیستند؛ بلکه

---

۷۷۳. نوعی دانه روغنی.

منفی هم هستند. تخمیر کربوهیدرات، در مقایسه با سوختن هیدروکربن، یک کار بی‌بازده است. هر جریب زمین ذرت یا نیشکر به سوخت تراکتور، کودها، آفت‌کش‌ها، سوخت کامیون و سوخت دستگاه تقطیر نیاز دارد که همه این‌ها سوخت است. بنابراین پرسش این است: به چه مقدار سوخت برای رشد سوخت نیاز است؟ جواب: تقریباً به همان اندازه. وزارت کشاورزی ایالات متحده در سال ۲۰۰۲ تخمین زد که هر واحد انرژی که صرف رشد ذرت اتانول می‌شود، ۱.۳۴ واحد انرژی خروجی دارد، اما فقط در صورتی که انرژی دانه‌های خشک‌شده دستگاه تقطیر که محصولی جانبی در فرآیند تولید است به‌عنوان غذای دام استفاده شود نیز در محاسبه شوند. بدون آن فقط ۹ درصد بهره دارد. هرچند دیگر مطالعات به جمع‌بندی کمتر مثبتی رسیدند. یکی از آنها ۲۹ درصد اتلاف انرژی در فرآیند را تخمین می‌زند. در مقابل، حفاری و پالایش نفت به شما ۶۰۰ درصد یا بیشتر در برابر انرژی که مصرف کرده‌اید بازگشت انرژی می‌دهد. کدام یک سرمایه‌گذاری بهتری به نظر می‌رسد؟

حتی اگر شما یک بهره انرژی خالص از اتانول را برای آن در نظر بگیرید - و نیشکر برزیلی به‌نسبت در این مورد بهتر است، که آن هم به لطف استخدام یک ارتش نیروی کار انسانی با دستمزد کم است - باز هم به‌معنی داشتن منافع محیط زیستی نیست. استفاده از نفت برای راندن خودروها گاز دی‌اکسید کربن آزاد می‌کند که گاز گلخانه‌ای است. استفاده از تراکتورها برای رشد محصول نیز باعث آزاد شدن اکسید نیتروژن از خاک می‌شود که گاز گلخانه‌ای قوی‌تری است؛ با تقریباً ۳۰۰ برابر ظرفیت گرمایشی بیشتر از دی‌اکسید کربن. و هر جهش در قیمت غلات که صنعت زیست‌سوخت باعث آن می‌شود به‌معنای فشار بیشتر بر جنگل‌های بارانی است که نابودی آنها تنها راه و مقرون به‌صرفه‌ترین روش برای افزودن دی‌اکسید کربن به جو است. جوزف فارگیون[۷۷۴] از سازمان محافظت از طبیعت می‌گوید، تبدیل خاک زیست‌بوم سرادو[۷۷۵] در برزیل به گازوئیل گرفته‌شده از سویا یا زمین‌های تورب مالزی به گازوئیل گرفته‌شده از روغن نخل، ۱۷ تا ۴۲۰ برابر دی‌اکسید کربن بیشتری نسبت به آنچه این زیست‌سوخت‌ها به‌طور سالیانه با جایگزین‌کردن سوخت‌های فسیلی قرار است گازهای گلخانه‌ای را کاهش دهند، آزاد می‌کنند. یا اگر بخواهیم طور دیگری بیان کنیم، دهه‌ها یا شاید قرن‌ها زمان می‌برد تا این سرمایه‌گذاری به لحاظ اقلیمی به سود برسد. اگر می‌خواهید میزان دی‌اکسید کربن در جو را کاهش دهید یک جنگل دوباره در مزرعه سابق بکارید.

علاوه بر این، به ۱۳۰ گالن آب برای رشد ذرت نیاز است و ۵ گالن آب مصرف می‌شود تا فقط یک گالن اتانول ذرت تقطیر شود، با فرض این‌که فقط ۱۵

---

۷۷۴. Joseph Fargione مدیر علوم سازمان حفاظت از طبیعت در منطقه‌ی آمریکای شمالی.

۷۷۵. Cerrado منطقه‌ای در شرق برزیل.

درصد محصول آبیاری شده است. در مقابل، کمتر از سه گالن آب برای گرفتن گازوئیل و دو گالن برای پالایش آن استفاده می‌شود. برای دستیابی به هدف آمریکا که رشد ۳۵ میلیارد گالن اتانول در سال است، به مصرف آبی به میزان آنچه کل جمعیت کالیفرنیا در هر سال مصرف می‌کند احتیاج است. شک نکنید صنعت زیست‌سوخت فقط برای اقتصاد مضر نیست بلکه برای کره زمین هم بد است. علت اصلی این‌که سیاست‌مداران آمریکایی را چنین در مضیقه گذاشته بود و بر آنها اعمال فشار می‌کرد به‌خاطر لابی‌گری‌ها و تأمین مالی سیاسی بود که توسط شرکت‌های بزرگ انجام می‌شد. حالا با علم به این‌که من طرفدار آینده هستم، نباید از نسل اول زیست‌سوخت‌ها چنین زودهنگام بگذرم. محصولات زراعی بهتری در حال توسعه هستند که توانایی آنها در رشد خودشان در جاهای زیست‌محیطی خیلی مشخص نشده است. چغندر قند گرمسیری می‌توانند با مصرف آب کمتر، محصول بسیار بیشتری تولید کند و گیاهانی مانند جاتروفا[۷۷۶] هنوز می‌توانند در به‌دست آوردن سوخت از زمین بی‌آب و علف - در صورتی که به‌صورت ژنتیکی دستکاری شده باشد - خوب باشند. و به‌طور حتم جلبک که در آب رشد یافته است این امکان را دارد که بیشتر از همه‌ی آنها تولید محصول کند و البته بدون نیاز به آبیاری.

اما تنها و مهم‌ترین مشکل زیست‌سوخت‌ها را فراموش نکنید و آن مشکلی است که آنها را قادر می‌سازد تا مشکلات زیست محیطی را بدتر کنند، آنها به زمین احتیاج دارند. یک آینده پایدار برای ۹ میلیارد نفر روی کره زمین با استفاده هرچه کمتر از زمین برای نیازهای هر نفر میسر خواهد شد. و اگر محصولات غذایی از زمین‌ها با نرخ حال حاضر به افزایش ادامه دهد، میزان زمین‌های کشاورزی کنونی دنیا را فقط تا ۲۰۵۰ تغذیه خواهد کرد. بنابراین زمین برای رشد زیست‌سوخت‌ها باید از جنگل‌های بارانی و دیگر زیستگاه‌های وحش استفاده کند. راه دیگر برای بیان همین نکته، قرض گرفتن مرثیه‌ی آشنا و جانبدارانه و محیط زیستی به نقل قول از بوم شناس ای. او ویلسن «نوع بشر تاکنون ۲۰ تا ۴۰ درصد انرژی خورشیدی جذب‌شده در مواد آلی را به خود اختصاص داده است» می‌باشد. چرا می‌خواهید این درصد را افزایش دهید و همچنان برای سایر گونه‌ها مقدار کمتری باقی بگذارید؟ نابود کردن زیستگاه‌ها و زمین‌ها و از بین بردن گونه‌ها برای تأمین سوخت یک تمدن، یک اشتباه قرون وسطایی است که وقتی رگه‌های ذغال‌سنگ و نفت شیل‌ها و راکتورهای هسته‌ای را در دست داریم، قطعاً لازم به تکرار نیست.

اوه، شما به یک دلیل خوب پاسخ خواهید داد: تغییر آب و هوا. من در فصل دهم این مسأله را بررسی خواهم کرد. برای حالا خیلی ساده به این توجه کنید که اگر به‌خاطر بحث و جدل تغییر آب و هوا نبود، نمی‌توانستید شروع

---

۷۷۶. Jatropha

به توجیه این ادعا کنید که انرژی تجدیدپذیر سبز است و سوخت فسیلی سبز نیست.

بازدهی و تقاضا

تمدن هم مانند زندگی همیشه درباره کسب انرژی بوده است. این بدین معنی است که گونه موفق، آن گونه‌ای است که انرژی خورشید را سریع‌تر از گونه‌های دیگر تبدیل به فرزند و نسل جدید می‌کند. چنین چیزی راجع به یک ملت هم صادق است. همان‌طور که زمان‌های طولانی به‌طور تدریجی و پیش‌رونده سپری شدند، زندگی نیز به‌تدریج در انجام این کار بیشتر و بیشتر کارآمد شد. در این‌که به‌صورت محلی در قانون دوم ترمودینامیک تقلب کند نیز بازدهی‌اش بالا رفت. گیاهان و حیواناتی که امروز بر زمین مسلط هستند، انرژی بیشتری از آفتاب به‌واسطه بدن‌شان نسبت به اجدادشان در دوره کامبرین کسب می‌کنند (مثلاً هنگامی که هیچ گیاهی روی زمین وجود نداشت). تاریخ بشر نیز به همین شکل، داستانی از کشف تدریجی منابع انرژی و تبدیل آن برای تأمین سبک زندگی بشر است. محصولات زراعی اهلی‌شده، انرژی خورشیدی بیشتری را برای اولین کشاورزان جذب کردند؛ حیوانات بارکش، انرژی بیشتری از گیاهان در بالا بردن سطح استاندارد زندگی بشر به‌کار بردند؛ آسیاب‌های آبی، موتور تبخیر خورشید را به‌کار بردند و آن را برای توانمند ساختن راهبان قرون وسطی استفاده کردند. پیترهابر[۷۷۷] و مارک میلز[۷۷۸] این‌گونه بیان می‌کنند «تمدن، به‌سان زندگی، پروازی سیزیفی[۷۷۹] (بیهوده و ناممکن) برای رهایی از هرج و مرج است». «آشوب در آخر پیروز خواهد شد، اما این مأموریت ماست که آن روز را هر چقدر که می‌توانیم به تأخیر بیندازیم و چیزها را با تمام نبوغ و قاطعیتی که می‌توانیم جمع کنیم و در جهت مخالف سوق دهیم. انرژی، مشکل نیست. انرژی راه حل است.»

موتور بخار نیوکومن[۷۸۰] با یک درصد بازدهی کار می‌کرد. این یعنی که یک درصد گرمای حاصل از سوخت ذغال‌سنگ را به‌کار مفید تبدیل می‌کرد. بازده‌ی موتور وات، ۱۰ بود و خیلی سریع‌تر گردش می‌کرد. موتور احتراق داخلی اوتو[۷۸۱] ۲۰ درصد بازدهی داشت و همچنین تندتر بود. یک توربین سیکل ترکیبی مدرن

۷۷۷. Peter Huber حقوق‌دان و مؤلف معاصر کانادایی.

۷۷۸. Mark Mills فیزیکدان و مؤلف معاصر آمریکایی.

۷۷۹. شاهی در افسانه‌ای یونانی که در آن مجازات پس از مرگش، هل دادن و بالا بردن سنگ بزرگی به بالای تپه‌ای بود که هر بار که آن را به نوک می‌رساند دوباره سنگ به پایین تپه می‌غلطید و او می‌بایست که دوباره این کار را انجام دهد.

۷۸۰. Newcomen مخترع انگلیسی قرن شانزدهم که موتور اتمسفری، اولین موتور سوخت‌سوز را در ۱۷۱۲ اختراع کرد.

۷۸۱. Otto نیکلاس اوتو، مهندس آلمانی قرن نوزدهم که موتور احتراق داخلی را توسعه داد.

در تولید برق از گاز طبیعی حدود ۶۰ درصد بازدهی دارد و با ۱۰۰۰ دور در دقیقه گردش می‌کند. بنابراین تمدن مدرن، کار بیشتر و بیشتری از هر تن سوخت فسیلی به‌دست می‌آورد. شاید فکر کنید این بالارفتن بازدهی به‌تدریج نیاز به سوزاندن ذغال‌سنگ، نفت و گاز را کاهش دهد. همان‌طور که یک کشور وارد یک انقلاب صنعتی می‌شود، در ابتدا مردم بیشتر و بیشتری به نظام سوخت فسیلی می‌پیوندند؛ به این معنی که آنها شروع به استفاده از سوخت‌های فسیلی هم در خانه و هم در کار می‌کنند، پس سوخت بیشتر و بیشتری استفاده می‌شود. در واقع «شدت انرژی» (وات به ازای هر دلار از تولید ناخالص داخلی) افزایش می‌یابد. مثلاً این قضیه در چین دهه‌ی ۱۹۹۰ اتفاق افتاد. بعد از آن، وقتی بیشتر مردم وارد نظام شدند، بازدهی شروع به تأثیر گذاشتن می‌کند و شدت انرژی شروع به سقوط. این امر امروز در هند در حال وقوع است. ایالات متحده امروز نصف انرژی به ازای هر واحد تولید ناخالص داخلی نسبت به ۱۹۵۰ مصرف می‌کند. دنیا ۱.۶ درصد انرژی کمتری برای هر دلار در رشد تولید ناخالص داخلی در هر سال استفاده می‌کند. آیا حالا مطمئناً مصرف انرژی هم در نهایت شروع به کاهش می‌کند؟

این‌طور فکر می‌کردم تا این‌که یک روز در حالی که مردی در همسایگی داشت از یک برگ‌روب استفاده می‌کرد سعی کردم یک مکالمه غیرضروری با تلفن همراهم داشته باشم. حتی اگر همه، سقف شیروانی‌های خانه‌ها را عایق کنند و لامپ‌ها را با لامپ‌های فلورسنت کم‌مصرف تعویض کنند و بخاری‌های ایوان‌ها را دور بیندازند و توان مورد نیازشان را از ایستگاه‌های پربازده‌تر بگیرند و کارشان را در کارخانه فولاد کنار بگذارند و شغل جدیدی در یک مرکز تماس پیدا کنند، شدت انرژی رو به کاهش اقتصاد، توسط فرصت‌های جدیدی که ثروت برای استفاده انرژی به روش‌های جدید به‌همراه می‌آورد، جبران خواهد شد. لامپ‌های ارزان‌قیمت به مردم این امکان را می‌دهد تا چراغ‌های بیشتری را روشن کنند. تراشه‌های سیلیکونی میزان بسیار کمی نیرو مصرف می‌کنند که همه‌جا هستند و در مجموع تأثیر آنها به مرور افزایش می‌یابد. یک موتور جست‌وجو شاید به اندازه‌ی یک موتور بخار انرژی مصرف نکند، ولی تعداد زیادی از آنها خیلی زود به مصرف انرژی اضافه می‌شوند. بازده انرژی برای مدت مدیدی است که در حال افزایش است و همان‌طور مصرف انرژی. این مسئله به‌نام اقتصاددان دوره‌ی ویکتوریا، استنلی جونز، تناقض جونز شناخته می‌شود. او این مسئله را این‌گونه مطرح می‌کند: «این به‌کلی یک سرگشتگی در ایده‌هاست که فکر کنید استفاده اقتصادی از سوخت، معادل سوخت کمتر است. واقعیت، خلاف این است. به‌عنوان یک قانون، حالت‌های جدید اقتصادی به یک افزایش در مصرف منجر خواهد شد.»

من نمی‌گویم که سوخت‌های فسیلی جایگزین ندارند. می‌توانم به‌راحتی دنیایی در ۲۰۵۰ را تصور کنم که در آن اهمیت سوخت‌های فسیلی در مقایسه با

دیگر شکل‌های انرژی کاهش یافته است. می‌توانم تصور کنم که خودروهای دوگانه‌سوز و متصل به پریز برق، از برق ارزان (هسته‌ای) در خارج از ساعات اوج مصرف برای ۲۰ مایلِ اول رانندگی استفاده می‌کنند؛ می‌توانم مزارع وسیع نیروی خورشیدی را تصور کَنم که برق را از صحراهای آفتاب‌گیر الجزیره یا آریزونا صادر می‌کنند؛ می‌توانم کارخانه‌های زمین-گرمایی درون سنگ گرم و خشک را تصور کنم؛ می‌توانم رآکتورهای هسته‌ای با بستر سنگریزه‌ای، ایمن در برابر خطر و ماژولار را در هر جایی ببینم. حتی می‌توانم تصور کنم که انرژی باد، جزر و مد، امواج و زیست توده‌ها نیز کمک کوچکی در این زمینه انجام می‌دهند، هرچند که اینها باید آخرین راه حل باشند چرا که بسیار گران و از لحاظ محیط زیستی بسیار مخرب هستند. اما این را می‌دانم: ما به وات از یک جایی نیاز خواهیم داشت. وات برده ماست. سخن توماس ادیسون، سزاوار کلام آخر است. او می‌گوید: «من شرمسار هستم از تعداد کارهایی که در اطراف خانه و کارگاهم توسط حیوانات انجام می‌شود، منظورم نوع بشر است. کارهایی که می‌توانستند به‌دست یک موتور بدون هیچ حس خستگی یا درد انجام شوند. از این پس یک موتور باید تمام کارهای خانه را انجام دهد»

فصل هشتم

اختراعِ اختراع: بازده صعودی بعد از ۱۸۰۰

«آن‌که از من ایده‌ای دریافت می‌کند، خودش آموزش را بدون آن‌که چیزی از من کم کند دریافت می‌کند؛ همان‌طور که او شمع باریک خودش را با شمع من می‌افروزد، روشنایی را بدون این‌که مرا تاریک کند دریافت می‌کند.»

تامس جفرسون[۷۸۲]

نامه به ایزاک مک‌فرسون[۷۸۳]

---

۷۸۲. Thomas Jefferson سومین رئیس‌جمهور آمریکا بین سال‌های ۱۸۰۱ تا ۱۸۰۹.

۷۸۳. Isaac McPherson تاجر و آسیابان قرن هجدهم در بالتیمور آمریکا.

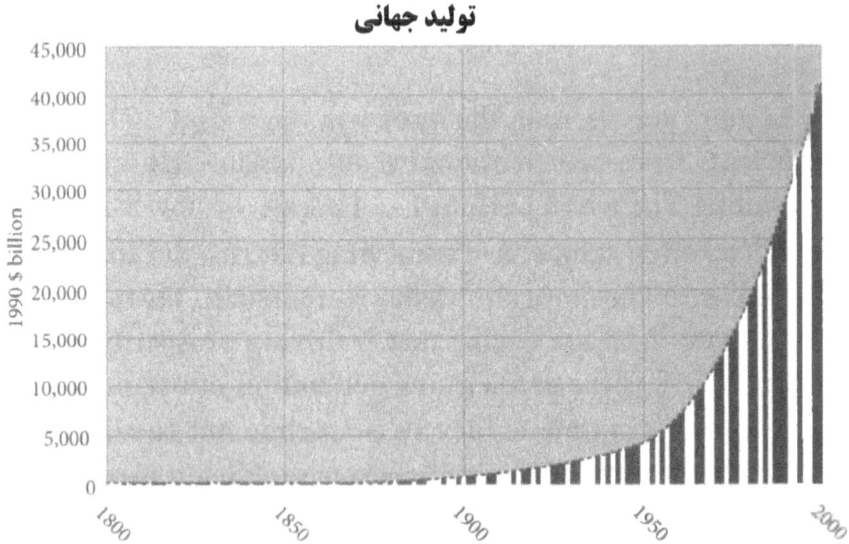

عبارت «بازده‌ی نزولی» کلیشه‌ای است که افراد کمی به آن فکر می‌کنند. خوردن گردوی آمریکایی[784] از یک کاسه‌ی پر از آجیل شور (یکی از شیطنت‌های من) باعث بازده‌ی نزولی می‌شود: تعداد گردوهای آمریکایی در کاسه کمتر و نایاب‌تر می‌شوند. انگشت‌ها به پیدا کردن بادام‌ها، فندق‌ها، بادام‌زمینی‌ها، یا حتی خدا نخواهد بادام‌های برزیلی ادامه می‌دهند. کاسه به‌تدریج مانند یک معدن طلای رو به زوال، از دادن محصول بادام آمریکایی با بازده مناسب باز می‌ماند. حالا یک کاسه‌ی آجیل را تصور کنید که خصوصیت متضادی داشت. هر چه شما بیشتر بادام آمریکایی برمی‌داشتید، بادام‌ها بزرگ‌تر و پرتعدادتر می‌شدند. قبول دارم که این امر شدنی نیست. هرچند که این دقیقاً مشخصه تجربه بشر از ۱۰۰،۰۰۰ سال پیش به این‌طرف است. به‌طرز گریزناپذیر و توقف‌ناپذیری، کاسه‌ی آجیل جهانی گردوهای آمریکایی حتی بیشتری با وجود این‌که بسیار از آنها مصرف شده، تولید کرده است. شتاب بازده به‌طور ناگهانی حدود ۱۰،۰۰۰سال پیش در انقلاب کشاورزی سرعت گرفت. سپس در ۱۸۰۰ میلادی دوباره جهش دیگری به بالا یافت و این شتاب در قرن بیستم ادامه یافت. بنیادی‌ترین ویژگی دنیای مدرن از ۱۸۰۰ که پربارتر و عمیق‌تر از پرواز، رادیو، سلاح هسته‌ای یا وب‌سایت‌ها و مهم‌تر از علم، سلامت یا رفاه مادی است، کشف مداوم و سریع «بازده صعودی» بوده تا جایی که حتی از انفجار جمعیت هم پیشی گرفت.

هرچه بیشتر موفق شوید بیشتر می‌توانید پیشرفت کنید. هرچه بیشتر

۷۸۴. Pecan

اختراع کنید، اختراعات بیشتری ممکن می‌شود. این چطور شدنی است؟ دنیای چیزها - مانند گردوهای آمریکایی یا ایستگاه‌های نیرو - در واقع می‌توانند بسیار دچار بازده‌ی نزولی شوند. اما این در دنیای ایده‌ها اتفاق نمی‌افتد. هرچه دانش بیشتری تولید کنید، می‌توانید چیزهای بیشتر خلق کنید. و موتوری که خوشبختی و سعادت را در دنیای مدرن به پیش می‌راند، تولید شتاب‌ناک دانش مفید است. مثلاً دوچرخه یک شیء است و دچار بازده‌ی نزولی می‌شود. یک دوچرخه بسیار سودمند است، اما در داشتن دو دوچرخه سود چندان بیشتری وجود ندارد، چه برسد به این‌که سه تا باشد. اما از ارزش ایده‌ی «دوچرخه» کاسته نمی‌شود. مهم نیست چندبار به کسی بگویید چگونه دوچرخه بسازد یا چطور آن را براند، ایده‌ی آن کهنه، بی‌فایده یا دچار ناکارآمدی نمی‌شود. مانند شعله‌ی شمع تامس جفرسون، بدون آن‌که دچار کاهش شود، روشنایی می‌بخشد. در واقع کاملاً خلاف این اتفاق می‌افتد. هر چه به افراد بیشتری درباره دوچرخه بگویید، آنها با امکانات جدید و کاربردی برای دوچرخه، مانند گل‌گیر، بدنه سبک‌تر، لاستیک‌های مسابقه‌ای، صندلی بچه و موتور برقی برمی‌گردند. انتشار دانشِ کاربردی باعث می‌شود دانش کاربردی، زایش دانش کاربردی بیشتری داده باشد.

هیچ‌کس این را پیش‌بینی نکرده بود. پیشگامان اقتصاد سیاسی در نهایت منتظر رکود بودند. آدام اسمیت، دیوید ریکاردو و رابرت مالتوس همه پیش‌بینی کرده بودند که بازده نزولی در نهایت شروع می‌شود و این بهبود استانداردهای زندگی که شاهد آنها بودند به پایان خواهد رسید. ریکاردو می‌گفت، «اکتشاف و کاربرد مفید ماشین‌آلات، همیشه منجر به افزایش تولید خالص کشور می‌شود، اگرچه بعد از برهه‌ی زمانی ناچیزی، این اتفاق می‌تواند ارزش آن تولید خالص را افزایش ندهد و نخواهد داد». او می‌گفت: همه‌چیز تمایل دارند به‌سمت آنچه او «وضعیت ایستایی» می‌نامید، کشیده شوند. حتی جان استوارت میل پذیرفت که بازده در دهه‌ی ۱۸۴۰ هیچ علامتی از کاهش نشان نمی‌داد که می‌توان آن را یک معجزه قلمداد کرد. او می‌گفت، نوآوری یک عامل خارجی بود، یک علت برای رشد اقتصادی بود و نه معلول آن. یک تکه توضیح‌ناپذیر از بخت و اقبال بود. اما خوش‌بینی میل به جانشین‌هایش نرسید. همان‌طور که سرعت اکتشافات شروع به تنزل کرد، رقابت باعث شد سود بنگاه‌های اقتصادی از بازار به‌طور فزاینده‌ی ایده‌آل بیرون برود تا جایی که آنچه باقی ماند اجاره‌بها و بازار انحصاری بود. اقتصاد نئوکلاسیک با تئوری دستان نامرئی اسمیت که فعالان بی‌شمار بازار با اطلاعات کامل را به‌سمت تعادل‌های بی‌سود و بازده محوشونده هدایت می‌کرد، به‌طرز اندوهناکی پایان رشد را پیش‌بینی کرد.

این توصیفی بود از یک دنیایی کاملاً خیالی و ساختگی. مفهوم یک وضعیت نهایی پایدار که درباره یک سیستم پویا مانند اقتصاد به‌کار برده شد که به همان اندازه که هر گونه انتزاع فیلسوفانه‌ای می‌تواند اشتباه باشد، اشتباه است.

این مهمل پاره‌تو[۷۸۵] است. همان‌طور که اقتصاددان ایمن باتلر[۷۸۶] مطرح می‌کند، «بازار تمام‌عیار فقط یک انتزاع نیست؛ یک حماقت ساده است... هر زمان که واژه تعادل را در یک کتاب درسی دیدید، آن را سیاه کنید.» این مسئله اشتباه است به این خاطر که فرضیات آن بر رقابت کامل، دانش کامل و خرد کامل بنا شده است که هیچ‌یک از آنها نه وجود دارند و نه می‌توانند وجود داشته باشند. این اقتصاد برنامه‌ریزی‌شده است که احتیاج به دانش کامل دارد و نه بازار.

امکان وجودی دانش نو، داشتن وضعیت پایدار را ناممکن می‌کند. کسی در جایی ایده تازه‌ای خواهد داشت و همان ایده او را قادر خواهد ساخت ترکیب جدیدی از اتم‌ها را اختراع کند تا هم در بازار ایجاد نقص کند و هم از آن بهره‌برداری کند. همان‌طور که فردریش هایک بحث می‌کند، دانش در کل جامعه پراکنده است، چرا که هر فرد دیدگاه ویژه‌ای دارد. دانش هیچ‌گاه نمی‌تواند یکجا جمع شود. دانش، جمعی است و نه فردی. هرچند عدم موفقیت هر بازار خاص برای رسیدن به بازار کامل و بی‌عیب، «شکست بازار» به حساب نمی‌آید، همان‌گونه که شکست در یک ازدواج خاص برای رسیدن به ازدواج کامل، «ازدواج ناموفق» شمرده می‌شود.

دقیقاً به روشی مشابه، علم بوم‌شناسی نیز یک خطای پایدار دارد. این‌که در دنیای طبیعی، وضعیت کاملی از تعادل وجود دارد که در آن زیست‌بوم پس از آشفتگی به آن باز خواهد گشت. این وسواسی که برای «تعادل طبیعت» وجود دارد درست در تمام علوم غربی حتی از پیش از ارسطو آمده است و تأثیرات اخیرش را در مفاهیمی مانند اوج بوم‌شناختی می‌بینند که در آن پوشش گیاهی طبیعی، منطقه‌ای را که برای مدت کافی رها شده باشد، پوشش خواهد داد. اما این چرند است. جایی را که من در آن نشسته‌ام در نظر بگیرید. به فرض که اوج پوشش گیاهی آن جنگل بلوط است، اما این بلوط‌ها فقط چند هزار سال با گرفتن جای کاج‌ها، درخت‌های توس و قبل از آن گرفتن دشت‌های توندرا، پدیدار شده‌اند. درست ۱۸۰۰۰ هزار سال پیش، جایی که من می‌نشینم زیر یک مایل یخ بود و ۱۲۰،۰۰۰ سال پیش، باتلاق بخارداری بود همراه با اسب‌های آبی. کدام‌یک از این‌ها وضعیت «طبیعی» آن است؟ علاوه بر آن، حتی اگر آب و هوا به یک پایداری تغییرناپذیر می‌رسید و آرام می‌گرفت (چیزی که هرگز انجام نداده است)، نهال‌های بلوط نمی‌توانند زیر درخت‌های بلوط رشد کنند (آفت‌های بلوط‌خوار بر سر آنها می‌ریزند)، بنابراین بعد از دو سه هزار سال سلطه درخت‌های بلوط، یک جنگل بلوط، جای خودش را با چیز دیگری عوض می‌کند. دریاچه ویکتوریا[۷۸۷] ۱۵۰۰۰ سال پیش کاملاً خشک بود. صخره دریایی

---

۷۸۵. Pareto اصل پاره‌تو که بیان می‌کند ۸۰ درصد پیامدها از ۲۰ درصد علت‌ها حاصل می‌شود برگرفته از دانشمند ایتالیایی ویلفرد پاره‌تو در قرن نوزدهم.

۷۸۶. Eamonn Butler اقتصاددان معاصر بریتانیایی.

۷۸۷. Lake Victoria یکی از دریاچه‌های بزرگ آفریقا.

گریت بریرر[۷۸۸] در ۲۰،۰۰۰ سال پیش، تا حدی سلسله‌ای از تپه‌های ساحلی بود. جنگل‌های بارانی آمازون در وضعیت مدام اختلال و دگرگونی هستند: از سقوط درختان گرفته تا آتش و سیلاب. گوناگونی آن ایجاب می‌کند که به‌طور پیوسته در حال تغییر باشد. هیچ تعادلی در طبیعت وجود ندارد؛ فقط پویایی مداوم وجود دارد. همان‌طور که هراکلیتوس[۷۸۹] می‌گوید، «هیچ چیز تاب نمی‌آورد، مگر تغییر».

نوآوری بسان آتش در بوته‌هاست

برای توضیح اقتصاد مدرن جهانی باید توضیح دهید که این ماشین جاودانی نوآوری از کجا آمده است؟ چه چیزی باعث شروع این بازده صعودی شد؟ این‌ها برنامه‌ریزی‌شده، هدایت‌شده و یا فرمایشی نبودند: این‌ها از تخصص و مبادله با تمام ریزه‌کاری‌ها ظهور کردند و تکامل یافتند. تبادل شتابناک ایده‌ها و افراد توسط فن‌آوری امکان‌پذیر شد و همین امر سوختی شد برای رشد شتابان ثروت که مشخصه قرن گذشته است. سیاستمداران، سرمایه‌داران و مقامات مانند تکه‌های کشتی درهم شکسته‌ای هستند که بر موج جزر و مد اختراعات که به بالادست رودخانه آمده است، بالا و پایین می‌روند.

با این‌حال تولید دانش مفید و نو اصلاً چیزی روزمره، یکنواخت، پایدار و مداوم نیست. اگرچه گونه بشر به‌عنوان کل، تغییرات بی‌پایانی را تجربه کرده است، اما افراد به‌طور جداگانه پیشرفت متناوب سوسو زنانه‌ی بسیار بیشتری به خود دیده‌اند، چرا که سرعت و مکان آن تغییر خود همیشه در حال دگرگونی بوده است. نوآوری به‌سان آتش در بوته‌هاست که بسیار پرشعله و درخشان برای مدت کوتاهی می‌سوزد، سپس پیش از آن‌که جای دیگری را شعله‌ور کند خاموش می‌شود. ۵۰،۰۰۰ سال پیش، پررونق‌ترین نقطه، غرب آسیا بود (کوره‌ها و تیر و کمان‌ها)، ۱۰،۰۰۰ سال پیش این نقطه، هلال حاصلخیز[۷۹۰] بود (کشاورزی و سفالگری)، ۵۰۰۰ سال پیش در بین‌النهرین (چینی‌آلات و چاپ)، ۲۰۰۰ سال پیش در هند (پارچه و صفر)، ۱۰۰۰ سال پیش در چین (پورسلین و چاپ)، ۵۰۰ سال پیش در ایتالیا (حسابداری به روش دوگانه، لئوناردو)، ۴۰۰ سال پیش در کشورهای فرودین (بانک مبادله ارز آمستردام)، ۳۰۰ سال پیش در فرانسه (کانال دو میدی[۷۹۱])، ۲۰۰ سال پیش در انگلیس (بخار)، ۱۰۰ سال پیش در آلمان (کود)، ۷۵ سال پیش در آمریکا (تولید انبوه)، ۵۰ سال پیش در کالیفرنیا (کارت اعتباری)

---

۷۸۸. Great Barrier Reef صخره‌ای مرجانی در استرالیا.

۷۸۹. Heraclitus فیلسوف یونانی در دوران پیش از سقراط.

۷۹۰. Fertile Crescent منطقه‌ای در خاورمیانه به شکل هلال که شامل عراق، سوریه، لبنان و اسرائیل امروزی است.

۷۹۱. Canal du Midi کانالی در جنوب فرانسه به طول ۲۴۰ کیلومتر.

و ۲۵ سال پیش در ژاپن (واکمن) بود. هیچ کشوری برای مدت طولانی سردمدار تولید دانش باقی نمی‌ماند.

در نخستین نگاه این مسئله شگفت‌انگیز است، به‌ویژه که اگر بازده صعودی در نوآوری ممکن باشد. اصلاً چرا این مشعل باید به‌جای دیگری واگذار شود؟ همان‌طور که در سه فصل گذشته بحث کرده‌ام، جواب این پرسش در دو پدیده جای گرفته است: مؤسسات و جمعیت. در گذشته وقتی جوامع مملو از نوآوری می‌شدند، خیلی زود به تعداد بسیار و بیش از حدی به نسبت سرزمین‌ها، تولید فرزند می‌کردند که باعث کاهش اوقات فراعت، ثروت و بازاری می‌شد که مورد نیاز مخترعین بود (در عمل فرزندان تاجر دوباره تبدیل به دهقانان می‌شدند که در حال دست و پا زدن بودند). یا این‌که به صاحب منصب‌های‌شان اجازه می‌دادند قوانین بیش از اندازه‌ای را بنویسند، به رؤسای قبیله اجازه می‌دادند در جنگ‌های زیادی شرکت کنند یا این‌که کشیش‌ها، صومعه‌های فراوانی بسازند (در عمل، فرزندان تاجر تبدیل به سربازان، عیاش‌ها یا راهبه‌ها می‌شدند). یا این‌که در مال و دارایی غرق شده و به انگل‌های کرایه‌بگیر بدل می‌شدند. همان‌طور که جوئل موکیر مطرح می‌کند: «رفاه و موفقیت منجر به ظهور درندگان و انگل‌ها در اشکال مختلف و ظاهرهای مبدل شد که در نهایت غازهایی که تخم طلا می‌گذاشتند را سلاخی کردند.» و باز دوباره شعله‌ی اختراع پت‌پتی می‌کند و خاموش می‌شود... تنها برای شعله‌ور شدن در جای دیگری. خبر خوب این است که همیشه مشعلی نو و روشن وجود دارد. البته تا به این‌جای کار.

همان‌طور که آتش در بوته‌ها در نقاط مختلف دنیا و در زمان‌های متفاوت پخش می‌شود، از یک فن‌آوری به فن‌آوری دیگر می‌جهد. امروز، درست مانند دوران انقلاب چاپ در ۵۰۰ سال پیش، ارتباطات نیز با بازده صعودی در حال شعله‌ور شدن است، اما حمل و نقل با بازده نزولی در حال پت‌پت کردن است. این بدین معنی است که سرعت و بازدهی خودروها و هواپیماها خیلی به آهستگی در حال بهبود است و هر پیشرفت و بهسازی به‌طور فزاینده‌ای، گران‌تر است. میزان تلاش بزرگ‌تری احتیاج است تا هر گونه خودرویی به ازای هر گالن، چند مایلی بیشتر راه برود، در برابر آن، هر تراشه با مگابایت بیشتر در حال حاضر ارزان‌تر به بازار می‌آید. به‌طور خیلی تخمینی، بهترین صنعت در صحنه به‌عنوان یک نوآوری: ۱۸۰۰ - نساجی؛ ۱۸۳۰ - راه‌آهن؛ ۱۸۶۰ - مواد شیمیایی؛ ۱۸۹۰ - برق؛ ۱۹۲۰ - خودرو؛ ۱۹۵۰ - هواپیما؛ ۱۹۸۰ - کامپیوتر؛ ۲۰۱۰ – شبکه‌ی اینترنتی بود. در حالی که قرن نوزدهم راه‌های بسیاری برای جابه‌جایی مردم به خودش دید (راه‌آهن، دوچرخه، خودرو، کشتی بخار)، در مقابل قرن بیستم راه‌های بسیار برای جابه‌جایی اطلاعات کشف کرد (تلفن، رادیو، تلویزیون، ماهواره، فکس، اینترنت، تلفن همراه). باید پذیرفت تلگراف قبل از هواپیما آمد، اما نکته‌ی اصلی هنوز پابرجاست. ماهواره یک مثال ناب از فن‌آوری اختراع‌شده به‌عنوان یک محصول جانبی در یک پروژه حمل و نقل (سفر فضایی) است که در عوض کاربردی در

ارتباطات پیدا کرد. به نظر می‌رسد اگر نوآوران و مبتکرین هر سی سال موج جدیدی ایجاد نمی‌کردند، بازده صعودی به‌تدریج کاهش پیدا می‌کرد.

توجه داشته باشید که بزرگ‌ترین اثر یک موج بازده افزایشی بعد از این‌که اول فن‌آوری اختراع شد، پدید می‌آید. این اثر زمانی اتفاق می‌افتد که فن‌آوری در نظام دموکراتیک قرار گیرد. دستگاه چاپ گوتنبرگ دهه‌ها طول کشید تا اصلاحات[۷۹۲] را ایجاد کند. کشتی‌های باری امروز خیلی تندتر از کشتی‌های بخار قرن نوزدهم حرکت نمی‌کنند و اینترنت امروز هر پالس را کمی سریع‌تر از یک تلگراف قرن نوزدهم ارسال می‌کند، اما همه از آن استفاده می‌کنند و نه فقط ثروتمندان. جت‌ها با همان سرعت دهه‌ی ۱۹۷۰ پرواز می‌کنند، اما خطوط هوایی ارزان‌قیمت چیز جدیدی هستند. جورج اورول[۷۹۳] در ۱۹۴۴ از حالتی که دنیا به خود گرفته بود و در حال کوچک شدن بود خسته شده بود که ظاهراً یک اتفاق مدرن تلقی می‌شد. بعد از خواندن آنچه او «یک‌دسته کتاب‌های به‌نسبت کم‌عمق خوش‌بینانه و «پیشرو» می‌نامید، تحت تأثیر تکرار برخی از عبارات که پیش از ۱۹۱۴ متداول شده بود، قرار گرفت. این عبارات شامل«حذف مسافت» و «ناپدید شدن مرزها» می‌شد.

اما شک‌گرایی اورول از نکته اصلی غافل است. به لحاظ ساعت‌های کاری، این هزینه است که به حساب می‌آید و نه سرعت. مرگِ فاصله شاید چیز جدیدی نباشد، اما برای همه مقرون به صرفه شده است. سرعت، زمانی چیزی تجملی بود. در روزگار اورول فقط ثروتمندان یا افرادی که به لحاظ سیاسی قدرتمند بودند می‌توانستند از پس هزینه سفرهای هوایی یا وارد کردن کالاهای خارجی و یا برقراری ارتباط تلفنی با خارج از کشور برآیند. امروزه تقریباً همه می‌توانند کالاهای ارزان‌قیمت را که با کشتی‌های باری حمل می‌شود خریداری کنند؛ تقریباً همگان می‌توانند اینترنت داشته باشند؛ تقریباً همه می‌توانند هزینه سفر با جت را تقبل کنند. هنگامی که جوان بودم برقراری یک تماس تلفنی با آن‌سوی اقیانوس اطلس به‌طرز مسخره‌ای گران بود. حالا ارسال یک ایمیل به آن‌سوی اقیانوس آرام به‌طرز شگفت‌انگیزی ارزان است. داستان قرن بیستم، داستان در دسترس قرار دادن امتیازات ثروتمندان برای همه بود، هم با پولدارتر کردن مردم و هم با ارزان ساختن خدمات.

به همین ترتیب، هنگامی که کارت اعتباری در کالیفرنیا در دهه‌ی ۱۹۶۰ به راه افتاد و توسط جوزف ویلیامز[۷۹۴] از بانک آمریکا هدایت شد، چیز تازه‌ای بابت خرید

۷۹۲. The Reformation اشاره به تغییرات مذهبی در اروپا در قرن شانزدهم است که منجر به تأسیس کلیساهای پروتستان شد.

۷۹۳. George Orwell رمان‌نویس انگلیسی قرن بیستم که به‌خاطر رمان مزرعه حیوانات در ایران بسیار معروف است که همیشه برای مترجم جای پرسش بوده که چطور کتابی می‌تواند بیش از سی و چند ترجمه مختلف در یک کشور داشته باشد و بر اساس تجربه، هنوز شک است که ترجمه صحیحی وجود داشته باشد.

۷۹۴. Joseph Williams خالق کارت اعتباری بنک آمریکارت که بعدها به ویزا کارت تغییر کرد.

اعتباری وجود نداشت. این موضوع به اندازه شهر قدیمی بابل قدیمی بود. حتی چیز تازه‌ای راجع به‌کارت شارژ هم وجود نداشت. باشگاه رستوران‌دارها در حال صدور کارت در جهت راحتی مشتریان رستوران از اوایل دهه‌ی ۱۹۵۰ بودند و فروشگاه‌های بزرگ چندبخشی، خیلی پیش‌تر این کار را کردند. آنچه بَنک‌آمریکارت[۷۹۵] کسب کرد، به‌ویژه هنگامی که به‌عنوان ویزا، تحت اختراع مجدد دی‌هاک[۷۹۶] از میان آشفتگی ارسال نامه‌های انبوه در اواخر دهه‌ی ۱۹۶۰ سر برآورد، دموکراتیزه شدن اعتبار بود. امکان مجاز کردن کارت شما به‌صورت الکترونیکی به منظور خرید در هر جای کشور یا حتی دنیا، روان‌کننده‌ای بسیار قوی برای چرخ‌دنده‌های تخصص و مبادله در اقتصاد اواخر قرن بیستم بود. این امر به مصرف‌کننده‌ها اجازه داد تا هنگامی که برای‌شان منطقی بود، انتخاب‌شانرا در مقابل قرض گرفتن از درآمد آینده ابراز کنند. مسلماً سهل‌انگاری و بی‌مسئولیتی وجود داشت، اما کارت اعتباری آن‌طور که بیشتر بزرگان روشنفکر ترسیده بودند موجب هرج و مرج مالی نشد. در اوایل دهه‌ی ۱۹۷۰، هنگامی که کارت اعتباری چیزه تازه‌ای بود، سیاستمداران از هر حزبی، آن را به نادرست بودن، ناامنی و غارتگر بودن متهم می‌کردند، دیدگاهی که به‌طور گسترده‌ای حتی با کسانی که خودشان از کارت اعتباری استفاده می‌کردند، مشترک بود: لوئیس مندل[۷۹۷] دریافت که «آمریکایی‌ها خیلی بیشتر از آن‌که کارت اعتباری را تأیید کنند، از آن استفاده می‌کنند».

این مسئله به‌خوبی تناقض دنیای مدرن را که مردم در آن تغییرات فن‌آوری را در آغوش می‌گیرند و هم‌زمان از آن متنفرند نشان می‌دهد. مایکل کرایتن[۷۹۸] زمانی به من گفت، «مردم تغییر را دوست ندارند و این فکر که فن‌آوری مهیج است فقط بابت تعداد انگشت‌شماری از مردم صادق است. مابقی با تغییر، افسرده یا آزرده‌خاطر می‌شوند.» افسوس که این سرنوشت مخترع است. او منبع توسعه و بهبود جامعه است در حالی که هیچ‌کس کاری را که او انجام می‌دهد، دوست ندارد. ویلیام پتی در سال ۱۶۷۹ گفت، «هنگامی که یک اختراع جدید برای اولین‌بار مطرح می‌شود، در ابتدا همه به مخالفت با آن می‌پردازند و مخترع بیچاره، مورد تشر و تنبیه تمام مسخره‌گران شرور قرار می‌گیرد.»

چرخ طیار ماشین بی‌توقف نوآوری چیست که دنیای مدرن را به جلو می‌راند؟ چرا نوآوری این‌چنین تبدیل به روال عادی شده است و چگونه بود که آلفرد نورت وایت‌هد[۷۹۹] آن را این‌گونه مطرح کرد، «بزرگترین اختراع قرن نوزدهم،

---

۷۹۵. BankAmericard نام اولی ویزاکارت بود.

۷۹۶. Dee Hock بنیان‌گذار و مدیرعامل شرکت کارت اعتباری ویزا.

۷۹۷. Lewis Mandell اقتصاددان و مدرس معاصر آمریکایی.

۷۹۸. Michael Crichton نویسنده و فیلمساز آمریکایی. کتاب‌هایش بیش از ۲۰۰ میلیون نسخه در سراسر دنیا فروش رفته است. اثر معروف او پارک ژوراسیک است.

۷۹۹. Alfred North Whitehead ریاضی‌دان و فیلسوف انگلیسی قرن نوزدهم.

اختـراع روش اختـراع بـود»؟ آیـا ایـن مربـوط بـه گسـترش علـم، کاربـرد پـول یـا اعطـای مالکیـت فکـری اسـت یـا چیـز دیگـری وجـود دارد، چیـزی کـه بیشـتر از پاییـن بـه بـالا باشـد؟

هدایت‌شده توسط علم؟

از آنجـا کـه مـن بـه صـرف خـود علـم، بسـیار عاشـق آن هسـتم، مشـکل اسـت کـه بگویـم، اکتشـاف لزومـاً مقـدم بـر اختـراع اسـت و این‌کـه بیشـتر ابزارهـای کاربـردی جدیـد از بینش‌هـای محرمانـه فلاسـفه‌ی طبیعـت نشـأت می‌گیـرد. فرانسـیس بیکـن[۸۰۰] اولیـن کسـی بـود کـه ایـن مسـئله را مطـرح کـرد کـه مختـرعیـن، از کار کاشـفان اسـتفاده می‌کننـد و این‌کـه علـم، پـدر اختـراع اسـت. همان‌طـور کـه دانشـمند ترنـس کیـلی[۸۰۱] عقیـده دارد، سیاسـت‌مداران مـدرن تحـت تأثیـر بیکـن هسـتند. آنهـا بـاور دارنـد کـه دسـتور العمـل سـاخت ایده‌هـای جدیـد آسـان اسـت: پـول همـگانی را در علـم کـه یـک کالای عمـومی اسـت سـرازیر کنیـد، چـون اگـر مالیات‌دهنده‌هـا ایـن کار را نکننـد، هیچ‌کـس دیگـری بـرای خلـق ایده‌هـا پـول پرداخـت نخواهـد کـرد و آن‌گاه تماشـا کنیـد کـه فن‌آوری‌هـای نـو از انتهـای مسـیر لولـه ظاهـر می‌شـوند. مشـکل این‌جاسـت کـه دو پیش‌فـرض اشـتباه وجـود دارد: اول این‌کـه علـم بیشـتر بـه دختـر فـن‌آوری شـبیه اسـت تـا مـادر آن؛ و دوم، ایـن مسـئله بدیـن معـنی نیسـت کـه فقـط مالیات‌دهنده‌هـا بـرای ایده‌هـا در علـم پـول پرداخـت می‌کننـد.

قـبلاً ایـن بحـث رایـج بـود کـه انـقلاب علـمی اروپـا در قـرن هفدهـم، کنجـکاوی خردگرایانـه‌ی طبقـه تحصیل‌کـرده را از بنـد آزاد کـرد، کـه سـپس نظریـه آنهـا در قالـب فن‌آوری‌هـای جدیـد بـه‌کار بـرده شـد و در نتیجـه ایـن امـر اجـازه داد اسـتاندارد زنـدگی بـالا بـرود. چیـن در ایـن نظریـه به‌نـوعی فاقـد ایـن پـرش به‌سـمت کنجـکاوی علـمی و انضبـاط فلسـفی بـود و بنابرایـن در توسـعه بـر اسـاس پیشـروی‌های فن‌آورانـه‌اش شکسـت خـورد. امـا تاریـخ نشـان می‌دهـد ایـن مسـئله وارونـه اسـت. تعـداد معـدودی از اختراعـاتی کـه باعـث انـقلاب صنعـتی شـدند، مدیـون نظریه‌هـای علـمی بودنـد.

البتـه ایـن درسـت اسـت کـه انگلیـس یـک انـقلاب علـمی در اواخـر دهـه‌ی ۱۶۰۰ داشـت و آن را می‌تـوان در افـرادی ماننـدهـاروی[۸۰۲]، هـوک[۸۰۳]، هیـلی[۸۰۴] و همچنیـن

---

۸۰۰. Francis Bacon فیلسوف و دولتمرد انگیسی قرن شانزدهم.

۸۰۱. Terence Kealey متخصص بیوشیمی معاصر انگلیسی.

۸۰۲. William Harvey پزشک انگلیسی قرن شانزدهم که تأثیر بسزایی در آناتومی و فیزیولوژی داشت.

۸۰۳. Robert Hooke دانشمند انگلیسی قرن شانزدهم و یکی از کسانی که میکروارگانیسم‌ها را کشف کرد.

۸۰۴. Edmond Halley ستاره‌شـناس و ریـاضی‌دان انگلیـسی قـرن هفدهـم کـه اولیـن کسـی بـود کـه مـدار سـتاره‌ی دنبالـه‌داری را محاسـبه کـرد کـه بعدهـا بـه اسـم او نـام گرفـت (سـتاره‌ی دنباله‌دارهـالی).

افرادی مانند بویل[۸۰۵]، پتی و نیوتن[۸۰۶] دید، اما تأثیر آنها بر آنچه در صنعت تولید و ساخت انگلیس در قرن بعد اتفاق افتاد ناچیز بود. نیوتن تأثیر بیشتری بر ولتر[۸۰۷] داشت تا جیمز هارگریوز. صنعتی که در ابتدا و به بیشترین میزان متحول شده بود صنعت بافندگی و ریسندگی پنبه بود که خیلی کم مورد علاقه دانشمندان بود و برعکس. ماشینهای مختلف بافندگی (جنی، قاطر و...) که کار پنبه و نخ را دگرگون کردند، توسط تاجران سرهم‌بند اختراع شد و نه دانشمندان فکور: با «سرهای سرسخت و انگشتان زبده». گفته شده است که چیزی در طرح‌های آنها نبود که ارشمیدس با دیدنش مبهوت شود.

همچنین از چهار مردی که بزرگ‌ترین پیشرفت‌ها را در موتور بخار انجام دادند - توماسِ نیوکامن، جیمز وات، ریچارد ترویتیک، جورج استیونسن[۸۰۸] - سه تن از آنها کاملاً از نظریه‌های علمی ناآگاه بودند و تاریخدانان در مورد چهارمی، وات، مخالف هستند که به هیچ وجه تأثیری از نظریه‌های علمی گرفته باشد. آنها بودند که نظریه‌های خلأ و قوانین ترمودینامیک را میسر ساختند، نه این‌که برعکس آن اتفاق افتاده باشد. دنیس پاپن[۸۰۹]، پیشگام متولد فرانسه‌ی آنها، یک دانشمند بود اما برداشت‌های خودش را از ساخت یک موتور داشت تا این‌که از جاهای دیگر به‌دست بیاورد. تلاش‌های دلیرانه دانشمندان قرن هجدهم برای اثبات این‌که نیوکامن برداشت‌های اصلی خودش را از نظریه‌های پاپن گرفته به‌طور کل ناموفق بود.

در طول انقلاب صنعتی دانشمندان بیشتر از آن‌که بانی فن‌آوری جدید باشند از مزایایش بهره‌مند می‌شدند. حتی در انجمن معروف مهشیدی[۸۱۰]، جایی که کارآفرین صنعتی، جوزایا وِجوود دوست داشت با فیلسوفان طبیعت مانند اراسموس داروین[۸۱۱] و جوزف پریستلی[۸۱۲] معاشرت کند، بهترین ایده‌اش را که چرخ تراش سفال‌گری بود از یک کارخانه‌دار به‌نام متئو بولتن[۸۱۳] گرفت. و هرچند ذهن خلاق و زاینده‌ی بنجامین فرانکلین[۸۱۴] چیزهای بسیاری، از میله‌های برق‌گیر گرفته تا عینک‌های دوکانونی را بر اساس اصول علمی اختراع کرد، اما هیچ‌کدام آنها منجر به تأسیس صنایع نشد.

---

۸۰۵. Robert Boyle فیزیکدان، شیمی‌دان و مخترع انگلیسی قرن هفدهم.

۸۰۶. Isaac Newton ریاضی‌دان، فیزیک‌دان و ستاره‌شناس انگلیسی قرن هفدهم.

۸۰۷. Voltaire نویسنده‌ی دوره‌ی روشنگری فرانسه در اواخر قرن هفدهم که به‌خاطر تمسخر و انتقاد از مسیحیت مشهور است.

۸۰۸. George Stephenson مهندس عمران و مکانیک انگلیسی قرن هجدهم. از او به‌عنوان پدر خط‌آهن یاد می‌شود.

۸۰۹. Denis Papin فیزیک‌دان، ریاضی‌دان و مخترع فرانسوی قرن هفدهم.

۸۱۰. Lunar Society باشگاه شبانه و انجمن غیررسمی آموزشی متشکل از چهره‌های برجسته در عصر روشنگری میدلندز انگلیس که شامل صنعتگران، فیلسوفان طبیعی و نخبگان می‌شد.

۸۱۱. Erasmus Darwin پزشک مورد احترام و شاعر نامدار انگلیسی قرن هجدهم.

۸۱۲. Joseph Priestley آموزگار، مؤلف و فیلسوف طبیعی انگلیسی قرن هجدهم.

۸۱۳. Matthew Boulton

۸۱۴. Benjamin Franklin دانشمند آمریکایی قرن هفدهم.

بنابرایـن دانـشِ از بـالا بـه پاییـن بخـش کوچـکی را در سـال‌های اولیـه انـقلاب صنعـتی بـازی کـرد. در هـر حالـتی، ذوق و اسـتعداد علـمیِ انگلیـسی در لحظـه‌ی کلیـدی خشـک می‌شـود. آیـا می‌توانیـد یـک کشـف بـزرگ علَـمی انگلیـسی در نیمـه اول قـرن هجدهـم را نـام ببریـد؟ ایـن زمـان به‌ویـژه بـرای فیلسـوفان طبیعـت، زمـان بی‌حاصـلی حـتی در انگلیـس بـود. خیـر، جرقـه‌ی انـقلاب صنعـتی توسـط نـوعی خـدای از ماشیـن بیـرون آمـده کـه ناگهـان تمـام مشـکلات را حـل کنـد، زده نشـد. بعدهـا دانش در سـرعت جمـع‌آوری اختـراع کمـک کـرد و مـرز میـان اختـراع و اکتشـاف به‌طـور فزاینـده‌ای همان‌طـور کـه قـرن نوزدهـم پیـش می‌رفـت کمرنـگ شـد. بنابرایـن تنهـا وقـتی کـه اصـول انتقـال الکتریـک درک شـد، تلگـراف کامـل شـد؛ هنـگامی کـه معدنچیـان ذغال‌سـنگ، ترتیـب لایه‌هـای زمین‌شـناسی را شـناختند و درک کردنـد، بهتـر می دانسـتند کجـا معـادن جدیـد را حفـر کننـد؛ هنـگامی کـه حلقه‌هـای سـاختار بنـزن شـناخته شـد، تولیدکننده‌هـا توانسـتند رنگ‌هـا را به‌جـای این‌کـه به‌صـورت تصـادفی بسـازند، طـراحی کننـد و مثال‌هـایی از ایـن دسـت. امـا بیشـتر ایـن بـه قـول جوئـل موکیـر، «یـک فرآینـد نیمـه هدایت‌شـده، کورمـال و بی‌محابـا از آزمـون و خطـا توسـط متخصصیـن باهـوش و زبردسـت بـود بـه همـراه یـک ایـده مبهـم ولی به‌تدریج در حـال وضـوح بیشـتر از فرآینده‌هـا در کار». خیـلی سـخت اسـت کـه همـه این‌هـا را علـم بنامیـم. ایـن چیـزی اسـت کـه امـروز در کافه‌هـا و گاراژهـای سیلیکون‌ولی اتفـاق می‌افتـد و نـه در آزمایشـگاه‌های دانشـگاه اسـتنفورد.

قـرن بیسـتم نیـز سرشـار از فن‌آوری‌هـایی اسـت کـه فقـط مقـدار کـمی بـه فلسـفه و دانشـگاه‌ها بدهـکار اسـت همان‌طـور کـه صنعـت نـخ این‌گونـه بـود: صنعـت پـرواز، صنعـت الکترونیـک نیمه‌هـادی (حالـت جامـد) و نرم‌افـزار. اعتبـار تلفـن همـراه، یـا موتـور جسـت‌وجو یـا وبلاگ را بـه کـدام دانشـمند می‌دهیـد؟ در سـخنرانی دربـاره نیک‌بختـی در سـال ۲۰۰۷، فیزیکـدان دانشـگاه کمبریـج سـر ریچـارد فرنـد[۸۱۵]، بـه مثـال اَبَررسـانایی در دمـای بـالا - کـه به‌طـور تصـادفی در دهـه‌ی ۱۹۸۰ کشـف شـده و پـس از آن توضیـح داد شـده بـود- اشـاره کـرد و حـتی پذیرفـت وظیفـه دانشـمندان امـروز بـه واقـع ایـن اسـت کـه یافته‌هـای تجربـی تعمیـرکاران و سـرهم بندکننده‌هـای فـن‌آوری را پـس از آن‌کـه آنهـا چیـزی کشـف کردنـد، توسـعه و توضیـح دهنـد.

واقعیـت گریزناپذیـر ایـن اسـت کـه بیشـتر تغییـرات فـن‌آوری از تلاش بـرای بهبـود فـن‌آوری موجـود به‌دسـت می‌آیـد. ایـن امـر در کارگاه‌هـا و میـان مکانیـک‌هـا و کارآمـوزان، یـا در محـل کار میـان کاربـران برنامه‌هـای کامپیوتـری اتفـاق می‌افتـد، و به‌نـدرت به‌عنـوان دسـتاورد حاصـل از به‌کارگیـری و انتقـال دانـش، از محـل دنـج روشـنفکران و اندیشـمندان بیـرون می‌آیـد. ایـن بـدان معنـی نیسـت کـه علـم را محکـوم بـه بی‌فایـده بـودن کنیـم. کشـف گرانـش و چرخـش خـون در قـرن هفدهـم، چیزهـای باشـکوه و عـالی بـر جمـع دانـش بشـر بودنـد. امـا آنهـا در مقایسـه بـا ماشیـن

---

۸۱۵. Sir Richard Friend

پنبه پاک‌کنی و موتور بخار، سهم کمتری در بالا بردن سطح استاندارد زندگی داشتند. و حتی مراحل دیگر انقلاب صنعتی سرشار از نمونه‌های فن‌آوری است که در ناآگاهی قابل توجهی از این‌که چرا کار کردند، توسعه یافتند. این مسئله به‌طور ویژه درباره دنیای زیست‌شناسی صادق است. آسپرین برای بیش از یک قرن بود که داشت برای درمان سردرد استفاده می‌شد، قبل از این‌که کسی کمترین تصوری از این داشته باشد که چطور کار می‌کند. توانایی پنی‌سیلین برای کشتن باکتری‌ها در نهایت حدوداً زمانی فهمیده شد که باکتری‌ها دیگر یاد گرفته بودند آن را شکست دهند. آبلیمو قرن‌ها پیش از کشف ویتامین سی مانع اسکوربوت[۸۱۶] می‌شد. غذا به روش قوطی‌کردن خیلی پیش‌تر از این‌که کسی ایده‌ای درباره نظریه‌ی میکروب داشته باشد تا به توضیح این مسئله کمک کند، حفظ و نگهداری می‌شد.

سرمایه؟

یحتمل پول، پاسخ این پرسش که چه چیزی موتور نوآوری را می‌راند است. همان‌طور که بسیاری از سرمایه‌گذاران خطرپذیرِ[۸۱۷] سیلیکون‌ولی به شما خواهند گفت، راه تشویق و تحریک نوآوری، گردهم آوردن سرمایه و استعداد است. در بیشتر تاریخ، مردم در دور نگه‌داشتن این دو از یکدیگر ماهر بوده‌اند. مبتکران همیشه جایی می‌روند که پول پیدا شود تا از آنها پشتیبانی کند. یکی از مزیت‌های بریتانیا در قرن هجدهم، جمع‌آوری یک ثروت جمعی حاصل از تجارت خارجی و یک بازار سرمایه نسبتاً کارآمد در جهت توزیع بودجه میان مبتکران و نوآوران بود. به‌طور دقیق‌تر، انقلاب صنعتی به یک سرمایه‌گذاری بلندمدت در تجهیزاتی که نمی‌توانستند به‌سادگی نقد شوند نیاز داشت - بیشتر بابت ماشین‌آلات و کارخانه‌ها. بازار سرمایه بریتانیا بیشتر از کشورهای دیگر در موقعیتی بود که بتواند این سرمایه را در قرن هجدهم تأمین کند. لندن در قرن هجدهم توانسته بود از آمستردام قرض بگیرد و آن را در شرکت‌های سهامی با مسؤلیت محدود، بازارهای نقدینگی، در سهام‌ها و اوراق قرضه و در یک نظام بانکی قادر به تولید اعتبار رشد دهد. این به مبتکران کمک کرد به‌وسیله آن بتوانند ایده‌های‌شان را به محصول تبدیل کنند. برخلاف این در فرانسه، بازار سرمایه با شکست جان لا[۸۱۸] مواجه شد، بانک‌ها به‌خاطر عدم پرداخت بدهی لویی چهاردهم خالی شدند و قوانین شرکتی با اخاذی خودسرانه‌ی مالیات‌کارها[۸۱۹] تسخیر شد.

---

۸۱۶. بیماری به‌خاطر فقر ویتامین سی در بدن.

۸۱۷. Venture Capitalist

۸۱۸. John Law اقتصاددان اسکاتلندی قرن هفدهم.

۸۱۹. Tax Farmer نظام اخذ مالیات در فرانسه بود که ایالات، حق جمع‌آوری مالیات را به افراد خصوصی در مقابل دریافت مبلغی مشخص واگذار می‌کردند. این افراد، مالیات‌کار نامیده می‌شدند. همچنین شیوه‌ای است در مدیریت مالی.

در یک تکرار هراس‌آور از الگویی مشابه، سیلیکون‌ولی، انفجار نوظهور بودنش را بیشتر به سرمایه‌گذاران خطرپذیر در جاده‌ی سندهیل[۸۲۰] مدیون است. آمازون[۸۲۱]، کامپک[۸۲۲]، جنن‌تک[۸۲۳]، گوگل، نت‌اسکیپ[۸۲۴] و سان[۸۲۵] بدون کلاینر پرکینز کالفیلد[۸۲۶] کجا بودند؟ این تصادفی نیست که رشد صنایع تکنولوژی بعد از اواسط دهه‌ی ۱۹۷۰، هنگامی که کنگره، صندوق‌های سرمایه‌گذاری و غیرانتفاعی را آزاد گذاشت تا بخشی از دارایی‌های‌شان را در صندوق‌های سرمایه‌گذاری پرخطر سرمایه‌گذاری کنند، اوج گرفت. کالیفرنیا محل تولد کارآفرینان نیست؛ کالیفرنیا جایی است که آنها به آنجا می‌روند تا کارآفرینی کنند و کسب‌وکار راه بیاندازند؛ یک‌سوم تمام استارتاپ‌های موفق در کالیفرنیا بین ۱۹۸۰ و ۲۰۰۰، بنیان‌گذارانی متولد هند یا چین داشتند.

در دوران امپراتوری روم، بدون شک تعداد زیادی از برده‌ها می‌دانستند چگونه دستگاه پرس زیتون، آسیاب آبی و دستگاه ریسندگی پشم بهتری بسازند و در عین حال تعداد زیادی از ثروتمندان صاحب نفوذ هم می‌دانستند چگونه پس‌انداز، سرمایه‌گذاری و مصرف کنند. اما این دو گروه توسط دلالان و واسطه‌های رشوه‌خوار که هیچ تمایلی به دور هم آوردن این دو نداشتند، مایل‌ها دور از هم زندگی می‌کردند. حکایت جالبی درباره شیشه توسط تعداد زیادی از مؤلفان و نویسندگان رومی تکرار شده که تا حدی حق مطلب را بیان می‌کند. مردی اختراعش را که شکل نشکنی از شیشه بود، برای امپراتور تیبریوس به نمایش گذاشت و امیدوار بود جایزه‌ای دریافت کند. تیبریوس جویا می‌شود که آیا کسی راز این مرد را می‌داند یا نه و اطمینان حاصل کرد که کسی نمی‌داند. پس سر مرد را از تن جدا کرد تا از کاهش ارزش نسبی طلا نسبت به آن ماده جدید جلوگیری کند. نتیجه‌ی اخلاقی داستان - چه واقعیت داشته باشد چه نه - فقط این نیست که مخترعین رومی، پاداش منفی به‌خاطر زحمات‌شان دریافت می‌کنند، بلکه این است که سرمایه‌گذاری خطرپذیر بسیار کمیاب بوده و تنها راه برای دریافت بودجه برای یک اختراع این بود که به سراغ امپراتور بروند. امپراتوری چین هم سیگنال‌های پرقدرتی از دلسردی و سرخوردگی برای هر کسی که نیروی نبوغ و ابتکارش وضعیت موجود را به چالش می‌کشاند ارسال می‌کرد. یک مبلغ مذهبی مسیحی در چینِ دوران خاندان مینگ می‌نویسد:» هر انسان صاحب نبوغی با این فکر که تلاش‌هایش تنبیه و مجازات به همراه می‌آورد تا

---

۸۲۰. Sandhill Road جاده‌ای در جنوب سیلیکون‌ولی.

۸۲۱. Amazon

۸۲۲. Compaq

۸۲۳. Genentech

۸۲۴. Netscape

۸۲۵. Sun Microsystems

۸۲۶. Kleiner Perkins Caulfield یکی از بنیان‌گذاران مؤسسه سرمایه‌گذاری خطرپذیر Kleiner Perkins Caufield & Byers در کالیفرنیا بود.

پاداش و جایزه، به‌سرعت زمین‌گیر می‌شد.»

تأمین مالی نوآوری در قرن بیستم به‌تدریج به داخل شرکت‌ها حرکت کرد. شرکت‌های بخش خصوصی که به‌واسطه شومپیتری‌ها[۸۲۷] نگران شده بودند، می‌ترسیدند نوآوری بتواند کل بازار را از دست‌شان خارج کند و به همان اندازه در این رؤیا غرق بودند که می‌توانند کل بازار را از دست رقبای‌شان بیرون بکشند. آنها به‌تدریج یاد گرفتند که نوآوری را به فرهنگ‌شان بخیه کنند و بودجه‌ای برای آن کنار بگذارند. تحقیقات شرکت‌های بزرگ و بودجه‌های توسعه فقط یک قرن از عمرشان می‌گذرد و به‌طور بسیار پیوسته در کل این زمان در حال رشد بوده‌اند. نسبت GDP صرف‌شده توسط شرکت‌ها در آمریکا برای تحقیق و توسعه در طول نیم‌قرن گذشته بیشتر از دوبرابر - حدود سه درصد - شده است. جای تعجب نیست که افزایش متناظری در اختراع و کاربرد وجود داشته است.

هرچند اگر زیر چتر آمار کاوش و بررسی کنید، تصویر تغییر می‌کند. در حالی‌که شرکت‌ها بسیار از این‌که بتوانند در چیزهای نوظهور و رشد خودشان هزینه کنند، دور هستند، اما به‌طور مدام در حال کشف این مسئله هستند که بودجه‌ی تحقیق و توسعه آنها به‌طور فزاینده‌ای توسط صاحب‌منصبان خودپسند و تدافعی غصب می‌شود و آنها این بودجه را صرف پروژه‌های کم‌خطر، سبک و کم‌طرفدار صرف می‌کنند و متوجه فرصت‌های غول‌آسا نمی‌شوند که در نتیجه تبدیل به تهدید می‌شوند. صنعت دارویی که بارها تلاش کرده بود یک تفکر رادیکال را به بخش تحقیقاتش القا کند تا حد زیادی تسلیم شده و از این تلاش دست برداشته است و حالا به‌سادگی شرکت‌های کوچکی که ایده‌های بزرگ را توسعه داده‌اند خریداری می‌کند. تاریخ صنعت کامپیوتر پر است از مثال‌هایی که در آن بازیگران برجسته و مطرح این صنعت فرصت‌های بزرگ را از دست داده‌اند که در نتیجه‌اش خودشان را در چالش با رقبای جدید که به‌سرعت در حال رشد هستند می‌یابند. شرکت‌هایی مانند آی‌بی‌ام[۸۲۸]، دیجیتال اکوایپمنت[۸۲۹]، اپل و مایکروسافت. حتی گوگل از این سرنوشت رنج خواهد برد. نوآوران بزرگ هنوز و به‌طور معمول، غیرخودی‌ها هستند.

هرچند که آنها ممکن است با شور و خودفشانی کارآفرینانه‌ای آغاز کنند، اما وقتی که شرکت‌ها و ادارات آنها بزرگ شدند، تا حد لادیزم[۸۳۰]، خطرگریز

۸۲۷. برگرفته از نام جوزف شومپیتر، اقتصاددان سیاسی اتریشی قرن نوزدهم. رشد شومپیتری، رشد اقتصادی است که نیروی محرکش، نوآوری است و توسط تخریب خلاقانه و جایگزینی فن‌آوری جدید با قدیمی اداره می‌شود.

۸۲۸. IBM

۸۲۹. Digital Equipment

۸۳۰. Luddism به‌صورت تاریخی به ند لاد (Ludd Ned) و طرفدارانش اطلاق می‌شود که ضد ماشینی شدن صنعت نساجی در قرن نوزدهم انگلیس بودند و امروزه به کسانی اطلاق می‌شود که ضد هرگونه تکنولوژی هستند و آن را تجاوز به طبیعت و نیاز انسان می‌دانند.

می‌شوند. سرمایه‌دار خطرپذیر، ژرژ دوریت[۸۳۱] می‌گوید خطرناک‌ترین لحظه در زمان حیات یک شرکت وقتی است که موفق شده و سپس به همین خاطر از نوآوری دست می‌کشد. «این تلفن به‌عنوان وسیله‌ای برای ارتباط، کاستی‌های بیش از حد زیادی برای بررسی دارد. این وسیله به ذات هیچ ارزشی برای ما ندارد»، این چیزی است که در یادداشت داخلی وسترن یونین[۸۳۲] آمده است. به همین خاطر است که نه ای‌بی‌ام بلکه اپل، کامپیوتر شخصی را تکمیل کرد، و نه ارتش فرانسه بلکه برادران رایت، پرواز با نیروی محرکه را اختراع کردند، و نه خدمات بهداشت ملی بریتانیا بلکه جوناس سالک[۸۳۳] واکسن فلج اطفال را کشف کرد، و نه اداره‌ی پست بلکه آمازون، سفارش با یک کلیک را پدید آورد، و نه شرکت انحصاری تلفن ملی بلکه یک شرکت تأمین الوار فنلاندی تبدیل به پیشروی جهان در تلفن همراه شد.

یک راه حل برای شرکت‌ها این است که سعی کنند کارمندان‌شان را رها بگذارند تا آنها بتوانند مانند یک کارآفرین رفتار کنند. شرکت سونی این کار را بعد از این انجام داد که در دهه‌ی ۱۹۹۰ پی برد که متخصصین پیشرو و نامدارش تسلیم ذهنیت «در اینجا اختراع نشده است» شده‌اند. جنرال الکتریک تحت رهبری جک ولچ[۸۳۴]، این کار را برای مدتی با تقسیم شرکت به واحدهای رقابتی کوچک‌تر انجام داد. 3M سرشار از موفقیت کارمندش، آرت فرای[۸۳۵] به‌خاطر ایده‌ی کاغذ یادداشت‌های چسبی و جداشونده (نچسب) (post-its) که او آن را در ۱۹۸۰ در حالی که تلاش می‌کرد جایی در کتاب سرودش در کلیسا را علامت‌گذاری کند رؤیاپردازی کرد، به متخصصین خودش گفت که ۱۵٪ از زمان‌شان را روی کارها و پروژه‌های خودشان با برداشت از ایده‌های مشتریان، صرف کنند.

روش دیگر، برون‌سپاری مشکلات با پیدا کردن راه حل آن توسط بازار مجازی مخترعین و دادن قول جایزه و پاداش است، همان‌طور که دولت بریتانیا این کار را درباره مشکل اندازه‌گیری طول جغرافیایی در دریا در قرن هجدهم انجام داد. اینترنت این امکان را در سال‌های اخیر احیا کرده است. سایت‌هایی مانند Innocentive و yet2.com به شرکت‌ها این امکان را می‌دهد که مشکلاتی که قادر به حل آن نیستند را پست و برای حل آن جایزه تعیین کنند و همچنین فن‌آوری‌های جدیدی را که اختراع کرده‌اند و به‌دنبال کاربردهایش هستند را آنجا بگذارند. مهندسین بازنشسته می‌توانند پول خوبی از این سایت‌ها کسب

---

۸۳۱. Georges Doriot مدرس فرانسوی-آمریکایی قرن نوزدهم که سابقه کاری پربارش در ارتش، دانشگاه و کسب‌وکار معروف است.

۸۳۲. Western Union شرکت خدمات مالی در آمریکا.

۸۳۳. Jonas Salk

۸۳۴. Jack Welch مدیرعامل شرکت جنرال الکتریک بین سال‌های ۱۹۸۱ و ۲۰۰۱.

۸۳۵. Art Fry

کننـد و اوقـات خـوشی را بـا گذاشـتن مغزشـان بـرای ایـن کارهـا به‌صـورت کار آزاد داشـته باشـند. مـدل قدیـمی تحقیـق و توسـعه (R&D) داخـلی سـازمان و شـرکت به‌طـور حتـم و به‌سـرعت جایـش را بـه چنیـن بـازاری در نـوآوری، یـا همان‌طـور کـه دان تپ‌اسـکات[۸۳۶] و آنتـونی ویلیامـز[۸۳۷] آن را می‌نامنـد، «محافـل ایـده» خواهنـد داد.

پـول بـه حتـم در به‌راه انداختـن نـوآوری مهـم اسـت، امـا بـه هیـچ وجـه نقطـه برتـر و برجسـته آن نیسـت. حـتی در کارآفرین‌تریـن اقتصادهـا، نـوآوران پس‌اندازهـای کـمی دارنـد. مخترعیـن دوران ویکتوریـایی بریتانیـا تحت رژیـمی زنـدگی می‌کردنـد کـه بخـش بـزرگی از مخـارج مربـوط بـه پرداخـت سـود پـول می‌شـد کـه در عمـل سیگنـالی ارسـال می‌کـرد کـه امن‌تریـن کاری کـه افـراد پولـدار می‌تواننـد بـا پول‌شـان انجـام دهنـد جمـع‌آوری اجـاره آن از مالیـات بـر تجـارت اسـت. امـروزه پول‌هـای بسیـاری بـر تحقیقـاتی کـه توسـعه پیـدا نمی‌کنـد و بـه جـایی نمی‌رسـد هـدر می‌شـود و کشـف‌های بسیـاری بـدون اسـتفاده از پـول زیـادی، تحقـق پیـدا می‌کننـد. هنگامی‌کـه مـارک زوکربـرگ[۸۳۸] فیس‌بـوک را در ۲۰۰۴ به‌عنـوان یـک دانشـجوی‌هاروارد اختـراع کـرد، بـه هزینـه کـمی بـرای تحقیـق و توسـعه احتیـاج داشـت. حـتی وقـتی کـه آن را بـه یـک کسـب‌وکار تبدیـل کـرد، اولیـن سـرمایه‌گذاری ۵۰۰،۰۰۰ دلاری از سـوی پیتـر تیـل[۸۳۹]، مؤسـس پی‌پـل[۸۴۰]، در مقایسـه بـا آنچـه کارآفرینـان در دوره بخـار و راه‌آهـن نیـاز داشـتند، مبلـغ ناچیـزی بـود.

مالکیت فکری چطور؟

یحتمـل مالکیـت پاسـخ آن اسـت. مخترعیـن اختـراع نخواهنـد کـرد مگـر آن‌کـه بتواننـد حداقـل بخـشی از پیشـرفت اختراعـات را بـرای خودشـان نگـه دارنـد. گذشـته از این‌هـا، هیچ‌کـس زمـان و تلاشـش را در کاشـت محصـولی در زمیـن خـودش صـرف نخواهـد کـرد، اگـر نتوانـد ایـن توقـع را داشـته باشـد کـه آن را برداشـت کنـد و منفعتـش را بـرای خـودش نگـه دارد - واقعیـتی کـه اسـتالین، مائـو، و رابـرت موگابـه[۸۴۱] به‌سـختی یـاد گرفتنـد - بنابرایـن به‌طـور حتـم هیچ‌کـس زمـان و تلاشـش را در توسـعه ابـزاری جدیـد یـا سـاختن نـوع جدیـدی از یـک سـازمان صـرف نخواهـد کـرد اگـر کـه حداقـل نتوانـد بخـشی از پـاداش آن را بـرای خـودش حفـظ کنـد.

ایـن در حـالی اسـت کـه مالکیـت فکـری خیـلی متفـاوت از ملـک واقـعی اسـت بـه

---

۸۳۶. Don Tapscott مؤلف و مشاور کسب‌وکار معاصر کانادایی.

۸۳۷. Anthony Williams مشـاور، مؤلـف و محقـق کانـادایی در زمینـه‌ی علـوم سیـاسی کـه بـا همـکاری دان تپ‌اسـکات کتـاب ویکی‌نامیکـس (Wikinomics) را تألیـف کرده‌انـد.

۸۳۸. Mark Zuckerberg

۸۳۹. Peter Thiel

۸۴۰. Paypal شرکت فن‌آوری مالی چندملیتی در زمینه‌ی پرداخت آنلاین.

۸۴۱. Robert Mugabe رئیس‌جمهور سابق زیمباوه بین سال‌های ۱۹۸۷ تا ۲۰۱۷.

این خاطر که بی‌فایده است اگر بخواهید آن را برای خودتان نگه دارید. مفهوم انتزاعی آن می‌تواند بی‌نهایت به اشتراک گذاشته شود. این مسئله کسانی که مخترعین را تشویق می‌کنند بر سر یک دوراهی آشکار می‌گذارد. مردم با فروش چیزها (و خدمات) به یکدیگر ثروتمند می‌شوند و نه با فروش ایده‌ها. بهترین دوچرخه را تولید کنید و از آن منفعت زیادی کسب کنید؛ اما ایده آن دوچرخه را داشته باشید ولی چیزی از آن کسب نمی‌کنید، چراکه از آن ایده خیلی زود نسخه‌برداری می‌شود. اگر نوآوران کسانی هستند که به‌جای ساخت چیزها، ایده آنها را تولید می‌کنند، چگونه می‌توانند از آنها سود کسب کنند؟ آیا جامعه به این احتیاج دارد که سازوکار ویژه‌ای اختراع کند تا ایده‌های تازه را با نرده‌ها محصور و آنها را بیشتر شبیه خانه‌ها و مزارع کند؟ اگر این گونه هست، پس ایده‌ها قرار است چگونه منتشر شوند؟

راه‌های بسیاری وجود دارد که ایده‌ها را به مالکیت تبدیل کرد. می‌توانید راز دستور العمل را همان‌طور که جان پمبرتون[۸۴۲] برای کوکاکولا در ۱۸۸۶ انجام داد برای خودتان نگه دارید. این کار در جایی که برای رقبا دستیابی به راز محصولات شما با پیاده‌سازی و «مهندسی معکوس» کردن آن مشکل است، به‌خوبی عمل می‌کند. بر خلاف آن، ماشین‌آلات راز خودشان را خیلی آسان تسلیم می‌کنند. پیشگامان تولید منسوجات صنعتی بریتانیا تا حد زیادی در تلاش برای استفاده از قوانین محرمانه‌ی نگه‌داشتن تجارت، شکست خوردند. اگرچه افسران گمرک، اموال و متعلقات خارجی‌ها را برای یافتن نقشه‌ی ماشین‌آلات جست‌وجو می‌کردند، افرادی اهل نیوانگلند مانند فرانسیس کبت لوئل[۸۴۳] که در حالی که حوالی کارخانه‌های لنکشر و اسکاتلند معصومانه پرسه‌زنی می‌کرد و ظاهراً این کار را برای سلامتی خودش انجام می‌داد، به‌طرز دیوانه‌واری جزئیات دستگاه بافندگی خودکار کارت‌رایت را به‌خاطر سپرد که به‌سرعت در برگشت به ماساچوست آن را نسخه‌برداری کرد. صنعت رنگرزی عمدتاً متکی بر محرمانه نگه‌داشتن بود تا دهه‌ی ۱۸۶۰، زمانی که شیمی تجزیه به نقطه‌ای رسید که رقبای دیگر توانستند به چگونگی ساخت رنگ‌ها پی ببرند؛ سپس این امر تبدیل به پروانه‌ی حق بهره‌برداری از اختراع شد.

یا دومین راه این است که شما می‌توانید از مزیت اولین عمل محرک بودن استفاده کنید، همان‌طور که سم والتون، بنیان‌گذار والمارت این کار را در تمام طول حرفه‌اش حتی با توجه به این‌که رقبای خرده‌فروش او در حال پیشرفتی سریع با استفاده از تدابیر جدید کاهش هزینه بودند، انجام داد. سلطه‌ی اینتل در صنعت ریزتراشه و 3M در صنعت متنوع فن‌آوری، خیلی بر اساس محافظت از اختراعات‌شان نبود بلکه بر اساس پیشرفت و بهبود آنها سریع‌تر از دیگران بود.

۸۴۲. John Pemberton داروساز آمریکایی قرن نوزدهم که به‌خاطر اختراع کوکا کولا معروف است.

۸۴۳. Francis Cabot Lowell تاجر آمریکایی قرن هجدهم که شهر لوئل در ماساچوست به نام او نامگذاری شده است. او نقش مهمی در آوردن انقلاب صنعتی به آمریکا بازی کرد.

سوئیچ بسته‌های داده[۸۴۴]، اختراعی بود که اینترنت را در حالی که هیچ‌کس حق اختراعی از آن به‌دست نیاورد، ممکن ساخت. راهی که بتوانید مشتریان‌تان را اگر مایکل دل[۸۴۵]، استیو جابز یا بیل گیتس هستید، حفظ کنید این است که به منسوخ کردن محصولات خودتان ادامه دهید.

راه سوم برای کسب منفعت از اختراع، پروانه‌ی حق بهره‌برداری از اختراع است، یک حق نسخه‌برداری یا ثبت یک نشان تجاری. سازوکارهای گوناگون مالکیت فکری به‌طرز هراس‌انگیزی در دنیای به‌ظاهر بی‌قانون و به‌شدت رقابتیِ دستور پخت‌های واقعی منعکس شده است، دستور پخت‌های تهیه‌شده توسطِ سرآشپزان فرانسوی برای رستوران‌های‌شان. هیچ محافظت قانونی برای این دستورالعمل‌ها وجود ندارد: این دستورالعمل‌ها نمی‌توانند پروانه حق بهره‌برداری، حق نسخه‌برداری و یا نشان تجاری بگیرند. اما سعی کنید رستوران جدیدی در پاریس برپا کنید و بهترین دستور پخت‌ها را از رقبای‌تان بقاپید، به‌سرعت درخواهید یافت که این سرزمین مشترک نیست. همان‌طور که امانوئل فوچارت[۸۴۶] از مصاحبه با ده سرآشپز - شف دو کوئزین[۸۴۷]- که در اطراف پاریس رستوران داشتند و هفت تای آنها با ستاره‌ی میشلن[۸۴۸] بودند دریافت که دنیای آشپزی و غذاهای فاخر و عالی بر اساس سه قاعده نانوشته و اعمال‌نشدنی توسط قانون ولی نه کمتر واقعی از این لحاظ، کار می‌کند. اول این‌که، هیچ سرآشپزی نمی‌تواند دستورالعمل سرآشپز دیگر را به‌طور کامل و دقیق تقلید کند؛ دو این‌که، اگر سرآشپزی دستورالعملی را به سرآشپز دیگری بگوید، سرآشپز دوم نمی‌تواند آن را به دیگران بدون اجازه انتقال دهد؛ سوم این‌که سرآشپزان باید اعتبار مهارت و فن یا ایده را به مخترع اصلی اعطا کنند. در عمل این قواعد متناظر با پروانه حق بهره‌برداری از اختراع، قراردادهای محرمانه‌ی نگه‌داشتن تجارت و حق نسخه‌برداری هستند.

البته هنوز شواهد کمی مبنی بر این‌که پروانه‌های حق بهره‌برداری از اختراعات به واقع عواملی هستند که سبب می‌شوند مخترعین اختراع کنند، وجود دارد. بیشتر نوآوری‌ها هیچ‌وقت دارای پروانه‌ی حق بهره‌برداری نیستند. تا نیمه‌ی قرن نوزدهم، نه هلند و نه سوئیس، سیستمی برای امتیاز و حق اختراع نداشتند در حالی که هر دو کشور مخترعین زیادی پرورش دادند و به خود جذب کردند. و لیست اختراعات مهم و قابل توجه قرن بیستم که هیچ‌وقت پروانه‌ی حق اختراع نگرفتند بسیار بلندبالاست. این لیست شامل گیربکس خودکار،

---

۸۴۴. Packet Switching روشی در ارسال اطلاعات ذخیره شده در کامپیوتر توسط اینترنت.

۸۴۵. Michael Dell بنیان‌گذار و مدیرعامل شرکت دل.

۸۴۶. Emmanuelle Fauchart استاد کارآفرینی استراتژیک معاصر سوئیسی.

۸۴۷. Chefs de Cuisine سرآشپز و مدیرآشپزخانه.

۸۴۸. Michelin stars سری کتاب‌های راهنما که توسط شرکت لاستیک‌سازی میشلن از سال ۱۹۰۰ چاپ و منتشر می‌شود. این راهنما تا سه ستاره به رستوران‌ها به‌خاطر ممتاز بودن می‌دهد.

بیک‌لایت[۸۴۹]، خودکار، موبایل، سایکلوترون[۸۵۰]، ژیروسکوپ، موتورهای جت، ضبط مغناطیسی، فرمان هیدرولیک، تیغ‌های خودتراش ایمن و زیپ است. برخلاف آن، برادران رایت به‌طور مؤثری صنعت نوپای هواپیما را در آمریکا با دفاع مشتاقانه از پروانه‌ی حق بهره‌برداری از اختراع خودشان در سال ۱۹۰۶روی ماشین‌های پرنده با نیروی محرکه بنا نهادند. در ۱۹۲۰، یک بن‌بست در تولید رادیوها به‌خاطر سد پروانه‌های حق بهره‌برداری از اختراع که در دست چهار شرکت (GE، RCA، AT&T و وستینگ‌هاوس) بود پدید آمد که باعث شد هر کدام از شرکت‌ها را از ساختن بهترین رادیوی ممکن باز دارد.

در دهه‌ی ۱۹۹۰، اداره پروانه‌ی اختراع آمریکا به ایده اجازه برای صدور پروانه‌ی حق بهره‌برداری از تکه‌های ژن و بخش‌های متوالی ژن که می‌توانست برای یافتن ژن‌های نرمال و معیوب استفاده شود فکر کرد. اگر این اتفاق افتاده بود، توالی ژنوم بشر تبدیل به فضایی غیرممکن برای نوآوری در آن می‌شد. با این‌حال شرکت‌های مدرن بیوتکنولوژی به‌کرات با آنچه کارل شپیرو[۸۵۱] «بیشه‌ی پروانه‌ی اختراع» نامیده است، مواجه می‌شوند و آن زمانی است که آنها در حال ایجاد درمانی برای یک بیماری جدید هستند. اگر مرحله از مسیر متابولیک، مشمول حق بهره‌برداری از اختراع بشود، یک مخترع پزشکی می‌تواند خودش را در حال مذاکره درباره تمام جوایزش ببیند حتی پیش از این‌که ایده خودش را امتحان کرده باشد. و آخرین دارنده‌ی پروانه‌ی اختراع، بیشترین سود بالقوه را کسب می‌کند.

چیز مشابهی در صنعت تلفن همراه اتفاق می‌افتد. جایی که در آن شرکت‌های بزرگ تلفن همراه باید راه خودشان را از میان بیشه‌زار پروانه‌های حق بهره‌برداری از اختراع به‌سختی باز کنند تا بتوانند هر نوآوری را به بازار بیاورند. در هر لحظه این شرکت‌ها به‌عنوان شاکی، متهم یا شخص سوم ذی‌نفع، درگیر تعداد زیادی دعاوی دادگاه هستند. نتیجه همان‌طور که یک ناظر می‌گوید این است که «لابی‌گری و دادخواهی می‌تواند روش کمی پرمنفعت‌تر برای بردن سهم بازار باشد تا نوآوری و سرمایه‌گذاری». امروزه بزرگ‌ترین مولدان حق بهره‌برداری از اختراع در آمریکا «دیوهای حق بهره‌برداری از اختراع» هستند. این شرکت‌ها درخواست پروانه‌های بهره‌برداری از اختراعات ضعیف را بدون این‌که هیچ قصدی در ساخت محصول مورد بحث داشته باشند و با قصد کسب پول شکایت از کسانی که بخواهند به این حق بهره‌برداری‌ها تجاوز کنند را خریداری می‌کنند. ریسرچ این موشن[۸۵۲]، شرکت کانادایی که گوشی‌های بلک‌بری را تولید می‌کند، مجبور شد ۶۰۰ میلیون دلار به یک دیو کوچک حق بهره‌برداری اختراع که

---

۸۴۹. Bakelite اولین پلاستیک ساخته شده از مواد ترکیبی.

۸۵۰. Cyclotrons شتاب‌دهنده حلقوی.

۸۵۱. Carl Shapiro تاجر معاصر آمریکایی.

۸۵۲. Research in Motion

NTP نامیده می‌شد پرداخت کند، در حالی که این شرکت هیچ تولیدی انجام نداده بود و پروانه‌ی حق بهره‌برداری اختراع مورد مناقشه را به‌منظور کسب منفعت از دفاع‌شان به‌دست آورده بودند.

قیاس مایکل هِلر[۸۵۳] برای دیوهای پروانه‌ی حق بهره‌برداری، مربوط به ایالت رود راین،[۸۵۴] بین زوال قدرت امپراطوری مقدس روم و ظهور ایالت‌های مدرن است. هزاران قصر در امتداد رود راین، هر کدام به فاصله چندین مایل از یکدیگر ساخته شدند و هر کدام توسط بارونِ شاهزاده‌ی دزدی تصاحب شده بود که با گرفتن خراج و عوارض از قایق‌هایی که در طول رود رفت و آمد می‌کردند، زندگی می‌گذراندند. تأثیر جمعی این امر خاموش شدن شعله‌ی تجارت در رود راین بود و این‌که تلاش‌های مکرر برای تشکیل یک انجمن به‌منظور برداشتن بار از روی دوش تجارت به نفع همه، ناموفق بود. در قرن بیستم این امکان در روزهای اول پرواز هواپیما وجود داشت تا هر زمین‌داری از هر هواپیمایی که از مالکیت عمودی «نورافکن» او در هوا گذر کند، عوارض دریافت کند، درست مانند بارون‌های دزد رود راین. در این مورد عقلانیت پیروز شد و دادگاه به‌سرعت داشتن چنین حق مالکیتی در آسمان را از بین برد.

سیستم‌های مدرن حق بهره‌برداری از اختراع، با وجود تلاش‌هایی که برای اصلاح آن می‌شود، غالباً یک دستکش آهنی در باجه‌های عوارض شبح‌گونه است که از مخترعین در حال گذر پول می‌گیرند و به بدین‌ترتیب همان‌قدر که باجه‌های اخذ عوارض واقعی به تجارت خسارت وارد می‌کنند، آنها نیز باعث تخریب کسب‌وکارها می‌شوند. البته هنوز برخی از مالکیت‌های فکری مفید هستند. یک حق بهره‌برداری از اختراع می‌تواند یک موهبت الهی و بادآورده برای یک شرکت کوچک باشد که تلاش می‌کند به بازارِ یک غول پابرجا نفوذ کند. در صنعت داروسازی، جایی که دولت بر یک نظام بسیار گران‌قیمت برای آزمایش و بررسی ایمنی و موثر بودن یک محصول قبل از ارائه و استفاده از آن اصرار می‌کند، نوآوری بدون حق بهره‌برداری اختراع غیرممکن می‌شود. در یک نظرسنجی از ۶۵۰ مدیر اجرایی بخش تحقیق و توسعه در ۱۳۰ صنعت مختلف نشان داد که فقط آنها که در صنایع شیمیایی و داروسازی بودند، حق بهره‌برداری از اختراع را در تحریک نوآوری، مؤثر قلمداد می‌کردند. هرچند حتی اینجا هم پرسش‌هایی برای مطرح شدن وجود دارند. حتی وقتی که چنین شرکت‌هایی سود حاصل از حق بهره‌برداری اختراع‌شان را به‌جای بازاریابی و بهره‌برداری از بازار انحصاری موقت برای تحقیقات صرف می‌کنند، بیشتر پول به‌سمت داروهای «من هم همینطور» برای بیماری‌های غربی‌ها هزینه می‌شود.

قانون حق نسخه‌برداری هم در حال تبدیل شدن به بیشه است. اجرای

۸۵۳. Michael Heller استاد حقوق املاک در دانشگاه کلمبیای آمریکا.

۸۵۴. Rhine یکی از رودخانه‌های اصلی اروپا.

قوانین به‌صورت فداکارانه و غیورانه، به‌ویژه در صنعت فیلم و موسیقی، شرایط را برای مردم برای به اشتراک گذاشتن، قرض گرفتن و ساختن چیز کوچکی از هنر ابداعی بر اساس آن را به‌طرز فزاینده‌ای سخت کرده است. قطعه‌های کوچک‌تر و کوچک‌تری از آهنگ مشمول حق نسخه‌برداری می‌شود و دادگاه‌های آمریکا تلاش کرده‌اند زمان حق نسخه‌برداری را به اندازه‌ی طول عمر مؤلف بعلاوه‌ی هفتاد سال (که امروز پنجاه سال است) افزایش دهند. در حالی که در قرن هجدهم، آهنگسازان هیچ حق نسخه‌برداری در موسیقی‌شان نداشتند و این موتسارت را دلسرد نکرد: تنها یک کشور حق نسخه‌برداری از موسیقی را اجازه داده بود و آن بریتانیا بود و نتیجه‌اش افول در توانایی پیش از این ناامیدکننده‌ی بریتانیا در تولید آهنگساز بود. درست همان‌طور که روزنامه‌ها بخش کوچکی از درآمدشان را از صدور حق نسخه‌برداری کسب کرده‌اند، همیشه راهی خواهد بود تا از مردم برای موسیقی و فیلم در دنیای دیجیتال پول دریافت کرد.

مالکیت فکری در زمانی که نوآوری در حال اتفاق است عنصر اصلی نوآوری است، اما این امر به توضیح این‌که چرا برخی زمان‌ها و مکان‌ها نسبت به دیگر جاها و زمان‌ها بیشتر نوآور هستند کمک زیادی نمی‌کند.

دولت چطور؟

دولت می‌تواند برای فهرستی از اختراعات بزرگ، از سلاح‌های هسته‌ای گرفته تا اینترنت، از رادار تا ناوبری ماهواره‌ای اعتبار دریافت کند. هرچند دولت همچنین برای توانایی‌اش در تعبیر غلط از تغییرات و تحولات فنی بدنام است. وقتی که در دهه‌ی ۱۹۸۰ ژورنالیست بودم، اعضای دولت‌های اروپایی من را با ادعاهای خودستایانه برای جدیدترین ابتکارهای‌شان در پشتیبانی از بخش‌های مختلف صنعت کامپیوتر بمباران کردند. برنامه‌ها اسامی جذاب و گیرایی مانند اَلوی[۸۵۵]، اسپریت[۸۵۶] یا محاسبات «نسل پنجم» داشت و داشتند به پیش انداختن صنعت اروپا کمک می‌کردند. این برنامه‌ها معمولاً بر اساس ایده‌هایی به همان اندازه ناکام از می‌تی[۸۵۷]- در آن زمان وزارتخانه‌ی به‌روز ولی تنبل و سنگین ژاپنی - بود. آنها به‌طور مدام بازنده‌ها را انتخاب کرده و آنها را به‌سمت یک بن‌بست هدایت می‌کردند. تلفن‌های موبایل و موتورهای جست‌وجوگر در میان آینده‌ی احتمالی آنها نبودند.

در همان زمان در آمریکا به‌واقع یک انفجار نفس‌گیر از حماقت هدایت‌شده

۸۵۵. Alvey برنامه‌ای تحقیقاتی از طرف دولت انگلیس در بخش فن‌آوری اطلاعات.

۸۵۶. Esprit

۸۵۷. MITI وزارت تجارت و اقتصاد بین‌الملل در ژاپن.

توسط دولت تحت نام سماتک[858] وجود داشت. بر اساس این فرض که آینده در شرکت‌های بزرگی است که تراشه‌های حافظه می‌سازند (که به‌طور عمده‌ای در آسیا در حال ساخته‌شدن بود)، دولت ۱۰۰ میلیون دلار به شرکت‌های تولیدکننده‌ی این تراشه‌های حافظه داد با این شرط که آنها از رقابت با یکدیگر دست بردارند و با هم تلاش کنند تا در آنچه به‌سرعت در حال تبدیل شدن به تجارت یک کالا بود بمانند. در قانون ضد انحصار[859] ۱۸۹۰ باید تجدیدنظر شود تا به این امر اجازه دهد. حتی تا اواخر ۱۹۸۸، دریجیسته‌ها هنوز در حال انتقاد از شرکت‌های تکه‌شده‌ی سیلیکون‌ولی به‌عنوان «همیشه کارآفرینی» و ناتوان از سرمایه‌گذاری بلندمدت بودند. این زمانی بود که مایکروسافت، اپل، اینتل و (بعدها) دل، سیسکو، یاهو، گوگل و فیس‌بوک - که همیشه از زمانی که در اتاق خواب یا گاراژشان شروع کردند، کارآفرین بودند - در حال پی‌ریزی پایه‌های بنای سلطه جهانی‌شان دقیقاً به قیمت از بین بردن شرکت‌های بزرگ که دریجسته‌ها تحسین کردند، بودند.

کسی از این مسائل درس نگرفت. در دهه‌ی ۱۹۹۰، دولت‌ها تمام تلاش‌شان را به‌سمت چنین بن‌بست‌هایی مانند استانداردهای تلویزیون با کیفیت تصویر بالا، تلویزیون محاوره‌ای، دهکدهه‌یای دورکاری و رفت و آمد مجازی و واقعیت مجازی سرازیر کردند، در حالی که فن‌آوری در عوض به‌طرز بی‌سر و صدایی به‌سمت کشف امکان وای-فای، باند پهن و تلفن همراه کشیده شده بود. نوآوری یک کسب‌وکار پیش‌بینی‌پذیر نیست و به دریجسته[860] از طرف کارمندان دولتی بسیار کم واکنش می‌دهد.

بنابراین هرچند دولت می‌تواند به مردم پول بدهد تا با فن‌آوری‌های جدید مواجه شوند و از آن استفاده کنند - ناوبری ماهواره‌ای و اینترنت، محصولات جانبی دیگر پروژه‌ها بودند – اما به‌سختی منبع بیشتر نوآوری‌ها هستند. در اواخر قرن بیستم، همان‌طور که شرکت‌ها، نوآوری را به فرهنگ خودشان گره زدند و همان‌طور که غول‌های صنعتی به‌کرات طعمه تازه‌کارها و تازه از راه رسیده‌ها می‌شدند، بیشتر نمایندگان بخش دولتی مانند قبل فقط به غلتیدن آهسته و سنگین خودشان ادامه دادند. نه سعی کردند که به‌طور ویژه‌ای برای خودشان نوآور شوند و نه این‌که از بین رفتند تا راه را برای نسخه‌های جدید خودشان هموار کنند. این تصور که یک نماینده دولتی از این واهمه داشته باشد که مأموریتش توسط یک نماینده دولتی دیگر قاپیده شود، بیشتر از این‌که غیرقابل تصور باشد، بسیار عجیب و غریب است. اگر خرده‌فروشی غذا در بریتانیا بعد از جنگ جهانی دوم به یک خدمات ملی غذا محول شده بود، حدس می‌زنم که سوپرمارکت‌ها الان در

---

۸۵۸. Sematech کنسرسیومی غیرانتفاعی که تحقیق و توسعه در زمینه پیشرفت تراشه انجام می‌دهد و دفتر اصلی آن در آستین آمریکاست.

۸۵۹. Anti-Trust Act مجموعه قوانین و دستورالعمل‌هایی که رقابت را ترغیب کرده و از انحصاری شدن جلوگیری می‌کند.

۸۶۰. Dirigisme دخالت و کنترل بیش از حد دولت در اقتصاد.

حـال فـروش گوشـت کنسـروی بـا کـمی کیفیـت بهتـر و بـا قیمـتی کـمی بالاتـر از پشـت پیشـخوان‌های کامپوزیـتی بودنـد.

به‌طـور حتـم چیزهـای ماننـد شـتاب‌دهنده‌های بـزرگ هـادرون[۸۶۱] و مأموریت‌هـای سـفر بـه مـاه وجـود دارنـد کـه سـهام‌داران بـه هیـچ شـرکت خصـوصی اجـازه سـرمایه‌گذاری نمی‌دهنـد، امـا آیـا مـا مطمئـن هسـتیم کـه حـتی ایـن چیزهـای بـزرگ اگـر توسـط پـول مالیات‌دهنده‌هـا تأمیـن نمی‌شـد، خیال‌پردازی‌هـای کسـانی ماننـد بافِـت، گیتـز، یـا میتـال[۸۶۲] رابـه خـود جلـب نمی‌کـرد؟ آیـا می‌توانیـد بـه ایـن شـک کنیـد کـه اگـر ناسـا وجـود نداشـت، ثروتمنـدی تابه‌حـال تمـام ثروتـش را صـرف برنامـه‌ی «بشـر روی مـاه» کـرده بـود آن هـم فقـط به‌خاطـر شـهرت و اعتبـار. تأمیـن مـالی عمـومی، امـکان دانسـتن و پاسـخ دادن بـه ایـن پرسـش‌ها را از بیـن می‌بـرد. یـک مطالعـه‌ی بـزرگ و وسـیع کـه توسـط سـازمان همـکاری اقتصـادی و توسـعه[۸۶۳] انجـام شـد بـه ایـن نتیجـه رسـید کـه علی‌رغم بـاور عمیـق دولت‌هـا، هزینـه دولـت در بخـش تحقیـق و توسـعه هیـچ تأثیـر قابـل مشـاهده‌ای روی رشـد اقتصـادی نـدارد. به‌واقـع ایـن کار منابـعی کـه می‌توانسـتند به‌صـورت جایگزیـن توسـط بخـش خصـوصی اسـتفاده شـوند و شـامل تحقیـق و توسـعه خصـوصیِ هسـت را از دایـره بیـرون می‌اندازنـد. ایـن نتیجه‌گیـری بـه نسـبت حیـرت‌آور تقریبـاً همیشـه به‌طـور کامـل از طـرف دولت‌هـا نادیـده گرفتـه شـده اسـت.

مبادله!

ماشیـن ابـدی نـوآوری کـه اقتصـاد مـدرن را می‌رانـد وجـود خـودش را به‌طـور عمـده وامـدار علـم (کـه بیشـتر ذی‌نفـع آن اسـت تـا منفعت‌رسـان)؛ و نـه پـولِ (کـه همیشـه عامـل محدودکننـده نیسـت)؛ و نـه حـق بهره‌بـرداری از اختـراع (کـه غالبـاً سـد راه قـرار می‌گیـرد)؛ و نـه دولـت (کـه در امـر نـوآوری بـد عمـل می‌کنـد) نمی‌دانـد. ایـن بـه هیچ‌وجـه یـک فرآینـد از بـالا بـه پاییـن نیسـت. حـالا در عـوض دارم سـعی می‌کنـم شـما را متقاعـد کنـم کـه یـک کلمـه بـرای توضیـح ایـن چیسـتان کفایـت می‌کنـد: مبادلـه. ایـن مبادلـه‌ی همیشـه در حـال فـزونی ایده‌هاسـت کـه باعـث نـرخ روز افـزون نـوآوری در دنیـای مـدرن می‌شـود.

بـه واژه‌ی «سـرریز[۸۶۴]» برگردیـد. ویـژگی خـاص بخـشی از دانـش جدیـد، خـواه

۸۶۱. Large Hadron Holliders

۸۶۲. Lakshmi Mittal مدیرعامل آرسالورمتال، دومین شرکت فولادسازی دنیا.

۸۶۳. Organisation for Economic Co-operation and Development سازمانی بین‌دولتی متشکل از ۳۸ کشور عضو.

۸۶۴. Spillover در اقتصـاد، یـک سـرریز، یـک رویـداد اقتصـادی در یـک زمینـه اسـت کـه به‌خاطـر چیـز دیگـری در زمینـه‌ای به‌ظاهـر نامرتبـط اتفـاق می‌افتـد. مـثلاً زیبـایی گل‌هـای باغچـه‌ی یـک شـهروند بـرای همسـایه‌هایش یـک سـرزیر مثبت اسـت.

عملی باشد یا دشوار و تنها قابل درک برای عده‌ای خاص، خواه فنی باشد یا اجتماعی، این است که می‌توانید آن را اعطا کنید و در عین حال آن را داشته باشید. می‌توانید شمع باریک خودتان را با شمع جفرسون روشن کنید بدون این‌که او را در تاریکی بگذارید. نمی‌توانید دوچرخه‌تان را هدیه بدهید و همچنان آن را سوار شوید. اما می‌توانید ایده دوچرخه را بدهید و همچنان آن را نگه‌دارید. همان‌طور که اقتصاددان پل رومر[۸۶۵] استدلال کرده است، پیشرفت بشر تا حد زیادی متشکل از جمع‌آوری دستورالعمل‌ها برای دوباره چیدن اتم‌ها به روش‌هایی است که سطح استاندارد زندگی را بالا ببرد. دستورالعمل یک دوچرخه که تا حد زیادی مختصر شده ممکن است این‌چنین باشد: مقداری سنگ آهن، سنگ کروم و سنگ آلومینیوم از زمین بردارید، مقداری شیره از یک درخت گرمسیری، مقداری نفت از زیر زمین و مقداری پوست چرم از یک گاو. سنگ‌های معدنی را ذوب کنید تا تبدیل به فلز شوند و به شکل‌های مختلف قالب بگیرید. با حرارت زیاد، شیره را به لاستیک تبدیل کنید و به شکل حلقه‌های گرد توخالی قالب بگیرید. برای ساختن پلاستیک و قالب، نفت را تقطیر کنید. آن را کنار بگذارید تا خنک شود. پوست چرم را به شکل یک صندلی قالب بگیرید. اجزا را به هم وصل کنید تا شکل یک دوچرخه را به خود بگیرد، کشف شگفت‌انگیز و غیرشهودی را هم اضافه کنید که این چیزها وقتی به جلو حرکت می‌کنند خیلی راحت زمین نمی‌خورند، حالا دوچرخه را برانید.

بنابراین نوآوران در واقع در کار اشتراک‌گذاری هستند. این مهم‌ترین چیزی است که آنها انجام می‌دهند، چرا که اگر آن را به اشتراک نگذارند، نه برای آنها و نه برای هیچ‌کس دیگری نمی‌تواند منفعتی داشته باشد. همچنین فعالیتی که بعد از حدود ۱۸۰۰ انجام آن بسیار آسان‌تر شد و اخیراً به‌طور چشمگیری آسان‌تر شده است، به اشتراک گذاری است. مسافرت و ارتباطات، اطلاعات را بسیار سریع‌تر و بسیار دورتر منتشر می‌کردند. روزنامه‌ها، مجلات فنی و تلگراف‌ها، ایده‌ها را با همان سرعتی که شایعه‌ها و حرف‌های مفت منتشر می‌شد، پخش می‌کردند. یک بررسی که به‌تازگی درباره ۴۶ اختراع مهم انجام شده، نشان می‌دهد زمانی که طول می‌کشید تا اولین نسخه‌ی رقابتی پدیدار شود به‌طور پیوسته از ۳۳سال در ۱۸۹۵ تا ۳ سال در ۱۹۷۵ سقوط کرده است.

هنگامی که هیرو[۸۶۶] اسکندریه، ائلوپیل[۸۶۷] (توربین بخار دوار بدون تیغه) یا موتور بخار را در اولین قرن بعد از میلاد اختراع کرد و آن را در باز کردن درهای معبد به‌کار برد، به احتمال زیاد اخبار اختراع او با سرعت خیلی کمی پخش شد و به تعداد بسیار کمی از مردم رسید و شاید هرگز به گوش طراحانِ گاری نرسیده باشد. ستاره‌شناسی بطلمیوسی، مبتکرانه و جامع بود و هرچند کاملا دقیق

---

۸۶۵. Paul Romer اقتصاددان آمریکایی و استاد دانشگاه نیویورک.

۸۶۶. Hero of Alexandria ریاضیدان و مهندس یونانی در ۶۰ میلادی.

۸۶۷. Aeolipile توربین بخار ساده‌ی دوار و بدون تیغه.

نبود اما هیچ‌وقت برای راهبری استفاده نشد، چراکه ستاره‌شناسان و دریانوردان همدیگر را ملاقات نکردند. راز دنیای مدرن در به هم مرتبط بودن غول‌آسای آن است. ایده‌ها به‌صورت روز افزون و بی‌قاعده‌ای در حال امتزاج با یکدیگر در سراسر سیاره هستند. تلفن با کامپیوتر درآمیخت و اینترنت را تخم‌ریزی کردند. اولین موتورهای خودرو به شکلی به نظر می‌رسیدند گویی که از دوچرخه به‌عنوان پدر و گاری اسب به عنوان مادر نسل‌کِشی شده بود. ایده پلاستیک‌ها از شیمی عکاسی پدیدار شدند. ایده کپسول‌های دوربین‌دار از محاوره بینِ یک متخصص گوارش و یک طراح موشک‌های هدایت‌شده بیرون آمد. تقریباً هر فن‌آوری یک چیز پیوندی است.

این زمینه‌ای است که در آن تکامل فرهنگی، برتری ناعادلانه‌ای نسبت به تکامل ژنتیک دارد. به‌خاطر دلایل عملی و مغلوب‌نشدنی در ارتباط با جفت‌شدن کروموزوم‌ها در حین تقسیم سلولی، لقاح متقابل نمی‌تواند بین گونه‌های مختلف حیوانات اتفاق بیفتد. (در واقع این امر می‌تواند بین گونه‌های مختلف باکتری اتفاق بیفتد. ۸۰ درصد ژن‌های آنها به‌طور میانگین از دیگر گونه‌ها قرض گرفته شده است. مثلاً یک دلیل این‌که باکتری‌ها در مقاوم شدن نسبت به آنتی‌بیوتیک‌ها بسیار خوب عمل می‌کنند همین است). به محض آن‌که دو گونه و نژاد از حیوانات به‌طور قابل ملاحظه‌ای از هم فاصله بگیرند، متوجه می‌شوند که فقط می‌توانند فرزاند عقیم تولید کنند - مانند قاطرها - و یا اصلاً هیچ فرزندی نمی‌توانند داشته باشند. این یک تعریف خوب از یک گونه است.

فن‌آوری‌ها از به‌هم پیوستن فن‌آوری‌های موجود در کل‌هایی پدیدار می‌شوند که بزرگ‌تر از جمع اجزای آنهاست. هنری فورد یک‌بار صادقانه پذیرفت که او چیز تازه‌ای اختراع نکرده بود. او فقط «اکتشافات دیگران در گذشته که قرن‌ها کار برده را به‌سادگی و به‌صورت یک خودرو سرهم کرد». بنابراین چیزها در طراحی خودشان به تبار خودشان از دیگر چیزها، خیانت می‌کنند: ایده‌ها هستند که ایده‌های دیگر را به‌دنیا می‌آورند. اولین تبرهای مسی در ۵۰۰۰ هزار سال پیش به شکل همان ابزارهای سنگی صیقل‌خورده در آن زمان بود که همگان استفاده می‌کردند. آنها بعدها فقط زمانی خیلی نازک‌تر شدند که خواص فلزات خیلی بهتر فهمیده شد. اولین موتور الکتریکی جوزف هنری[۸۶۸]، تشابه عجیبی به موتورِ بخار با میله‌ی گردان وات داشت. حتی اولین ترانزیستور دهه‌ی ۱۹۴۰ مستقیماً از نسل یکسوکننده‌های کریستالی بود که توسط فردیناند براون[۸۶۹] در دهه‌ی ۱۸۷۰ اختراع شد و در ساخت گیرنده‌های رادیویی «سیبیل گربه‌ای» در اوایل قرن بیستم به‌کار رفت. این مسئله همیشه در تاریخ فن‌آوری مشخص نیست برای این‌که مخترعین دوست دارند پیشینیان خود را منکر شوند و در

۸۶۸. Joseph Henry دانشمند آمریکایی قرن هجدهم.

۸۶۹. Ferdinand Braun مهندس برق و مخترع آلمانی قرن نوزدهم.

مورد طبیعتِ کار پیشرفته انقلابی و بی‌سابقه خودشان اغراق کنند تا بتوانند بهتر کل افتخار آن (و گاهی امتیاز بهره‌برداری از اختراع) را برای خودشان طلب کنند. به همین خاطر بریتانیایی‌ها به‌حق، نبوغ مایکل فارادی[۸۷۰] در ساخت یک موتور الکتریکی و یک دینام را جشن می‌گیرند. عکس او حتی اخیراً برای مدتی پشت یک اسکناس بود. اما بریتانیایی‌ها فراموش می‌کنند که او حداقل نیمی از ایده کلی را از دین‌هانس کریستین ارستد[۸۷۱] داشته است. آمریکایی‌ها که می‌دانند ادیسون لامپ برق رشته‌ای را در هوای رقیق اختراع کرد، درحالی که پیشروان کمتر تجاری و زبردست او، جوزف سوان[۸۷۲] در بریتانیا و الکساندر لودیگن[۸۷۳] در روسیه این حق را دارند که حداقل اعتبار آن را با او سهیم شوند، اگر بیشتر از آن نباشد. هنگامی که ساموئل مورس[۸۷۴] برای امتیاز حق بهره‌برداری از اختراعش در تلگراف اقدام می‌کرد، به زبان تاریخ‌دان جورج باسالا، «با قاطعیت و به نادرستی تکذیب شد» که او همه‌چیز را از جوزف هنری فراگرفته بود. فن‌آوری‌ها بازتولید می‌شوند و این کار را خیلی آمیزشی انجام می‌دهند.

این نشان می‌دهد که - این واقعیت که دیگران ایده‌های شما را می‌قاپند - یک ایراد آزاردهنده و تصادفی برای مخترع به حساب نمی‌آید. نکته اصلی این کار همین است. با سرریز شدن، یک نوآوری، نوآوری‌های دیگر را ملاقات می‌کند و باهم جفت‌گیری می‌کنند. تاریخ دنیای مدرن، تاریخ دیدار ایده‌ها، ترکیب آنها، جفت‌گیری و جهش آنهاست. و دلیلی که رشد اقتصادی این‌چنین در دو سده‌ی گذشته شتاب گرفته به‌خاطر این واقعیت است که ایده‌ها در حال ترکیب شدن بیش از پیش با یکدیگر هستند. نتیجه به‌طرز باشکوهی غیرقابل پیش‌بینی است. هنگامی که چارلز تاونز[۸۷۵]، لیزر را در دهه‌ی ۱۹۵۰ اختراع کرد به‌عنوان «اختراعی که به‌دنبال کار می‌گردد» رد شد. خب! حالا دامنه‌ای حیرت‌آور از کارهایی که کسی نمی‌توانست تصور کند، از فرستادن پیام‌های تلفنی از طریق سیم‌های فایبرگلس تا خواندن موسیقی از روی دیسک‌ها تا چاپ مدارک، تا درمان نزدیک‌بینی برای آن پیدا شده است.

کاربران نهایی نیز به این شوریدگی جفت‌گیری پیوسته‌اند. آدام اسمیت داستان پسری را بازگو می‌کند که شغلش باز و بسته کردن شیری بود که روی

---

۸۷۰. Michael Faraday دانشمند انگلیسی قرن هجدهم که مطالعه‌ی زیادی در زمینه‌ی الکترومغناطیس و الکتروشیمی کرد.

۸۷۱. Dane Hans Christian Oersted فیزیکدان و شیمیدان دانمارکی قرن هجدهم که کشف کرد جریان الکتریکی میدان مغناطیسی تولید می‌کند.

۸۷۲. Joseph Swan فیزیکدان، شیمیدان و مخترع انگلیسی قرن نوزدهم. او به‌عنوان اولین افراد مستقل در ساخت لامپ رشته‌ای شناخته می‌شود.

۸۷۳. Alexander Lodygin مهندس برق روسی قرن نوزدهم که بعد از مهاجرتش به آمریکا شناخته شد. او یکی از مخترعین لامپ رشته‌ای است.

۸۷۴. Samuel Morse

۸۷۵. Charles Townes فیزیکدان آمریکایی قرن بیستم.

موتور بخار قرار داشت و برای صرفه‌جویی در زمان، وسیله‌ای درست کرده بود تا این کار را برایش انجام دهد. او بی‌شک به گور خودش رفت بدون این‌که ایده‌اش را به دیگران منتقل کند، یا کسی از او خبر نداشت اگر توسط این حکیم اسکاتلندی جاودانه نمی‌شد. اما امروز می‌توانست «قطعه»ی خودش را با دیگرانی که هم‌فکرش هستند در یک سایت گپ و گفت به اشتراک بگذارد. امروز صنعت نرم‌افزارهای متن-باز با محصولاتی مانند لینوکس[876] و آپاچی[877] به پشتوانه موج عظیمی از برنامه‌نویسان ازخودگذشته که پیشرفت‌های‌شان را با یکدیگر به‌صورت رایگان به اشتراک می گذارند در حال رونق گرفتن است. حتی مایکروسافت نیز تحت فشار است تا سیستم‌های متن-باز و «پردازش ابری» - به اشتراک گذاشته‌شده در شبکه - را که در حال کمرنگ کردن مرز بین پردازش‌های رایگان و اختصاصی هستند بپذیرد. گذشته از همه این‌ها، حتی باهوش‌ترین برنامه‌نویس داخل یک شرکت بعید است به اندازه‌ی تلاش‌های جمعی هزاران کاربر در «لبه‌ی خونبار»[878] یک ایده، باهوش و زرنگ باشد. ویکی پدیا توسط افرادی نوشته شده که هیچ‌وقت توقع کسب سود از آنچه انجام می‌دهند را ندارند. صنعت بازی‌های کامپیوتری به‌طور فزاینده‌ای در حال تصاحب توسط بازیکنان آن است. نوآوری در محصول پس از محصول در اینترنت، توسط آنچه اریک ون‌هیپل[879] «کاربران پیشرو و افشاگرِ بی‌مزد» می‌نامد هدایت می‌شود: مشتریانی که راضی هستند به سازنده‌ها از پیشرفت‌ها و بهبودهای فزاینده‌ای که می‌توانند پیشنهاد دهند بگویند، و آنها می‌توانند از چیزهای غیرمنتظره‌ای که کشف کرده‌اند در محصولات جدید استفاده کنند. کاربران پیشرو غالباً از آشکارسازی به‌صورت رایگان خوشحال هستند چراکه آنها از تأیید و توجه همتایان مشهورشان لذت می‌برند. (اریک ون‌هیپل بر حسب تصادف، همان چیزی را که موعظه می‌کند، انجام می‌دهد: شما می‌توانید کتاب‌های او را در وب‌سایتش به‌صورت رایگان بخوانید.)

این فقط محدود به نرم‌افزار نمی‌شود. هنگامی که یک موج‌سوار به نام لری استنلی[880] برای اولین‌بار تخته موج‌سواری بادبانی‌اش را اصلاح کرد و پرش بدون جدا شدن تخته از شخص را ممکن ساخت، هیچ‌وقت فکر نمی‌کرد ایده خودش را بفروشد اما به همه که شامل سازندگان تخته‌های موج‌سواری هم بود گفت چطور این کار را انجام دهند و حالا نوآوری‌های او به شکل تخته‌های موج‌سواری جدید می‌توانند خریداری شوند. بزرگ‌ترین نوآوری کاربر پیشرو به

---

۸۷۶. Linux نوعی سیستم عامل کامپیوتر.
۸۷۷. Apache جامعه برنامه‌نویسان متن باز غیرمتمرکز.
۸۷۸. Bleeding Edge اشاره به بازی کامپیوتری هم هست.
۸۷۹. Eric von Hippel اقتصاددان معاصر آمریکایی و استاد دانشگاه ام‌آی‌تی.
۸۸۰. Larry Stanley

احتمال زیاد شبکه‌ی گسترده‌ی جهانی[881] بود که توسط سر تیم برنرز-لی[882] در ۱۹۹۱ برای حل مشکل اشتراک‌گذاری داده‌های فیزیکِ ذرات بین کامپیوترها درست شد. بر حسب تصادف کسی تابه‌حال پیشنهاد نکرده است که تحقیقات در زمینه نرم‌افزار و تخته‌های موج‌سواری باید با بودجه دولتی باشد چرا که نوآوری در آنها بدون کمک مالی اتفاق نمی‌افتاد.

به عبارت دیگر شاید خیلی زود در دنیای پساسرمایه‌داری و فراتر از شرکت‌های بزرگ زندگی کنیم که در آن افراد آزاد هستند در یک اجتماع موقت دور هم برای اشتراک‌گذاری، همکاری و نوآوری جمع شوند. جایی که در آن وب‌سایت‌ها، مردم را قادر می‌سازند تا کارفرماها، کارمندها، مشتری‌ها و خریدارها را در هر جای دنیا پیدا کنند. این همچنین همان‌طور که جفری ویلر به ما یادآوری می‌کند دنیایی است که «توانایی تولید بی‌نهایت را در خدمت شهوت، شکم‌پرستی، تنبلی، خشم، طمع، حسادت و غرور بی‌پایان انسان»[883] می‌گذارد. این تقریباً همان چیزی است که صاحبان قدرت درباره خودروها، کارخانجات پنبه و الان حدس می‌زنم که راجع به گندم و تبرهای دستی نیز گفتند. دنیا دوباره دارد به شکل پایین به بالا می‌شود؛ سال‌های بالا به پایین رو به اتمام است.

بی‌نهایت امکان

اگر این رودخانه‌ی خستگی‌ناپذیر اختراع و اکتشاف، محصول ترد و شکننده‌ی رفاه بشری را آبیاری نمی‌کرد، استانداردهای زندگی بدون شک راکد می‌ماند. اگر رشد دانش متوقف می‌شد گونه‌ی بشر می‌توانست حتی با جمعیت اهلی‌شده، انرژی فسیلی استفاده شده و تجارت آزاد، خیلی سریع محدودیت‌ها را برای رشد کشف کند. تجارت پیدا می‌کند که چه کسی در ساختن چه چیزی بهترین است؛ مبادله می‌توانست تقسیم کار را به مؤثرترین شکل گسترش دهد و سوخت می‌توانست تلاش‌های هر کارگر کارخانه را تقویت کند، اما در نهایت کاهش رشدی وجود می‌داشت. تعادل مصیبت‌باری پدیدار می‌شد. از این لحاظ ریکاردو و میل حق داشتند. اما تا زمانی که اکتشاف می‌تواند از کشوری به کشور دیگر و از صنعتی به صنعت دیگر جهش کند، یک واکنش زنجیره‌ای و به‌سرعت زاینده است. نوآوری یک حلقه‌ی بازخورد است، اختراع یک پیش‌گویی خود برآورده‌کننده است. بنابراین تعادل و رکود در یک دنیای مبادله‌ی آزاد نه‌تنها اجتناب‌پذیر، بلکه غیرممکن هستند.

هرچند در کل تاریخ استاندارد زندگی ممکن است بالا و پایین شود، هرچند

---

۸۸۱. World Wide Web

۸۸۲. Sir Tim Berners-Lee دانشمند علوم کامپیوتر انگلیسی و مخترع شبکه اینترنت جهانی.

۸۸۳. اشاره به هفت گناه کبیره در عهد جدید است.

جمعیت ممکن است زیاد و کم شود، دانش چیزی بوده که به‌طور تزلزل‌ناپذیری پیشرفتی بالارونده را نشان داده است. زمانی که آتش اختراع شد، هیچ‌وقت فراموش نشد. چرخ آمد و هیچ‌وقت نرفت. تیر و کمان هرگز از تولید و ساخت باز نماندند هرچند که دیگر به‌جز در ورزش استفاده آن منسوخ شده، اما بهتر از همیشه است. چگونه یک فنجان قهوه درست کنید، چرا انسولین، دیابت را درمان می‌کند و آیا رانش قاره‌ای اتفاق می‌افتد، این مسئله به‌طور حتم منصفانه است که کسی این چیزها را خواهد دانست یا قادر خواهد بود به‌دنبال پاسخ آنها تا زمانی که انسان بر کره زمین وجود دارد، بگردد. ما شاید چندین چیز را در این مسیر فراموش کرده باشیم: هیچ‌کس به‌واقع نمی‌داند چگونه از یک تبر دستی (سنگی) آچولین استفاده کند، و تا همین اواخر کسی نمی‌دانست چگونه یک منجنیق معروف به تربیوشه[۸۸۴] برای محاصره بسازد. (آزمون و خطایی که توسط یک ملاک اهل شاراپ‌شیر[۸۸۵] در دهه‌ی ۱۹۸۰ انجام شد، در نهایت منجر به تولید تربیوشه در مقیاس کامل شد که قادر به پرتاب پیانو تا بیش از ۱۵۰ یارد بود؛ تنها گروه‌های موسیقی راک از آن زمان تابه‌حال استفاده مفیدی در آن پیدا کرده‌اند.) اما این فراموشی‌ها با اضافه شدن به دانش کوچک شده‌اند. ما دانش بسیار بیشتری نسبت به آنچه از دست داده‌ایم جمع‌آوری کرده‌ایم. حتی مصمم‌ترین بدبین‌ها هم انکار نمی‌کنند که گونه‌ی آنها به‌طور جمعی با گذشت هر سال بیشتر و بیشتر به انبار انبوه دانش بشری اضافه می‌کند.

دانش شباهتی به ثروت مادی ندارد. این امکان وجود دارد که دانش جدیدی را تولید کرد و همچنان کاری برای کامیابی نکرد. دانشِ فرستادن انسان به ماه تقریباً دو نسل قدمت دارد و هنوز مانده تا برای نوعِ بشر علی‌رغم افسانه‌های شهری درباره ماهی‌تابه‌های نچسب، آن‌قدر منفعت داشته باشد. دانش این‌که قضیه آخر فِرما[۸۸۶] درست است و آن اختروش‌ها، کهکشان‌های دوردستی هستند - این‌ها ممکن است هرگز تولید ناخالص داخلی را افزایش ندهد، هرچند اندیشه درباره آنها، ممکن است کیفیت زندگی کسی را بالا ببرد. این امکان همچنین وجود دارد که بدون افزودن به انبار دانش بشری ثروتمند شد، همان‌طور که خیلی‌ها مانند یک دیکتاتور آفریقایی، یک دیوان‌سالار روسی یا یک کلاهبردار مالی می‌توانند به شما بگویند.

از سوی دیگر، یک بخش دانش جدید در پشت هر پیشرفت خالص در رفاه اقتصاد بشر نهفته است: این دانش که الکترون‌ها می‌توانند برای انتقال انرژی و اطلاعات به‌کار برده شوند تقریباً هر کاری که من انجام می‌دهم را ممکن می‌سازند، از جوش آوردن کتری گرفته تا فرستادن یک پیام متنی تلفنی. دانش

---

۸۸۴. Trebuchet منجنیق با دسته‌ی بلند.
۸۸۵. Shropshire ناحیه‌ای در غرب میدلندز انگلیس.
۸۸۶. Fermat’s Last Theorem قضیه‌ای که بیان می‌کند هیچ عدد طبیعی‌ای وجود ندارد و اولین‌بار توسط ریاضیدان فرانسوی پیر فرما (Pierre de Fermat) در قرن شانزدهم مطرح شد.

بسته‌بندی سالاد از پیش شسته‌شده در وقت همه صرفه‌جویی می‌کند؛ دانش واکسینه‌کردن بچه‌ها علیه فلج اطفال؛ این دانش که پشه‌بندهای آغشته به حشره‌کش می‌توانند از مالاریا جلوگیری کنند؛ این دانش که لیوان‌های کاغذی با اندازه‌های مختلف در کافی‌شاپ‌ها می‌توانند درپوشی با اندازه یکسان داشته باشند در هزینه کارخانه صرفه‌جویی و از سردرگمی در مغازه جلوگیری می‌کند - میلیاردها صفحه دانش مانند این، کتاب سعادت بشر را تشکیل می‌دهند.

این دستاورد بزرگ پل رومر در دهه‌ی ۱۹۹۰ بود که رشته دانشگاهی اقتصاد را از بن‌بستی به درازای یک قرن که به‌خاطر شکست در ادغام نوآوری در اقتصاد بود، نجات داد. هرازگاهی کاربران و متخصصان آن سعی کرده بودند به قضایای بازده صعودی بگریزند - میل در دهه‌ی ۱۸۴۰، الین یانگ[۸۸۷] در دهه‌ی ۱۹۲۰، جوزف شومپتر در دهه‌ی ۱۹۴۰، رابرت سولو[۸۸۸] در دهه‌ی ۱۹۵۰ - اما تا زمان «فرضیه‌ی رشد جدید» رومر در دهه‌ی ۱۹۹۰، اقتصاد به‌طور کامل به دنیای واقعی برنگشت: دنیایی که در آن جریان مداوم نوآوری باعث انفجارهای کوتاه سود به واسطه انحصار موقت برای هر کسی که بتواند تقاضا برای محصولات یا خدمات جدید را مصادره کند، شد و انفجارهای بلندتر رشد برای هر کس دیگری که در نهایت ایده سرریز را به اشتراک گذاشت. رابرت سولو به این نتیجه رسیده بود که نوآوری در رشدی که نتوانسته بود توسط افزایش نیروی کار، زمین یا سرمایه توضیح داده شود، به حساب می‌آید. اما او نوآوری را به‌عنوان یک نیروی بیرونی می‌دید، یک تکه بخت و اقبال که برخی اقتصادها بیشتر از برخی دیگر داشتند. نظریه او نظریه میل بود به‌همراه محاسبه و انتگرال. چیزهایی مانند آب و هوا، جغرافی و قوانین سیاسی، نرخ نوآوری را تعیین می‌کنند که برای دیکتاتوری‌های سرزمین‌های بسته گرمسیری بدون دسترسی به دریا بداقبالی است - و خیلی برای آنها نمی‌شد کاری کرد. رومر دید که خود نوآوری موردی برای سرمایه‌گذاری بود و دانش جدید و کاربردی، خود یک محصول است. مادامی که مردم برای سعی در پیدا کردن ایده‌های جدید پول خرج می‌کنند، می‌توانند از آن ایده‌ها قبل از آن‌که آنها را منتقل کنند منفعت به‌دست آورند، سپس بازده صعودی ممکن خواهد شد.

چیز شگفت‌انگیز درباره دانش این است که در اصل نامحدود است. حتی یک امکان فرضی هم در فرسودگی و خستگی تأمین ایده‌ها، اکتشافات و اختراعات وجود ندارد. این بزرگ‌ترین علت خوش‌بینی من است. این یک امکان زیبا در سیستم اطلاعات است که آنها بسیار وسیع‌تر از سیستم‌های فیزیکی هستند. پهناوری ترکیبی جهانِ ایده‌های ممکن، جهان کوچک چیزهای فیزیکی را ناچیز می‌کند. همان‌طور که پل رومر مطرح می‌کند، تعداد برنامه‌های نرم‌افزار

۸۸۷. Allyn Young اقتصاددان آمریکایی قرن نوزدهم.

۸۸۸. Robert Solow اقتصاددان معاصر آمریکایی که فعالیت او در زمینه‌ی رشد اقتصادی که در مدل رشدی به نام خودش به اوج رسید.

مختلفی که می‌توان در یک گیگابایت دیسک سخت گذاشت، بیست و هفت میلیون برابر بیشتر از تعداد اتم‌های جهان است. یا اگر قرار بود شما هر چهار عنصر از ۱۰۰ عنصر شیمیایی را برای ساخت آلیاژها و ترکیبات گوناگون و به نسبت‌های مختلف از یک تا ده ترکیب کنید، ۳۳۰ میلیارد ترکیب و آلیاژ شیمیایی محتمل می‌توانستید برای آزمایش داشته باشید، یا آن‌قدر بود که یک تیم محقق را برای آزمایش کردن هزار تست در روز برای یک میلیون سال مشغول نگه دارد.

با این حال اگر نوآوری بدون محدودیت است، پس چرا همه بابت آینده این‌قدر بدبین هستند؟

فصل نهم

نقاط تحول: بدبینی‌گرایی بعد از ۱۹۰۰

من مشاهده کرده‌ام، نه آن مردی که امیدوار است در حالی که دیگران مأیوس، بلکه آن مردی که مأیوس است در حالی که دیگران امیدوار، از طرف طبقه‌ی بزرگی از افراد به‌عنوان یک خردمند ستایش می‌شود.

جان استوارت میل

سخنرانی در باب کمال‌پذیری

میزان آلاینده‌های هوا در آمریکا

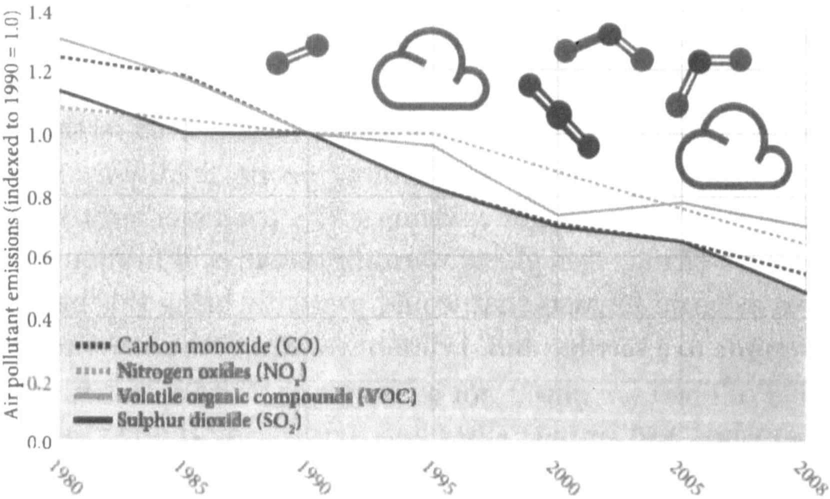

کوس ثابتی از بدبینی‌گرایی معمولاً هر آهنگ پیروزمندی از نوعی که من در این کتاب تاکنون بیان کرده‌ام را بی‌صدا می‌کند. اگر جایی بگویید که دنیا در حال بهتر شدن است، ممکن است با ساده‌لوح و بی‌توجه نامیده شدن آنجا را ترک کنید. اگر بگویید دنیا قرار است به بهتر شدن ادامه دهد، شرم‌آورانه دیوانه انگاشته می‌شوید. هنگامی که اقتصاددان جولین سایمون[۸۸۹] در دهه‌ی ۱۹۹۰ این کار را امتحان کرد او را همه‌چیز نامیدند، از ابله و مارکسیست گرفته تا زمین- مسطح انگار[۸۹۰] و بزهکار. در حالی که هیچ اشتباه چشمگیری در کتاب سایمون دیده نشد. وقتی که بیورن لومبورگ[۸۹۱]، همین کار را در دهه‌ی ۲۰۰۰ امتحان کرد، به‌طور موقت از طرف آکادمی ملی علوم دانمارک، بدون هیچ مثال اساسی و نه فرصتی برای دفاع از خودش و بر اساس یک نقد پرخطا در مجله‌ی ساینتیفیک امریکن[۸۹۲] «محکوم» به عدم صداقت علمی شد. در حالی که هیچ ایراد چشمگیری تابه‌حال در کتاب لومبورگ دیده نشده است. هایک می‌گفت «اطمینان ضمنی به نفع پیشرفت و ترقی به جایی رسیده است که به‌عنوان علامت سبک‌مغزی انگاشته می‌شود.»

از سوی دیگر، اگر بگویید مصیبت و خرابی در شرف وقوع است، می‌توانید منتظر یک جایزه‌ی هوش مک‌آرتور[۸۹۳] یا حتی جایزه‌ی صلح نوبل باشید.

---

۸۸۹. Julian Simon استاد مدیریت کسب‌وکار در دانشگاه مریلند آمریکا.
۸۹۰. Flat-earther کسانی که معتقدند زمین صاف است و نه گرد.
۸۹۱. Bjørn Lomborg مؤلف و رئیس اتاق فکر مرکز اجماع کپنهاک.
۸۹۲. Scientific American
۸۹۳. McArthur

کتاب‌فروشی‌ها، زیر بار زیگورات‌های بدبینی‌گرایی به صدا درآمده‌اند[۸۹۴] و نالانند. هوا پر از امواج بدشگون و نابودی است. در دوران جوانی زندگی خودم به پیش‌بینی‌های سرسخت و تسلیم‌ناپذیر درباره رشد فقر، قحطی‌های در راه، بیابان‌های در حال بزرگ شدن، طاعون‌های در شرف وقوع، جنگ‌های حتمی بر سر آب، ته‌کشیدن اجتناب‌ناپذیر نفت، کبود منابع معدنی، سقوط تعداد اسپرم‌ها، نازک شدن لایه‌ی اوزون، اسیدی شدن باران‌ها، زمستان‌های هسته‌ای، اپیدمی جنون گاوی، باگ‌های کامپیوتری Y2K، زنبورهای قاتل، ماهی با جنسیت تغییریافته، گرم شدن کره زمین، اسیدی شدن اقیانوس و حتی برخورد شهاب‌های آسمانی که خیلی زود برای این میان‌پرده‌ی شاد یک پایان وحشتناک به همراه خواهند آورد، گوش داده‌ام. به یاد ندارم زمانی باشد که یکی یا چندتا از این ترس‌ها به‌طور رسمی توسط برگزیدگان غیرمست و ممتاز و برجسته حمایت و به‌صورت جنون‌آمیزی توسط رسانه‌ها منعکس نشده باشد. به یاد ندارم زمانی باشد که کسی به من اصرار نکرده باشد که دنیا فقط وقتی می‌تواند نجات پیدا کند که هدف احمقانه رشد اقتصادی را رها کند.

دلیل رایج آن زمان برای بدبینی تغییر کرد اما بدبینی‌گرایی ثابت ماند. در دهه‌ی ۱۹۶۰، انفجار جمعیتی و قحطی جهانی بالای جدول بودند، در دهه‌ی ۱۹۷۰ فرسودگی منابع، در دهه‌ی ۱۹۸۰ باران اسیدی، در دهه‌ی ۱۹۹۰ اپیدمی‌ها، در ۲۰۰۰ گرم شدن کره زمین. این ترس‌ها یک‌به‌یک آمدند و رفتند (به‌غیر از آخری). آیا ما فقط خوش‌شانس بودیم؟ آیا ما تصویر به‌یادماندنی آن لطیفه قدیمی که در آن مردی از یک آسمانخراش سقوط می‌کند و از اولین طبقه که عبور می‌کند با خود فکر می‌کند «تا اینجا که بد نبوده!» هستیم؟ یا این بدبینی‌گرایی است که غیرواقعی بوده؟

بگذارید در ابتدا یک اعتراف منصفانه بکنم: بدبین‌ها حق دارند وقتی می‌گویند اگر دنیا همین‌گونه که هست ادامه پیدا کند به یک فاجعه برای تمام بشریت ختم خواهد شد. اگر تمام حمل و نقل متکی به نفت باشد و نفت تمام شود، حمل و نقل متوقف خواهد شد. اگر کشاورزی به وابستگی‌اش به آبیاری را ادامه دهد و سفره‌های آب زیرزمینی تخلیه شوند، قحطی به‌دنبال خواهد داشت. اما به مشروط بودن آن توجه کنید: اگر. دنیا همین‌گونه که هست ادامه نخواهد داد. تمام نکته پیشرفت بشر، تمام پیام تکامل فرهنگی، تمام مفهوم تغییر پویا - فحوای اصلی این کتاب همین است. مطلب من این است که نوع بشر به یک ماشین حل مشکل جمعی تبدیل شده و مشکلات را با تغییر مسیرشان حل می‌کند. این کار را به‌واسطه اختراع که غالباً به‌دست بازار هدایت می‌شود انجام می‌دهد. کمبود، قیمت را بالا می‌برد؛ این امر مشوق توسعه جایگزین‌ها

۸۹۴. منظور نویسنده این است که حجم کتاب‌هایی با این محتوا که به‌صورت هرم یا زیگورات در کتابفروشی‌ها چیده شده خیلی زیاد است.

و کارایی‌ها می‌شود. این مسئله به کرات در طول تاریخ اتفاق افتاده است. وقتی که نهنگ‌ها کمیاب شدند، نفت به‌جای آن به‌عنوان منبعی برای روغن استفاده شد. (همان‌طور که وارن میر[۸۹۵] مطرح می‌کند، یک پوستر از جان دی راکِفلر[۸۹۶] باید بر دیوار هر دفتر صلح سبز باشد.) اشتباه بدبین‌ها، بیرون‌یابی‌گرایی است: با این فرض که آینده فقط نسخه بزرگ‌تری از گذشته است. همان‌طور که هرب استاین[۸۹۷] یک بار گفت، «اگر چیزی نمی‌تواند برای همیشه ادامه یابد، پس ادامه نخواهد یافت.»

مثلاً طرفدار محیط زیست، لستر براون در نوشته‌ای در ۲۰۰۸ نسبت به آنچه اتفاق خواهد افتاد اگر چینی‌ها تا سال ۲۰۳۰ به اندازه‌ی آمریکایی‌های حال حاضر، ثروتمند شوند بدبین بود

مثلاً اگر هر فرد در چین به میزان امروز آمریکایی‌ها کاغذ مصرف کند، آن وقت جمعیت ۱.۴۶ میلیارد نفری چین در ۲۰۳۰ دوبرابر آنچه امروز در دنیا تولید می‌شود به کاغذ احتیاج خواهد داشت. و بالطبع جنگل‌های جهان از بین خواهد رفت. اگر فرض کنیم که در ۲۰۳۰ برای هر چهار نفر در چین، سه خودرو وجود دارد، همان‌طور که امروز در آمریکا هست، چین ۱.۱ میلیارد خودرو خواهد داشت. جهان در حال حاضر ۸۶۰ میلیون خودرو دارد. برای فراهم آوردن جاده یا و اتوبان‌های مورد نیاز آن، چین باید منطقه‌ای به اندازه‌ی آنچه امروز در آن برنج می کارد را آسفالت کند. تا ۲۰۳۰ چین به ۹۸ میلیون بشکه نفت نیاز خواهد داشت. امروز در دنیا ۸۵ میلیون بشکه نفت در روز تولید می‌شود و شاید هیچ‌وقت بیشتر از میزان تولید نکند. تمام ذخایر نفتی جهان به آنجاخواهد رفت.

استنتاج و برون‌یابی براون کاملاً درست است، و همچنین آن مردی که (احتمالاً به حالتی آخرالزمانی) ۱۰ پا کود اسب را تا ۱۹۵۰ در خیابان‌های لندن پیش‌بینی کرده بود نیز حق داشت. همین‌طور تامس واتسون[۸۹۸]، موسس ای‌بی‌ام نیز حق داشت وقتی در ۱۹۴۳ گفت که بازار جهانی برای پنج کامپیوتر گنجایش دارد، و کن اَلسون[۸۹۹] مؤسس شرکت تجهیزات دیجیتال نیز حق داشت وقتی که در ۱۹۷۷ گفت: «هیچ دلیلی وجود ندارد که هر کسی یک کامپیوتر در خانه‌ی خودش بخواهد». هر دو اظهار نظر در زمانی که کامپیوترها یک تن وزن و هزینه‌ی بالایی داشتند به اندازه‌ی کافی حقیقت داشت. حتی وقتی که ستاره‌شناس سلطنتی انگلیس و مشاور فضایی دولت انگلیس اظهار داشت که سفر به فضا به‌ترتیب

---

۸۹۵. Warren Meyer

۸۹۶. John D. Rockefeller تاجر آمریکایی قرن نوزدهم. او پولدارترین آمریکایی تمام دوران و ثروتمندترین شخص در دوران مدرن شناخته می‌شود.

۸۹۷. Herb Stein اقتصاددان آمریکایی قرن نوزدهم.

۸۹۸. Thomas Watson

۸۹۹. Ken Olson

«چرند» و «کاملاً مهمل» است - درست قبل از این‌که اسپوتنیک[900] پرواز کند- اشتباه نکرده بودند وقتی که این حرف را زدند؛ فقط دنیا بعد از آن‌که این حرف را زدند به‌نسبت زود تغییر کرد. این مسئله برای پیش‌بینی‌های مدرن در باب غیرممکن بودن نیز صادق است، مانند پیش‌بینی لستر براون. نفت و کاغذ هر دو باید با احتیاط و صرفه‌جویی مصرف شوند و یا با چیز دیگری تا ۲۰۳۰ جایگزین شوند و زمین‌ها باید با بهره‌وری بیشتری استفاده شوند. جایگزین آن چه چیزی است؟ ممنوعیت بر رفاه و کامیابی چینی‌ها؟ پرسش این نیست که «آیا می‌توانیم همان‌طور که پیش می‌رویم ادامه دهیم؟» چرا که مسلماً پاسخ آن «نه» است، اما این‌که چگونه به بهترین نحو می‌توانیم سیل تغییرات لازم را تشویق کنیم تا چینی‌ها و هندی‌ها و حتی آفریقایی‌ها را قادر سازد با همان رفاهی که آمریکایی‌های امروز زندگی می‌کنند، زندگی کنند؟

تاریخ مختصری درباره خبرهای بد

گرایشی در این زمینه وجود دارد که بدبینی چیز جدیدی است و نقطه‌نظر ترش‌رویانه حال حاضر ما نسبت به تکنولوژی و پیشرفت از زمان هیروشیما پدید آمده و از زمان چرنوبیل بدتر شده است. تاریخ، این مسئله را رد می‌کند. بدبین‌ها همیشه همه‌جا حضور داشته‌اند و در مجامع مختلف مورد احترام قرار گرفته‌اند. آدام اسمیت در ابتدای انقلاب صنعتی می‌نویسد، «به‌ندرت پنج سال سپری شده است که در آن تعدادی کتاب و جزوه چاپ نشده باشد و در آن وانمود نکرده باشد که ثروت ملت به‌سرعت رو به تقلیل است، کشور خالی از سکنه شده، کشاورزی فراموش شده، کشاورزی مورد بی‌توجهی قرار گرفته، تولید رو به نابودی و داد و ستد صورت نمی‌گیرد.»

سال ۱۸۳۰ را در نظر بگیرید. آمریکای شمالی و اروپای شمالی خیلی ثروتمندتر از همیشه بودند. آنها بیش از یک دهه و برای اولین‌بار از صلح و آرامش در بیش از یک نسل لذت برده بودند. آنها سرشار از اختراعات نوظهور، اکتشافات و فن‌آوری (واژه‌ای که در آن سال سکه خورد) بودند: قایق‌های بخار، ماشین‌های بافندگی پنبه، پل‌های معلق، کانال اری[901] ، سیمان پورتلند، موتور برقی، اولین عکس و آنالیز فوریه[902]. در آن زمان دنیایی بود آبستن امکان‌ها و فرصت‌ها، آماده برای انفجار و ایجاد دنیای مدرن. اگر در آن زمان به‌دنیا می‌آمدید، یک زندگی با ثروت، سلامت، خرد، و ایمنی روز افزون را می‌دیدید.

با این احوال، آیا حال و هوای ۱۸۳۰ خوش‌بینانه بود؟ نه، درست شبیه

---

۹۰۰. Sputnik اولین ماهواره‌ی مصنوعی زمین.

۹۰۱. Erie Canal کانالی در نیویورک که از شرق به غرب کشیده شده است.

۹۰۲. Fourier analysis مبحثی در ریاضیات.

امروز بود: افسردگی همه‌جا رایج بود. مبارزانی که تحت نام مستعار کاپیتان سوینگ[۹۰۳] بودند دقیقاً همان رویکردی را نسبت به ماشین‌های خرمن‌کوبی در دهه‌ی ۱۸۳۰ داشتند که معادل آنها در دهه‌ی ۱۹۹۰ نسبت به محصولات اصلاح ژنتیک شده داشتند: آنها را خراب می‌کردند. برخی از مخالفان پر سر و صدا و متعدد راه‌آهن لیورپول به منچستر که در آن سال بازگشایی شد، پیش‌بینی می‌کردند رد شدن قطارها باعث می‌شود اسب‌ها، کره‌های‌شان را سقط کنند. برخی دیگر ادعای آن بابت سرعت بالا را مسخره می‌کردند: «چه چیزی می‌تواند بیشتر از چشم‌انداز امکان لوکوموتیوهایی که با دوبرابر سرعت کالسکه‌ها سفر می‌کنند به این وضوح احمقانه و مسخره باشد»، این را مجله کوارترلی ریویو[۹۰۴] فریاد می‌زد. «ما اطمینان داریم که مجلس در تمام مسیرهای راه‌آهنی که تأیید می‌کند و می‌پذیرد، سرعت را به هشت تا نه مایل در ساعت محدود می‌کند.» دکتر آرنولد، دید باز و روشن‌تری نسبت به اولین قطار بخار داشت: «من از دیدن آن مسرور می‌شوم، و فکر می‌کنم فئودالیسم و زمین‌سالاری برای همیشه از بین رفته است.»

در آن سال، یعنی ۱۸۳۰، لوریئت رابرت ساوثی[۹۰۵]، شاعر بریتانیایی، به‌تازگی کتابی منتشر کرده بود (تامس مور[۹۰۶]؛ یا گفتارهایی در باب پیشرفت و چشم‌انداز جامعه) که در آن تصور کرده بود که خودِ دیگر او، روح تامس مور — مؤلف تودوریِ[۹۰۷] آرمانشهر - را در منطقه دریاچه‌ی انگلیسی[۹۰۸] همراهی می‌کند. به واسطه روح مور، ساوثی به بدگویی و شکوه از شرایط مردم انگلیس به‌ویژه آنهایی که کلبه‌های مزین به گل رزشان را برای اتاق‌های استیجاری، بی‌روح و کارخانه‌های شهرهای صنعتی ترک کرده‌اند، می‌پردازد. او شکایت می‌کند که شرایط مردم به مراتب بدتر از دوران هنری هشتم و یا حتی دوران سزار و درویدها[۹۰۹] است:

مثلاً نگاه کنید به توده‌ی بزرگ جمعیت خودتان در شهر و حومه - بخش عظیمی از کل اجتماع! آیا خواسته‌های جسمی‌شان بهتر یا آسان‌تر تأمین می‌شود؟ آیا آنها در معرض بلاهای کمتری هستند؟ آیا آنها در کودکی، نوجوانی و بزرگسالی خوشحال‌تر هستند و آیا در کهنسالی آسایش خاطر بیشتر و یا مراقبت بیشتری برای‌شان نسبت به زمانی که زمین‌ها محصور نشده بود و نیمی از آنها با جنگل‌ها پوشیده شده بود، فراهم است؟... وضعیت آنها به میزان زیادی بدتر شده است... آنها به‌خاطر

۹۰۳. Captain Swing نامی ساختگی که در ۱۸۳۰ در نامه‌های کارگران برای شورش و علیه به‌کاربردن ماشین به جای نیروی انسانی استفاده می‌شد.

۹۰۴. Quarterly Review گاهنامه‌ی ادبی، سیاسی که در ۱۸۰۹ تأسیس و در ۱۹۶۷ متوقف شد.

۹۰۵. Laureate Robert Southey شاعر بریتانیایی مکتب رمانتیسم در هجدهم.

۹۰۶. Thomas More وکیل، نویسنده و قاضی انگلیسی قرن پانزدهم. کتاب معروف او آرمانشهر است.

۹۰۷. Tudor اشاره به دور خاندان سلطنتی تودور است که بر انگلیس و ولز بین سال‌های ۱۴۸۵ تا ۱۶۰۳ حکمرانی می‌کردند.

۹۰۸. Lake District پارک ملی در شمال غربی انگلیس.

۹۰۹. Druids طبقه‌ی فرادست در فرهنگ سلتیک باستان.

تغییراتی که طی هزار سال گذشته اتفاق افتاده، بیشتر از دست داده‌اند تا به‌دست آورده باشند.

ساوثی از تحقیر زمان حال و لکه‌دار شدنش خشنود نیست و به بازخواست آینده می‌پردازد. او در شکل شبح داستانی خودش از مور، بدبختی قریب‌الوقوع، قحطی، طاعون و سقوط مذهب را پیش‌بینی می‌کند. زمان‌بندی این مرثیه نسبت به آن زمان بسیار خنده‌آور بود. نه‌تنها فن‌آوری، بلکه استانداردهای زندگی نیز گسترش فوق‌العاده طی دو قرن انفجار بی‌سابقه را آغاز کرده بودند. برای اولین بار امید به زندگی مردم به‌سرعت رو به افزایش بود، مرگ و میر بچه‌ها به‌سرعت در حال سقوط بود، قدرت خرید به‌سرعت در حال رشد و انتخاب‌ها در حال بسط. بالا رفتن استانداردهای زندگی طی چند دهه‌ی آینده به‌ویژه میان کارگران فقیر و بدون مهارت نشان از تغییرات مهمی بود. درآمد واقعی طبقه‌ی کارگر تقریباً داشت طی سی سال دو برابر می‌شد که اتفاقی بی‌سابقه بود. تمام کشورهای دنیا با حسادت در حال تماشای بریتانیا بودند و می‌گفتند، «من هم از بخشی از آن را می‌خواهم.» اما برای رابرت ساوثی، دلتنگ گذشته و توری[910] مرتجع، آینده فقط می‌توانست بدتر شود. او می‌توانست در جنبش زیست‌محیطی مدرن در حالی که برای تجارت جهانی ابراز تأسف و به مصرف‌گرایی نوچ نوچ می‌کند و مأیوس از فن‌آوری و مشتاق بازگشت به دوران طلایی مری انگلند[911] زمانی که مردم سبزیجات محلی و ارگانیک می‌خوردند و به‌دور تیرک ماه می[912] می‌رقصیدند، پشم گوسفندان‌شان را می‌زدند و راه فرودگاه‌ها را برای رفتن به تعطیلات وحشتناک‌شان را مسدود نمی‌کردند در خانه باشد. فیلسوف دوران مدرن، جان گری[913]، با تکرار تفکر ساوثی این‌طور مطرح می‌کند که رشد اقتصادی با پایانی باز «مبتذل‌ترین ایده‌ای است که تابه‌حال پیش روی انسان رنجور قرار گرفته است.»

تامس ببینگتن مکالی[914] یک شاعر بود و همچنین مؤلف هوراتیوس[915] و تصنیف‌های دیگری از این قبیل که به‌خوبی به‌خاطر می‌آید. او در مجله ادینبرو ریویو[916] در ژانویه‌ی ۱۸۳۰، گفتگوهای ساوثی را بررسی کرد و آنها را خیلی به باد انتقاد نگرفت. او می‌گوید، زندگی دهقان روستایی بسیار دورتر از آن زندگی دلپذیر

---

۹۱۰. Tory جناح سیاسی ضعیف سازمان‌یافته در پارلمان انگلیس، اسکاتلند و انگلیس و بعدها حزب سیاسی که در ۱۶۷۹ پدیدار شد.

۹۱۱. Merrie England به جامعه انگلیس بر اساس یک زندگی مسرت‌بخش شبانی بین قرون وسطی و آغاز انقلاب صنعتی اشاره دارد.

۹۱۲. Maypole در برخی کشورها مردم اولین روز ماه می و آمدن بهار را با رقصیدن به دور این تیرک جشن می‌گیرند.

۹۱۳. John Gray استاد معاصر فلسفه‌ی سیاسی انگلیسی.

۹۱۴. Thomas Babington Macaulay تاریخدان و سیاستمدار انگلیسی قرن هجدهم.

۹۱۵. Horatius

۹۱۶. Edinburgh Review مجله‌ای فکری-فرهنگی که بین سال‌های ۱۸۰۲ تا ۱۹۲۹ در انگلیس انتشار می‌یافت.

و آرام، یکی از فقرهای جهنمی بود؛ شهرهای کارخانه‌ای زندگی بهتری داشتند و به‌خاطر همین مردم به این شهرها هجوم می‌آورند. نرخ فقر[917] بیست شیلینگ به ازای هر نفر در منطقه روستایی ساسکس[918] و فقط پنج شیلینگ در منطقه صنعتی وست رایدینگ[919] در یورک‌شایر بود.

به لحاظ تأثیر سیستم ساخت و تولید بر سلامت جسمانی و با توجه به استانداردی بسیار پایین و مبتذل با ذهن خیال‌پردازی مانند ذهن آقای ساوثی این اجازه را برای تخمین نسبت تولد به مرگ می‌دهیم. می‌دانیم در طول رشد این سیستم بی‌رحم، این بیچارگی جدید طبق گفته آقای ساوثی، این مصیبت بزرگ، این تولد یک دوران بدشگون، این آفتی که هیچ‌کسی که قلبش نخشکیده باشد و فهمش تیره و تار نشده باشد، نمی‌تواند بر آن صحه بگذارد و تأیید کند، یک افول بزرگ در مرگ و میر وجود داشته و این‌که این سقوط در شهرهای کارخانه‌ای بیشتر از دیگر جاها بوده است.

به لحاظ این عقیده که زندگی در گذشته بهتر بوده، مکالی با سبک خودش بیان می‌کند

اگر شخصی به پارلمانی که سرگشتگی و وحشت بعد از سقوط ۱۷۲۰ را تجربه کرد، گفته بود که در ۱۸۳۰ ثروت انگلیس از تمام بزرگترین و دیوانه‌وارترین رؤیاهایش فراتر خواهد رفت، ... این‌که نرخ مرگ و میر به نصف آنچه در آن زمان بوده نزول خواهد کرد، ... این‌که دلیجان‌ها از لندن تا یورک[920] را طی بیست و چهار ساعت می‌دوند، این‌که انسان به کشتیرانی بدون باد خو می‌کند، و شروع به راندن بدون اسب می‌کند، آنگاه نیاکان ما همان اندازه به این پیش‌بینی اعتبار می‌دادند که به سفرهای گالیور دادند. هرچند که این پیش‌بینی می‌توانست حقیقت داشته باشد.

او ادامه می‌دهد (بیست و پنج سال بعد در کتاب تاریخ انگلیس خودش):

ما باید به نوبه‌ی خودمان هم بهتر و موفق‌تر باشیم و هم حسادت‌برانگیز. این خوب است که در قرن بیستم، دهقان درسِتشر[921] می‌تواند فکر کند که به‌طرز بدبختانه‌ای، بیست شیلینگ در هفته کسب کرده است؛ این‌که نجار گرینویچ[922] می‌تواند ده شیلینگ در روز به‌دست آورد؛ این‌که تعداد کمی از مردان کارگر شاید عادت داشتند که غذای بدون گوشت بخورند، همان‌طور که حالا تعداد کمی هستند که نان چاودار بخورند؛ این‌که پاسبان بهداشت و اکتشافات پزشکی شاید

---

۹۱۷. Poor Rate مالیاتی که در انگلیس و ولز از املاک در هر بخش، به‌منظور کاهش فقر گرفته می‌شد.

۹۱۸. Sussex

۹۱۹. West Riding یکی از سه بخش تاریخی یورک‌شایر در انگلیس.

۹۲۰. York شهری در شمال شرقی انگلیس.

۹۲۱. Dorsetshire بخشی در شمال‌غربی انگلیس.

۹۲۲. Greenwich ناحیه‌ای در لندن.

توانسته چندین سال به میانگین طول عمر انسان افزوده باشد؛ این که وسایل رفاهی و مجلل متعدد که امروز ناشناخته هستند یا در دست معدودی قرار دارند، می‌توانند در دست هر مرد کارگر کوشا و مقتصدی قرار بگیرند.

چیز فوق‌العاده‌ای که درباره پیش‌بینی‌های مکالی وجود دارد این نیست که آنها در خوش‌بینی بیش از حد دیوانه‌وار بودند بلکه این بود بیش از حد محتاطانه بودند. هفته پیش من با یک کالسکه (خب! یه قطار) در طول دو ساعت و نه بیست و چهار ساعت از لندن به یورک رفتم و یک سالاد بیرون‌بر انبه و لابستر را که در ایستگاه پیش از سوار شدن خریده بودم را خوردم (۳.۶ پوند). هفته پیش از آن بدون باد (در ۳۷۰۰۰ پایی) طی هفت ساعت در حالی که دنیل دی‌لوئیس[۹۲۳] را غرق در نفت[۹۲۴] تماشا می‌کردم از لندن به نیویورک سفر کردم. امروز من تویوتای قابل اعتمادم را بدون اسب با سرعت ده مایل در پانزده دقیقه در حالی که به شوبرت گوش می‌دادم راندم. یک «دهقان» به‌واقع خودش را با دستمزد بیست شیلینگ در هفته بیچاره می‌پندارد (۷۰ پوند به پول امروز). بهداشت و دارو فقط چند سالی به امید به زندگی، آن‌طور که مکالی عجولانه پیش‌بینی کرده بود اضافه نکرده بلکه آن را دوبرابر کرده‌است. و به لحاظ رفاه و تجمل، حتی کارگر کاهل و ولخرج هم یک یخچال و یک تلویزیون دارد، چه برسد به‌کارگر کوشا و صرفه‌جو.

بیماری نقطه‌ی عطف‌گرایی

مکالی در ۱۸۳۰ می‌گوید «ما به‌طور قطع نمی‌توانیم ثابت کنیم کسانی که به ما می‌گویند جامعه به یک نقطه‌ی عطف رسیده است و این‌که ما بهترین روزهای‌مان را دیده‌ایم در اشتباه هستند. اما این را تمام کسانی که پیش از ما آمدند گفتند و درست با همین دلایل ظاهری.» و تمام کسانی که بعد از او آمدند هم می‌گویند. به نظر می‌رسد لحظات تعریف‌شده، نقاط اوج، آستانه‌ها و نقاط بی‌بازگشت مورد توجه بدبین‌ها در هر نسلی از آن زمان تابه‌حال بوده است. گونه جدیدی از بدبین‌ها در هر دهه سر بیرون می‌آورند و بی هیچ شرمی در قطعیت نظرشان خود را ایستاده برشاهین سرنوشت‌ساز ترازوی تاریخ می‌دانند. در تمام نیم‌قرن بین ۱۸۷۵ و ۱۹۲۵، در حالی که استاندارد زندگی اروپایی‌ها به سطحی تصورناپذیر جهش کرده بود، در حالی که برق و خودروها، ماشین‌های تحریر و فیلم‌ها، جوامع دوستانه و دانشگاه‌ها، توالت‌های داخل ساختمان و واکسن‌ها تأثیر بهبودبخش‌شان را به زندگی بسیاری می‌فشردند، روشنفکران درگیر و نگران

۹۲۳. Daniel Day Lewis

۹۲۴. اشاره به فیلم سینمایی خون به‌پا خواهد شد که در آن دنیل دی‌لوئیس بازی می‌کند و مربوط به دوران کشف نفت در آمریکا است.

سقوط قریب‌الوقوع، انحطاط و مصیبت بودند. دوباره و دوباره همان‌طور که مکالی گفته بود، آنها از این می‌نالیدند که جامعه به یک نقطه عطف رسیده بود؛ ما روزهای خوب‌مان را دیده بودیم.

کتاب فوق‌العاده پرفروش دهه‌ی ۱۸۹۰ کتابی بود به نام انحطاط نوشته مکس نوردو[۹۲۵] آلمانی که در آن تصویری از یک جامعه را به نمایش گذاشت که از نظر اخلاقی به‌خاطر جنایت، مهاجرت و شهرنشینی در حال سقوط بود: «ما در وسط یک اپیدمی، نوعی از مرگ سیاه انحطاط و هیجان و جنون ایستاده‌ایم.» کتاب پرفروش آمریکایی در ۱۹۰۱، زندگی ساده نوشته چارلز واگنر[۹۲۶] بود که در آن این بحث را مطرح کرد که مردم به اندازه کافی زندگی مادی‌گرایانه داشته‌اند و حالا می‌خواهند باز به مزارع بازگردند. در ۱۹۱۴، رابرت ترسل[۹۲۷] بریتانیایی در اثر چاپ‌شده پس از مرگ خودش به‌نام نیکوکاران با شلوارهای ژنده[۹۲۸]، کشورش را «ملتی نادان، کم‌هوش، نیمه‌گرسنه و گمراهانی با روحیه‌ای درهم‌کوفته» می‌نامد. جنون اصلاح نژاد که دنیا را بعد از ۱۹۰۰ احاطه کرد با حرارت یکسانی مورد استقبال راست و چپ قرار گرفت و باعث تصویب قوانین ضد اصول آزادی و بیدادگرایانه در حکومت‌های دموکراتیک مانند آمریکا و حکومت‌های خودکامه‌ای مانند آلمان با استدلال از بین بردن تبارهای خونی که به‌خاطر تولید مثل بیش از حد فقرا و افراد با هوش کمتر پدید آمده است شد. اجماع خردمندانه بزرگی حول این ایده شکل گرفت که باید با اقدامات شدید امروز از یک فاجعه‌ی بزرگ در دوردست جلوگیری کرد (این جمله آشنا به نظر می‌رسد؟) وینستون چرچیل در یادداشتی به نخست‌وزیر در ۱۹۱۰ می‌گوید، «تکثیر فرد کودن، خطر وحشتناکی برای این تبار است.» تئودور روزولت حتی صریح‌تر از این بود: «خیلی دوست داشتم می‌شد انسان‌های نادرست به‌طور کلی از تولیدمثل منع می‌شدند؛ و هنگامی که طبیعت شیطانی این افراد به اندازه کافی برملا شد، این کار باید انجام شود. جنایتکاران باید عقیم و افراد کم‌هوش و ضعیف باید از داشتن فرزند منع شوند.» در آخر، اصلاح نژادی آسیب بسیار بیشتری به اعضای نوع بشر رساند تا شیطانی که قصد مبارزه با او را داشتند و آسیبی که می‌توانست برساند. یا همان‌طور که آیزایا برلین[۹۲۹] مطرح می‌کند، «در نظر نگرفتن ترجیحات و تمایلات افراد زنده امروز جهت رسیدن به برخی هدف‌های اجتماعی دوردست که حاکمان ادعا کرده‌اند وظیفه‌ی آنهاست تا آن را گسترش و ترویج دهند، علت مشترک بیچارگی مردم در طول سال‌ها بوده است.»

روشنفکران گفتند بیشتر به دولتی احتیاج دارند که مانند آنچه برای

---

۹۲۵. Max Nordau پزشک و منتقد اجتماعی آلمانی قرن نوزدهم.
۹۲۶. Charles Wagner کشیش فرانسوی قرن نوزدهم که در شکل گیری و اصلاح خداشناسی تأثیرگذار بود.
۹۲۷. Robert Tressell نویسنده ایرلندی قرن نوزدهم.
۹۲۸. The Ragged Trousered Philanthropists
۹۲۹. Isaiah Berlin نظریه‌پرداز روسی-انگلیسی در زمینه اجتماعی و سیاسی قرن بیستم.

بعدازظهر طلایی دوره‌ی ادوارد[930] انجام داد، عمل کند و آن را با اعلام جنگ جهانی به‌خاطر یک مشکل جزئی و بی‌اهمیت مطرح کردند. پس از آن با آنچه تورم، بیکاری، رکود و فاشیسم به همراه آورد، بهانه‌های زیادی برای بدبین‌های بین دو جنگ جهانی وجود داشت. در ۱۹۱۸، هنری آدامز[931] در کتاب تعلیمات هنری آدامز[932] به‌طرز بی‌نظیری انرژی معنوی مریم مقدس را در مقابل انرژی مادی یک دینام بزرگ که در یک نمایشگاه دیده بود، قرار می‌دهد و «فروپاشی نهایی، عظیم و کیهانی» تمدن را پیش‌بینی کرد. ناله‌ی مدام روشنفکران بدبین‌گرا، حال دیگر زمزمه ثابت پس‌زمینه بود: از تی. اس. الیوت[933] گرفته تا جیمز جویس[934]، ازرا پاوند[935]، دبلیو بی. ییتس[936] و آلدوس‌هاکسلی[937]. بیشتر آنها داشتند با دید اشتباهی نه به ایده‌آل‌گرایی و ملی‌گرایی، بلکه به پول و فن‌آوری نگاه می‌کردند. «خوش‌بینی، بزدلی است»، این را آسوالد اشپنگلر[938] با عصبانیت و لحنی سرزنش‌وار در ۱۹۲۳ در بیانیه انتقادی پرفروشش به‌نام انحطاط غرب[939] می‌گوید و در آن خطاب به نسلی از خوانندگان ملتفت نثر افسانه‌ای‌اش می‌گوید که دنیای غربی و فاوستی در شرف دنبال کردن راه بابل و روم به‌سمت یک سقوط پیش‌رونده است، همان‌طورکه اقتدارگرایی «سزاریسم[940]» در نهایت حاکم و خون بر پول پیروز شد. سزاریسم به‌واقع از ویرانه‌های سرمایه‌داری در ایتالیا، آلمان، روسیه و اسپانیا قد علم کرد و به‌سمت کشتن میلیون‌ها انسان پیش رفت. تا ۱۹۴۰، تنها یک دوجین کشور دموکراتیک باقی ماند. درحالی که جنگ‌های جهانی دوگانه ۱۹۱۴-۱۹۴۵ وحشتناک بودند، اما تأثیر کوچکی بر بهبود طول عمر و سلامت کسانی که نجات یافتند داشتند. با وجود این جنگ‌ها، از میانه‌ی قرن تا ۱۹۵۰، طول عمر، ثروت و سلامت اروپایی‌ها سریع‌تر از همیشه بهبود یافت.

---

۹۳۰. Edwardian مربوط به دوران حکومت ادوارد شاه هفتم، از ۱۹۰۱ تا ۱۹۱۰. گاهی به‌عنوان یک دوران رومانتیک طلایی در یک بعدازظهر طولانی تابستان از آن تصویر می‌شود.

۹۳۱. Henry Adams تاریخدان آمریکایی قرن نوزدهم.

۹۳۲. The Education of Henry Adams

۹۳۳. T.S. Eliot شاعر و منتقد ادبی آمریکایی قرن نوزدهم.

۹۳۴. James Joyce رمان‌نویس ایرلندی قرن نوزدهم.

۹۳۵. Ezra Pound منتقد و شاعر آمریکایی قرن نوزدهم.

۹۳۶. W.B. Yeats شاعر و نویسنده‌ی ایرلند و یکی از چهره‌های برجسته‌ی قرن بیستم.

۹۳۷. Aldous Huxley فیلسوف و نویسنده‌ی انگلیسی قرن نوزدهم.

۹۳۸. Oswald Spengler تاریخدان و فیلسوف آلمانی قرن نوزدهم.

۹۳۹. The Decline of the West

۹۴۰. Caesarism فلسفه سیاسی اقتدارگرا و استبدادی.

بدتر و بدتر

بعد از جنگ جهانی دوم، اروپایی‌ها به رهبری کنراد آدناوئر[۹۴۱] از آلمان غربی، مشتاقانه مسیر آمریکا در کسب‌وکار آزاد را دنبال کردند. بعد از ۱۹۵۰ یک دوره طلایی صلح (برای بیشتر آنها)، کامیابی (برای بسیاری)، تفریح و فراغت (برای جوان‌ها) و پیشرفت (به شکل تغییرات شتابنده فن‌آوری) طلوع کرد. آیا بدبین‌ها ناپدید شدند؟ آیا همه مسرور بودند؟ معلومه که نه. جورج اورول در ۱۹۴۲ با مقاله‌ای که در آن از تهی بودن معنوی دوران ماشینی شکایت می‌کرد و کتابی در ۱۹۴۸ که در آن از یک آینده استبدادی و اقتدارگرا هشدار می‌داد، آغازگر این مسئله بود. سیل پیشگویی‌های غم‌انگیزی که نیمه دوم قرن بیستم را مشخص می‌کرد مانند هر چیز دیگری در آن زمان در مقیاس خودش بی‌سابقه بود. محشری پس از محشری دیگر وعده داده می‌شد: جنگ هسته‌ای، آلودگی، ازدیاد جمعیت، قحطی، بیماری، خشونت، گری گو[۹۴۲]، فن‌آوری انتقام‌جو که اوج می‌گیرد و در غالب یک هرج و مرج مدنی فوران می‌کند و این بدون شک به‌دنبال ناتوانی کامپیوترها در مواجهه با سال ۲۰۰۰ بود. یادتان می‌آید؟

سخنان افتتاحیه دستور جلسه‌ی ۲۱[۹۴۳] را در نظر بگیرید، ۶۰۰ صفحه سوگنامه که توسط رهبران جهان در کنفرانس سازمان ملل در ریودوژانیرو در ۱۹۹۲ امضا شد: «بشریت در لحظه تعیین‌کننده در تاریخ ایستاده است. ما با تداوم عدم توافق‌ها داخل ملت‌ها و بین ملت‌ها، یک فقر در حال وخیم شدن، گرسنگی، بیماری و بیسوادی و نابودی پیوسته اکوسیستم‌ها که برای رفاه‌مان به آن وابسته‌ایم، مواجه شده‌ایم.» در دهه‌ی بعدی، تندترین کاهش در فقر، گرسنگی، بیماری و بیسوادی در تاریخ بشر اتفاق افتاد. در دهه‌ی ۱۹۹۰، میزان فقر چه به لحاظ مطلق و چه نسبی سقوط کرد. با این حال، دهه‌ی ۱۹۹۰ (به کلام چارلز لیدبتر[۹۴۴]) «یک طغیان شک به خود و حتی تنفر از خود، از طرف قشر روشنفکر جوامع آزادی‌خواه توسعه‌یافته» نشان خورد. آن‌طور که لیدبتر بحث می‌کند، یک اتحاد ناگفته میان مرتجعین و افراطیون، میان اشراف نوستالژیک‌گرا، محافظه‌کاران مذهبی، بنیادگرایان مذهبی و هرج‌ومرج‌طلب‌های خشمگین شکل گرفت تا مردم را متقاعد کنند مضطرب و نگران باشند. موضوع مشترک آنها این بود که فردگرایی، فن‌آوری و جهانی‌سازی ما را با سر دارد به‌سمت جهنم پیش می‌راند. وحشت‌زده از میزان تغییرات و تضعیف موقعیت روشنفکران نجیب نسبت به تاجران بی‌پروا و گستاخ، «منتقدان اجتماعیِ تشنه‌ی وضعیت ایستا که جو و

---

۹۴۱. Konrad Adenauer اولین صدراعظم جمهوری فدرال آلمان بین سال‌های ۱۹۴۹ تا ۱۹۶۳.

۹۴۲. grey goo سناریویی فرضی برای یک فاجعه جهانی شامل نانوتکنولوژی مولکولی که در آن ماشین‌های از کنترل خارج شده و تمام زیست‌تودهای روی زمین را مصرف و تعداد بیشتری از خودشان تولید می‌کنند.

۹۴۳. Agenda 21 برنامه اقدامی بدون الزام سازمان ملل برای توسعه‌ی پایدار.

۹۴۴. Charles Leadbetter عضو جامعه‌ی الاهیات انگلیسی قرن نوزدهم.

روحیه فکری غرب را برای دهه‌ها شکل داده بودند» (به زبان ویرجینیا پوسترل[۹۴۵]) به چیزهای جدید حمله کردند و در حسرت ثبات بودند. «این شکست انسان مدرن است که نظاره‌گر محدودیت‌های لازم برای نگهداری یکپارچگی و پایداری سیستم‌های مختلف اجتماعی و زیست‌محیطی باشد که خودش بخشی از دلیل ازهم پاشیدن و بی‌ثباتی آن است» این را طرفدار ثروتمند محیط زیست، ادوارد گلداسمیت[۹۴۶] با ناله بیان می‌کند. بهای کامیابی و خوشبختی به بیان شاهزاده‌ی ولز «از دست دادن تدریجی تعادل با جریان و آهنگ دنیای طبیعی» بود.

امروز صدای طبل گوشخراش شده است. نسلی که صلح، آزادی، اوقات فراغت، تحصیل، دارو و پزشکی، سفر، فیلم، تلفن‌های همراه و پیام‌های بیشتری نسبت به هر نسلی در تاریخ تجربه کرده در هر فرصتی، اندوه و افسردگی را در آغوش می‌گیرد. به‌تازگی در کتابفروشی یک فروشگاه در بخش امور جاری متوقف شدم و نگاهی به قفسه‌ها انداختم. کتاب‌هایی وجود داشت از نوام چامسکی[۹۴۷]، باربارا ارنرایک[۹۴۸]، ال فرنکن[۹۴۹]، ال گور[۹۵۰]، جان گری[۹۵۱]، نوامی کلاین[۹۵۲]، جورج مانبیو[۹۵۳] و مایکل مور[۹۵۴] که این مسئله را با درجه‌ای کمتر یا بیشتر مورد بحث قرار داده‌اند که (الف) دنیا جای افتضاحی است؛ (ب) وضعیت در حال بدتر شدن است؛ (پ) بیشتر آن تقصیر تجارت است؛ و (ت) دنیا به یک نقطه عطف رسیده است. من یک کتاب خوش‌بینانه هم ندیدم.

حتی اخبار خوب هم به‌عنوان اخبار بد نمایش داده می‌شوند. مرتجعین و افراطی‌ها بر این مسئله توافق دارند که «انتخاب اضافه» یک خطر جدی و وخیم است؛ این‌که در مواجهه با ده هزار محصول در سوپرمارکت قرار بگیری و هر کدام از آنها بودجه محدود شما و این‌که هرگز امکان برآورد تقاضای‌تان وجود ندارد را یادآور شوند، مخرب، خورنده و گیج‌کننده است. یک پروفسور روان‌شناسی می‌گوید، مصرف‌کنندگان با «انتخاب‌های به نسبت بی‌اهمیت از پای درآمده‌اند». تاریخ این باور برمی‌گردد به هربرت مارکوزه[۹۵۵] که باور مارکس درباره«بیچارگی پرولتاریا» توسط کاهش مداوم استانداردهای زندگی را به جهت اصلی‌اش چرخاند و این مجادله را کرد که نظام سرمایه‌داری، در عوض، طبقه کارگر

---

۹۴۵. Virginia Postrel نویسنده سیاسی و فرهنگی معاصر آمریکایی.
۹۴۶. Edward Goldsmith طرفدار محیط‌زیست معاصر فرانسوی.
۹۴۷. Noam Chomsky
۹۴۸. Barbara Ehrenreich
۹۴۹. Al Franken
۹۵۰. Al Gore
۹۵۱. John Gray
۹۵۲. Naomi Klein
۹۵۳. George Monbiot
۹۵۴. Michael Moore
۹۵۵. Herbert Marcuse فیلسوف و منتقد اجتماعی آلمانی-آمریکایی قرن نوزدهم که از اعضای برجسته‌ی مکتب فرانکفورت بود.

را مجبور به مصرف بیش از اندازه می‌کند. این مسئله به‌خوبی در سمینارهای دانشگاهی پیچید و طنین‌انداز شد و سبب شد سرها هم به نشانه موافقت تکان بخورند اما در دنیای واقعی مزخرف محض است. وقتی به فروشگاه‌های محلی می‌روم، هیچ‌وقت نمی‌بینم مردم به‌خاطر ناممکن بودن انتخاب دچار عذاب و بیچارگی شده باشند. می‌بینم که مردم انتخاب می‌کنند.

مشکل تا حدی به‌خاطر دلتنگی و غم غربت گذشته است. حتی در دوران طلایی قرن هشتم قبل از میلاد مسیح، هزوییدِ[956] هم دلتنگ دورانی طلایی بود، زمانی که در آن مردم «با آرامش و صلح در زمین‌های خودشان با بسیاری از چیزهای خوب ساکن بودند و زندگی می‌کردند.» یحتمل از زمان پارینه‌سنگی هیچ نسلی وجود نداشته است که از بی‌خاصیتی آینده افسوس نخورد و یک خاطره طلایی از گذشته را تقدیس نکند. مرثیه‌های پایان‌ناپذیر مدرن درباره این‌که چگونه پیام دادن با تلفن همراه و ایمیل‌ها در حال کوتاه کردن دامنه توجه است، بر می‌گردد به افلاطون که نوشتن را به‌عنوان یک نابودگر برای به حافظه سپردن محکوم می‌کرد. یک مفسر می‌گوید، «نوجوانان امروز» کم‌عمق، خودخواه، لوس، افسارگسیخته‌هایی بی‌خاصیت و سرشار از خودشیفتگی رایج هستند و آموزش دیده‌اند که دامنه‌های توجه ناپایدار و زودگذر داشته باشند. مفسر دیگری می‌گوید آنها بیش از حد در فضای مجازی وقت تلف می‌کنند، جایی که در آن سلول‌های خاکستری آنها به‌وسیله نوعی عامل نارنجی[957] شناختی در حال «سوختن و بی‌برگ شدن» است و آنها را از پویایی اخلاقی، قدرت تخیل و آگاهی به پیامدها محروم می‌کند. تماماً یاوه و مهمل‌گویی است. البته که آدم‌های گول و احمق و عجیب و غریب در هر نسلی وجود دارد، اما جوانان امروز کارهای داوطلبانه برای خیریه‌ها انجام می‌دهند، شرکت‌ها را راه می‌اندازند، از اقوام‌شان مراقبت می‌کنند، سر کار می‌روند، درست مانند نسل‌های دیگر، حتی شاید هم بیشتر. در بیشتر مواقع هنگامی که به صفحه‌های نمایش خیره می‌شوند به‌منظور رها کردن خودشان در مشارکت‌های اجتماعی گسترده است. بازی ویدئویی Sims2 که بیشتر از یک میلیون نسخه طی ده روز، زمانی که در ۲۰۰۴ روانه‌ی بازار شد فروخت، بازی است که در آن بازیکن‌ها - غالباً دخترها - باید از آدم‌های مجازی بخواهند در زندگی‌های پیچیده، واقعی و بسیار اجتماعی زندگی کنند و سپس با دوستان خودشان درباره‌اش حرف بزنند. سوختن و برگریزی آنچنانی آنجا وجود نداشت[958]. روانکاو، آدام فیلیپس[959] باور دارد که «برای تعداد رو به افزایشی از انگلیسی‌ها و آمریکایی‌ها، «فرهنگ کسب‌وکار» به‌معنی یک زندگی با کار بیش از حد، اضطراب و انزواست. رقابت همه‌جا حاکم است، حتی بچه‌های کوچک هم

---

۹۵۶. Hesiod

۹۵۷. Agent Orange یکی از شش سم علف‌کش آمریکایی بوده که نوعی سم قوی است و در جنگ ویتنام برای از بین بردن جنگل‌های پناهگاه ویت‌کنگ‌ها به‌کار رفت.

۹۵۸. اشاره به عامل سمی نارنجی است که پیشتر اشاره شد.

۹۵۹. Adam Phillips روان‌درمانگر تحلیلی و مقاله‌نویس معاصر بریتانیایی.

مجبور به رقابت با یکدیگرند و در انتها نتیجه آن است که بیمار می‌شوند.» من برای فیلیپس خبری دارم: بچه‌های کوچک در دوران صنعتی، فئودالی، کشاورزی، نوسنگی یا حتی شکارچی-خوشه‌چین‌ها در گذشته، کار بیش از حدی می‌کردند و بسیار بیشتر مریض می‌شدند تا در حال حاضر و در دوران بازار آزاد.

یا در باب «پایان طبیعت» چطور؟ سوگنامه‌ی پرفروش بیل مک‌کیبن[۹۶۰] در ۱۹۸۹ بر این اصرار داشت که نقطه عطف در شرف وقوع بود: «باور دارم ما بدون آن‌که متوجه بشویم پیش‌تر از آستانه چنین تغییری گذر کرده‌ایم؛ و این‌که ما در پایان طبیعت قرار داریم.»

یا هرج و مرج در راه چطور؟ رابرت کپلن[۹۶۱] در ۱۹۹۴ در مقاله‌ای با بحث مفصل‌تری در ماهنامه آتلانتیک[۹۶۲] که تبدیل به یک کتاب پرفروش شد به دنیا گفت چگونه به نقطه عطفی رسیده‌ایم و این‌که «کمبود، جنایت، ازدیاد جمعیت، قبیله‌گرایی و بیماری به‌سرعت در حال از بین بردن تار و پودهای جامعه در سیاره ماست». گواه او برای این قضیه بر این اصل بود که او کشف کرده بود زندگی شهری در غرب آفریقا مکانی بی‌قانون، فقیر، ناسالم و به‌نسبت خطرناک است.

یا آینده‌ی به سرقت رفته‌ی ما چطور؟ در ۱۹۹۶ کتابی با همین عنوان ادعا کرد تعداد اسپرم‌ها در حال کاهش و سرطان سینه در حال افزایش است، مغزهای ناقص شکل می‌گیرند و ماهی‌ها تغییر جنسیت می‌دهند و تمام این‌ها به‌خاطر مواد شیمیایی مصنوعی است که به‌عنوان «اخلال‌گر غدد هرمونی» عمل می‌کنند و تعادل هرمونی بدن را تغییر می‌دهند. طبق معمول در ترس ثابت‌شده تا حد زیای اغراق شده بود: تعداد اسپرم‌ها در حال کاهش نیستند و هیچ تأثیر چشمگیری بر سلامت انسان به‌خاطر اخلال غدد هرمونی شناسایی نشده است.

از سوی دیگری در ۱۹۹۵، دانشمند و نویسنده عالی‌قدری به نام جرد دایموند[۹۶۳]، مسحور بدبینی‌گرایی رایج شد و وعده داد که: «تا زمانی که پسرهایم به سن بازنشستگی برسند، نیمی از گونه‌های جانوری دنیا منقرض، هوا با رادیواکتیو و دریاها با نفت آلوده خواهد شد.» بگذارید من پسرهایش را خاطرجمع کنم که انقراض گونه‌ها هرچند که وحشتناک است اما حتی با یک دامنه وسیع هم بسیار دورتر از تیررس این وعده است. حتی اگر شما حدس به‌شدت بدبینانه

---

۹۶۰. Bill McKibben طرفدار محیط زیست، مؤلف و روزنامه‌نگار که مطالب بسیاری درباره گرم شدن کره زمین نوشته است.

۹۶۱. Robert Kaplan مؤلف آمریکایی معاصر در زمینه‌ی سیاست و امور خارجه.

۹۶۲. Atlantic Monthly مجله‌ای آمریکایی که اخبار، سیاست، فرهنگ و تکنولوژی را پوشش می‌دهد.

۹۶۳. Jared Diamond

ای. او. ویلسون[964] را در نظر بگیرید که در آن گمان می‌برد، ۲۷۰۰۰ گونه هر ساله در حال مرگ هستند، این فقط معادل ۲۷ درصد طی یک قرن است (گمان می‌رفت حداقل ۱۰ میلیون گونه باشد) که خیلی کمتر از ۵۰ درصد در شصت سال است. به لحاظ دیگر نگرانی‌های دایموند، روندها در حال بهتر شدن هستند و نه بدتر شدن: میزان رادیواکتیوی که پسرهای او از آزمایش تسلیحات و اتفاقات هسته‌ای امروز دریافت می‌کنند، ۹۰ درصد کمتر از آنچه است که پدرشان در اوایل دهه‌ی ۱۹۶۰ دریافت می‌کرد و در کل آن مقدار هم کمتر از یک درصد تابش زمینه‌ای طبیعی است. مقدار نفتی که در دریا ریخته شده به‌طور پیوسته از قبل از این‌که دایموندهای جوان به‌دنیا بیایند در حال کاهش است: در حال حاضر به میزان ۹۰ درصد از ۱۹۸۰ کاهش یافته است.

یک مجادله زیرکانه در باب آخرالزمان بر آمار استوار است. همان‌طور که به کتاب آخر مارتین رییس[965] آخرین قرن ما مرتبط است، مباحثه ریچارد گات[966] این‌گونه پیش می‌رود: فرض کنید که من به‌طور تقریبی شصت میلیاردمین نفر هستم که روی این سیاره زندگی می‌کنند، امکان این باور هست که من حدوداً از نیمه اجرای نمایش گونه‌ی خودم به‌جای آمدن از اوایل این اجرا در یک میلیون سال پیش در برادوی[967] می‌آیم. اگر یک عدد را از یک گلدان بیرون بکشید و عدد شصت را نشان دهد، نتیجه می‌گیرید به احتمال زیاد ۱۰۰ عدد در گلدان است تا ۱۰۰۰ عدد. بنابراین ما محکوم به فنا هستیم. هرچند قصد بدبین شدن بر قدرت استدلال ریاضی آن ندارم ولی گذشته از تمام این بحث‌ها، شش میلیاردمین و شش میلیونمین نفر روی این سیاره هم می‌توانست دقیقاً چنین بحثی را بکنند.

بدبینی‌گرایی همیشه به‌لحاظ گیشه پرفروش بوده است. بدبینی‌گرایی در آنچه گرگ ایستربروک[968] «روی‌گردانی جمعی از این باور که زندگی در حال بهتر شدن است» می‌نامد، شکل می‌گیرد. جالب این‌که مردم این را در زندگی‌شان به‌کار نمی‌بندند: آنها تمایل به این فرض دارند که زندگی طولانی‌تری خواهند داشت، مدت بیشتری متأهل خواهند ماند و بیشتر از آنچه سفر می‌کنند به مسافرت خواهند رفت. ۱۹ درصد آمریکایی‌ها باور دارند خودشان جزء یک درصد بالایی سطح درآمدی هستند. ولی نظرسنجی‌ها به‌طور مدام نشان می‌دهند که افراد، شخصاً خوش‌بین هستند درحالی که از نظر اجتماعی بدبینند. دین استنگلر[969] این مسئله را «یک شکل غیرسنگین از ناهنجاری شناختی که همه

۹۶۴. E.O. Wilson زیست‌شناس معاصر آمریکایی.
۹۶۵. Martin Rees کیهان‌شناس و اخترفیزیک‌دان معاصر بریتانیایی.
۹۶۶. Richard Gott استاد فیزیک نجوم در دانشگاه پرینستون آمریکا.
۹۶۷. Broadway خیابانی در نیویورک برای نمایش تئاتر.
۹۶۸. Greg Easterbrook نویسنده‌ی معاصر آمریکایی.
۹۶۹. Dane Stangler نویسنده‌ی معاصر آمریکایی در زمینه‌ی کارآفرینی.

ما درگیرش هستیم» می‌نامد. مردم به‌طور طبیعی درباره آینده اجتماع و نژاد بشر غمگین و دلسرد هستند. این مسئله به‌خاطر این واقعیت است که مردم خطرگریز هستند. یک مقاله مهم تصدیق می‌کند مردم خیلی بیشتر از نظر درونی و عاطفی دوست دارند مبلغی پول از دست ندهند تا این‌که دوست داشته باشند مبلغی ببرند. و به نظر می‌رسد ژن بدبینی‌گرایی ممکن است عملاً معمول‌تر از ژن خوش‌بینی باشد: تنها حدود ۲۰ درصد از مردم برای نسخه طولانی ژن انتقال‌دهنده‌ی سروتونین، جورتخم[۹۷۰] هستند که احتمالاً به آنها یک گرایش ژنتیکی می‌دهد تا به نیمه روشن نگاه کنند. (تمایل به پذیرش خطر که یک همبستگی ممکن با خوش‌بینی است، بخشی هم ارثی می‌باشد) نسخه‌ی ۷باره ژن DRD4، ۲۰ درصد پذیرش خطرهای مالی در مردان را تشکیل می‌دهد - و این در کشورهایی که بیشتر جمعیت‌شان از مهاجرین تشکیل شده معمول‌تر است.

همان‌طور که میانگین سن جمعیت یک کشور بالا می‌رود، مردم هم بیشتر و بیشتر نئوفوبیک[۹۷۱] (جدیدهراس) و افسرده می‌شوند. منافع معین عظیمی در بدبینی‌گرایی نیز وجود دارد. هیچ خیریه‌ای تابه‌حال با گفتن این‌که چیزها در حال بهتر شدن است برای هدفش پول جمع‌آوری نکرده است. هیچ روزنامه‌نگاری تابه‌حال صفحه اول را با گفتن این جمله به سردبیرش که می‌خواسته داستانی بنویسد درباره این‌که احتمال مصیبت چقدر امروز کمتر است، از آن خود نکرده است. بهترین خبر، بی‌خبری است. بنابراین بلندگوی رسانه‌ها در دست سیاستمدار، روزنامه‌نگار یا فعالی است که بتواند هشدار وقوع یک مصیبت را بدهد. در نتیجه، گروه‌های فشار و مشتریان‌شان در رسانه‌ها وارد راه‌های طولانی برای یافتن کورسویی از فنا و نابودی حتی در مسرت‌بخش‌ترین آمارها می‌شوند. روزی که من در حال نوشتن اولین پیش‌نویس این پاراگراف بودم، بی‌بی‌سی، در سرخط خبری صبح خودش گزارش یک تحقیق را داد که در آن دریافته‌اند روند نزولی شیوع بیماری قلبی در میان زنان بریتانیایی جوان و میانسال «متوقف» شده است. توجه کنید چه چیزی اخبار نبود: شیوع بیماری قلبی تا آن زمان به‌شدت در میان تمام زنان در حال کاهش بوده، همچنان در میان مردان هم در حال کاهش بود، و این در حالی است که در میان زنان گروه سنی که «کاهش آن متوقف شده بود» در حال افزایش نبود. و با این‌حال، تمام صحبت‌ها بر سر این خبر «بد» بود. یا دقت کنید که چگونه نیویورک‌تایمز در ۲۰۰۹ این خبر اطمینان‌بخش که دمای دنیا برای یک دهه افزایش نیافته است را گزارش داد: «فلات در گرما، برنامه دستیابی به یک راه حل را دشوار می‌کند.»

معتاد آخرالزمان (این واژه‌ی گری الکساندر[۹۷۲] است - او خودش را یک

---

۹۷۰. Homozygous اگر هر دو فنوتیپ یک ارگانیسم یکسان باشند به آن جورتخم می‌گویند.

۹۷۱. Neophobic

۹۷۲. Gary Alexander

آخرالزمانی بهبودیافته می‌نامد) از بدبینی طبیعی در وجود بشر، از ارتجاع‌گرایی ذاتی در هر شخص بهره‌برداری می‌کند و منفعت می‌جوید. برای ۲۰۰ سال بدبین‌ها تمام سرخط خبرها را در دست داشتند؛ هرچند خوش‌بین‌ها بسیار بیشتر درست می‌گفتند. بدبین‌های رده‌بالا مورد تقدیر و احترام فراوان عموم هستند و به‌ندرت به چالش کشیده می‌شوند، چه برسد به این‌که بخواهند با اشتباهات گذشته‌شان مواجه شوند.

آیا باید اصلاً به بدبین‌ها گوش بدهید؟ قطعاً. درباره لایه‌ی اوزون و ترسی که برای مدت کوتاهی در اوایل دهه‌ی ۱۹۹۰ رایج بود و نوع بشر با ممنوع کردن کلروفلوئوروکربن[۹۷۳]ها، در حق خودش و محیط زیستش لطفی کرد. هرچند که نور ماوراءبنفش اضافی که از لایه اوزون در مناطق قطبی می‌گذشت هیچ‌وقت به یک‌پانصدم سطحی که به‌طور معمول کسی که در مناطق گرمسیر زندگی و آن را دریافت می‌کند نرسید و حتی فرضیه‌ٔ جدیدی مطرح می‌کند که پرتوهای کیهانی دلیل مهم‌تری برای سوراخ‌شدن لایه‌ی اوزون در قطب جنوب است تا کلرین[۹۷۴]. همچنان باید بهانه‌گیری را متوقف کنم: در این مورد، خارج کردن کلرین از اتمسفر با در نظر گرفتن تمام جوانب و واقعیت‌ها، عملی خردمندانه بود و هزینه‌اش بر رفاه و سعادت بشری هرچند قابل چشم‌پوشی نیست ولی کوچک بود.

ولی بدون شک چیزهایی وجود دارند که در حال بدترشدن هستند. ازدحام ترافیک و چاقی، دو تا از بزرگ‌ترین‌ها هستند که هر دو هم محصول فراوانی‌اند. اجدادتان به این ایده می‌خندیدند که چنین وفور غذا و حمل‌ونقل بتواند چیز بدی باشد. همچنین موقعیت‌های بسیاری هم بوده که در آن بدبین‌ها بیش از حد نادیده گرفته شده‌اند. تعدادی خیلی کمی به دلواپسی و نگرانی‌های بیان‌شده درباره هیتلر، مائو، القاعده و وام‌های مسکن بدون اعتبار و نرخ بالا[۹۷۵] گوش دادند. اینها تنها نام تعداد انگشت‌شماری از پی‌آمدها به‌صورت تصادفی است. اما بدبینی بدون هزینه نیست. اگر به بچه‌های‌تان یاد بدهید چیزها فقط می‌توانند بدتر شوند، تلاش آنها برای این‌که آن حرف اشتباه دربیاید کمتر می‌شود. من یک نوجوان در دهه‌ی ۱۹۷۰ در بریتانیا بودم و در آن زمان هر روزنامه‌ای که می‌خواندم نه‌تنها به من می‌گفت که نفت در حال تمام شدن است، یک اپیدمی سرطان شیمیایی در راه است، غذا در حال کمیاب شدن است و یک دوران یخبندان در حال آمدن است، بلکه سقوط نسبی اقتصاد کشور خود من هم گریزناپذیر و سقوط حتمی آن محتمل است. انفجار ناگهانی کامیابی و موفقیت و رشد شتابنده‌ای که بریتانیا در دهه‌ی ۱۹۸۰ و ۱۹۹۰ تجربه کرد برایم تکان‌دهنده بود، لازم به ذکر بهبود وضعیت سلامت، طول عمر و محیط زیست

---

۹۷۳. Chlorofluorocarbon

۹۷۴. Chlorine

۹۷۵. بحران مسکن آمریکا.

نیست. در حدود ۲۱ سالگی متوجه شدم هیچ‌کس تابه‌حال چیز خوش‌بینانه‌ای به من درباره آینده نوع بشر نگفته است، چه در یک کتاب، یا یک فیلم و یا حتی در میخانه. در حالی که در دهه‌ی بعدی، اشتغال به‌ویژه برای زنان افزایش یافت، وضعیت سلامت بهبود یافت، سمور و ماهی سالمون به رودخانه‌های محلی بازگشتند، کیفیت هوا بهتر شد، پروازهای ارزان‌قیمت به ایتالیا از فرودگاه‌های محلی آغاز شد، تلفن‌ها قابل حمل شدند و فروشگاه‌ها انواع غذاهای ارزان‌تر و بهتر را بیشتر و بیشتر به موجودی اضافه کردند. احساس خشم می‌کنم که چرا به من گفته و آموزش داده نشد که دنیا می‌توانست خیلی بهتر شود؛ به‌نوعی، به من پند یأس و ناامیدی داده شده بود. همان‌طور که به بچه‌هایم امروز داده می‌شود.

سرطان

این نسل از بشر قرار بود که تاکنون مانند مگس از سرطان ایجاد شده توسط مواد شیمیایی بمیرند. در اواخر دهه‌ی ۱۹۵۰ بود که شروع شد و به آیندگان هشدار داده شد که مواد ترکیبی شیمیایی در شرف ایجاد یک اپیدمی سرطان است. ویلهلم هیوپر[۹۷۶]، رئیس تحقیقات سرطان زیست‌محیطی در مؤسسه ملی سرطان آمریکا بسیار خودش را متقاعد کرده بود که قرار گرفتن در معرض مقادیر کمی از مواد شیمیایی ترکیبی، یک علت مهم سرطان است تا حدی که از باور این‌که سیگار کشیدن باعث سرطان می‌شد امتناع می‌کرد. او باور داشت آلودگی منجر به سرطان می‌شود. راشل کارسون[۹۷۷]، متأثر از هیوپر در کتابش، بهار خاموش[۹۷۸] (۱۹۶۲) شروع به ترساندن خوانندگانش کرد همان‌طور که خودش را بابت تهدیدی که برای سلامت بشر توسط مواد شیمیایی ترکیبی و به‌خصوص با آفت‌کش ددت[۹۷۹] ایجاد شده بود به هراس انداخته بود. با وجود این‌که سرطان در دوران کودکی زمانی از موارد نادر پزشکی می‌بود، او می‌نویسد که «امروزه بچه‌مدرسه‌ای‌های آمریکایی بیشتر از سرطان می‌میرند تا از هر بیماری دیگری.» این در حقیقت یک تردستی با آمار بود؛ بیانیه درست بود ولی نه به این خاطر که سرطان میان بچه‌ها رو به افزایش بود (که نبود)، بلکه به این خاطر بود که دیگر علل مرگ بچه‌ها با سرعت بیشتر در حال افت بود. او انتظار داشت ددت باعث یک اپیدمی سرطان اساسی در بشر و دیگر حیوانات شود و در نتیجه طول عمر زندگی انسان را کوتاه کند.

خیلی اغراق‌آمیز نیست که بگوییم کل یک نسل در غرب با این انتظار که

---

۹۷۶. Wilhelm Hueper پزشک آلمانی و از اولین افراد پیشرو در زمینه طب کار قرن نوزدهم.

۹۷۷. Rachel Carson زیست‌شناس دریایی آمریکایی قرن نوزدهم.

۹۷۸. Silent Spring

۹۷۹. DDT

اپیدمی سرطان کارسون به آنها حمله می‌کند بزرگ شدند. من یکی از آنها بودم: این مسئله به‌واقع من را در مدرسه ترسانده بود، این‌که بدانم زندگی‌ام همراه با بیماری و کوتاه است. تحت تأثیر کارسون و فرستادگانش، شروع به انجام یک پروژه بیولوژیک کردم. در حومه شهر به راه می‌افتم و پرندگانی که درمی‌یافتم در حال مرگ هستند را بردارم، سرطان آنها را تشخیص دهم و سپس این مطالب را منتشر کنم. این کار موفقیت بزرگی نبود: تنها یک لاشه پیدا کردم که متعلق به یک قو بود که به خطوط برق برخورد کرده بود. طرفدار محیط زیست، پال ارلیک در ۱۹۷۱ می‌نویسد، افرادی که بعد از ۱۹۴۵ به دنیا آمده‌اند و بنابراین پیش از تولد در معرض ددت قرار گرفته‌اند، می‌توانند انتظار زندگی کوتاه‌تری داشته باشند تا نسبت به زمانی که ددت هرگز وجود نداشت. این را نخواهیم فهمید تا آن‌که این افراد به چهل سالگی و پنجاه سالگی خودشان برسند. بعدها او دقیق‌تر این مسئله را عنوان کرد: «امید به زندگی در آمریکا تا ۱۹۸۰ به دلیل اپیدمی و شیوع سرطان به ۴۲ سالگی سقوط خواهد کرد.»

چیزی که به‌واقع اتفاق افتاد این است که – به‌غیر از سرطان ریه - بروز سرطان و هم نرخ مرگ‌ومیر به‌خاطر سرطان به‌طور آهسته و پیوسته سقوط کرد و بین سال‌های ۱۹۵۰ و ۱۹۹۷ تا ۱۶ درصد کاهش یافت و بعد از آن میزان سقوط شتاب بیشتری گرفت؛ حتی سرطان ریه با کم‌شدن سیگار کشیدن به جمع آنها پیوست. امید به زندگی آنهایی که بعد از ۱۹۴۵ به‌دنیا آمدند رکوردهای جدیدی به‌جای گذاشت. جست‌وجوی یک اپیدمی گسترده سرطان ایجاد شده به‌خاطر مواد شیمیایی ترکیبی که از سوی بسیاری دانشمندان، بی‌امان و مشتاقانه از دهه‌ی ۱۹۶۰ پیوسته دنبال می‌شد، به‌طور کل بی‌فایده بود. در دهه‌ی ۱۹۸۰، در یک تحقیق انجام شده از سوی متخصصین اپیدمی ریچارد دال[۹۸۰] و ریچارد پتو[۹۸۱] آنها به این نتیجه رسیده بودند که نرخ سرطان متناسب با سن در حال سقوط است و آن سرطان به‌طور عمده به‌خاطر سیگار، عفونت، عدم تعادل هورمونی و رژیم غذایی نامتعادل ایجاد شده و این‌که آلودگی شیمیایی، عامل کمتر از دو درصد تمام موارد سرطان است. این فرضیه که پاکسازی آلودگی از سرطان جلوگیری می‌کند و بیشتر جنبش محیط زیستی بر اساس آن رشد کرده بود ثابت شد که اشتباه است. همان‌طور که بروس ایمس[۹۸۲] به‌طرزی بی‌نظیر و عالی در اواخر دهه‌ی ۱۹۹۰ نمایش داد، کلم، ۴۹ آفت‌کش طبیعی درون خود دارد، که بیش از نیمی از آنها سرطان‌زا هستند. شما با نوشیدن یک فنجان قهوه با مواد شیمیایی سرطان‌زای بسیار بیشتری مواجه می‌شوید تا این‌که یک سال در معرض بقایای آفت‌کش‌ها در مواد غذایی باشید. این بدین معنی نیست که قهوه خطرناک یا آلوده به چیزی است: این مواد سرطان‌زا تقریباً همگی مواد

۹۸۰. Richard Doll پزشک و متخصص اپیدمی معاصر انگلیسی.

۹۸۱. Richard Peto متخصص آمار و اپیدمی معاصر انگلیسی.

۹۸۲. Bruce Ames زیست‌شناس معاصر آمریکایی.

شیمیایی طبیعی هستند که در گیاه قهوه یافت می‌شوند و مقدار آن برای این‌که باعث بیماری شود بسیار پایین است، همان‌طور که در بقایای آفت‌کش‌ها نیز این‌گونه است. ایمس می‌گوید، «ما صد میخ بر تابوت داستان سرطان زده‌ایم و باز هم به بیرون آمدن ادامه می‌دهد.»

توانایی معجزه‌آسای ددت در توقف اپیدمی مالاریا و تیفوس، حدود ۵۰۰ میلیون زندگی را در دهه‌های ۱۹۵۰ و ۱۹۶۰ نجات داد (بر اساس آکادمی علوم آمریکا) که بر هر اثر منفی که بر سلامت بشر داشت، می‌چربد. توقف استفاده از ددت باعث دوباره بالا گرفتنِ موج مالاریا در سری‌لانکا، ماداگاسکار و کشورهای بسیار دیگری شد. مسلماً ددت، نسبت به آن شیوه‌ای که مصرف می‌شد باید با احتیاط بیشتری استفاده می‌شد، زیرا با وجود این‌که نسبت به آفت‌کش‌های قبلی - که بیشتر آنها پایه‌ی آرسنیکی بودند - برای پرندگان بسیار کمتر سمی بود، اما این توانایی مخرب را داشت تا در کبد حیوانات انباشته شود و جمعیت شکارچی‌هایی مانند عقاب، شاهین و سمور را در بالای زنجیره بلند غذایی پاک کند. جایگزینی‌اش با مواد شیمیایی با ماندگاری کمتر، سمور و عقاب بی‌مو و شاهین پرگرین[۹۸۳] را بعد از نبودن در چندین دهه به‌نسبت به فراوانی قبلی‌شان بازگرداند. خوشبختانه جانشین‌های پایرتروید[۹۸۴] مدرنِ ددت پایدار نمی‌مانند و انباشته نمی‌شوند. علاوه‌براین، مصرف هدفمند و با صرفه‌جویی ددت علیه پشه مالاریا می‌تواند بدون چنین تهدیدهایی برای حیات وحش انجام شود. مثلاً با اسپری کردن آن داخل دیوار خانه‌ها.

آرماگدون هسته‌ای

دلایل خوب زیادی وجود داشت تا یک بدبین هسته‌ای در زمان جنگ سرد باشید: ساخت روزافزون تسلیحات، رویارویی در برلین و کوبا، سخنرانی‌های لفاظانه و پرشور برخی فرماندهان نظامی. با توجه به این‌که چگونه بیشتر مسابقه‌های قدرت نظامی پایان می‌یابند، به نظر می‌رسید مسئله پیش از این‌که جنگ سرد، داغ و تبدیل به جنگ واقعی شود، فقط زمان بود. اگر در آن زمان گفته بودید باور دارید اصل نابودی تضمینی هر دو طرف[۹۸۵] از جنگ‌های بزرگ مستقیم بین ابرقدرت‌ها جلوگیری می‌کند، این‌که جنگ سرد پایان می‌پذیرد، امپراتوری روسیه متلاشی می‌شود، خرید جهانی تسلیحات نظامی تا ۳۰ درصد کاهش می‌یابد و تمام موشک‌های هسته‌ای از میان می‌روند، شما به‌عنوان یک احمق

---

۹۸۳. Peregrine Falcon یکی از سریع‌ترین پرندگان دنیا.

۹۸۴. Pyrethroid از انواع حشره‌کش‌ها.

۹۸۵. Mutually Assured Destruction اصلی در بحث استراتژی نظامی و سیاست امنیت ملی که بیان می‌دارد استفاده تمام‌عیار از سلاح هسته‌ای توسط مهاجم بر علیه مدافع دارای سلاح هسته‌ای و توانایی حمله دوم، باعث نابودی کامل مهاجم و مدافع می‌شود.

کنار زده می‌شدید. گرگ ایستربروک می‌گوید،»تاریخ‌نویسان به کاهش سلاح اتمی تا به این حد به‌عنوان یک دستاورد باورنکردنی خواهند نگریست، و با نگاه به گذشته، این مسئله عجیب به نظر خواهد رسید که در زمانی که در حال وقوع بود توجه کمی به آن شد.» یحتمل فقط از سر بخت و اقبال بود و باید پذیرفت که بسیار مانده است تا خطر رفع شود (به‌ویژه برای کره‌ای‌ها و پاکستانی‌ها)، با این وجود، دقت کنید که چیزها بهتر شده‌اند و نه بدتر.

قحطی

یکی از نخ‌نماترین دلایل برای بدبینی درباره سرنوشت بشریت، نگرانی برای تمام شدن غذا است. بوم‌شناس بدبین و برجسته، لستر براون در ۱۹۷۴ پیش‌بینی کرد که به یک نقطه عطف رسیده‌ایم و کشاورزان «دیگر نمی‌توانند به تقاضای در حال فزونی برسند». اما کشاورزان به آن رسیدند. او در ۱۹۸۱ گفت که «ناامنی جهانی غذا در حال افزایش است». این‌طور نبود. در ۱۹۸۴ اعلام کرد «حاشیه‌ی باریک میان تولید غذا و رشد جمعیت به تنگ‌شدن ادامه می‌دهد». دوباره اشتباه بود. در ۱۹۸۹ گفت، «رشد جمعیت از توانایی کشاورزان برای ادامه دادن در حال پیشی گرفتن است». نه‌خیر! نشد. در ۱۹۹۴ گفت، «دنیا به‌ندرت با یک وضعیت اضطراری آشکار مواجه شده که ابعادش به اندازه عدم توازن در حال رشد میان غذا و مردم واضح است و پس از ۴۰ سال بالا رفتن آمار تولید غذا، خروجی محصول برای هر شخص با یک چرخش پیش‌بینی‌نشده و شدید معکوس شده است.» (نقطه عطفی به‌دست آمده بود.) یک‌سری برداشت محصول غیرمعمول و بیش از انتظار پشت سر هم اتفاق افتاد و قیمت گندم سقوط کرد تا کمترین میزان را ثبت کند و برای یک دهه در همان قیمت ماند. سپس در ۲۰۰۷ قیمت گندم به‌خاطر ترکیبی از دلایل، من‌جمله رفاه چینی‌ها، خشک‌سالی در استرالیا، فشار از سوی طرفداران محیط زیست برای تشویق رشد زیست‌سوخت‌ها و خواست سیاست‌مدارهای آمریکایی بشکه خوکی[986] در الزام به جاری ساختن کمک‌هزینه‌ها به‌سمت تولیدکنندگان اتانول، به‌طور ناگهانی دوبرابر شد. به‌طور حتم لستر براون یک‌بار دیگر عزیز رسانه‌ها بود. بدبینی‌اش به‌اندازه ۳۰ سال پیش رسوخ ناپذیر بود: او گفت، «غذای ارزان حالا می‌تواند جزئی از تاریخ باشد». یک نقطه عطف به‌دست آمده بود. یک‌بار دیگر به‌دنبال آن یک رکورد در برداشت محصول آمد و قیمت گندم نصف شد.

پیش‌بینی قحطی جهانی تاریخی طولانی دارد اما احتمالاً با دو کتاب پرفروش به گوشخراش‌ترین وضعیت آخرالزمانی خودش در ۱۹۶۷ و ۱۹۶۸ رسید.

۹۸۶. Pork-barrel سیاستمدارانی که بودجه‌ی دولت را در ازای دریافت حمایت یا رأی، صرف پروژه‌های محلی می‌کنند.

اولی توسط ویلیام و پول پداک[987] نوشته شد (قحطی، ۱۹۷۵!). عنوان فصل اول این کتاب بود، «برخورد غذا و جمعیت اجتناب‌ناپذیر است؛ این مسئله از پیش مقدر شده است». پداک‌ها حتی خیلی فراتر رفتند و این بحث را مطرح کردند که کشورهایی مانند هائیتی، مصر و هند راه نجاتی ندارند و بر اساس اصل اولویت‌بندی وردان[988] باید رها شوند تا از گرسنگی بمیرند و تلاش دنیا باید بر موارد کمتر وخیم متمرکز باشد. تا ۱۹۷۵ در حالی که جهان هنوز از گرسنگی نمرده بود، ویلیام پداک برای برنامه‌های تحقیقاتی که در جهت افزایش تولید غذا در کشورهایی که نرخ رشد جمعیت بالایی داشتند طراحی شده بود، درخواست مهلت قانونی کرد - تقریباً انگار می‌خواست باعث ایجاد پیش‌بینی خودش شود.

سال بعد از آن، انتشار یک کتاب پرفروش و بلکه مهم‌تر را به خود دید که حتی در لحن، بیشتر انسان‌گریزانه بود. کتاب بمب جمعیت به پال ارلیک، یک بوم‌شناس پروانه و گمنام اجازه داد تا به یک عالِم و رهبر جنبش محیط زیستی تغییر ماهیت دهد و این امر با جایزه «نابغه»ی مک‌آرتور تکمیل شد. او با اعلام یک نقطه عطف قول داد، «در دهه‌ی ۱۹۷۰ و ۱۹۸۰، هزاران میلیون نفر انسان با وجود هر گونه برنامه‌ای که اکنون به‌خاطر آن راه افتاده است از گرسنگی خواهند مرد. در این تاریخ دیگر دیرشده و هیچ چیزی نمی‌تواند از یک افزایش چشمگیر در نرخ مرگ‌ومیر دنیا جلوگیری کند.» ارلیک نه‌تنها این بحث را کرد که مرگ دسته‌جمعی گریزناپذیر و نزدیک است، این‌که تعداد بشر به دو میلیارد نفر سقوط می‌کند و این‌که فقرا فقیرتر می‌شوند، بلکه این را نیز مطرح کرد که آنهایی که فکر می‌کردند رشد جمعیت شروع به آهسته شدن می‌کند، به اندازه کسانی که یک روز اندکی کمتر سرد در دسامبر را به‌عنوان نشانه‌ای از رسیدن بهار خوش‌آمد می‌گویند، ابله هستند؛ در نسخه‌های اخیر اضافه می‌کند که انقلاب سبز و سپس دگرگونی کشاورزی آسیایی «در بهترین حالت یک یا دو دهه به ما مهلت می‌دهد». چهار دهه بعد، ارلیک درس‌هایش را فراگرفته بود – که دیگر تاریخ اعلام نکند: در کتاب خودش حیوان برتر[989] که با همسرش نوشته بود و در ۲۰۰۸ انتشار یافت، او دوباره یک «افزایش ناخوشایند در نرخ مرگ‌ومیر» را پیش‌بینی می‌کند اما این‌بار به هیچ بازه زمانی اشاره نمی‌کند. بدون گفتن کلمه‌ای درباره این‌که چرا پیش‌بینی‌های قبلی‌اش راجع به گرسنگی و سرطان دسته‌جمعی هرگز اتفاق نیفتاده بود، او در پیش‌بینی اوج بازار خوشبختی بشر مصمم است: او از گفتن این حرف پشیمان شد که «جهان به‌طور کلی به نظر می‌رسد برای رسیدن به این درک، آرام‌آرام در حال بیدار شدن است» که «داستان

---

۹۸۷. William and Paul Paddock

۹۸۸. Verdun Principle of Triage اشاره به یک رویکرد مراقبتی سخت‌گیرانه و بر اساس منفعت در اولویت‌بندی بیماران جنگ دارد و نام آن از نبرد وردان در جنگ جهانی اول گرفته شده است. بر اساس این الویت بندی آنهایی که زخم کمتر دارند و می توانند به جنگ برگردند، نجات داده می‌شوند و نیرو و زمانی برای آنهایی که زخم‌های کاری‌تری دارند صرف نمی‌شود.

۹۸۹. Dominant Animal

طولانی تکامل ما، به‌واسطه عملکردمان و نه نیت‌مان در حال رسیدن به یک نقطه‌ی عطف است.»

بنا بر دلایلی که در فصل چهار توضیح دادم، قحطی تا حد زیادی به تاریخ پیوسته است. جاهایی که هنوز اتفاق می‌افتد – دارفور و زیمبابوه - گناه بر گردن سیاست‌گذاری دولت است و نه فشار جمعیت.

منابع

تاریخ دنیا سرشار از مثال‌های انقراض و منابع رو به اتمام است. ماموت‌ها، نهنگ‌ها، شاه‌ماهی‌ها، کبوترهای نامه‌بر، جنگل‌های کاج سفید، سرو لبنانی و گوآنو. دقت کنید که همه آنها «تجدیدپذیر» هستند. در مقابل آنها، یک مورد فاحش منبع غیرتجدیدپذیر هم وجود ندارد که تاکنون تمام شده باشد: نه ذغال‌سنگ، نفت، گاز، مس، آهن، اورانیوم، سیلیکون یا سنگ. همان‌طور که تا به حال گفته شده - این اظهارات به بسیاری از مردم نسبت داده شده است - عصر حجر به‌خاطر کمبود سنگ به پایان نرسید. اقتصاددان جوزف شومپیتر در ۱۹۴۳ نوشت «این یکی از بی‌خطرترین پیش‌بینی‌هاست، این‌که ما در آینده قابل محاسبه با دادن تمام افسار به گسترش تولید کل که به‌طور حتم می‌دانیم با آن چه خواهیم کرد، در شرم‌گینی ثروت، هم در مواد غذایی و هم مواد خام زندگی خواهیم کرد. این درباره منابع معدنی نیز صدق می‌کند. «این نیز یکی از بی‌خطرترین پیش‌بینی‌هاست که مردم همیشه هشدار می‌دهند منابع طبیعی در حال ته‌کشیدن هستند.»

ناکامی حقارت‌بار پیش‌بینی که توسط یک مدل کامپیوتر به نام World3[۹۹۰] در اوایل دهه‌ی ۱۹۷۰ انجام شد را در نظر بگیرید. World3 تلاش کرد ظرفیت حمل منابع سیاره زمین را پیش‌بینی کند و در گزارشی به‌نام محدودیت‌های رشد که با عنوان باشکوه «باشگاه رم»[۹۹۱] تألیف شده بود، نتیجه‌گیری کرد که استفاده تصاعدی می‌تواند منابع شناخته‌شده روی، طلا، قلع، مس، نفت و گاز طبیعی را تا ۱۹۹۲ به اتمام رساند و باعث یک فروپاشی تمدن و جمعیت در قرن بعد شود. گزارش محدودیت‌های رشد به‌غایت تأثیرگذار بود و کتاب‌های درسی مدارس خیلی زود طوطی‌وار پیش‌بینی‌هایش را منهای هشدارها تکرار می‌کردند. یکی می‌گفت «برخی دانشمندان تخمین می‌زنند که منابع شناخته‌شده نفت، قلع، مس و آلومینیوم در مدت عمر شما مصرف خواهد شد». دیگری نظر می‌داد،

---

۹۹۰. یک مدل دینامیکی برای شبیه‌سازی کامپیوتری بین عوامل جمعیت، رشد اقتصادی، تولید غذا و محدودیت‌های زیست‌بومی زمین.

۹۹۱. Club of Rome مؤسسه‌ی غیرانتفاعی و غیررسمی از روشنفکران و رهبران کسب‌وکار فعال درباره مسائل جهانی در ایتالیا.

«دولت‌ها باید با تصویب قوانینی بر محدودیت استفاده از سوخت فسیلی در محافظت از آن کمک کنند. این تا حد زیادی گمراه‌کننده بود چرا که مانند مسئله‌ی مالتوس، سرعت و مقدار تغییرات فن‌آوری، تولید دستورالعمل‌های جدید برای دوباره چیدن جهان را دست کم گرفته بود - همان‌طور که پدرخوانده‌اش مهندس جی فورستر[۹۹۲] اذعان داشت. در ۱۹۹۰ جولین سایمن، اقتصاددان، در شرطی که با طرفدار محیط زیست، پال ارلیک بسته بود، ۵۷۶.۰۷ دلار برنده شد. سایمن شرط بسته بود که قیمت پنج فلز (که توسط ارلیک انتخاب شده بود) طی دهه‌ی ۱۹۸۰ سقوط می‌کنند و ارلیک پیشنهاد فوق‌العاده سایمن را پیش از این‌که دیگر افراد طماع وارد عمل شوند، پذیرفته بود (هرچند در حالی که او سایمن را احمق خطاب می‌کرد، ادعا کرد که توسط دیگران برای این کار تحریک شده بود).

میزان نفت باقی‌مانده، ظرفیت تولید غذا در زمین‌های کشاورزی دنیا و حتی ظرفیت باززاینده زیست‌کره اعداد ثابتی نیستند؛ اینها متغیرهای متحرکی هستند که به‌واسطه یک مذاکره مداوم بین نبوغ بشر و محدودیت‌های طبیعت تولید می‌شوند. قبول پویایی به‌معنای باز کردن ذهن‌تان به امکان ساختن دنیایی بهتر برای آیندگان است تا جلوگیری از ایجاد یک دنیای بدتر. ما در دهه‌ی ۱۹۶۰ نمی‌دانستیم، اما حالا می‌دانیم که بیش از شش میلیارد نفر روی کره زمین می‌توانند با وضعیت سلامت رو به بهبود، تأمین غذا و امید به زندگی زیست کنند و این امر با هوای تمیزتر، پوشش جنگلی فزاینده و برخی جمعیت‌های رو به رشد فیل‌ها مطابقت دارد. منابع و فن‌آوری‌های دهه‌ی ۱۹۶۰ نمی‌توانستند شش میلیارد نفر را تأمین کنند، اما فن‌آوری‌ها تغییر کردند و همین‌طور منابع. آیا شش میلیارد نفر نقطه عطف است؟ هفت میلیارد چطور؟ هشت میلیارد چی؟ در زمانی که فیبر نوری در حال جایگزین شدن با کابل‌های مسی است، الکترون‌ها جایگزین کاغذ می‌شوند و بیشتر مشاغل شامل نرم‌افزارهای بیشتری هستند تا سخت‌افزار، فقط ذهن‌های خشک و بی‌تخیل می‌توانند این‌گونه بیندیشند.

هوای تمیز

در ۱۹۷۰، مجله‌ی لایف[۹۹۳] به خوانندگانش قول داد دانشمندان «مدارک نظری و تجربی محکمی دارند مبنی بر این‌که طی یک دهه، ساکنین شهرها مجبور خواهند شد برای نجات از آلودگی هوا، ماسک‌های گاز بپوشند... تا ۱۹۸۵ آلودگی هوا، نور خورشید را که به زمین می‌رسد تا نصف کاهش خواهد داد.» دودهای شهری و دیگر اشکال آلودگی هوا از پیروی این نمایشنامه امتناع کردند، چرا

۹۹۲. Jay Forester مهندس کامپیوتر آمریکایی. او به‌خاطر اختراع حافظه اصلی مغناطیسی معروف است.
۹۹۳. Life Magazine هفته‌نامه آمریکایی که بین سال‌های ۱۸۸۳ تا ۱۹۷۲ و به‌صورت گاهنامه تا ۱۹۷۸ و ماهنامه از ۱۹۷۸ تا ۲۰۰۰ چاپ می‌شد.

که فن‌آوری و ضوابط به‌سرعت کیفیت هوا را بهبود بخشید. پس این نمایشنامه در دهه‌ی ۱۹۸۰ به باران اسیدی تغییر کرد. ارزش دارد که تاریخ این اپیزود را کشف کنیم چرا که یک تمرین پایانی برای نمایش گرم شدن کره زمین بود. بحث‌های مربوط به جو، مسئله بین‌الملل و سوخت‌های فسیلی به‌عنوان نقش بد داستان بودند. داستان معمول و مرسومی که در کتاب‌های درسی فرزندان‌تان خواهید خواند به این‌ترتیب خواهد بود: اسید سولفوریک و اسید نیتریک که به‌طور عمده از دود کارخانه‌های تولید برق که با سوخت ذغال کار می‌کردند، حاصل می‌شد، روی دریاچه‌ها و جنگل‌های کانادا، آلمان و سوئد افتاد و آنها را نابود کرد. درست پیش از این‌که دیر شود و اتفاق بدی بیفتد، قوانینی تصویب شدند که انتشار گازها را محدود کردند و اکوسیستم به‌آرامی بهبود یافت.

در میانه دهه‌ی ۱۹۸۰، به‌طور قطع ترکیبی از دانشمندان که بوی کمک‌های مالی به مشام‌شان رسیده بود و طرفداران محیط زیست که بوی هدایای مالی را حس کرده بودند، برخی پیش‌بینی‌های آخرالزمانی را مطرح کردند. در ۱۹۸۴، مجله‌ی آلمانی اشترن[۹۹۴] گزارش داد که یک‌سوم جنگل‌های آلمان مرده یا در حال مرگ است و متخصصان بر این باورند که تمام درختان سوزنی‌برگ تا ۱۹۹۰ از بین می‌روند و این‌که وزارت دولت فدرال پیش‌بینی کرده که تمام جنگل‌ها تا ۲۰۰۲ نابود می‌شوند. تمام‌شان! پروفسور بِرند الریک[۹۹۵] گفت که دیگر خیلی برای جنگل‌های آلمان دیر شده است: «نمی‌توان آنها را نجات داد.» در آن‌سوی اقیانوس اطلس، پیش‌بینی‌های مشابهی بابت روز محشر شده بود. گفته شده بود درخت‌ها با یک نرخ غیرطبیعی، در ۱۰۰ درصد جنگل‌های ساحل شرقی در حال مردن هستند. یک پروفسور آسیب‌شناسی گیاهان گفت، «قله‌های رشته‌کوه‌های بلو ریج[۹۹۶] در حال تبدیل به گورستان درخت‌ها است». نیمی از تمام دریاچه‌ها داشتند به‌طرز خطرناکی اسیدی می‌شدند. نیویورک‌تایمز یک اتفاق نظر علمی را اعلام کرد: زمان عمل است، تحقیق بیشتر دیگر لازم نیست.

در واقعیت چه اتفاقی افتاد؟ تاریخ نشان می‌دهد که زیست‌توده‌ها در جنگل‌های اروپایی، طی دهه‌ی ۱۹۸۰، هنگامی که باران اسیدی بدون هیچ محدودیتی می‌بارید و قرار بود جنگل‌ها را از بین ببرد و پیش از این‌که هیچ قانونی برای محدود کردن میزان نشر گاز تصویب شود، به واقع رو به افزایش بود. این افزایش در دهه‌ی ۱۹۹۰ ادامه یافت. دولت سوئد در نهایت پذیرفت که نیتریک اسید - یک کود شیمیایی - میزان رشد کلی درختانش را افزایش داده است. جنگل‌های اروپایی نه‌تنها نمردند بلکه رشد کردند و شکوفا شدند. برای آمریکای شمالی، مطالعه و تحقیق رسمی ده‌ساله با هزینه نیم‌میلیون

---

۹۹۴. Stern Magazine هفته‌نامه آلمانی درباره امور جاری که از ۱۹۴۸ چاپ می‌شود.

۹۹۵. Bernd Ulrich تاریخدان معاصر آلمانی.

۹۹۶. Blue Ridge Mountains رشته‌کوه‌هایی در شرق ایالات متحده.

دلار، مشارکت ۷۰۰ دانشمند و حمایت مالی دولت، آزمایشات شتاب‌زده و بدون فکر بزرگی انجام دادند و کشف کردند که: «هیچ مدرکی دال بر کاهش کلی یا غیرمعمول جنگل‌ها در ایالات متحده یا کانادا به‌خاطر باران‌های اسیدی وجود ندارد» و «هیچ موردی از نابودی جنگل‌ها که در آن رسوب اسیدی به‌عنوان عامل برجسته شناخته شده باشد وجود ندارد.» وقتی پرسیده شد آیا تحت فشار بودند که خوش‌بین باشند، یکی از نگارندگان گفت که خلاف آن صحیح است. «بله، فشارهای سیاسی وجود داشت... باران اسیدی می‌بایست که فاجعه زیست‌محیطی می‌بود، مهم نبود حقایق چه چیزی را آشکار می‌کنند. از آنجایی که نتوانستیم این ادعا را پشتیبانی کنیم... (آژانس محافظت از محیط زیست) کوشید تا ما را از ارائه یافته‌های‌مان به کنگره باز دارد. «واقعیت این است که میزان کوچکی از خسارت در جنگل‌ها در دهه‌ی ۱۹۸۰ وجود داشت که برخی از آنها به‌خاطر آفت‌ها ایجاد شده و مابقی به‌خاطر پیر شدن یا رقابت طبیعی اتفاق افتاده بود و تعداد معدودی به‌خاطر آلودگی محلی. هیچ‌گونه انقراض عظیم جنگلی به‌خاطر باران اسیدی وجود نداشت. به هیچ وجه.

در اشتباهیم اگر نتیجه‌گیری کنیم که تصویب قوانین باران ضداسیدی به هیچ وجه کار مفیدی نکرد. اسیدی شدن دریاچه‌ها در کوه‌ها توسط انتشار گازهای کارخانه‌های برق دوردست یک پدیده‌ی واقعی بود (هرچند که به‌نسبت نادر بود) و این مسئله به‌واقع به‌واسطه‌ی قانون‌گذاری معکوس شد. اما حتی این آسیب هم به میزان زیاد در طی مناظرات اغراق شده بود: بر اساس آنچه مطالعات اعلام کرد، دریاچه‌های تحت تأثیر این آسیب خیلی کمتر از ۵۰ درصد، بلکه ۴ درصد بود. برخی از آنها حتی بعد از پاکسازی به‌خاطر ترکیب شیمیایی سنگ‌های احاطه‌کننده دریاچه‌ها همچنان اسیدی بودند. اگر تاریخ این اپیزود را به دقت مطالعه کنید، واقعیت را می‌بینید که باران اسیدی یک اخلال جزئی و محلی بود و نه یک تهدید عظیم با وسعت زیاد در کره زمین که می‌شد به‌نسبت با هزینه کمتری آن را کنترل کرد. بدبین‌های دو آتشه به‌سادگی در اشتباه بودند.

ژن‌ها

هر پیشرفتی در ژن بشر و داروهای تولید مثل مورد استقبال پیش‌بینی‌های محکوم به فنای فرانکنشتاینی قرار می‌گیرد. اولین تلاش‌ها در مهندسی ژنتیک باکتری‌ها در دهه‌ی ۱۹۷۰ منجر به ضرب‌الاجل‌ها و منع‌های قانونی شد. فعال اجتماعی، جرمی رفکن[۹۹۷] گفت که زیست‌فن‌آوری تهدیدی بود به «شکلی از نابودی هر ذره به مرگباری هولوکاست هسته‌ای». در حالی که ماحصل، درمان‌های

---

۹۹۷. Jeremy Rifkin اقتصاددان و نظریه‌پرداز اجتماعی آمریکایی.

نجات‌بخشی بود برای بیماران هموفیلی و دیابتی. بعد از مدت کوتاهی، پیشگامان لقاح آزمایشگاهی، رابرت ادواردز[۹۹۸] و پتریک استپ‌تو[۹۹۹]، از تمام اطراف، حتی دکترهای همکار به‌خاطر آزمایش‌های ظاهراً خطرناک‌شان مورد سرزنش قرار گرفتند. هنگامی که لوییز براون[۱۰۰۰] در ۱۹۷۸ به‌دنیا آمد، واتیکان آن را «اتفاقی که می‌تواند عواقب بسیار سنگینی برای بشریت داشته باشد» خطاب کرد. در حالی که ابداع آنها هیچ سوءاستفاده و دستکاری ژنتیکی نداشت، اما احساس خوشبختی فردی برای میلیون‌ها زوج بدون فرزند را به ارمغان آورده بود.

هنگامی که ژنوم انسان در سال ۲۰۰۰ توالی‌یابی شد، بدبینی‌گرایی خیلی زود بر تفاسیر و نظرات غالب شد. برخی می‌نالیدند که مردم ژن‌های فرزندان‌شان را دستکاری خواهند کرد: بله، تا بتوانند از انتقال بیماری‌های ارثی وحشتناک مانند تی-سکس[۱۰۰۱] و یا هاتینگدن[۱۰۰۲] جلوگیری کنند. دیگران غر می‌زدند که پیش‌بینی بیماری، بیمه سلامت را غیرممکن خواهد ساخت - درحالی که نرخ بیمه‌کنندگان سلامت دقیقاً به همین خاطر که آنها نمی‌توانند پیش‌بینی کنند چه کسی بیمار خواهد شد بسیار بالا است. بنابراین، پیش‌بینی و جلوگیری، هزینه‌ها را تا حدی کاهش خواهند داد. دیگران زاری می‌کردند که تشخیص بسیار زودتر از درمان انجام خواهد شد، بنابراین مردم سرنوشت‌شان را خواهند دانست اما نمی‌دانند چگونه خودشان را درمان کنند. در عمل تعداد کمی بیماری وجود دارند که وقتی که زمینه آن شناخته شد نمی‌توان برای آنها نوعی مداخله پیشگیرانه انجام داد، و دانستن آن هنوز اختیاری است و همیشه باید این‌گونه باشد. و بالاتر از تمام این موارد، بدبین‌ها در عرض چند سال داشتند شکایت می‌کردند که درک و بینش ژنتیکی به‌طرز ناامیدکننده‌ای به آرامی در حال حرکت است.

طاعون

تا دهه‌ی ۱۹۹۰، دوباره اوج‌گرفتن بیماری‌های عفونی دلیل متداول برای به فنا رفتن و رسیدن محشر بود. ترکیب یک بیماری درمان‌ناپذیر و جدید یعنی ایدز که از راه تماس جنسی منتقل می‌شد با مقاومت رو به افزایش در مقابل آنتی‌بیوتیک‌ها در میان باکتری‌های بیمارستانی، دلیل خوب و نابی برای ترس بود. اما این امر همچنین جرقه‌ای شد برای جست‌وجوی طاعون بعدی که در عین حال بیشتر مرگبار است. کتاب پس از کتاب در بوق هشدار دمیدند: منطقه

---

۹۹۸. Robert Edwards فیزیولوژیست معاصر انگلیسی.
۹۹۹. Patrick Steptoe پزشک معاصر انگلیسی.
۱۰۰۰. Louise Brown اولین زنی که با لقاح مصنوعی به‌دنیا آمد.
۱۰۰۱. Tay-Sachs نوعی بیماری ذخیره‌ای و مادرزادی.
۱۰۰۲. Huntingdon بیماری ارثی و نادر که باعث نابودی سلول‌های مغز می‌شود.

خطر، شیوع، ویروس ایکس، طاعون پیشرو. صدها میلیون از مردم در حال مرگ بودند. بیماری عفونی داشت به‌عنوان بخشی از انتقام سیاره زمین به‌خاطر تاراج و غارت بشر از محیط زیست به امور انسانی بازمی‌گشت. نژاد بشر در انتظار یک مرگ جمعی بود. برخی نویسندگان بیشتر انسان‌گریز، که بیشتر شبیه موعظه‌گران خشکه‌مذهب پیوریتن[۱۰۰۳] بودند، حتی چیزی نزدیک به رضایت از این فکر ابراز کردند. علی‌رغم این امر، یک‌بار دیگر حراج پیش‌بینی‌های بدبین‌گرایانه که در رقابت با هم بودند و ویروس ابولا، تب لسا، ویروس هانتا و سارس را احاطه کرده بودند، ثابت شد به‌طرز مسخره‌ای غلوآمیز بوده‌اند. شیوع ابولا - که باعث نابودی وحشتناکی در قربانیانش شد و کل روستاها در کنگو را چندین‌بار در دهه‌ی ۱۹۹۰ پیش از این که از میان برود، محو کرد - ثابت شد که بسیار محلی و به‌آسانی مهارشدنی و تا حدی ساخته دست بشر است. مفصل‌تر بگوییم، خیلی زود معلوم شد چیزی که داشت این بیماری و عفونت‌های گاه و بی‌گاه که توسط خفاش حمل می‌شد را به یک اپیدمی محلی افسارگسیخته بدل می‌کرد، چیزهایی بودند مانند تزریق گنه‌گنه[۱۰۰۴] توسط راهبه‌های نیکوکار که با سرنگ‌های قابل استفاده‌ی مجدد انجام می‌شد. حتی ایدز با این‌که به‌ویژه در آفریقا وضعیت وحشتناکی داشت، موفق نشد پیش‌بینی‌های وخیم معمول که در اواخر دهه‌ی ۱۹۸۰ درباره اثرات جهانی آن می‌شد برآورده کند. تعداد موارد جدید اچ آی وی/ایدز در سطح جهانی تقریباً برای یک دهه‌ی است که در حال کاهش بوده و تعداد کشتگان این بیماری از سال ۲۰۰۵ در حال نزول است. نسبت جمعیت مبتلایان به اچ آی وی حتی در جنوب آفریقا نیز در حال سقوط است. بسیار مانده تا این اپیدمی پایان پذیرد و کارهای خیلی زیادی می‌توانست انجام شود، اما اخبار به‌آهستگی بهتر می‌شود و نه بدتر.

بیماری جنون گاوی را به‌یاد می‌آورید؟ بین ۱۹۸۰ و ۱۹۹۶، حدود ۷۵۰،۰۰۰ هزار گاو مبتلا به پریون[۱۰۰۵] نابودکننده‌ی مغز به نام vCJD وارد چرخه غذایی انسان در بریتانیا شدند. وقتی در ۱۹۹۶ معلوم شد بعضی از مردم به‌خاطر عامل مشابهی که از خوردن گوشت گاو مبتلا حاصل شده درحال مرگ هستند، قابل درک بود که یحتمل یک حراج رقابتی از پیش‌بینی‌های مملو از فنا و نابودی وجود داشته باشد. برنده این حراج رقابتی که دیدگاه‌هایش به‌عنوان یک نتیجه به‌کرات در رسانه‌ها پخش شد یک پرفسور باکتری‌شناس بود به‌نام هیو پنینگتون[۱۰۰۶] که چیزهایی مانند «احتمالاً باید خودمان را برای هزاران، ده‌ها هزار و صدها هزار مورد مبتلا به vCJD که قرار است وارد این مسیر شوند، آماده کنیم.» می‌گفت. حتی مدل‌های «رسمی» نیز هشدار دادند که رقم اصلی می‌توانست به میزان

۱۰۰۳. Puritan پروتستان‌های انگلیسی قرن شانزدهم و هفدهم.

۱۰۰۴. Quinine برای درمان مالاریا.

۱۰۰۵. Prion بخش کوچکی از پروتئین که تصور می‌شود باعث بیماری مربوط به مغز می‌شود.

۱۰۰۶. Hugh Pennington پرفسور باکتری‌شناس در دانشگاه ابردین (Aberdeen) اسکاتلند.

۱۳۶،۰۰۰ هزار قربانی باشد. در حقیقت تا تاریخ این نوشته، تعداد مرگ و میر به ۱۶۶ نفر رسیده که در این میان یک مورد در ۲۰۰۸ و دو مورد در ۲۰۰۹ بوده است. فقط چهار نفر در حال حاضر با vCJD قطعی یا محتمل زندگی می‌کنند. هر کدام‌شان یک مصیبت حزن‌انگیز است، اما تهدیدی برای بشریت نیست.

این اعداد به‌طرز شگفت‌انگیزی شبیه ارقام چرنوبیل هستند. گزارش‌های تکان‌دهنده اولیه می‌گفت، دست کم ۵۰۰،۰۰۰ هزار نفر به‌خاطر سرطان ناشی از سانحه هسته‌ای ۱۹۸۶ می‌میرند و بسیاری نقص در تولد وجود خواهد داشت. آخرین برآورد این است که در قیاس با ۱۰۰،۰۰۰ مرگ بر اثر سرطان طبیعی در میان جمعیت در معرض قرارگرفته، کمتر از ۴،۰۰۰ نفر از سرطان چرنوبیل خواهند مرد و این‌که هیچ نقص اضافی در تولد به هیچ وجه وجود نداشت. علاوه بر این، ۵۶ نفر حین خود حادثه مردند. تخلیه منطقه باعث شده حیات وحش در آنجا تا حد بسیار زیادی بدون هیچ‌گونه تغییرات ژنتیک غیرمعمول در جوندگانی که مورد مطالعه قرار گرفته‌اند، نشو و نمو پیدا کند.

آنفولانزا هم در دهه‌ی ۲۰۰۰ ثابت شد یک ببر کاغذی است. H5N1 نوعی از ویروس «آنفولانزای پرندگان» توسط اردک‌های پرورشی در محیط آزاد در مزارع چین وارد بدن انسان شد و در سال ۲۰۰۵ سازمان ملل ۵ تا ۱۵۰ میلیون مرگ به‌خاطر آنفولانزای مرغی را پیش‌بینی کرد. اما برخلاف آنچه خواندید، هنگامی که H5N1 وارد بدن انسان شد و او را آلوده کرد، ثابت شد که نه به‌طور خاصی سمی و کشنده بود و نه مسری. این بیماری تابه‌حال کمتر از ۳۰۰ نفر را در دنیا کشته است. همان‌طور که یک مفسر نتیجه‌گیری کرده است: «هیجان و وحشت از یک آنفولانزای مرغی همه‌گیر برای فیلم جوجه کوچولو[۱۰۰۷]، نویسندگان، مقامات رسمی و جاه‌طلبِ بخش سلامت و شرکت‌های دارویی خیلی خوب جواب داد... حتی با این‌که خیلی از سوداگرانِ وحشت، شروع به پنهان شدن از انظار کرده‌اند اما ته‌مانده‌های وحشت باقی می‌ماند - همان‌طور که تخصیص نادرست و برداشت میلیاردها دلار از بودجه مشکلات سلامتی جدی‌تر، همچنان انجام می‌شود. افسوس که تابه‌حال کسی، این موعظان محشر و نحسی را مسئول پاسخگوی خسارتی که به‌بار آورده‌اند نکرده است.»

گمان من این است که این مسئله جدی‌تر از این بحث است و این آنفولانزا هنوز می‌تواند یک اپیدمی واقعی را به‌شکل دیگری شروع کند. اما H1N1، اپیدمی آنفولانزای خوکی ۲۰۰۹ که در مکزیک شروع شد نیز همین مسیر معمول انواع جدید آنفولانزا را به‌سمت خطر و آسیب کمتر دنبال کردِ - در حدود یک مرگ برای هر ۱،۰۰۰ تا ۱۰،۰۰۰ انسان مبتلا. این امر اصلا تعجب ندارد. همان‌طور که زیست‌شناس تکاملی، پال ایوالد[۱۰۰۸]، مدت‌هاست که

۱۰۰۷. Chicken Little فیلم انیمیشن آمریکایی ساخته شده در ۲۰۰۵.

۱۰۰۸. Paul Ewald زیست‌شناس تکاملی معاصر آمریکایی، متخصص در زمینه‌ی بوم‌شناسی تکاملی انگلی.

این بحث را می‌کند، ویروس‌ها هنگامی که در یک گونه جدید میزبان مستقر شدند، دستخوش انتخاب طبیعی و همچنین جهش می‌شوند و ویروس‌هایی مانند آنفولانزا که به‌طور اتفاقی منتقل می‌شوند با ایجاد بیماری ملایم‌تر در همسان‌سازی موفق‌تر هستند و در نتیجه میزبان به تحرک درمی‌آید و به دیدن افراد جدید ادامه می‌دهد. یک قربانی که تنهایی در یک اتاق تاریک دراز کشیده خیلی برای ویروس فایده‌ای ندارد تا کسی که آن‌قدر خوب هست که با تقلا به سر کار برود و سرفه کند. شیوه مدرن زندگی با فراوانی سفر و رفت و آمد و همچنین با فضای شخصی به‌نسبت بیشتر، تمایل به ترغیب ویروس‌های خفیف با تماس تصادفی دارد که قربانیان‌شان آن‌قدر سلامت باشند که اهداف تازه را به‌صورت کوتاه‌مدت ملاقات کنند. این تصادفی نیست که انسان‌های مدرن از بیش از ۲۰۰ نوع سرماخوردگی، این استثمارگران برتر ویروسی دنیای مدرن در عذاب هستند.

اگر داستان این‌گونه است، پس چرا آنفولانزای H1N1، یحتمل حدود ۵۰ میلیون نفر را در ۱۹۱۸ می‌کشد؟ ایوالد و دیگران بر این عقیده هستند که توضیح این مسئله در سنگرهای جنگ جهانی اول جای دارد. سربازهای زخمی بسیار در چنان شرایط پر ازدحامی، زیستگاهی ایده‌آل و مناسب برای رفتار مخرب و شدیدتر توسط ویروس فراهم آورده بودند: افراد می‌توانستند در حال مرگ ویروس را منتقل کنند. امروزه احتمال این‌که شما از شخصی که به‌اندازه کافی خوب هست تا به سر کار برود، آنفولانزا بگیرید بسیار بالاتر است از کسی است که آن‌قدر بیمار هست که باید در خانه بماند. برخلاف این مسئله، تصادفی نیست که بیماری‌هایی که از طریق آب و حشرات منتقل می‌شوند مانند حصبه، وبا، تب زرد، تیفوس و مالاریا بسیار وخیم‌تر هستند چراکه می‌توانند از طریق قربانی‌های بی‌حرکت پخش شوند. مالاریا اگر که قربانیانش در سطح پایین و در یک اتاق تاریک دراز کشیده باشند آسان‌تر منتشر می‌شود – طعمه‌ای برای پشه‌ها. اما در بیشتر دنیای مدرن، مردم به‌طرز فزاینده‌ای از آب کثیف و حشرات در امان هستند، بنابراین بیماری‌های مرگبار که قربانیان‌شان را سست و ناتوان می‌کنند، در حال عقب‌نشینی هستند.

در صدر تمام این‌ها، سلاح‌ها در اسلحه‌خانه‌های پزشکان همچنان به بهتر شدن ادامه می‌دهند. بیماری‌های دوران کودکی‌ام مانند سرخک، اوریون و سرخچه، حالا با یک واکسن از آنها جلوگیری می‌شود. در حالی که بیشتر از ده سال طول کشید تا HIV را بفهمند، یکی دو دهه بعد از آن فقط سه هفته زمان برد تا تمام ژنوم ویروس سارس را توالی‌یابی و شروع به یافتن نقاط ضعفش کنند. در ۲۰۰۹ فقط چند ماه طول کشید تا میزان زیادی واکسن برای آنفولانزای خوکی تولید کنند[۱۰۰۹].

۱۰۰۹. این مسئله در مورد Covid19 و با تمام پیچیدگی‌های آن به‌نسبت، بسیار سریع‌تر اتفاق افتاد.

امروز ریشه‌کنی کلی بسیاری از بیماری‌ها یک چشم‌انداز واقع‌بینانه است. هرچند بیشتر از ۴۰ سال است که آبله نابود شده و امیدها برای فرستادن فلج اطفال به گور، بسیار سرعت گرفته است، با این وجود عقب‌نشینی بیماری‌های عفونی کشنده در بسیاری از مناطق دنیا همچنان حیرت‌آور است. فلج اطفال محدود به معدودی از مناطق در هند و غرب آفریقا شده، مالاریا از اروپا، آمریکای شمالی و تقریباً تمام مناطق دریای کارائیب رخت بربسته، سرخک به درصد کوچکی از تعداد موارد ثبت شده، حتی در چند دهه گذشته کاهش پیدا کرده و مرض خواب، فیلارایسیس[۱۰۱۰] و انکوسرایسس[۱۰۱۱] به‌طور پیوسته در حال حذف شدن در کشورها یکی پس از دیگری هستند.

در قرن‌های آتی به‌طور حتم بیماری‌های جدید انسانی وجود خواهند داشت، اما تعداد بسیار کمی از آنها مرگبار و مسری خواهند بود. اقدامات درمانی و پیشگیرانه آنها هرچه سریع‌تر از راه خواهند رسید.

آوای عقب‌نشینی

امروز بسیاری از طرفداران افراطی محیط زیست نه‌تنها پافشاری می‌کنند که دنیا به یک «نقطه عطف» رسیده - کاملاً بی‌خبر از این‌که اجدادشان همین ادعا را برای دویست سال بابت موضوعات مختلف داشتند - بلکه همچنین اصرار دارند که تنها راه حل پایدار، عقب‌نشینی، توقف رشد اقتصادی و ورود به رکود اقتصادی تدریجی است. آنها می‌توانند از مطالبه کارزاری که به کلام مشاور علمی رئیس‌جمهور اوباما، جان هولدرن[۱۰۱۲] «ایالات متحده را توسعه‌زدایی کنید»، چه منظور دیگری داشته باشند؛ یا به کلام موریس استرانگ[۱۰۱۳]، اولین مدیر اجرایی برنامه‌ی محیط زیست سازمان ملل (UNEP)، «آیا این تنها امید برای کره زمین نیست که تمدن‌های صنعتی فرو بریزند؟ آیا این مسئولیت ما نیست که این کار را انجام دهیم؟» یا این‌که به کلام روزنامه‌نگار جورج مانبیو[۱۰۱۴] آنچه که نیاز است «یک کوچک‌سازی منظم و بنیادی در اقتصاد جهانی است؟» مانبیو می‌گوید این عقب‌نشینی باید با «خویشتن‌داری سیاسی» تحقق یابد. این نه‌تنها به این معنی است که رشد فروش شرکت شما یک جرم محسوب می‌شود، بلکه ناکامی در کاهش آن نیز جرم است؛ نه فقط این‌که چند مایل فراتر رفتن از سهم خودتان خلاف محسوب می‌شود، بلکه عدم موفقیت در چند مایل کمتر

۱۰۱۰. Filariasis یک بیماری است که با ضخیم شدن پوست و بافت‌های زیر آن، به‌ویژه در پاها و اندام جنسی مردانه ظاهر می‌شود. این بیماری اغلب توسط یک نوع کرم انگلی به نام فیلاریازیز ایجاد می‌شود.

۱۰۱۱. Onchoceriasis بیماری که به‌خاطر کرمی به همین نام ایجاد می‌شود.

۱۰۱۲. John Holdren دانشمند معاصر آمریکایی.

۱۰۱۳. Maurice Strong تاجر معاصر کانادایی.

۱۰۱۴. George Monbiot نویسنده‌ی معاصر انگلیسی در زمینه محیط زیست و سیاست.

رفتن در هر سال هم یک خلاف است؛ نه‌تنها اختراع یک ابزار و وسیله جدید، غیرقانونی محسوب می‌شود، بلکه شکست در رها کردن فن‌آوری‌های موجود هم غیرقانونی است؛ نه فقط تولید مواد غذایی بیشتر در هر جریب، یک بزه است، بلکه عدم موفقیت در تولید کمتر هم بزه است - چراکه این‌ها چیزهایی هستند که رشد را تشکیل می‌دهند.

مشکل این‌جاست: این آینده به‌طرز وحشناکی شبیه نظام فئودالی گذشته است. امپراتورهای مینگ و مائوئیستی قوانینی داشتند برای محدود کردن رشد کسب‌وکارها؛ ممنوع کردن سفرهای غیرمجاز؛ تنبیه اختراعات و نوآوری‌ها؛ محدود ساختن اندازه خانواده‌ها. آنها این‌ها را نمی‌گویند اما این دنیای گریزناپذیری است که بدبین‌ها می‌خواهند به آن برگردند وقتی که از عقب‌نشینی صحبت می‌کنند.

فصل دهم

دو بدبینی بزرگ امروز: آفریقا و آب و هوا بعد از ۲۰۱۰

«امکان این باور هست که تمام گذشته، تنها آغاز یک آغاز است، و تمام آنچه هست و تا به‌حال بوده به‌جز شفق بامداد نیست.»

اچ. جی. ولز [۱۰۱۵]

اکتشاف آینده

۱۰۱۵. H.G. Wells نویسنده پرکار انگلیسی قرن نوزدهم.

دمای کلاهک یخی گرینلند گرفته شده از مغزه های یخی

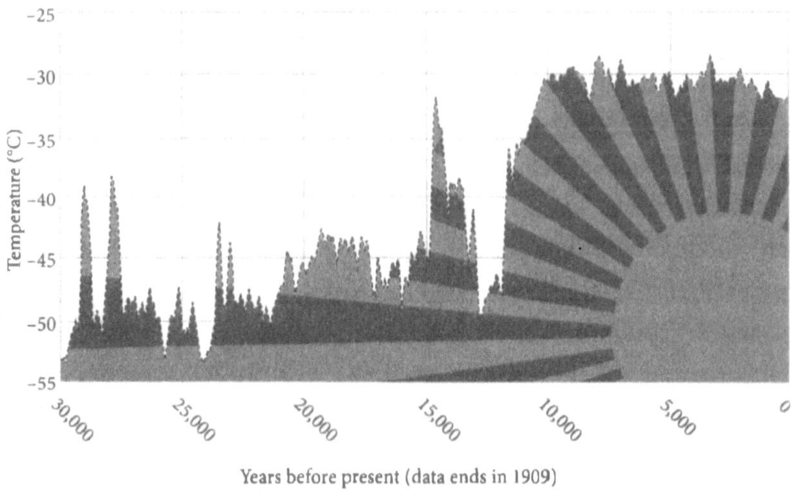

دیر یا زود، بدبینِ همه‌جا حاضر با خوش‌بین خردگرا مواجه خواهد شد و دو کارت برنده‌اش را رو خواهد کرد: آفریقا و آب و هوا. این خیلی خوب است که آسیا دارد خودش را از فقر بیرون می‌کشد و یحتمل آمریکای لاتین هم همین‌طور، اما بدبین می‌گوید که به‌طور حتم تصور این‌که آفریقا نیز این حکم را دنبال کند دشوار است. این قاره به‌خاطر افزایش جمعیت سریعش، بیماری‌های بومی، قبیله‌گرایی، فساد، کمبود زیرساخت و حتی به‌خاطر ژن - برخی این را بیشتر با اظهار تأسف، پچ‌پچ می‌کنند تا تبعیض - محکوم به نابودی است. طرفدار محیط زیست، جاناتان پوریت[۱۰۱۶] می‌گوید: «این خیلی واضح است، رشد جمعیت کاملاً ناپایدار در بیشتر آفریقا آن را به‌طور دائم و ناامیدکننده‌ایی در عمیق‌ترین و تاریک‌ترین فقر نگه می‌دارد.»

و بدبین به هر روی ادامه می‌دهد که آفریقا نمی‌تواند امید به رونق داشته باشد چراکه تغییرات آب و هوا، قاره را پیش از این‌که بتواند به کامیابی برسد طی قرن آتی ویران خواهد کرد. در زمان درج این مطالب، گرم شدن کره زمین تاکنون به‌روزترین دلیل برای بدبینی است. جو زمین گرم شده و به نظر می‌رسد ۱۰۰،۰۰۰ هزار سال آزمایش و تجربه پیشرفت بشر می‌رود که در مقابل بالا رفتن سطح دریاها، آب شدن قله‌های یخی، خشکسالی، طوفان‌ها، قحطی، بیماری‌های همه‌گیر و سیل‌ها در بوته محک قرار بگیرد. فعالیت‌های بشری به‌ویژه با سوختن سوخت‌های فسیلی که انرژی گرفته‌شده از آن مسئول بالا بردن استانداردهای زندگی در بیشتر جهان یعنی چیزی حدود هفت میلیارد نفر می‌باشد، باعث بیشتر این تغییرات است. بنابراین نوع بشر در قرن پیش رو بر

۱۰۱۶. Jonathan Porritt نویسنده و طرفدار محیط زیست انگلیسی.

سر یک دوراهی دشوار بین ادامه رفاه و سعادتِ سوخت کربنی تا زمانی که گرم شدن زمین آن را به یک توقف فاجعه‌بار برساند، یا محدود کردن استفاده از کربن و خطر یک کاهش شدید در سطح استاندارد زندگی به‌خاطر کمبود منابع جایگزین انرژی که به‌اندازه کافی ارزان باشند، قرار می‌گیرد. هر دو چشم‌انداز می‌توانند مصیبت‌بار باشند.

بنابراین آفریقا و آب و هوا، خوش‌بین خردگرا را با یک چالش مواجه می‌کنند. برای کسی که ۳۰۰ صفحه را صرف جست‌وجوی نیمه روشن مجاهدت‌های بشری کرده و در حین حال استدلال می‌کند که انفجار جمعیتی در حال توقف است، انرژی به این زودی پایان نخواهد پذیرفت و این‌که می‌توان انتظار کاهش آلودگی، بیماری، گرسنگی، جنگ و فقر را داشت، در صورتی که بشر از مبادله‌ی کالا، خدمات و ایده‌ها به‌طور آزادانه منع نشود - برای چنین شخصی به‌عنوان نویسنده شما، فقر در آفریقا و گرم شدن سریع کره زمین به‌واقع چالش‌های حادی هستند.

به‌علاوه، این دو موضوع به هم مرتبط هستند، چراکه مدل‌هایی که گرم شدن سریع کره زمین را پیش‌بینی می‌کنند بر این فرض استوار هستند که دنیا با قدرت به کامیابی خواهد رسید و فقیرترین کشورها روی کره زمین - که بیشترین آنها آفریقایی می‌باشند - تا پایان این قرن حدود ۹ برابر ثروتمندتر از امروزشان خواهند بود. انتشار دی‌اکسیدکربن برای ایجاد چنین گرمایش سریعی، ناکافی خواهد بود مگر این‌که آفریقایی‌ها ثروتمند باشند. و در حال حاضر هیچ راهی وجود ندارد تا آفریقایی‌ها را به اندازه‌ی آسیایی‌های ثروتمند کرد مگر این‌که آنها سوخت‌های فسیلی بیشتری به‌ازای هر نفر بسوزانند. بنابراین آفریقا با یک دوراهی به‌ویژه سخت روبه‌رو است: ثروتمند شدن به‌واسطه‌ی سوزندان کربن بیشتر و سپس رنج بردن از تبعات آب و هوایی؛ یا پیوستن به بقیه دنیا در اقدام علیه تغییرات آب و هوایی و ادامه به دست و پا زدن در فقر.

این خرد عمومی است. فکر می‌کنم این یک دوراهی کاذب است و ارزیابی صادقانه از حقایق به این نتیجه‌گیری می‌رسد که تاکنون محتمل‌ترین خروجی از ۹ دهه آتی این است که هم آفریقا ثروتمند می‌شود و هم هیچ تغییر آب و هوایی فاجعه‌آمیزی اتفاق نمی‌افتد.

میلیارد تحتانی آفریقا

به‌طور حتم تمام فقر در آفریقا نیست. من به‌خوبی آگاه هستم که کمبود وحشتناکی در بخش‌های بسیاری از دنیا وجود دارد، در هائیتی و افغانستان، در بولیوی و کامبوج، در کلکته و سائوپائولو، حتی در بخش‌هایی از گلاسکو و دیترویت.

اما در مقایسه با یک نسل پیش و عمدتاً به‌خاطر پیشرفت در جاهای دیگر، فقر در آن یک قاره متمرکز شده که هرگز این‌گونه نبوده است. از «میلیارد تحتانی» که از شکوفایی و رونق اخیر بازمانده‌اند، بیش از ۶۰۰ میلیون آفریقایی هستند - عبارت پال کالیر[۱۰۱۷]. میانگین درآمد آفریقایی‌ها فقط یک دلار در روز است. نجات آفریقا، هم هدف آرمان‌گراها شده است و هم دلسردی بدبین‌ها. نه‌تنها آفریقا در پیوستن به شکوفایی آسیا از ۱۹۹۰ ناکام مانده است، بلکه بیشتر این زمان را بدون حرکت بوده‌اند یا به عقب برگشته‌اند. بین ۱۹۸۰ و ۲۰۰۰، تعداد آفریقایی‌هایی که در فقر زندگی می‌کردند دوبرابر شد. جنگ در غرب قاره، نسل‌کشی در شرق، ایدز در جنوب، گرسنگی در شمال، دیکتاتورها در مرکز، رشد جمعیت در سراسر قاره: هیچ بخشی از قاره از وحشت و هراس نتوانست فرار کند. سودان، اتیوپی، سومالی، کنیا، اوگاندا، روآندا، کنگو، زیمبابوه، آنگولا، لیبریا، سیرالئون - نام بسیاری از کشورها بر لب خوانندگان اخبار در غرب، مترادف آشوب و هرج و مرج است.

علاوه بر این، هرچند که تغییر جمعیتی آفریقا شروع شده است اما راه درازی در پیش رو دارد تا رشد جمعیتی از سرعتش بکاهد. نرخ تولد نیجریه شاید نصف شده باشد، اما هنوز دوبرابر «نرخ جایگزینی» است. زمین‌های ارواح، سوپاپ مهاجرت، یا انقلاب صنعتی‌شان از کجا خواهد آمد؟

استثناهای امیدوارکننده‌ای مانند مالی، غنا، موریس و آفریقای جنوبی وجود دارند - کشورهایی که تا حدی به آزادی، پیشرفت اقتصادی و صلح و آرامش دست یافته‌اند. در سراسر قاره، رشد اقتصادی در سال‌های اخیر افزایش یافته و حتی امید به زندگی در کنیا، اوگاندا، تانزانیا، مالاوی، زامبیا و بوتسوانا بعد از سقوط، در حالی که ایدز تلفاتش را گرفته، به‌سرعت در حال بالا رفتن است (آفریقای جنوبی و موزامبیک هنوز به بقیه نرسیده‌اند). این یک کلیشه غربی غلط است که تمام زندگی آفریقایی‌ها صرف فرار از فقر، فساد، خشونت و بیماری می‌شود. اما خیلی کشورها این‌طور هستند و اختلاف آنها با بخش عمده آسیا هر سال با شدت بیشتری رشد می‌کند. در حالی که سرانه درآمد در آفریقا طی ۲۵ سال گذشته ثابت ماند اما در آسیا سه‌برابر شد. سپس به‌طرز غم‌انگیزی، رونق اقتصادی نویدبخشِ آفریقا در دهه‌ی ۲۰۰۰ به‌خاطر کاهش شدید و ناگهانی اعتبار پولی متوقف شد.

شنیده شده برخی از غربی‌ها گفته‌اند، رشد چیزی نیست که اهمیت داشته باشد و چیزی که آفریقا احتیاج دارد، بهبودی در شاخص توسعه انسانی در راستای اهداف توسعه هزاره[۱۰۱۸] و حذف رنج و محنت بدون بالا بردن درآمد یا دستیابی به نوع جدیدی از رشد پایدار است. پال کالیر و همکارانش در بانک جهانی هنگامی

۱۰۱۷. Paul Collier استاد اقتصاد توسعه بریتانیایی و نویسنده‌ی کتاب میلیارد تحتانی.

۱۰۱۸. Millennium Development Goals هشت هدف مشترک هستند که در سال ۲۰۰۰ در سازمان ملل بر سر آن‌ها توافق شد.

که مطالعه و تحقیقی را با عنوان «رشد برای فقرا خوب است» منتشر کردند، با طوفانی از اعتراضات از سوی سازمان‌های غیردولتی مواجه شدند. این سوءظن به رشد، چیزی تجملی است که فقط غربی‌های متمول از آن بهره‌مند هستند.

آزمون کمک

برخی از ضروری‌ترین نیازهای آفریقا به‌طور حتم می‌توانند با افزایش کمک از سوی کشورهای ثروتمند مرتفع شود. کمک‌ها می‌توانند زندگی‌ها را نجات دهند، گرسنگی را کم کنند، دارو، پشه‌بند و غذا به دست مردم برسانند و یا جاده شوسه بسازد. مبارزه با مالاریا هم منافع اقتصادی دارد و هم پزشکی. اما آمارها، حکایت‌ها و سوابق درمانی همه نشان می‌دهند چیزی که این کمک‌ها نمی‌توانند به‌طور اطمینان‌بخشی انجام دهند این است که آغازگر رشد اقتصادی باشند یا به آن سرعت دهند. کمک به آفریقا در دهه‌ی ۱۹۸۰ به‌عنوان درصدی از تولید ناخالص داخلی این قاره دوبرابر شد؛ رشد به‌طور همزمان از ۲ درصد به صفر سقوط کرد. کمکی که زامبیا از ۱۹۶۰ دریافت کرده است را اگر بر دارایی‌هایی که نرخ برگشت معقولی دارند سرمایه‌گذاری می‌شد تاکنون به زامبیایی‌ها درآمد سرانه‌ای مانند پرتغال یعنی ۲۰،۰۰۰ هزار دلار به‌جای ۵۰۰ دلار می‌داد. هرچند در اوایل دهه‌ی ۲۰۰۰، تعدادی از مطالعات توانستند شواهدی مبنی بر این‌که برخی انواع کمک‌ها گاهی اوقات باعث برانگیختن رشد در کشورهایی با سیاست‌های اقتصادی ویژه می‌شوند پیدا کنند اما این نتیجه‌گیری بعدها توسط راگورام راجان[۱۰۱۹] و آروند سوبرامانیان[۱۰۲۰] از صندوق بین‌المللی پول در ۲۰۰۵ منکوب شد. آنها نتوانستند هیچ مدرکی دال بر کمک منتج به رشد در هیچ کشوری پیدا کنند. در هیچ کشوری.

مسئله از این هم بدتر است. بیشتر کمک‌ها توسط دولت و به دولت‌ها تحویل داده می‌شود. بنابراین این کمک می‌تواند هم منبع فساد باشد و هم دلسردی برای کارآفرینی. برخی از این کمک‌ها به حساب‌های بانکی دیکتاتورها در سوئیس ختم می‌شوند؛ برخی صرف ساختن کارخانه‌های فولاد میلیارد دلاری می‌شود که هیچ‌وقت کار نمی‌کنند؛ برخی از کمک‌ها فقط با شرط وارد شدن کالاهای مشخصی از یک کشور غربی داده می‌شد؛ برخی به‌صورت مستقل به لحاظ بازدهی، نه توسط اهداکننده و نه دریافت‌کننده ارزیابی نمی‌شد. بعضی از رهبران آفریقایی از کمک‌های دولتی بسیار دلسرد شدند تا جایی که حتی توصیه‌های اقتصاددان زامبیایی دامبیسا مویو[۱۰۲۱] را پذیرفتند. او به‌صورت

۱۰۱۹. Raghuram Rajan رئیس سابق بانک مرکزی هند.

۱۰۲۰. Arvind Subramanian مشاور سابق و ارشد اقتصادی دولت هند.

۱۰۲۱. Dambisa Moyo اقتصاددان متولد زامبیا و عضو مجلس اعیان بریتانیا.

مأیوسانه‌ای نتیجه‌گیری می‌کند، «کمک جواب نمی‌دهد، تابه‌حال جواب نداده و جواب نخواهد داد... دیگر بخشی از راه حل بالقوه نیست، بلکه بخشی از مشکل است - در حقیقت کمک خود مشکل است.»

علاوه براین در سال‌های اخیر بیشتر کمک‌ها با شرط اصلاحات اقتصادیِ بازار آزاد اهدا شده است که در حالی‌که بسیار با شروع رشد اقتصادی فاصله دارند، غالباً ثابت می‌شود که برای رسوم محلی مخرب هستند و سازوکارهایی که باعث توسعه و آغاز ثروت‌آفرینی می‌شوند را تضعیف می‌کنند. همان‌طور که ویلیام ایسترلی[۱۰۲۲] در نقد آسیبی که این شوک‌درمانی هم در شوروی و هم در آفریقا باعث شد مطرح می‌کند، «شما نمی‌توانید یک بازار را طرح‌ریزی کنید». تحمیل از بالا به پایین در یک سیستم پایین به بالا، محکوم به شکست می‌رود.

ایسترلی به مثال پشه‌بندهای آغشته به حشره‌کش اشاره می‌کند که روشی ارزان و ثابت‌شده برای جلوگیری از مالاریا می‌باشد. یک پشه‌بند برای تخت‌خواب حدود ۴ دلار هزینه دارد. با یک سر و صدای تبلیغاتی در مجمع اقتصاد جهانی داووس[۱۰۲۳] در ۲۰۰۵ و تشویق از سوی گوردون براون[۱۰۲۴]، بونو[۱۰۲۵] و شارون استون[۱۰۲۶]، پشه‌بندها تبدیل به یک نماد مد روز در صنعت کمک‌رسانی شدند. متأسفانه هنگامی که توسط سازمان‌های اهداکننده به‌صورت رایگان اهدا شدند، بیشتر به کالاهای مد بدل گشتند که در بازار سیاه به‌جای تور عروسی فروخته و یا به‌عنوان تور ماهی‌گیری استفاده می‌شدند. آنها پشه‌بندها را زیر قیمت تاجرین محلی که آنها را برای پول عرضه می‌کردند، پخش کردند. یک مؤسسه نیکوکاری آمریکایی به نام خدمات جمعیتی بین‌المللی[۱۰۲۷]، ایده بهتری داشت. این مؤسسه، پشه‌بندها را به قیمت پنجاه سنت به مادرهایی که به درمان‌گاه‌های پیش از زایمان در مالاوی مراجعه می‌کردند، فروختند و کمک‌هزینه این قیمت را از فروش پشه‌بندها به قیمت ۵ دلار به مالاوی‌های شهرنشین پولدارتر تأمین کردند. مادرهای فقیری که این پشه‌بندها را با نصف دستمزد روزانه خریداری کردند، تمام تلاش‌شان را می‌کردند تا از این پشه‌بندها به‌درستی استفاده کنند. طی چهار سال نسبت کودکان زیر پنج سال که در چنین پشه‌بندهایی می‌خوابیدند از ۸ درصد به ۵۵ درصد افزایش یافت.

ایسترلی می‌گوید برای آن‌که کسب‌وکارهای کمک، کار خوب بیشتری انجام دهند و ضرر کمتری برسانند، می‌توانستند تبدیل به یک بازار با شفافیت بیشتر شوند که در آن کمک‌های مالی برای تأمین بودجه پروژه‌ها و پروژه‌ها برای

۱۰۲۲. William Easterly اقتصاددان معاصر آمریکایی متخصص در توسعه اقتصادی.

۱۰۲۳. Davos شهری در کوه‌های آلپ سوئیس.

۱۰۲۴. Gordon Brown نخست‌وزیر اسبق بریتانیا.

۱۰۲۵. Bono خواننده‌ی راک ایرلندی.

۱۰۲۶. Sharon Stone بازیگر زن آمریکایی.

۱۰۲۷. Population Services International

جذب کمک‌های مالی با هم رقابت کنند. خوشبختانه اینترنت این امر را برای اولین‌بار محقق می‌سازد. برای نمونه، globalgiving.com به پروژه‌ها اجازه می‌دهد برای دریافت کمک مالی از هر اهداکننده‌ای دعوت کنند. در هفته‌ای که داشتم این پاراگراف را می‌نوشتم پروژه‌هایی که در سایت به تأمین مالی نیاز داشتند از تغذیه پناهندگان اتیوپیایی تا ساختن حصار به دور خانه سالمندان برای یک یوزپلنگ خانگی که برای الهام دادن به کودکان محروم درباره حفاظت محیط زیست در آفریقای جنوبی استفاده می‌شد را دربر می‌گرفت.

کمک‌رسانی در مجامعی مانند این می‌توانست دموکراتیزه شود و از دست مأموران و کارمندان دولتی بین‌المللی ناکارآمد و مقامات رسمی آفریقایی فاسد بیرون کشیده شود، از ایده‌آل‌گرایان شوک‌درمانگر بازار آزاد گرفته شود، از معاملات اسلحه سوا شود، از پروژه‌های بزرگ صنعتی جدا شود، از نیکوکاران ارباب‌مآب فاصله بگیرد و از شخص به شخص داده شود. یک کشور ثروتمند می‌توانست به هر مالیات‌دهنده یک تخفیف مالیاتی به‌خاطر هر اهدای مناسب بدهد. به آنهایی که می‌گویند این کار یک کسب‌وکار ناهماهنگ و طرح‌ریزی‌نشده ایجاد می‌کند، پاسخ می‌دهم: دقیقاً. هدف‌های بزرگ‌نمایانه و پر آب و تاب و طرح‌های متمرکز، همان اندازه که تاریخی طولانی و مصیبت‌بار در کمک‌رسانی دارند، در سیاست هم این‌گونه هستند. هیچ‌کس انقلاب صنعتی یا جهش اقتصادی چین را برنامه‌ریزی نکرد. نقش برنامه‌ریزان، خارج شدن از راه حل‌های تکاملی پایین به بالا بود.

در مسیر شکست؟

بیشتر اقتصاددانان روی فهرستی از دلایل برای شکست آفریقا در ایجاد رشد اقتصادی توافق دارند. اکثر کشورهای آفریقایی کم و بیش محصور در خشکی هستند که دست آنها را از تجارت جهانی کوتاه می‌کند. آنها جاده‌های ضعیف و رو به وخامتی دارند که شهرهای دور را به هم متصل می‌کند. نرخ تولد آنها در حال انفجار دارند. آنها از اپیدمی مالاریا، ایدز و دیگر بیماری‌ها مانند بیماری خواب و کرم هندی در رنجند. نهادهای آنها هیچ‌گاه به‌طور کامل از اختلالاتی که به‌خاطر تجارت بردگان ایجاد شد بهبود نیافت. آنها زمانی مستعمره بودند، بدین معنا که توسط اقلیت‌هایی اداره می‌شدند که هیچ علاقه‌ای به اجازهی توسعه یک طبقه‌ی کارآفرین نداشتند. به لطف مستعمره‌گران امپراتوری، رهبران مستقل مارکسیست و اهداکنندگان پول‌گرای کمک‌های مالی آنها، بیشتر کشورهای آفریقایی خیلی از رسم و رسوم و نهادهای اجتماعی و غیررسمی‌شان را از دست داده‌اند، بنابراین حق مالکیت ملک و زمین و عدل و داد، شکل خودسرانه و ناامنی به خود گرفته است. امیدوارکننده‌ترین صنعت آنها - کشاورزی - معمولاً توسط مهار قیمت‌ها و کاغذبازی سازمان‌های بازاریابی که از سوی برگزیدگان و بالادستی‌های طراز اول دولتی و شهری، تحمیل و توسط موانع تجارتی

و کمک‌های مالی اروپا و آمریکا مسدود می‌شود، معمولاً از بین می‌رود. البته بماند که افزایش بزها با چرای بی‌رویه در نابودی آن نیز دخیل است. جنگ و نزاع قومی بین قبایل بزرگ از قانون تک‌حزبی محافظت می‌کند و نفرت از رقیب معمولاً سیاست را مسموم می‌کند. متناقض با این امر، کشورهای آفریقایی غالباً با ثروت‌های بادآورده غیرمنتظره و غنی معدنی مانند نفت و الماس نیز نفرین شده‌اند که تنها در خدمت سیاستمدارهای دموکرات فاسد، تقویت قدرت دیکتاتورها، پریشانی کارآفرینان، از بین بردن شرایط تجارت برای صادرکنندگان و تشویق دولت بی‌ملاحظه به قرض گرفتن است.

بر این اساس، یک کشور آفریقایی نوعی و این‌چنینی را در نظر بگیرید. این کشور محصور در خشکی و مستعد خشکسالی است و نرخ رشد جمعیت بالایی دارد. مردم آن متعلق به هشت قبیله‌ی مختلف هستند که به هشت زبان گوناگون صحبت می‌کنند. هنگامی که از حکومت استعماری در ۱۹۶۶ رها شدند هشت مایل جاده آسفالته داشتند (برای منطقه‌ای به اندازه‌ی تگزاس)، ۲۲ فارغ‌التحصیل دانشگاه و تنها ۱۰۰ فارغ‌التحصیل دبیرستان. پس از آن توسط یک معدن الماس بزرگ نفرین شدند، با ایدز فلج شدند، بیماریِ گاو و احشام نابودشان کرد و توسط یک حزب و کمی مخالفت مؤثر اداره شدند. مخارج دولت بالا ماند؛ و همچنین نابرابری ثروت. این کشور، چهارمین کشور فقیر در کل دنیا در ۱۹۵۰، تمام نفرین‌های آفریقا را در خود دارد. ناکامی این کشور اجتناب‌ناپذیر و قابل پیش‌بینی بود.

اما بوتسوانا ناکام نماند. این کشور نه‌تنها به‌نسبت خوب پیش رفت، بلکه موفقیتش چشمگیر بود. در ۳۰ سال پس از استقلال، سرانه تولید ناخالص ملی خودش را به‌طور میانگین (حدود ۸ درصد) سریع‌تر نسبت به هر کشور دیگری در کل دنیا رشد داد – سریع‌تر از ژاپن، چین، کره جنوبی و آمریکا در طول آن زمان. این کشور درآمد سرانه‌اش را سیزده برابر کرد بنابراین میانگین شهروندانش اکنون ثروتمندتر از تایلندی‌ها، بلغارها یا پرویی‌ها هستند. این کشور هیچ کودتا، جنگ داخلی یا دیکتاتوری تابه‌حال نداشته است. هیچ تورم التهابی یا عدم پرداخت قرض را تجربه نکرده است. این کشور نسل فیل‌ها را از بین نبرد. بوتسوانا به‌طور مدام موفق‌ترین اقتصاد دنیا در دهه‌های اخیر است.

این درست است که بوتسوانا جمعیتی کوچک و از نظر قومی تا اندازه‌ای همگن دارد. اما بزرگ‌ترین مزیتش چیزی است که با باقی آفریقا می‌توانست به‌راحتی به اشتراک بگذارد: نهادهای خوب. به‌طور ویژه، کاشف به عمل آمد که بوتسوانا حقوق مالکیت ملک و زمین مطمئن و قابل اجرایی دارد که به‌طور عادلانه و گسترده‌ای تسری یافته و به‌خوبی مورد احترام است. هنگامی که دارون عجم‌اُغلو[۱۰۲۸] و همکارانش حق مالکیت را با رشد اقتصادی در سراسر دنیا مقایسه

۱۰۲۸. Daron Acemoglu اقتصاددان معاصر آمریکایی متولد ترکیه.

کردند، دریافتند که اولی به‌طرز حیرت‌آوری سه‌چهارم تغییرات در دومی را توضیح می‌دهد و این‌که بوتسوانا داده‌ای خارج از محدوده نبود: دلیلی که این کشور شکوفا شد این بود که مردمش بدون این‌که مانند بخش زیادی از آفریقا ترس از مصادره توسط رؤسای قبیله یا دزدان داشته باشند صاحب ملک و زمین بودند. این مسئله تا حد زیادی مشابه توضیحی است برای انگلستان که چرا قرن هجدهم خوبی داشت در حالی که چین نداشت.

بنابراین چطور است به باقی آفریقا حقوق مالکیت خوبی بدهیم و عقب بنشینیم و بگذاریم کسب‌وکار معجزه‌اش را انجام دهد؟ کاش همین‌قدر آسان بود. نهادهای خوب، معمولاً نمی‌توانند از بالا تحمیل شوند: آنها بدین طریق ترکیبات متضادی می‌شوند. آنها باید از پایین تکامل یابند. معلوم شد که نهادهای بوتسوانا ریشه‌های عمیق تکاملی دارند. مردم تسوانا که بر قبایل بومی خویسان در قرن هجدهم غالب شدند (و هنوز لزوماً با آنها رفتار خوبی ندارند) یک سیستم سیاسی داشتند که به‌طرز چشمگیری دموکراتیک بود. گاو و احشام صاحبان خصوصی داشتند ولی زمین صاحبان جمعی داشت. رؤسا که طبق قانون، زمین و حق چرا را اختصاص می‌دادند، تعهد زیادی به مشورت با هیئت یا کگولتا[۱۰۲۹] داشتند. تسواناها همچنین همه‌شمول بودند و خوشحال می‌شدند تا باقی قبایل را وارد سیستم‌شان کنند و هنگامی که یک ارتش جمعی برای دور کردن بوئرها[۱۰۳۰] در نبرد دیمائو[۱۰۳۱] احتیاج بود، آنها را در موقعیت خوبی نگه داشت.

این یک آغاز خوب بود اما پس از آن بوتسوانا یک خوش‌اقبالی خوب در تجربه استعماری‌اش داشت. این کشور به‌گونه‌ای نصفه‌نیمه و با بی‌میلی و بی‌اعتنایی در امپراتوری بریتانیا گنجانده شد به‌طوری که خیلی کم کمک حکومت استعماری را تجربه کرد. بریتانیایی‌ها آن را بیشتر به‌خاطر متوقف کردن آلمان‌ها و بوئرها از تصاحب آن گرفتند. به‌عنوان خط مشی دولتی به‌صراحت در ۱۸۸۵ بیان شد، «انجام کمترین مقدار ممکن در اداره و استعمار». بوتسوانا تنها گذاشته شد و تقریباً خیلی کم امپریالیسم مستقیم اروپایی را تجربه کرد، همان‌طور که بعدها داستان‌های موفقیت‌آمیز آسیا - کشورهایی مانند تایلند، ژاپن، تایوان، کره و چین تجربه کردند. در ۱۸۹۵، سه رئیس تسوانا به بریتانیا رفتند و از ملکه‌ی ویکتوریا با موفقیت درخواست کردند تا از سلطه سیسل رود[۱۰۳۲] در امان نگه داشته شوند؛ در دهه‌ی ۱۹۳۰، دو رئیس قبیله به دادگاه رفتند تا از تلاش دیگری برای حکومت بیشتر استعماری و مداخله‌گر جلوگیری کنند. هرچند شکست خوردند اما جنگ، کمیسران رئیس‌مآب را دور نگه داشت. غفلت خوش‌خیم ادامه یافت.

۱۰۲۹. Kgotla گردهمایی عمومی یا شورای محلی در روستاهای بوتسوانا.

۱۰۳۰. Boers اجداد بورژواهای آزاد هلندی در آفریقای جنوبی قرن هفدهم، هجدهم و نوزدهم.

۱۰۳۱. Dimawe نبردی بین قبایل بوتسوانا و بوئرها در ۱۸۵۲.

۱۰۳۲. Cecil Rhodes نخست‌وزیر کلونی کیپ در آفریقای جنوبی قرن نوزدهم.

بعد از استقلال، اولین رئیس‌جمهور بوتسوانا، سرتسه خاما[۱۰۳۳] که رئیس یکی از قبایل بود برای شروع ساختن یک دولت قوی و سلب حق رأی رؤسا و همچنین بردن تمام انتخابات آینده (تا این‌جا که برای حزبش با دو جانشین، خوب پیش رفته است) مانند بیشتر رهبران آفریقا رفتار کرد. این مسئله به همراه فقر شدید در کشور و وابستگی‌اش به کمک خارجی، بازارهای کارگران خارجی (در آفریقای جنوبی) و فروش حق منابع معدنی به دِبییرز[۱۰۳۴] به‌طور حتم نشانه بدی برای آینده بود. با این‌حال بوتسوانا با سرمایه‌گذاری دقیق و محتاطانه، درآمد حاصل از صادرات گاو و احشام و پس از آن ثروت بادآورده حاصل از الماس بر توسعه دیگر بخش‌های اقتصاد، بیشتر و بیشتر موفق شد. تنها همه‌گیری ویران‌کننده ایدز که امید به زندگی را بین سال‌های ۱۹۹۲ و ۲۰۰۲ پایین آورد تصویر را مخدوش می‌کند و البته این مسئله هم در حال حل شدن است.

دنیا صدف شماست

این‌گونه نیست که آفریقا احتیاج به اختراع کسب‌وکار و شرکت داشته باشد: خیابان‌های شهرهای آفریقا مملو از کارآفرینانی است که استاد انجام معامله هستند، اما به‌خاطر موانع موجود در سیستم، قادر به رشد کسب‌وکارشان نیستند. زاغه‌ها و محله‌های فقیرنشین نایروبی و لاگوس[۱۰۳۵] مکان‌های وحشتناکی هستند اما مشکل اصلی در دولت است که موانع اداری بر سر راه کارآفرینان که سعی می‌کنند خانه‌های مقرون به‌صرفه برای مردم بسازند، قرار می‌دهد. مسکن‌سازان ناتوان در مذاکره هزارتوی مقررات که بر برنامه‌ریزی حاکم است، فقرا را رها می‌کنند تا زاغه‌های خودشان را خارج از چهارچوب قانون و آجر به آجر تا جایی که توان مالی دارند، بسازند - و سپس در انتظار بولدوزرهای دولتی می‌مانند. در قاهره، ۷۷ آیین‌نامه با ۳۱ سازمان و اداره درگیر و تا ۱۴ سال زمان لازم است تا یک قطعه زمین دولتی را خرید و ثبت کرد تا بتوان در آن خانه ساخت. تعجبی ندارد که پنج میلیون مصری تصمیم گرفته‌اند در عوض مسکن‌های غیرقانونی بسازند. به‌طور معمول یک صاحبخانه اهل قاهره تا سه طبقه غیرقانونی روی خانه‌اش می‌سازد و آنها را به خویشاوندان اجاره می‌دهد.

خوش به حال او. هرچند که کارآفرینانی که در غرب کسب‌وکارشان را شروع می‌کنند معمولاً آن را با وام و رهن گذاشتن خانه، تأمین مالی می‌کنند و شما نمی‌توانید روی مسکن غیرقانونی وام بگیرید. اقتصاددان اهل پرو، ارناندو دسوتو[۱۰۳۶] برآورد می‌کند که آفریقایی‌ها صاحب ۱ تریلیون دلار حیرت‌انگیز «سرمایه مرده»

۱۰۳۳. Seretse Khama اولین رئیس‌جمهور بوتسوانا بین سال‌های ۱۹۶۶ تا زمان مرگش در ۱۹۸۰.

۱۰۳۴. De Beers شرکت انگلیسی در کار الماس.

۱۰۳۵. Lagos شهری در نیجریه.

۱۰۳۶. Hernando de Soto اقتصاددان برجسته معاصر اهل پرو.

هستند. پس‌اندازهایی که نمی‌تواند به‌عنوان وثیقه استفاده شود به این خاطر که در ملک‌های با مدارک دستکاری‌شده سرمایه‌گذاری شده‌اند. او خط موازی آموزنده‌ای در ارتباط با آمریکای جوان اوایل قرن نوزدهم رسم می‌کند، جایی که در آن قانون تدوین‌شده رسمی، تلاش مذبوحانه‌ای علیه سردرگمی نابسامان و روزافزونی در حق مالکیت تصاحب‌کنندگان غیرقانونی املاک خالی می‌کرد. دولت‌ها داشتند بیشتر و بیشتر مدارا می‌کردند و حتی مالکیت به واسطه حق تقدم را که با ساکن شدن در زمین و اصلاح و بهبود آن به‌دست می‌آمد قانونی کردند. در نهایت این قانون بود که باید تسلیم می‌شد و نه صاحب‌شوندگان. قانون به خودش اجازه می‌داد توسط تکامل از پایین به بالا تغییر کند و نه برنامه‌ریزی بالا به پایین. عقب‌نشینی، با قانون اهدای زمین و خانه در ۱۸۶۲ به اوج خودش رسید و آنچه داشت برای سال‌ها اتفاق می‌افتاد را رسمی کرد و حاکی از «پایان کشمکشی طولانی، فرساینده و تلخ میان قانونِ برگزیدگان و سیستم جدید که توسط مهاجرت عظیم و گسترده به‌راه افتاد و نیازهای یک جامعه باز و پایدار بود». نتیجه، دموکراسی مالکیت زمین و ملک بود که در آن تقریباً هر کسی سرمایه «زنده» داشت و می‌توانست به‌عنوان وثیقه برای شروع یک کسب‌وکار از آن استفاده کند. حصارکشی در بریتانیا نیز نقشی مشابه را بازی کرده بود، هرچند کمبود زمین تصاحب‌نشده، نتیجه‌ی کار را بسیار کمتر برابر و عادلانه کرد. انقلاب در نهایت حق مالکیت را برای فقرای فرانسوی نیز به‌دست آورد و البته خونبارتر و یحتمل مشابه آن را برای روس‌ها رقم می‌زد اگر کودتای بلشویکی اتفاق نیفتاده بود.

اهمیت حق مالکیت زمین و ملک حتی می‌تواند در آزمایشگاه نشان داده شود. بارت ویلسون و همکارانش یک زمین با سه دهکده مجازی راه انداختند که دانشجویان واقعی دوره کارشناسی از دو نوع - تجار و تولیدکنندگان - در آن ساکن شده بودند و سه نوع واحد مسکونی می‌ساختند که به آن احتیاج داشتند: قرمز، آبی و صورتی. از آنجایی که هیچ دهکده‌ای نمی‌تواند هر سه واحد را بسازد، افراد باید شروع به مبادله بین خودشان می‌کردند و این کار را انجام دادند. برخلاف آزمایش ساده قبلی، آنها به تبادلی بازارگونه و غیرشخصی پرداختند. وقتی که بازیکنان سابقه‌ای از حق مالیکت نداشتند، به این معنی که قادر بودند واحدها را از مخفیگاه یکدیگر بدزدند، معامله هیچ‌وقت شکوفا نشد و رونق نگرفت و دانشجویان به لحاظ خانه، نسبت به زمانی که سابقه حق مالکیت داشتند فقیرتر شدند. این دقیقاً همان چیزی است که دسوتو و اقتصاددان‌هایی مانند داگلاس نورث[۱۰۳۷] مدتی است درباره دنیای واقعی می‌گویند.

علاوه بر اینها، شواهد بسیاری دال بر این وجود دارد که این حقوق مالکیت که به‌خوبی ساخته و پرداخته شده است، همچنین کلید محافظت از حیات وحش

۱۰۳۷. Douglass North اقتصاددان معاصر آمریکایی.

و طبیعت است. ماهی‌های ایسلند، کودو در نامبیا، جگوارها در مکزیک، درختان نیجر، زنبورهای بولیوی یا آب در کلرادو را در نظر بگیرید، همان تجربه در مورد آنها کاربرد دارد. به مردم محلی قدرت مالکیت، برداشت و بهره‌برداری از منابع طبیعی به روشی پایدار بدهید، آنها معمولاً آن منابع را حفظ می‌کنند و قدر می‌نهند. اما به آنها هیچ سهمی از منابع حیات وحش که تحت کنترل - نه «محافظت» -یک دولت دور از دسترس است را ندهید، آنگاه به‌طور کلی غفلت خواهند کرد و آن را نابود و حیف می‌کنند. این درس واقعی، تراژدی عوام است.

حقوق مالکیت، گلوله نقره‌ای[۱۰۳۸] نیست که مشکلات را بالفور حل کند. رسمی‌شدن در برخی از کشورها به‌راحتی باعث ایجاد طبقه اجاره‌بگیر[۱۰۳۹] می‌شود. چین یک انفجار در کسب‌وکار را بعد از ۱۹۷۸ بدون این‌که هیچ‌وقت به مردمش واقعاً حقوق مالکیت تضمین‌شده اعطا کند، تجربه کرد. اما به مردمش اجازه داد کسب‌وکار و شرکت خودشان را با مزاحمت‌های اداری به‌نسبت کمی شروع کنند، که یکی دیگر از توصیه‌های دسوتو است برای آزاد ساختن مقرراتی که کسب‌وکار را اداره می‌کنند. در حالی که تنها چند مرحله برای راه اندازی یک شرکت در اروپا یا آمریکا نیاز است، دستیاران دسوتو دریافتند که انجام کاری مشابه در تانزانیا، ۳۷۹ روز به طول می‌انجامد و ۵۵۰۶ دلار هزینه دارد. بدتر این‌که برای داشتن یک کسب‌وکار معمولی در تانزانیا برای پنجاه سال باید بیش از هزار روز در ادارات دولتی برای درخواست انواع مجوز وقت صرف کنید و ۱۸۰،۰۰۰ هزار دلار برای آنها هزینه کنید.

تعجبی ندارد که به‌طرز شگفت‌انگیزی ۹۸ درصد کسب‌وکارهای تانزانیایی‌ها خارج از قانون هستند. این بدین معنی نیست که آنها با هیچ مقرراتی اداره نمی‌شوند: بلکه برعکس است. تحقیقات دسوتو هزاران نمونه از مدارکی را که توسط مردم در چنین وضعیتی برای گواهی مالکیت، ثبت وام، تدوین قرارداد، حل اختلاف و منازعه استفاده می‌شود پیدا کرد. در سراسر کشور، کاغذهای دست‌نوشته که گاهی با اثر انگشت امضا شده‌اند، تدوین و تنظیم می‌شوند، شاهد برای آنها آورده می‌شود، مهر می‌شوند، تجدیدنظر و بایگانی و برای آنها حکم قانونی صادر می‌شوند. درست همان‌طور که اروپایی‌ها پیش از این‌که قانون رسمی به‌تدریج آداب و رسوم بومی آنها را «ملی» کند انجام دادند. تانزانیایی‌ها در حال تکامل یک سیستم متشکل از پیچیدگی‌های خود سازمان‌یافته هستند تا به آنها اجازه تجارت با غریبه‌ها و همسایه‌ها را بدهد. مثلاً یک مدرک تک‌برگی و دست‌نوشته، قراردادی برای یک وام تجاری بین دو نفر را ثبت می‌کند - میزان وام، نرخ بهره، زمان بازپرداخت و وثیقه (خانه قرض‌گیرنده) که توسط ریش‌سفید محلی به‌عنوان شاهد امضا و مهر شده است.

۱۰۳۸. جادویی. اصطلاحی آمریکایی که چیزی مشکل را به‌آسانی و به‌سرعت حل می‌کند.

۱۰۳۹. Rentier Class طبقه‌ای که سود هنگفتی در جامعه بدون هیچ مشارکت اقتصادی به‌دست می‌آورند.

اما این رسم و رسوم‌ها، این قوانین مردم، یک پازل تکه‌تکه است. اینها برای تاجران در اجتماعات کوچک به‌خوبی جواب می‌دهد، اما این سنت‌ها با وابستگی به مردم بومی و مقررات محلی، به‌کارآفرین‌های بلندپرواز که سعی می‌کنند کسب‌وکارشان را به ورای محله و اجتماع گسترش دهند کمکی نمی‌کند. آنچه تانزانیا همان‌طور که اروپا و آمریکا صدها سال پیش انجام دادند نیاز دارد تا انجام دهد این است که دست از اعمال سیستم قانونی و رسمی و پرهزینه‌اش بردارد و همچنین به‌تدریج این قانون غیررسمی و از پایین به بالا را تشویق کند تا خودش توسعه‌یافته و همگون و یک‌دست شود. گروه دسوتو ۶۷ گلوگاه و تنگنا که فقرا را از استفاده از سیستم قانونی برای ایجاد ثروت دور نگه می‌داشت را شناسایی کردند.

این نوعی از اصلاحات سازمانی و نهادی است که در نهایت برای استانداردهای زندگی آفریقایی کار بیشتری انجام می‌دهد تا سدها، کارخانه‌ها، کمک‌ها یا مهار جمعیت. در دهه‌ی ۱۹۳۰، نشویل[۱۰۴۰] در ایالت تنسی از فقر کارآفرینان موسیقی با استفاده از قانون پسندیده و محلی حق نسخه‌برداری نجات پیدا کرد و شروع به ضبط موسیقی بومی کرد و نه با سدهای آبی عظیم اداره تنسی وَلی[۱۰۴۱]. همچنین باماکو[۱۰۴۲] در مالی توانست با پشتوانه قوی موسیقی سنتی خودش و با قوانین درست حق نسخه‌برداری و روحیه کارآفرینی پیش برود.

در یک مثال ناب از تغییر پایین به بالا، فقرا در سراسر آفریقا در برابر تعجب کسانی که تلفن همراه را یک فن‌آوری تجملی برای مرحله بعدی توسعه می‌پنداشتند، با ذوقی غیرمنتظره به سراغ آن رفته‌اند. ناامید از خطوط زمینی تلفن تحت اداره دولت، یک‌چهارم مردم در کنیا یک خط موبایل بعد از سال ۲۰۰۰ گرفتند. کشاورزان کنیایی پیش از شروع به تولید به بازارهای مختلف برای گرفتن بهترین قیمت زنگ می‌زنند و به‌خاطر این کار درآمد بهتری دارند. مطالعات روستاها در بوتسوانا نشان می‌دهد روستاهایی که موبایل دارند، مشاغل بیشتری به‌غیر از کشاورزی دارند تا روستاهایی که موبایل ندارند. تلفن‌های همراه نه‌تنها مردم را قادر می‌سازد که کار پیدا کنند، بلکه برای پرداخت و دریافت به‌ازای خدمات نیز به‌کار می‌روند - اعتبارهای تلفن‌های همراه در حقیقت دارند به شکلی از بانکداری غیررسمی و سیستم پرداخت بدل می‌شوند. در غنا، تولیدکنندگان تی‌شرت می‌توانند به‌طور مستقیم با خریداران آمریکایی با استفاده از اعتبار تلفن همراه پرداخت شوند. بانکداری با سیستم تأمین مالی خرد[۱۰۴۳]، تلفن سیار و اینترنت اکنون در حال ادغام برای تولید سیستم‌هایی هستند که به افراد در غرب اجازه می‌دهند وام‌هایی کوچکی به‌کارآفرینان در آفریقا بدهند

۱۰۴۰. Nashville

۱۰۴۱. Tennessee Valley Authority شرکت برق دولتی در تنسی.

۱۰۴۲. Bamako پایتخت مالی.

۱۰۴۳. Microfinance خدمات مالی به افراد فقیر.

(از طریق وب‌سایت‌هایی مانند کیوا[۱۰۴۴]) و سپس این کارآفرینان می‌توانند از اعتبار تلفن‌های همراه‌شان برای واریز رسیدها و پرداخت صورت‌حساب‌ها، بدون آن‌که منتظر بانک‌ها برای شروع کار شوند و بدون حمل پول نقد، استفاده کنند. این تحولات، فرصت‌هایی را در اختیار فقرای آفریقا می‌گذارد که یک نسل پیش در دسترس فقرای آسیایی نبود. این تحولات، یکی از دلایل بالا رفتن رشد اقتصادی آفریقا تا سطح ببرهای آسیایی در اواخر دهه‌ی ۲۰۰۰ بود.

نقش تلفن همراه در پولدار کردن فقرا، به‌صورت ویژه و خوبی در تحقیقی در ماهی‌گیران ساردین کرالا[۱۰۴۵] در جنوب هند به تصویر کشیده شد (هرچند امروز داستان‌های مشابهی درباره آفریقا می‌توان گفت). همان‌طور که توسط اقتصاددان رابرت جنسن[۱۰۴۶] در ۱۴ ژانویه ۱۹۹۷ مستند شد، یک روز معمولی، یازده ماهی‌گیر با صید خوبی که گرفته بودند، فقط به روستای باداگارا[۱۰۴۷] آمدند و دریافتند هیچ خریداری باقی نمانده: بازار محلی اشباع شده بود و قیمت ساردین‌های فاسدشدنی صفر بود. تنها ده مایل آن‌طرف‌تر در دو طرف طول ساحل در چومبالا[۱۰۴۸] و کیلندی[۱۰۴۹]، صبح همان روز ۲۷ خریدار راغب و مشتاق وجود داشت که در حال آماده شدن برای ترک بازار با دست‌های خالی بودند برای آن‌که نتوانسته بودند ساردینی برای خرید پیدا کنند، حتی با قیمت‌های بالاتر حدود ده روپیه به ازای هر کیلوگرم که آنها پیشنهاد می‌دادند هم چیزی نبود. اگر ماهی‌گیرهای باداگارا از بازارهای دیگر خبر داشتند، می‌توانستند به آنها بروند و هر کدام به‌طور میانگین ۳،۴۰۰ روپیه سود بعد از هزینه سوخت به جیب بزنند. بعدا ماهی‌گیران کرالا در همان سال با استفاده از تلفن همراه روی شبکه‌های تازه نصب‌شده (که سیگنال آن تا دوازده مایل داخل دریا قابل دریافت بود) شروع به این کار کردند: آنها از پیش تماس می‌گرفتند تا بهترین جا برای خالی کردن صیدشان را پیدا کنند. نتیجه این بود که سود ماه گیران ۸ درصد افزایش یافت، قیمت ساردین برای مصرف‌کننده تا ۴ درصد کاهش پیدا کرد و ضایعات ساردین از بیش از ۵ درصد به تقریباً هیچ رسید. همه چیزی به‌دست آوردند (به‌غیر از ساردین‌ها). همان‌طور که رابرت جنسن اشاره می‌کند: «به‌طور کلی بخش شیلات از یک‌سری بازارهای ماهی لزوماً خودکفا (آتارکی) به وضعیت تقریباً بی‌نقصِ خرید و فروش آنی تغییر شکل دادند.»

آفریقا نیز با استفاده از چنین فن‌آوری‌هایی می‌تواند همین مسیر را که باقی دنیا در حال دنبال کردنش هستند به‌سمت کامیابی دنبال کند: به‌سمت

۱۰۴۴. Kiva مؤسسه غیرانتفاعی خدمات مالی خرد در سن‌فرانسیسکو.
۱۰۴۵. Kerala ایالتی درهند با ساحلی به درازای ۶۰۰ کیلومتر.
۱۰۴۶. Robert Jensen استاد اقتصاد دانشگاه ییل در آمریکا.
۱۰۴۷. Badagara
۱۰۴۸. Chombala
۱۰۴۹. Quilandi

تخصص و مبادله. وقتی دو نفر راه‌هایی برای تقسیم کار پیدا می‌کنند، هر دوی آنها درآمد بهتری خواهند داشت. آینده برای آفریقا در تجارت است - در فروش چای، قهوه، شکر، برنج، گوشت، بادام هندی، پنبه، روغن، بوکسیت، کروم، طلا، الماس، گل‌های چیده‌شده، لوبیای سبز، انبه و چیزهای بیشتر - اما تقریباً برای آفریقایی‌های فقیر غیرممکن است که در اقتصاد غیررسمی و در چنین تجارت‌های بین‌المللی کارآفرین باشند. یک قرارداد دست‌نویس بین دو نفر در تانزانیا شاید از لحاظ مالی شدنی و اجرایی باشد اما اگر وام‌گیرنده بخواهد یک شرکت صادرات برای تأمین گل یک سوپرمارکت واقع در لندن را راه بیندازد، این مسئله کمک چندانی نمی‌کند.

به‌طور حتم این کار آسان و بی‌دردسر نخواهد بود، اما من از بدبین بودن نسبت به آفریقا وقتی که چنین فرصتی با چند امضاء در دسترس است و هنگامی که گواه سرزندگی و انرژی کارآفرینی در بخش فراقانونی بسیار قوی است، امتناع می‌کنم. علاوه بر این همان‌طور که نرخ رشد جمعیت آن سقوط می‌کند و درحالی‌که نسبت جمعیت کار آن نسبت به افراد مسن و نوجوان وابسته بزرگ است، آفریقا در شرف به‌دست آوردن یک «سود جمعیتی» است: یحتمل چنین بخت و ثروت جمعیتی، یک‌سوم معجزه رشد آسیا را باعث شد. سیاست‌های کلیدی برای آفریقا، لغو کمک‌های مالی کشاورزی اروپا و آمریکا، برداشتن سهمیه و تعرفه واردات، رسمی‌کردن و ساده ساختن قوانینی که کسب‌وکارها را اداره می‌کنند، تضعیف ستمگران و خودکامگان و فراتر از همه تشویق رشد شهرهای با تجارت آزاد می‌باشند. در ۱۹۷۸ چین تقریباً به اندازه آفریقای امروز، فقیر و استبدادی بود. چین تغییر کرد چرا که با دقت و از روی اراده اجازه داد مناطق تجارت آزاد به تقلید از هنگ‌کنگ توسعه پیدا کنند. بنابراین همان‌طور که اقتصاددان پول رومر می‌گوید، چرا همان فرمول تکرار نشود؟ از کمک غرب برای ساختن یک «شهر منشوری» در آفریقا روی زمین بدون سکنه استفاده کنید، تجارت با باقی دنیا را آزاد کنید و اجازه دهید شهر، مردم را از ملت‌های اطراف به درون خود بکشد. این فرمول برای شهر صور در ۳۰۰۰ سال پیش، برای آمستردام ۳۰۰ سال پیش و برای هنگ‌کنگ ۳۰ سال پیش جواب داد. امروز برای آفریقا می‌تواند جواب بدهد.

اگر که آب و هوا ناگهان دچار آشفتگی و بی‌ثباتی نشود.

آب و هوا

در اواسط دهه‌ی ۱۹۷۰، برای مدت کوتاهی، بین روزنامه‌نگاران متداول بود که داستان‌های ترسناکی درباره سرد شدن اخیر کره زمین بنویسند که به‌عنوان اخبار بد رقیق‌نشده ارائه می‌شد. اکنون رایج است که آنها داستان‌های ترسناکی درباره گرم شدن اخیر کره زمین بنویسند که به‌عنوان اخبار بد رقیق‌نشده

ارائه می‌شود. در اینجا دو نقل قول از یک مجله به فاصله‌ی زمانی سه دهه وجود دارد. می‌توانید تشخیص دهد کدام درباره سرد شدن و کدام راجع به گرم شدن هستند؟[1050]

آب و هوا همیشه دمدمی است، اما سال گذشته معنی جدیدی به این واژه داد. سیل، طوفان، خشکسالی - تنها بلایی که کم بود، قورباغه‌ها بودند. الگوی پدیده‌ها با پیش‌بینی‌های دانشمندان درباره این که یک جهان در حال ----- چگونه خواهد بود، مطابقت دارد.

هواشناسان مخالف دلیل و میزان روند----- و همچنین تأثیر خاص آن بر شرایط آب و هوایی محلی هستند. اما آنها تقریباً در این دیدگاه که روند بازدهی کشاورزی را برای باقی قرن کاهش خواهد داد متفق‌القول هستند... هر چه برنامه‌ریزان بیشتر تعلل کنند، کنار آمدن با تغییرات آب و هوایی را دشوارتر خواهند یافت تا زمانی که نتیجه به واقعیت تلخی بدل می گردد.

نکته‌ی من این نیست که ثابت شد یک پیش‌بینی اشتباه بود، بلکه لیوان در هر دو مورد، نیمه خالی بود. سرد شدن و گرم شدن هر دو پیش‌بینی می‌شد که فاجعه‌بار باشند و به این اشاره دارد که فقط دمای موجود بی‌نقص و درست است. درحالی که آب و هوا همیشه تغییر کرده است؛ این نوع خاصی از خودشیفتگی است که باور کنیم تنها آب و هوای اخیر کامل و درست است. (در ضمن پاسخ پرسش این است که، نقل قول اول هشداری به‌تازگی درباره گرم شدن هوا و دومی هشداری قدیمی راجع به سرد شدن هوا بود - هر دو برگرفته از مجله نیوزویک[1051]).

می‌توانستم ناگهان یک بحث و مناظره عملی را شروع و سعی کنم خودم و شما را متقاعد کنم که هیاهوی رقابتی در اعلان خطر به همان اندازه اغراق‌آمیز است که بابت اصلاح نژادی، باران اسیدی، تعداد اسپرم و سرطان ثابت شد که بود - و گرم شدنی که کره زمین در قرن آینده با آن مواجه می‌شود به احتمال قوی ملایم‌تر خواهد بود تا فاجعه‌آمیز؛ این‌که تغییرات به‌نسبت آهسته‌ی میانگین دما در سه دهه‌ی گذشته بیشتر با یک مدل با حساسیت پایین از گرم شدن گلخانه‌ای همساز است تا یک مدل با حساسیت بالا؛ این‌که ابرها می‌توانند گرم شدن را آهسته کنند به همان اندازه که بخار آب می‌تواند تشدیدش کند؛ این‌که افزایش متان (به‌طور بی‌قاعده) طی ۲۰ سال گذشته در حال کاهش سرعت بوده؛ این‌که در تاریخ زمین، دوره‌های گرم‌تر وجود داشته، در دوران قرون وسطی و حدود ۶۰۰۰ سال پیش در حالی که هیچ شتابی یا «نقاط بحرانی» حاصل نشده

۱۰۵۰. منظور نویسنده پرکردن جای خالی با گرم شدن و سرد شدن می‌باشد.
۱۰۵۱. Newsweek هفته‌نامه خبری آنلاین در آمریکا.

بود؛ این‌که بشریت و طبیعت از گرم شدن‌های خیلی سریع‌تر و ناگهانی آب و هوا در دوره عصر یخی نسبت به هر چیزی که برای این عصر پیش‌بینی شده نجات پیدا کرده است. مباحثات علمی معتبری برای پشتیبانی این مباحث وجود دارد - و در برخی از موارد، این مباحث علمی معتبر به آنها پاسخ هم می‌دهند. اما این کتابی راجع به آب و هوا نیست؛ این کتابی است درباره نوع بشر و ظرفیتش برای تغییر. علاوه بر این، حتی اگر هشدار حال حاضر ثابت شود که اغراق‌آمیز است، حالا دیگر شکی وجود ندارد که آب و هوای این سیاره دستخوش نوسانات طبیعی در گذشته بوده و هرچند خوشبختانه هیچ نوسان عظیمی در ۸۲۰۰ سال وجود نداشته، اما برخی اختلالات ویرانگر برای تمدن وجود داشته است - همان‌طور که خرابه‌های انگکور وات[۱۰۵۲] و چچن ایتزا[۱۰۵۳] به احتمال گوای آن را می‌دهند. بنابراین ارزشش را دارد که فقط به‌صورت فرضی بپرسیم آیا تمدن بشر می‌تواند از تغییرات آب و هوایی به میزانی که دانشمندان هیئت بین-دولتی تغییرات آب و هوایی (IPCC) فرض می‌کنند و بر سر آن اجماع دارند، نجات پیدا کند - یعنی زمین طی این قرن تا حدود ۳ درجه سانتی‌گراد گرم خواهد شد.

اگرچه این فقط یک رقم در میانه دامنه است. در ۲۰۰۷، IPCC از شش «سناریوی نشر»، از یک سوخت فسیلی شدید و رونق جهانی صدساله گرفته تا چیزی که بیشتر شبیه یک همخوانی لذت‌بخش کنار آتش باشد، برای محاسبه‌ی افزایش دما در طول قرن استفاده کرد. افزایش میانگین دما برای پایان این قرن بین ۱٫۸ تا ۴ درجه‌ی سانتی‌گراد بالاتر از میزان ۱۹۹۰ پیش‌بینی شد. اگر ۹۵ درصد دامنه اطمینان را لحاظ کنید، این دامنه بین ۱ تا ۶ درجه سانتی‌گراد می‌شود. در برخی شهرها حتی گرم شدن به لطف اثر «جزیره گرمایی شهری»[۱۰۵۴] بیشتر خواهد بود - تاکنون نیز اتفاق افتاده است. از سوی دیگر تمام متخصصین توافق دارند که گرم شدن در شب، در زمستان و در مناطق سرد به‌نسبت بیشتر اتفاق می‌افتد، بنابراین در زمان‌های سرما، مکان‌های سرد گرم‌تر می‌شوند در حالی که مناطق گرم، کمتر گرم می‌شوند.

از نظر این‌که چه اتفاقی ممکن است بعد از ۲۱۰۰ بیفتد، در ۲۰۰۶ دولت بریتانیا یک کارمند دولت به‌نام نیکلاس استرن[۱۰۵۵] را منصوب کرد تا هزینه‌ی بالقوه تغییرات آب و هوایی شدید را در آینده دور محاسبه کند. او با این جواب برگشت که هزینه بسیار بالاست و تقریباً هر قیمتی که برای کاهش آن امروز پرداخت شود، ارزشش را خواهد داشت. اما اول این‌که او این کار را فقط با برآورد دست بالا و دست‌چین‌شده خسارت انجام داد؛ و دوم این‌که از یک نرخ نزول

۱۰۵۲. Angkor Wat معبدی تاریخی در کامبوج و بزرگ‌ترین بنای مذهبی دنیا.
۱۰۵۳. Chichen Itza شهری تاریخی در مکزیک که توسط قوم مایا ساخته شد.
۱۰۵۴. Urban Heat Island به پدیده‌ی بالا بودن چشمگیر دمای برخی شهرها یا مناطق شهری در مقایسه با حومه شهر یا محدوده‌های روستایی نزدیکشان گفته می‌شود.
۱۰۵۵. Nicholas Stern عضو مجلس اعیان بریتانیا.

پایین و غیرمعمول برای اندازه‌گیری ارزش کنونی ضرر در آینده استفاده کرد. در حالی که اقتصاددان هلندی ریچارد تُل[۱۰۵۶]، هزینه‌ها را «احتمالاً به میزان قابل ملاحظه‌ای پایین‌تر» از ۱۴ دلار به ازای هر تن دی‌اکسیدکربن تخمین زده بود. استرن به‌راحتی این رقم را دو برابر به میزان ۲۹ دلار در هر تن کرده بود. تل بدون بدبینی، گزارش استرن را جنجال‌آفرین، فاقد کفایت و نامعقول دانست. به لحاظ نرخ نزول، استرن از ۲.۱ درصد برای قرن بیست و یکم، ۱.۹ درصد برای قرن بیست و دوم و ۱.۴ درصد برای قرن‌های بعد استفاده کرد. در مقایسه با نرخ نزول معمول ۶ درصدی، این امر هزینه ظاهری خسران در قرن بیست دوم را صدچندان می‌کند. به بیان دیگر، او می‌گفت یک زندگی نجات‌یافته از سیلاب‌های ساحلی در ۲۲۰۰ باید در حال حاضر تقریباً اولویت هزینه‌ای مشابهی برای نجات یک زندگی از ایدز یا مالاریا داشته باشد. انبوهی از اقتصاددان‌ها شامل اسامی برجسته‌ای مانند ویلیام نوردهاوس[۱۰۵۷] به‌سرعت متذکر شدند که چقدر این مسئله بی‌معنا است. این مسئله اشاره دارد به این‌که پدر پدر پدربزرگ تهیدست شما که استانداردهای زندگی‌اش تقریباً به‌اندازه یک زامبیایی مدرن بوده، میبایست بیشتر درآمدش را برای پرداخت هزینه‌های شما کنار می‌گذاشت. با یک نرخ نزول بالاتر، بحث استرن فرو می‌ریزد چراکه حتی در بدترین حالت، خسارتی که با تغییر آب و هوا در قرن بیست و دومم ایجاد می‌شود هزینه بسیار کمتری نسبت به خسارتی دارد که امروز با اقدامات تعدیل اثرات آب و هوایی تحمیل می‌شود. نایجل لاوسن[۱۰۵۸] سوالی به کفایت معقول می‌پرسد: "تا چه حد منطقی یا واقع‌گرایانه است که از نسل حاضر به‌ویژه نسل حاضر در کشورهای در حال توسعه بخواهیم که فداکاری بزرگی انجام دهند به این امید که از آینده‌ای جلوگیری شود که در آن مردم دنیای در حال توسعه در صد سال دیگر شاید نتوانند ۹.۵ برابر آنچه امروز هستند ثروتمندتر باشند، بلکه فقط ۸.۵ برابر ثروتمند باشند؟»

نوه‌های شما تا این حد ثروتمند می‌شوند. حرفم را در این مورد قبول کنید: تمام شش سناریوی IPCC بر این فرض هستند که دنیا چنان رشد اقتصادی زیادی را تجربه خواهد کرد که مردم حاضر در ۲۱۰۰ به‌طور میانگین چهار تا هجده برابر امروز ما ثروتمند هستند. سناریوها فرض می‌کنند که متوسط استاندارد زندگی در کل دنیا، چیزی بین پرتغال امروز و لوگزامبورگ خواهد بود و حتی شهروندان کشورهای در حال توسعه، درآمدهایی بین درآمدهای امروز مالزیایی‌ها و نروژی‌ها خواهند داشت. در داغ‌ترین سناریو، درآمد از ۱۰۰۰ دلار برای هر نفر در کشورهای فقیر امروز به بیش از ۶۶۰۰۰ دلار در ۲۱۰۰ (تنظیم‌شده بر اساس تورم) افزایش خواهد یافت. نسل‌های بعدی در این آینده به‌طرز حیرت‌آوری ثروتمندتر از امروز هستند، حتی آفریقا - یک فرضیه اولیه و عجیب برای هشدار

۱۰۵۶. Richard Tol استاد اقتصاد دانشگاه ساسکس در انگلیس.
۱۰۵۷. William Nordhaus استاد اقتصاد در دانشگاه ییل.
۱۰۵۸. Nigel Lawson سیاستمدار و روزنامه‌نگار بازنشسته حزب محافظه‌کار انگلیس.

یک آینده وحشتناک به ما. توجه داشته باشید که حتی اگر تغییرات آب و هوایی ثروت را تا ۲۰ درصد برآورد استرن در ۲۱۰۰ کاهش دهد، این قضیه همچنان درست است: این یعنی که دنیا «فقط» دو تا ده برابر ثروتمند می‌شود. تناقض آشکار بود، وقتی که شاهزاده ولز در ۲۰۰۹ گفت که بشریت «۱۰۰ ماه وقت دارد تا اقدامات لازم برای جلوگیری از فروپاشی اقلیم و اکوسیستم را انجام دهد»، سپس در همان سخنرانی ادامه داد که تا ۲۰۵۰، نه میلیارد جمعیت روی کره زمین خواهد بود که بیشتر آنها هم‌سطح غربی‌ها مصرف می‌کنند.

دلیل چنین مفروضات امیدوارکننده و مسرت‌بخشی درباره ثروت این است که تنها راه برای این‌که دنیا تا این حد گرم شود، ثروتمند شدن به‌واسطه نشر میزان زیادی دی‌اکسید کربن است. خیلی از اقتصاددان‌ها می‌اندیشند که این آینده‌ها همان‌طور که فوق‌العاده به نظر می‌رسند، غیرواقعی هستند. در یکی از آینده‌های IPCC، جمعیت جهان به ۱۵ میلیارد نفر تا ۲۱۰۰ می‌رسد، حدوداً دو برابر آنچه جمعیت‌شناسان انتظار دارند. در یک آینده دیگر، فقیرترین کشورها درآمد سرانه‌شان را چهاربرابر سریع‌تر از رشد ژاپن در قرن بیستم رشد می‌دهند. تمام این آینده‌ها، نرخ‌های مبادله بازار را به‌جای برابری قدرت خرید برای تولید ناخالص ملی استفاده می‌کنند که باعث بدتر از واقعیت نشان دادن گرم شدن کره زمین می‌شود. به بیان دیگر، این پیش‌بینی‌های سطح بالا، فرضیات بسیار افراط‌آمیزی دارند، بنابراین گرم شدن ۴ درجه سانتی‌گراد، چه برسد به ۶ درجه سانتی‌گراد نامحتمل، تنها زمانی اتفاق خواهد افتاد که به همراه افزایش به‌واقع فوق‌العاده در کامیابی بشر باشد. و اگر ممکن باشد که چنین کامیاب شد، دیگر گرم شدن نمی‌توانسته چنین خسارت اقتصادی در طول این مسیر وارد کرده باشد.

برخی از اقتصاددان‌ها مانند مارتین ویتزمن[۱۰۵۹] به این مسئله این‌گونه پاسخ می‌دهند که حتی اگر خطر فاجعه بسیار کم باشد، هزینه آنچنان زیاد می‌شود که قوانین معمول اقتصادی در مورد آن کاربرد ندارد. تا زمانی که امکان وقوع یک فاجعه مهیب وجود دارد، دنیا باید هر اقدامی برای جلوگیری از انجام دهد. مشکل این منطق این است که این قضیه بابت تمام خطرها و نه فقط تغییر آب و هوا کاربرد دارد. خطر سالانه برخورد با یک شهاب‌سنگ بزرگ، مانند همانی که دایناسورها را از میان برد، حدود یک در ۱۰۰ میلیارد است. با این فرض که چنین اتفاقی، کامیابی بشر را تا حد زیادی کاهش می‌دهد، به نظر می‌رسد از خساست بشر باشد که فقط مبلغ ناچیز ۴ میلیون دلار در سال را برای دنبال کردن چنین شهاب‌سنگ‌هایی هزینه می‌کند. چرا ما مبلغ زیادی را برای انبار غذا در مخفیگاه‌های شهرها هزینه نکنیم تا مردم بتوانند از خطر موشک‌های کره شمالی، روبات‌های سرکش، مهاجمین بیگانه، جنگ هسته‌ای، بیماری‌های

۱۰۵۹. Martin Weitzman اقتصاددان معاصر آمریکایی که استاد اقتصاد دانشگاه هاروارد بود.

همه‌گیر و آتشفشان‌های فوق فعال نجات پیدا کنند؟ بر اساس استدلال ویتزمن، هر خطر می‌تواند بسیار نامحتمل باشد اما با خسارت بالقوه بسیار عظیم، جا دارد تقریباً منابع نامحدودی صرف آنها شود و این‌که تقریباً هیچ چیزی صرف پریشانی و مشکلات امروز نمی‌شود.

به‌طور خلاصه، پیامدهای شدید آب و هوایی بسیار نامحتمل هستند و خوش‌بینی من بر اساس چنین مفروضات دور از ذهن و کم‌احتمال حتی ذره‌ای خدشه‌دار نمی‌شود. اگر ۹۹ درصد این احتمال وجود دارد که فقرای جهان بتوانند برای یک قرن پولدارتر شوند در حالی که هنوز دی‌اکسید کربن منتشر می‌کنند، دیگر من کی باشم که بخواهم این بخت را از آنها دریغ کنم؟ گذشته از همه اینها، هرچه آنها ثروتمندتر شوند، اقتصادشان کمتر وابسته به آب و هوا خواهد بود و سازگاری با تغییرات آب و هوایی را بیشتر مقرون به صرفه خواهند یافت.

گرم‌تر و پولدارتر یا سردتر و بی‌پول‌تر؟

اینها برای چنین خطرهای دور از مرکز و بعیدی بسیار زیاد هستند. حالا مورد در مرکز قرار گرفته و بیشتر محتمل IPCC را در نظر بگیرید: افزایش ۳ درجه‌ی سانتی‌گرادی تا ۲۱۰۰. (با این‌که می‌گویم محتمل، اما توجه داشته باشید نرخ افزایش دما باید دو برابر آنچه در دهه‌ی ۱۹۸۰ و ۱۹۹۰ تجربه شد، بشود تا به این میزان برسد - و این نرخ در حال کاهش است و نه شتاب گرفتن.) هزینه و فایده گرمای اضافی به لحاظ سطح دریا، طوفان‌ها، سلامت، غذا، گونه‌ها و اکوسیستم‌ها را حساب کنید.

سطح دریا تاکنون نگران‌کننده‌ترین مسئله بوده است، چراکه سطح کنونی دریاها در واقع بهترین سطح ممکن است: هرگونه تغییری - بالا یا پایین - بندرگاه‌ها را بلااستفاده خواهد کرد. IPCC پیش‌بینی می‌کند که میانگین سطح دریا در مقایسه با میزان اخیر ۳.۲ میلی متر در سال، حدود ۲ تا ۶ میلی متر در هر سال بالا خواهد آمد (یا حدود یک فوت در یک قرن). هرچند که با چنین میزانی سیلاب‌های ساحلی اندکی در برخی جاها افزایش خواهند یافت (بالا آمدن منطقه‌ای زمین باعث می‌شود سطح دریا در بسیاری از مناطق کاهش یابد)، اما برخی کشورها به کسب زمین‌های بیشتر حاصل از رسوب‌گذاری ادامه خواهند داد تا این‌که آنها را به‌خاطر فرسایش از دست بدهند. کلاهک‌های یخی روی زمین گرینلند به میزان کمی در لبه‌ها ذوب خواهند شد - بسیاری از یخچال‌های طبیعی گرینلند در چند دهه اخیر قرن بیستم عقب‌نشینی کرده‌اند - اما حتی دست بالاترین برآوردها درباره آب شدن گرینلند این است که اکنون در حال از دست دادن توده‌هایی به میزان کمتر از یک درصد در یک قرن هستند. تمام آنها تا ۱۲،۰۰۰ بعد از میلاد از میان خواهند رفت. البته دمایی هم وجود دارد که

در آن کلاهک‌های یخی گرینلند و جنوب غربی قطب از هم می‌پاشند، اما طبق سناریوهای IPPC به شرطی که به آن دما برسد، که به‌طور قطع قرار نیست در قرن بیست و یکم اتفاق بیفتد.

به لحاظ آب شیرین، شواهد و مدارک به‌طرز چشمگیری حاکی از آن هستند که اگر باقی چیزها همان‌گونه باشند که انتظار می‌رود، گرم شدن به خودی خود، کل جمعیت در معرض خطر کم‌آبی را کاهش خواهد داد. چی شد، دوباره بگو؟ بله کاهش می‌دهد. بارندگی به‌طور میانگین در یک دنیای گرم‌تر زیاد خواهد شد چرا که تبخیر بیشتری در اقیانوس‌ها اتفاق خواهد افتاد، همان‌طور که در دوره‌های قبلی مانند هالسین (هنگامی که اقیانوس قطب شمال می‌توانست تقریباً در تابستان بدون یخ شود)، دوره‌های گرمایش مصر باستان، روم و قرون وسطی اتفاق افتاد. همان‌طور که تئوری پیش‌بینی می‌کند، خشکسالی‌های بزرگی که تاریخ را در آسیای غربی تغییر دادند در دوران‌های سرد رخ دادند: ۸۲۰۰ سال پیش و به‌ویژه ۴۲۰۰ سال پیش. اگر شما مفروضات IPCC را در نظر بگیرید و تعداد افرادی که در مناطقی که آب بیشتری خواهند داشت را در برابر مناطقی که آب کمتری خواهند داشت بشمارید، آشکار می‌شود که جمعیت خالصِ در معرض خطر کم‌آبی تا ۲۱۰۰ به مقداری کمتر از تمام سناریوهای آنها سقوط خواهد کرد. اگرچه در حالی که رودخانه‌ها و چاه‌ها به‌خاطر مصرف بیش از حد می‌توانند خشک شوند، جنگ بر سر آب، آلودگی و تحلیل رفتنش ادامه خواهد داشت و این امر در یک دنیای سرد هم اتفاق خواهد افتاد. همان‌طور که مناطق اقلیمی جابه‌جا می‌شوند، جنوب استرالیا و شمال اسپانیا ممکن است خشک‌تر شوند، اما ساحل[۱۰۶۰] و شمال استرالیا به احتمال زیاد به روند مرطوب‌تر شدن اخیرشان ادامه خواهند داد. هیچ مدرکی برای این ادعای صریح اغلب تکرارشده وجود ندارد که آب و هوا هنگامی که مرطوب‌تر است، نوسان بیشتری خواهد داشت. مغزه‌های یخی تأیید می‌کنند که نوسانات آب و هوا سال به سال به‌طرز قابل تشخیصی، زمانی که زمین بعد از یک دوره یخی گرم می‌شود، کاهش می‌یابد. به احتمال زیاد، میزان بارانی که در بارندگی‌های بسیار شدید و متوالی هست، افزایش خواهد یافت و طبعاً عاقبتش سیل‌های بیشتری خواهد بود. اما این یک حقیقت ملال‌آور است که هرچه مردم ثروتمندتر باشند احتمال این‌که غرق شوند کمتر است، بنابراین هرچه دنیا گرم‌تر و ثروتمندتر باشد، خروجی آن بهتر خواهد بود.

این مسئله بابت طوفان‌ها هم صدق می‌کند. طی گرم شدن قرن بیستم، هیچ‌گونه افزایشی، نه در تعداد طوفان‌های شدید و نه در حداکثر سرعت بادهای آتلانتیک که وارد خشکی می‌شدند وجود نداشت. شدت گردبادهای استوایی در کل جهان به پایین‌ترین حد خود در ۳۰ سال گذشته رسید. هزینه خسارت‌های

۱۰۶۰. Sahel ناحیه‌ای در شمال آفریقا.

ایجاد شده از سوی طوفان‌های شدید به میزان زیادی افزایش یافته، اما این به‌خاطر ساختمان و هزینه بیمه گران‌قیمت املاک ساحلی است و نه به‌خاطر شدت طوفان یا میزان تکرارش. نرخ مرگ و میر سالانه جهانی ناشی از بلایای طبیعی مربوط به آب و هوا به‌طرز چشم‌گیری تا ۹۹ درصد از دهه‌ی ۱۹۲۰ کاهش یافته است - از ۲۴۲ نفر در هر میلیون در دهه‌ی ۱۹۲۰ به سه نفر در هر میلیون در دهه‌ی ۲۰۰۰ رسیده است. قدرت کُشنده و نابودکننده طوفان‌های شدید، بیشتر بسته به ثروت و پیش‌بینی‌های هواست تا سرعت باد. طوفان دین[۱۰۶۱] با طبقه‌بندی پنج در ۲۰۰۷ به یوکاتان[۱۰۶۲] که به‌خوبی آمده بود، زد و هیچ‌کس را نکشت. طوفان مشابهی به برمه بی‌بضاعت و بدون آمادگی در سال بعد حمله کرد و ۲۰۰،۰۰۰ نفر را کشت. اگر مردم برمه آزاد بودند تا پیشرفت کنند و کامیاب شوند، شهروندان آینده برمه قادر خواهند بود از پس هزینه ایمن‌سازی، عملیات نجات و بیمه تا ۲۱۰۰ برآیند.

در باب سنجش سلامت، دقت کنید که در کل جهان تعداد مرگ و میرهای مازاد در طول دوره هوای سرد با اختلاف زیادی به سبقت گرفتن از تعداد مازاد مرگ و میر در طول دوره موج‌های گرما ادامه می‌دهند - با اختلافی حدود پنج به یک در بیشتر اروپا. حتی همان نرخ بدآوازه و یک‌مرتبه‌ای مرگ و میر در موج گرمای تابستان ۲۰۰۳ اروپا نتوانست با تعداد مرگ‌های مازاد سرما که در اروپا، حین بیشتر زمستان‌ها ثبت شده است مطابقت کند. علاوه بر این، مردم یک‌بار دیگر سازگار خواهند شد، همان‌طور که امروز این کار را می‌کنند. مردم با خوشحالی از لندن به هنگ‌کنگ یا از بوستون به میامی می‌روند و از گرما نمی‌میرند، پس اگر شهری که در آن زندگی می‌کنند تا چند درجه و به‌تدریج گرم شود، چرا باید بمیرند؟ (که تابه‌حال به‌خاطر اثر جزیره گرمایی شهری، چند درجه گرم شده است.)

مالاریا چطور؟ حتی از دانشمندان شناخته‌شده و برجسته شنیده شده که ادعا کرده‌اند مالاریا در یک دنیای گرم به‌سمت شمال و در مناطق مرتفع گسترش خواهد یافت. اما مالاریا در اروپا، آمریکای شمالی و حتی روسیه در قطب شمال در قرن نوزدهم و اوایل قرن بیستم بسیار شایع بود، هنگامی که دنیا تقریباً یک درجه سردتر از حالا بود. مالاریا وقتی که دنیا داشت گرم می‌شد ناپدید شد چرا که مردم احشام‌شان را در طویله‌ها نگه داشتند (با فراهم آوردن غذای جایگزین برای پشه‌ها)، شب‌ها به داخل خانه‌ها با پنجره‌های بسته رفتند، و تا حد کمی به‌خاطر این بود که باتلاق‌ها آب‌شان را از دست داده بودند و آفت‌کش‌ها استفاده می‌شدند. امروزه مالاریا محدود به اقلیم نیست. مناطق بسیاری وجود دارند که مالاریا می‌توانست در آن شدت بگیرد ولی این‌طور نشد. این مسئله در مورد محدودیت‌های کوهستانی مالاریا هم صحت دارد. اکنون فقط

۱۰۶۱. Hurricane Dean قوی‌ترین طوفان موسمی در فصل طوفان ۲۰۰۷ آتلانتیک.

۱۰۶۲. Yucatan ناحیه‌ای در مکزیک.

۲ درصد آفریقا برای پشه‌های مالاریا بسیار مرتفع است و مناطق مرتفعی که در قرن گذشته مانند کنیا و گینه نو، مالاریایی شده بودند به‌خاطر کوچ انسان‌ها و تغییر زیستگاه بود و نه تغییر اقلیم. پال رایتر[۱۰۶۳]، یک متخصص مالاریا می‌گوید، «هیچ مدرکی دال بر این وجود ندارد که اقلیم هیچ نقشی در رشد سریع تراژدی این بیماری در هر ارتفاعی داشته باشد». آیا اکنون نباید برای جلوگیری از مرگ یک میلیون نفر در هر سال از مالاریای پیشگیری‌پذیر کاری انجام دهیم، قبل از این‌که نگران این باشیم که گرم شدن جهان شاید بتواند این عدد را در بیشترین مقدار، تا ۳۰،۰۰۰ نفر افزایش دهد؟ همچنین جهش در بیماری منتقل‌شده توسط کنه حدود ۱۹۹۰ در اروپای شرقی که در ابتدا تغییرات آب و هوایی در آن مقصر شناخته می‌شد، معلوم شد به‌خاطر این حقیقت بوده که مردمی که شغل‌شان را بعد از فروپاشی کمونیسم از دست دادند، زمان بیشتری را در جنگل‌ها در جست‌وجوی قارچ‌ها صرف می‌کردند.

بسیاری از مفسرین ناگهان علاقه‌مند به این تخمین سال ۲۰۰۲ سازمان بهداشت جهانی شدند که ۱۵۰،۰۰۰ نفر در هر سال در نتیجه تغییرات اقلیمی در حال مرگ بودند. این محاسبه بر این فرض بود که نرخ خودسرانه و بی‌پایه ۲.۴ درصدی از مرگ و میرهای اسهالی به‌خاطر گرمای اضافی است که باعث تولید مثل اضافی باکتری‌های بیماری‌زا می‌شود؛ این‌که بخشی از مرگ و میرهای مالاریا به‌خاطر ریزش باران اضافی است که آن هم باعث تولید مثل اضافی پشه‌ها می‌شود و چیزهایی از این دست. اما حتی اگر این حدس را هم بپذیرید، ارقام WHO نشان داد که تغییرات اقلیمی به‌عنوان علت مرگ در مقابل کمبود آهن، کلسترول، رابطه جنسی ناامن، تنباکو، تصادفات رانندگی و دیگر چیزها - لازم به ذکر اسهال «معمولی» و مالاریا نیست - ناچیز می‌نماید. حتی چاقی بر اساس همان گزارش در حال کشتن بیشتر از دو برابر کسانی بود که به‌خاطر تغییرات اقلیمی می‌مردند. هیچ تلاشی هم برای تخمین تعداد افرادی که توسط انتشار کربن به واسطه فراهم آوردن انرژی برق برای روستایی که مردم آن از سلامت نامطلوبی رنج می‌بردند و به‌خاطر آلودگی هوای داخل خانه ناشی از پخت و پز روی آتش باز یا مرگ‌های ناشی از سوءتغذیه که توسط افزایش محصول کشاورزی با استفاده از کودهای شیمیایی ساخته شده از گاز طبیعی از آن جلوگیری شد، نجات یافتند صورت نگرفت. در ۲۰۰۹، مجمع جهانی بشردوستانه‌ی[۱۰۶۴] کوفی عنان، تعداد مرگ و میرهای ناشی از تغییرات آب و هوا را دو برابر یعنی ۳۱۵،۰۰۰ نفر در سال اعلام کرد و اما این کار را با نادیده گرفتن این نکات انجام داد؛ دو برابر کردن خودسرانه مرگ و میرهای اسهالی ناشی از آب و هوا و افزودن مفروضات مضحکی درباره این‌که چگونه تغییرات آب و هوا مسئول «نزاع‌های بین‌طایفه‌ای در سومالی»، طوفان کاترینا و دیگر بلایا است. به‌خاطر داشته باشید که سالانه

۱۰۶۳. Paul Reiter استاد حشره‌شناسی در مؤسسه پاستور در فرانسه.

۱۰۶۴. Global Humanitarian Forum

۵۰ تا ۶۰ میلیون نفر می‌میرند: حتی اگر بر اساس ارقام GHF هم پیش برویم، کمتر از یک درصد آنها به‌خاطر تغییرات آب و هوایی است.

اگر دما تا ۳ درجه سانتی‌گراد بالا برود، تأمین مواد غذایی دنیا احتمالاً افزایش خواهد یافت. نه‌تنها گرما باعث خواهد شد که محصولات در سرزمین‌های سرد و بارش باران در سرزمین‌های خشک بهبود یابند، بلکه خود دی‌اکسید کربنِ بالارفته نیز بازده محصولات را به‌ویژه در مناطق خشک بهتر خواهد کرد. مثلا گندم، ۱۵ تا ۴۰ درصد سریع‌تر در ۶۰۰ بخش در میلیون[۱۰۶۵] دی‌اکسید کربن رشد می‌کند تا در ۲۹۵ ppm. (گلخانه‌ها غالباً از هوای غنی‌شده با دی‌اکسید کربن تا ۱۰۰۰ ppm برای بالا بردن میزان رشد گیاهان استفاده می‌کنند.) این اثر همراه با ریزش باران بیشتر و فنون جدید، بدین معنی است که به احتمال زیاد زیستگاه‌های کمتری به‌منظور کشاورزی در یک دنیای گرم‌تر از بین می‌روند. در واقع در گرم‌ترین سناریو، زمین‌های بیشتری می‌توانند به حیات وحش برگردد و فقط ۵ درصد از دنیا را در ۲۱۰۰ در مقایسه با ۱۱.۶ درصد امروز زیر کشت باقی می‌گذارد و این اجازه را می‌داد تا فضای بیشتری برای حیات وحش باقی بماند. نسخه ثروتمندتر و گرم‌تر آینده، گرسنگی کمتری خواهد داشت و کمترین زمین اضافی را برای تغذیه زیر کشت خواهد برد. این محاسبات از شکاکان خل‌وچل نمی‌آید، بلکه از طرف مؤلفان اصلی IPCC است. و این پیش از به حساب آوردن ظرفیت جوامع بشری برای سازگاری با یک تغییر آب و هوایی است.

برای سال‌ها چهار سوار آخرالزمانی بشر[۱۰۶۶] که باعث زودرس‌ترین و قابل اجتناب‌ترین مرگ‌ها در کشورهای فقیر می‌شوند، گرسنگی، آب آلوده، دود داخل خانه و مالاریا بوده و خواهد ماند که به‌ترتیب حدود هفت، سه، سه و دو نفر را در دقیقه می‌کشند. اگر می‌خواهید برای انسان همنوع خودتان کار خوبی انجام دهید، تلاش‌تان را صرف مبارزه با این‌ها بکنید تا مردم همان‌طور که از راه می‌رسند بتوانند کامیاب و آماده رویارویی با چالش‌های اقلیمی شوند. اقتصاددان‌ها تخمین می‌زنند هر دلاری که صرف کاهش تغییرات آب و هوایی شود، ۹۰ سنت با خود منفعت می‌آورد. این در مقایسه با ۲۰ دلار سود به ازای هر دلار هزینه شده در بخش سلامت و ۱۶ دلار سود در بخش گرسنگی است. نگه‌داشتن اقلیم در سطح ۱۹۹۰، به فرض این‌که بتواند انجام شود، بیش از ۹۰ درصد از عوامل مرگ و میر بشر را دست‌نخوره باقی می‌گذارد.

۱۰۶۵. Part Per Million

۱۰۶۶. در مکاشفه‌ی یوحنا در عهد جدید، چهار شخصیتی هستند که در آخرالزمان آزاد می‌شوند که بر چهار اسب به‌ترتیب به رنگ‌های سفید، قرمز، سیاه و پریده‌رنگ سوارند و نمادهای بیماری، جنگ، قحطی و مرگ‌اند.

نجات اکوسیستم‌ها

خب، اما این درباره انسان است. درباره دیگر گونه‌ها چطور؟ آیا گرما باعث موجی از انقراض‌ها خواهد شد؟ شاید، اما نه لزوماً. تا اینجا با وجود دو انفجار گرمایی قرن بیستم، حتی یک گونه هم بدون هیچ ابهامی نشان داده نشده که از روند تغییرات آب و هوایی از پای درآمده باشد. زمانی از بین رفت وزغ طلایی کاستاریکا به‌عنوان اولین تلفات ذکر می‌شد که یا به‌خاطر بیماری قارچی بود یا به‌خاطر نابود شدن جنگل‌های ابری که احتمالاً به دلیل جنگل‌زدایی و قطع درختان در دامنه‌های پایین‌تر کوهستانِ محل زیستش اتفاق افتاده بود: یک دلیل بومی و نه جهانی. خرس قطبی هنوز امروز در حال بقا و رشد است (یازده توده از سیزده توده جمعیتی آنها در حال رشد هستند و یا ثابت مانده‌اند). اما تهدید از دست رفتن یخ دریای قطب شمال در اوج تابستان می‌تواند محدوده زندگی آنها را بیشتر به‌سمت شمال بکشاند، و آنها در حال حاضر با ماه‌های تابستانی بدون یخ خلیج هادسون[۱۰۶۷] با روزه گرفتن در خشکی تا زمانی که دریا دوباره یخ ببند سازگار شده‌اند؛ و شواهد خوبی از گرینلند شمالی نشان می‌دهد که به مدت کوتاهی دریای تابستانی و تقریباً بدون یخ در قطب شمال در حدود ۵۵۰۰ سال پیش، طی دوره‌ای که به‌طور مشخص گرم‌تر از امروز بوده، وجود داشته است. اورانگوتان که در حال نابودی به‌خاطر از دست رفتن جنگل‌های مورد استفاده مزارع روغن نخل برای تولید زیست‌سوخت‌ها در بورنئو[۱۰۶۸] هستند به‌طور قابل بحثی در معرض تهدید بیشتری از سمت انرژی‌های تجدیدپذیر قرار دارد تا خرس قطبی به‌خاطر گرم شدن جهانی.

بابت حرف‌های من به اشتباه نیفتید، منکر انقراض در حال وقوع گونه‌ها نیستم. من بسیار پرشور به نجات گونه‌های در معرض تهدید انقراض باور دارم و تابه‌حال دو بار در پروژه‌های تلاش برای نجات گونه‌های در معرض خطر کار کرده‌ام - قرقاول شادان و هوبره‌ی کوچک. اما تمام تهدیدهای گونه‌ها بیش از حد پیش پا افتاده هستند؛ از دست دادن زیستگاه، آلودگی، رقبای مهاجم و شکار، همان چهار سوار اصلی آخرالزمان زیست‌محیطی‌اند که همیشه وجود داشته است. به‌طور ناگهانی بسیاری از سازمان‌های محیط زیستی بزرگ، علاقه‌شان را به این تهدیدها از دست دادند چرا که به‌دنبال توهم تثبیت آب و هوایی افتادند که هیچ‌گاه در گذشته پایدار نبوده است. این مسئله به‌طوری است که گویی تأکید اخیر بر تغییرات آب و هوایی، اکسیژن را از جنبش حفاظت محیط زیست گرفته است. طرفداران حفاظت محیط زیست که کارهای شگرفی طی نیم‌قرن گذشته برای محافظت و بازیابی معدودی از اکوسیستم‌های حیات وحش انجام داده‌اند و مردم محلی را تشویق به پشتیبانی و ارزش نهادن آنها می‌کنند، در خطر

۱۰۶۷. Hudson Bay خلیجی در شمال شرقی کانادا.

۱۰۶۸. Borneo جزیره‌ای در جنوب شرقی آسیا.

خیانت از سوی فعالان سیاسی جدید آب و هوا هستند که اشتیاق آنها برای انرژی‌های تجدیدپذیر درحال از بین بردن همان اکوسیستم‌ها و بیرون کشیدن بودجه برای تلاش‌های آنهاست.

صخره‌های مرجانی را در نظر بگیرید که به‌طرز وحشتناکی از آلودگی، لجن و رسوب، بیرون‌رفت مواد مغذی و ماهی‌گیری - به‌ویژه صید ماهی‌های گیاه‌خوار که در غیر این‌صورت می‌توانستند جلبک‌های صخره را تمیز کنند - در عذاب هستند. درحالی که طرفداران محیط زیست معمولاً به گونه‌ای حرف می‌زنند که گویی تغییرات آب و هوایی تهدید بسیار بزرگ‌تری از این موارد هستند و آنها این بیانیه‌های آخرالزمانی را پر سر و صدا می‌کنند درست همان‌طور که درباره جنگل‌ها و باران‌های اسیدی به اشتباه افتاده بودند. چارلی ورون[۱۰۶۹]، زیست‌شناس دریایی استرالیایی می‌گوید « تا جایی ما امروز تشخیص می‌دهیم، هیچ امیدی به هیچ شکلی برای نجات صخره‌های دریایی حتی تا اواسط قرن وجود ندارد.» الکس راجرز[۱۰۷۰] از جامعه‌ی جانورشناسان لندن قول «یک تضمین قطعی در نابودی آنها» را می‌دهد. هیچ جای بازی اینجا وجود ندارد. این درست است که گرم شدن سریع آب تا چند درجه می‌تواند صخره‌های دریایی را با از «بین بردن رنگ» جلبک‌های هم‌زیست مرجان‌ها نابود کند، همان‌طور که برای خیلی از صخره‌های دریایی به‌ویژه در ال‌نینیوی[۱۰۷۱] گرم در ۱۹۹۸ اتفاق افتاد. اما از بین رفتن رنگ، بیشتر وابسته به میزان تغییر است تا دمای مطلق. این مسئله باید درست باشد چرا که در هیچ جایی روی کره زمین، حتی در خلیج فارس که دمای آب به ۳۵ درجه‌ی سانتی‌گراد می‌رسد، دریایی که بیش از حد برای صخره‌های مرجانی گرم باشد وجود ندارد. اکثر مکان‌ها بیش از حد برای صخره‌های مرجانی سرد هستند - حالا دیگر آشکار شده که مرجان‌ها مثلاً در جزایر گالاپاگوس[۱۰۷۲] خیلی سریع پس از مرحله رنگ باختن احیا می‌شوند و دوباره جمعیت صخره‌ها طی فقط چند سال زیاد می‌شود که از قرار معمول به همین شکل از تغییرات گرمایی در پایان آخرین عصر یخی نجات یافتند. همچنین از تغییرات اخیر پیداست که مرجان‌ها هرچه بیشتر گرم شدن‌های ناگهانی را تجربه کنند انعطاف‌پذیرتر می‌شوند. هرچند که اگر دنیا در قرن بیست و یکم به‌سرعت گرم شود، هنوز برخی صخره‌های دریایی ممکن است بمیرند، اما باقی صخره‌ها در مناطق سردتر می‌توانند بسط پیدا کنند. تهدیدهای منطقه‌ای بیشتر احتمال وقوع دارند تا تغییرات آب و هوایی.

به نظر می‌رسد که اسیدی شدن اقیانوس به‌طرز مشکوکی یک برنامه

۱۰۶۹. Charlie Veron زیست‌شناس معاصر استرالیایی و متخصص در مطالعه مرجان‌ها و صخره‌ها.

۱۰۷۰. Alex Rogers.

۱۰۷۱. El Nino یک الگوی آب و هوایی که گرم شدن غیرمعمول آب‌های سطحی در شرق اقیانوس آرام در مناطق استوایی را توضیح می‌دهد.

۱۰۷۲. Galapagos مجمع‌الجزایر آتشفشانی در اقیانوس آرام.

پشتیبان از سوی گروه‌های فشارِ طرف‌دار محیط زیست در صورت گرم نشدن آب و هوا باشد: تلاش دیگری برای محکوم کردن سوخت‌های فسیلی. اقیانوس‌ها محیط قلیایی هستند با میانگین pH حدود ۸.۱، کاملاً بالای خنثی (۷). آنها همچنین به‌شدت بافر[۱۰۷۳] هستند. سطح بسیار بالای دی‌اکسید کربن می‌تواند این عدد را پایین بکشد، یحتمل تا حدود 7.95 تا ۲۰۵۰ - همچنان بسیار قلیایی و همچنان بسیار بالاتر از آنچه در بیشتر از ۱۰۰ میلیون سال اخیر بوده اند. برخی این بحث را مطرح می‌کنند که این مقدار ناچیز و به‌سمت پایین در میانگین قلیایی بودن می‌تواند کار را برای حیوانات و گیاهانی که کربنات کلسیم را در اسکلت‌شان ذخیره می‌کنند دشوارتر کند. اما این خلاف علم شیمی است: دلیل این‌که اسیدی بودن افزایش می‌یابد این است که بی‌کربنات محلول نیز افزایش می‌یابد - و افزایش غلظت بی‌کربنات، سهولت ته‌نشین شدن کربنات با کلسیم را توسط موجوداتی که به‌دنبال این کار هستند، بالا می‌برد. حتی با غلظت بی‌کربنات سه‌برابر شده، مرجان‌ها افزایش مداومی هم در فتوسنتز و هم آهک‌سازی نشان می‌دهند. این مسئله توسط یک‌سری مطالعات تجربی که نشان می‌دهد افزایش اسید کربنیک یا تأثیری بر پلانکتون‌های آهکی، لارو ماهی مرکب و کوکولیتوفرها[۱۰۷۴] ندارد و یا در واقع رشدشان را بالا می‌برد، تأیید شده است.

بنابراین خوش‌بینی کلی من به‌خاطر چالش بی‌چون و چرای گرم شدن جهانی توسط دی‌اکسید کربن خدشه‌دار نشده است. حتی اگر دنیا به اندازه‌ای که اتفاق نظر کلی انتظار دارد گرم شود، خسارت خالص همچنان در مقابل صدمه واقعی که در حال حاضر توسط علل قابل پیشگیری در حال وقوع است، کوچک به نظر می‌رسد؛ و اگر تا این حد گرم شود، به این خاطر خواهد بود که مردم بیشتری چنان ثروتمند هستند که از پس هزینه این‌که کاری برای این مسئله انجام دهند برآیند. خوش‌بینی طبق معمول در این مناظره مورد انتقاد مطبوعات قرار می‌گیرد. خوش‌بین‌ها از سوی یک رسانه که دوست دارد اطلاعات بیش از حدی درباره اخبار ترسناک منتشر کند ابله قلمداد می‌شوند و بدبین‌ها دانا خوانده می‌شوند. این باعث نمی‌شود که خوش‌بین‌ها برحق باشند، اما دست کم روند کاری ضعیف بدبین‌ها باید متوقف شود. بیل کلینتون یک‌بار گفت: «می‌خواهم بر فوریت این چالش تأکید کنم، این یکی از فیلم‌های تابستانی نیست که بتوانید چشمهای‌تان را حین قسمت‌های ترسناک ببندید.» او درباره تغییرات آب و هوایی حرف نمی‌زد بلکه راجع به Y2K حرف می‌زد: امکان این‌که تمام کامپیوترها در نیمه‌شب ۳۱ دسامبر ۱۹۹۹ متوقف شوند.

۱۰۷۳. یعنی موادی که تغییرات ph را تا حدی خنثی می کنند.

۱۰۷۴. Coccolithophores توتسنگداران، فیتوپلانکتون‌های یوکاریوتی تکسلولی (جلبک‌ها) هستند که به شاخه‌ی بندگیاهان تعلق دارند.

کربن‌زدایی از اقتصاد

خلاصه این‌که در دنیای گرم‌تر و ثروتمندتر احتمال بهبود سلامت نوع بشر و اکوسیستم‌ها بیشتر است تا در یک دنیای سردتر اما فقیرتر. همان‌طور که ایندور گوکلانی مطرح می‌کند، «نه از لحاظ سلامت عمومی و نه از لحاظ عوامل زیست‌محیطی، احتمال نمی‌رود تغییرات آب و هوایی مهم‌ترین مشکلی باشد که زمین در این قرن با آن مواجه است. نتیجه ۱۳ تجزیه و تحلیل اقتصادی درباره تغییرات آب و هوایی با فرض اتفاق نظر بر میزان گرم شدن به این‌جا ختم می‌شود که تغییرات آب و هوایی در نیمه دوم قرن بیست و یکم حدود یک سال رشد اقتصادی جهانی اضافه یا کم می‌کند. منتقدان این نقطه‌نظر بحث می‌کنند که توسعه و کاهش کربن احتیاج به جایگزین ندارد و این افراد فقیر هستند که بیشترین ضربه را از تغییرات آب و هوا متحمل می‌شوند. این درست است اما این نکته شمشیر دولبه‌ای است - همچنین این افراد فقیر هستند که به‌خاطر هزینه بالای انرژی بیشترین ضربه را می‌خورند. تعدیل مسئله آب و هوا اگر با سوءمدیریت همراه شود می‌تواند به اندازه تغییرات آب و هوا برای رفاه بشر خسارت‌بار باشد. بچه‌ای که از دود داخل خانه در یک روستا به‌خاطر محرومیت از برق حاصل از سوخت فسیلی جانش را از دست می‌دهد به همان اندازه فاجعه‌ی بزرگی است که بچه‌ای در سیل ایجاد شده به‌خاطر تغییرات آب و هوایی می‌میرد. جنگلی که به‌دست مردمی که از سوخت‌های فسیلی محروم هستند، بریده شده به همان اندازه درخت از دست داده که جنگلی به‌خاطر تغییرات آب و هوایی درخت‌هایش را از دست داده باشد. اگر ثابت شود که تغییرات آب و هوایی ملایم است، ولی کاهش کربن باعث درد واقعی می‌شود، مثل این است که ما خون‌دماغ را با گذاشتن شریان‌بند به دور گردن علاج کرده باشیم.

همچنین کاهش کربن به‌معنی انرژی پرهزینه خواهد بود: طبق گفته IPCC. اگر قرار است برآورد IPCC درباره افزایش دما را به‌خاطر این مباحثه بپذیرم، پس باید تخمین‌شان بابت هزینه سهمیه‌بندی کربن را هم قبول کنم - که ۵.۵ درصد GDP بعد از حدود ۲۰۵۰ است و این بعد از در نظر گرفتن فرضیات بسیار نامحتمل است (نقل قول از گزارش IPCC ۲۰۰۷)، «بازارهای شفاف، عدم دریافت هزینه تراکنش و بعد از آن اجرای بی‌عیب و نقص اقدامات سیاستی در کل قرن بیست و یکم که منجر به پذیرش جهانی اقدامات کاهنده و مقرون به‌صرفه مانند مالیات کربن یا برنامه‌های جهانی سقف و تجارت[۱۰۷۵] می‌شود.»

اقتصاد دنیا اگر قرار نباشد که با برده‌ها پیش برود به میزان فراوانی ژول انرژی برای پیش‌رفتن نیاز دارد و درحال حاضر ارزان‌ترین منبع این ژول‌ها تا اینجا سوختن هیدروکربن‌هاست. حدود ۶۰۰ کیلوگرم دی‌اکسید کربن به‌ازای

۱۰۷۵. Cap-and-trade رویکردی مبتنی بر بازار برای کنترل آلودگی توسط ارائه مشوق‌های اقتصادی.

هزاران دلار فعالیت اقتصادی منتشر می‌شود. فیزیکدان دیوید مک‌کی[۱۰۷۶] می‌گوید، هیچ کشوری «به میزان کمی در مسیر» کاهش این عدد به طرز قابل توجهی قرار ندارد. این کار می‌توانست انجام شود اما با هزینه هنگفتی؛ هم هزینه محیط زیستی و هم هزینه‌ی مالی. بریتانیا را در نظر بگیرید، یک کشور «ثروتمند متوسط». سوخت هیدروکربن هنوز ۱۰۶کیلووات از ۱۲۵ کیلووات کاری که روزانه هر نفر انجام می‌دهد تا به بریتانیایی‌ها استاندارد زندگی‌شان را بدهد، فراهم می‌کند. بریتانیا چگونه می‌توانست به خودش این توان را بدون سوخت‌های فسیلی بدهد؟ به فرض که یک برنامه پرتکاپو و گران‌قیمت گرمای پمپاژ شده، سوزاندن زباله و عایق‌کاری اتاق زیر شیروانی ۲۵ درصد از این تقاضا را پایین بیاورد، می‌ماند پیدا کردن صد کیلووات‌ساعت در روز. ۱۰۰ را تقسیم بر چهار کنید، ۲۵ کیلووات از انرژی هسته‌ای، ۲۵ کیلووات از انرژی باد، ۲۵ کیلووات از انرژی خورشیدی و پنج کیلووات از هر کدام از سوخت‌زیست‌ها، چوب، موج، جزر و مد و انرژی آبی. کشور شبیه چه چیزی می‌شد؟

۶۰ پایگاه انرژی هسته‌ای در اطراف ساحل‌ها مستقر می‌شد، مزارع بادی ۱۰ درصد تمام زمین‌ها را پوشش می‌دادند (یا بخش بزرگی از دریا را)، صفحه‌های خورشیدی مساحتی به اندازه‌ی لینکلن شایر[۱۰۷۷] را می‌پوشاندند، ۱۸ برابر لندنِ بزرگ، زیست‌سوخت پرورش می‌دادند، ۴۷ برابر نیوفورست[۱۰۷۸] الوار با چرخش سریع، کاشت و برداشت می‌شد، ماشین‌های موج در صدها مایلی ساحل قرار می‌گرفت و آب‌بندهای عظیمِ جزر و مدی در خلیج سِورن[۱۰۷۹] و استرنگفورد لاف[۱۰۸۰] قرار می‌گرفت و ۲۵ برابر سدهای برق‌آبی که امروز در رودخانه‌ها وجود دارند، سد احداث می‌شد. چشم‌انداز خوشایندی نیست: کل کشور به شکل یک پایگاه نیرو درمی‌آید. دکل‌های برق در سرزمین‌های مرتفع ردیف می‌شوند و کاروان‌های کامیون، الوارها را در طول جاده‌ها حمل می‌کنند. قطعی‌های نیرو مکرر می‌شود - یک روز آرام، سرد و مه‌آلود در ژانویه را تصور کنید، هنگامی که یک جزر و مد آرام در خلیج سورن مصادف می‌شود با اوج مصرف، هنگامی که صفحه‌های خورشیدی کار نمی‌کنند و توربین‌های بادی بی‌حرکت هستند. حیات وحش به‌خاطر از دست دادن خورها، رودخانه‌های با جریان آزاد و نواحی باز و دور از شهر آسیب خواهد دید. تأمین نیروی دنیا با چنین انرژی‌های تجدیدپذیری در حال حاضر مطمئن‌ترین راه برای نابودی محیط زیست است. (به‌طور حتم، کندن معادن ذغال‌سنگ و حفاری نفت نیز محیط زیست را نابود می‌کند، اما در مقایسه با تجدیدپذیرترین‌ها، اثرات‌شان به‌طرز شگفت‌انگیزی برای انرژی که تولید می‌کنند کم است.)

۱۰۷۶. David MacKay فیزیکدان معاصر انگلیسی.

۱۰۷۷. Lincolnshire ناحیه‌ای در شرق انگلیس.

۱۰۷۸. New Forests جنگلی در جنوب انگلیس.

۱۰۷۹. Severn Estuary واقع در جنوب غربی انگلیس.

۱۰۸۰. Strangford Lough دریاچه‌ای در انگلیس.

علاوه بر این هیچ نشانی از این‌که تجدیدپذیرترین‌ها در حال ارزان شدن هستند وجود ندارد. هزینه انرژی بادی سال‌هاست که سه برابر هزینه انرژی ذغال‌سنگ است. برای این‌که نیروی باد اصلاً بتواند قدم اول در بازار برق را بردارد، نیازمند یک انتقال پسرونده از مردم معمولی کارگر به صاحبان ملک ثروتمند و رانت‌خوار و کسب‌وکارها هستند: یک حساب سرانگشتی، یک توربین بادی، کمک‌هزینه مالی بیشتری در مقایسه با برقی که تولید می‌کند، دریافت می‌کند. حتی در ۶۰۰۰ توربین دانمارک، یک انتشار هم کم نشده است چرا که بادهای متناوب به سوخت‌های فسیلی به‌عنوان پشتیبان احتیاج دارند (نیروی بادی دانمارک به سوئد و نروژ صادر می‌شود که سوخت فسیلی می‌توانند نیروگاه‌های برق‌آبی آنها را به‌سرعت در زمانی که باد دانمارک فروکش می‌کند پشتیبانی کند). یک تحقیق از اسپانیا در این حین تأیید می‌کند که کمک‌هزینه مالی نیروی بادی، مشاغل را نابود می‌کند: برای هر کارگر که از تولید برق متعارف به تولید برق تجدیدپذیر می‌رود، «دو شغل با نرخ دستمزد مشابه باید در جای دیگری در اقتصاد نادیده گرفته شود، در غیر این‌صورت بودجه لازم برای پرداخت هزینه مازاد تولید انرژی تجدیدپذیر نمی‌تواند تأمین شود.» اگرچه فعالان سبز طبق عادت این بحث را می‌کنند که بالا بردن هزینه انرژی چیز خوبی است، اما اساساً این کار، مشاغل را با کاهش سرمایه‌گذاری در دیگر بخش‌ها از بین می‌برد. پیتر هابر می‌نویسد، «این پیشنهاد که می‌توانیم خودمان را از رکود اقتصادی با هزینه کردن بی‌حساب در منابع فوق‌العاده گران انرژی جدید بیرون بکشیم، مضحک است.»

اما این امروز است. فردا می‌تواند منابع بدون کربن انرژی وجود داشته باشند که عاری از این معایب باشند. این امکان هرچند نامحتمل است اما وجود دارد که شامل نیروی پرحرارت و خشک زمین‌گرمایی، بادهای فراساحلی، امواج و جزر و مد، یا حتی تبدیل انرژی حرارتی اقیانوس با استفاده از اختلاف دمای بین عمق دریا و سطح می‌باشد. اینها می‌تواند شامل زیست‌سوخت‌های بهتر به‌دست آمده از تالاب‌های جلبکی باشد، هرچند به‌شخصه ترجیح می‌دهم یک نیروگاه نیروی هسته‌ای ببینم تا تالاب‌ها بتوانند برای پرورش ماهی یا مناطق حفاظت‌شده طبیعی استفاده شوند. همچنین این امکان وجود دارد که خیلی زود مهندسان قادر شوند از نور خورشید برای ساخت هیدروژن به‌طور مستقیم از آب به‌همراه رنگ روتنیوم[۱۰۸۱] به‌عنوان کاتالیزور استفاده کنند - در عمل همانندسازی فتوسنتز. ذغال‌سنگ پاک که دی‌اکسید کربن آن دوباره به داخل سنگ‌ها تزریق شده می‌تواند نقش مهمی را بازی کند، اگر که هزینه‌اش را بتوان پایین آورد (یک اگر بسیار بزرگ).

به‌طور حتم سهم بزرگی از سوی نیروی خورشیدی خواهد آمد، کمترین زمین‌خوار در میان تجدیدپذیرها. هنگامی که صفحه‌های خورشیدی بتوانند

۱۰۸۱. Ruthenium عنصر شیمیایی با نماد Ru و عدد اتمی ۴۴ است.

با قیمت ۲۰۰ دلار برای هر مترمربع و با بازدهی ۱۲ درصد تولید انبوه شوند، میتوانند معادل یک بشکه نفت با قیمت حدود ۳۰ دلار، نیرو تولید کنند. سپس همه به‌جای حفاری برای نفت ۴۰ دلاری هجوم می‌آورند تا سقف‌های‌شان، بخش بزرگی از الجزیره و آریزونا را با صفحه‌های خورشیدی ارزان‌قیمت بپوشانند. بیشتر آریزونا چیزی حدود ۶ کیلووات-ساعت از نور خورشید در هر مترمربع در روز می‌گیرد، که با فرض ۱۲ درصد بازدهی، به یک‌سوم آریزونا برای تأمین تمام انرژی آمریکایی‌ها احتیاج است. جدا از هزینه، مشکل بزرگ انرژی خورشیدی، مشابه مشکل انرژی بادی، طبیعت تناوبی آن است: مثلا در شب کار نمی‌کند.

اما راه بدیهی برای ادامه با کربن پایین، نیروی هسته‌ای است. نیروگاه‌های هسته‌ای در حال حاضر با اثر زیست‌محیطی کمتری همراه با تصادفات مرگبار پایینتر و آلودگی کمتری نسبت به دیگر فن‌آوری‌های انرژی، نیروی بیشتری تولید می‌کنند. زباله‌ای که این نیروگاه‌ها تولید می‌کنند موضوعی حل‌نشدنی نیست. به لحاظ حجم، بسیار کوچک است (به اندازه یک قوطی نوشابه به‌ازای هر نفر در کل طول زندگی)، به‌آسانی انبار می‌شود و برخلاف دیگر مواد سمی با گذشت زمان ایمن‌تر می‌شود – رادیواکتیویته‌اش به یک‌میلیاردیم سطح آغازین آن طی دو قرن سقوط می‌کند. این مزیت‌ها در تمام مدت در حال ارتقا هستند. انواع بهتر نیروی هسته‌ای شامل باطری‌های کوچک و یک‌بار مصرف با عمر محدود برای تأمین نیروی شهرها برای دوره‌های محدود خواهد بود و رآکتورهای اتمی با مولد سریع، بستر ریگی و به‌ذات ایمن، قادر خواهند بود ۹۹ درصد انرژی اورانیوم را به‌جای یک درصد در حال حاضر، استخراج کنند و در این حین حتی میزان کمتری زباله با طول عمر کوتاه ایجاد کنند. رآکتورهای هسته‌ای مدرن در حال حاضر متفاوت از مدل‌های به‌ذات ناپایدار و کنترل‌نشدنی چرنوبیل هستند، همان‌طور که یک جت مسافری از یک هواپیمای دوباله‌ی ملخی متفاوت است. یحتمل همجوشی هسته‌ای نیز سهمی خواهد داشت، اما نفس‌تان را حبس نکنید.

مهندس ایتالیایی سزار مارکتی[۱۰۸۲] یک‌بار نمودار مصرف انرژی انسان در ۱۵۰ سال گذشته را ترسیم کرد که از چوب به ذغال‌سنگ و به نفت و گاز رسیده است. در هر مورد، نسبت اتم‌های کربن به اتم‌های هیدروژن سقوط کرد، از ده در چوب به یک در ذغال‌سنگ، نیم در نفت و ربع در متان رسیده است. در ۱۸۰۰، اتم‌های کربن ۹۰ درصد احتراق را انجام می‌دادند، اما تا ۱۹۳۵ به ۵۰:۵۰ کربن و هیدروژن رسید و تا ۲۱۰۰، ۹۰ درصد احتراق ممکن است از هیدروژن بیاید — که به احتمال قوی با برق هسته‌ای درست شده است. جس اوسوبل[۱۰۸۳] پیش‌بینی می‌کند که «اگر سیستم انرژی به حال خود رها شود، بیشتر کربن

۱۰۸۲. Cesare Marchetti فیزیکدان معاصر ایتالیایی.

۱۰۸۳. Jesse Ausubel دانشمند معاصر آمریکایی در زمینه‌ی محیط زیست.

تا ۲۰۶۰ یا ۲۰۷۰ از آن خارج خواهد شد.»

آینده، ایده‌هایی را عرضه خواهد که امروز به‌سختی در چشم مهندسان درخششی دارد. مانند دستگاه‌هایی در فضا برای مهار باد خورشیدی یا انرژی گردشی زمین؛ یا دستگاه‌هایی برای سایه انداختن روی سیاره زمین با آیینه‌هایی که در لاگرنج پوینت[۱۰۸۴] بین خورشید و زمین قرار گرفته‌اند. من چطور می‌دانم؟ چون نبوغ در این دنیای شبکه‌ای بزرگ، بی‌حد و حصر شده است که هیچ‌وقت در گذشته این‌گونه نبوده و نرخ خلاقیت به‌واسطه جست‌وجوی پر بخت و اقبال و نه برنامه‌ریزی تعمدانه، در حال شتاب است. هنگامی که در نمایشگاه جهانی شیکاگو در ۱۸۹۳ پرسیده شد که کدام اختراع به احتمال زیاد بزرگ‌ترین تأثیر را در قرن بیستم خواهد داشت، هیچ‌کس اشاره‌ای به خودرو نکرد، چه برسد به تلفن همراه. بنابراین حتی امروز بیش از پیش، نمی‌توانید تصوری از فن‌آوری‌هایی که در ۲۱۰۰ مهم و همه‌گیر خواهد شد، داشته باشید.

آنها شاید نتوانند با کربن ساخت بشر مقابله کنند، اما ممکن است به‌جای آن از چرخه طبیعی استفاده کنند. هر ساله بیش از ۲۰۰ میلیارد تن کربن از جو با رشد گیاهان و پلنکتون‌ها زدوده می‌شود و ۲۰۰ میلیارد تن با فاسد شدن و پوسیدن، هضم و تنفس به آن باز می‌گردد. فعالیت‌های بشر کمتر از ده میلیارد تن یا ۵ درصد به این چرخه اضافه می‌کنند. این مسئله نمی‌تواند از توان بشر قرن بیست و یکم خارج باشد تا چرخه طبیعی کربن را به‌سمتی متمایل کند تا ۵ درصد بیشتر از آنچه آزاد می‌کند به‌وسیله بارور کردن گستره اقیانوس با آهن یا فسفر جذب کند؛ با تشویق رشد ارگانیسم‌های اقیانوسی سرشار از کربن به‌نام سالپ[۱۰۸۵] که به قعر اقیانوس فرو می‌روند؛ یا توسط دفن "بایوچار»[۱۰۸۶] - ذغال‌سنگ پودر شده ساخته‌شده از محصولات زراعی.

راه انتخاب این‌که کدام‌یک از این فن‌آوری‌ها پذیرفته شود احتمالاً اعمال یک مالیات کربن سنگین و حذف مالیات بر درآمد (بیمه ملی در بریتانیا) به همان اندازه است. این کار باعث تشویق استخدام و بازداشتن انتشارات کربن می‌شود. راهی که باعث می‌شود به آنجا نرسیم این است که بازنده‌هایی مثل باد و زیست‌سوخت را انتخاب کنیم، به محتکران در اعتبارات کربن جایزه بدهیم و اقتصاد را پر کنیم از قوانین، مقررات، کمک‌های مالی، تحریفات و فساد. وقتی که به سیاست‌های کاهش انتشار نگاه می‌کنم، خوش‌بینی‌ام متزلزل می‌شود. کنفرانس کپنهاگ در دسامبر ۲۰۰۹ به‌طرز نگران‌کننده‌ای به تحمیل یک سیستم فسادپذیر و بی‌فایده در سهمیه‌بندی کربن که به فقرا آسیب می‌زد نزدیک شده

۱۰۸۴. Lagrange Point در مکانیک اجرام آسمانی، نقاط تعادل برای اجرام با جرم کوچک تحت تأثیر دو جسم پرجرم در مدار هستند.

۱۰۸۵. Salp

۱۰۸۶. Biochar باقی‌مانده‌ی سیاه و سبک‌وزن ساخته شده از کربن و خاکستر که پس از تجزیه در اثر حرارت زیست‌توده به‌جا می‌ماند.

بود که در آن اکوسیستم‌ها را از بین می‌برد و به قاچاقچی‌ها و دیکتاتورها جایزه می‌داد.

یادتان باشد من اینجا نیستم که تلاش کنم مناظره آب و هوا را حل کنم یا بگویم که فاجعه، محال است. من در حال آزمایش خوش‌بینی‌ام در مقابل حقایق هستم و چیزی که پیدا می‌کنم این است که احتمال تغییرات آب و هوایی سریع و شدید، کم است؛ احتمال آسیب خالص از محتمل‌ترین تغییر آب و هوایی، اندک است؛ احتمال این‌که هیچ سازگاری اتفاق نیافتد، کم است؛ و احتمال این‌که هیچ فن‌آوری جدید انرژی با کربن پایین در بلندمدت ظهور نکند، زیاد نیست. این احتمالات کوچک را در هم ضرب کنید، بنابراین احتمال یک قرن بیست و یکم کامیاب اساساً زیاد است. می‌توانید بابت این‌که این احتمال چقدر بالاست و بر این اساس حدوداً چقدر پول احتیاج است تا برای احتیاط هزینه کرد، بحث کنید؛ اما روی ارقام IPCC نمی‌توانید هیچ بحثی بکنید به‌غیر از این‌که به احتمال زیاد دنیا در ۲۱۰۰ جای بهتری نسبت به امروز خواهد بود.

همچنین دلیل خوبی برای این فکر جود دارد که آفریقا هم می‌تواند در این کامیابی سهمی داشته باشد. با وجود جنگ مداوم، بیماری و دیکتاتورها، جمعیت آن به‌تدریج و آهسته تثبیت خواهد شد؛ شهرهایش شکوفا خواهند شد؛ صادرات‌شان رشد خواهد کرد؛ مزارع‌شان رونق خواهند گرفت؛ حیات وحش‌شان نجات پیدا خواهد کرد و مردم‌شان صلح و آرامش را تجربه خواهند کرد. در خشکسالی‌های بزرگ عصرهای یخی، آفریقا توانست عده قلیلی از اولین شکارچی-خوشه‌چین‌ها را تأمین کند. در دوران گرم و مرطوب بین دو یخبندان می‌تواند یک میلیارد نفر که بیشترشان تاجران-متخصصان شهری هستند را تأمین کند.

فصل یازدهم

کاتالاکسی[۱۰۸۷]: خوش‌بینی خردگرایانه درباره سال ۲۱۰۰

«صدای گریه‌ی نوزادان را می‌شنوم، بزرگ‌شدن‌شان را تماشا می‌کنم،
آنها خیلی بیشتر از آنچه من در تمام عمر خواهم دانست، فرا خواهند گرفت،
و من برای خودم فکر می‌کنم، چه دنیای فوق‌العاده‌ای.»

باب تیل[۱۰۸۸] و جورج دیوید وایس[۱۰۸۹]

چه دنیای فوق‌العاده‌ای

۱۰۸۷. Catallaxy توصیحی نکمیلی در ادامه پانوشت ارائه شده در فصل دوم - مفهومی اقتصادی به‌معنی نظم خودجوش است که نخستین‌بار مایکل پولانی آن را طرح کرد و البته فریدریش فون‌هایک آن را بسط داد. در نگاهی ساده و خلاصه می‌توان گفت به لحاظ اقتصادی، نظم برنامه‌ریزی‌شده، چهارچوبی است که دولت یا هر نهاد دیگر قدرت برای اقتصاد تعیین می‌کند اما نظم خودجوش یا خودانگیخته (کاتالاکسی) برآیند رفتار تک‌تک آدمیان و نهادهای ریز و درشتی است که در بازار فعالیت می‌کنند.

۱۰۸۸. Bob Thiele تهیه کننده موسیقی معاصر آمریکایی.

۱۰۸۹. George David Weiss ترانه‌سرای معاصر آمریکایی.

پیش بینی IPCC برای تولید ناخالص داخلی سرانه جهانی

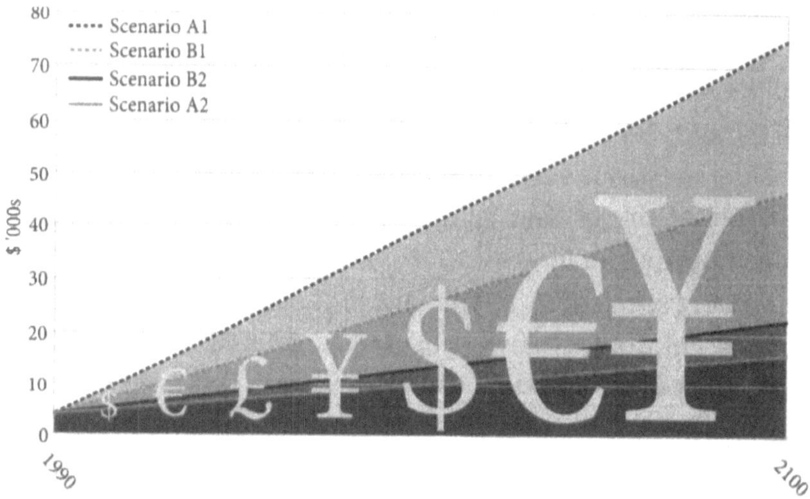

در این کتاب سعی کردم بر اساس نظرات آدام اسمیت و چارلز داروین پیش بروم تا جامعه انسانی را به‌عنوان محصول یک تاریخ بلند از آنچه فیلسوف دَن دنِت[۱۰۹۰] آن را تکامل «حبابی[۱۰۹۱]» به‌واسطه انتخاب طبیعی در میان دگرگونی‌های فرهنگی می‌نامد تا دگرگونی‌های ژنتیکی، و به‌عنوان یک نظم نوظهور ایجاد شده توسط یک دست نامرئی در معاملات فردی و نه محصول جبرگرایی بالا به پایین، تفسیر کنم. سعی کرده‌ام نشان دهم همان‌طور که هم‌آمیزی جنسی، تکامل بیولوژیک را فزاینده کرد، مبادله هم، تکامل فرهنگی را فزاینده و هوش را جمعی ساخت و این‌که بر این اساس، جریانی پایان‌ناپذیر در امور مردان و زنان وجود دارد که زیر هرج و مرج فعالیت‌شان قابل تشخیص است. یک جریان سیل‌آسا و نه یک جریان جزری.

بیش از ۱۰۰ هزار سال پیش، جایی در آفریقا، پدیده‌ای جدید برای کره زمین به دنیا آمد. گونه‌ای نسل به نسل، بدون این‌که (خیلی) تغییر در ژن‌ها ایجاد شود، شروع به اضافه کردن به عاداتش کرد. چیزی که این امر را ممکن ساخت، مبادله بود، معاوضه چیزها و خدمات بین افراد. این کار به این گونه، هوشی خارجی و جمعی داد که بسیار بزرگ‌تر از هر چیزی بود که می‌توانست در مغز به‌راستی پرظرفیتش نگه دارد. دو نفر می‌توانستند هرکدام دو ابزار یا دو ایده داشته باشند، در حالی هر کدام‌شان می‌دانستند که چگونه فقط یکی را بسازند. ده نفر می‌توانستند بین خودشان ده چیز را بدانند در حالی که هرکدام،

۱۰۹۰. Dan Dennett فیلسوف معاصر آمریکایی.

۱۰۹۱. تکاملی از پایین به بالا، اشاره به حرکت حباب و روی سطح آمدن آن است.

یکی را می‌فهمید. بدین طریق مبادله، تخصص را تشویق کرد که بعدها تعداد عادات مختلفی را که این گونه می‌توانست داشته باشد، افزایش داد، در حالی که تعداد چیزهایی را که هر فرد می‌دانست چگونه بسازد را کاهش می‌داد. مصرف می‌توانست با تنوع بیشتری رشد کند در حالی که تولید به‌صورت تخصصی‌تری رشد کرد. در ابتدا گسترش پیشرفت فرهنگ این گونه به خاطر این‌که توسط میزانِ جمعیت به هم مرتبط محدود شده بود، آهسته بود. تنها افتادن در یک جزیره یا نابود شدن به‌خاطر یک قحطی می‌توانست جمعیت را کاهش دهد و همچنین هوش جمعیِ آن جمعیت را تنزل دهد. هر چند که این گونه ذره‌ذره در تعداد و در کامیابی گسترش یافت. هرچه عادات بیشتری کسب کرد، توانست جایگاه‌های بیشتری را تصرف و از افراد بیشتری حمایت کند. هرچه از افراد بیشتری توانست حمایت کند، توانست عادات بیشتری را کسب کند. هر چه عادات بیشتری را کسب کرد، توانست جایگاه‌های بیشتری ایجاد کند.

پیشرفت فرهنگی این گونه طی مسیر با موانعی مواجه شد. ازدیاد جمعیت بیش از حد یک مشکل ثابت بود: به محض این‌که ظرفیت محیط زیست محلی برای تأمین جمعیت تحت فشار قرار می‌گرفت، افراد شروع به عقب‌نشینی از تخصص و مبادله و رفتن به‌سمت حالت دفاعی خودکفایی، بسط دادن تولیدات‌شان و محدود کردن مصارف‌شان می‌کردند. این کار، هوش جمعی که آنها می‌توانستند کسب کنند را کاهش داد که باعث کاهش جایگاه‌هایی شد که می‌توانستند اشغال کنند و فشار بیشتری روی جمعیت گذاشت. بنابراین فروپاشی‌هایی وجود داشت، حتی انقراض‌های محلی اتفاق افتاد. یا که این گونه خودش را از نظر تعداد در حال گسترش یافت ولی نه در توسعه استانداردهای زندگی. با وجود این امر، این گونه دوباره و دوباره راه‌هایی برای بازیابی به‌واسطه انواع جدید مبادله و تخصص پیدا کرد. رشد از سر گرفته شد.

موانع دیگر از ساخته‌های خود این گونه بود. افراد مجهز به تبار حیوانی خود یا طبیعتی جاه‌طلب و حسود، غالباً وسوسه می‌شدند تا بهره‌وری همنوع‌های‌شان را مختل کنند و پیش از آنها باشند - که بگیرند ولی چیزی ندهند. آنها کشتند، به بردگی کشیدند و اخاذی کردند. هزاره پس از هزاره، این مشکل حل‌نشده باقی ماند و گسترش این گونه از هر دو نظر، استاندارد زندگی و جمعیت به‌صورت پراکنده‌ای آهسته شد، عقب نشست و به‌دست طمع طاقت‌فرسا و رفتار انگلی سورچران‌ها معکوس شد. تمام مفت‌خورها بد نبودند: حاکمان و کارمندان دولتی وجود داشتند که از قبال تاجرین و تولیدکنندگان زندگی می‌کردند اما عدالت و دفاع را تأمین می‌کردند، یا که جاده و کانال‌ها و مدارس و بیمارستان‌ها را می‌ساختند و زندگی افراد متخصص و تاجر را ساده‌تر می‌ساختند و نه دشوارتر. اینها مانند هم‌زیست‌ها رفتار می‌کردند تا انگل‌ها (گذشته از این، دولت می‌تواند کار مفید هم انجام دهد). با وجود همه این مسائل، این گونه چه به لحاظ تعداد و چه به لحاظ عادت رشد کرد، چرا که انگل‌ها هرگز به‌طور کامل

سیستمی را که از آن تغذیه می‌کردند از بین نبردند.

حدود ۱۰،۰۰۰ هزار سال پیش، سرعت پیشرفت این گونه ناگهان به لطف ثبات یک‌باره و در مقیاس کلانِ آب و هوا به جلو جهید و به این گونه اجازه داد تا دیگر گونه‌ها را برای همکاریِ انتخاب کند و آن دیگر گونه‌ها را قادر ساخت به شرکای تخصصی و تجاری تکامل یابند و خدماتی برای این گونه در مقابل مبادله با نیازهای‌شان ایجاد کنند. حالا به کمک کشاورزی، نه‌تنها هر نفر، اعضای دیگر این گونه را به انجام کاری برای خودش وا می‌داشت (و بالعکس)، بلکه اعضای گونه‌های دیگر مانند گاوها و ذرت را نیز به‌کار می‌گرفت. حدود ۲۰۰ سال پیش، سرعت تغییرات به کمک توان جدید این گونه در به‌کارگیری گونه‌های منقرض‌شده برای خدمت‌رسانی، جان تازه‌ای گرفت و این به‌واسطه‌ی استخراج سوخت‌های فسیلی و آزاد ساختن انرژی به طریقی که هنوز بیشترین خدمات را تولید می‌کنند، بود. تاکنون این گونه، حیوان بزرگ مسلط در سیاره خودش بوده و به‌صورت ناگهانی به‌دلیل سقوط نرخ تولد، بالا رفتن سریع استاندارد زندگی را تجربه کرده است. انگل‌ها همچنان به آن آسیب می‌زدند - شروع جنگ‌ها، درخواست تمکین و فرمان‌برداری، ایجاد دیوان‌سالاری‌ها، کلاهبرداری و تقلب، موعظه و ترویج نفاق - اما مبادله و تخصص ادامه یافت و هوش جمعی این گونه به حد بی‌سابقه‌ای رسید. تاکنون تقریباً تمام دنیا با یک شبکه به هم متصل شده است و بنابراین ایده‌ها از هر طرف می‌توانند با هم ملاقات کنند و جفت شوند. سرعت پیشرفت یک‌بار دیگر بالا گرفت. آینده‌ی این گونه روشن بود هر چند که این را نمی‌دانست.

رو به جلو و صعودی

من این مورد را برای خوش‌بینی امیدوارانه ارائه کرده‌ام. این بحث را مطرح کرده‌ام که دنیا شبکه‌ای شده است و ایده‌ها بیشتر از هر وقت دیگری با یکدیگر هم‌آمیزی دارند. سرعت نوآوری چندبرابر خواهد شد و تکامل اقتصادی، استانداردهای زندگی قرن بیست و یکم را تا ارتفاعات غیرقابل تصوری بالا خواهد برد و حتی به فقیرترین مردم دنیا کمک خواهد کرد از پس هزینه آرزوها و نیازهای‌شان برآیند. این بحث را کرده‌ام که اگرچه چنین خوش‌بینی به‌طور مشخص رایج و متداول نیست اما تاریخ نشان می‌دهد که این امر در واقع یک نگرش بیشتر واقعی است تا یک بدبینی آخرالزمانی. اچ. جی. ولز گفته است، «این صعود طولانی از گذشته است که نشان می‌دهد، یأس ما نادرست است.»

این‌ها گناهان بزرگی در مقابل خرد متعارف هستند. بدتر این‌که آنها حتی می‌توانند این تصور را ایجاد کنند که به‌طرز سنگدلانه‌ای نسبت به این حقیقت که یک میلیارد نفر به اندازه کافی ندارند که بخورند، که یک میلیارد نفر

دسترسی به آب تمیز ندارند و این‌که یک میلیارد نفر بی‌سواد هستند بی‌تفاوت می‌باشند. اما برعکس این قضیه درست است. این دقیقاً به این خاطر است که همچنان رنج بسیار و کمبود در دنیا وجود دارد که من یا هر کس دیگری در دنیا که قلب داشته باشد آرزو می‌کند این خوش‌بینی بلندپروازانه به لحاظ اخلاقی اجباری باشد. حتی بعد از بهترین نیم‌قرن برای کاهش فقر، هنوز صدها میلیون انسان هستند که به‌خاطر فقر ویتامین A در رژیم غذایی یکنواخت‌شان دچار کوری می‌شوند، یا شاهد باد کردن شکم بچه‌های‌شان به‌خاطر کمبود پروتئین، یا پر از اسهال خونی قابل پیشگیری ناشی از آب آلوده، یا سرفه همراه با ذات‌الریه ناشی از دود آتش داخل خانه، یا تلف شدن از ایدز قابل درمان، یا لرزیدن از مالاریای غیر لازم هستیم. مردمی هستند که در کوخ‌های گلی، زاغه‌هایی از ورقه‌های آهنی موج‌دار یا در برج‌های بتونی بی‌روح زندگی می‌کنند (این شامل «آفریقایی‌های داخل» غرب هم هست)، مردمی که هرگز بخت خواندن یک کتاب یا دیدن یک دکتر را ندارند. پسرهای جوانی هستند که مسلسل حمل می‌کنند و دختران جوانی که تن‌فروشی می‌کنند. اگر نوه نتیجه دختری من در سال ۲۱۰۰ این کتاب را بخواند، از او می‌خواهم بداند من به فراست از نابرابری در دنیایی که در آن مسکن گزیده‌ام آگاهم، دنیایی که در آن می‌توانم نگران وزنم باشم و یک صاحب رستوران می‌تواند از بی‌انصافی در واردات لوبیا سبز از کنیا به‌وسیله هواپیما در زمستان بنالد، در حالی که در دارفور[۱۰۹۲] صورت کوچک‌شده یک بچه با مگس پوشیده شده، در سومالی زنی سنگسار شده و مرده و در افغانستان یک کارآفرین آمریکایی به تنهایی و مستقل مدارسی می‌سازد در حالی که دولتش آنها را بمباران می‌کند.

دقیقاً همین مصیبت «قابل اجتناب» است که دلیلی برای فشار آوردن بر فوریت پیشرفت اقتصادی، نوآوری و تغییر است. اینها تنها راه شناخته‌شده در فراهم کردن مزایای یک استاندارد زندگی روبه‌رشد برای مردم بیشتری است. دقیقاً به این خاطر است که این میزان فقر، گرسنگی و بیماری وجود دارد و این‌که دنیا باید بسیار مراقب باشد تا سد راه چیزهایی که زندگی‌های بسیاری را تاکنون بهبود بخشیده‌اند قرار نگیرد - ابزار تجارت، فن‌آوری و اعتماد در تخصص و مبادله. دقیقاً به همین خاطر است که هنوز راه زیادی مانده که طی شود و آنهایی که مشاور و ناصح یأس و ناامیدی هستند یا در مواجهه با مصیبت‌های محیط‌زیستی نوظهور و مهیب می‌خواهند آرام بروند، شاید نه‌تنها به لحاظ دلیل و شواهد در اشتباه هستند بلکه از لحاظ اخلاقی هم اشتباه می‌کنند.

یک ترفند متداول برای پیش‌بینی آینده استفاده از این فرض است که هیچ تغییر فن‌آوری وجود نخواهد داشت و آینده را هولناک ببینند. این کار اشتباه نیست. آینده به‌واقع می‌تواند هولناک باشد اگر اختراع و اکتشاف متوقف

۱۰۹۲. Darfur ناحیه‌ای در سودان.

شود. همان‌طور که پال رومر مطرح می‌کند: «هر نسلی محدودیت‌های رشد را درک کرده، این‌که منابع محدود و عوارض نامطلوب قد علم می‌کرد اگر هیچ دستورالعمل یا ایده جدیدی کشف نمی‌شد. و هر نسلی توان بالقوه پیدا کردن دستورالعمل یا ایده جدید را دست کم گرفته است. ما به‌طور مدام متوجه این مطلب نمی‌شویم که چه تعداد ایده جدید برای کشف باقی می‌ماند.» تا بدین‌جا خطرناک‌ترین و به‌واقع ناپایدارترین چیزی که نوع بشر توانسته در حق خودش انجام دهد، بستن شیر نوآوری بوده است. اختراع نکردن و نپذیرفتن ایده‌های جدید، هر دو به خودی خود می‌توانند خطرناک و غیراخلاقی باشند.

چقدر خوب می‌تواند بشود؟

آینده‌پژوهی همیشه به این ختم می‌شود که به شما درباره زمانه خودتان بگوید تا بابت آینده. اچ. جی. ولز، آینده را به شکل انگلیس دوران ادوارد، همراه با ماشین‌آلات ساخت؛ آلدوس هاکسلی آن را به شکلی ساخت که حس نیومکزیکوی دهه‌ی ۱۹۲۰ با مواد مخدر را می‌داد؛ جورج اورول آن را شبیه روسیه دهه‌ی ۱۹۴۰ با تلویزیون ساخت. حتی آرتور سی. کلارک[۱۰۹۳] و آیزاک آسیموف[۱۰۹۴] که از دیگران بیشتر خیال‌پردازتر و آرمان‌گراتر بودند، درباره حمل و نقل دهه‌ی ۱۹۵۰ بیشتر کنجکاو بودند تا ارتباطات دهه‌ی ۲۰۰۰. بنابراین در توصیف جهان در سال ۲۱۰۰، بیشتر محتمل است شبیه کسی باشم که در جهان اوایل قرن بیست و یکم گیر کرده و اشتباهات استنتاجی خنده‌داری می‌کند. شخصی که به گمانم یوگی برا[۱۰۹۵] بود، شوخی می‌کرد که، «دشوار است پیش‌بینی کرد، به‌ویژه درباره آینده.» فن‌آوری‌هایی که حتی نمی‌توان تصور کنم، پیش پا افتاده خواهند شد و عاداتی که هرگز نمی‌دانستم انسان احتیاج دارد، بدل به جریان عادی خواهد شد. ماشین‌ها ممکن است آن‌قدر هوشمند شوند که خودشان را طراحی کنند، که در این‌صورت نرخ رشد اقتصادی تا آن زمان ممکن است به میزانی که در آغاز انقلاب صنعتی اتفاق افتاد، تغییر کند - بنابراین اقتصاد جهان طی چند ماه یا حتی چند هفته دوبرابر خواهد شد و به‌سمت یک «تکینگی» فن‌آورانه‌ای شتاب خواهد گرفت، به جایی که در آن میزان تغییرات تقریباً بی‌نهایت است.

ببینیم با وجود همه اینها چه اتفاقی می‌افتد. من پیش‌بینی می‌کنم قرن بیست و یکم، گسترشی مستدام از کاتالاکسی – واژه‌ی هایک برای نظم خودبه‌خودی و ایجاد شده توسط مبادله و تخصص - را به نمایش خواهد گذاشت. هوش، بیش از پیش جمعی خواهد شد؛ فن‌آوری و نظم، بیشتر و بیشتر از پایین به بالا خواهند شد؛ کارها بیش از پیش تخصصی و فراغت متنوع‌تر می‌شود. شرکت‌های بزرگ،

۱۰۹۳. Arthur C. Clarke نویسنده‌ی علمی تخیلی معاصر انگلیسی.

۱۰۹۴. Isaac Asimov نویسنده‌ی آمریکایی و استاد بیوشیمی دانشگاه بوستون.

۱۰۹۵. Yogi Berra بازیکن نامدار آمریکایی بیس‌بال.

احزاب سیاسی و کاغذبازی‌های دولتی متلاشی و تکه‌تکه خواهند شد، همان‌طور که پیش از آنها نهادهای برنامه‌ریزی مرکزی از هم‌پاشیدند. نابودی خدایان بانک‌ها[۱۰۹۶] در ۲۰۰۸، تعداد کمی از غول‌ها را با خود از عرصه حذف کرد، اما شرکت‌های سرمایه‌گذاری کم‌عمر و آژانس‌های کوچک به‌جای آنها سبز خواهد شد. سقوط خودروسازان بزرگ دیترویت در ۲۰۰۹، گروهی از شرکت‌های نوپا و کارآفرین را به‌جا می‌گذارد که مسئول نسل بعدی خودروها و موتورها هستند. شرکت‌های غول‌آسا و قدرتمند، چه خصوصی و چه ملی، در مقابل این حمله لی‌لی‌پوتی‌ها آسیب‌پذیر هستند که قبلاً هرگز این‌طور نبودند. این غول‌ها نه‌تنها از سوی مؤسسات و شرکت‌های کوچک، بلکه توسط تجمعات موقت مردم که بی‌وقفه شکل می‌گیرند و اصلاح می‌شوند، به‌طور پیوسته در حال انقراض هستند. شرکت‌های بزرگ که نجات پیدا می‌کنند این کار را با تبدیل خودشان به تکامل‌یافتگانِ پایین به بالا انجام می‌دهند. استفان لوی[۱۰۹۷] می‌گوید، گوگل که وابسته به میلیون‌ها حراج لحظه‌ای برای بالا بردن درآمد از طریق ادوردز[۱۰۹۸] است، «یک اقتصاد برای خودش و یک آزمایشگاه جوشان» است. اما گوگل در مقایسه با آنچه خواهد آمد، غول‌آسا و تغییرناپذیر به نظر می‌رسد.

دنیای پایین به بالا قرار است درونمایه این قرن باشد. دکترها دارند به بیمارهای به‌خوبی مطلع که درباره بیماری‌هاشان تحقیق کرده‌اند، عادت می‌کنند. روزنامه‌نگاران در حال تطبیق خودشان با خوانندگان و مشاهده‌گرانی هستند که اخبارشان را بر اساس تقاضا انتخاب و جمع‌آوری می‌کنند. مجریان رادیویی و تلویزیونی دارند یاد می‌گیرند که اجازه دهند مخاطبان‌شان استعدادی را که سرگرم‌شان خواهد کرد انتخاب کنند. مهندسان، مشکلات را برای یافتن راه حل به اشتراک می‌گذارند. تولیدکنندگان دارند به مشتریانی پاسخ می‌دهند که محصولات خودشان را از روی فهرست سفارش می‌دهند. مهندسی ژنتیک می‌رود که متن-باز شود، جایی که مردم و نه شرکت‌های بزرگ، تصمیم می‌گیرند چه ترکیبی از ژن‌ها را می‌خواهند. سیاستمدارها تا حد زیادی به‌سان چوب‌پنبه پرتاب‌شده بر امواج افکار عمومی هستند. دیکتاتورها دارند یاد می‌گیرند شهروندان‌شان می‌توانند شورش‌ها را از طریق پیامک سازمان‌دهی کنند. کلی شیرکی[۱۰۹۹] می‌گوید «همه دارند می‌آیند».

مردم بیشتر و بیشتر آزادانه راه‌هایی برای مبادله محصول تخصصی‌شان و مصارف گوناگونش پیدا می‌کنند. می‌توان نگاهی به این دنیا در شبکه اینترنتی انداخت، در چیزی که جان بارلو[۱۱۰۰] آن را، «دات-کمونیستی» می‌نامند: یک نیروی

۱۰۹۶. Bankerdammerung واژه‌ای آلمانی به معنای سقوط خدایان بانک‌ها.

۱۰۹۷. Stephen Levy روزنامه‌نگار معاصر آمریکایی که در زمینه کامپیوتر و فن‌آوری می‌نویسد.

۱۰۹۸. AdWords یک پلتفرم تبلیغاتی متعلق به گوگل که در آن تبلیغ‌کنندگان برای نشان دادن تبلیغ‌شان مزایده می‌گذارند.

۱۰۹۹. Clay Shirky نویسنده معاصر آمریکایی.

۱۱۰۰. John Barlow سیاستمدار معاصر کانادایی.

کاری از عوامل مستقل که ایده‌ها و تلاش‌های‌شان را به‌صورت پاپاپای مبادله می‌کنند و به‌ندرت علاقه‌ای به این نشان می‌دهند که آیا این تهاتر، پول «واقعی» می‌سازد یا نه. انفجار علاقه در به اشتراک‌گذاری رایگان ایده‌ها که اینترنت به‌راه انداخته، باعث شگفتی همگان شده است. کوین کلی[۱۱۰۱] می‌گوید، «توده افراد آنلاین تمایل شگفت‌انگیزی برای اشتراک‌گذاری دارند». تولیدکنندگان همتا و همکار که چیزها را می‌سازند به‌جای کسب پول، اعتبار، موقعیت، شهرت، لذت، رضایت و تجربه به‌دست می‌آورند. مردم دوست دارند عکس‌های‌شان را در فلیکر[۱۱۰۲]، عقایدشان را در توییتر، دوستان‌شان را در فیس‌بوک، دانش‌شان را در ویکی‌پدیا، تکه‌های نرم‌افزارهای‌شان را در لینوکس، کمک‌های مالی‌شان در گلوبال گیوینگ[۱۱۰۳]، اخبار محله‌شان را در کرگ‌لیست[۱۱۰۴]، شجره‌نامه‌شان را در انسستوری[۱۱۰۵]، ژنوم‌های‌شان در ۲۳اندمی[۱۱۰۶] و حتی سوابق پزشکی‌شان را در پیشنت لایک می[۱۱۰۷] به اشتراک بگذارند. به کمک اینترنت، هر کسی مطابق توانایی خودش به دیگری بر اساس نیازش اهدا می‌کند، تا حدی که هیچ‌وقت در مارکسیسم اتفاق نیفتاد.

این کاتالاکسی به‌آسانی یا بدون مقاومت پیش نخواهد رفت. مصیبت‌های طبیعی و غیرطبیعی همچنان اتفاق خواهند افتاد. دولت‌ها با دادن مساعدت‌های ویژه مانند کمک‌های مالی و سهمیه کربن به شرکت‌ها و ادارات دولتی بزرگ آنها را نجات خواهند داد و به روشی بر آنها نظارت خواهند کرد تا موانعی برای ورود رقبا ایجاد شود که باعث کاستن سرعت تخریب خلاقانه می‌شود. رؤسا، کشیش‌ها، دزدها، سرمایه‌گذاران، مشاوران و دیگران از همه‌طرف ظاهر خواهند شد و از مازاد تولید شده توسط مبادله و تخصص تغذیه می‌کنند و بن‌مایه کاتالاکسی را به‌سمت زندگی‌های ارتجاعی خودشان منحرف خواهند کرد. این در گذشته اتفاق افتاده است. امپراتوری‌ها، ثبات و پایداری را به قیمت ایجاد یک دادگاه انگلی خریدند؛ مذاهب توحیدی، انسجام اجتماعی را به قیمت ایجاد یک طبقه‌ی کشیش انگلی خریدند؛ ملی‌گرایی قدرت را به قیمت ایجاد یک ارتش انگلی خرید؛ سوسیالیسم برابری را به قیمت ایجاد یک دیوان‌سالاری انگلی خرید؛ نظام سرمایه‌داری، بهره‌وری را به قیمت ایجاد سرمایه‌گذاران انگلی خرید. دنیای آنلاین انگل‌ها را هم جذب خواهد کرد: از ناظران مقررات گرفته تا مجرمان سایبری و سارقان ایده و آثار دیگران. برخی از آنها می‌توانند میزبانان سخاوتمندشان را به‌صورت موقت دچار اختناق کنند و از سرعت‌شان بکاهند.

۱۱۰۱. Kevin Kelly ویراستار و بنیان‌گذار مجله وایرد (Wired) در آمریکا.

۱۱۰۲. Flickr شبکه اجتماعی برای اشتراک‌گذاری عکس و ویدئو.

۱۱۰۳. GlobalGiving مؤسسه غیرانتفاعی در آمریکا.

۱۱۰۴. Craigslist سایتی برای خرید و فروش اجناس دست دوم در آمریکای شمالی.

۱۱۰۵. Ancestry.com

۱۱۰۶. 23andMe شرکت آمریکایی در زمینه ژنوم و بیوتکنولوژی

۱۱۰۷. PatientsLikeMe شبکه اجتماعی برای مدیریت سلامت در آمریکا.

این امکان هست که شکارچی‌ها و انگل‌ها به واقع به‌طور کامل برنده این ماجرا باشند، یا تا حدی آن افراد مداخله‌گر و متعصب در بستن کاتالاکسی و به‌هم ریختن دنیا و برگرداندن آن به فقر دوران پیشا صنعتی، در زمانی طی عصر پیش رو موفق شوند. حتی دلیل جدیدی برای چنین بدبینی وجود دارد؛ طبیعت یکپارچه دنیا این معنی را می‌دهد که ممکن است خیلی زود این مسئله ممکن شود و کل دنیا را با یک ایده احمقانه تسخیر کرد، در حالی که قبلاً می‌توانستید فقط یک کشور را تسخیر کنید و یا یحتمل اگر بخت با شما یار بود می‌توانستید یک امپراتوری را به‌دست آورید. (تمام مذاهب بزرگ به امپراتوری‌ها احتیاج داشتند تا بتوانند درون‌شان رشد کنند و قدرتمند شوند: بودیسم درون موریان[۱۱۰۸] و چینی‌ها، مسیحیت درون رومی‌ها و اسلام داخل عرب‌ها.)

قرن دوازدهم را به‌عنوان مثالی در این‌که دنیا زمانی چقدر به پشت کردن به کاتالاکسی نزدیک شد در نظر بگیرید. در یک دوره زمانی پنجاه‌ساله بین ۱۱۰۰ و ۱۱۵۰، سه ملت بزرگ، نوآوری، بنگاه‌های داد و ستد و آزادی را به‌یکباره تعطیل کردند. در بغداد، استاد فقه و مذهب، امام محمد غزالی تقریباً یک‌تنه توانست سنت تحقیق و جستار عقلانی را در دنیای عرب نابود کند و آن را به بازگشتی به عرفان با عدم تحمل ایده جدید سوق دهد. در پکن، ساعت نجومی سوسانگ[۱۱۰۹]، «موتور کیهانی» که احتمالاً پیچیده‌ترین دستگاه مکانیکی ساخته‌شده در آن زمان بود، توسط سیاستمداری که به نوظهوری و دلیل-خیانت[۱۱۱۰] مشکوک بود از بین رفت و مسیر عقب‌نشینی به خودکامگی و سنت که بدل به سرنوشت چین برای قرن‌های بعدی شد را هموار کرد. در پاریس، قدیس برنارد کلروو[۱۱۱۱]، پیتر ابرالد[۱۱۱۲] پژوهشگر را مورد آزار و اذیت قرار داد، رنسانس عقل‌محور متمرکز در دانشگاه پاریس را به باد انتقاد گرفت و به پشتیبانی مصیبت‌بار از جنگ صلیبی دوم پرداخت. خوشبختانه شعله‌های تفکر آزاد، خرد و کاتالاکسی به‌ویژه در ایتالیا و آفریقای شمالی به سوختن ادامه دادند. اما تصور کنید اگر آنها نمی‌سوختند. تصور کنید اگر تمام دنیا در آن زمان به کاتالاکسی پشت می‌کردند. تصور کنید اگر دنیای جهانی‌شده‌ی قرن بیست و یکم اجازه یک عقب‌نشینی جهانی از عقلانیت را بدهد. این فکر نگران‌کننده‌ای است. نوع اشتباهی از رؤسا، کشیش‌ها و دزدها هنوز می‌توانستند شمع کامیابی آینده روی زمین را خاموش کنند. ارباب‌ها و مالکان زمین پیش از این، لباس‌های کار به تن کرده‌اند تا محصولات زراعی اصلاح ژنتیک‌شده را نابود کنند، رؤسای جمهور نقشه می‌کشند تا از تحقیقات سلول‌های بنیادین جلوگیری

۱۱۰۸. Mauryan امپراتوری در شبه‌قاره هند در عصر آهن.
۱۱۰۹. Su-Sung عالم، دانشمند و دولتمرد چینی قرن یازدهم.
۱۱۱۰. بازی نویسنده با واژگان Reason و Treason.
۱۱۱۱. St Bernard راهب نامدار فرانسوی قرن یازدهم.
۱۱۱۲. Peter Abelard فیلسوف فرانسوی قرن یازدهم.

کننـد، نخسـت‌وزیرها، قرار احضار زندانی[1113] را بـه بهانـه‌ی تروریسـم پایمـال می‌کننـد، کاغذبازی‌هـای متاسـتازی از طـرف گروه‌هـای فشـار ارتجـاعی مانـع نـوآوری می‌شـوند، خلقت‌گراهـا[1114] آمـوزش دانـش مفیـد را متوقـف می‌کننـد، افـراد مشـهور کله‌پـوک بـر ضـد تجـارت آزاد صـف می‌بندنـد، ملاهـا، قـدرت گرفتـن زن‌هـا را سـرکوب می‌کننـد، شـاهزادگان نجیـب به‌خاطـر از دسـت دادن روش‌هـای قدیـمی می‌نالنـد، اسـقف‌های زاهـد از تأثیـرات در حـال تشـدید بـازرگانی متأسـفند. تـا این‌جـا تمـام اینهـا بـه لحـاظ تأثیـر، موضـعی بوده‌انـد و بیشـتر از مکث‌هـای محـدود در پیشـرفت مسـرت‌بخش ایـن گونـه، چیـز دیگـری به‌دسـت نیاورده‌انـد، امـا آیـا ممکـن اسـت یـکی از آنهـا جهـانی شـود؟

مـن شـک دارم. خامـوش کـردن شـعله‌ی نـوآوری مشـکل خواهـد بـود، چـرا کـه نـوآوری در دنیـایی چنیـن شـبکه‌ای، پدیـده‌ای تکامـلی و از پاییـن بـه بالا اسـت. هرچقدر هـم کـه اروپـا و دنیـای اسلام و حـتی آمریـکا ارتجـاعی و محتـاط شـوند، امـا چیـن حـالا به‌طـور حتـم مشـعل کاتالاکسی را روشـن نگـه خواهـد داشـت و هنـد و شـاید برزیـل هـم همین‌طـور و حـتی گـروه بـزرگی از شـهرها و دولت‌هـای آزاد کوچک‌تـر. تـا ۲۰۵۰، اقتصـاد چیـن به‌خـوبی می‌توانـد دو برابـر آمریـکا شـود. آزمایـش و تجربـه ادامـه خواهـد داشـت. تـا زمـانی کـه مبادلـه و تخصـص انسـانی اجـازه رشـد در جـایی را داشـته باشـند، فرهنـگ چـه رهبـران کمـک کننـد و چـه مانـع آن شـوند تکامـل پیـدا می‌کنـد و نتیجـه ایـن اسـت کـه کامیـابی و رفـاه گسـترش می‌یابـد، فـن‌آوری پیشـرفت می‌کنـد، فقـر کـم می‌شـود، بیمـاری عقب‌گـرد می‌کنـد، بـاروری سـقوط می‌کنـد، شـادی افزایـش می‌یابـد، خشـونت بی‌جـان می‌شـود، آزادی رشـد می‌کنـد، دانـش شـکوفا می‌شـود، محیط زیسـت بهبـود و حیـات وحـش گسـترش پیـدا می‌کنـد. لـرد مـک‌کالی گفتـه اسـت، «مـا تقریبـاً در هـر بخـش از کل تاریـخ بشـر می‌بینیـم کـه چگونـه سـخت‌کوشی و ابتـکار عمـل افـراد در کشـمکش بـا جنگ‌هـا، مالیات‌هـا، قحطی‌هـا، آتش‌سـوزی‌های بـزرگ، ممنوعیت‌هـای شـرورانه و محافظت‌هـای بیشـتر موذیانـه، سـریع‌تر از آنچـه دولت‌هـا بتواننـد خـرج کننـد و هـدر دهنـد، خلـق می‌کنـد و هـر آنچـه مهاجمیـن بتواننـد نابـود کننـد را تعمیـر می‌کنـد.»

طبیعـت انسـان تغییـر نخواهـد کرد. همـان نمایـش قدیـمی پرخاشـگری و خوگرفتن، شیفتـگی و خورانـدن عقایـد، افسـون و آسـیب اتفـاق خواهـد افتـاد، امـا در یـک دنیـای از همیشـه کامیاب‌تـر و ثروتمندتـر. در نمایشـنامه‌ی تورنتـن وایلـدر[1115]، به‌سـختی جـان بـه در بـردن مـا، خانـواده انتروبـس (نماینـده نـوع انسـان) فقـط موفق می‌شـوند از عصـر یخی، سیـل و جنـگ جهـانی، جـان سـالم بـه‌در برنـد امـا طبیعت‌شـان تغییـری نمی‌کنـد.

۱۱۱۳. Habeas Corpus در آن، شـخص می‌توانـد بازداشـت یـا زنـدانی شـدن غیرقانـونی را بـه دادگاه گـزارش کنـد و از دادگاه درخواسـت صـدور قـرار بـرای آوردن زنـدانی بـه دادگاه و بـررسی این‌کـه آیـا بازداشـت قانونی‌سـت یـا نـه را بنمایـد.

۱۱۱۴. Creationists کسانی که باور دارند خداوند خالق مطلق زمین و آسمان است.

۱۱۱۵. Thornton Wilder نمایشنامه‌نویس معاصر آمریکایی.

وایلدر به‌طور ضمنی به این نکته اشاره داشت که تاریخ با یک ظرفیت همیشه در حال رشد برای خوب و بد که در شخصیت بدون تغییر هر فرد اتفاق می‌افتاد، خودش را به شکل یک مارپیچ تکرار می‌کند و نه یک دایره. بنابراین تیره انسان به گسترش و غنی ساختن فرهنگ خودش با وجود عقب‌گردها و این‌که افراد تا حد زیادی طبیعت تغییرناپذیر و تکامل‌یافته یکسانی دارند ادامه خواهد. قرن بیست و یکم، زمان باشکوهی برای زنده ماندن است.

شهامت داشته باشید و یک خوش‌بین شوید.

یادداشت الحاقی

لیسبون در ۱۷۵۵ با یک زلزله هولناک به لرزه درآمد. بیشتر شهر نابود شد، آتش‌سوزی‌های گسترده‌ای همه‌جا پخش شد و یک سونامی بقایایش را در برگرفت. یحتمل حدود ۶۰،۰۰۰ هزار نفر مردند. اما حادثه لیسبون علاوه بر فاجعه‌ی انسانی، ضربه‌ای بود برای فلسفهِ «خوش‌بین‌گرایی».

این کلمه خوش‌بینی، نسبتاً جدید بود و در ۱۷۳۷ سکه خورده بود و آن زمان معنایی را که امروز دارد، نداشت: نگاهی امیدوارانه به آینده. این کلمه تقریباً معنای متضادی می‌داد، به عبارت دیگر به این معنی بود که دنیا در «مساعدترین» حالت خودش بوده و این حالت، بهترین حالت تمام دنیاهای ممکن بوده و از این بهتر نمی‌شده. فیلسوف، گاتفرید لایب‌نیتز[۱۱۱۶] این ایده هوشمندانه را به‌عنوان بخشی از فلسفه خودشناسانه‌اش مطرح کرد که خداوند یک الوهیت کریم و پرعطوفت است که حتی چیزهای بد هم باید که منظور خوبی داشته باشند. هیچ چیزی نمی‌توانست بهتر از این دنیا باشد.

بنابراین مرگ و میر لیسبون باید که چیز خوبی باشد و نه چیز بدی. لیسبون داشت به‌خاطر گناهکاری‌اش مجازات می‌شد و دنیا با نابودی‌اش پاک و منزه می‌شد. این برای نمایشنامه‌نویس و فیلسوف فرانسوی، ولتر خیلی زیاد بود. در اثر شعر برای مصیبت لیسبون، می‌پرسد که خداوند چه چیزی علیه پرتغالی‌ها داشت:

آیا آن زمان فسق بیشتری از پاریس، جایی که لذت‌های شهوانی به وفور است، در لیسبون سقوط کرده، پیدا شده بود؟

۱۱۱۶. Gottfried Leibniz عالم، ریاضی‌دان و فیلسوف آلمانی قرن هفدهم.

آیا هرزگی و عیاشی کمتری از لندن، جایی که دولتمندی مجلل و پر زرق و برق، تاج و تخت را حفظ می کند، شناخته شده بود؟

لیسبون و نقد ژان‌ژاک روسو بر این شعر، ولتر را بر این داشت که رمان معروفش کاندید را بنویسد، که او در آن فلسفه خوش‌بینی‌گرایی را به سخره گرفت. کاندید[۱۱۱۷]، قهرمان داستان به‌طرز ساده‌لوحانه و متزورانه‌ای تمام شوربختی‌هایی را که بر سرش می‌آید را می‌پذیرد و از مرشدش دکتر پانگلوس[۱۱۱۸] یاد می‌گیرد که همیشه همه‌چیز در بهترین حالت از میان تمام بهترینِ دنیاهای ممکن است. هنگامی که کشتی آنها در بندر لیسبون درست پیش از زمین‌لرزه تصادف می‌کند و ژاک که همراه آنها بود غرق می‌شود، پانگلوس، کاندید را با این توضیح دلداری می‌دهد که بندر لیسبون به این منظور ساخته شده بود که ژاک را غرق کند. پانگلوس بر این عقیده که این بهترین حالت از میان تمام دنیاهای ممکن است، باقی می‌ماند – با وجود این واقعیت که او سفلیس، غرق شدن کشتی، زلزله، آتش‌سوزی، شکنجه به‌عنوان مرتد و به‌خاطر تفتیش عقاید، اعدام و برده‌داری را تجربه می‌کند.

من یک خوش‌بین از نوع پانگلوسی[۱۱۱۹] نیستم. فکر نمی‌کنم این بهترین حالت تمام دنیاهای ممکن است. در واقع بخش بزرگی از انگیزه من برای نوشتن این کتاب درک این مطلب بود که نه تنها پیشرفت و بهبود بزرگی هنوز در استاندارد زندگی ممکن است، بلکه تعداد بسیار زیادی از دوستانِ نوع بشر من وجود دارند که این‌گونه فکر نمی‌کنند. فکر می‌کنم آنچه امروز داریم در مقایسه با آنچه می‌توانیم در آینده کسب کنیم چیزی جز وادی اشک و رنج نیست. همان‌طور که در فصل اول نوشتم، «این صراحتاً بدین خاطر است که در قرون اخیر بهبودهای انسانی بسیاری ثابت شده‌اند که امکان‌پذیر هستند و نواقص مداوم دنیا وظیفه‌ای اخلاقی بر دوش بشریت می‌گذارد تا اجازه دهد تکاملِ اقتصادی ادامه یابد. جلوگیری از تغییرات، نوآوری و رشد، سد راه همدلی و شفقت بالقوه قرار گرفتن است.»

پانگلوسی‌های واقعی، امروز آنهایی هستند که بر عقب‌نشینی، احتیاط و ترس از این‌که تغییر به کجا می‌تواند ختم شود، اصرار می‌ورزند. آنها فکر می‌کنند که این از تمام دنیاهای ممکن، کمتر بدتر است و تغییر فقط می‌تواند آن را بدتر کند. اگر کاری در این کتاب کرده باشم، امیدوارم این باشد که چشمان‌تان را به ظرفیت عظیمی که نوع بشر برای بهبود وضعیتش بسیار بسیار فراتر از این دارد باز کرده باشد، همان‌طور که برای من کرده است. ما می‌توانیم به بالا بردن درآمد سرانه انسان‌های زمین ادامه دهیم در حالی که تأثیرات زیست‌محیطی‌مان

۱۱۱۷. Candide

۱۱۱۸. Dr Pangloss

۱۱۱۹. Panglossian خوش‌بینی به‌صورت کورکورانه و ساده‌لوحانه.

را نیز به‌طور مدام کاهش دهیم.

من این کتاب را در پایان دهه‌ای می‌نویسم که بلایای طبیعی بسیاری مشابه زلزله لیسبون به خود دیده است. سونامی اقیانوس هند در ۲۰۰۴، طوفان کاترینا در ۲۰۰۵، گردباد برمه در ۲۰۰۸، زلزله چین در ۲۰۰۸، آتش‌سوزی استرالیا در ۲۰۰۹، زلزله‌ی هائیتی در ۲۰۱۰ و سیل پاکستان در ۲۰۱۰ را داشتیم. با این‌حال بلایای طبیعی سال‌های اخیر به‌شدت درستی خوش‌بینی‌گرایی را اثبات کرده اند - نه از نوع لیسبونی آن، بلکه از نوع مدرن و اُمیدوارانه‌اش. اختلاف میان تعداد کشته‌شدگان زلزله هائیتی که تا ۳۰۰،۰۰۰ هزار نفر بود و شمار کشته‌شدگان زلزله‌ی شیلی که یک ماه بعد اتفاق افتاد و کمتر از ۵۰۰ نفر بود را می‌توان تا حد زیادی مربوط به تفاوت ثروت آنها دانست. به همین ترتیب، طوفان دین با طبقه‌بندی پنج در ۲۰۰۷ به یوکاتان که به‌خوبی آماده بود، زد و هیچ‌کس را نکشت. طوفان مشابهی به برمه بی‌بضاعت و بدون آمادگی در سال بعد حمله کرد و ۲۰۰،۰۰۰ نفر را کشت. سیلاب‌های پاکستان ۱،۸۰۰ نفر را کشت؛ مشابه آن در لهستان، کمتر از ۵۰ نفر را کشت. همان‌طور که این مطلب را می‌نویسم، آتشفشان کوه مِراپی[۱۱۲۰] در جاوا ۱۳۰ نفر را کشته است؛ آتشفشان کوه ایافجالاجوکول[۱۱۲۱] در ایسلند، کسی را نکشت.

به‌طور خلاصه، کامیابی و رفاه، بقا را به همراه می‌آورد. (مسئله حیرت‌آور درباره طوفان کاترینا این نبود که تعداد زیادی را کشت، بلکه این بود که در یک کشور مرفه اتفاق افتاده بود.) ایندور گوکلانی محاسبه کرده است همان‌طور که دنیا در ۹۰ سال گذشته ثروتمندتر شده، نرخ مرگ و میر افراد از حوادث آب و هوایی شدید - سیل، خشکسالی، آتش‌سوزی، طوفان و یخبندان - در هر ۱۰۰،۰۰۰ نفر، ۹۸ درصد نسبت به زمان اوج آن در دهه‌ی ۱۹۲۰، سقوط کرده است. حتی رقم واقعی مرگ و میر به‌خاطر تغییرات آب و هوای شدید با وجود چهاربرابر شدن جمعیت و افزایش در تعداد (ثبت‌شده) حوادث آب و هوایی شدید، ۹۳ درصد افت کرده است.

در دوران بزرگسالی‌ام، شکست تقریباً کامل قحطی در زمانی که جمعیت انسان دوبرابر شده، گواه فوق‌العاده‌ای بر این است که مسیری که ما در حال طی آن هستیم در مجموع به جهت درستی می‌رود. فرض کنید درآمد سرانه دنیا قرار بود طی ۹۰ سال آینده هشت‌برابر شود، همان‌طور که در ۹۰ سال گذشته تقریباً شد. مادامی که همه سهم خودشان را از این کامیابی بگیرند می‌توان این انتظار را داشت که بیشتر دنیا در ۲۱۰۰، تقریباً به همان اندازه که غربِ ثروتمند امرز هست در مقابل بلای طبیعی مقاوم شود: به واسطه ساختن استانداردها، سیستم‌های هشداردهنده، خدمات اورژانس، خدمات بهداشتی، شبکه‌های تجاری

۱۱۲۰. Merapi
۱۱۲۱. Eyjafjallajokull

و فن‌آوری. یک آتشفشان فوق بزرگ یا یک شهاب‌سنگ عظیم همچنان هر جامعه‌ای را محک می‌زند، اما هرچه ما ثروتمندتر شویم، درد و رنج کمتری از سمت طبیعت خواهد رسید.

این بهترینِ تمام دنیاهای ممکن نیست و نخواهد بود. اما می‌تواند خیلی خیلی بهتر شود.

مت ریدلی، ۲۰۱۱

قدردانی‌ها

یکی از مباحث اصلی کتاب، این است که خصیصه ویژه هوش انسان به لطف اختراع مبادله و تخصص، جمعی بودنش است و نه فردی بودنش. مشابه آن بابت مباحث این کتاب نیز صحت دارد. من چیزی بیشتر از تلاش برای باز کردن ذهنم به جریان آزاد و مبادله ایده‌های دیگران و امید به این‌که آن ایده‌ها به‌طرز جانانه‌ای در کورتکس[۱۱۲۲] جا بگیرند در نوشتن این کتاب انجام نداده‌ام. از این روی، نوشتن این کتاب به‌نوعی یک گفت‌وگوی مدام با دوستان، متخصصان، مشاوران و غریبه‌ها بوده که با ایمیل و تبادل مقاله‌ها و منابع، به‌طور حضوری یا با تلفن انجام شده است. اینترنت با فراهم آوردن دسترسی بی‌حد و مرزی به منابع، کتابخانه‌های مجازی با حجم و اندازه نامحدود (و به‌طور حتم کیفیت‌های متغیر) حقیقتاً هدیه‌ای بزرگ برای مؤلفان است.

من از کسانی که به من اجازه دادند بدین طریق با آنها مکالمه داشته باشم و چیزی ندیدم جز ارائه کمک و مشورت بی‌اجر، از تمام‌شان، بی‌نهایت سپاسگذارم. من به‌ویژه از جن ویتکوسکی[۱۱۲۳]، جری اوراستروم[۱۱۲۴] و جولین موریس[۱۱۲۵] متشکرم که به من در سازماندهی یک نشست درباره «عقب‌نشینی از منطق» در کلداسپرینگ‌هاربر[۱۱۲۶] کمک کردند تا آغازی باشد برای کشف ایده‌هایم؛ و

۱۱۲۲. Cortex لایه خاکستری مغز.

۱۱۲۳. Jan Witkowski

۱۱۲۴. Gerry Ohrstrom

۱۱۲۵. Julian Morris

۱۱۲۶. Cold Spring Harbor دهکده‌ای در شمال لانگ‌ایلند (Long Island) در نیویورک.

سپس از تری اندرسون[1127] و مونیکا چنی[1128] که دو سال بعد سمیناری در نَپا[1129] در کالیفرنیا برایم ترتیب دادند تا نظرات برخی افراد برجسته را درباره اولین پیش‌نویس کتابم طی دو روز دریافت کنم.

اینجا به‌ترتیب الفبا برخی از آنهایی که من از ایدها و نظرات‌شان به پربارترین حالت به‌عنوان نمونه استفاده کردم آمده است. سخاوت و خرد جمعی‌شان حیرت‌آور بوده است. اشتباهات به‌طور حتم از آن من است. این افراد شامل بروس ایمس، تری اندرسن، جون آرونگا، ران بیلی، نیک بارتون، راجر بیت، اریک بین‌هاکر، الکس بنتلی، کارل برگستروم، راجر بینگام، داگ برد، ربکا بلیژبرد، زنده‌یاد نورمن بورلاگ، راب بوید، کنت برادفورد، استورات براند، سارا برازنان، جان برونینگ، اروین باتل، بروس چارلتن، مانیکا چینی، پاتریشیا چرچلند، گرگ کلارک، جان کلیپینگر، دنیل کول، گرگ کنکو، جک کرافورد، زنده‌یاد مایکل کریکتن، هلنا کرونین، کلایو کروک، تونی کورزن‌پرایس، ریچارد داوکینز، تریسی دی، دن دنت، ارناندو دسوتو ، فرانتس د وال، جان دیکات، آنا دربر، سوزان دادلی، اما دانکن، مارتین دورکین، دیوید ایگلمن، نایال فرگوسن، آلوارو فیشر، تیم فیتزجرالد، دیوید فلچر، راب فالی، ریچارد گاردنر، کاتیا جورجیوا، گوردون گتی، ژان گیاچیا، ارس گلسر، ایندور گوکلانی، آلن گود، الیور گودناف، جانی گریموند، مانیکا گوئنتر، رابین هنسن، جو هنریش، دامینیک هابسن، جک هورنر، سارا هاردی، نیک هامفری، آنیا هارلبرت، آنولا جایاسوریا، الیوت جاستین، آنه کندلر، خیمنا کاتز، ترنس کیلی، اریک کیمبرو، کاری کوهن، میر کوهن، استیو کوهن، مارتا لار، نایگل لاوسن، دان لیال، گری لیب‌کپ، برینک لیندسی، رابرت لایتن، بیورن لامبرگ، مارکوس لاول‌اسمیت، کینگ لو، برنابی مارش، ریچارد مادسلی، سالی مک‌بررتی، کوین مک‌کیب، بابی مک‌کورمیک، ایان مک‌اوان، ال مک‌هوگن، وارن میر، هنری میلر، آلبرتو مینگاردی، گریم میچیسن، ژولین موریس، الیور مورتن، ریچارد موکسن، دنیل نتل، یوهان نوربرگ، جسی نورمن، حییم اُفِک، گری اورستروم، کندرا اوکونسکی، سوانته پابو، مارک پیگل، ریچارد پتو، راین فلان، استیون پینکر، کنت پومرانز، دیوید پورتر، ویرجینیا پوسترل، سی اس. پراکاش، کریس پیول، سارا راندلف، تری راتکلیف، پل ریتر، اریک ری، پیت ریچرسون، لوک ریدلی، راسل رابرتز، پل رومر، دیوید سندز، رشید شیخ، استیفن شنن، مایکل شیرمر، لی سیلور، ورنن اسمیت، دین استنگلر، جیمز استیل، کریس استرینگر، اشلی سامرفیلد، ری تالیس، نیک تورن، جانیس تاورن، جان توبی، نایگل وینسن، نیکلاس وید، ایان والاس، جیم واتسن، تروی ویر، فرانتس ویسینگ، دیوید ونگروو، تیم وایت، دیوید ویلتس، بارت ویلسن، جان ویتکوفسکی، ریچارد رنگام، باب رایت و آخرین آنها و قطعاً نه کم‌اهمیت‌ترین‌شان، پال زَک[1130] که

۱۱۲۷. Terry Anderson

۱۱۲۸. Monika Cheney

۱۱۲۹. Napa ناحیه‌ای در ایالت کالیفرنیا، شمال سانفرانسیسکو.

۱۱۳۰. Paul Zak

مـن را به‌عنـوان دسـتیار آزمایشـگاه بـا روپـوش سـفید بـه مـدت یـک روز اسـتخدام کـرد می‌باشـد.

کارگـزارم فیلیسـتی برایـان[1131]، همیشـه مادرخوانـده‌ای همیشـگی بـرای ایـن کتـاب اسـت - مشـوق و اطمینان‌بخـش در تمـام لحظـات ضـروری. او و پیتـر گینگزبـرگ[1132] قهرمانـان ایـن پـروژه در سراسـر آن بودنـد، همان‌طـور کـه ویراسـتارانم، تـری کارتـن، متـزی انجـل و لوئیـس هینـز و دیگـران دوسـتان حـامی در انتشـارات فورث‌اسـتیت[1133] و هارپـر کالینـز[1134] به‌ویـژه الیزابـت ووبنـک بودنـد. همچنیـن تشـکر بـزرگی از کنـدرا اوکونسـکی بـرای کمـک پرارزشی کـه در بـه واقعیـت درآوردن rationaloptimist.com داشـت و تشـکر از لـوک ریـدلی بـرای کمکـش در تحقیـق و جسـت‌وجو. همچنیـن بـا تشـکر از راجرهارمـر، سـارا هیندمـن و MacGuru ltd بـرای تهیـه جدول‌هـا در سـرآغاز هـر فصـل.

بزرگ‌تریـن بـدهی مـن بـه خانـواده‌ام اسـت بـرای کمـک در پیـدا کـردن فضـا و زمـان بـرای نوشـتن. الهـام، بینـش و حمایـت آنیـا[1135] بی‌انـدازه ارزشـمند اسـت. ایـن یـک لـذت بـزرگ بـود کـه بـرای نخسـتین‌بار تیزهـوشی تزلزل‌ناپذیـر پسـرم را بـرای بحـث دربـاره ایده‌هـا و بـررسی حقایـق، همان‌طـور کـه کتـاب را می‌نوشـتم، داشـته باشـم. او در تهیـه بیشـتر جدول‌هـا بـه مـن کمـک کـرد. همچنیـن دختـرم مـن را یـک عصـر بـه پـلی در پاریـس بـرد تـا بـه آهنـگ What a Wonderful World کـه دک میلـر و گروهـش خوانـده بودنـد، گـوش دهـم.

۱۱۳۱. Felicity Bryan

۱۱۳۲. Peter Ginsberg

۱۱۳۳. 4th Estate

۱۱۳۴. HarperCollins

۱۱۳۵. Anya